本书案例欣赏

案例名称：素材剪辑.mov
所在章节：第3章\3.7节

案例名称：倒放时间剪辑.mov
所在章节：第3章\3.8节

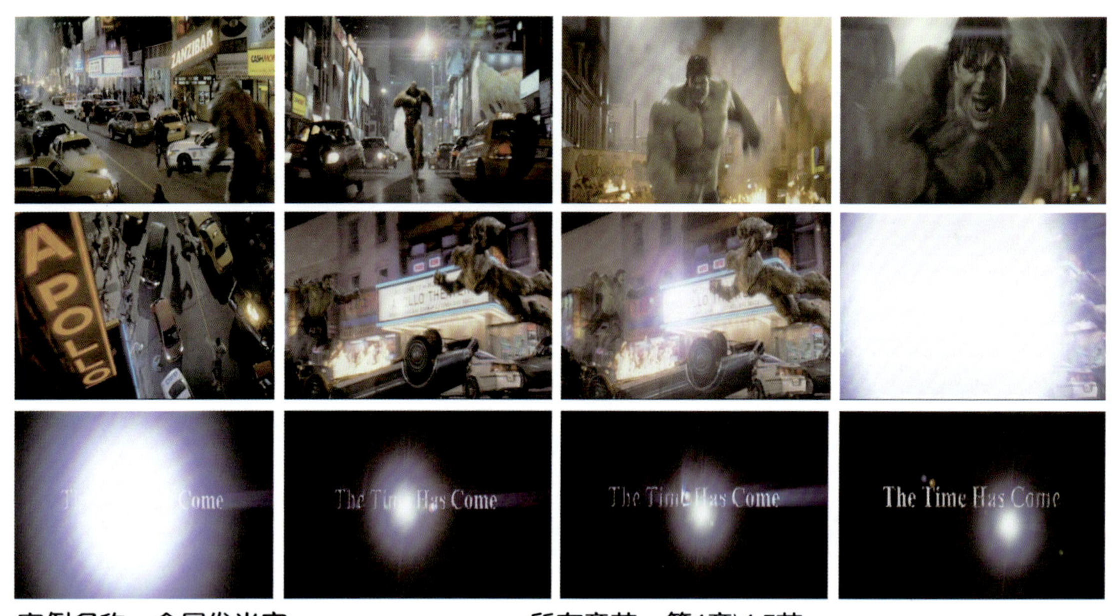

案例名称：金属发光字.mov　　　　　　　　所在章节：第4章\4.7节

案例名称：画中画效果.mov　　　　　　　　所在章节：第4章\4.8节

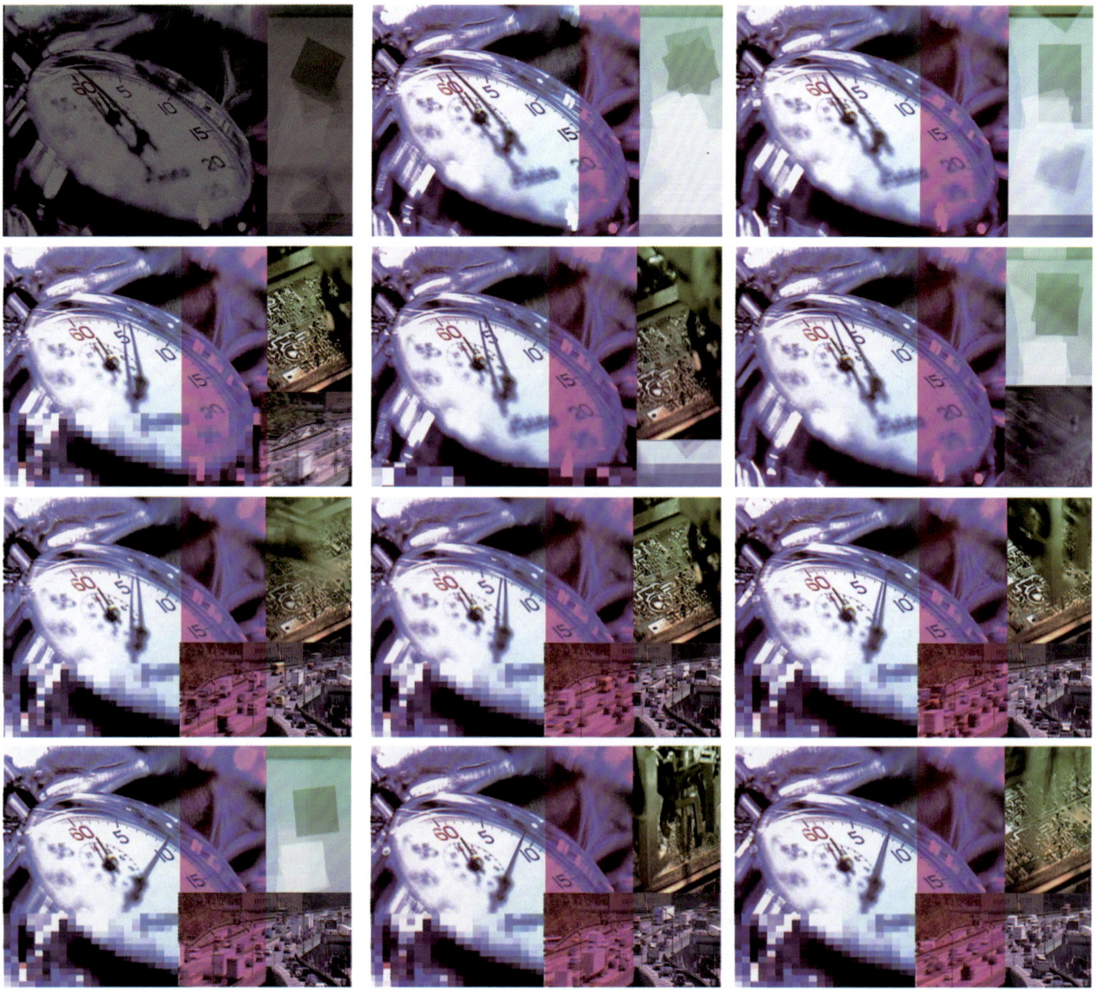

案例名称：婚庆相册.mov　　　　所在章节：第5章\5.3节

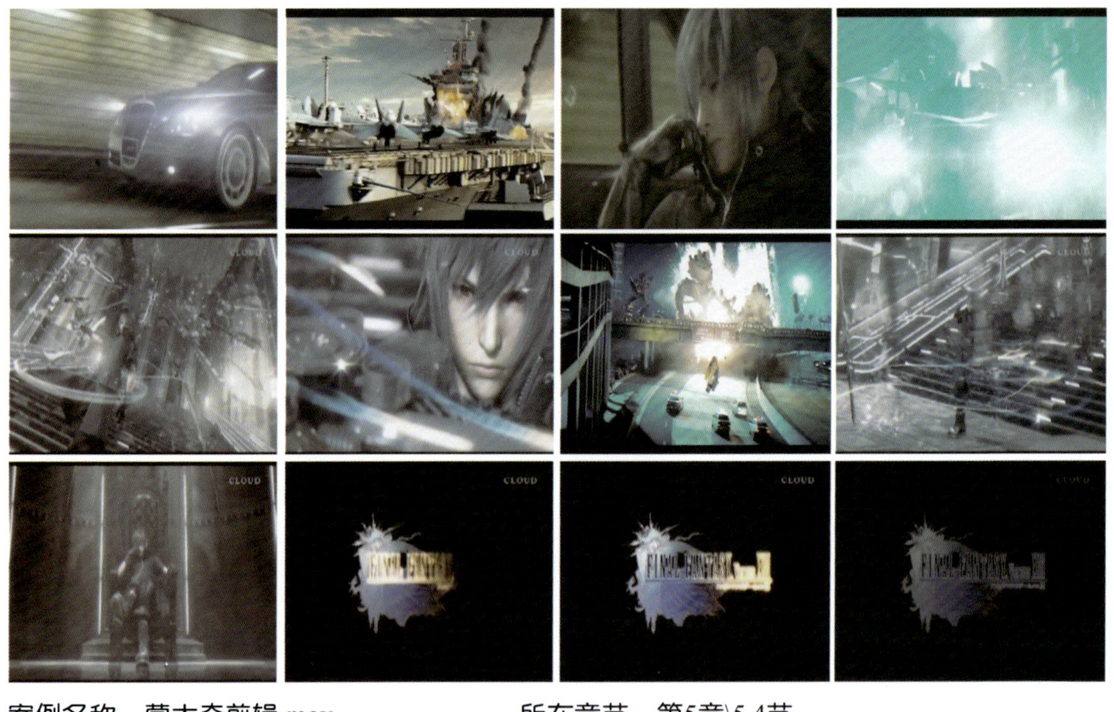

案例名称：蒙太奇剪辑.mov　　所在章节：第5章\5.4节

案例名称：质感文字.mov　　所在章节：第6章\6.4节

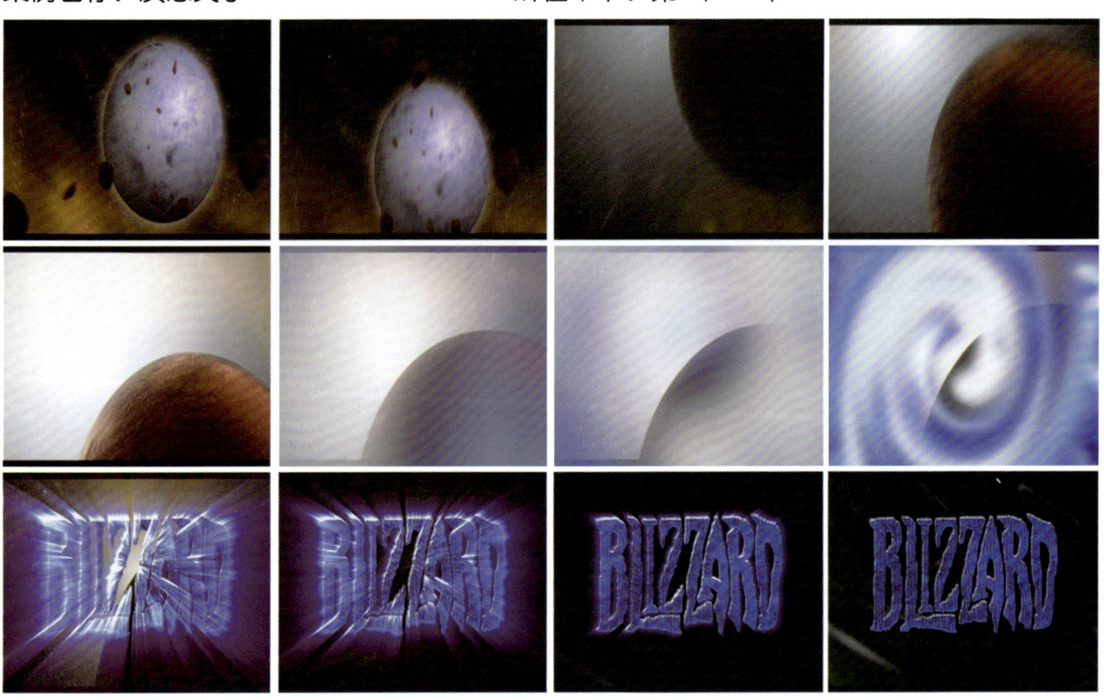

案例名称：老电影.mov　　　　所在章节：第7章\7.4节

案例名称：最终幻想Versus13宣传片2.wmv　　　　所在章节：第7章\7.5节

案例名称：婚庆.mov

所在章节：第11章

中文版

Premiere Pro CS5 完全学习手册

点智文化 编著

化学工业出版社

·北京·

本书由浅入深、循序渐进地介绍了 Premiere CS5 软件的基础操作、常用工具及综合应用。主要包括影视编辑基础知识，视频编辑基础，影视剪辑技术，关键帧与运动特效，视频转场特效，视频特效，调色、抠像、透明与叠加技术，字幕动画特效应用，音频特效技法，视频影片的渲染与输出，婚庆视频片头制作实例等。

随书光盘中附送本书讲解过程中运用到的所有源文件、素材文件及效果文件。另外，作者还精心录制了一些教学视频，以帮助读者降低学习难度、提高学习效率。

本书图文并茂、结构清晰、表达流畅、内容丰富实用，适合 Premiere 初、中级用户阅读，可作为电视节目制作人员、广告设计人员、电影剪辑人员等的自学参考书，也可以作为大专院校和社会培训机构相关专业的教学用书。

图书在版编目（CIP）数据

中文版 Premiere Pro CS5 完全学习手册/点智文化编著. —北京：化学工业出版社，2011.4

ISBN 978-7-122-10577-6

ISBN 978-7-89472-425-0（光盘）

Ⅰ. 中… Ⅱ. 点… Ⅲ. 图形软件，Premiere Pro CS5 Ⅳ. TP391.41

中国版本图书馆 CIP 数据核字（2010）第 026445 号

责任编辑：王思慧　张素芳　　　　　　装帧设计：王晓宇

出版发行：化学工业出版社（北京市东城区青年湖南街 13 号　邮政编码 100011）

印　　装：北京画中画印刷有限公司

787mm×1092mm　1/16　印张 $23^3/_4$　彩插 4　字数 600 千字　2011 年 6 月北京第 1 版第 1 次印刷

购书咨询：010-64518888(传真：010-64519686)　售后服务：010-64518899

网　　址：http://www.cip.com.cn

凡购买本书，如有缺损质量问题，本社销售中心负责调换。

定　　价：89.00 元（1DVD-ROM）　

前言

Adobe Premiere是一款基于非线性编辑平台、集音频与视频编辑于一身的软件，因其灵活、简单及易用等特性，而受到广大用户的青睐，广泛应用于电视栏目片头、广告及电影剪辑等多个领域中。

本书的讲解特色

- 以核心功能为讲解重点：随着软件的不断升级和完善，Premiere 的功能也越来越强大，但并非所有的功能都是常用的，因此，为了能够让读者更好、更快地掌握 Premiere 软件的技术核心及操作技巧，编者结合多年的教学和使用经验，从中摘选出了最实用、最有用的知识与功能，掌握这些知识与功能基本能够保证读者能够应对 80% 以上的问题。
- 追求示例的实用性：本书在进行功能演示讲解时使用了工作中的实际应用案例，以帮助读者对各技术在不同领域中的用法有一个更具象的了解。比如编者在第8章的“闪电效果文字”和“动感文字”案例中，讲解了如何在影片中添加字幕及字幕特技，让读者学习技术的同时，还能够掌握相关的专业技能，为以后的工作打下更坚实的技术基础。
- 严守示例的艺术性：审美能力可以限制你的设计能力，这是业内人士极为认同的一句话。编者正是从这一点出发，从海量的资源库中层层筛选，选择其中最具有代表性且效果精美的视觉作为讲解示例，同时，也希望读者能够仔细体味作品的优秀之处，以提高自己的审美能力，进而提高设计、工作能力。

本书的知识结构

本书共分为 11 章，并按照“总 - 分 - 总”的经典形式来划分图书的知识结构，其中第 1 章讲解基础理论知识，第 2 ～ 10 章讲解软件技术，第 11 章讲解一些典型的综合实例，其简介如下。

- 第 1 章：本章讲解了一些关于非线性编辑、影视剪辑的基本概念及色彩方面的基础知识，以方便后面学习软件的功能，建立一个良好的思路。
- 第2、3章：这两章讲解的是Premiere的基础知识，包括认识软件界面，导入、管理及编辑素材等操作，虽然学习这些知识并不能直接制作出各种精美、绚丽的效果，但却可以为学习后面知识及实例操作打下一个坚实的基础。
- 第 4 ～ 6 章：这 3 章是本书的讲解重点，其中涉及到了创建及编辑关键帧等多个重点功能，并在此基础上讲解了运动特效、视频转场特效、视频特效及与特效相关的操作等，同时通过典型的实例并配合详尽的操作步骤，帮助读者更好地学习和理解这些重点知识。
- 第 7 ～ 9 章：这 3 章分别讲解了图像处理与抠像、字幕及音频的编辑处理等功能，它们在对视频进行融合、美化及润饰等编辑时，起着非常重要的作用。
- 第 10 章：本章的讲解重点是将编辑好的视频进行最终的输出与渲染，其参数设置的正确与否，对最终的效果会产生一定的影响。因此，为了让前面所有的工作最终能够获得最佳效果，读者应对本章的学习予以足够的重视。

- 第 11 章：这是本书的实例章节，用于帮助读者回顾和梳理前面学习过的理论及技术知识，在讲解过程中，编者通过 4 大部分的操作，制作得到一个精美的婚庆视频片头作品。

本书附送的光盘资源

本书附赠一张DVD光盘，其内容主要包含案例素材及设计素材两部分。其中案例素材包含了完整的案例及素材源文件，读者除了使用它们配合图书中的讲解进行学习外，也可以直接将之应用于商业作品中，以提高作品的质量；同时，光盘中还附送了大量视频素材，可以帮助读者在设计过程中更好、更快地完成设计工作。

此外，编者还委托专业培训讲师，针对本书中的典型案例，录制了多媒体视频教学课件，如果在学习中遇到问题可以通过观看这些多媒体视频解释疑惑，提高学习效率。

学习本书的软件环境

本书在编写过程中，编者所使用的软件是Adobe Premiere CS5，操作系统为Windows 7 旗舰版，因此希望各位读者能够与编者统一起来，以避免可能在学习中遇到的障碍。

与编者沟通的渠道

限于水平与时间，本书在操作步骤、效果及表述方面定然存在不少不尽如人意之处，希望各位读者来信指正，编者的电子邮箱是LB26@263.net及Lbuser@126.com，如果希望知悉关于本书的更多信息请浏览网站http://www.dzwh.com.cn/。

本书编者

本书是集体劳动的结晶，参与本书编著的人员如下：

雷剑、吴腾飞、雷波、左福、范玉婵、刘志伟、李美、邓冰峰、詹曼雪、黄正、孙美娜、邢海杰、赵菁、刘小松、陈红艳、徐克沛、吴晴、李洪泽、漠然、李亚洲、佟晓旭、江海艳、董文杰、张来勤、刘星龙、边艳蕊、马俊南、姜玉双、李敏、邰琳琳、卢金凤、李静、肖辉、寿鹏程、管亮、马牧阳、杨冲、张奇、陈志新、孙雅丽、孟祥印、李倪、潘陈锡、姚天亮、吴庆军等。

版权声明

编　者

2011年3月

第1章 影视编辑基础知识

1.1 非线性编辑

1.1.1 非线性编辑概述

非线性编辑是将传统的电视节目后期制作系统中的切换机、数字特技、录像机、录音机、编辑机、调音台、字幕机、图形创作系统等集成于一台计算机内，用计算机来处理、编辑图像和声音，再将编辑好的视音频信号输出，通过录像机录制在磁带上。进行非线性编辑时，只需要确定素材的长短并将连接的顺序编成一个节目表，即可完成对所有节目的编辑。编辑而成的节目其实只是素材的连接表，无论进行多少次编辑，都不会对信号质量产生任何影响，所以非线性编辑既省时又省设备，同时还能确保信号的质量。

非线性编辑设备是计算机技术和数字化电视技术相结合的产物，主要由计算机平台、音视频处理卡和非线性编辑软件3部分组成。

1.1.2 非线性编辑系统

非线性编辑的实现要靠硬件与软件的支持，非线性编辑系统是由硬件和软件构成的。一个非线性编辑系统从硬件上看，由计算机、视频卡或IEEE1394卡、声卡、高速AV硬盘、专用板卡（如特技加卡）以及外围设备构成，如图1.1所示。为了直接处理高档数字录像机的信号，有的非线性编辑系统还带有SDI标准的数字接口，以充分保证数字视频的输入、输出质量。其中，视频卡用来采集和输出模拟视频，也就是承担A/D和D/A的实时转换。从软件上看，非线性编辑系统主要由非线性编辑软件、二维动画软件、三维动画软件、图像处理软件和音频处理软件等外围软件构成。随着计算机硬件性能的提高，视频编辑处理对专用器件的依赖越来越小，软件的作用则更加突出。因此，掌握Premiere Pro之类的非线性编辑软件就成为关键。

非线性编辑系统的出现与发展一方面使影视制作的技术含量增加，越来越“专业化”；另一方面，也使影视制作更为简便，越来越“大众化”。就目前的计算机配置来讲，一台家用电脑加装IEEE1394卡，再配合Premiere Pro软件就可以构成一个非线性编辑系统。由此，每个人都可以将感性的DV编织成一部部理性的数字作品，成为自己表达情怀、挥洒想象的一种新手段。

图1.1

1.1.3 非线性编辑的工作原理

首先将采集自录像机、摄像机或其他信号源的模拟视、音频信号经过图像卡、声卡转换成数字信号（即A/D转换），再经过数字压缩形成数据流存储到硬盘中。如果配备有数字录放像机，则不需要经过A/D转换，可直接采集数字信号传输到硬盘中进行存储，然后运用非编软件对存储在硬盘中的视频、图像、音频等数据进行编辑、添加特技和字幕等综合处理，最后将处理后的数据送到图像卡、声卡中进行数字解压缩及D/A转换输出模拟信号进行录制，或者直接输出数字信号进行录制，也可以输出信号直接进行播出，即将非编软件作为硬盘录像机代替普通录像机参与播出。

传统线性编辑经过多年的发展，技术已相当成熟，硬件稳定性高，制作过程简单直观。但是依然存在以下缺陷：①设备成本高；②录像机磁头会产生磨损，需要定期维护和更新；③整套系统需要多台录像机、编辑机、字幕机、特技机和调音台等设备，整体占地面积大、耗电多、人员需求多；④视频信号经过这些设备连接会造成较大衰减和失真；⑤在实现较复杂的编辑功能和多层特技时比较困难，不适合制作三维片头和广告节目；⑥编辑时找素材需要快进倒带，浪费时间，易造成磁头、磁带磨损，限制了导演的思维等。

传统线性编辑的这些缺陷恰好被非线性编辑系统克服，非线性编辑系统用一台计算机替代了编辑机、特技机、字幕机、调音台、三维及二维动画创作系统等诸多设备，存储方式与其他计算机一样为非线性随机存储。编辑时只是根据构思对素材在存储器的存放地址编码进行编辑，素材数据实际上不随编辑而改动位置。节目编辑完成后，如果中间临时需要添加内容，只需直接插入一段需添加的内容即可，不像传统线性编辑那样需将添加处以后的节目重新灌制一次。非线性编辑具有以下优点：①节省时间，十分方便，信号基本上无损失；②编辑、添加特技、动画、字幕和声音等各种操作可一次性完成，人员需求少，可充分发挥制作人员的创造力和想象力，实现较复杂的编辑功能和多层特技效果；③开放性好，便于联网，易于升级，发展前景广阔。

1.1.4 非线性编辑的制作过程

素材准备

在使用非线性编辑系统编辑节目之前，需要向系统中输入素材。大多数非线性编辑系统是实时把磁带上的视、音频信号转录到磁盘上的，这比传统线性编辑增加了额外的操作时间。有些非线性编辑系统，如BETACAMSX、DVCAM、DVCPRO，可以通过QSDI等数字接口实现素材的4倍速上载，这在一定程度上提高了编辑效率。

输入素材时，应该根据不同系统的特点和不同编辑的要求，决定使用的接口方式和压缩比，一般要遵循以下原则。

※应尽量使用数字接口，如QSDI接口、CSDI接口、SDI接口和DV接口，如图1.2所示。如果用作播放机的磁带录像机或非线性编辑系统没有数字接口，可以使用分量信号接口、S-Video接口或复合信号接口。

※对于同一种压缩方法来说，压缩比越小，图像质量越高，占用的存储空间越大。

※采用不同压缩方式的非线性编辑系统，录制视频素材时的压缩比可能不同，但也可能获得同样的图像质量。例如，BETACAM-SX系统的压缩比是10：1，但由于采用的是MPEG24：2：2P@ML的压缩方法，其图像质量要好于采用M-JPEG方法压缩的压缩比例为3：1的AVIDMC1000系统。

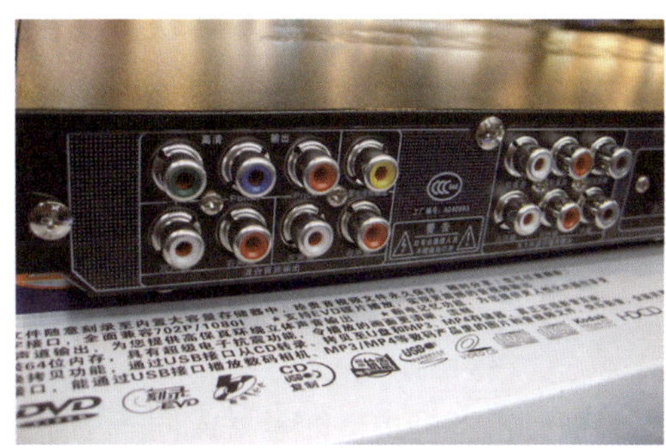

图1.2

节目制作

非线性编辑的特点集中体现在以下编辑环节中。

（1）素材浏览

在查看存储在磁盘上的素材时，如图1.3所示，非线性编辑系统具有极大的灵活性，不但可以正常速度播放，也可以快速重放、慢放或单帧播放，播放速度可以无级调节，也可以反向播放。

（2）编辑点定位

在确定编辑点时，非线性编辑系统的最大优点是可以实时定位，如图1.4所示，既可以手动操作进行粗略定位，也可以使用时码精确定位，不需要像磁带编辑系统那样花费大量时间卷带搜索，从而提高编辑效率。

图1.3

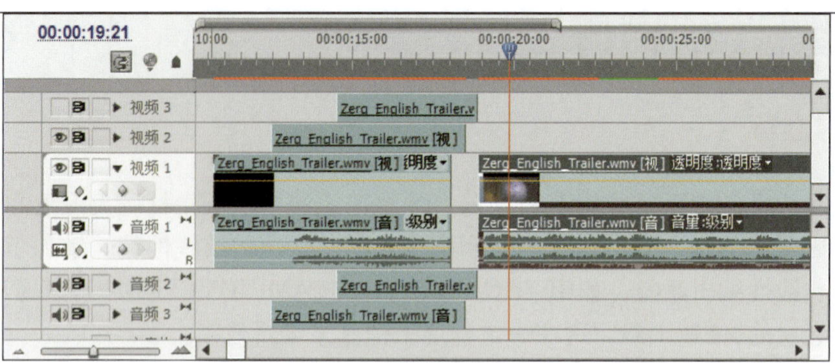

图1.4

(3) 素材长度调整

在调整素材长度时，非线性编辑系统通过时码编辑实现精确到帧的编辑，同时吸取了电影剪接简便直观的优点，可以参考编辑点前后的画面直接进行手工剪辑。

(4) 素材的组接

非线性编辑系统中各段素材的相互位置可以随意调整。在编辑过程中，可以在任一位置删除节目中的一个或多个镜头，或在节目的任一位置插入一段素材，也可以进行磁带编辑中常用的插入和组合编辑。

(5) 素材的复制和重复使用

非线性编辑系统中使用的素材全都以数字格式存储，因此复制一段素材时，不会像磁带复制那样引起画面质量的下降。在编辑过程中，一般没有必要复制素材，因为同一段素材可以在一个节目中反复使用，而且无论使用多少次，都不会增加占用的存储空间。

(6) 软切换

在剪辑多机拍摄的素材或同一场景多次拍摄的素材时，可以在非线性编辑系统中采用软切换的方法模拟切换台的功能，首先保证多轨视频精确同步，然后选择其中的一路画面输出，切点可根据节目要求任意设定。

(7) 联机编辑和脱机编辑

大多数非线性编辑系统采用联机编辑方式工作，这种编辑方式可充分发挥非线性编辑的特点，提高编辑效率，但同时也受到素材硬盘存储容量的限制。如果使用的非线性编辑系统支持时码信号采集和EDL（编辑决策表）输出，则可以采用脱机方式处理素材量较大的节目。在非线性编辑系统中有三种脱机编辑方法：第一种是先以较低的分辨率和较高的压缩比录制尽可能多的原始素材，使用这些素材编好节目后将EDL表输出，再在高档磁带编辑系统中进行合成；第二种是根据初编得到的EDL表，重新以全分辨率和小压缩比对节目中实际使用的素材进行数字化，然后让系统自动制作成片；第三种是在输入素材的阶段首先以最高质量进行录制，然后在系统内部以低分辨率和高压缩比复制所有素材，复制的素材占用存储空间较小，处理速度也比较快，在此基础上进行编辑可以缩短特技的处理时间，初编完成后，用高质量的素材替换对应的低质量素材，然后再对节目进行正式合成。

(8) 特技

在非线性编辑系统中制作特技时，一般可以在调整特技参数的同时观察特技对画面的影响，尤其是软件特技，还可以根据需要扩充和升级，只需输入相应的软件升级模块就能增加新的特技功能。

（9）字幕

字幕与视频画面的合成方式有软件和硬件两种：软件字幕实际上使用了特技抠像的方法进行处理，生成的时间较长，一般不适合制作字幕较多的节目，但它与视频编辑环境的集成性好，便于升级和扩充字库；硬件字幕实现的速度快，能够实时查看字幕与画面的叠加效果，如图1.5所示。但一般需要支持双通道的视频硬件来实现。较高档的非线性编辑系统多带有硬件字幕，可实现中英文字幕与画面的实时混合叠加，其使用方法与字幕机类似。

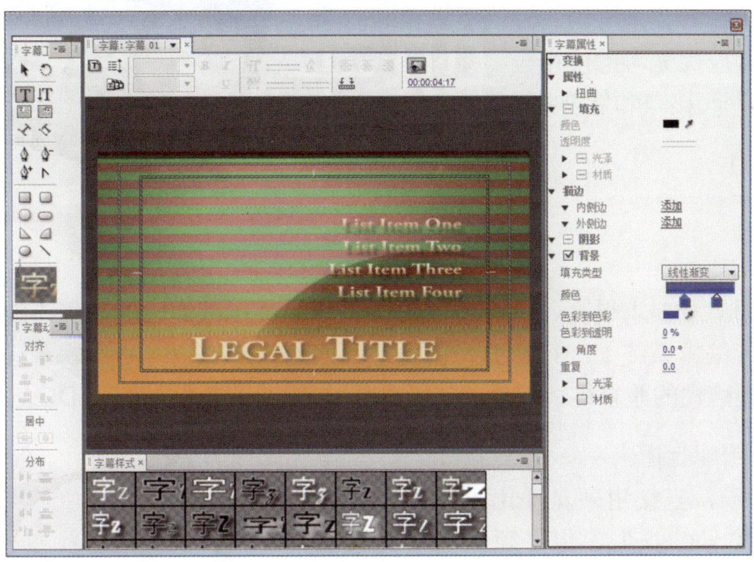

图1.5

（10）声音编辑

大多数基于PC的非线性编辑系统能直接从CD唱盘、MIDI文件中录制波形声音文件，波形声音文件可以非常直观地在屏幕上显示音量的变化。使用编辑软件进行多轨声音的合成时，一般不受总音轨数量的限制，如图1.6所示。

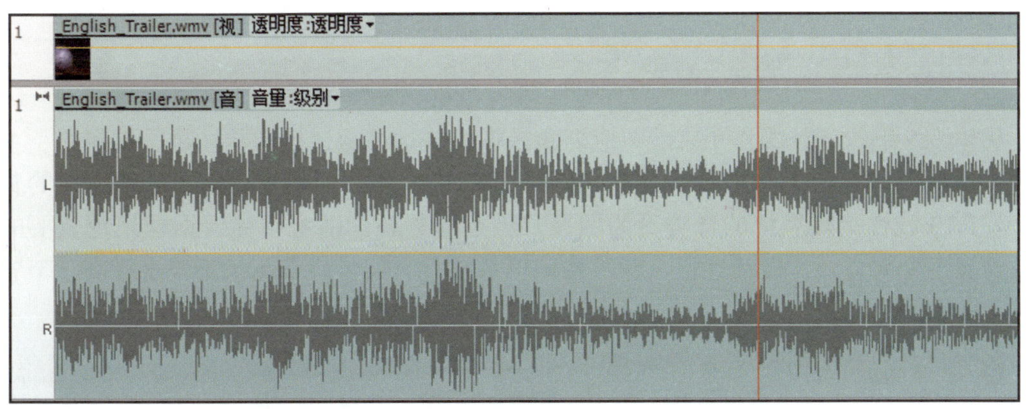

图1.6

（11）动画制作与合成

由于非线性编辑系统的出现，动画的逐帧录制设备已基本被淘汰。非线性编辑系统除了可以实时录制动画以外，还能通过抠像实现动画与实拍画面的合成，极大地丰富了节目制作的手段。

非线性编辑节目输出

非线性编辑系统可以通过以下3种方法输出制作完成的节目。

(1) 输出到录像带上

输出到录像带上是联机非线性编辑最常用的输出方式，如图1.7所示，对连接非线性编辑系统的录像机和信号接口的要求与输入时的要求相同。为保证图像质量，应优先考虑使用数字接口，其次是分量接口、S-Video接口和复合接口。

图1.7

(2) 输出EDL表

如果对画面质量要求很高，以非线性编辑系统的最小压缩比处理仍不能满足要求，可以考虑在非线性编辑系统上进行初编，输出EDL表至DVW或BVW编辑台进行精编。这时需要注意EDL表格式的兼容性，一般非线性编辑系统都可以选择多种EDL表的格式输出。

(3) 直接用硬盘播出

如图1.8所示，直接用硬盘播出可减少中间环节，降低视频信号的损失，但必须保证系统的稳定性或准备备用设备，同时对系统的硬件也有较高要求。

图1.8

1.1.5 非线性编辑的优势

从非线性编辑系统的作用来看，它能集录像机、切换台、数字特技机、编辑机、多轨录音机、调音台等设备于一身，几乎包括了所有的传统后期制作设备，这种高度的集成性，使得非线性编辑系统的优势更为明显，因此它能在广播电视界占据越来越重要的地位，丝毫不令人奇怪。概括地说，非线性编辑系统具有信号质量高、制作水平高、节省成本、网络化等优越性。

信号质量高

使用传统的录像带编辑节目，不仅素材磁带要磨损多次，而且机械磨损也是不可避免的。另外，为了制作特技效果，还必须“翻版”，每“翻版”一次，就会造成一次信号损失。为了保证质量，往往不得不忍痛割爱，放弃一些很好的艺术构思和处理手法。在非线性编辑系统中，这些缺陷是不存在的，无论如何处理或者编辑，信号质量都不会有较大损失，反而因为信号的压缩与解压缩编码会存在一些质量损失，但与“翻版”相比，损失大大减小。一般情况下，采集信号的质量损失小于转录信号损失的一半。由于系统只需要一次采集和一次输出，因此，非线性编辑系统可以保证得到相当于模拟视频第二版质量的节目带，而使用模拟编辑系统，绝不会有这么高的信号质量。

制作水平高

使用传统的编辑方法，为制作一个十分钟左右的节目，往往需要长达四五十分钟的素材带，在制作过程中需反复进行审阅比较，然后将所选择的镜头编辑组接，并进行必要的转场、特技处理，这其中包含大量的机械重复劳动。而在非线性编辑系统中，大量素材都存储在硬盘上，可以随时调用，不必费时费力地逐帧寻找。素材的搜索极其容易，不用像传统的编辑机那样来回倒带，用鼠标拖动滑块，能在短时间内找到需要的那一帧画面，搜索易如反掌，整个编辑过程就像文字处理一样，既灵活又方便。同时，可以制作多种多样、可自由组合的特技方式，使制作的节目丰富多彩，将制作水平提高到一个新的层次。

节省成本

非线性编辑系统对传统设备的高度集成，使后期制作所需的设备降至最少，有效地节省了成本，而且由于是非线性编辑，在整个编辑过程中只需要一台录像机，录像机只需要启动两次，一次输入素材，一次录制节目带，这样就避免了磁鼓的大量磨损，使得录像机的寿命大大延长。

另外，随着影视制作水平的提高，总是对设备不断提出新的要求，这在传统编辑系统中很难解决，因为这需要不断更换设备。而使用非线性编辑系统，则能较好地解决这一矛盾。非线性编辑系统所采用的是易于升级的开放式结构，支持许多第三方的硬件、软件。通常，功能的增加只需要通过软件的升级就能实现。

网络化

网络化是计算机的一大发展趋势，非线性编辑系统可以充分利用网络方便地传输数码视频，实现资源共享，还可以利用网络上的计算机协同创作，对数码视频资源的管理、查询更是易如反掌。目前在一些电视台中，非线性编辑系统都是充分利用网络来发挥作用。

1.1.6 非线性编辑的发展

目前，非线性编辑已经成为电视节目编辑的主要方式，由于其数字化的记录方式、强大的兼容性、相对较少的投资等特点，目前已被广泛应用于大型文艺晚会、核实节目、电影/电视剧片头、宣传片等的制作。

多个非线性编辑系统联网后，可以成为一个独立的资源平台，不仅能起到资源共享的作用，同时还能为音像资料的保存工作节约一定的成本。现在许多电视台、电视节目制作公司在节目制作、播出时，通过非线性编辑技术已经实现了无磁带编辑，无母带播出。

如今，在国外已经有个人投资，运用非线性编辑技术组建的“数字视频网络平台”，其大量的视频素材可有偿提供给电视制作公司和个人。同时通过互联网，这一数字视频平台还能拥有大量的客户群，以进行网络销售，前景非常广阔。

1.1.7 非线性编辑的相关概念

文件

在非线性编辑系统中，所有素材都以文件的形式存储在记录媒体（硬盘、光盘和软盘）中，并以树状目录的结构进行管理，每个文件被分成标准大小的数据块，通过链表可以进行快速访问。在这一基础上，非线性编辑系统的快速定位编辑点的功能才能得以充分发挥。在编辑工作中主要用到工作文件和素材文件，工作文件用来记录编辑状态的项目（工程）文件和管理素材的库文件等；素材文件可粗略分为静态图像、音频、视频、字幕和图形文件等几大类，素材文件中除了可记录画面和声音数据以外，还能够保存素材的名称、类别、大小、长度及存储位置等信息，极大地方便了节目的制作和素材的管理。

图像

通常可以用多种格式保存数字化的彩色静态图像文件，而且不同格式的图像可以互相转换。图像文件资源极其丰富，兼容性也比较好，一般可以在不同的非线性编辑系统之间交换。在编辑过程中，常用到用于录制三维动画的TARGA格式、用于平面图像处理的TIFF格式和用于彩色位图图像的BITMAP格式文件，如图1.9所示。

图1.9

图形

字幕文件是计算机内部生成的矢量图形文件，如图1.10所示。它与图像文件的主要区别在于：任何时候都可以对文字和图形对象进行修改，调整其大小、位置、色彩和层间覆盖关系。图形文件不像图像文件那样，记录屏幕上每个像素点的色彩信息，而是记录关键点的坐标、颜色和填充属性等参数，因此在磁盘上占用的空间比较小。

音频

图1.10

录入非线性编辑系统中的声音多数以不压缩的采样波形文件形式保存。在音频数字化时，模数转换的采样频率和采样深度影响系统中存储的声音信号的质量和音频素材所占用的磁盘空间。采样频率越高，采样深度越大，录制的声音质量就越好，占用的存储空间也越大。目前多数电视台播出时采用单声道的电视伴音信号，一般采样频率在22kHz以上，采样深度为16比特即可满足要求。随着对伴音质量要求的提高，部分电视台已使用立体声音频信号进行部分节目的播出，相应地需要选择CD质量的声音处理方式，即以44.1kHz的频率采样，记录成16比特的立体声信号。

视频

一般用分辨率、帧速率和色彩数等参数作为描述数字视频信号的指标。分辨率反映画面的清晰度，分辨率为384×288的电视图像与分辨率为384×576的电视图像的画面质量有明显的区别。电视节目后期制作中，要求图像分辨率为720×576或768×576（PAL制）。一般情况下，制作PAL制电视节目的帧速率为25fps（帧每秒）；制作多媒体光盘出版物（CDTITLES）时帧速率一般为15fps，制作电影和NTSC制式电视节目时帧速率分别为24fps和30/29.97fps。描述每一像素的字节数决定了最多可同屏显示多少种颜色，一般为256色、65536色和16777216色（即真彩色），色彩数越多，能表现的色彩层次越丰富。

1.2 影视剪辑的基础知识

1.2.1 电影、电视中的景别

为了让人们在银幕上看到表现对象不同距离、不同角度的形态，就产生了镜头的不同景别。景别的运用是影视艺术创作中的重要手段，一般分为远景、全景、中景、近景和特写等。景别的划分没有严格的界限，但在具体制作过程中，它应该有统一的标准。

远景

远景是表现摄像机远距离拍摄事物的镜头。镜头离拍摄对象越远，画面就开阔，景深越悠远。远景拍摄能充分展示人物活动的环境空间，可以用来抒发感情、渲染气氛、创造某种意境。

远景画面可以细分为大远景和远景两类。大远景也叫极远景，摄像机在很远的距离记录一片广大的空间，从而营造开阔、壮观、深邃的意境。使用远景镜头拍摄的待续时间应在10秒以上，以便给观众以足够的时间看清楚画面中的内容，如图1.11所示。

图1.11

全景

全景是表现人物全身形象或场景全貌的镜头。全景的视野相对较小，既能看清人物又可看清环境，故可以表现人物的整体动作以及人物和周围环境的关系，展示一定空间中人物的活动过程。使用全景镜头拍摄的持续时间应在8秒以上，如图1.12所示。

图1.12

中景

中景是表现人物膝盖以上部分形象的镜头，是拍摄中常用的景别之一。在中景中人物占有空间的比例增大，观众能看清人物的形体动作，并且可以清楚地观察到人物的神态表情，从而反映出人物的内心情绪。使用中景镜头拍摄的持续时间应在5秒以上，如图1.13所示。

图1.13

近景

近景是表现人物的腰部或胸部以上形象的镜头，可以细致地表现人物的神态或物体的主要特征。使用近景拍摄，可以清楚地表现人物的感情、心理活动和细微动作等，容易使观者与近景拍摄的人物产生交流。使用近景镜头拍摄的持续时间应在3秒以上，如图1.14所示。

图1.14

特写

特写是表现人物肩部以上部位或有关物体、景致的细微特征的镜头，是视距最近的一种景别。特写镜头反应的内容比较单一，起到了形象放大、内容深化和强化本质的作用。在具体运用时，主要用于刻画人物心理活动和情绪特点，起到震撼人心、引起注意的作用。

在使用特写镜头时要有明确的针对性和目的性，不宜毫无节制地滥用。一般情况下，特写镜头常被用作转场时的过渡画面。使用特写时，持续时间应在1秒以上，如图1.15所示。

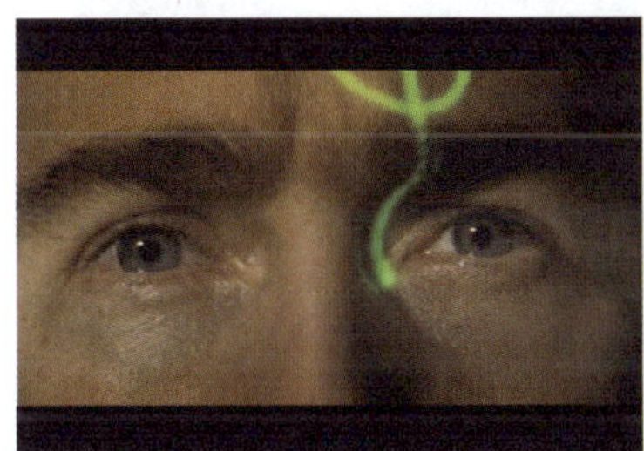
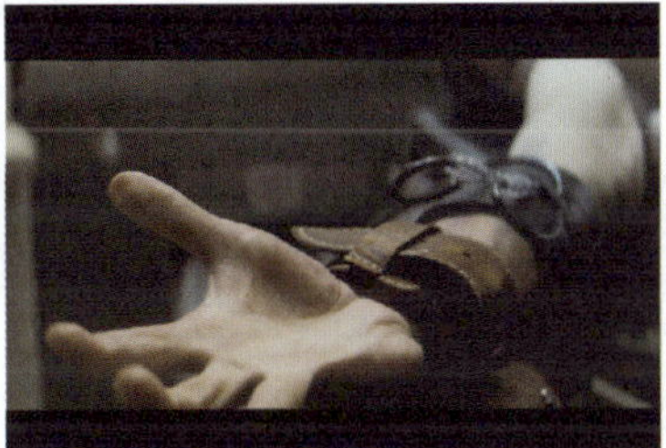

图1.15

1.2.2 视角

不同的拍摄高度，会产生不同的画面效果，尤其是人物与背景的关系也会相应地发生改变，这在栏目包装中也是不可缺少的。不同的视角配合不同的景别，可以使画面更加生动。

俯视

俯视通常是指摄像机镜头处在正常视平线之上，由高处向下拍摄。在日常生活中，人们都知道登高才能望远，即所谓“高瞻远瞩”，所以，俯视角度拍摄有利于展现除了主体人物以外的空间规模、层次，可以将远近景物在平面上充分展开，而且层次分明，有利于展现空间透视及自然之美，如图1.16所示。

图1.16

平视

平视通常是指摄像机镜头与被拍摄对象处在同一水平线上，这个角度接近人们平常的视觉习惯和观察景物的视点，平视角度拍摄的画面效果与人眼看到的大致相同，给人以亲切、平和之感。日常摄影中，这种视角运用得最多。从另一方面来说，平视是最不容易突出特殊画面效果的视角，使用平视角度拍摄的画面往往显得比较规矩、平稳，如图1.17所示。

图1.17

仰视

俯视通常是指摄像机镜头处于视平线以下，由下向上拍摄。在日常生活中，人们抬头仰视，除了观察高大的事物外，往往是由于被什么吸引了。仰角拍摄通常有很强的抒情色彩，可以把人的视线吸引到画面的主体上，如图1.18所示。

图1.18

1.2.3 运动镜头的技巧

在摄像前要知道如何运用运动镜头技巧来表现各种不同的主题内容，以便拍摄起来得

心应手。摄像中的运动镜头技巧是指利用摄像机的推、拉、摇、移、跟、甩等方式进行拍摄，特别是在表现固定景物或人物的时候，运用运动镜头可以增强画面的活力。

推拉镜头

推镜头是指被拍摄物体不动，摄像机逐渐接近被拍摄物体，或改变变焦镜头的焦距，由短焦变为长焦使被摄物体逐渐被放大；拉镜头是指被摄物体不动，摄像机逐渐远离被拍摄物体。镜头推拉拍摄均可以通过改变变焦镜头的焦距来实现，如图1.19所示为一组推镜头画面。

图1.19

移镜头

移镜头拍摄方法是法国摄影师普洛米澳于1896年在电影中首创的。移镜头是指摄像机本身位置移动，拍摄角度不变，与被拍摄物体的角度也不发生变化。移镜头适合于拍摄距离较近的物体且移动拍摄多为动态构图。移镜头的运用可以表现场景中主体与陪体之间的关系，还可以创造特定的情绪和气氛。

移镜头运动按照移动方向可分为横向移动和纵深移动。移动镜头的使用可以借助于铺设在轨道上的移动车和高空摄影中的飞机等，也可以在保证摄像机不动的条件下，通过改变焦距或者移动后景中的被拍摄物体来实现，如图1.20所示为一组移镜头画面。

图1.20

跟镜头

跟镜头是指摄像机跟随着运动的被摄体拍摄。这种拍摄方法可以交代物体的运动方向、速度、体态，便于展示人物在动态中的精神面貌，如图1.21所示为一组跟镜头画面。

图1.21

摇镜头

摇镜头是指摄像机的位置不动，只是变动镜头拍摄的方向。摇镜头又分为左右摇、上下摇、斜摇或者与移镜头混合在一起使用，其目的是对被摄主体的各部位进行逐一展示，或展示规模，或巡视环境等，如图1.22所示为一组摇镜头画面。

图1.22

晃动镜头

晃动镜头是指在拍摄过程中，摄像机机身做上下、左右、前后摇摆的拍摄。晃动镜头常用作主观镜头，比如在表现醉酒、精神恍惚等效果时，就可以运用晃动镜头来拍摄。晃动镜头在实际拍摄中运用得不多，但在合适的情况下使用往往能产生强烈的震撼力和主观情绪，如图1.23所示为一组晃动镜头画面。

图1.23

甩镜头

甩镜头是指一个画面结束后不停机，镜头急速转向另一个方向进行拍摄。甩镜头的运用可以表现同一时间内在不同场景中所发生的并列情景，并强调空间的转换，如图1.24所示为一组甩镜头画面。

图1.24

旋转镜头

旋转镜头是指被拍摄主体或背景呈旋转效果的画面，我们可以运用旋转的运载工具或摄像机360° 快速环摇等方法来拍摄，一般这种镜头的运用是为了表现人物在旋转中的主观视线或者眩晕感。

升降镜头

升降镜头是指摄像机从平移慢慢升起，形成高俯拍摄，显示广泛的空间，可以从局部展现整体，这种镜头通常用来展示处于场景中上下运动主体的主观情绪以及事件的发展规律。

1.2.4 蒙太奇技术

蒙太奇的概念

蒙太奇是法语Montage的音译，原是建筑学用语，意为构成、装配。20世纪中期，电影艺术家将它引入到电影艺术中，意思转变为剪辑、组合剪接，即影片构成形式和构成方法的总称。在无声电影时代，蒙太奇表现技巧和理论的内容只局限于画面之间的剪接。当出现有声电影后，影片的蒙太奇表现技巧和理论又包括声画蒙太奇和声音蒙太奇技巧和理论，含义更加广泛了。

蒙太奇技术在影视节目中的作用

蒙太奇组接镜头与音效是决定一个影片成功的重要因素，在影片中表现为以下几个方面。

（1）表达寓意，创造意境

镜头的分割与组合、声画的有机组合与相互作用，可以使观众在心理上产生新的含义。单个镜头、单独的画面或者声音只能表达其本身的具体含义，本身不具有其他的思想含义或者深刻内容。如果使用蒙太奇技巧和表现手法，就可以使一系列没有任何关联的镜头或者画面产生特殊的含义，表达创作者的寓意或者产生特定的含义。

（2）选择与取舍，概括与集中

一部几十分钟的影片，是从许多素材镜头中挑选出来制作成的，这些素材镜头不仅内容、构图、场面调度均不相同，甚至连摄像机的运动速度都有很大的差异，有时还存在一些重复。编导必须根据影片所要表现的主题和内容，认真对素材进行分析和研究，慎重地进行取舍和筛选，重新进行镜头组合，以确保可视性。

（3）按照观众的心理习惯，引导观众的注意力，激发观众的联想

每一个单独的镜头只表现一定的具体内容，但组接后就有了一定的顺序，可以严格地规范和引导、影响观众的情绪和心理，启迪观众进行思考。

（4）创造银幕（屏幕）上的时间概念

运用蒙太奇技术可以对现实生活和空间进行剪裁、组织、加工和改造，使影视时空在表现现实生活和影片内容的领域极为广阔，延伸了银幕（屏幕）的空间，起到了跨越时空的作用。

（5）使影片的画面形成不同的节奏

运用蒙太奇技术可以把客观因素（信息量、人物和镜头的运动速度、色彩声音效果、音频效果以及特技处理等）和主观因素（观众的心理感受）放在一起进行综合研究，通过镜头之间的剪接，将内部节奏和外部节奏、视觉节奏和听觉节奏有机地组合在一起，使影片的节奏生动自然而又和谐统一，产生强烈的艺术感染力。

镜头组接蒙太奇

蒙太奇镜头的组接不考虑音频效果和其他因素。根据其表现形式，分为两大类：叙述蒙太奇和表现蒙太奇。

（1）叙述蒙太奇

叙述蒙太奇在影视艺术中又被称作叙述性蒙太奇，它是按照情节的发展、时间、空间、逻辑顺序以及因果关系来组接镜头、场面和段落，表现了事件的连贯性，推动情节的发展，引导观众理解内容，是影视节目片中最基本、最常用的叙述方法。其优点是脉络清晰、逻辑连贯。叙述蒙太奇在具体的操作中还可分为连续蒙太奇、平行蒙太奇、交叉蒙太奇以及重复蒙太奇等几种具体方式。

① 连续蒙太奇	这种影视的叙述方法类似于小说叙述手法中的顺叙方式。一般来说，它有一个单一明朗的主线，按照事件发展的逻辑顺序，有节奏地连续叙述。这种叙述方法比较简单，在线索上也比较明朗，能够使所要叙述的事件通俗易懂。但这种叙述方法也有不足之处，一个影片中过多地使用连续蒙太奇手法会给人拖沓冗长的感觉。因此在进行非线性编辑的时候，需要考虑到这个问题，最好与其他叙述手法有机结合，互相配合运用
② 平行蒙太奇	这是一种分叙式表达方法。将两个或者两个以上的情节线索分头叙述，而统一在一个完整的情节之中。这种方法有利于概括集中、节省篇幅、扩大影片的容量，由于平行表现，相互衬托，可以形成对比和呼应，产生多种艺术效果

③ 交叉蒙太奇	这种叙述手法与平行蒙太奇一样，平行蒙太奇手法只重视情节的统一和主题的一致、事件的内在联系和主线的明朗，而交叉蒙太奇强调的是并列的多个线索之间的交叉关系和事件的同时性和对比性，以及这些事件之间的相互影响和相互促进。在最后，几条线索汇合为一，这种叙述手法能形成强烈的对比和激烈的气氛，加强矛盾冲突的尖锐性，引起悬念，是调动观众情绪的一个重要手段
④ 重复蒙太奇	这种叙述手法是将代表一定寓意的镜头或者场面在关键时刻反复出现，形成强调、对比、响应、渲染等艺术效果，以便加深对某种寓意的印象

(2) 表现蒙太奇

表现蒙太奇在影视艺术中也被称作对称蒙太奇，是以镜头的队列为基础，通过相连或相叠镜头在形式或者内容上的相互对照、冲击，从而产生单独一个镜头本身不具有的或者意义更为丰富的涵义，表达创作者的某种情感或情绪，也给观众在视觉上和心理上留下强烈的印象，增加情绪的感染力，其美学作用在于激发观众的联想，启迪观众思考。使用表现蒙太奇技术的目的不是叙述情节，而是表达情绪，表现寓意和揭示内在含义，这种蒙太奇表现形式主要有以下几种。

① 隐喻蒙太奇	这种叙述手法通过镜头（或者场面）的队列或交叉表现进行分类，含蓄而形象地表达创作者的某种寓意或者对某个事件的主观情绪。它往往是将不同事物之间具有的某种相似特征表达出来，以引起观众的联想，领会创作者的寓意和领略事件的主观情绪色彩
② 对比蒙太奇	这种叙述手法是在镜头的内容或者形式上营造一种对比效果，给人一种反差感，也是内容的相互协调和对比冲突，用来表达创作者的某种寓意或者对话所表现的内容、情绪和思想
③ 心理蒙太奇	这种叙述方法是通过镜头组接，直接而生动地表现人物的心理活动和精神状态，如人物的闪念、回忆、梦境、幻觉以及想象等心理甚至是潜意识的活动。这种表现手法多用在表现追忆的镜头中

隐喻蒙太奇表现手法在美学上的特征就是将巨大的概括力和简洁的表现手法结合，具有强烈的感染力和形象的表现力。在要制作的节目中，必须将要隐喻的因素与所要叙述的线索相结合，这样才能产生想要表达的艺术效果。用来隐喻的要素必须与所要表达的主题一致，并且能够在表现手法上补充说明主题，而不能脱离情节生硬插入，这一手法要求运用必须贴切、自然、含蓄和新颖。

心理蒙太奇表现手法的特点是形象的片段性和叙述的不连贯性。多采用交叉、队列以及穿插等表现手法，带有强烈的主观色彩。

1.2.5 镜头组接的一般规律

符合观众的思维方式和影视表现规律

镜头的组接要符合生活和思维的逻辑，不符合逻辑观众就看不懂。影视节目要表达的主题与中心思想一定要明确，在这个基础上才能根据观众的心理要求（即思维逻辑）选用镜头，并将它们组合在一起。

遵循“动接动”、“静接静”的规律

“动接动”、“静接静”是镜头组接的基本原则。所谓的“动”与“静”是指在剪辑点上画面主体或摄像机是处于运动状态还是静止状态，遵循这一原则进行镜头组接可保持视觉的流畅与和谐。

遵循轴线规律

在前期拍摄时，由于摄像师未充分意识到轴线问题，或者即使前期拍摄时建立并遵守了轴线原则，但后期剪辑时需打乱原来的镜头次序重新组合，就可能产生“跳轴”现象。如果这个问题不解决，就会造成观众理解上的混乱。

当遇到“跳轴”问题时，剪辑师可采取以下补救措施来消除或减弱“跳轴”现象。

① 利用动势改变轴线方向	在两个跳轴镜头中间插入一个人物转身或运动物转弯的镜头，将轴线方向改变过来
② 插入中性镜头	在两个运动方向相反的镜头中间插入一个无明显方向性的中性镜头
③ 借助人物视线	在跳轴镜头中间插入一个人物视线变化的镜头，借助人物视线的变动，改变轴线方向
④ 插入特写镜头	在跳轴镜头中间插入一个局部特写或反映特写的镜头。需要注意的是，插入的特写镜头要与前后镜头有一定的联系，否则会显得生硬
⑤ 插入全景镜头	由于全景镜头中主体在画面所处的位置、运动的方向或动作不是很明显，插入后即使轴方向有所变化，但观众的视觉跳跃不大

镜头长度的选择

一般说来，镜头景别、画面信息量的多少及画面构成的复杂程度都会影响镜头长度的选择。就景别而言，全景镜头画面停留时间要长一些，中近景镜头要稍短一些，特写镜头要更短一些；就画面信息量而言，信息量大时，画面停留时间要稍长一些，信息量少时，画面停留时间要短一些；就画面构成复杂程度而言，画面构成复杂的，停留时间要稍长一些，反之则稍短一些。对于叙述性或描述性的镜头，镜头长度的选择应以观众完全看懂镜头内容所需的时间为准；对于以刻画人物内心心理及反映情绪变化为主的镜头，镜头长度的选择不要按叙述的长度来处理，而应根据情绪长度的需要来选择，要适当地延长镜头长度，保持情绪的延续和完整，给观众留下感知和联想的空间。

镜头组接的影调与色彩的统一

影调是针对黑画面而言的。黑画面上的景物，无论原来是什么颜色，都是由许多深浅不同的黑白层次组成软硬不同的影调来表现的。对于彩色画面，除了影调问题还有色彩问题，无论是黑白画面还是彩色画面组接都应该保持影调色彩的一致性。如果把明暗或者色彩对比强烈的两个镜头组接在一起（除了特殊的需要外），会使人感到生硬和不连贯，影响内容的通畅表达。

镜头组接节奏

影视节目的题材、样式、风格以及情节的环境气氛、人物的情绪和情节的起伏跌宕等，都是影视节目节奏的总依据。影片节奏除了通过演员的表演、镜头的转换和运动、音乐的配合以及场景的时间空间变化等因素体现以外，还需要运用组接手段，严格掌握镜头的尺寸和数量，调整镜头顺序，删除多余的枝节才能完成。也可以说，组接节奏是影片总节奏的最后一个组成部分。

处理影片节目的任何一个情节或一组画面，都要从影片表达的内容出发。如果在一个宁静祥和的环境里用快节奏的镜头转换，就会使观众觉得突兀跳跃，心理难以接受。在一些节奏强烈、激荡人心的场面中，应该考虑到种种冲击因素，使镜头的变化速率与观众的心理要求一致，以增强观众的激动情绪，达到吸引观众的目的。

1.3 影视色彩编辑

1.3.1 色彩模式

RGB模式

RGB是光的色彩模式，绝大部分可见光谱中的颜色可以用红、绿和蓝（RGB）三色光按不同比例和强度混合后生成，三种颜色两两等量混合可以分别产生青色、洋红和黄色。

因为RGB三种颜色合成后将得到白色，因此此颜色模式也被称为加色模式。虽然RGB图像只使用三种颜色，但在屏幕上可以出现多达1670万种颜色。

CMYK模式

CMYK模式以打印在纸张上油墨的光线吸收特性为理论基础，是一种印刷所使用的模式，由分色印刷时所使用的纯青色（C）、洋红（M）、黄色（Y）和黑色（K）四种颜色组成。由于这四种颜色能够通过合成得到可以吸收所有颜色的黑色，因此使用CMYK生成颜色的模式也被称为减色模式。

虽然在理论上C、M、Y三种颜色等量混合能够产生黑色，但由于所有打印油墨都会包含一些杂质，因此这三种油墨混合实际上产生了一种土灰色，因此必须与黑色（K）油墨混合才能产生真正的黑色，四色印刷色也正是由此而得名。

Lab模式

Lab模式由亮度或光亮度分量（L）和两个色度分量组成，即a分量（从绿到红）和b分量（从蓝到黄）。1976年，这种模式被重新修订并命名为CIE L*a*b。

Lab颜色模式的最大优点是与设备无关，无论使用什么设备（如显示器、打印机、计算机或扫描仪）创建或输出图像，这种颜色模式所产生的颜色都可以保持一致。

HUB模式

HUB模式是基于人类对颜色的感觉来定义的。它描述了颜色的3个基本特性，这3个基本特性分别是色相、饱和度和亮度。

※ 色相是从物体反射或者透过物体传播的颜色。在0°～360°的标准色轮上，色相是按位置进行度量的。在通常使用过程中，色相是由颜色名称标识的，比如红、橙或绿等。

※ 饱和度也称彩度，是指颜色的强度或者纯度。饱和度表示色相中灰度成分所占的比例，用0%（灰度）～100%（完全饱和）的百分比参数来进行度量。在标准色轮上，饱和度是从中心向边缘递增的。

※ 亮度是颜色的相对明暗程度，通常用0%（黑）～100%（白）的百分比参数来进行度量。

灰度模式

灰度模式的图像是由256级灰度颜色组成的图像，灰度图像的每个像素都可以具有0～255之间的任意一个亮度值。任何一种彩色图像转换为“灰度”的图像时，其他所有颜色都将被删除。由于灰度模式的图像具有介于黑、白颜色间的256级灰度，因此可以表现过渡非常细腻的图像。

1.3.2 位图与矢量图

位图

位图图像是由像素点来表达、构成图形的，即所有位图图像都是由一个个不同的颜色方格组成的。不同颜色方格排列在不同的位置上便形成了不同的图像，如图1.25所示为原位图图像，如图1.26所示为放大显示的情况下，位图显示出的马赛克效果，这些颜色方格被称为像素。

图1.25

图1.26

由于位图图像由很多不同颜色的像素组成，可以在最大程度上表现图像的节点，因此常被用来表达色彩丰富、过渡自然的图像，许多电脑设计的招贴画、海报、灯箱广告中的图像都是位图图像。

由于位图图像是由像素构成的，因此与矢量图形相比其可缩放性比较差，当把一个位图图像放大时，图像会出现很明显的锯齿。

由于位图图像在储存时需要记录每个像素的位置和颜色，所以图像像素越多（分辨率越高），图像越清晰，文件也就越大，在处理图像时计算机的运算速度也就越慢。

矢量图

矢量是用来表达图形的一系列数学公式，而矢量图形也就是一系列由数学公式代表的线条所构成的图形。构成图形的线条所具有的颜色、位置、曲率和粗细等属性，都由许多复杂的数学公式来表达，这是矢量图形文件尺寸非常小的原因。

用矢量表达的图形，线条非常光滑、流畅，且具有优秀的缩放平滑性，如图1.27所示。即当用户对矢量图形进行缩放时，线条依然能够保持非常好的光滑性及比例相似性，从而在整体上保持了图形不变形。因为当用户对矢量图形执行缩放比例变形操作时，对于矢量图形软件而言，无非是在表达图形的数学公式上改变比例因子而已。

图1.27

矢量图形与分辨率无关，可以将其缩放到任意尺寸，而不会丢失细节或降低清晰度。正是由于这个原因，矢量图形适合用来表现醒目的图形，如徽标等。

第2章 Premiere Pro CS5视频编辑基础

2.1 Premiere Pro CS5常用编辑窗口

2.1.1 启动Premiere Pro CS5

Premiere Pro是Adobe公司基于PC平台开发的视频编辑软件，它集视频、音频编辑于一身，被广泛应用于电视节目制作、广告制作及电影剪辑等领域。

※在桌面状态栏中选择【开始】|【程序】|【Adobe Premiere Pro CS5】命令，启动Premiere Pro CS5软件，启动界面如图2.1所示。

图2.1

※启动该程序后将出现Premiere Pro欢迎界面，如图2.2所示。单击【新建项目】或【打开项目】按钮，新建或打开项目后，弹出Adobe Premiere Pro CS5的标准工作界面，如图2.3所示。

图2.2

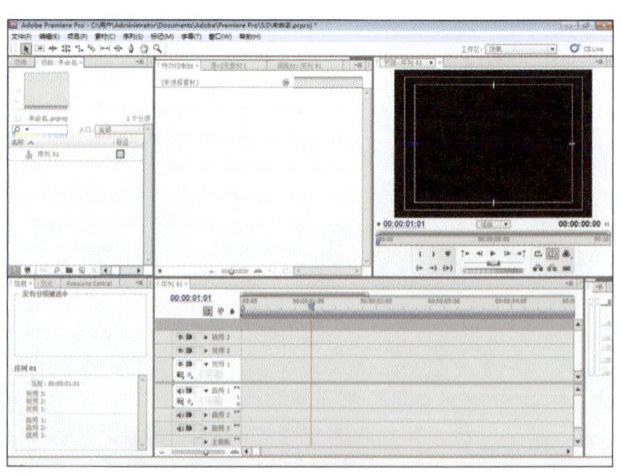

图2.3

2.1.2 基本项目设置

在进入一个新项目时，系统会弹出【新建项目】对话框，在该对话框中可以设置项目的名称和存储位置等，如图2.4所示。

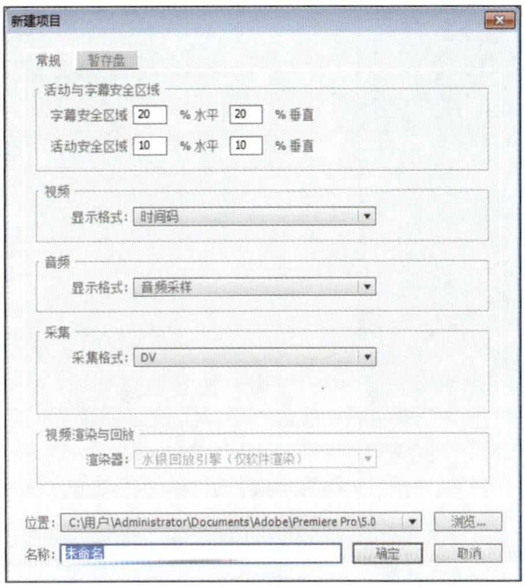

图2.4

序列预置

设置好名称和文件存储位置后，单击【确定】按钮，弹出【新建序列】对话框。在该对话框的【序列预置】选项卡中，Premiere Pro CS5为用户提供了预置好的设置，如图2.5所示，用户可以结合自己的需要直接使用。

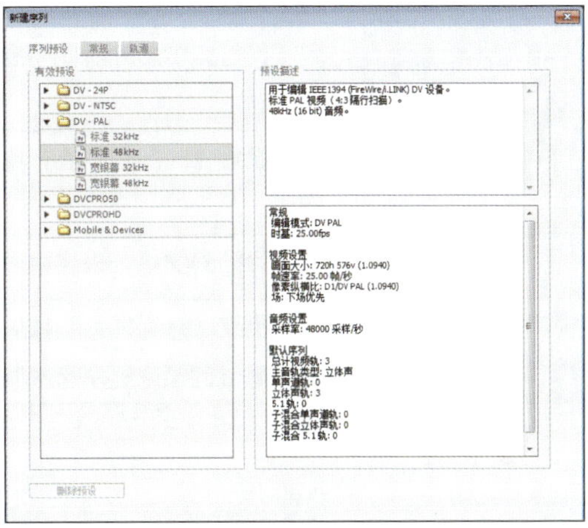

图2.5

常规

在【常规】选项卡中，可以对影片的编辑模式、时间基准、视频、音频等基本选项进行设置，如图2.6所示。其中各选项的功能如下表所示。

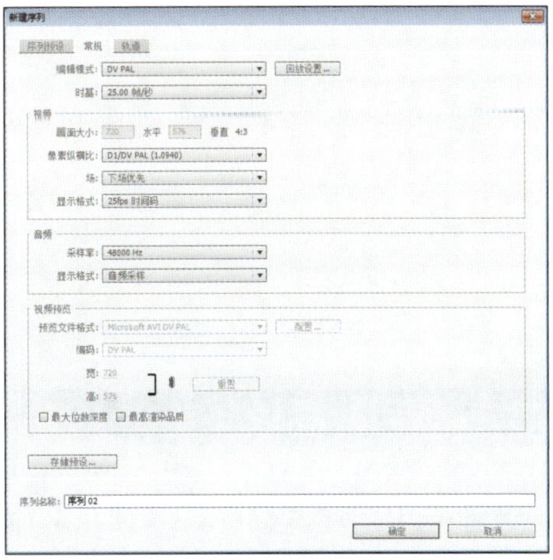

图2.6

① 编辑模式	用于设置【时间栏】面板中视频的播放方式，如图2.7所示 图2.7
② 时间基准	用于决定【时间栏】面板片段中的时间位置的基准，一般NTSC制式视频的时间基准固定为29.97，这是不可以更改的；PAL制式视频的时间基准为25；电影胶片视频的时间基准为24；其他视频的时间基准为30
③ 画面大小	用于设置【时间栏】面板中播放项目的图像尺寸
④ 像素纵横比	用于设置编辑项目像素的宽、高之比
⑤ 场	用于设置编辑影片所使用场的方式，包括无场（逐行扫描）、上场优先和下场优先3种方式
⑥ 显示格式	用于设置【时间栏】面板中时间的显示方式，一般情况下应与时间基准中的设置一致
⑦ 采样率	决定音频的质量，采样率越高，音质效果越好
⑧ 显示格式	可以更改【时间栏】面板或监视器窗口中的显示方式，使它们按照音频单位而不是视频单位的帧来显示音频素材

轨道

在【轨道】选项卡中可以对编辑序列的缺少参数进行设置，如图2.8所示。

图2.8

2.1.3 【项目】面板

在菜单栏中选择【窗口】|【项目】命令，打开【项目】面板。【项目】面板一般位于界面的左上角，主要用来组织、管理视频节目中的素材。进行编辑操作之前，应先将需要的素材导入【项目】面板中。

将素材导入【项目】面板后，将会在其中显示文件的详细信息，如名称、属性、大小、持续时间、文件路径以及备注等。选择【项目】面板中的文件，在面板上方将显示该文件的缩略图和信息说明，如图2.9所示。

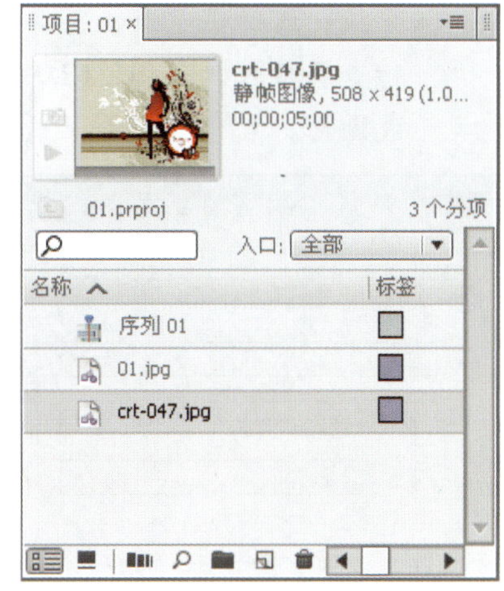

图2.9

【项目】面板菜单

单击【项目】面板右上方的按钮，弹出面板菜单，该菜单主要用于对项目中的素材进行相关操作，如图2.10所示，其中各选项的含义如下。

图2.10

※**浮动面板：**选择该命令，可以将面板单独分离出来，成为一个独立的浮动面板。

※**浮动窗口：**选择该命令，可以将面板组中的所有面板分离出来，成为一个独立的活动面板组。

※**关闭面板：**选择该命令，可以将该面板关闭。

※**关闭框架：**选择该命令，可以将面板组关闭。

※**最大化窗口：**选择该命令，可以将当前面板组最大化显示。当使用该命令后，该命令将变成【恢复框架大小】命令，用于将面板组恢复到原来的大小。

※**新建文件夹：**选择该命令，将新建一个素材文件夹，以便对导入的素材进行分类管理。也可以单击【项目】面板下方的【新建文件夹】按钮。

※**重命名：**选择该命令，可以为文件夹、素材或场景等重新命名。

※**删除：**选择该命令，可以删除选中的文件夹、素材或场景等。

※**自动匹配到序列：**选择该命令，可将【项目】面板中所选的素材自动排列到【时间栏】面板中。也可以单击【项目】面板下方的【自动匹配到序列】按钮，弹出【自动匹配到序列】对话框，可以对素材进行顺序、放置、方法和素材重叠等参数设置，如图2.11所示。

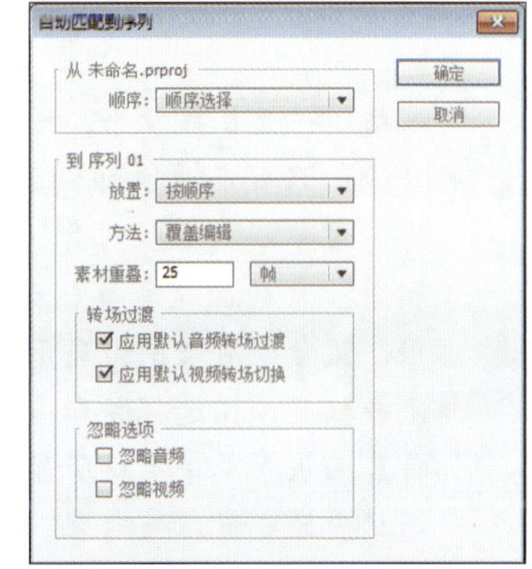

图2.11

※查找：选择该命令，将弹出【查找】对话框，可以按照列、操作或查找目标方式进行查找操作，如图2.12所示。也可以单击【项目】面板下方的【查找】按钮完成操作。

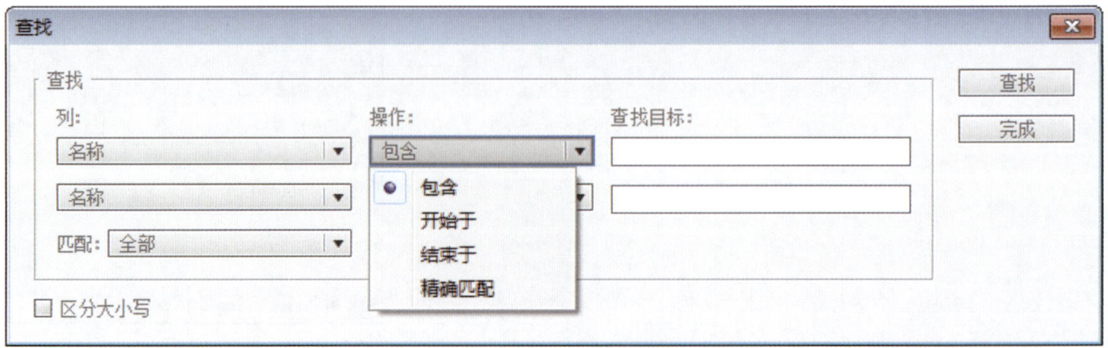

图2.12

※视图：选择该命令，可以改变素材目录区中素材的显示方式以及预览窗口的显示和隐藏。在【视图】子菜单中，包括列表、图标和预览区域3个选项，如图2.13所示。其中的【列表】命令用于显示名称、标签、帧速率、视频入点、视频出点等属性，如图2.14所示；【图标】命令用于显示图标内容，如果素材为动态视频素材，将显示该素材的第1帧内容，如图2.15所示。

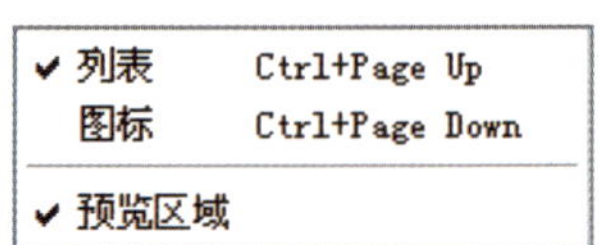

图2.13

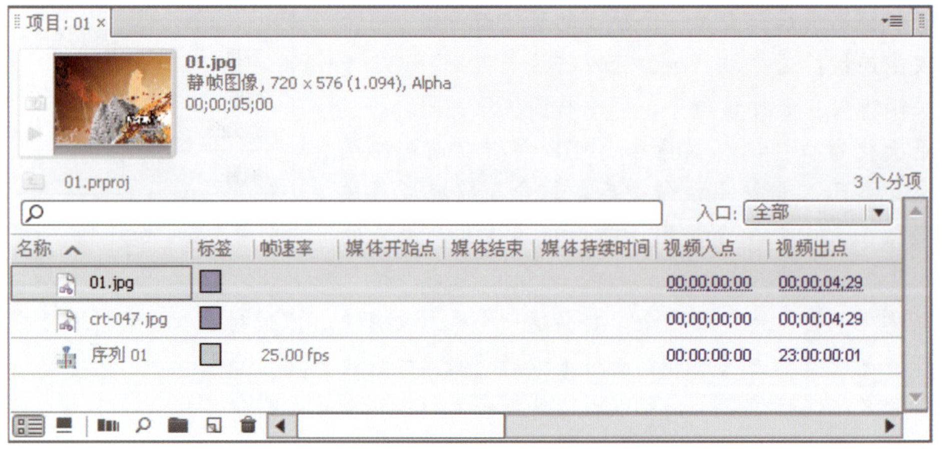

图2.14

※缩略图：选择该命令，可以改变素材缩略图的大小。包括关、小、中和大4个选项。

※整理：只有在【项目】面板菜单中选择【视图】|【图标】命令，此命令才可以应用，该命令用来排列素材图标。

※刷新：只有在【项目】面板菜单中选择【视图】|【列表】命令，此命令才可以应用，该命令用来刷新显示的素材属性。

※元数据显示：选择该命令，将弹出【元数据显示】对话框，如图2.16所示。在【项目】面板菜单中素材所显示的内容选项与此对话框有关，勾选不同的复选框，将显示相应的素材属性内容。

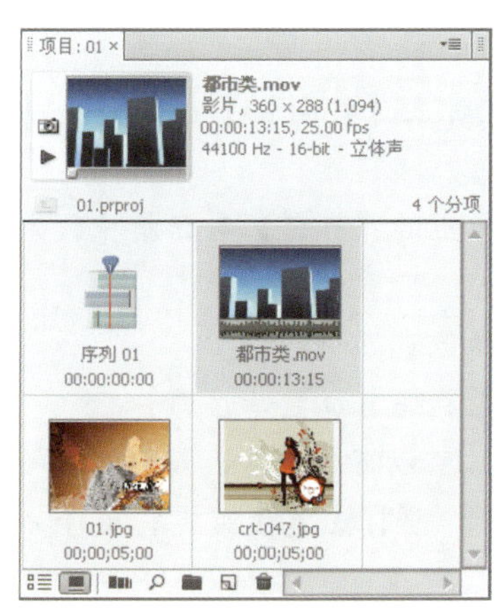

图2.15

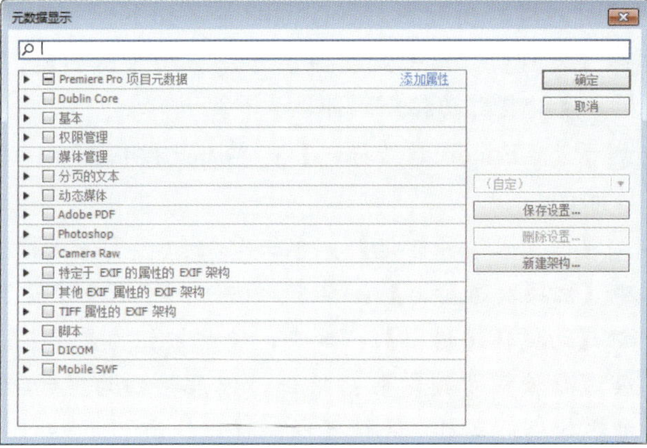

图2.16

【项目】面板工具栏

在【项目】面板下方的工具栏中共有7个功能按钮，从左至右分别为【列表视图】按钮、【图标视图】按钮、【自动匹配到序列】按钮、【查找】按钮、【新建文件夹】按钮、【新建分项】按钮和【清除】按钮，各按钮的含义如下表所示。

按钮	含义
① 【列表视图】	单击此按钮可更换素材窗中的素材排列为列表形式显示
② 【图标视图】	单击此按钮可更换素材窗中的素材排列为图标形式显示
③ 【自动匹配到序列】	单击此按钮可将素材自动调整到时间线
④ 【查找】	单击此按钮可按提示快速查找素材
⑤ 【新建文件夹】	单击此按钮可新建文件夹以便管理素材
⑥ 【新建分项】	分项文件中包含多项不同素材的文件，单击此按钮可为素材分门别类，以便更有序地进行管理
⑦ 【清除】	选中不需要的文件，单击此按钮即可将其删除

2.1.4 【时间栏】面板

【时间栏】面板是Premiere Pro CS5的核心部分，在编辑影片的过程中，大部分工作都是在【时间栏】面板中完成的。通过【时间栏】面板，可以轻松地实现对素材的剪辑、插入、复制、粘贴和修整等操作，如图2.17所示。

图2.17

在【时间栏】面板中，各按钮的含义如下。

※【吸附】：单击此按钮，可以启动吸附功能，这时在【时间栏】面板中拖动素材，素材将自动黏合到邻近素材的边缘。

※【设置Encore章节标记】：单击此按钮，可以在弹出的【标记】对话框中设定章节标记。

※【设置未编号标记】：单击此按钮，可在当前帧的位置添加标记。

※【切换轨道输出】：单击此按钮，可以决定是否在监视窗口显示该影片。

※【切换轨道输出】：单击，使此按钮为显示状态，可以听到声音，反之则静音。

※【切换同步锁定】：单击，使此按钮为显示状态，当前轨道被锁定，处于不能编辑状态；反之则解锁可以编辑该轨道。

※【展开轨道】：隐藏或展开【视频轨道】工具栏或【音频轨道】工具栏。

※【设置显示样式】：单击此按钮，将弹出下拉列表，在此下拉列表中可选择显示的命令。

※【显示关键帧】：单击此按钮，将弹出下拉列表，在此下拉列表中可选择显示当前关键帧的方式。

※【设置显示样式】：单击该按钮，将弹出下拉列表，可以根据需要对音频轨道素材显示方式进行选择。

※【跳到下一关键帧】：单击此按钮，将设置时间指针定位在被选素材轨道的下一个关键帧上。

※【添加/移除关键帧】：单击此按钮，将在时间指针的位置上设置轨道上被选素材当前位置的关键帧。

※【跳到前一关键帧】：单击此按钮，将设置时间指针定位在被选素材轨道上的上一个关键帧上。

2.1.5 【工具】面板

【工具】面板主要用来对时间线中的音频、视频等轨道中的内容进行编辑，如图2.18所示。

【工具】面板中各工具的含义如下。

※【选择工具】：其快捷键为V。用于选择素材、移动素材、调节素材关键帧、拉伸素材以及设置素材的入点和出点。

※【轨道选择工具】：其快捷键为A。用于选择某一轨道上的所有素材。

※【波纹编辑工具】：其快捷键为B。拖动素材的入点或出点，可以改变素材的长度，并且轨道上其他素材的长度不受影响。

※【滚动编辑工具】：其快捷键为N。用于调整两个相邻素材的长度，改变其中一个素材的长度会影响到另一个素材，一个长度缩小，另一个就会相应地变大。

※【速率伸缩工具】：其快捷键为X。用于对素材速度进行调整，缩短素材长度则速度加快；拉长素材长度则速度减慢。

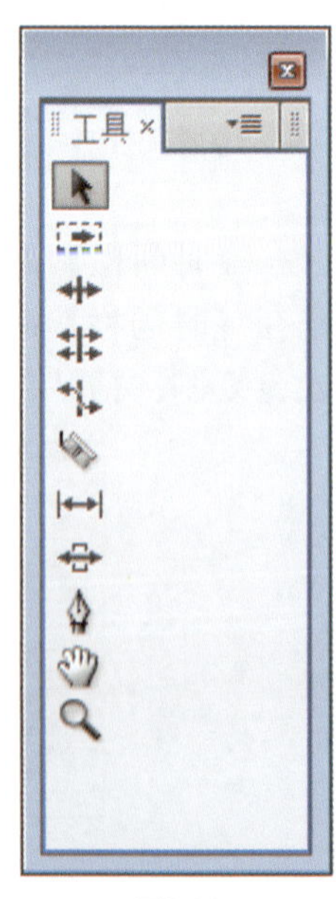

图2.18

※【剃刀工具】：其快捷键为C。可以将素材分段，以调整素材的出点和入点。

※【错落工具】：其快捷键为Y。可以在保持其总长度不变并且不影响相邻素材的情况下，改变一段素材的入点和出点。

※【滑动工具】：其快捷键为U。改变前一素材的出点和后一素材的入点，并且保持要剪辑素材的入点和出点不变。

※【钢笔工具】：其快捷键为P。用于调整素材的关键帧。

※【手形把握工具】：其快捷键为H。用于移动【时间栏】面板中的可视区域，以便更好地编辑素材。

※【缩放工具】：其快捷键为Z。用于调整【时间栏】面板的显示比例，按住Alt键，可以在放大和缩小模式间进行切换。

2.1.6 【素材源监视器】面板

在【素材源监视器】面板中每次只能显示一个单独的素材，可以通过单击该面板左上方的下拉列表来选择要显示的素材，如图2.19所示。

【素材源监视器】面板下方的按钮是用来编辑素材的，如图2.20所示。各个按钮的含义如下。

图2.19

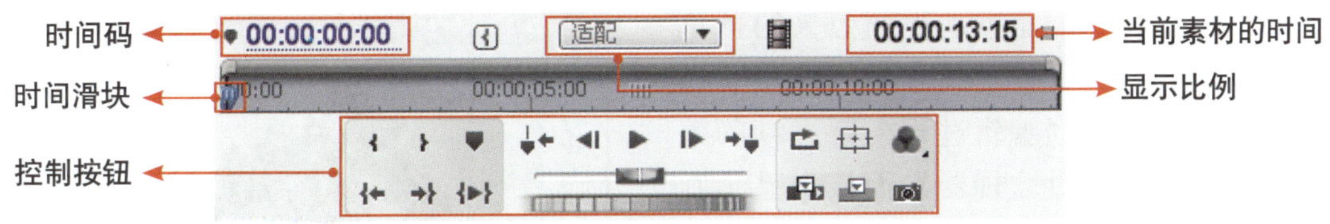

图2.20

※ 00:00:13:15 时间码：显示当前时间滑块所在的位置，显示格式为“小时:分钟:秒:帧”。

※【跳转到前一标记】：单击该按钮，时间滑块将移动到当前位置的前一个标记处。

※【步退】：该按钮是对素材进行逐帧倒播的控制按钮，每单击一次该按钮，播放就会后退一帧，按住Shift键的同时单击该按钮，每次后退五帧。

※【播放】：单击该按钮，将从当前帧开始播放影片。

※【停止】：单击该按钮，将停止播放当前影片。

※【步进】：该按钮是对素材进行逐帧播放的控制按钮。每单击一次该按钮，播

放就会前进一帧，按住Shift键的同时单击该按钮，每次前进五帧。

※ 【跳转到下一标记】：单击该按钮，时间滑块将移动到当前位置的下一个标记处。

※ 飞梭：在播放影片时，拖动中间的滑块，可以改变影片播放速度。向左拖动将倒放影片，向右拖动将正播影片。按钮离中心点越近，播放速度越慢，反之则越快。

※ 微调：将光标移动到它的上面，并左右拖动，可以仔细搜索影片中的某个片段。

※ 【设置入点】：单击该按钮，将设置当前时间滑块位置为素材入点。

※ 【设置出点】：单击该按钮，将设置当前时间滑块位置为素材出点。

※ 【设置未编号标记】：单击该按钮，将设置没有序号的标记点。

※ 【跳转到入点】：单击该按钮，时间滑块将直接跳转到该音频素材的入点位置。

※ 【跳转到出点】：单击该按钮，时间滑块将直接跳转到该音频素材的出点位置。

※ 【播放入点到出点】：单击该按钮，将只播放从音频素材入点到出点的音频文件。

※ 【循环】：单击该按钮，监视窗口将会不断循环播放素材，直至按下【停止】按钮。

※ 【安全框】：单击该按钮，将为影片设置安全边界线，以防影片画面太大而播放不出该帧，再次单击可隐藏安全线。

※ 【输出】：单击该按钮，可在弹出的菜单中对导出的形式和导出的质量进行设置。

※ 【插入】：单击此按钮，可使重叠的片段后移。

※ 【覆盖】：单击该按钮，可使重叠的片段被覆盖。

※ 【导出单帧】：单击该按钮可以将当前窗口播放内容导出单帧。

2.1.7 【节目监视器】面板

【节目监视器】面板是视频效果的预览区，是在进行节目安排时最重要的窗口，在该窗口中可以预览到编辑过程中每一帧的效果。如果要在【节目监视器】面板中显示画面，首先要将素材添加到时间线上，并将时间滑块移动到当前素材的有效帧内，才可以显示，但不能显示音频效果，如图2.21所示。

在【节目监视器】面板中，各主要按钮的含义如下。

图2.21

※【提升】：单击该按钮，可将轨道上入点与出点之间的内容删除，删除之后仍然保留原空间。

※【提取】：单击该按钮，可将轨道上入点与出点之间的内容删除，删除之后不保留空间，后面的素材会自动连接前面的素材。

※【修整监视器】：单击该按钮，弹出【修整】面板，可在其中修整每一帧的影视画面效果。

2.1.8 【效果】面板

【效果】面板中存放着Premiere Pro CS5自带的各种音频、视频特效和预设的特效。按照功能分为5大类：预置、音频特效、音频过渡、视频特效及视频切换效果，这些特效是进行视频编辑的重要部分，主要针对时间线上的素材进行特效处理，一般常见的效果都可以利用【效果】面板中的特效来完成，如图2.22所示。

图2.22

2.1.9 【特效控制台】面板

【特效控制台】面板主要用于控制对象的运动、透明度、切换及特效等，如图2.23所示。当为某一段素材添加了音频、视频或转场特效后，就需要在该面板中进行相应的参数设置和添加关键帧，画面的运动特效也是在该面板中进行设置，该面板会根据素材和特效的不同显示不同的内容。

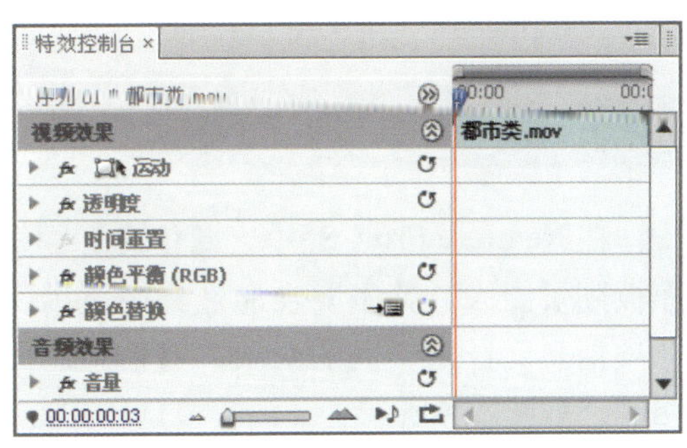

图2.23

2.1.10 【调音台】面板

利用【调音台】面板可以有效地调节项目的音频和实时混合各轨道的音频对象，如图2.24所示。

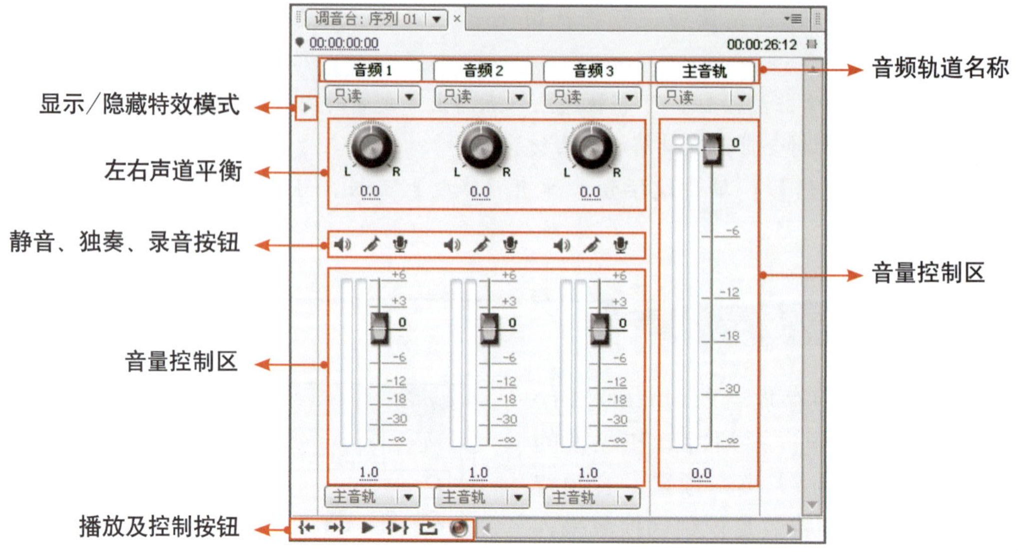

图2.24

2.1.11 【历史】面板

【历史】面板用于记录用户从建立项目开始进行的所有操作，当执行了错误操作后，单击该面板中相应的命令，即可撤销错误操作，并重新返回到错误操作之前的某一个状态，如图2.25所示。

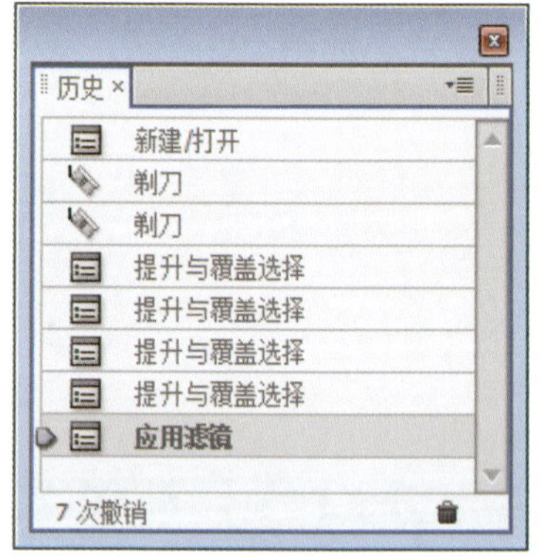

图2.25

2.1.12 【信息】面板

在Premiere Pro CS5中，【信息】面板被作为一个独立面板列了出来，其主要功能是集中显示所选定素材对象的各项信息。针对不同的对象，【信息】面板的内容也不尽相同，如图2.26所示。

在默认设置下，【信息】面板是空白的，如果在【时间栏】面板中添加一个素材并将其选中，【信息】面板将显示选中素材的信息。如果有过渡，则显示过渡的信息；如果选的是一段视频素材，【信息】面板将显示该素材的类型、持续时间、帧速率、入点、出点及光标的位置；如果选中的是静止图片，【信息】面板将显示素材的类型、持续时间、帧速率、开始点、结束点及光标的位置。

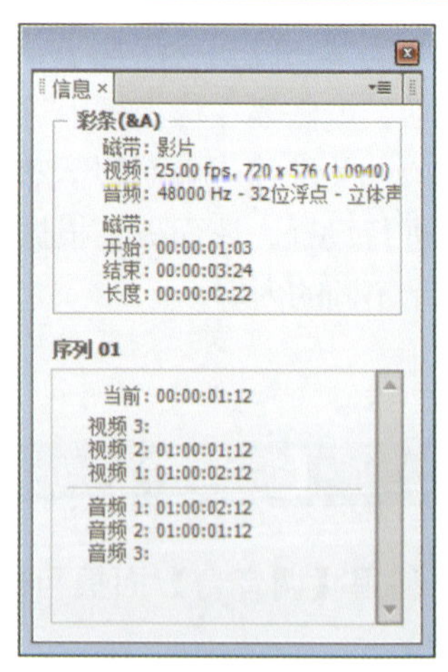

图2.26

2.2 设置工作界面

2.2.1 Premiere Pro CS5的4种工作界面

Premiere Pro CS5提供了工作界面的设置功能和自定义具有自我风格界面的功能。可以根据不同的编辑工作需要，选择不同的工作窗口。在菜单栏中选择【窗口】|【工作区】命令，可以看到其子菜单中包含了4种工作模式选项，包括【效果】工作界面、【编辑】工作界面、【色彩校正】工作界面和【音频】工作界面，如图2.27所示。

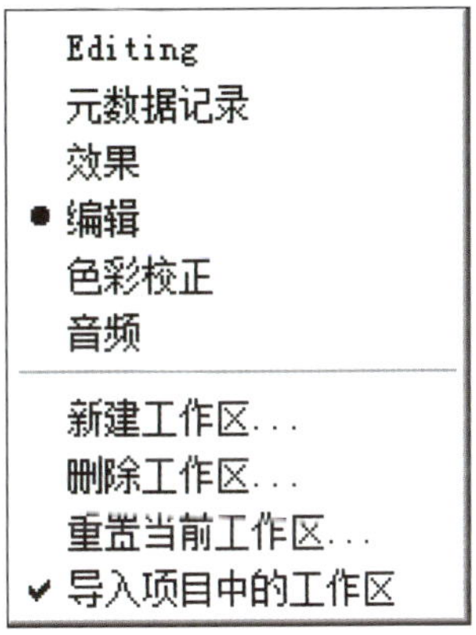

Editing
元数据记录
效果
● 编辑
色彩校正
音频

新建工作区...
删除工作区...
重置当前工作区...
✔ 导入项目中的工作区

图2.27

【效果】工作界面

在菜单栏中选择【窗口】|【工作区】|【效果】命令，切换到【效果】工作界面，整个界面以【特效控制台】面板为主，突显了效果参数设置区域，如图2.28所示。

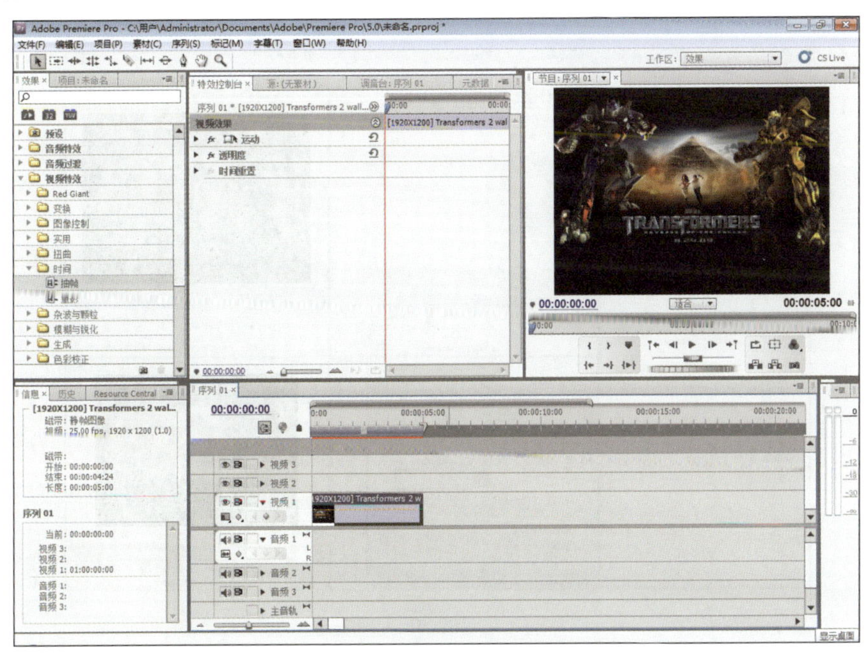

图2.28

【编辑】工作界面

在菜单栏中选择【窗口】|【工作区】|【编辑】命令，切换到【编辑】工作界面，该界面更适合对影片进行编辑和剪辑操作，如图2.29所示。

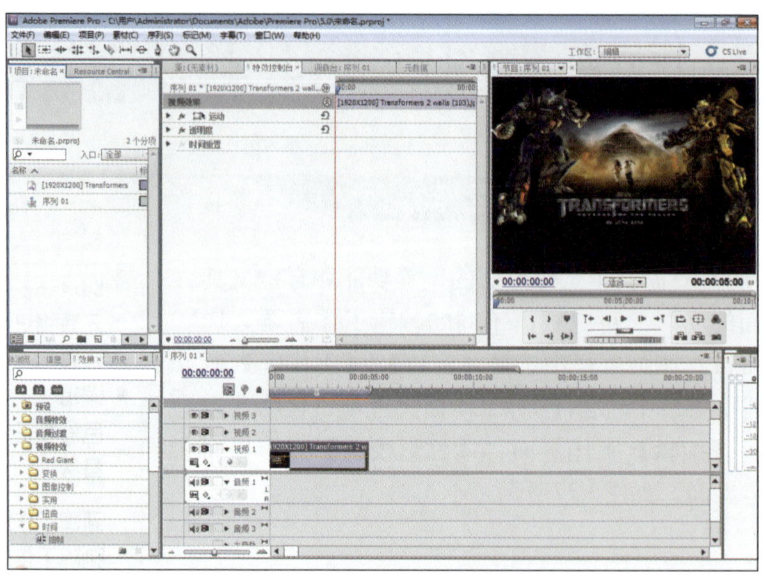

图2.29

【色彩校正】工作界面

在菜单栏中选择【窗口】|【工作区】|【色彩校正】命令，切换到【色彩校正】工作界面，整个界面以【特效控制台】面板为主，并显示出监视器和参考窗口，突显了色彩校正参数设置区域，如图2.30所示。

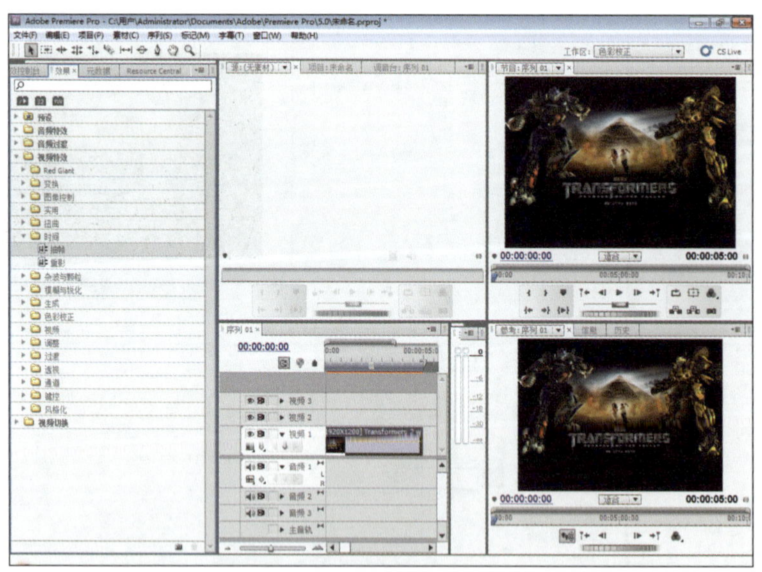

图2.30

【音频】工作界面

在菜单栏中选择【窗口】|【工作区】|【音频】命令，切换到【音频】工作界面，整个界面以【调音台】面板为主，突显了【调音台】面板参数设置区域，更加适合音频素材的编辑工作，如图2.31所示。

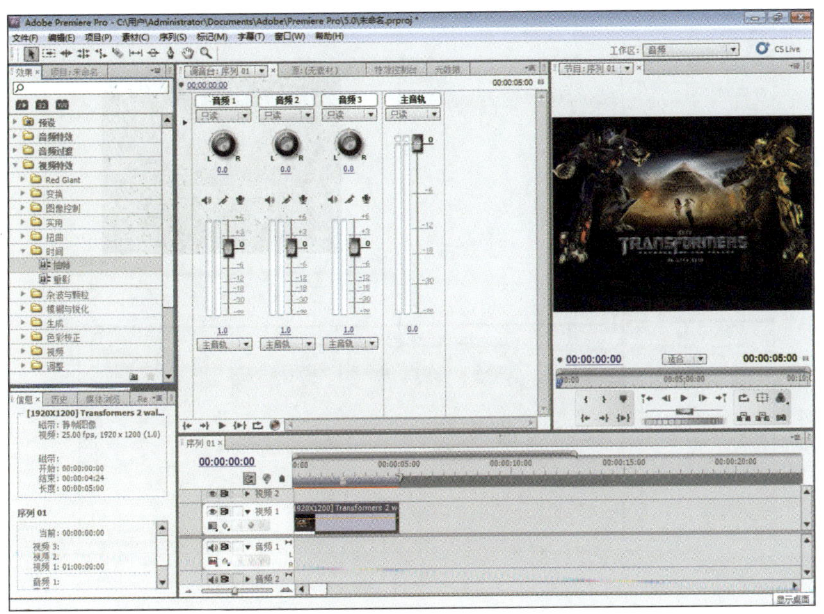

图2.31

2.2.2 工作界面的调整 

用户可以根据需要对工作界面中的各窗口或面板进行适当的调整，以适应工作的需要。

改变左右面板或窗口的宽度

将光标放置在左右面板或窗口的连接处，当光标变成⇹形状时，按住鼠标左键左右拖动，即可改变左右面板或窗口的宽度，如图2.32所示。

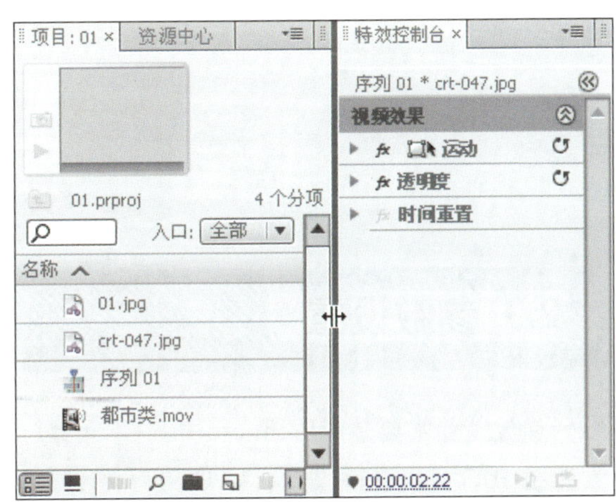

图2.32

改变上下面板或窗口的高度，与改变左右面板或窗口宽度的操作方法相同，将光标放置在上下面板或窗口的连接处上下拖动鼠标即可。

同时改变多个面板或窗口的大小

将光标放置在窗口连接的角点位置，当光标变成✥形状时，按住鼠标左键任意拖动，即可改变多个面板或窗口的大小，如图2.33所示。

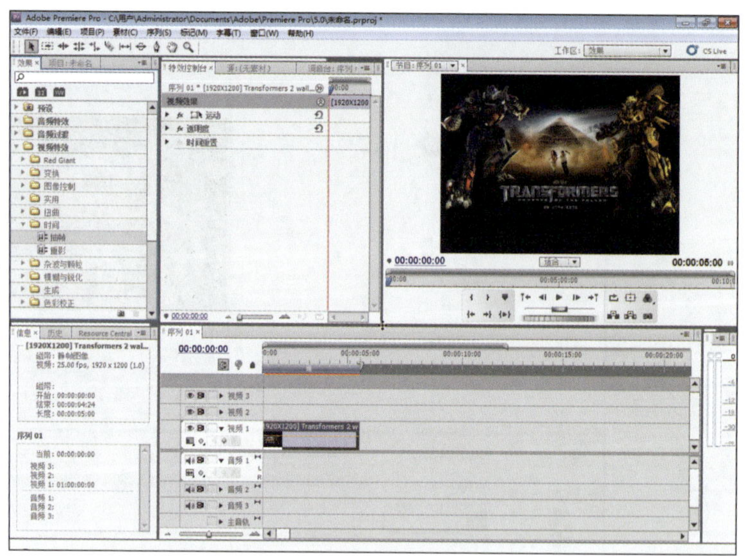

图2.33

使用滑块控制面板或窗口的显示

当一个面板或窗口过小时，在当前面板或窗口的上方将出现一个长条滑块，按住鼠标左键左右拖动长条滑块，即可显示该面板或窗口的隐藏内容，如图2.34所示。

体浏览
信息
效果
预置
音频特效
音频过渡
视频特效
视频切换

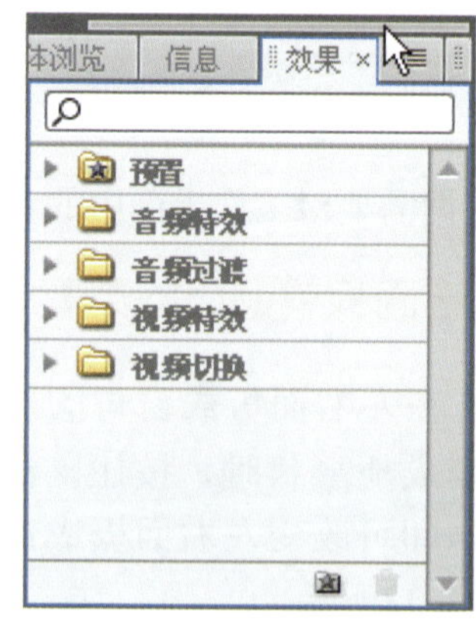

图2.34

2.3 参数设置

参数设置主要是对Premiere Pro CS5的默认环境中的参数进行设置，以便更好地进行视频编辑操作。在菜单栏中选择【编辑】|【首选项】命令，在弹出的【首选项】子菜单中选择任意一个选项，如图2.35所示，即可弹出【首选项】对话框，下面分别介绍各参数的设置。

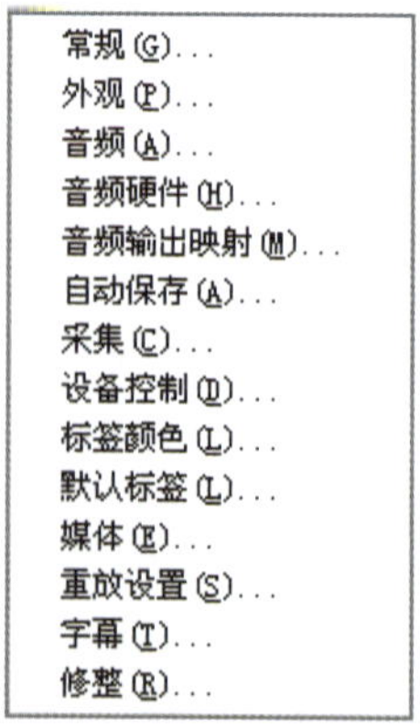

常规(G)...
外观(P)...
音频(A)...
音频硬件(H)...
音频输出映射(M)...
自动保存(A)...
采集(C)...
设备控制(D)...
标签颜色(L)...
默认标签(L)...
媒体(E)...
重放设置(S)...
字幕(T)...
修整(R)...

图2.35

2.3.1 【常规】设置

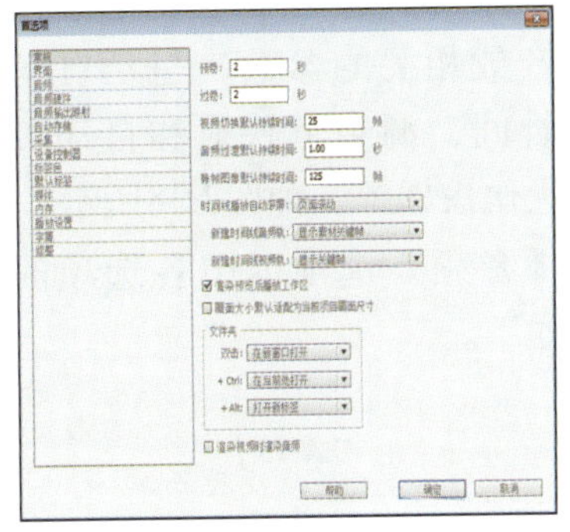

【常规】选项卡主要用于对Premiere Pro CS5中的基本参数进行设置，如图2.36所示。

【常规】选项卡中各选项的含义如下。

图2.36

选项	含义
① 预卷	用于设置从单击【播放】按钮到开始播放的时间
② 后卷	用于设置从单击【结束】按钮到停止播放的时间
③ 视频切换默认持续时间	用于设置视频在转换到另外一个画面时所需要的持续时间，默认为30帧
④ 音频过渡默认持续时间	用于设置音频在转换到另一个音频时所需要的持续时间，默认为1秒
⑤ 静帧图像默认持续时间	用于设置导入的静帧图像的持续时间，默认为150帧
⑥ 时间线重放自动滚屏	用于设置时间线重放时的滚动，包括不卷动、页面滚动、平滑卷动
⑦ 画面大小默认适配为当前项目画面尺寸	勾选该复选框，Premiere Pro CS5将以默认的形式显示缩放比例
⑧ 【文件夹】选项组	用于设置【项目】面板中文件夹的打开方式

2.3.2 【界面】设置

【界面】选项卡主要用于对界面的亮度进行设置，拖动亮度滑块，可以将界面变暗或变亮，如图2.37所示。

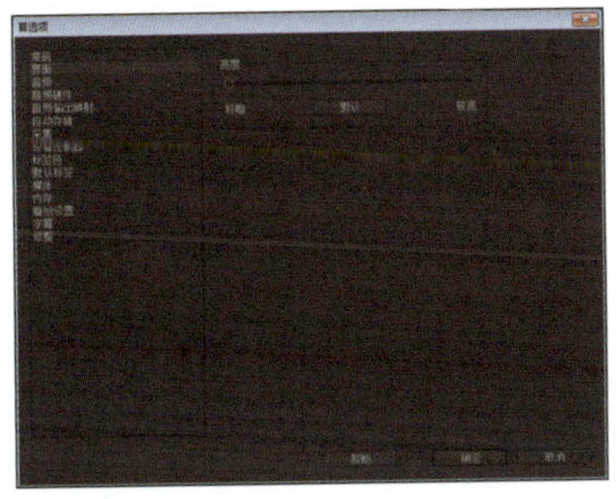

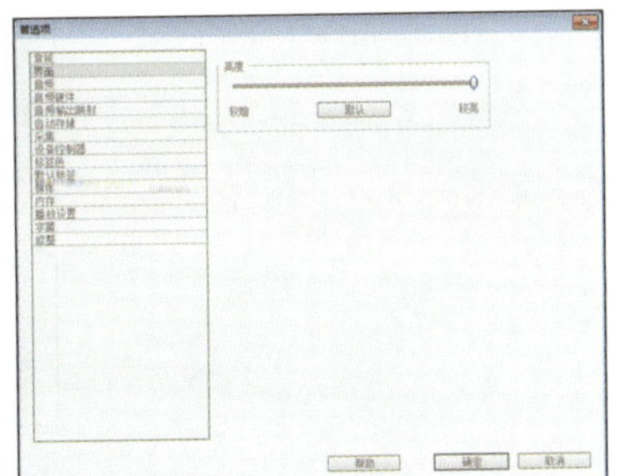

图2.37

【界面】选项卡中各选项的含义如下。

选项	含义
① 亮度	用于调整界面的明亮程度，可以通过拖动下方的滑块来调整
② 默认	单击该按钮，可以将界面恢复到默认的亮度

2.3.3 【音频】设置

【音频】选项卡主要用于设置与音效相关的参数，包括自动匹配时间、源声道映射和自动关键帧优化设置等，如图2.38所示。

【音频】选项卡中各选项的含义如下。

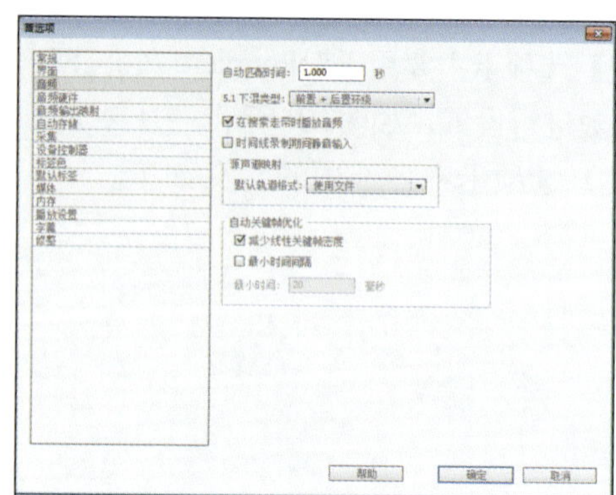

图2.38

选项	含义
① 自动匹配时间	用于设置音频播放时自动匹配的时间，默认为1秒
② 5.1下混类型	在该下拉列表中可以选择5.1声道混合的模式
③ 在搜索走带时播放音频	勾选此复选框，在单击试播或拖动时间滑块时将播放音频效果
④ 时间线录制期间静音输入	勾选此复选框，在进行时间线记录时将关闭导入设置
⑤ 默认轨道格式	用于设置默认的音频轨道格式
⑥ 减少线性关键帧的密度	勾选此复选框，将以线性的形式优化关键帧
⑦ 最小时间间隔	以最小时间间隔的形式优化关键帧。勾选此复选框，可以在最小时间后面的文本框中输入时间，以确定最小时间间隔

2.3.4 【音频硬件】设置

【音频硬件】选项卡用于设置音频硬件设备的参数，如图2.39所示。

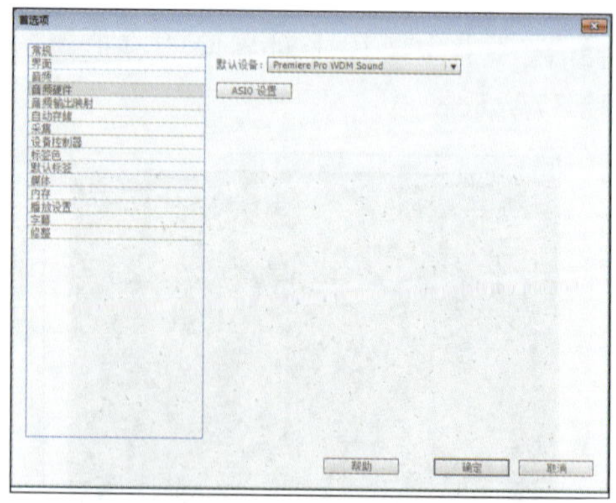

图2.39

2.3.5 【音频输出映射】设置

【音频输出映射】选项卡用于对音频映射输出进行设置，可以在【音频输出映射】选项卡中选择一种音频映射输出方式，如图2.40所示。

2.3.6 【自动储存】设置

【自动储存】选项卡主要用于设置自动保存工程文件的时间间隔和文件自动保存的最多个数，如图2.41所示。

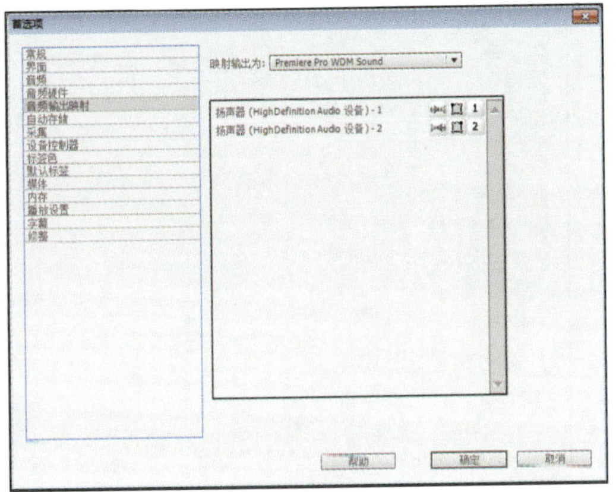

图2.40

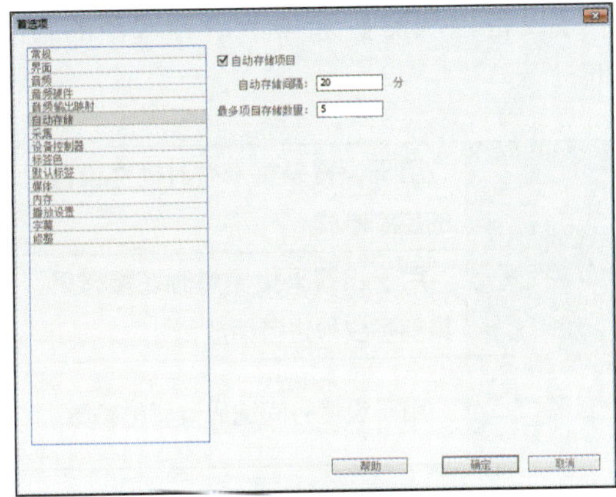

图2.41

【自动储存】选项卡中各选项的含义如下。

① 自动存储项目	勾选此复选框，系统将自动保存项目
② 自动存储间隔	设置每多长时间进行一次自动保存
③ 最多项目储存数量	设置在自动保存时最大储存的项目数量，默认为5

2.3.7 【采集】设置

【采集】选项卡主要用于设置采集时对常见问题的解决方法，包括丢失帧过多时的设置、是否生成报告和日记文件等，如图2.42所示。

【采集】选项卡中各选项的含义如下。

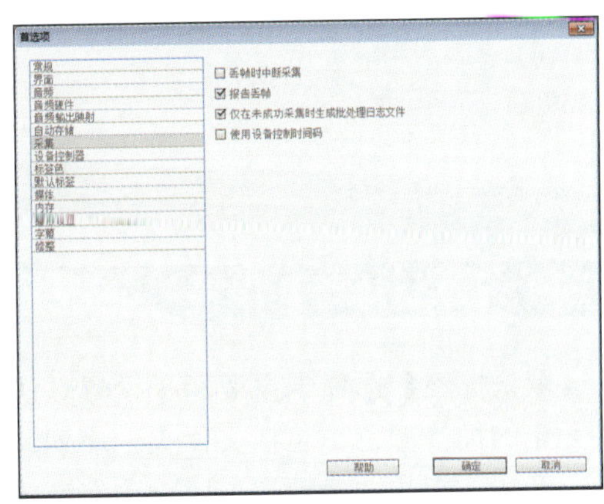

图2.42

① 丢帧时中断采	勾选该复选框，在进行采集的过程中，如果丢失过多的帧，系统将中断采集
② 报告丢帧	勾选该复选框，在进行采集过程中，如果丢失了帧，将提示报告
③ 仅在未成功采集时生成批处理日志文件	勾选该复选框，如果采集失败，将生成一个LOG文件
④ 使用设备控制时间码	勾选该复选框，可以使用相关的设备来控制时间

2.3.8 【设备控制器】设置

【设备控制器】选项卡主要用于对控制设备进行设置，包括采集素材时硬件设备的控制方式、预卷和时间偏移设置，如图2.43所示。

【设备控制器】选项卡中各选项的含义如下。

① 设备	用于设置采集素材时硬件设备的控制方式
② 预卷	用于设置采集素材时在素材采集前多少秒进行播放
③ 时间补偿码	用于设置时间编码偏移的帧数

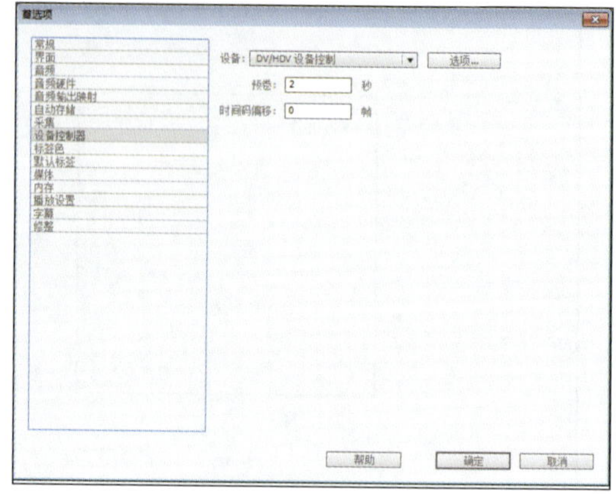

图2.43

2.3.9 【标签色】设置

【标签色】选项卡主要用于对导入的不同类型素材进行标签颜色设置，以区别不同的素材，如图2.44所示。

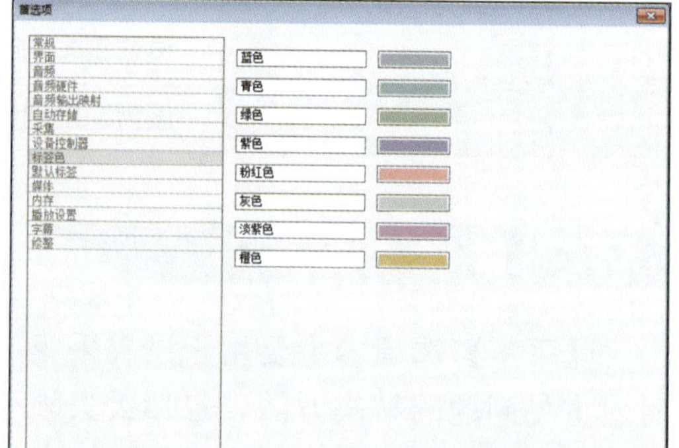

图2.44

2.3.10 【默认标签】设置

【默认标签】选项卡主要用于设置默认几种元素的标签颜色，包括文件夹、序列、视频、音频、影片、静帧和Adobe动态链接等常用标签，如图2.45所示。

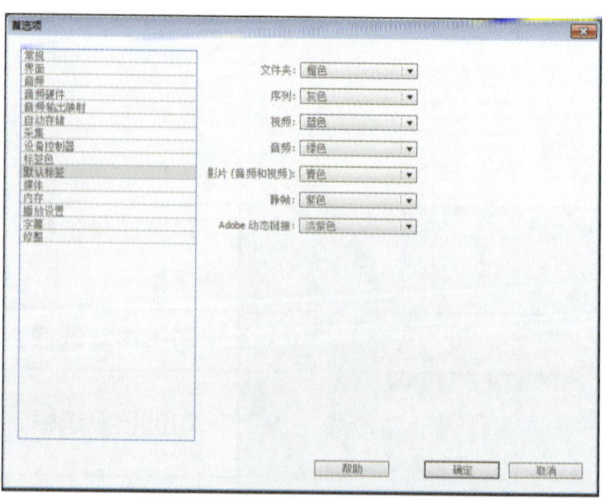

图2.45

2.3.11 【媒体】设置

【媒体】选项卡主要用于设置媒体缓存的位置，如图2.46所示。单击【浏览】按钮，在弹出的【浏览文件夹】对话框中指定缓存的位置，如图2.47所示。如果缓存过大，可以单击【清理】按钮，将缓存清除。

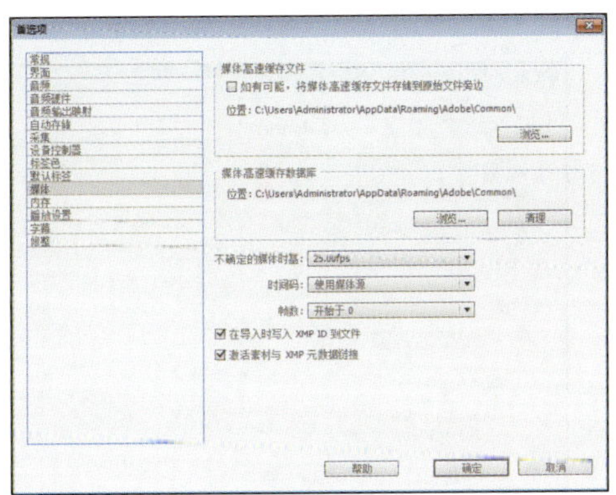

图2.46

图2.47

2.3.12 【播放】设置

【播放】选项卡只有一个选项，用来设置默认播放器，如图2.48所示。

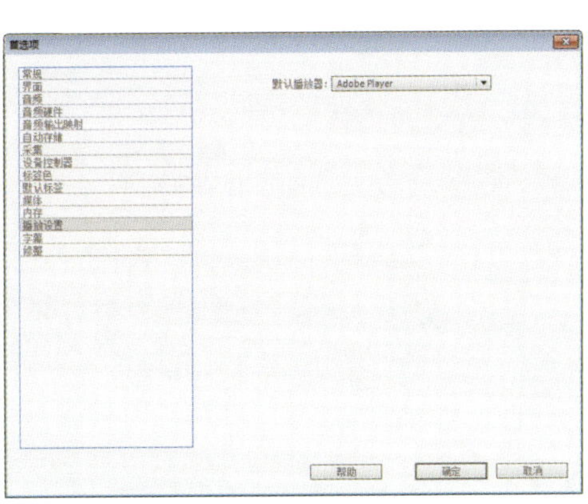

图2.48

2.3.13 【字幕】设置

【字幕】选项卡主要用于设置样式示例和字体浏览，如图2.49所示。

【字幕】选项卡中各选项的含义如下。

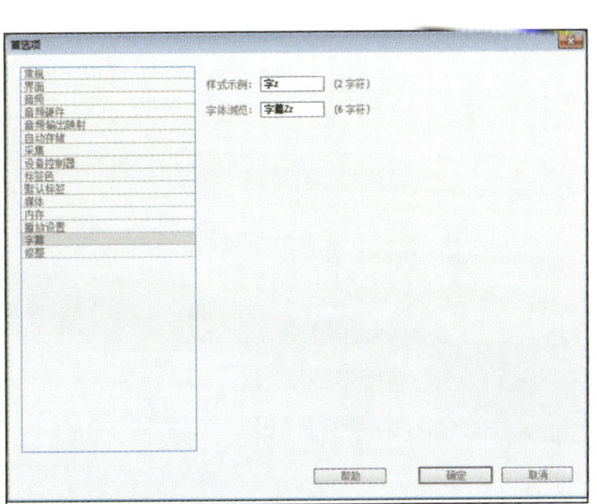

图2.49

① 样式示例	用于设置字幕样式的风格
② 字体浏览	用于设置字体浏览方式

2.3.14 【修整】设置

【修整】选项卡主要用于设置视频和音频修剪的大小值，如图2.50所示。

在【修整】选项卡中，【最大修整偏移】用于设置修整偏移的帧数及音频单位。

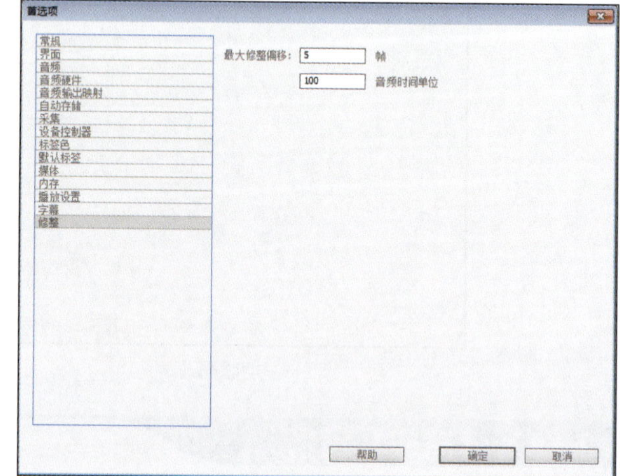

图2.50

第3章 Premiere Pro CS5 影视剪辑技术

3.1 导入和管理素材

在制作电影和DV之前需要收集素材，包括录像、照片、声音和文本等，不同类型的素材具有不同的文件格式，这就需要对收集的素材进行管理。

3.1.1 导入素材

Premiere Pro CS5支持大部分主流的视频、音频以及图形图像文件格式，因此，可以导入音频文件、视频文件和图片文件等。

导入静止图片文件

导入静止图片文件的具体操作步骤如下。

STEP 01 在菜单栏中选择【文件】|【导入】命令，弹出【导入】对话框。

STEP 02 在【导入】对话框中选择所需要的文件格式和文件，如图3.1所示，单击【打开】按钮即可将素材导入到Premiere Pro CS5的【项目】面板中。

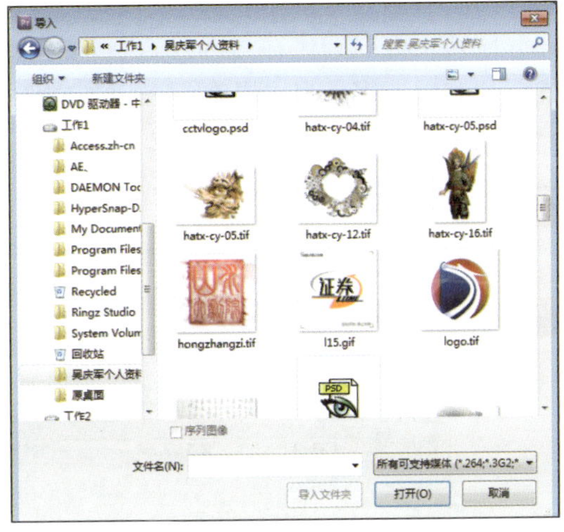

图3.1

导入分层文件

Premiere Pro CS5可以导入Photoshop、Illustrator等含有图层的文件。

在菜单栏中选择【文件】|【导入】命令，在弹出的【导入】对话框中选择Photoshop、Illustrator等含有图层的文件，单击【打开】按钮，将弹出【导入分层文件】对话框，如图3.2所示。

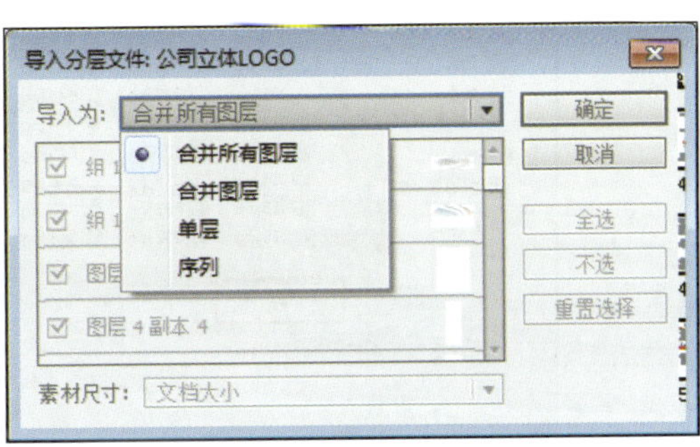

图3.2

在【导入为】下拉列表中，可以选择分层图片的不同导入方法，各种方法的具体含义如下。

① 合并所有图层	选择该选项时，可以将所有的分层文件以合并层的方式导入
② 合并图层	选择该选项时，可以在其下拉列表中选择需要合并的图层，选中的图层将以合并层的方式导入
③ 单个图层	选择该选项时，可以在下拉列表中选择分层文件中的某个或几个层来导入
④ 序列	选择该选项时，在【项目】面板中自动生成一个文件夹，其中包括序列文件和图层素材，如图3.3所示

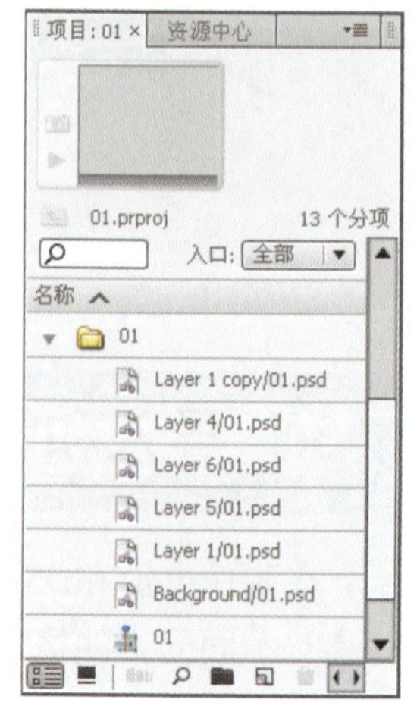

图3.3

导入序列图片文件

序列文件是一种非常重要的素材来源，它由若干幅按序排列的图片组成，记录活动影片，每幅图片代表一帧。通常可以在3ds Max、After Effects、Combustion软件中产生序列文件，然后再导入Premiere中使用。

序列文件以数字序号为序进行排列。当导入序列文件时，应在【首选项】对话框中设置图片的帧速率，也可以在导入序列文件后，再改变素材的帧速率。

导入序列图片文件的具体操作步骤如下。

STEP 01 在菜单栏中选择【文件】|【导入】命令，弹出【导入】对话框，选择所需要的序列文件。

STEP 02 勾选【序列图像】复选框，单击【打开】按钮，导入素材，序列文件导入后的效果如图3.4所示。

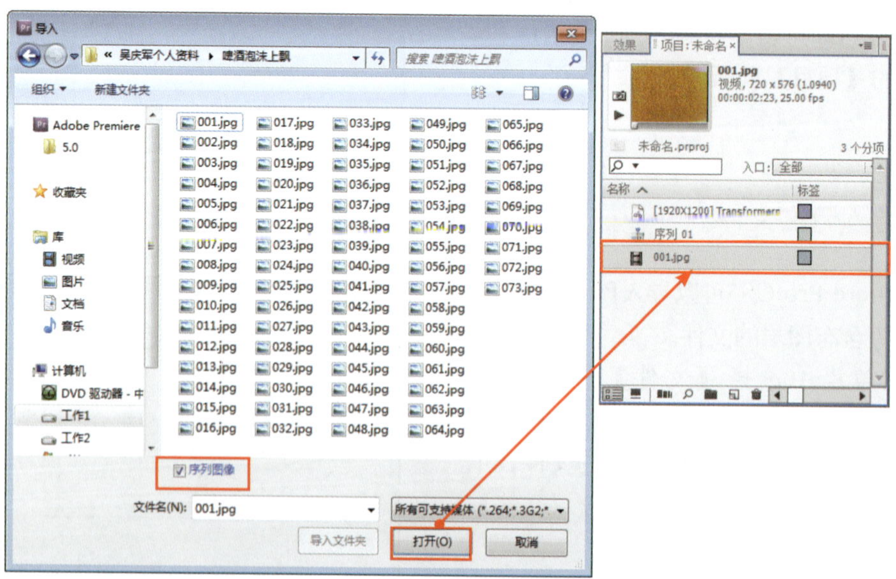

图3.4

导入音频文件

导入音频文件的方法与导入图片素材的方法基本相同。在菜单栏中选择【文件】|【导入】命令，弹出【导入】对话框，选择需要导入的音频文件，单击【打开】按钮，即可将选择的音频文件导入到【项目】面板中。

导入文件夹

在Premiere Pro CS5中，还可以将素材文件夹直接导入到【项目】面板中，具体操作步骤如下。

STEP 01 在菜单栏中选择【文件】|【导入】命令，弹出【导入】对话框。

STEP 02 在【导入】对话框中选中需要导入的文件夹，单击【导入文件夹】按钮，即可将选中的文件夹导入到【项目】面板中，如图3.5所示。

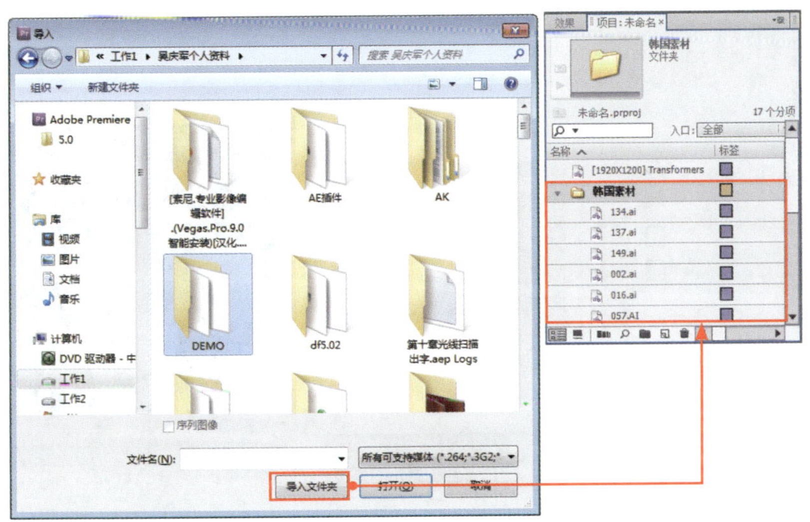

图3.5

3.1.2 素材的管理

在制作一个影片时，要使用很多种素材，如静态图像素材、视频素材、声音素材和标题字幕素材等，如果都放置在一起，会给以后的操作造成很大的麻烦，这时，如何科学、系统地管理素材就显得尤为重要了。

查看素材

查看素材的具体方法有以下几种。

※ 在【项目】面板的素材列表中选择需要查看的素材文件，此时，在【项目】面板左上角会显示出该文件的缩略图和相关的信息。如果选择的是视频文件，单击缩略图左侧的【播放/停止切换】按钮▶，即可播放预览该素材，如图3.6所示。

※ 单击【项目】面板底部的【图标视图】按钮，列表中的素材将全部以缩略图的方式排列显示，如图3.7所示。

※在【项目】面板中需要查看的素材文件上右击，在弹出的快捷菜单中选择【属性】命令，弹出【属性】面板，即可查看该素材文件的详细信息，如图3.8所示。

※在【项目】面板中双击需要查看的素材文件，弹出【源素材监视器】面板，不仅可以预览素材，还可以在该面板中对素材进行各种编辑操作，如图3.9所示。

图3.6　图3.7

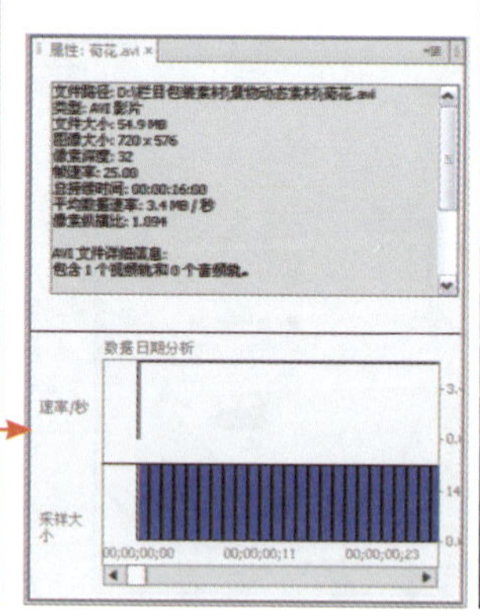

图3.8　图3.9

定义素材

对于素材文件，可以通过定义素材来修改其属性。在【项目】面板中的素材上右击，在弹出的快捷菜单中选择【修改】命令下面的【解释素材】，弹出【解释素材】对话框，如图3.10所示。

【解释素材】对话框中各选项的含义如下。

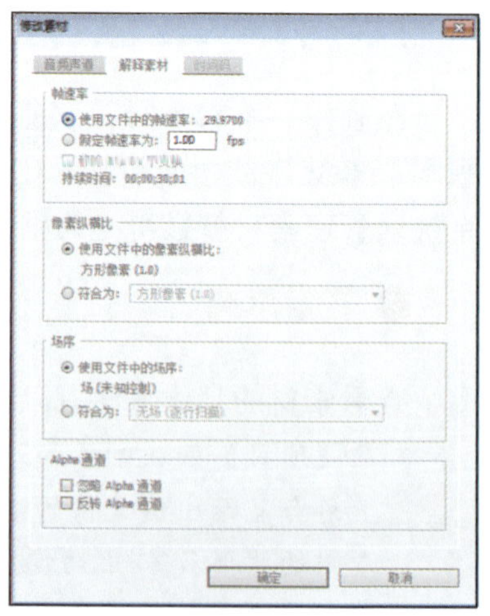

图3.10

① 帧速率	在此栏中可以设置影片的帧速率。点选【使用来自文件的帧速率】单选钮，则使用影片的原始帧速率，剪辑人员也可以在【假定帧速率】文本框中输入新的帧速率，下方的【持续时间】显示影片的长度。改变帧速率，影片的长度也会发生改变
② 像素纵横比	此栏用于设置影片的像素宽高比。一般情况下，点选【使用来自文件的像素纵横比】单选钮，则使用影片素材的原像素宽高比。剪辑人员也可以在【符合为】选项的下拉列表中重新指定像素宽高比 Tips 如果在一个显示方形像素的显示器上不作处理地显示矩形像素，则会出现变形现象。
③ Alpha 通道	可以在此栏中对素材的透明通道进行设置，在Premiere Pro中导入带有透明通道的文件时，会自动识别该通道

改变素材名称

在【项目】面板中的素材上右击，在弹出的快捷菜单中选择【重命名】命令，素材会处于可编辑状态，输入新名称即可改变素材名称，如图3.11所示。

给素材起一个名称以改变它原来的名称，这在一部影片中重复使用一个素材或复制一个素材，并为其设定新的入点和出点时极其有用。给素材起一个名称可避免在【项目】面板和序列中观看一个复制的素材时发生混淆。

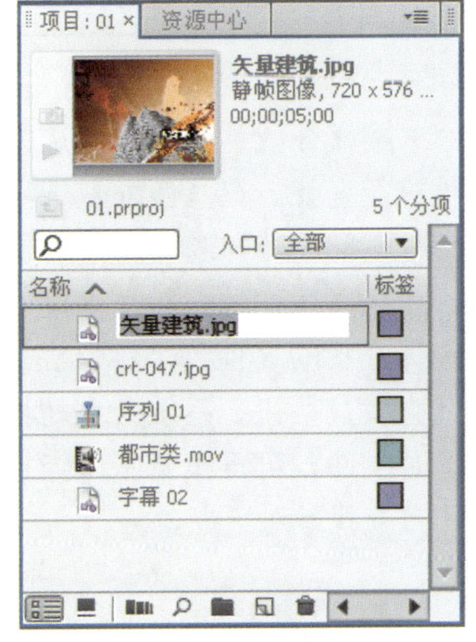

图3.11

为素材分类

可以在【项目】面板中建立一个素材文件夹来管理素材。使用素材文件夹，可以将节目中的素材分门别类、有条不紊地组织起来，这在组织包含大量素材的复杂节目时特别有用。

单击【项目】面板下方的【新建文件夹】按钮，系统自动创建新文件夹，可以将多个文件拖动至新建的文件夹中。单击【新建的文件夹】左侧的小三角形按钮，展开该文件夹，即可看到里面的文件，如图3.12所示。

图3.12

查找素材

可以基于素材的名字、属性或附属的说明和标签在Premiere的【项目】面板中搜索素材，例如，可以查找所有文件格式相同的素材，如*.avi、*.mp3等。

单击【项目】面板下方的【查找】按钮，或右击并在弹出的快捷菜单中选择【查找】命令，弹出【查找】对话框，如图3.13所示。

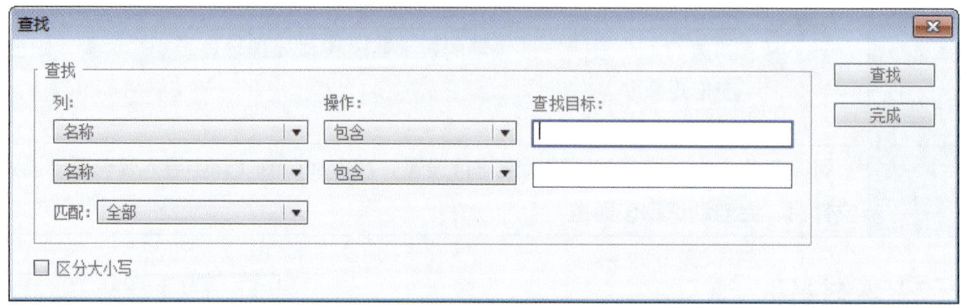

图3.13

在【查找】选项组中选择查找的素材属性，可按照素材的名称、媒体类型及卷标等属性进行查找。在【匹配】选项的下拉列表中可以选择关键字的匹配方式，是全部匹配还是部分匹配。若勾选【区分大小写】复选框，则必须将关键字的大小写输入正确才能找到。

在【查找目标】文本框中可输入查找素材的属性关键字。例如，要查找图片文件，可选择查找的属性为名称，在关键字文本框中输入JPEG或其他文件格式的后缀，然后单击【查找】按钮，系统会自动找到【项目】面板中的图片文件。如果【项目】面板中有多个图片文件，可再次单击【查找】按钮，查找下一个图片文件。单击【完成】按钮，即可退出【查找】对话框。

脱机素材

有时弹出一个项目文件时，系统会提示找不到源素材，如图3.14所示，这有可能是源文件被改名或存在磁盘上的位置发生了变化造成的。可以直接在磁盘上找到源素材，然后单击【选择】按钮；也可以单击【跳过】按钮选择略过素材；还可以单击【脱机】按钮，建立脱机文件代替源素材。

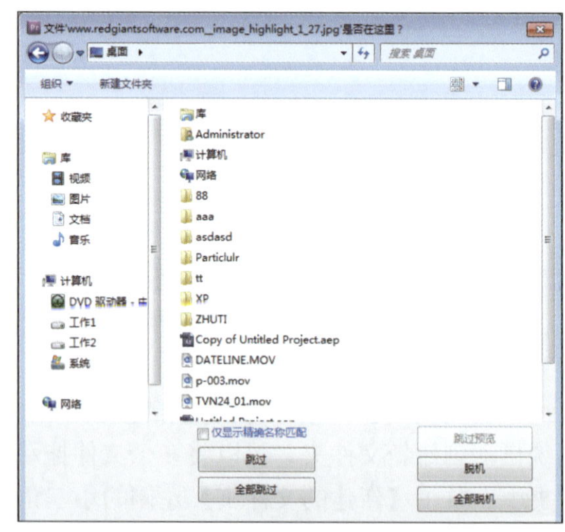

图3.14

由于Premiere使用直接方式进行工作，如果磁盘上的源文件被删除或者移动，就会发生项目中无法找到其磁盘源文件的情况，此时可以建立一个脱机文件。脱机文件具有和其所替换的源文件相同的属性，可以对其进行同普通素材完全相同的操作。找到所需的文件后，可以用该文件替换离线文件，以进行正常编辑。脱机文件实际上起到一个占位符的作用，它可以暂时占据丢失文件所处的位置。

在【项目】面板中单击【新建分项】按钮，在弹出的下拉列表中选择【脱机文件】选项，弹出【新建脱机文件】对话框。单击【确定】按钮，弹出【脱机文件】对话框，如图3.15所示。

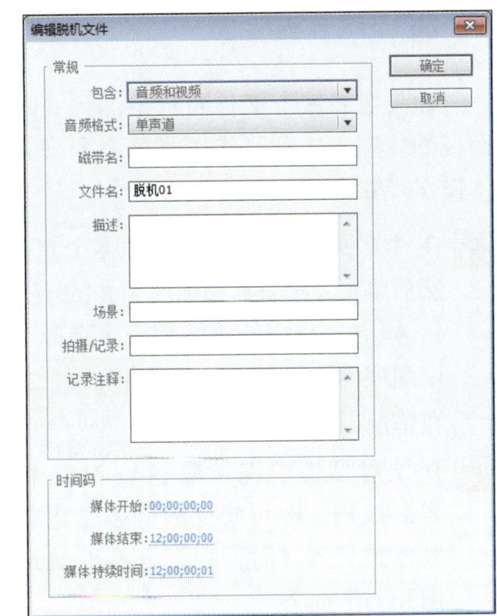

图3.15

在【包含】下拉列表中可以选择建立含有影像和声音的脱机素材，或者仅含有其中一项的脱机素材，在【磁带名】文本框中输出磁带卷标，在【文件名】文本框中输入脱机素材的名称，在【描述】文本框或其他文本框中可以输入一些备注，在【时间码】选项组中可以指定脱机素材的时间。

如果要以实际素材替换脱机素材，则可以在【项目】面板中的脱机素材上右击，在弹出的快捷菜单中选择【链接媒体】命令，然后在弹出的对话框中指定文件进行替换即可。

3.2 素材的添加及素材持续时间的修改

3.2.1 将素材添加到【时间栏】面板中

在Premiere Pro CS5中，只有将【项目】面板中的素材通过【时间栏】面板的轨道按顺序连接起来，才能组合成一个完整的作品，其操作方法有以下两种。

使用鼠标拖动

如果添加的是单个素材，最简便的方法就是在【项目】面板中选择一个素材文件，按住鼠标左键将素材文件拖动至【时间栏】面板的视频1轨道上，然后释放鼠标左键即可，如图3.16所示。

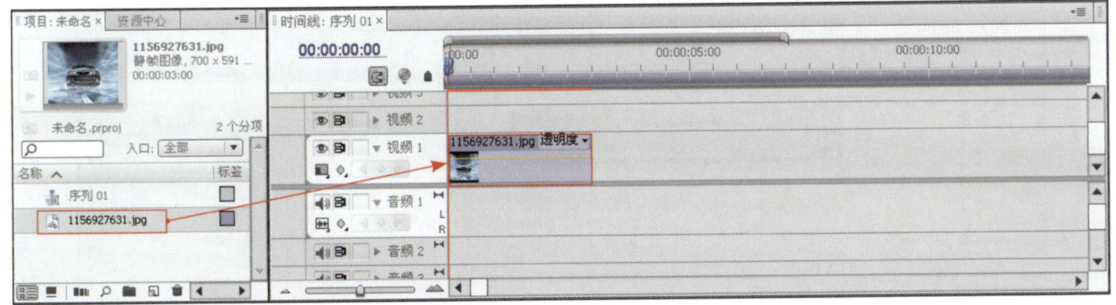

图3.16

使用菜单命令

如果要将多个素材同时添加到【时间栏】面板的轨道上，则可使用菜单命令来完成，具体操作步骤如下。

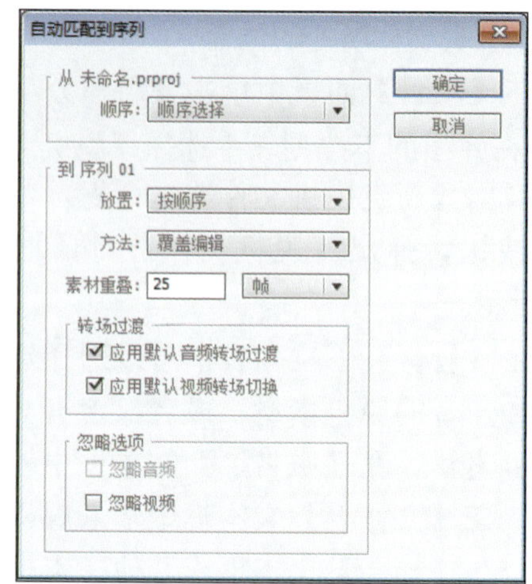

图3.17

STEP 01 在【项目】面板中同时选中多个素材文件，然后单击【项目】面板右上角的小三角形按钮，在弹出的下拉列表中选择【自动匹配到序列】命令，弹出【自动匹配到序列】对话框，如图3.17所示。

STEP 02 在该对话框中保持默认设置，单击【确定】按钮，即可将选中的多个素材文件按顺序排列到【时间栏】面板的轨道上，如图3.18所示。

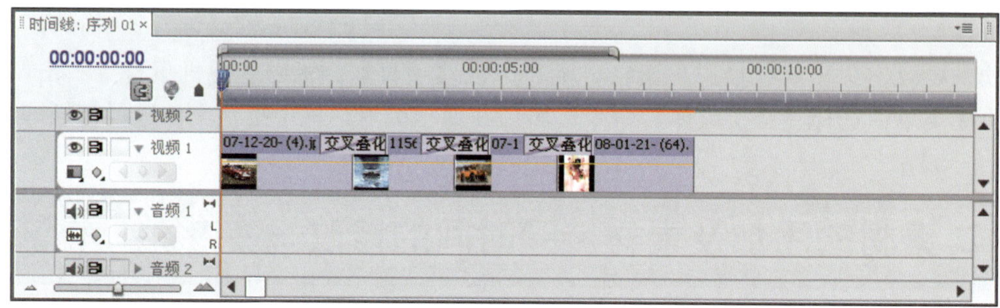

图3.18

STEP 03 单击【节目监视器】面板中的【播放】按钮，可以预览播放效果。

3.2.2 设置静态素材的持续时间

利用参数设置静态素材的持续时间

在Premiere Pro CS5中，静态素材导入至【时间栏】面板中默认的播放时间是6秒，如图3.19所示。

图3.19

有时需要对素材的长度或播放速度进行调整，以达到改变素材长度以及加快或减慢素材播放速度的效果。要对导入素材文件默认的播放时间长度进行统一设置，具体操作步骤如下。

STEP 01 在菜单栏中选择【编辑】|【首选项】|【常规】命令，弹出【首选项】对话框。

STEP 02 在【静帧图像默认持续时间】文本框中修改参数为75，单击【确定】按钮。

STEP 03 在菜单栏中选择【文件】|【导入】命令，导入素材文件。在【项目】面板的预览区中可以看到素材文件的默认播放时间改变了，如图3.20所示。

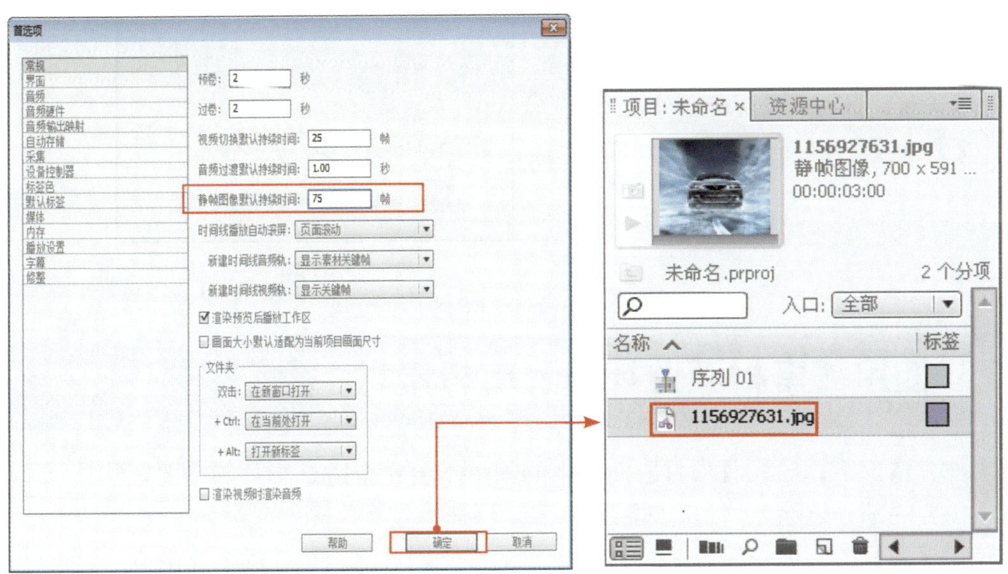

图3.20

利用拖动素材修改静态素材的持续时间

将素材添加到【时间栏】面板的轨道上，然后将光标放置在素材的结束位置，当光标变成形状时，按住鼠标左键左右拖动，即可修改素材的持续时间，如图3.21所示。

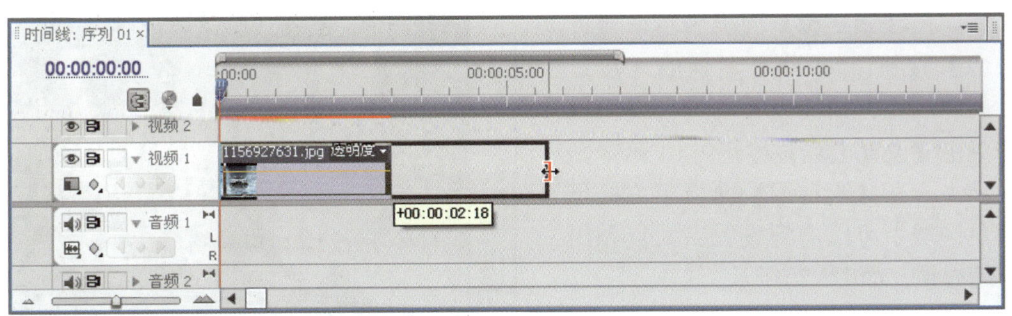

图3.21

3.2.3 设置动态素材的播放速度和持续时间 

改变动态素材的持续时间长短，可以修改动态素材的播放速度。相同时间的动态素材，播放速度越快，所用时间越少；反之，所用时间越多。改变动态素材持续时间的方法有以下两种。

※将素材添加到轨道中，单击【工具】面板中的【速率伸缩工具】，然后将光标放置在动态素材的结束位置，当光标变成形状时，按住鼠标左键左右拖动，即可修改动态素材的速度和持续时间。素材的长度越长，持续时间越长，播放速度越慢。

※在动态素材上右击，在弹出的快捷菜单中选择【速度/持续时间】命令，弹出【素材速度/持续时间】对话框，如图3.22所示，修改【速度】或【持续时间】的参数即可。

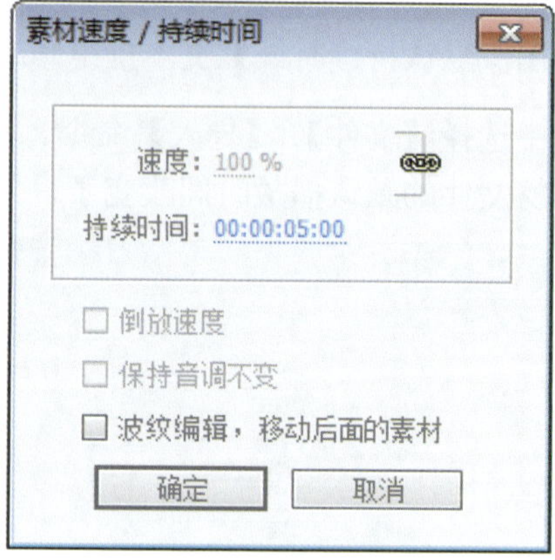

图3.22

3.3 使用【素材源监视器】剪辑素材

大部分情况下，导入【项目】面板中的素材不会完全适合影片的需要，往往需要将影片中不需要的部分删除。

使用【素材源】面板进行素材的编辑非常方便，可以一边查看素材的内容，一边进行编辑操作，而不会影响到其他素材。

3.3.1 设置素材的入点与出点

将时间码放置在需要设置素材入点的位置，在【素材源】面板中单击【设置入点】按钮，确定素材的入点；将时间码放置在需要设置素材出点的位置，单击【设置出点】按钮，确定素材的出点。在【素材源】面板下方标尺的深色区域中可以看到设置完入点和出点后的效果，如图3.23所示。

图3.23

3.3.2 插入和覆盖素材到【时间栏】面板的轨道上

在【素材源】面板中编辑完素材后，应该将素材添加到【时间栏】面板的轨道上与其他素材片段进行连接，按照添加要求的不同，可以分为插入和覆盖两种方式。

将素材插入到【时间栏】面板的轨道上

将素材插入到【时间栏】面板轨道上的具体操作步骤如下。

STEP 01 在【时间栏】面板中将时间滑块移动到要插入素材的位置，如图3.24所示。

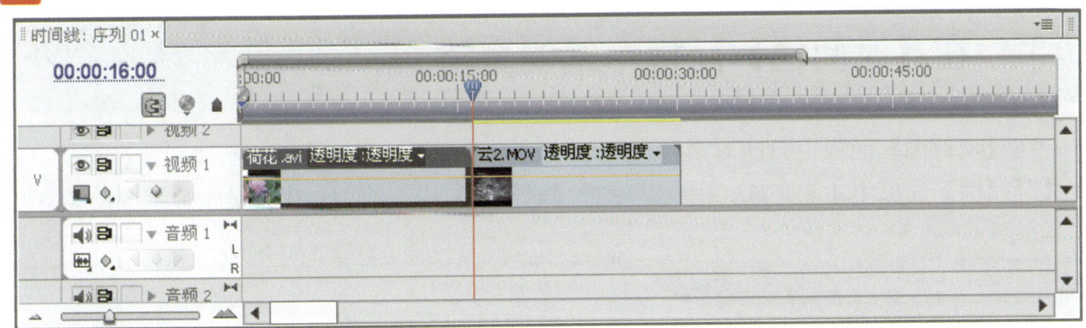

图3.24

STEP 02 在【素材源】面板中单击【插入】按钮，即可将面板中被编辑过的素材插入到【时间栏】面板的时间滑块所在的位置，后面的素材整体向右移，整个工作区的总时间也会变长，如图3.25所示。

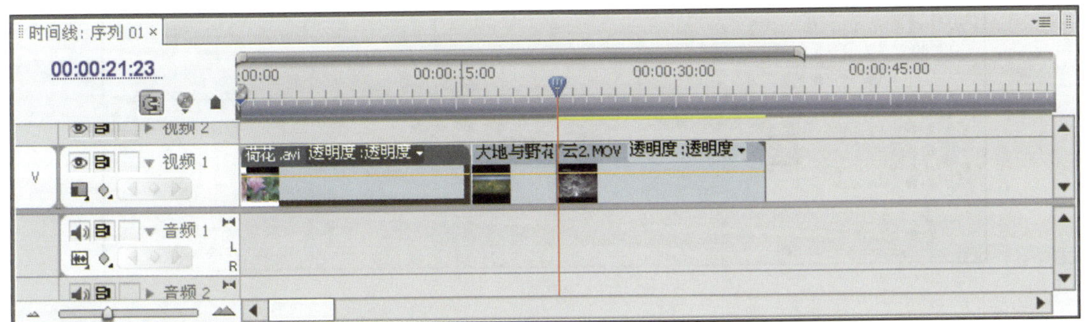

图3.25

将素材覆盖到【时间栏】面板的轨道上

将在【素材源】面板中已经编辑好的素材覆盖到【时间栏】面板轨道上的具体操作步骤如下。

STEP 01 在【时间栏】面板中将时间滑块移动到要插入素材的位置。

STEP 02 在【素材源】面板中单击【覆盖】按钮，即可将面板中被编辑过的素材插入到【时间栏】面板的时间滑块所在的位置，轨道上其他所有素材的位置不变，但是当前时间滑块所在位置的素材被插入的素材覆盖一部分，整个工作区的总时间没有发生变化，如图3.26所示。

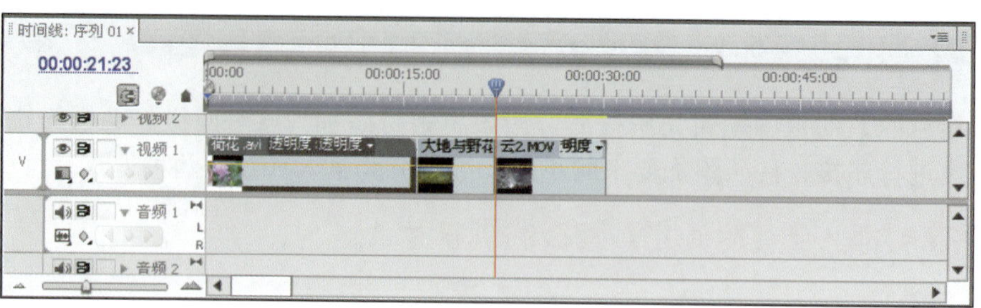

图3.26

3.4 在【时间栏】面板中编辑素材

在【素材源】面板中只能对素材进行单独的编辑，而对素材片段的整体编辑和连接必须在【时间栏】面板中才能完成。因此，掌握【时间栏】面板的编辑操作是十分重要的。

3.4.1 选择素材

选择单个素材

在【时间栏】面板的轨道上选择单个素材的操作方法很简单，只需单击要选择的素材影片，此时素材影片呈深色显示，如图3.27所示。

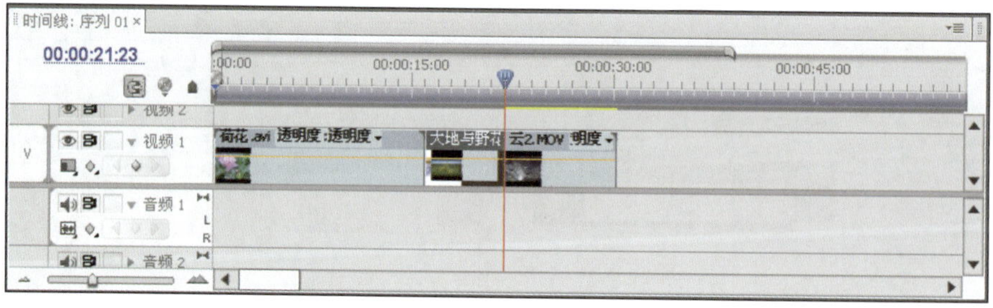

图3.27

选择多个素材

如果要在【时间栏】面板的轨道上选择多个素材，按住Shift键，依次选择相应的素材影片即可，如图3.28所示。

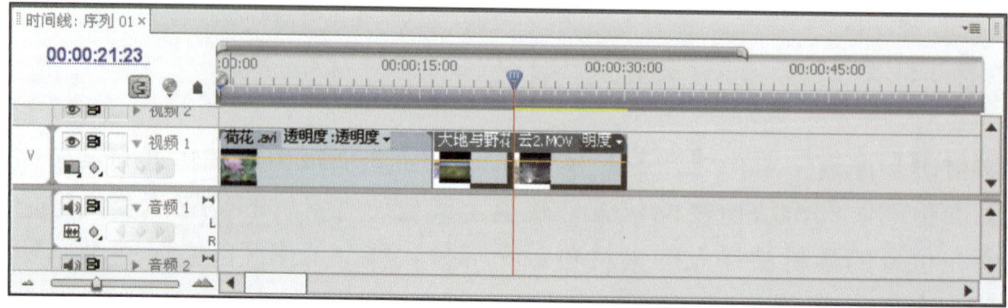

图3.28

选择轨道上所有的素材

如果需要选择轨道上所有的素材，可以在【工具】面板中单击【轨道选择工具】按钮，然后将光标移至轨道左侧的边缘，当光标变成➡形状时单击，如图3.29所示。

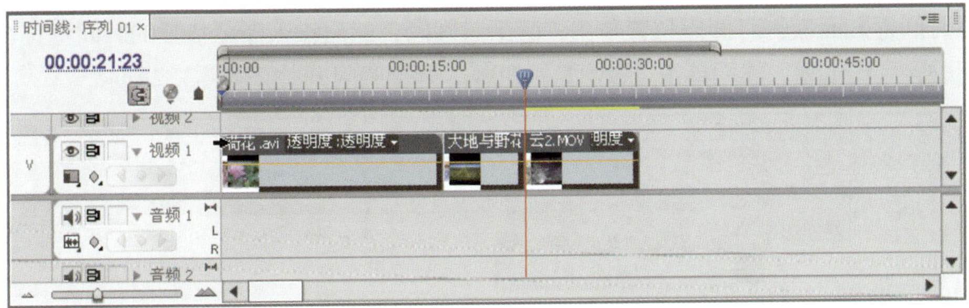

图3.29

3.4.2 移动素材

直接拖动调整素材位置

在调整素材时，直接拖动素材是最方便、最直接的方法，具体操作步骤如下。

STEP 01 导入素材，并将其拖动到【时间栏】面板中的视频轨道上。

STEP 02 按住鼠标左键向右拖动，如图3.30所示，在【节目】面板下方的时间码位置，可以看到拖动素材时起点和终点的变化。

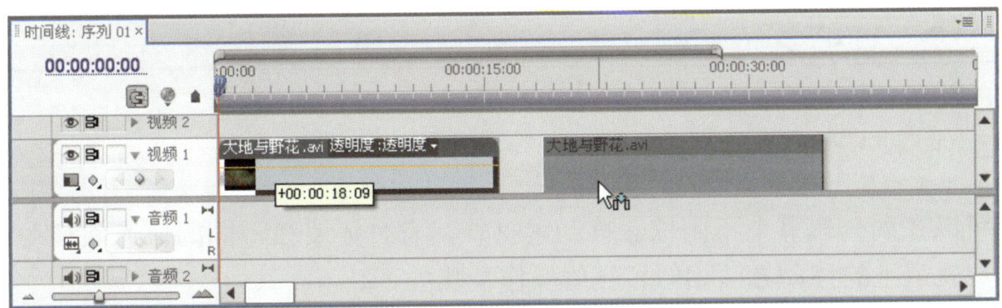

图3.30

STEP 03 当拖动到所需要的位置后，释放鼠标右键即可调整素材的位置，调整后的效果如图3.31所示。

图3.31

利用时间滑块定位素材

利用时间滑块定位素材是在实际操作中应用最多的一种方法，具体操作步骤如下。

STEP 01 导入素材，并将其拖动到【时间栏】面板的视频轨道上。

STEP 02 在【时间栏】面板的时间码位置单击，激活时间码，然后输入所要放置的时间位置，时间滑块将跳转到该位置，然后单击【吸附】按钮，弹出吸附开关，如图3.32所示。

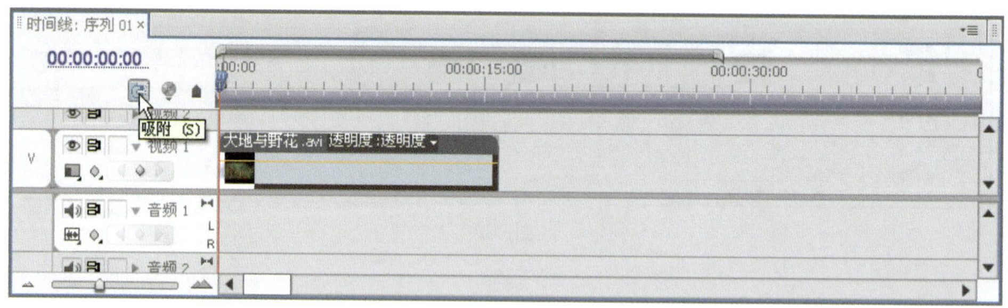

图3.32

STEP 03 单击选择素材并按住鼠标左键不放，然后向右拖动，当入点接近时间滑块时，可以看到吸附效果，此时释放鼠标左键，即可将该素材的入点调整到该帧的位置，如图3.33所示。

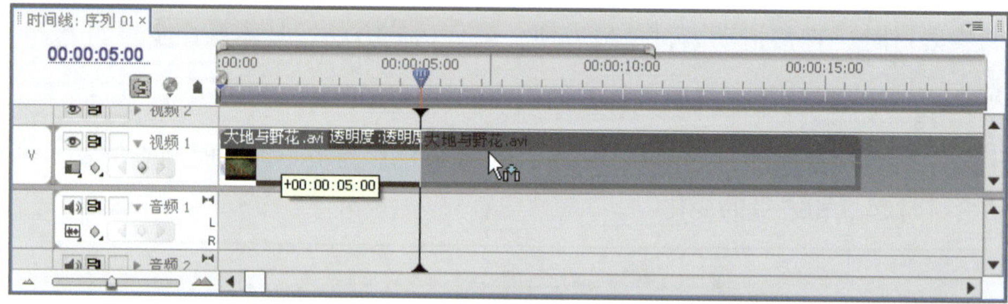

图3.33

在不同视频轨道间移动素材

除了可以在同一轨道上不同位置移动素材外，有时还要在不同的轨道间移动素材，方法与在同一轨道上的移动方法相似，具体操作步骤如下。

STEP 01 导入素材，并拖动到【时间栏】面板中的视频轨道上。

STEP 02 单击选择素材并按住鼠标左键不放，然后拖动【视频1】轨道上的素材到【视频2】轨道上，如图3.34所示。

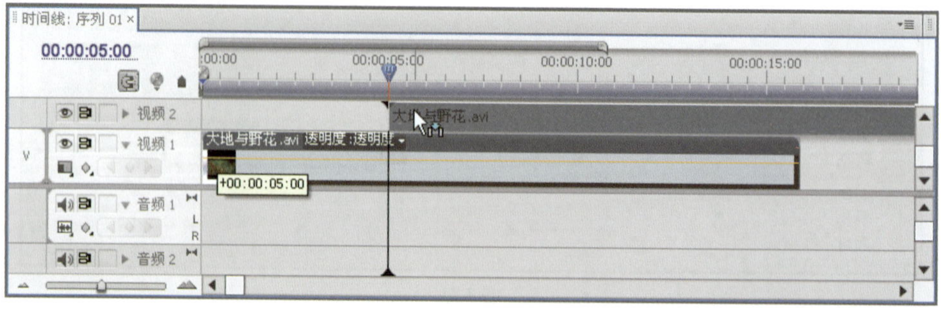

图3.34

STEP 03 拖动到合适的位置后释放鼠标左键，即可将【视频1】轨道上的素材拖动到【视频2】的轨道上，如图3.35所示。

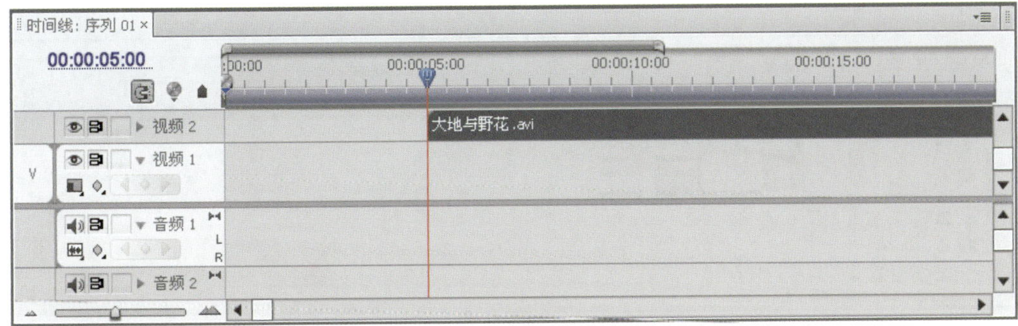

图3.35

3.4.3 剪切素材 

剪切素材就是剪掉素材影片中的多余部分。在【素材源】面板中只能单独剪切一段素材，当素材影片被添加到【时间栏】面板的轨道上后，有时与其他的素材影片连接的效果并不理想，还需要在【时间栏】面板中再次进行剪切。

在【时间栏】面板中剪切素材的具体操作步骤如下。

STEP 01 将时间滑块放置在需要剪切的位置，将此处作为剪切的起始点，如图3.36所示。

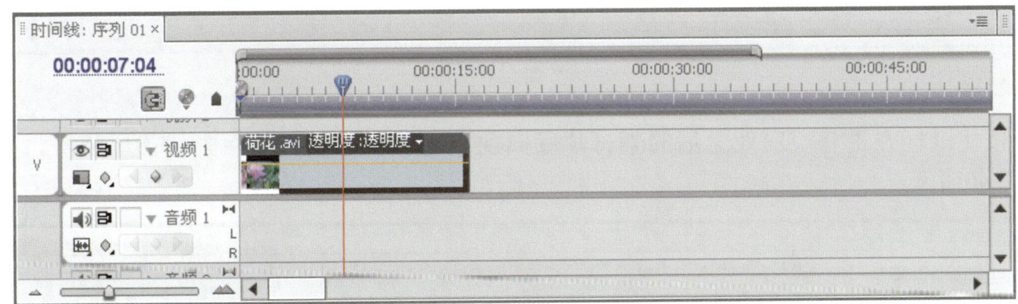

图3.36

STEP 02 在【工具】面板中单击【剃刀工具】按钮，在时间滑块所在的位置单击，此时，素材在时间滑块处被切成两段，如图3.37所示。

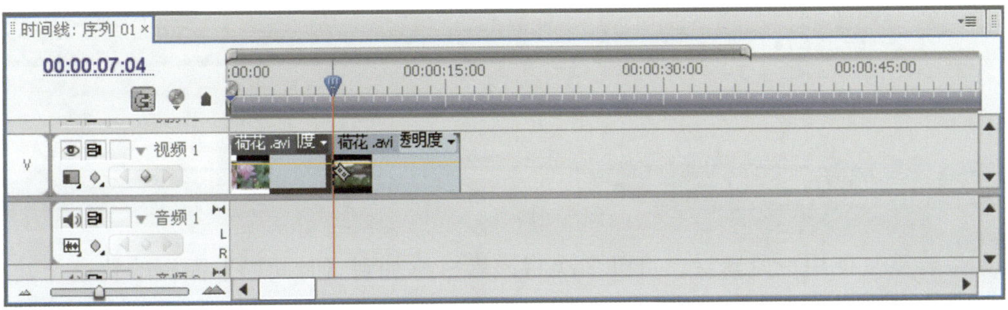

图3.37

STEP 03 拖动时间滑块到要剪除部分的结束位置，使用【剃刀工具】在时间滑块所在的位置单击，素材将再次被分割，如图3.38所示。

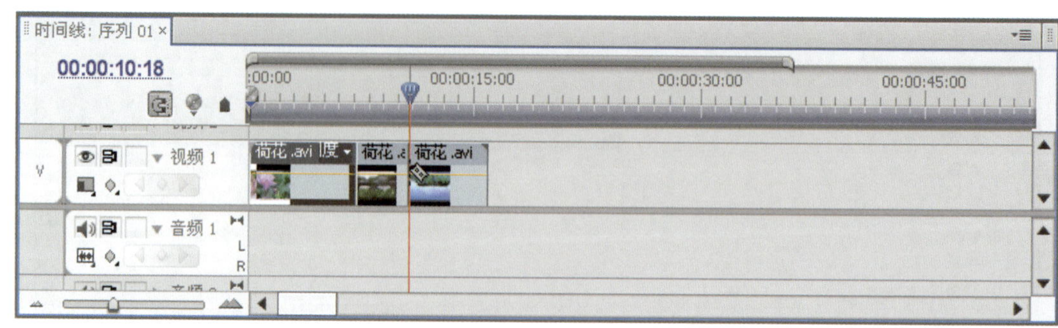

图3.38

STEP 04 在【工具】面板中单击【选择工具】，在【时间栏】面板的轨道上选中要删除的素材片段，按Delete键将其删除，此时，该素材所在的位置出现空白，如图3.39所示。

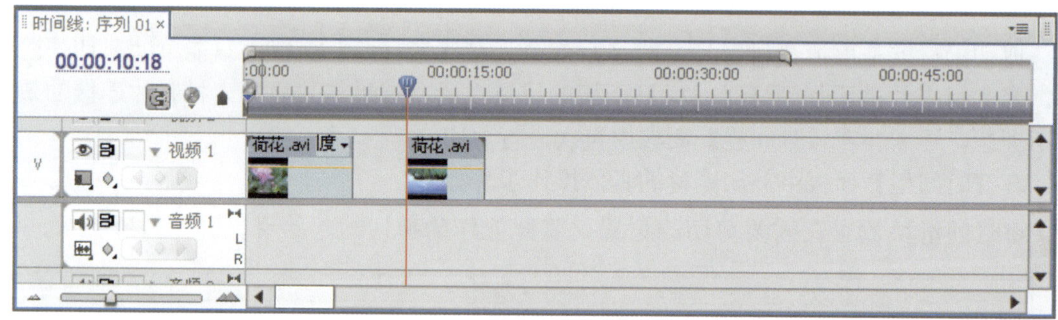

图3.39

STEP 05 按住鼠标左键将空白处之后的素材片段向前移动，使它们与前面素材首尾相接，如图3.40所示。

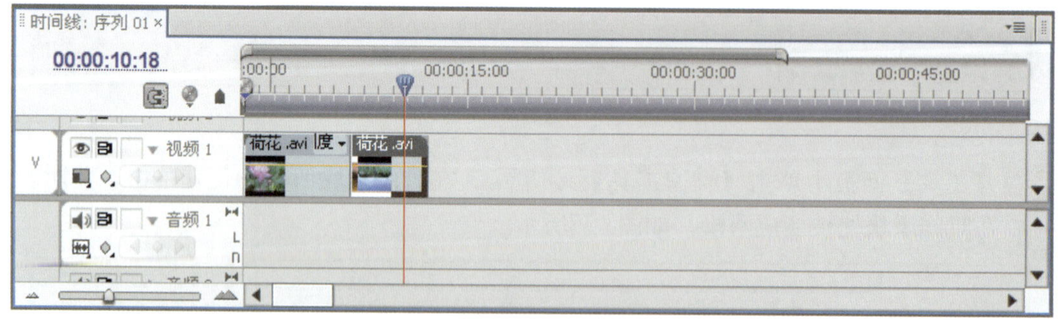

图3.40

3.4.4 复制和粘贴素材

如果要重复使用一段素材，可以多次将该素材添加到【时间栏】面板的轨道上，如果该素材是在【时间栏】面板中经过了剪切的片段，则可以使用复制、粘贴的方法，这样可以避免重复进行剪切操作。

复制和粘贴素材的具体操作步骤如下。

STEP 01 选中需要复制的素材片段，在菜单栏中选择【编辑】|【复制】命令，将该素材片段复制到剪贴板中。

STEP 02 移动时间滑块到需要添加素材的位置，然后在菜单栏中选择【编辑】|【粘贴】命令，即可将素材片段粘贴到时间滑块所在的位置，如图3.41所示。

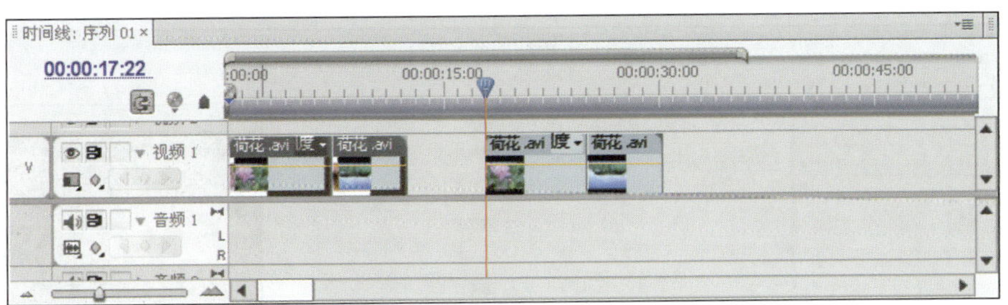

图3.41

3.4.5 复制和粘贴属性

在影片编辑过程中，如果要为几个不同的素材片段添加相同的效果，可以使用复制属性的方法，这样可以避免很多不必要的重复性操作。

复制和粘贴属性的具体操作步骤如下。

STEP 01 先选择一张素材图片，为其添加旋转属性，然后选中完成旋转操作的素材图片并右击，在弹出的快捷菜单中选择【复制】命令。

STEP 02 选中需要复制属性的素材图片并右击，在弹出的快捷菜单中选择【粘贴属性】命令，即可将旋转效果复制到此素材图片中，如图3.42所示。

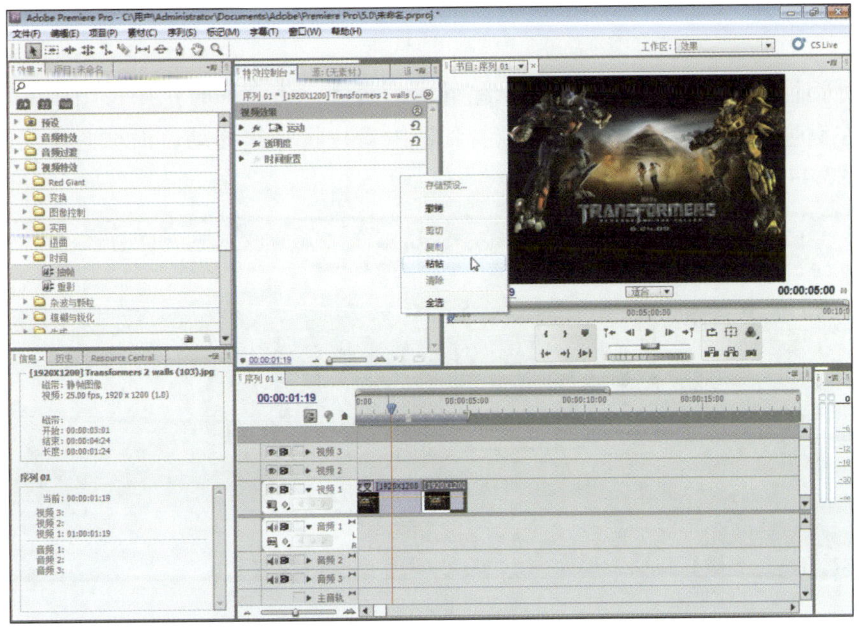

图3.42

3.4.6 编组素材

所谓编组素材就是将几个不同的素材片段组成一个整体，编组后的素材被当作一个整体，便于对它们进行整体操作。

在【时间栏】面板中选中要编组的素材，然后右击，在弹出的快捷菜单中选择【编组】命令，即可将选定的素材组成一个整体，如图3.43所示。

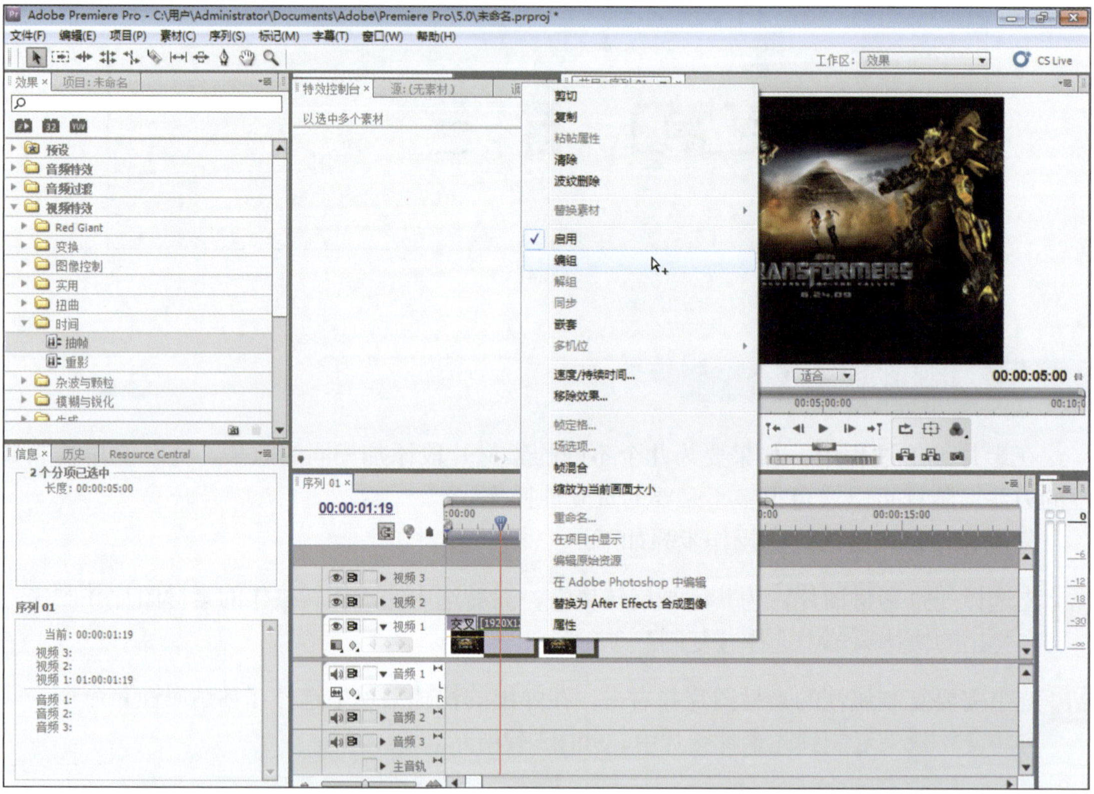

图3.43

在【时间栏】面板中选择任意一个编组后的素材，将会同时选中该组中的所有素材，按住鼠标左键拖动编组后的素材，可以看到该组素材将一起移动，而彼此之间的相对位置不变，如图3.44所示。

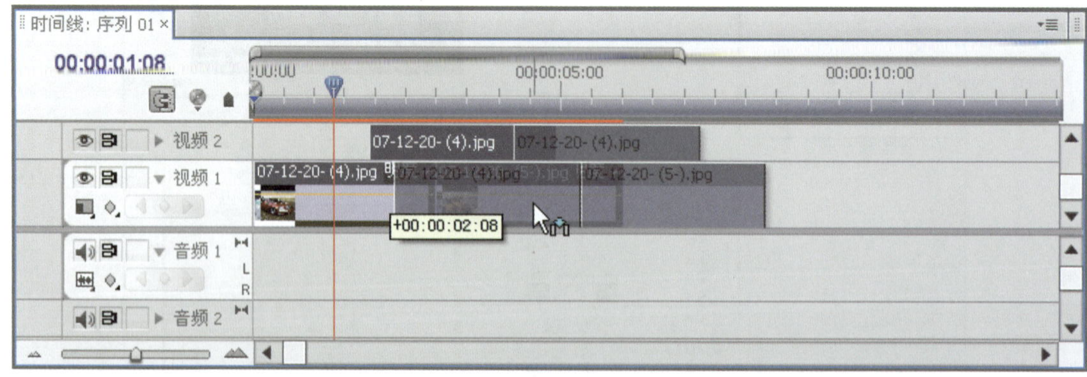

图3.44

3.4.7 音频、视频轨道的添加与删除

在创建新项目时，默认的音频、视频往往不能满足工作的需要，这时就需要添加新的音频或视频轨道。

添加轨道的具体操作步骤如下。

STEP 01 在【时间栏】面板中选择某一轨道，然后右击，在弹出的快捷菜单中选择【添加轨道】命令，如图3.45所示，弹出【添加视音轨】对话框。

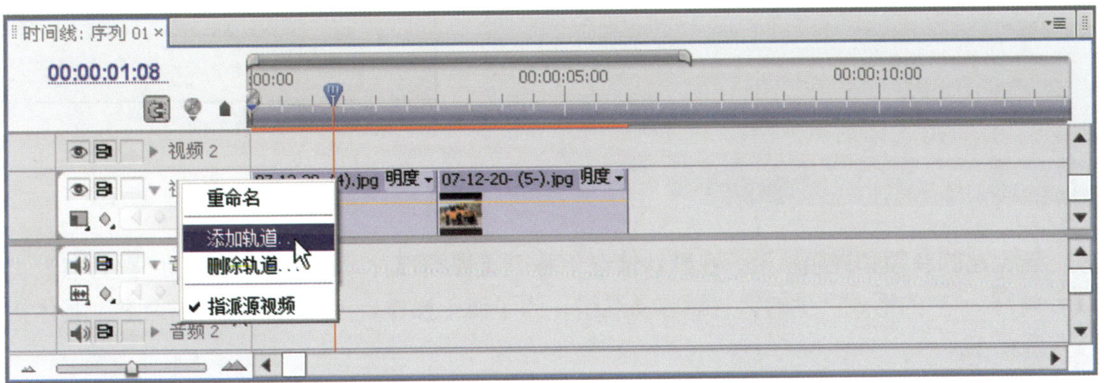

图3.45

STEP 02 在【视频轨】选项组的【添加】文本框中设置需要添加轨道的数量，如图3.46所示。

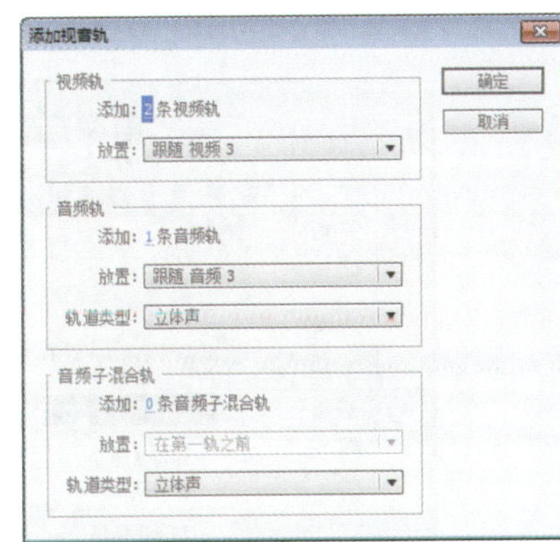

图3.46

STEP 03 设置完成后单击【确定】按钮，即可添加视频轨道，如图3.47所示。

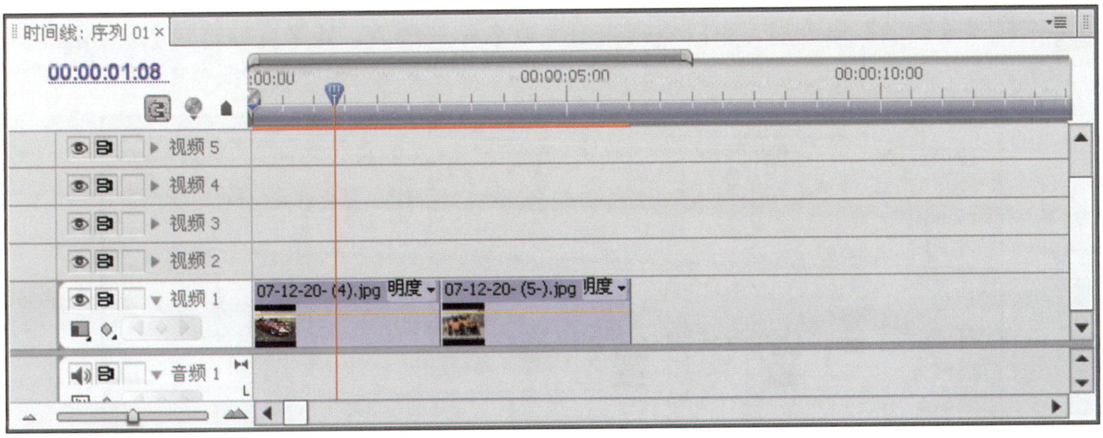

图3.47

STEP 04 如果要删除轨道，则在需要删除的轨道上右击，在弹出的快捷菜单中选择【删除轨道】命令，在弹出的【删除轨道】对话框中选择要删除的轨道类型，单击【确定】按钮即可，如图3.48所示。

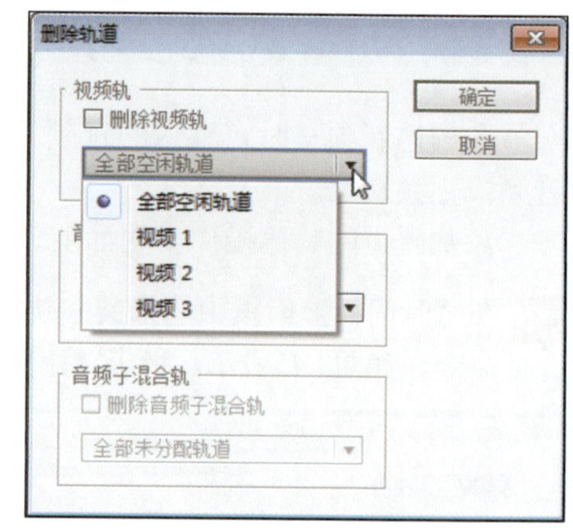

图3.48

3.4.8 重命名轨道

新创建的音频和视频轨道，在默认情况下是以【视频1】、【视频2】……和【音频1】、【音频2】……的形式产生的，这样容易混淆，为了便于操作，可以将轨道重新命名，具体操作步骤如下。

STEP 01 在【时间栏】面板中需要重新命名的轨道名称位置右击，在弹出的快捷菜单中选择【重命名】命令，如图3.49所示。

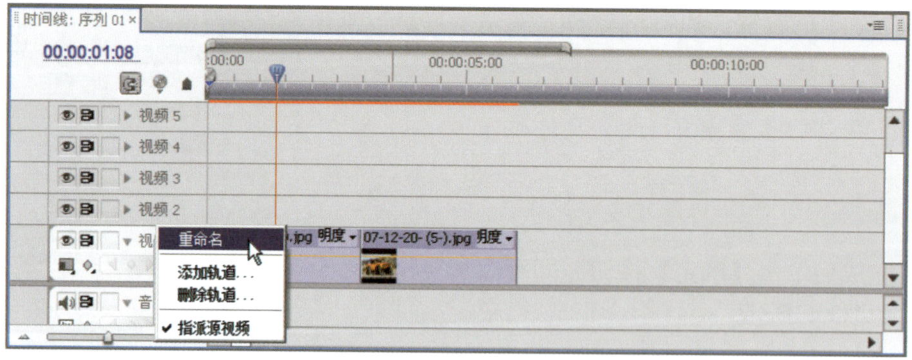

图3.49

STEP 02 选择【重命名】命令后，可以看到当前轨道名称被激活，处于可编辑状态，如图3.50所示。

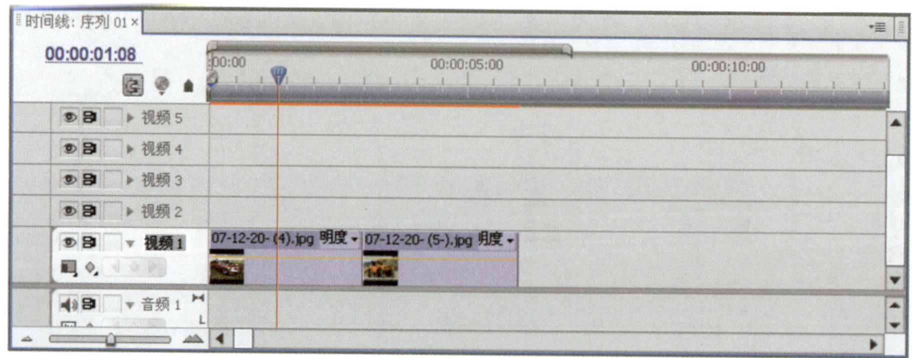

图3.50

STEP 03 在激活的文本框中输入新的名称，然后按Enter键，即可完成重命名操作，如图3.51所示。用同样的方法可以为其他轨道重新命名。

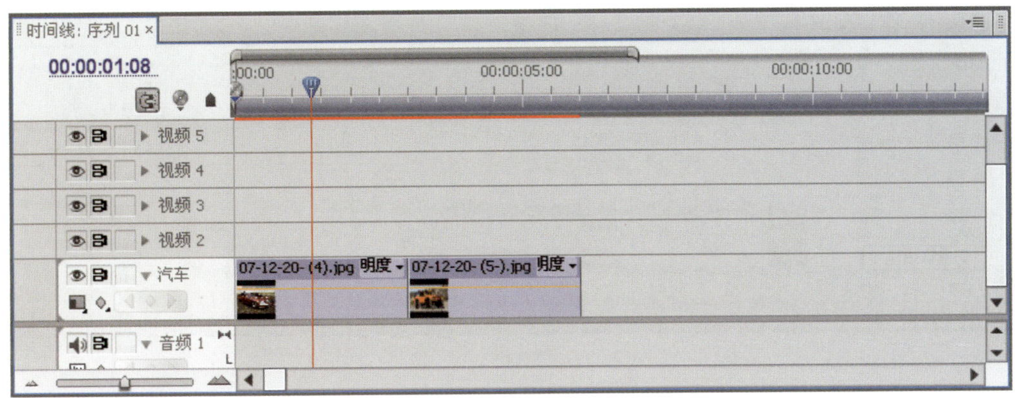

图3.51

3.4.9 轨道的锁定与解除锁定

在轨道素材的编辑过程中，为了避免对其他轨道的错误操作，可以将暂时不需要编辑的轨道锁定。如果想再次编辑该轨道素材，再将其解除锁定即可。

锁定轨道

在【时间栏】面板中，单击需要锁定的轨道名称前的空白方框位置，当方框中出现【切换同步锁定】按钮时，表示该轨道被锁定，轨道上的素材中出现黑色的斜条纹，如图3.52所示，此时对该轨道上的素材进行的所有操作都不可用。

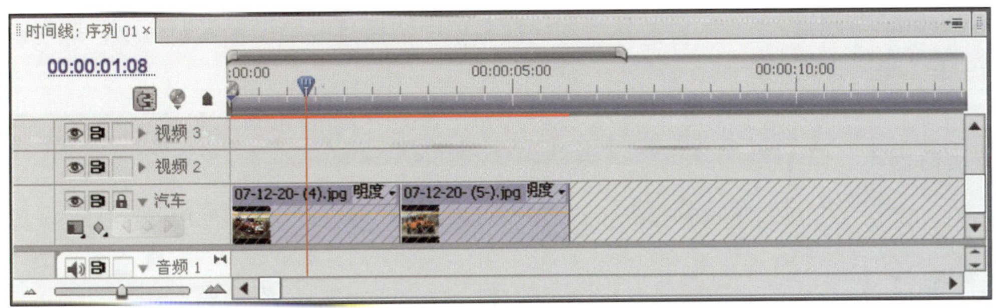

图3.52

解除锁定

如果想再次编辑锁定的轨道，单击锁定轨道名称前面的【切换同步锁定】按钮，当锁定图标消失后，表示该轨道已经解除锁定了，此时可以对轨道上的素材进行编辑。

3.4.10 隐藏轨道

如果需要隐藏轨道，单击需要隐藏的轨道前面的【切换轨道输出】按钮，使眼睛图

标消失即可，此时，该轨道上的所有素材都不会在【节目】面板中显示，如图3.53所示。

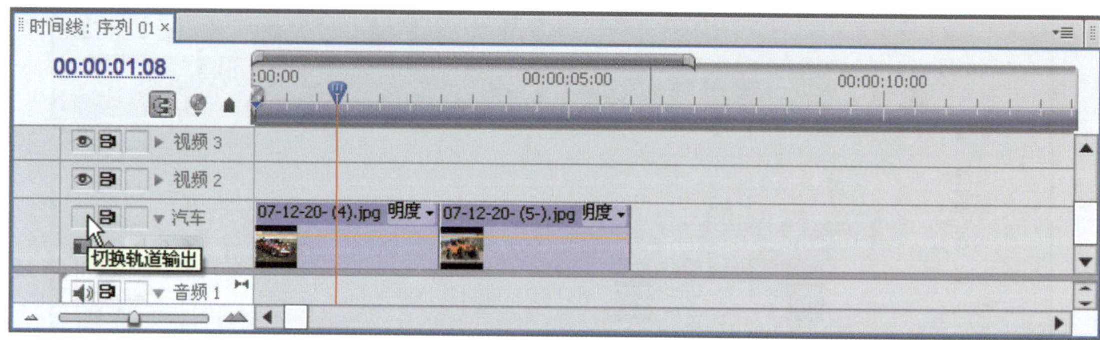

图3.53

3.4.11 链接和解除视音频链接

有些素材文件既包含视频信息又包含音频信息，当这些素材被添加到【时间栏】面板中时，视频和音频会自动地添加到相应的轨道上。当选中并拖动该素材时，会发现视频和音频始终作为一个整体在移动。【时间栏】面板中的任何视频、音频文件都可以被随意地进行链接和解除链接。

链接视音频

为素材建立链接的具体操作步骤如下。

STEP 01 在【时间栏】面板中同时选中需要链接的视频素材片段和音频素材片段。

STEP 02 在选中的素材片段上右击，在弹出的快捷菜单中选择【链接视音频】命令，即可链接视音频，如图3.54所示。

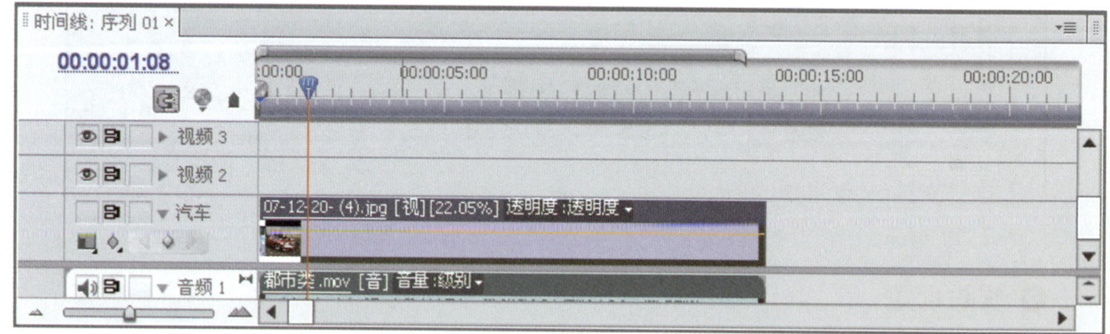

图3.54

解除视音频链接

解除视音频链接的具体操作步骤如下。

STEP 01 在【时间栏】面板中选中需要解除链接的视频或音频素材片段。

STEP 02 在选中的素材片段上右击，在弹出的快捷菜单中选择【解除视音频链接】命令，即可取消音频和视频的链接，此时如果拖动视频素材，音频素材不受影响，如图3.55所示。

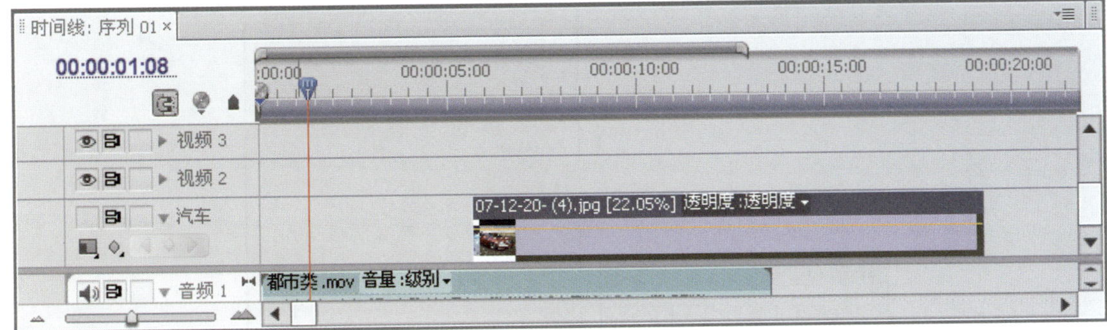

图3.55

3.5 编辑时间标记

时间标记用来指定时间线的位置，可以方便、快速地定位和查找某帧画面。在视频编辑中，时间标记非常重要，它可以有效地提高视频编辑的工作效率。

3.5.1 设置标记

在时间线上设置标记的具体操作步骤如下。

STEP 01 在【时间栏】面板中移动时间滑块到需要添加标记的位置，然后单击【时间栏】面板左上角的【设置未编号标记】按钮，即可在时间滑块所在的位置添加一个没有编号的标记，如图3.56所示。

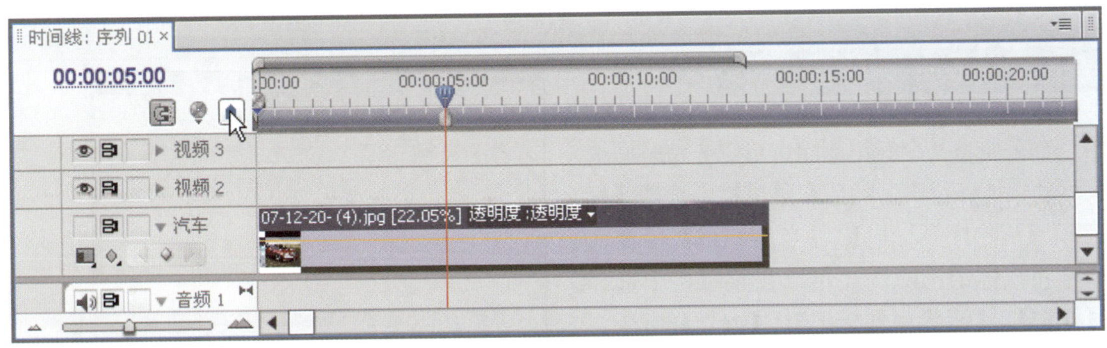

图3.56

STEP 02 如果要在时间线上添加有编号的标记，可以在【时间栏】面板中的标尺上右击，在弹出的快捷菜单中选择【设置序列标记】|【其他编号】命令，弹出【设置已编号标记】对话框，在【设置已编号标记】文本框中输入新添加的标记序号，如图3.57所示。

STEP 03 在【时间栏】面板中双击任何一个序列标记，均可弹出如图3.58所示的【标记】对话框，在该对话框中可以为标记添加提示性的注释文字，以方便以后查阅。

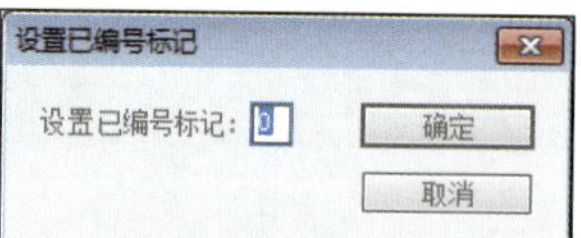

图3.57

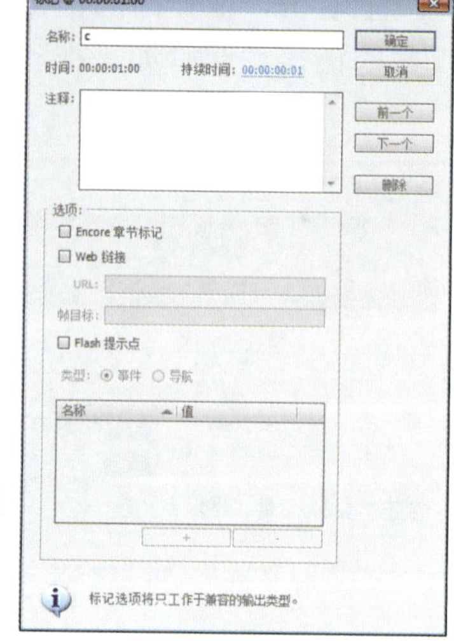

图3.58

3.5.2 跳转序列标记

为时间线添加标记后，可以在各标记间快速跳转。在菜单栏中选择【标记】|【跳转序列标记】|【编号】命令，将弹出【跳转到已编号标记】对话框，在对话框的下方列出了所有的序列标记，可以选择要跳转编号的名称，然后单击【确定】按钮，即可跳转到该编号的位置，如图3.59所示。

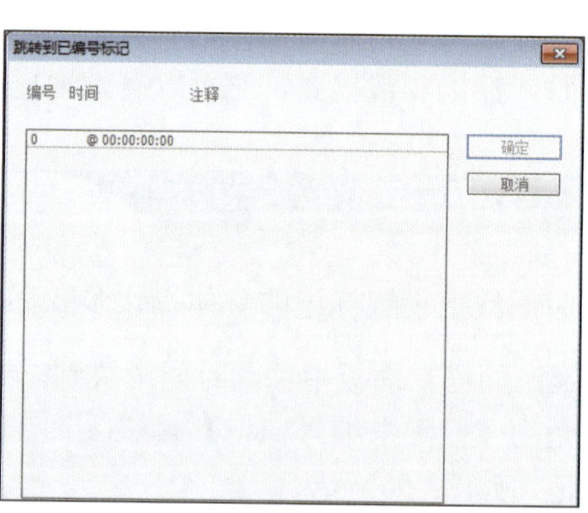

图3.59

3.5.3 清除序列标记

如果要将某个标记删除，可以先将时间滑块移动到该标记上，然后在菜单栏中选择【标记】|【清除序列标记】|【当前标记】命令，即可将该标记清除。还可以在菜单栏中选择【标记】|【清除序列标记】|【编号】命令，弹出【消除已编号标记】对话框，如图3.60所示，选择一个要清除的标记，然后单击【确定】按钮将其删除。

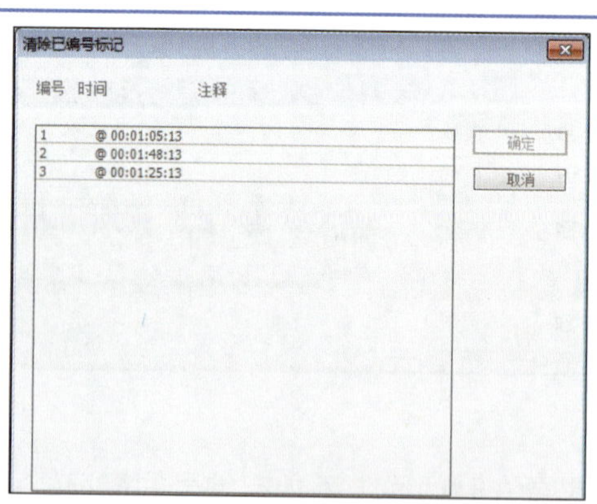

图3.60

默认状态编号为灰色显示，只有当用户加其他编号，编号选项才会被激活。

3.6 创建特殊素材元素

在Premiere Pro CS5中，除了使用导入的素材，还可以建立一些新的素材元素，如通用倒计时片头、彩条和透明视频素材等，下面将进行详细的介绍。

3.6.1 创建通用倒计时片头

通用倒计时片头通常用于影片开始前的倒计时准备。Premiere Pro CS5为用户提供了现成的通用倒计时素材，用户可以非常简便地创建一个标准的倒计时素材，并可以在Premiere Pro CS5中随时对其进行修改，如图3.61所示。

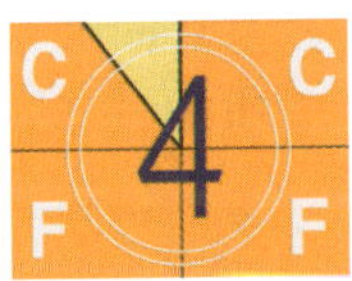

图3.61

创建通用倒计时片头的具体操作步骤如下。

STEP 01 在菜单栏中选择【文件】|【新建】|【通用倒计时片头】命令，弹出【新建通用倒计时片头】对话框，如图3.62所示。

STEP 02 单击【确定】按钮，弹出【通用倒计时片头设置】对话框，如图3.63所示。

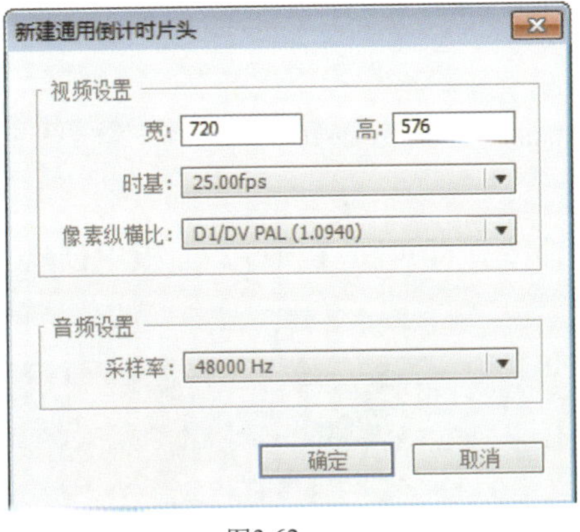

图3.62

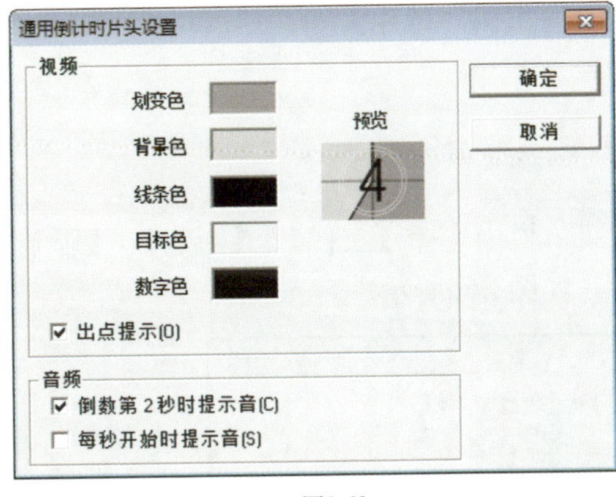

图3.63

STEP 03 该对话框中各选项的含义如下。

① 划变色	擦除颜色。播放倒计时影片的时候，指示线会不停地围绕圆心转动，在指示线转动方向之后的颜色为划变色。单击该选项的颜色块，在弹出的【颜色拾取】对话框中可重新定义该选项的颜色，如图3.64所示
② 背景色	背景颜色。指示线转换方向之前的颜色为背景色。单击该选项的颜色块，在弹出的【颜色拾取】对话框中可重新定义该选项的颜色
③ 线条色	指示线颜色。单击该选项的颜色块，在弹出的【颜色拾取】对话框中可以设定弹出固定十字及转动指示线的颜色

④ 目标色	准星颜色。用于指定圆形准星的颜色
⑤ 数字色	数字颜色。用于设置倒计时影片8、7、6、5、4等数字的颜色
⑥ 出点提示音	结束提示标志。勾选该复选框，在倒计时结束时显示标志图形
⑦ 倒数第2秒时提示音	2秒提示标志。勾选该复选框，在显示“2”的时候发声
⑧ 每秒开始时提示音	每秒提示标志。勾选该复选框，在每一秒钟开始的时候发声

STEP 04 设置完成后，单击【确定】按钮，Premiere ProCS5自动将该段倒计时影片加入【项目】面板中，如图3.65所示。

STEP 05 用户可以随时在【项目】面板或【时间栏】面板中双击倒计时素材，在弹出的【通用倒计时片头设置】对话框中进行修改。

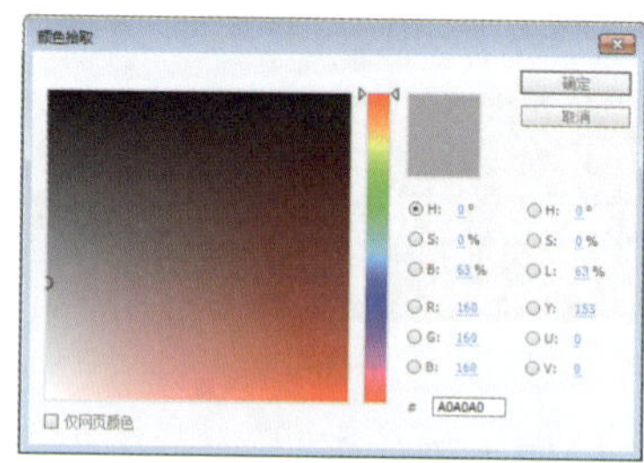

图3.64

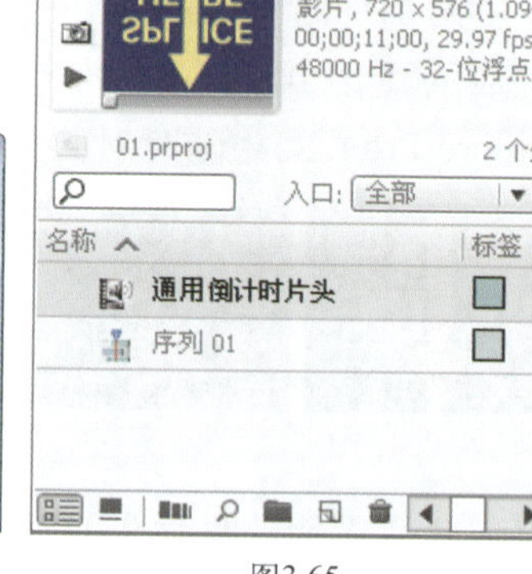

图3.65

3.6.2 创建彩条和黑场素材

除了通用倒计时片头外，在Premiere Pro CS5中，可以为影片在开始前加入一段彩条及黑场动画。

创建彩条

在菜单栏中选择【文件】|【新建】|【彩条】命令，即可在【项目】面板中创建一个彩条素材，如图3.66所示。

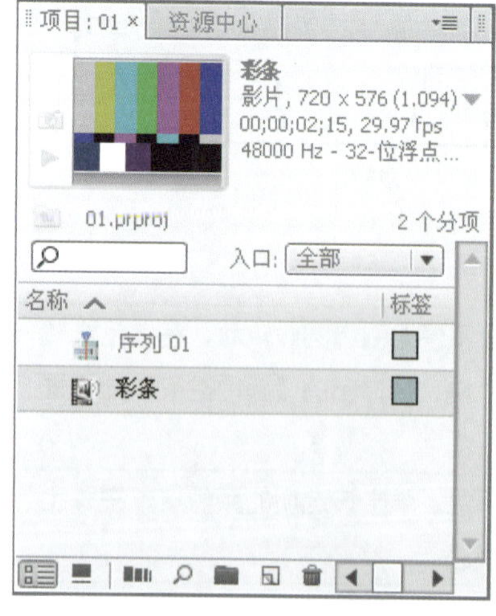

图3.66

创建黑场

在菜单栏中选择【文件】|【新建】|【黑场】命令，即可在【项目】面板中创建一个黑场素材，如图3.67所示。

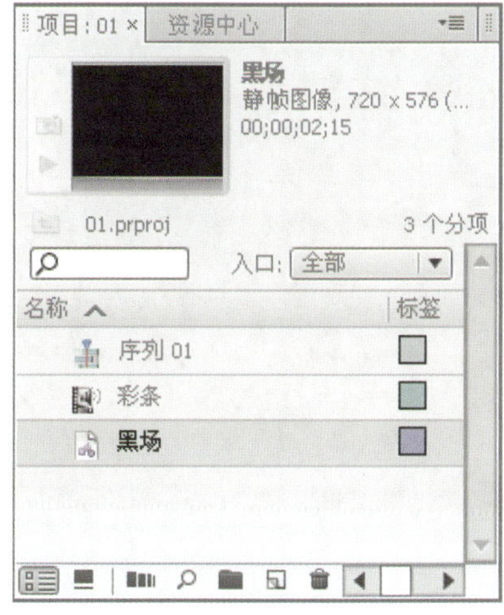

图3.67

3.6.3 创建彩色蒙版素材

利用Premiere Pro CS5可以为影片创建一个彩色蒙版。用户可以将彩色蒙版当作背景，也可利用【透明度】命令来设定与它相关的色彩的透明度。

创建彩色蒙版素材的具体操作步骤如下。

STEP 01 在菜单栏中选择【文件】|【新建】|【彩色蒙版】命令，弹出【新建彩色蒙版】对话框，单击【确定】按钮，弹出【颜色拾取】对话框，如图3.68所示。

STEP 02 在该对话框中选取彩色蒙版所需要使用的颜色，单击【确定】按钮，弹出【选择名称】对话框，如图3.69所示。

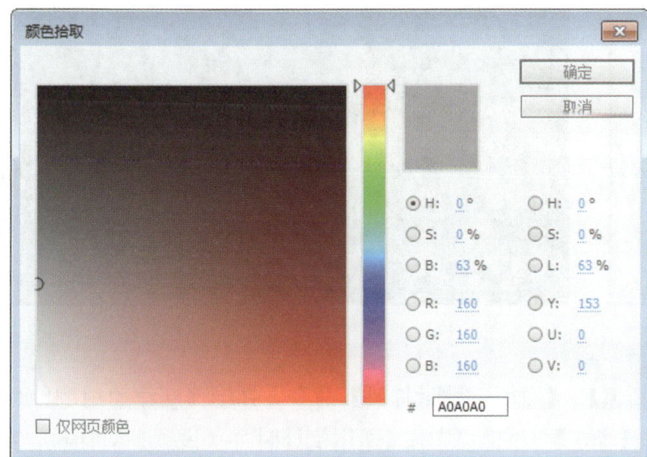

图3.68

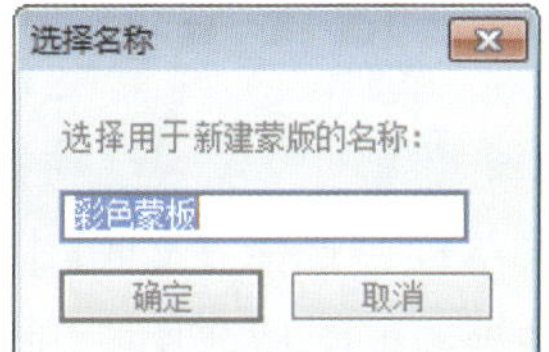

图3.69

STEP 03 在【选择用于新建蒙版的名称】文本框中输入新建彩色蒙版素材的名称，单击【确定】按钮即可完成彩色蒙版的创建，如图3.70所示。

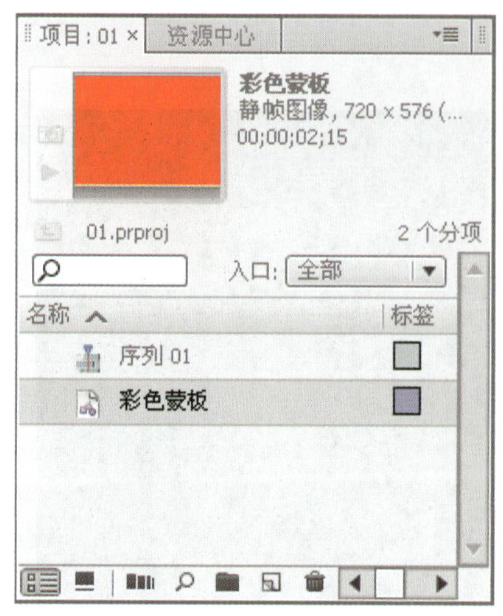

图3.70

3.6.4 创建透明视频素材

在Premiere Pro CS5中，用户可以创建一个透明的视频层，它能够将特效应用到一系列的影片剪辑中，而无需重复地复制和粘贴属性。只要应用一个特效于透明视频轨道上，特效结果将自动出现在下面的所有视频轨道上。

在菜单栏中选择【文件】|【新建】|【透明视频】命令，即可在【项目】面板中创建一个透明视频素材，如图3.71所示。

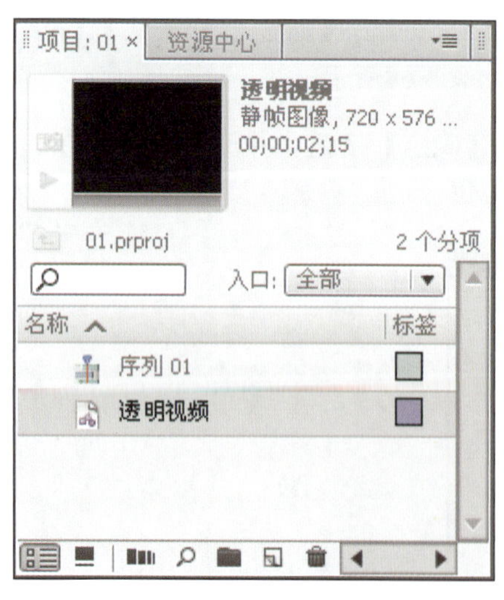

图3.71

STEP 01 在菜单栏中选择【文件】|【新建】|【通用倒计时片头】命令，弹出【新建通用倒计时片头】对话框，如图3.72所示。单击【确定】按钮，弹出【通用倒计时片头设置】对话框，如图3.73所示。

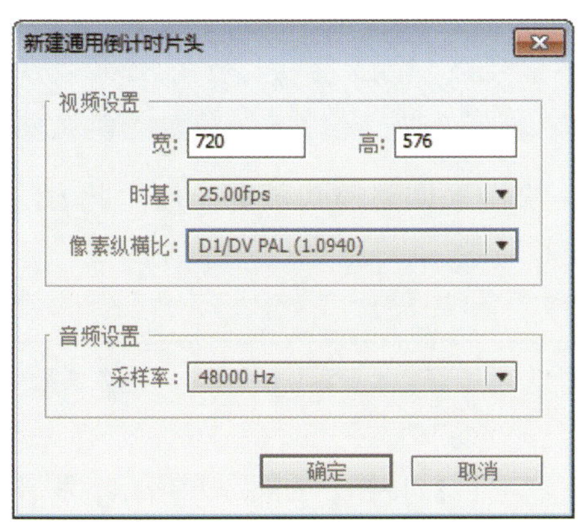

图3.72

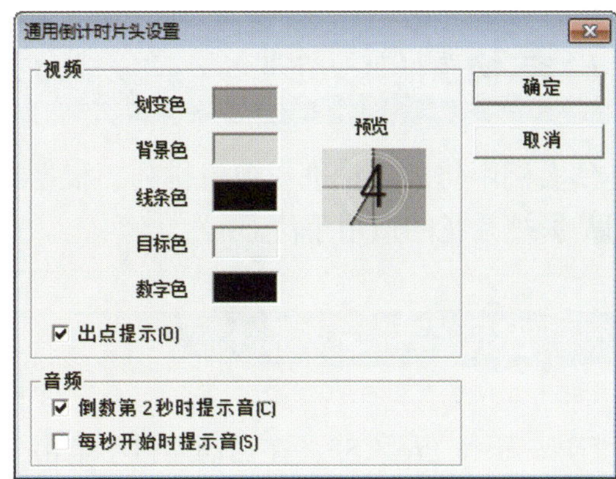

图3.73

STEP 02 在【通用倒计时片头设置】对话框中设置【划变色】的颜色值为1800FF，【背景色】的颜色值为00FF00，【线条色】的颜色值为000000，【目标色】的颜色值为FF0000，【数字色】的颜色值为000000，如图3.74所示。单击【确定】按钮，在【项目】面板中创建一个“通用倒计时片头”素材，如图3.75所示。

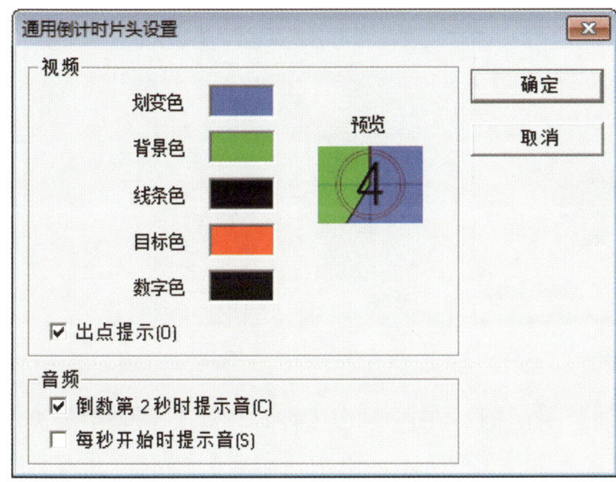

图3.74

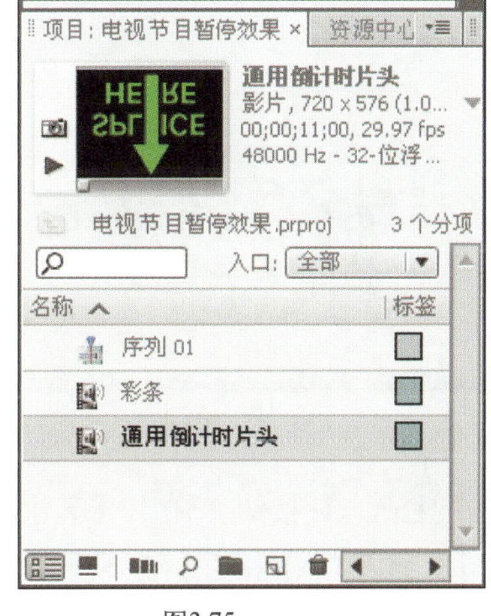

图3.75

STEP 03 在【项目】面板中选中“通用倒计时片头”素材，并将其拖动到【时间栏】面板的【视频1】轨道上，使其入点与“彩条”素材的出点对齐，如图3.76所示。

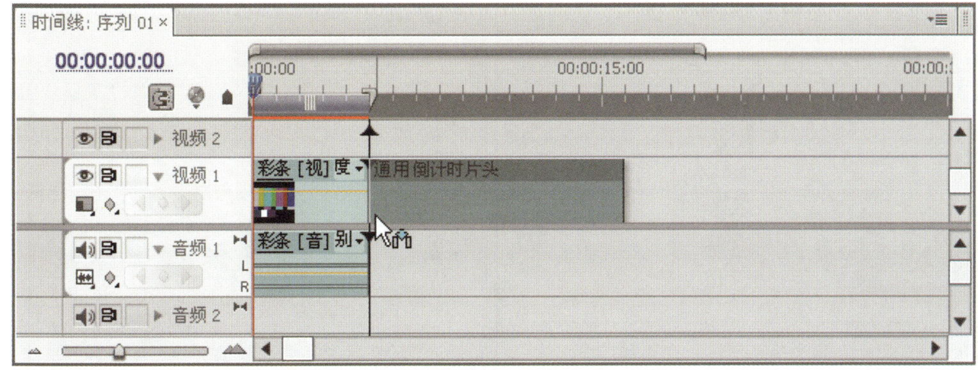

图3.76

3.7 素材剪辑实例

在该实例中将对素材进行剪辑排列，根据镜头快慢来调整镜头节奏。使用此方法来进行剪辑是影视片花的惯用手法。

3.7.1 新建项目并导入素材

STEP 01 运行Premiere Pro CS5，在启动窗口中单击【新建项目】按钮，如图3.77所示，弹出【新建项目】对话框，在【位置】下拉列表中选择保存的文件路径，在【名称】文本框中输入文件名“素材剪辑”，如图3.78所示。

图3.77

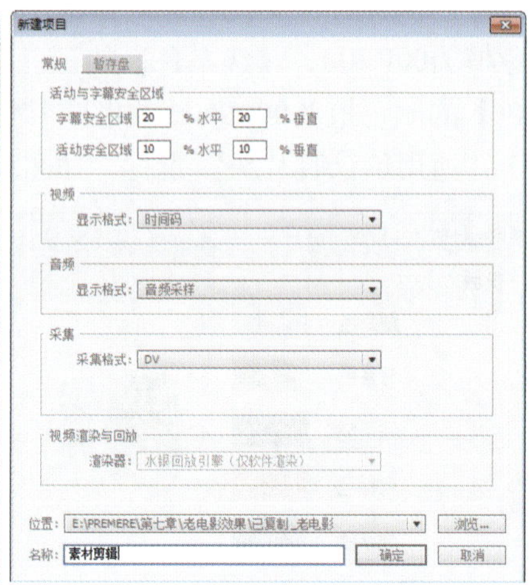

图3.78

STEP 02 单击【确定】按钮，弹出【新建序列】对话框，在左侧的【有效预置】列表中展开【DV-PAL】选项，选中【标准48kHz】模式，如图3.79所示，单击【确定】按钮，进入工作区界面。在【项目】面板的空白处双击，在弹出的【导入】对话框中选择随书所附光盘中的“第3章\3.7\片段.mov”素材，如图3.80所示，单击【打开】按钮。

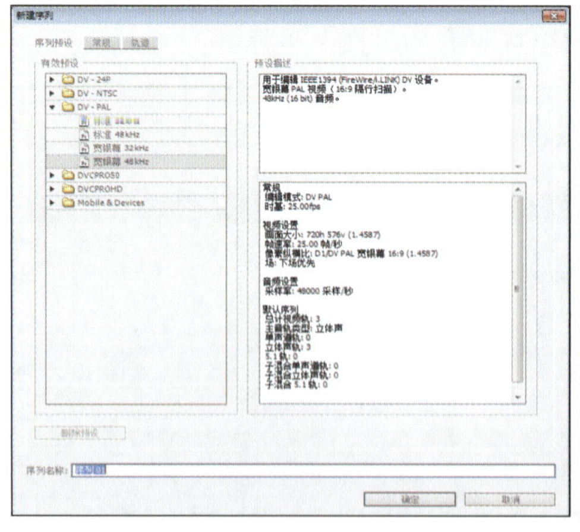

图3.79

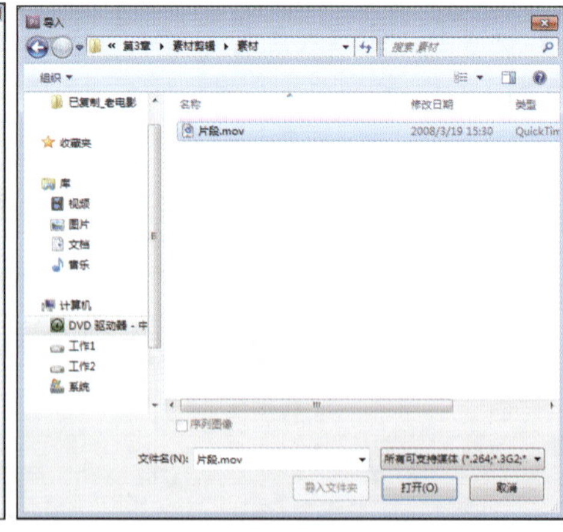

图3.80

STEP 03 选中导入的素材文件，并将其拖动到【时间栏】面板中的【视频1】轨道上，如图3.81所示。

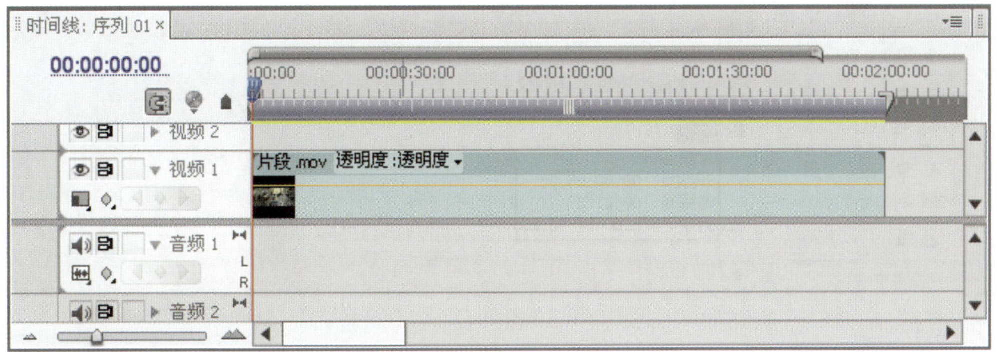

图3.81

3.7.2 素材剪辑

STEP 01 切换至【效果】面板，打开【视频特效】文件夹下的【调整】子文件夹，将其中的“色阶”特效拖动到【时间栏】面板视频1轨道中的素材上，如图3.82所示。

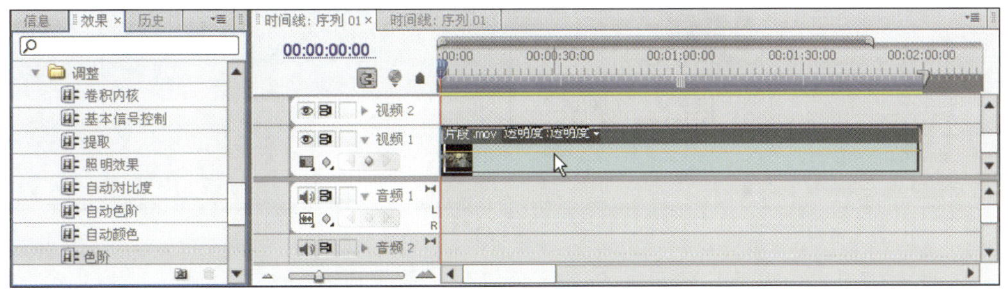

图3.82

STEP 02 在【特效控制台】面板中，单击“色阶”特效的【设置】按钮，弹出【色阶设置】对话框，如图3.83所示，单击【确定】按钮，为素材添加“色阶”特效。

图3.83

STEP 03 将时间滑块移动到00：00：06：02处，在【工具】面板中单击【剃刀工具】按钮，在时间滑块的位置处单击，将“片段.mov”素材分割为两段，如图3.84所示。

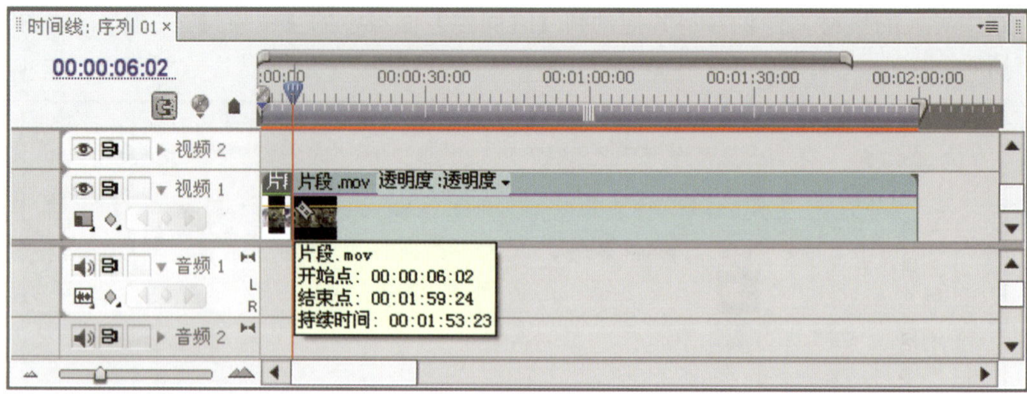

图3.84

STEP 04 将时间滑块移动到00：00：08：22处，在【工具】面板中单击【剃刀工具】按钮，在时间滑块的位置处单击，将分割后的“片段.mov”素材再次分割为两段，如图3.85所示。

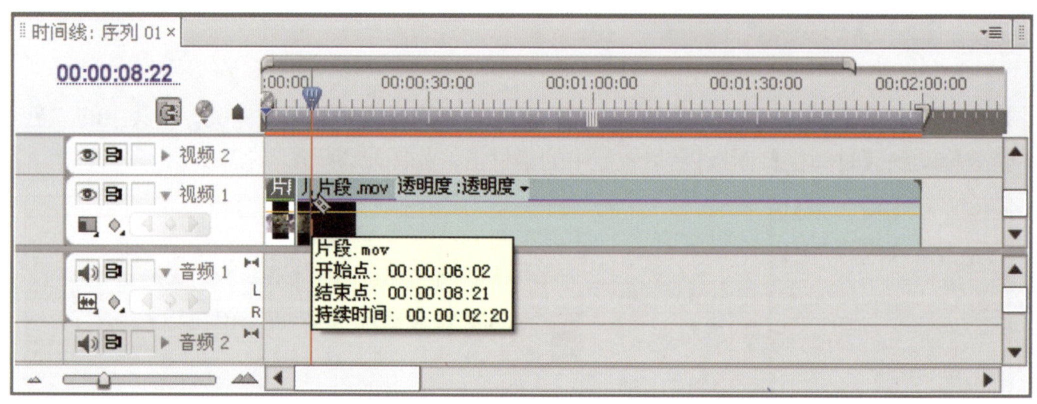

图3.85

STEP 05 在分割后的“片段.mov”素材的中间一段上右击，从弹出的快捷菜单中选择【波纹删除】命令，将其删除，如图3.86所示。

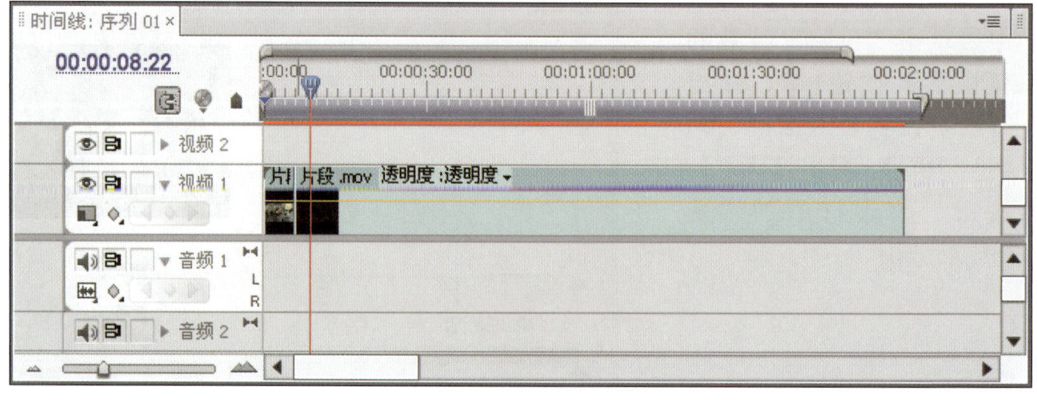

图3.86

STEP 06 将时间滑块移动到00：00：08：18处，在【工具】面板中单击【剃刀工具】按钮，在时间滑块所在的位置单击，将“片段.mov”素材分割为两段，如图3.87所示。

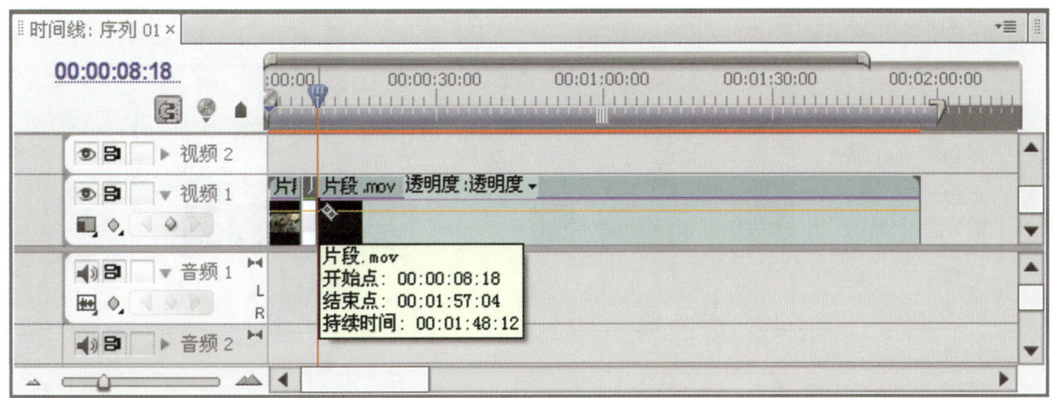

图3.87

STEP 07 将时间滑块移动到00：00：26：24处，在【工具】面板中单击【剃刀工具】按钮，在时间滑块所在的位置单击，将“片段.mov”素材分割为两段，如图3.88所示。

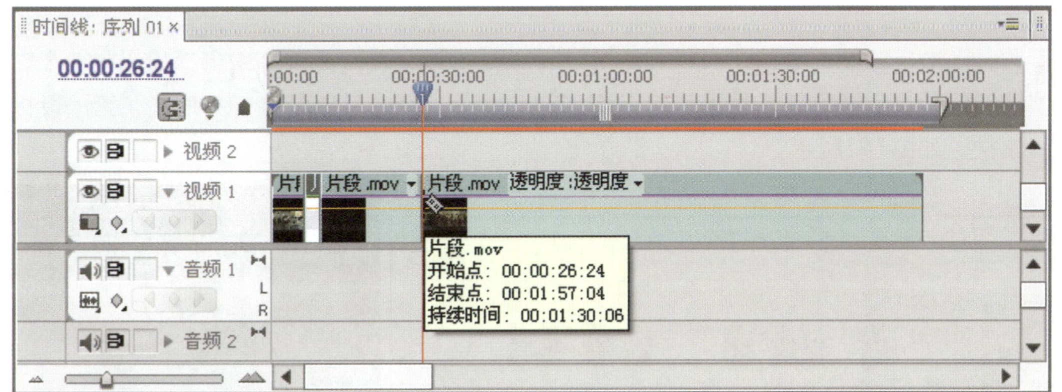

图3.88

STEP 08 在分割后的“片段.mov”素材的中间一段上右击，在弹出的快捷菜单中选择【波纹删除】命令，将其删除，如图3.89所示。

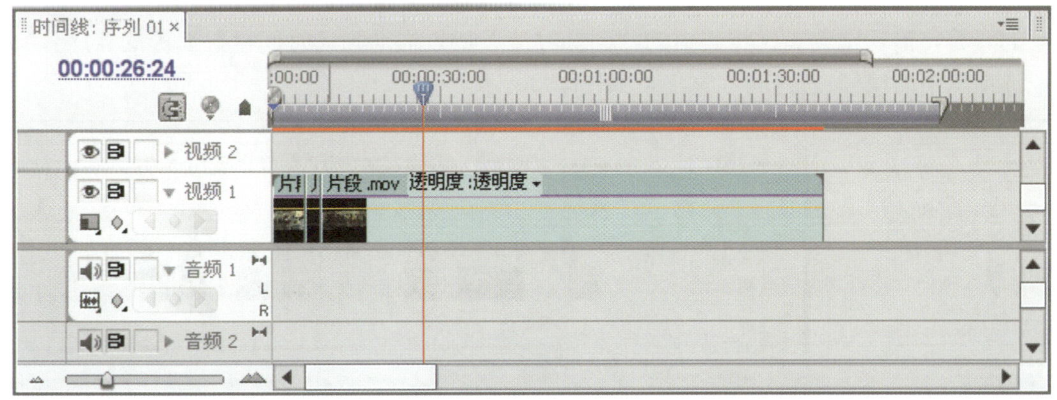

图3.89

STEP 09 用上述方法分别将时间滑块放置在00：00：31：10、00：00：34：00处，对其余的素材进行剪辑，【时间栏】面板中的效果如图3.90所示。

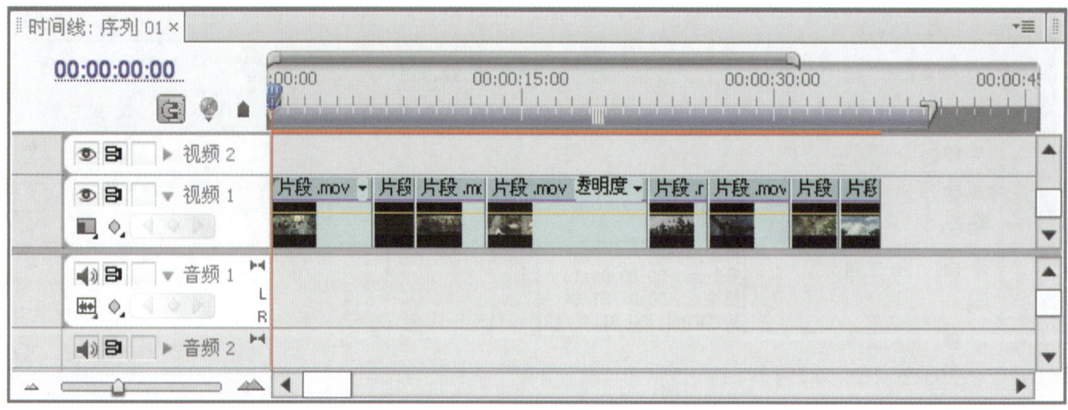

图3.90

3.7.3 制作转场效果

STEP 01 将时间滑块移动到00：00：13：02帧处，按Ctrl+D键，在两段视频素材之间添加一个默认的转场效果。预览转场效果，可以看到，此时下一段素材逐渐叠加并取代了第一段视频素材，如图3.91所示。

图3.91

STEP 02 将时间滑块移动到00：00：22：13处，切换至【效果】面板，打开【视频切换】文件夹下的【叠化】子文件夹，将其中的“黑场过渡”特效拖动到【时间栏】面板的【序列01】选项卡中的视频1轨道的素材上，如图3.92所示。

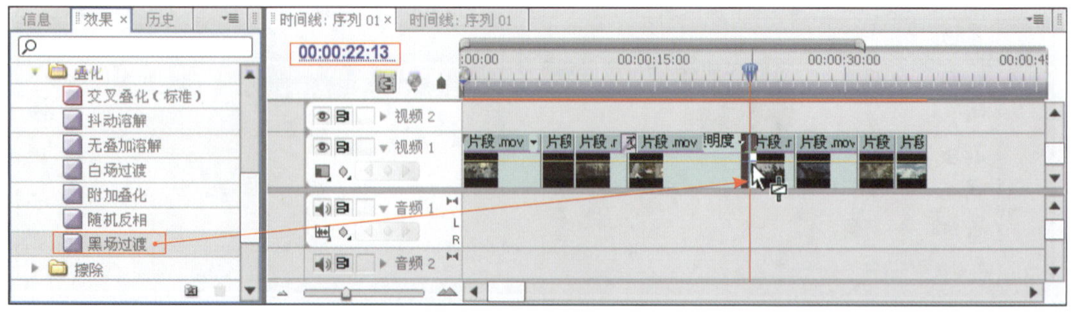

图3.92

STEP 03 将时间滑块移动到00：00：26：04处，切换至【效果】面板，打开【视频切换】文件夹下的【叠化】子文件夹，将其中的“黑场过渡”特效拖动到【时间栏】面板的【序列01】选项卡中的视频1轨道的素材上，如图3.93所示。

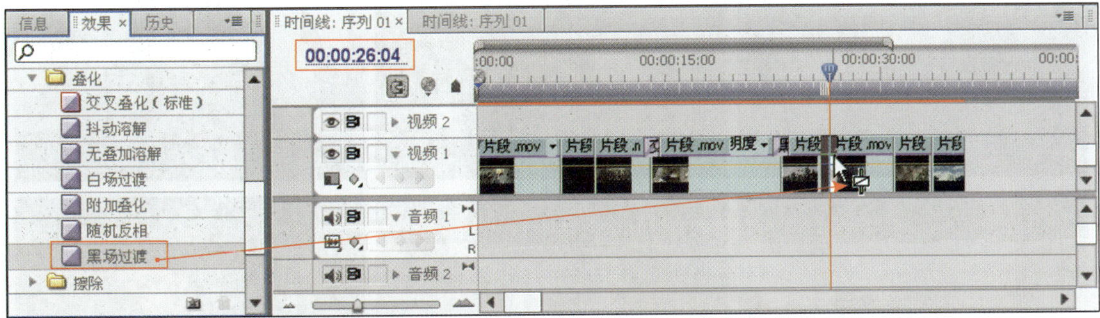

图3.93

STEP 04 将时间滑块移动到00：00：31：01处，切换至【效果】面板，打开【视频切换】文件夹下的【叠化】子文件夹，将其中的“黑场过渡”特效拖动到【时间栏】面板的【序列01】选项卡中的视频1轨道的素材上，如图3.94所示。

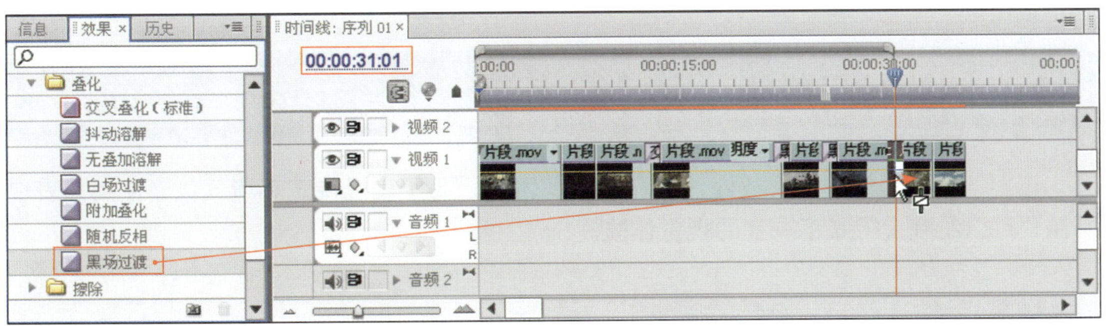

图3.94

STEP 05 将时间滑块移动到00：00：34：00处，按Ctrl+D键，在两段视频素材之间添加一个默认的转场效果，如图3.95所示。

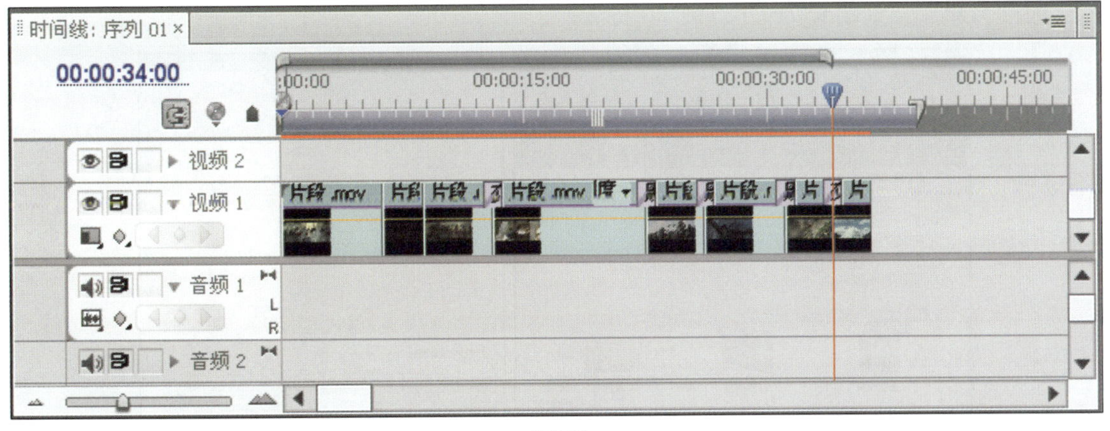

图3.95

至此，本实例全部制作完成，按空格键或Enter键，可在【节目】面板中预览动画效果，如图3.96所示。

图3.96

3.8 倒放时间剪辑

该实例是对素材进行倒放处理，在视频剪辑中，为了表现特定环境气氛而使用该表现手法，可以给观众带来不一样的视觉体验。

3.8.1 新建项目并导入素材

STEP 01 运行Premiere Pro CS5，在启动窗口中单击【新建项目】按钮，弹出【新建项目】对话框，在【位置】选项框中选择保存的文件路径，在【名称】文本框中输入文件名“倒放时间剪辑”，如图3.97所示。

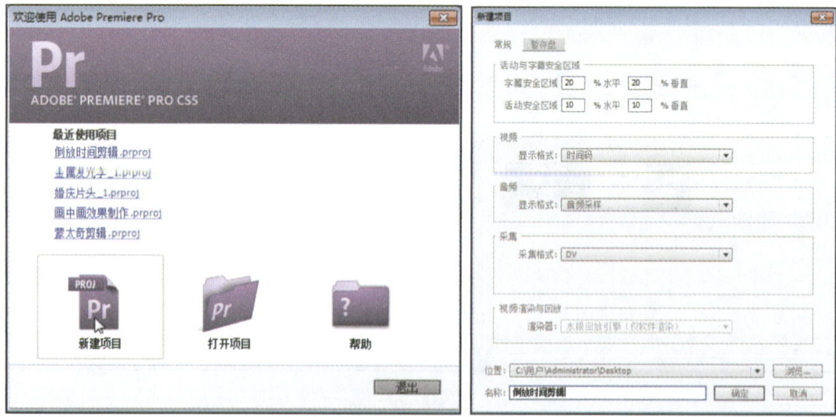

图3.97

STEP 02 单击【确定】按钮，弹出【新建序列】对话框，在左侧的【有效预置】列表中展开

【DV-PAL】选项，选中【标准48kHz】模式，如图3.98所示，单击【确定】按钮，进入工作区界面。在【项目】面板的空白处双击，在弹出的【导入】对话框中选择随书所附光盘中的“第3章\3.8\视频1.wmv~视频4.wmv”如图3.99所示，单击【打开】按钮。

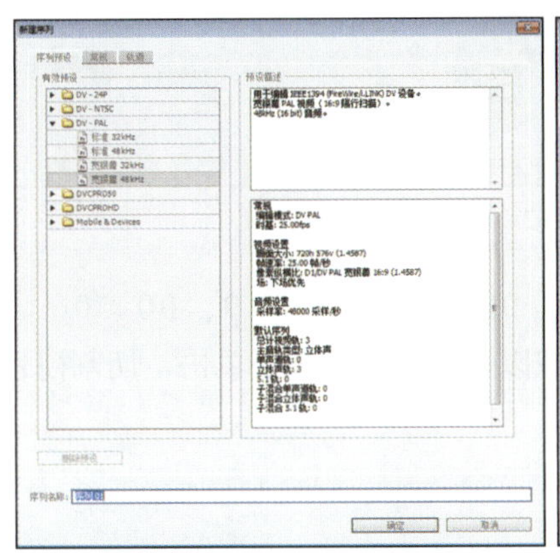

图3.98

图3.99

STEP 03 在【项目】面板中选中导入的素材文件，并将导入的素材文件拖动到【时间栏】面板的【序列01】选项卡中的视频1轨道上，如图3.100所示。

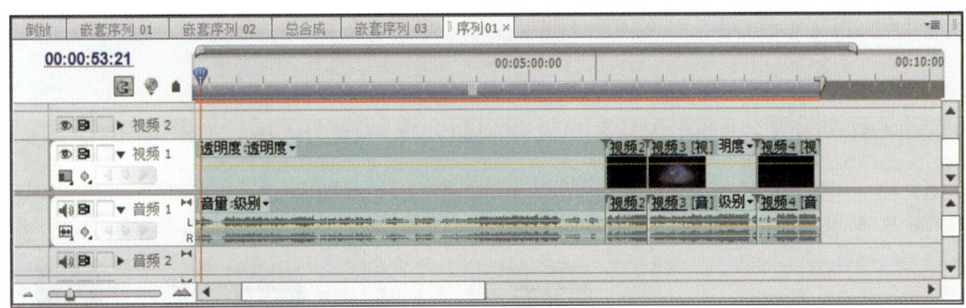

图3.100

3.8.2 素材剪辑

在素材剪辑中，我们应根据画面的需要对素材进行裁剪，保留需要的素材，删除不需要的画面。

STEP 01 将时间帧分别移动到00：04：26：01、00：04：29：22、00：04：36：16、00：04：39：28处，按键盘上的C键，分别在以上时间帧位置处单击，切割视频1素材。视频1素材被分为四段，如图3.101所示。

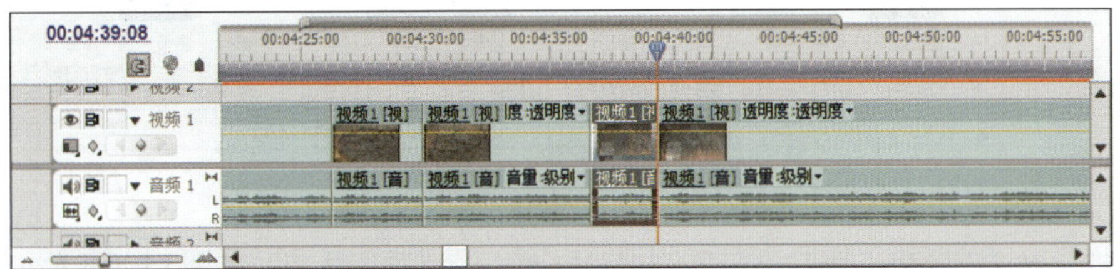

图3.101

STEP 02 根据视频画面的需要，删除不需要的视频画面，保留裁切区域，如图3.102所示。

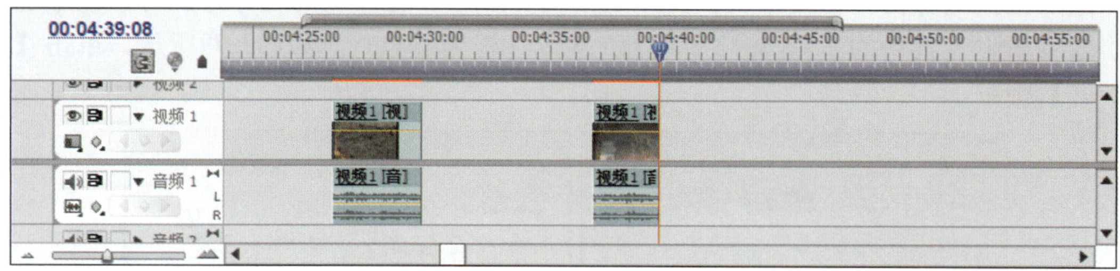

图3.102

STEP 03 将时间帧分别移动到00：06：08：07、00：06：08：19、00：06：12：19、00：06：24：15处，按键盘上的C键，分别在以上时间帧位置处单击，切割视频2素材，如图3.103所示。

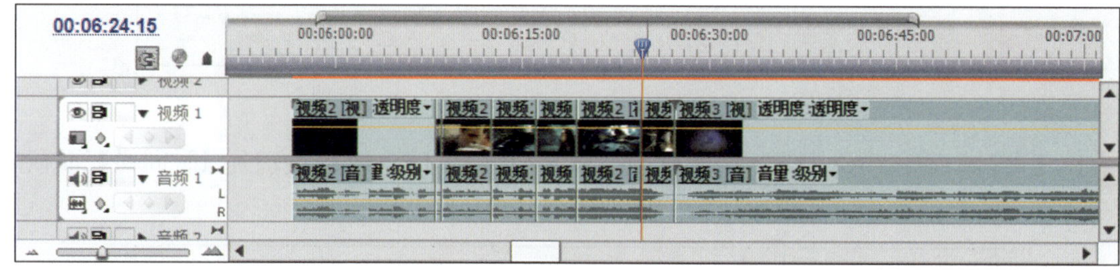

图3.103

STEP 04 根据视频画面的需要，删除不需要的视频画面，保留裁切区域，如图3.104所示。

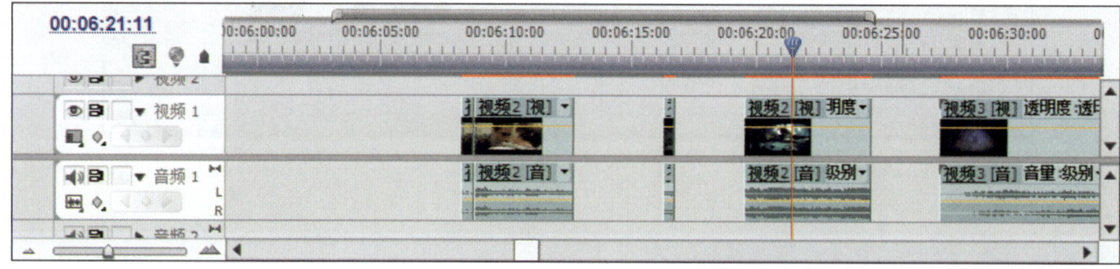

图3.104

STEP 05 将时间帧分别移动到00：07：15：00、00：07：22：04处，按键盘上的C键，分别在以上时间帧位置处单击，切割视频3素材，如图3.105所示。

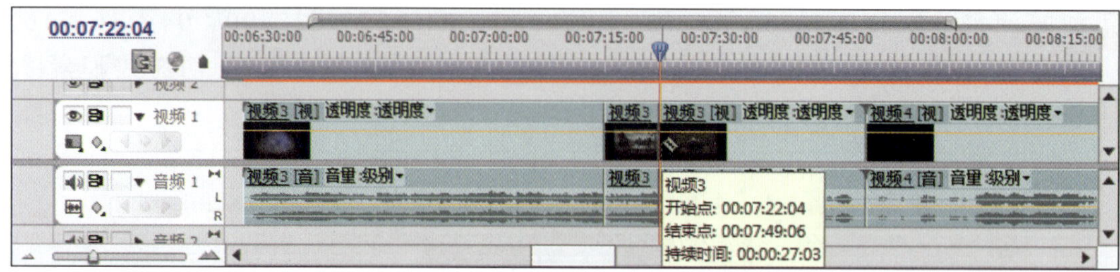

图3.105

STEP 06 根据视频画面的需要，删除不需要的视频画面，保留裁切区域，如图3.106所示。

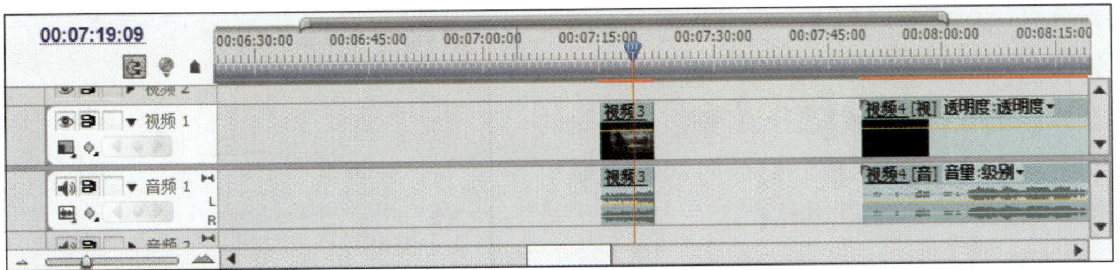

图3.106

STEP 07 将时间帧分别移动到00：07：59：20、00：08：02：17、00：08：07：15、00：08：14：16、00：08：15：06处，按键盘上的C键，分别在以上时间帧位置处单击，切割视频4素材，如图3.107所示。

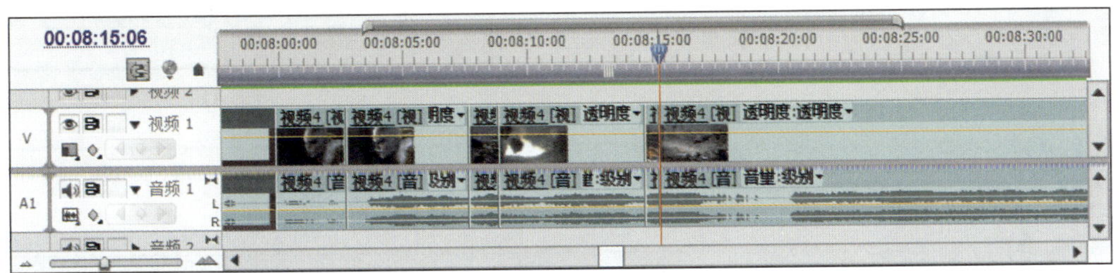

图3.107

STEP 08 根据视频画面的需要，删除不需要的视频画面，保留裁切区域，如图3.108所示。

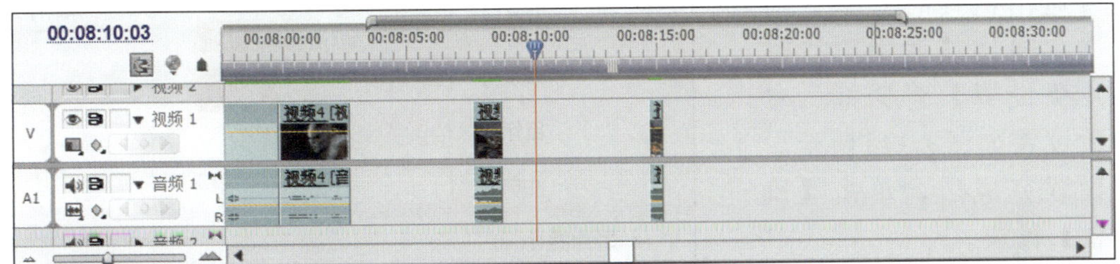

图3.108

STEP 09 在【序列01】合成中选择所有剪切后的视频素材，重新排列视频顺序，如图3.109所示。

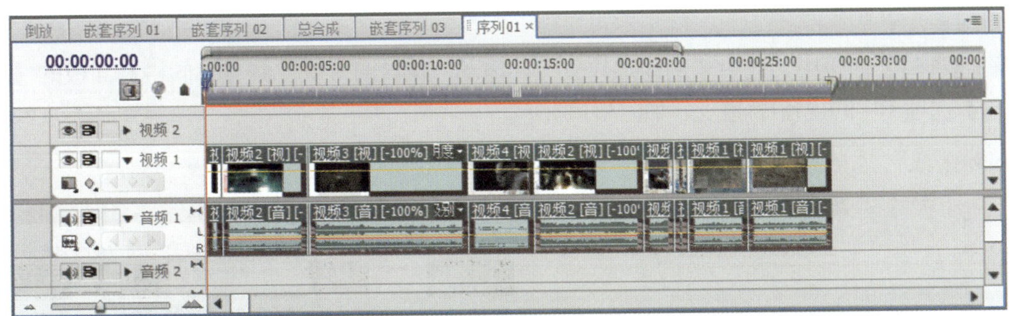

图3.109

通过以上步骤操作剪辑出来的素材，可以根据个人的喜好进行排列。

STEP 10 在【时间栏】面板的【序列01】选项卡中选择剪辑排列后的视频素材。单击右键，在弹出的快捷菜单中选择【速度/持续时间】命令，弹出【速度/持续时间】对话框，参数设置如图3.110所示。

STEP 11 使用同样的方法，设置其他剪辑素材的倒放选项。

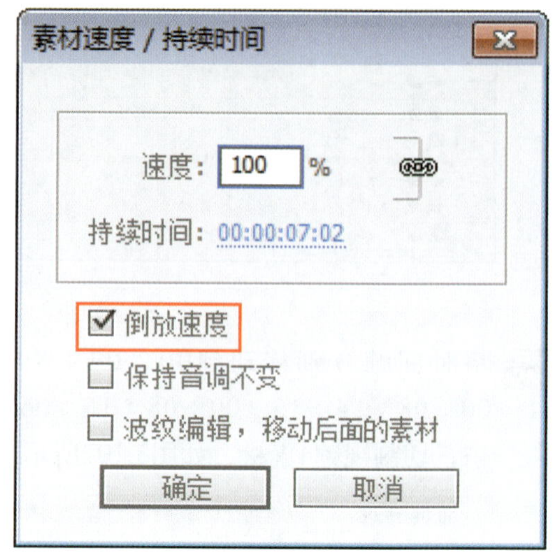

图3.110

3.8.3 倒计时片头的创建

STEP 01 在【项目】面板中，右击，在弹出的快捷菜单中选择【新建分项】|【通用倒计时片头】命令，弹出【通用倒计时片头设置】对话框，参数设置如图3.111所示。设置完成后，单击【确认】按钮。

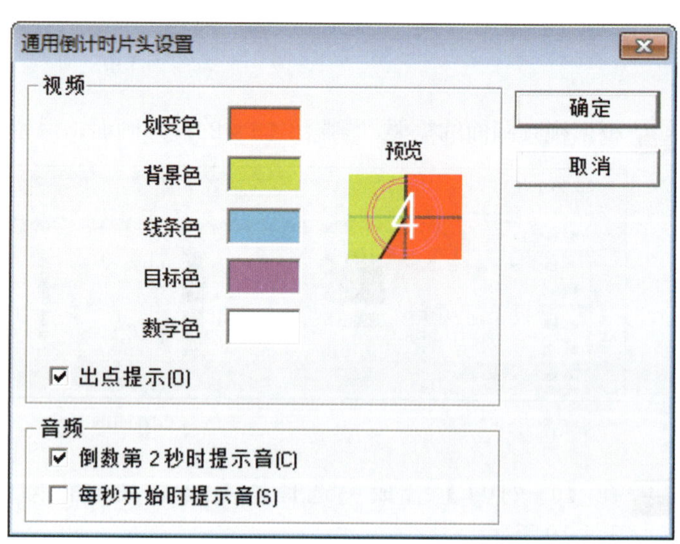

图3.111

STEP 02 在【项目】面板中，选中“倒计时片头”，拖动“倒计时片头”到【时间栏】面板的【序列01】选项卡中的视频1轨道上，如图3.112所示。

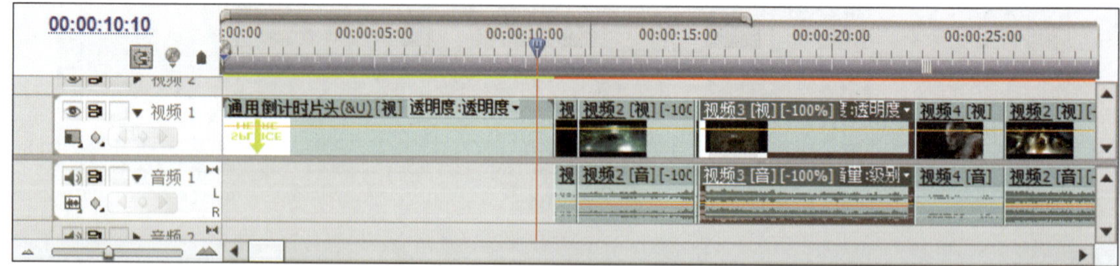

图3.112

3.8.4 片尾特效制作

STEP 01 按Ctrl+N键，或者在菜单栏中选择【文件】|【新建】|【序列】命令，设置序列合成名称为“嵌套序列01”。

STEP 02 在【项目】面板的空白处双击，在弹出的【导入】对话框中选择随书所附光盘中的“第3章\3.8\特效1.mov~特效3.mov”，拖拽素材到【时间线：嵌套序列01】面板中，对素材进行排列，如图3.113所示。

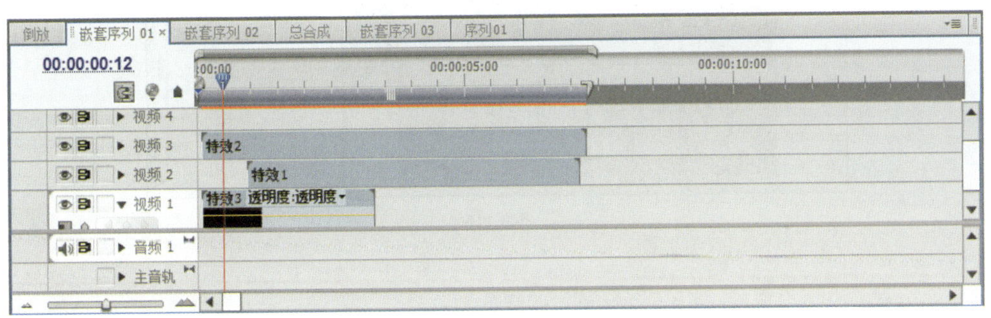

图3.113

STEP 03 在【项目】面板中，选中“嵌套序列01”，将“嵌套序列01”拖动到【时间栏】面板的【序列01】选项卡中的视频1轨道上，如图3.114所示。

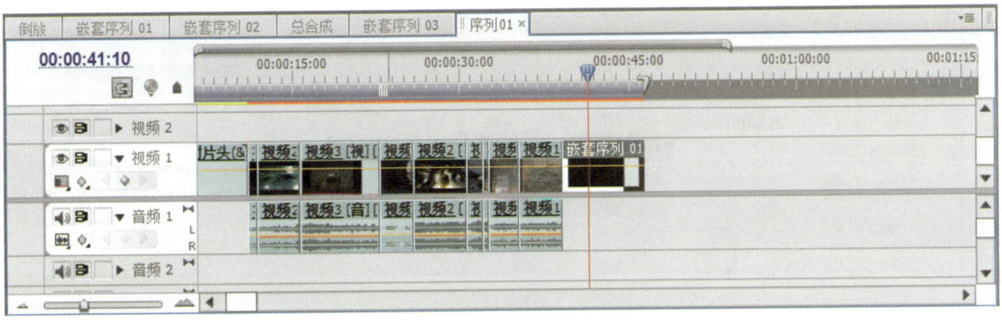

图3.114

STEP 04 按Ctrl+T键或者在【项目】面板空白处右击，在弹出的快捷菜单中选择【新建分项】|【字幕】命令，弹出【新建字幕】对话框，参数设置如图3.115所示，单击【确定】按钮。

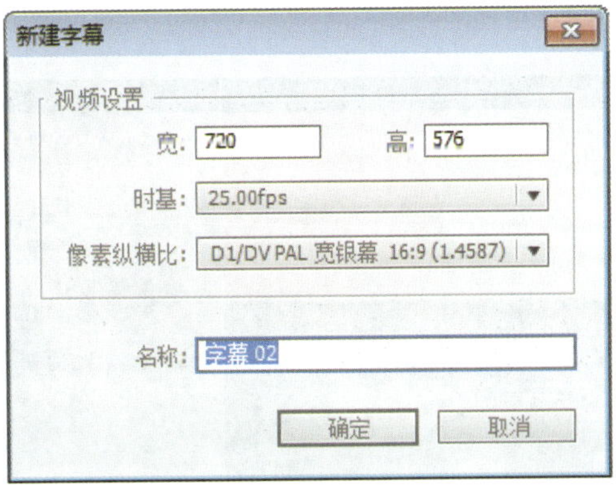

图3.115

STEP 05 弹出字幕创建界面，单击【字幕】面板，输入文字，在下方的【字幕样式】面板中选择预设的字幕样式，如图3.116所示。

图3.116

在本书的第8章中将会对该字幕编辑窗口做详细的讲解。

STEP 06 在【项目】面板中选中“字幕02”，将“字幕02”拖动到【时间栏】面板的【序列01】选项卡中的视频2轨道上，如图3.117所示。

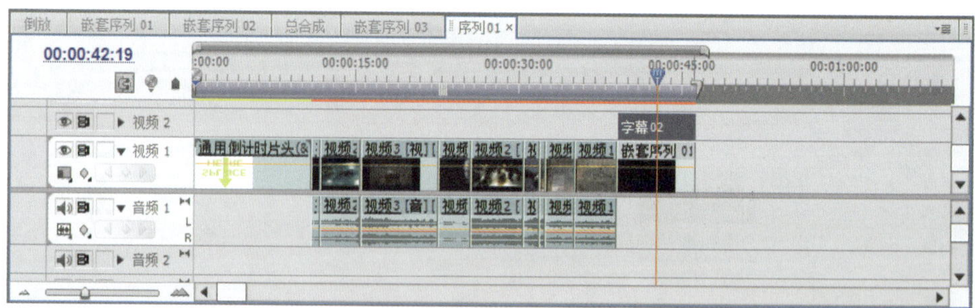

图3.117

至此，本案例制作完成，按空格键或Enter键，在【节目】面板中预览动画效果，如图3.118所示。

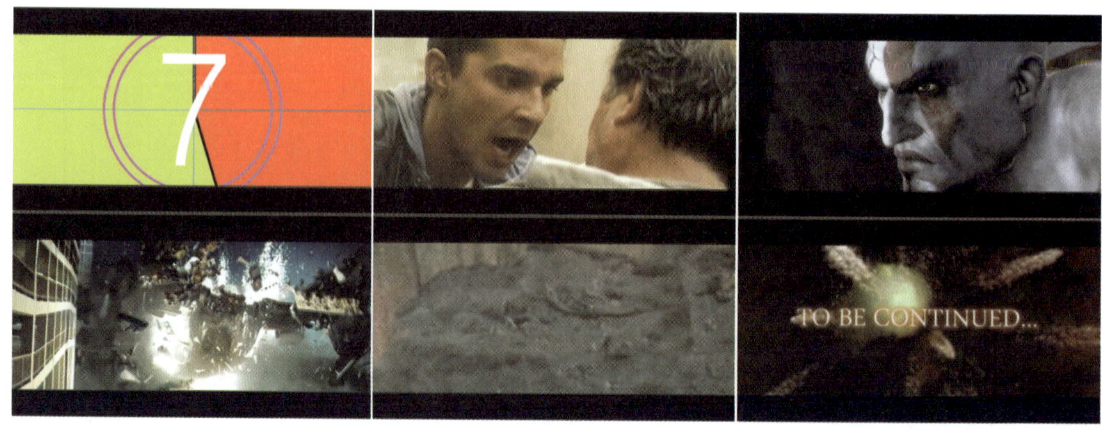

图3.118

第4章 关键帧与运动特效

4.1 创建及查看关键帧

4.1.1 【特效控制台】面板介绍

选中【时间栏】面板中的素材，在【特效控制台】面板中，将显示“运动”、“透明度”和“时间重置”3个选项组，如图4.1所示。使用这些参数选项可以对素材进行动画操作。单击某个选项组左侧的小三角形按钮 ，即可将该选项组展开。

在【特效控制台】面板上方显示出当前场景和所选素材的名称，在名称的右侧有一个【显示/隐藏时间栏视图】按钮，单击该按钮将显示时间栏视图，便于查看和编辑关键帧，如图4.2所示。

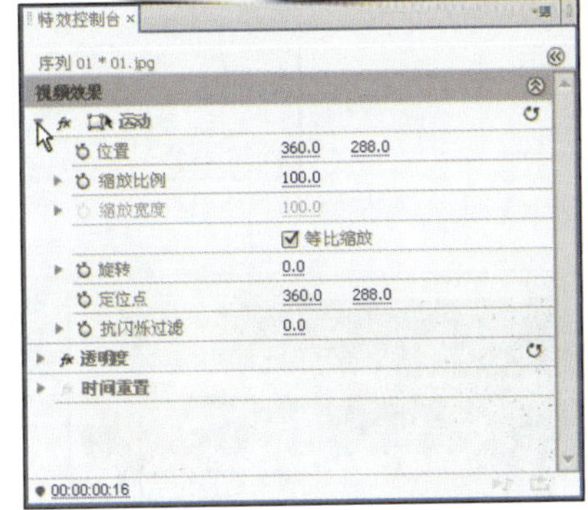

图4.1

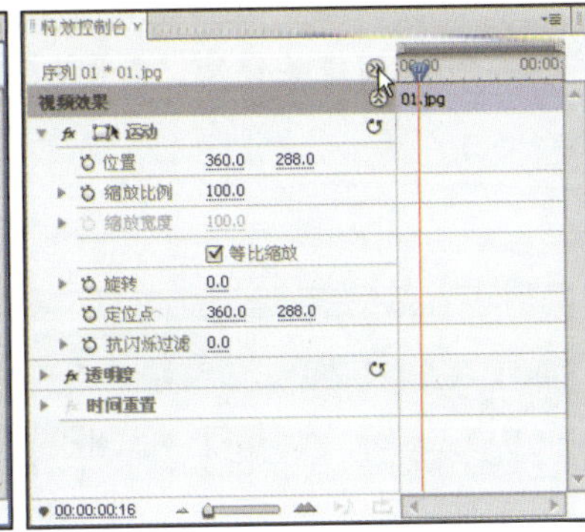

图4.2

4.1.2 创建关键帧的方法

在Premiere Pro CS5软件中，基本上每一个特效或属性都对应一个【切换动画】按钮，用于创建关键帧，下面来讲解创建关键帧的具体操作步骤。

STEP 01 在【时间栏】面板中，选择要添加关键帧的素材。

STEP 02 确定要添加关键帧的时间位置。

STEP 03 在【特效控制台】面板中，单击某个特效或属性左侧的【切换动画】按钮 ，即可在当前位置添加一个关键帧，如图4.3所示。

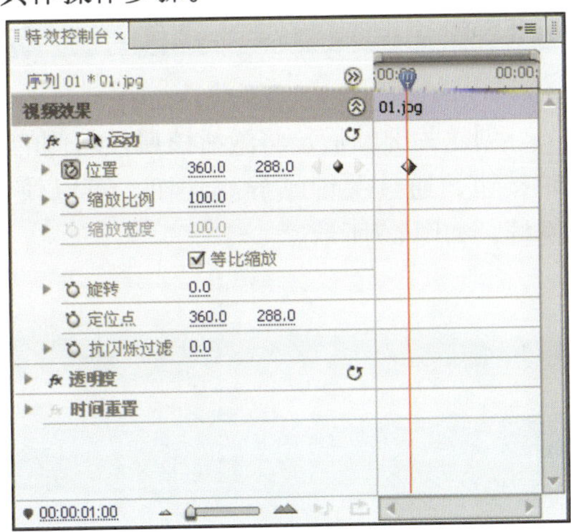

图4.3

当【切换动画】按钮处于激活状态时，再次创建关键帧时不能使用【切换动画】按钮来创建，因为再次单击【切换动画】按钮，将取消其激活状态，这样就自动删除了所有关键帧。

如果想再次添加关键帧，有以下3种操作方法。

※ 将时间调整到需要再次添加关键帧的位置，然后修改该属性的参数，即可在当前时间位置创建一个关键帧，如图4.4所示。

※ 将时间调整到需要再次添加关键帧的位置，单击该属性右侧的【添加/移除关键帧】按钮，即可在当前时间位置创建一个关键帧，如图4.5所示。

※ 在【特效控制台】面板中选择特效，将时间调整到需要再次添加关键帧的位置，在【节目】面板中将显示出素材变换框，直接拖动素材的位置，也可以创建关键帧，如图4.6所示。

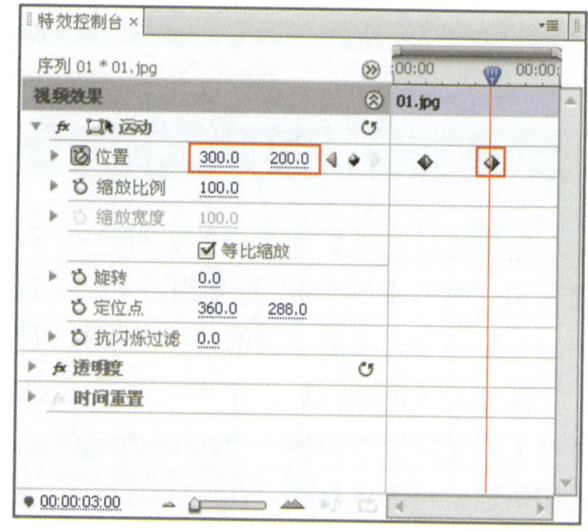

图4.4

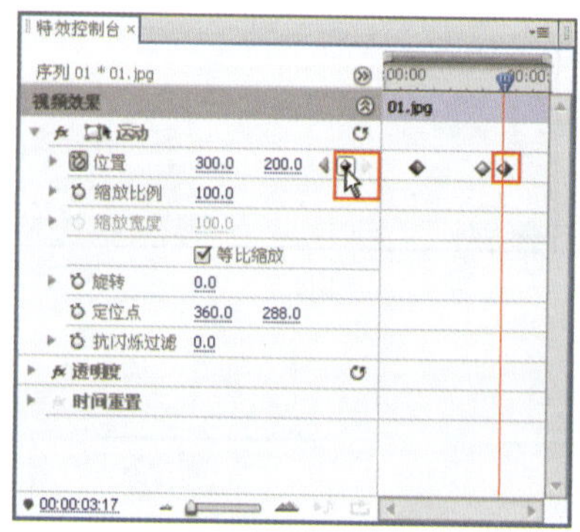

图4.5

图4.6

4.1.3 利用关键帧导航按钮查看关键帧

创建关键帧后，将激活该属性右侧的关键帧导航按钮，通过关键帧导航按钮，可以快速查看关键帧，如图4.7所示。

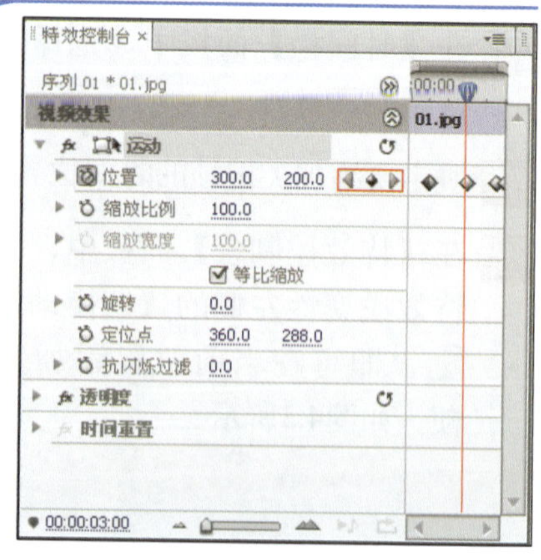

图4.7

在【特效控制台】面板中，关键帧导航按钮有3个，各按钮的功能如下。

按钮	功能
① 【跳转前一关键帧】	单击该按钮，将跳转到前一个关键帧时间位置
② 【添加/移除关键帧】	单击该按钮，可以在当前时间位置添加或删除关键帧
③ 【跳转下一关键帧】	单击该按钮，将跳转到下一个关键帧时间位置

4.2 编辑关键帧

4.2.1 选择关键帧

选择关键帧的操作很简单，可以通过以下3种方法来实现。

※ 在【特效控制台】面板的【时间栏】视图中，直接单击关键帧图标，关键帧将显示为深灰色，表示已经被选定，如图4.8所示。

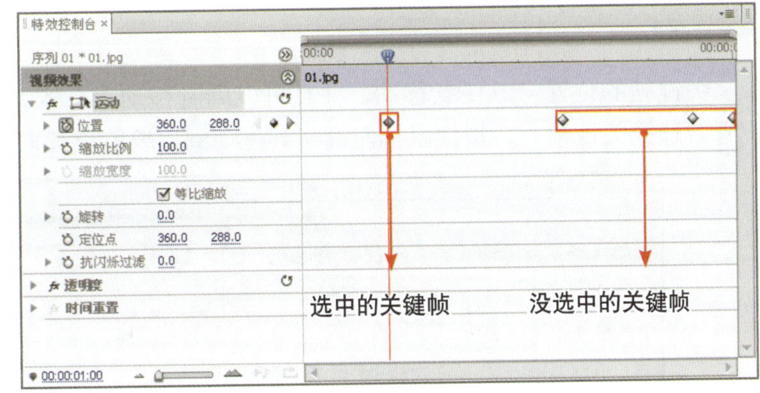

图4.8

在选择关键帧时，按住Shift键可以同时选择多个关键帧。

※ 在【特效控制台】面板的【时间栏】视图中，在关键帧位置的空白处拖动鼠标，被框选的关键帧将被选中，如图4.9所示。

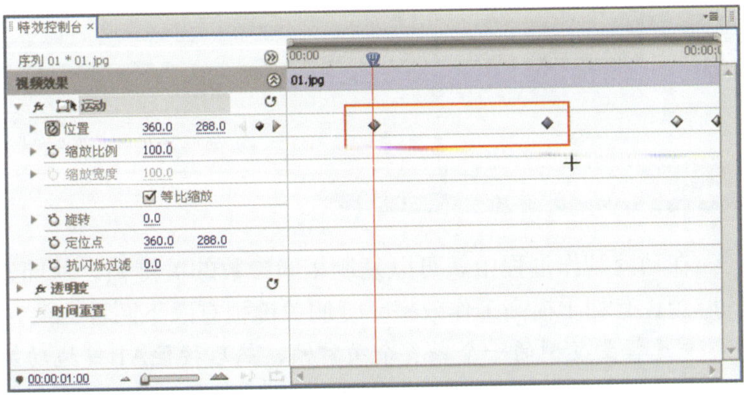

图4.9

※ 在【特效控制台】面板中，在关键帧属性的名称位置单击，即可选择该属性的所有关键帧，如图4.10所示。

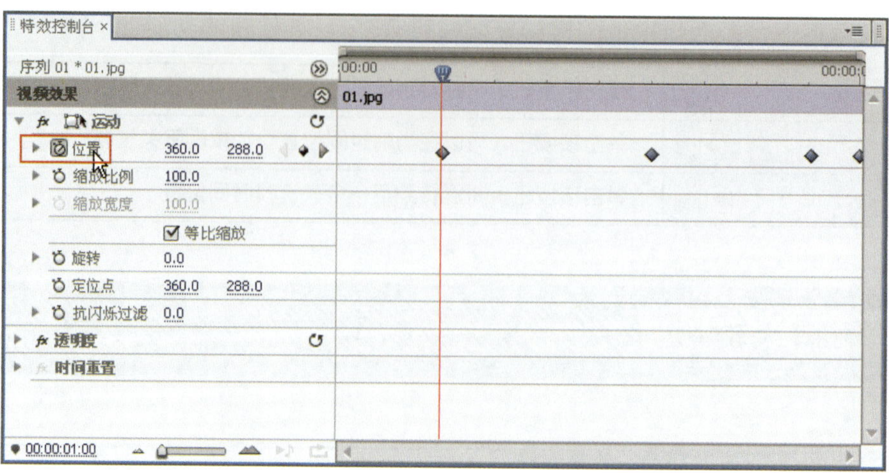

图4.10

4.2.2 移动关键帧

关键帧的位置可以任意移动，并且可以同时移动一个或多个关键帧。要移动关键帧的位置，选择关键帧后，按住鼠标左键将其拖动到需要的位置即可，如图4.11所示。

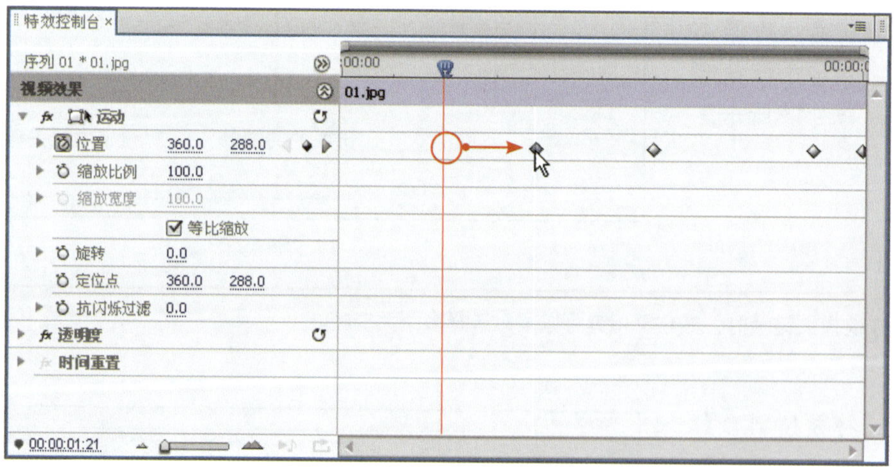

图4.11

4.2.3 复制关键帧

在动画制作过程中，可以复制相同参数的关键帧，从而避免了再次添加并修改关键帧的麻烦，有利于提高工作效率。复制关键帧有以下两种方法。

※ 选择要复制的一个或多个关键帧，然后按住Alt键拖动关键帧到需要的地方，释放鼠标左键即可，如图4.12所示。

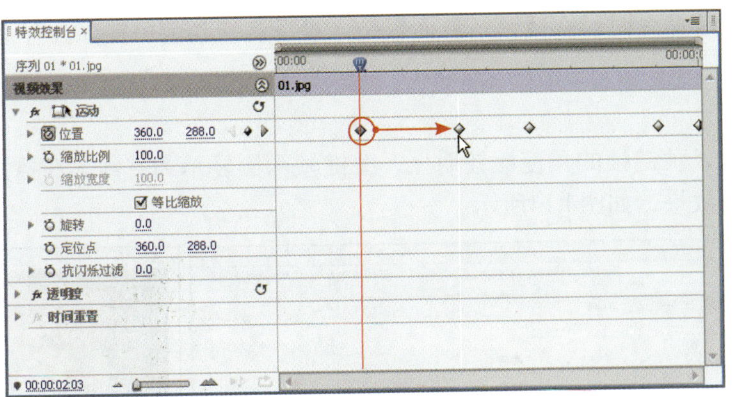

图4.12

※选择要复制的一个或多个关键帧，在菜单栏中选择【编辑】|【复制】命令，或在选中的关键帧上右击，在弹出的快捷菜单中选择【复制】命令，然后将时间调整到要粘贴关键帧的时间位置，在菜单栏中选择【编辑】|【粘贴】命令，即可完成复制。

4.2.4 删除关键帧

删除关键帧的方法有以下4种。

※选择不需要的关键帧，按Delete键，即可将选中的关键帧删除。

※选择不需要的关键帧，在菜单栏中选择【编辑】|【消除】命令，即可将选中的关键帧删除。

※将时间调整到要删除的关键帧位置，单击【添加/移除关键帧】按钮，即可将当前时间位置的关键帧删除。

※取消【切换动画】按钮的激活状态，这样就自动删除了所有的关键帧。

4.3 使用关键帧插值

关键帧插值可以用来控制动画的过渡，以减缓关键帧进入或离开的速度，避免过渡突兀。

Premiere Pro CS5提供了两种关键帧插值方式，包括空间内插值和临时内插值。空间内插值表示素材出现在屏幕上的路径，通过修改其位置参数来修改运动位置；临时内插值控制速度的变化。在使用非运动特效时，一般没有空间内插值。

4.3.1 空间内插值

在运动的位置属性中，包含有空间内插值，通过空间内插值的修改，可以让位移动画产生平滑或突然的变化效果。

在任意一个关键帧上右击，在弹出的快捷菜单中选择【空间内插值】命令，【空间内插值】子菜单中共包含4个子命令，如图4.13所示。

当选择不同的命令时，在【节目】面板中，可以看到当前关键帧会有不同的变化。

直线

选择该命令，关键帧的角度比较明显，关键帧两侧显示为直线，在播放动画时，产生位置突然改变的效果，如图4.14所示。

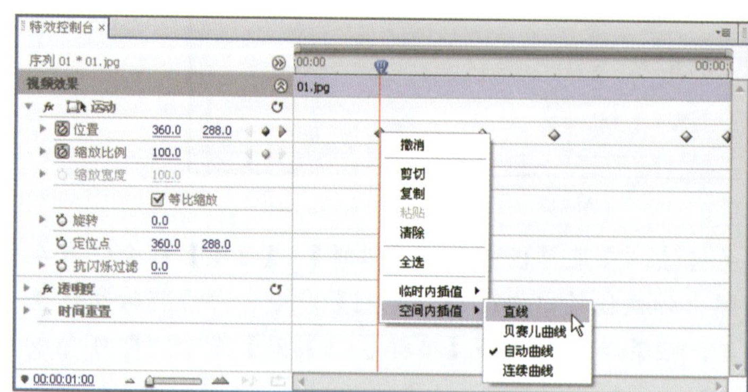

图4.13

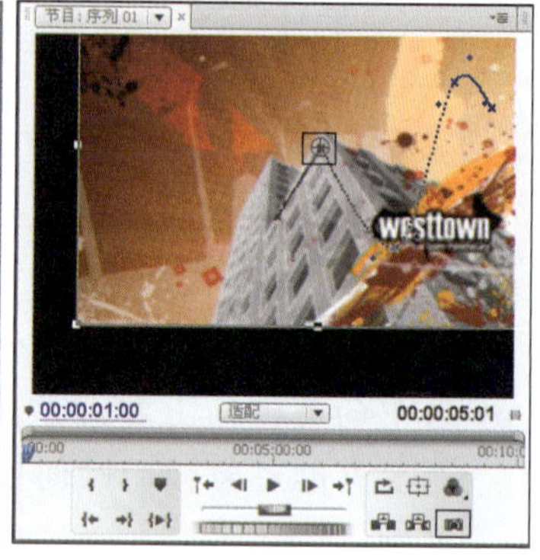

图4.14

贝赛儿曲线

选择该命令，关键帧两侧显示为曲线，并且在关键帧节点位置出现两个可以独立调整的控制手柄，可以通过拖动控制手柄来单独调整两侧的曲线，从而改变图像的运动曲线，如图4.15所示。

自动曲线

选择该命令，关键帧两侧显示为曲线，在关键帧的两侧会出现两个没有控制手柄的控制点，如图4.16所示。如果拖动控制点，可以将自动曲线转换为连续曲线。

连续曲线

选择该命令，关键帧两侧将出现两个控制手柄，可以通过拖动控制手柄来改变两侧的曲线效果，如图4.17所示。与贝赛儿曲线不同的是，连续曲线两个制作手柄是相互关联的，拖动其中一个控制手柄，另一个将向反方向运动。

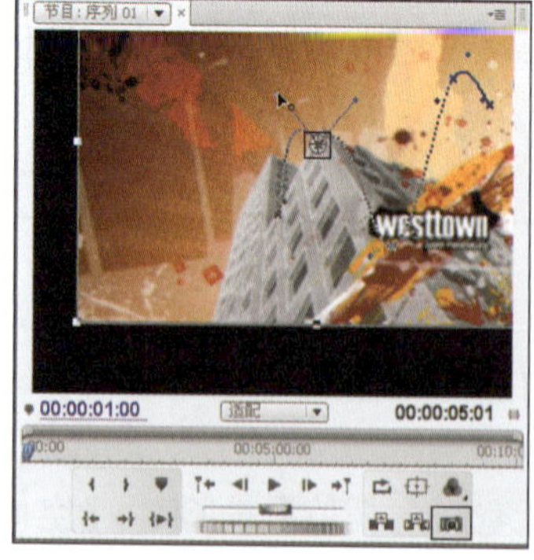

图4.15

图4.16

图4.17

4.3.2 临时内插值

通过修改临时内插值，来修改素材运动的速度。

利用【位置】选项的修改及关键帧的添加，制作一个位移的动画。然后单击【位置】选项前的下三角按钮▼，即可在展开的【时间栏】视图中看到临时内插值效果，如图4.18所示。当选择某个关键帧时，速率曲线上将显示出与该关键帧相关的节点线。

在任意一个关键帧上右击，在弹出的快捷菜单中选择【临时内插值】命令，【临时内插值】子菜单中共包含7个子命令，如图4.19所示。

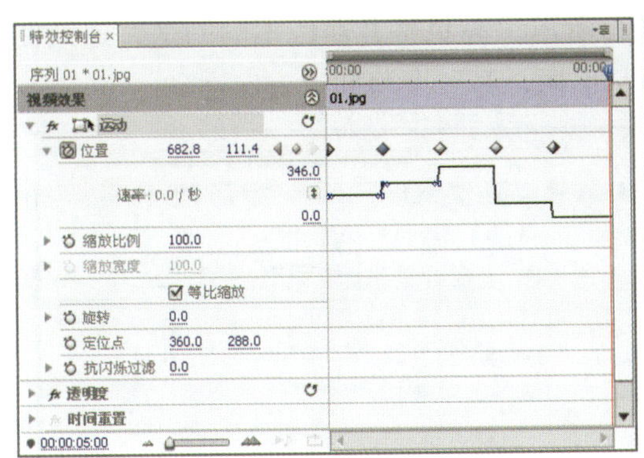

图4.18

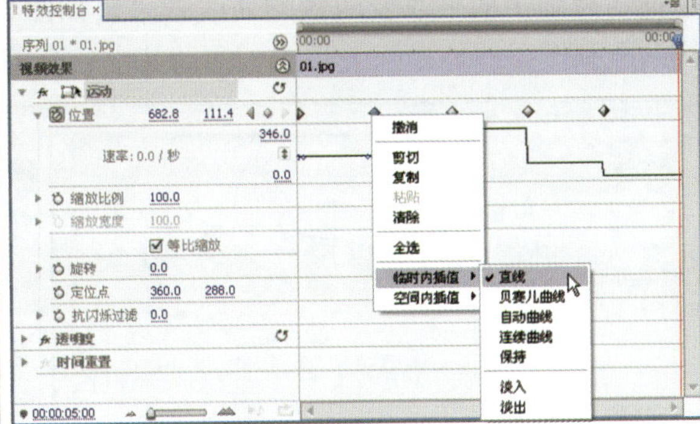

图4.19

当选择不同的命令时，在【节目】面板中可以看到当前关键帧的不同变化和速率曲线的变化。

直线

选择该命令，关键帧将呈现◆形状，速率曲线在关键帧位置的运动呈90°角变化，速度变化非常明显，当播放动画到关键帧位置时，会有明显的变化，如图4.20所示。

贝赛儿曲线

选择该命令，关键帧将呈现⧗形状，速率曲线在关键帧位置显示为曲线效果，并且速率曲线节点位置出现两个可以独立调整的控制手柄，可以通过拖动控制手柄来单独调整两侧的曲线效果，改变图像的运动速度，如图4.21所示。

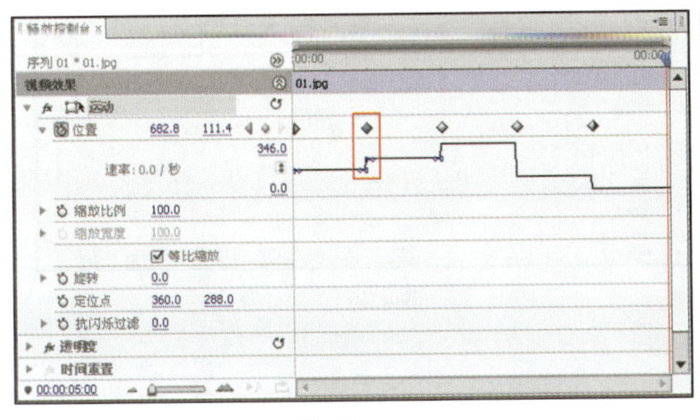

图4.20

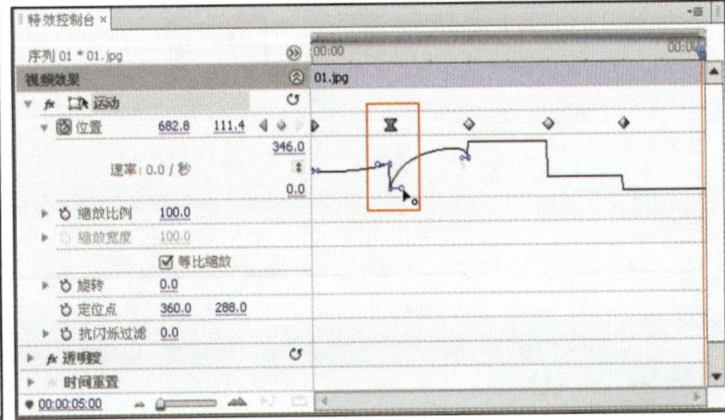

图4.21

自动曲线

选择该命令，关键帧将呈现 形状，速率曲线在关键帧位置显示为曲线效果，在关键帧的两侧会出现两个没有控制手柄的控制点，如图4.22所示。如果拖动控制点，可以将自动曲线转换为连续曲线。

连续曲线

选择该命令，关键帧将呈现 形状，速率曲线节点两侧将出现两个控制手柄，可以通过拖动控制手柄来改变两侧的曲线效果，如图4.23所示。与贝赛儿曲线不同的是，连续曲线两个制作手柄是相互关联的，拖动其中一个控制手柄，另一个将向反方向运动。

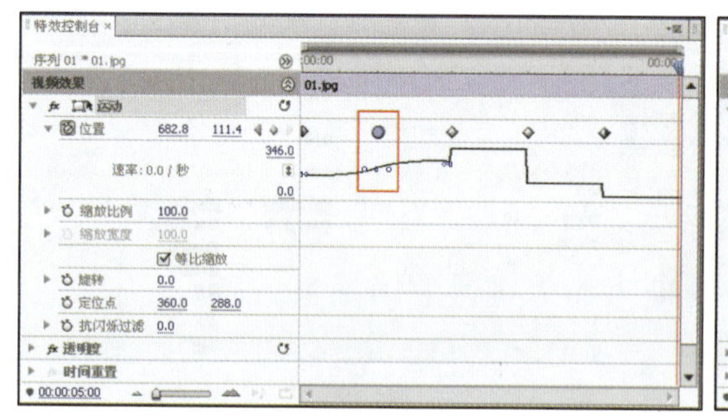

图4.22

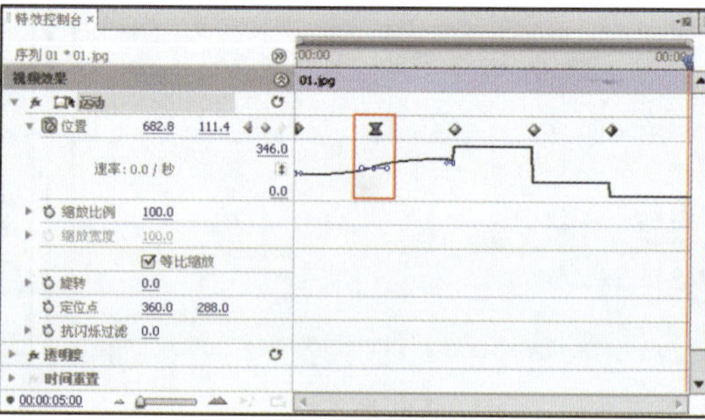

图4.23

保持

选择该命令，关键帧将呈现 形状，速率曲线在关键帧位置显示为曲线效果，当动画播放到该关键帧时，将保持前面关键帧的画面，如图4.24所示。

淡入

选择该命令，关键帧将呈现 形状，速率曲线节点后面将变成淡入的曲线效果，当播放动画时，使动画在进入该关键帧时速度减缓，以消除速度的突然变化，如图4.25所示。

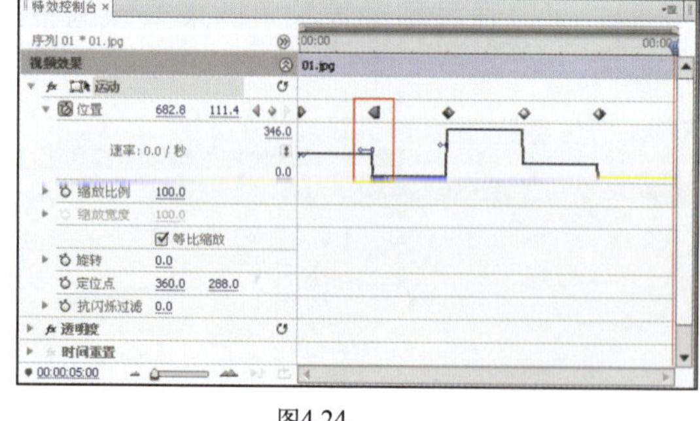

图4.24

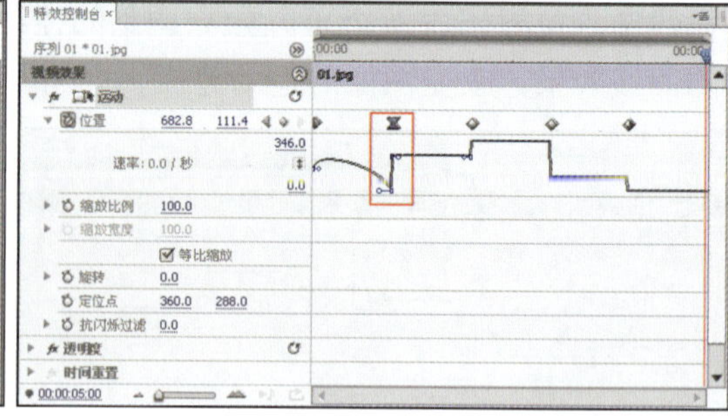

图4.25

淡出

选择该命令，关键帧将呈现 形状，速率曲线节点后面将变成淡出的曲线效果，当播放动画时，使动画在离开该关键帧时速度减缓，以消除速度的突然变化，如图4.26所示。

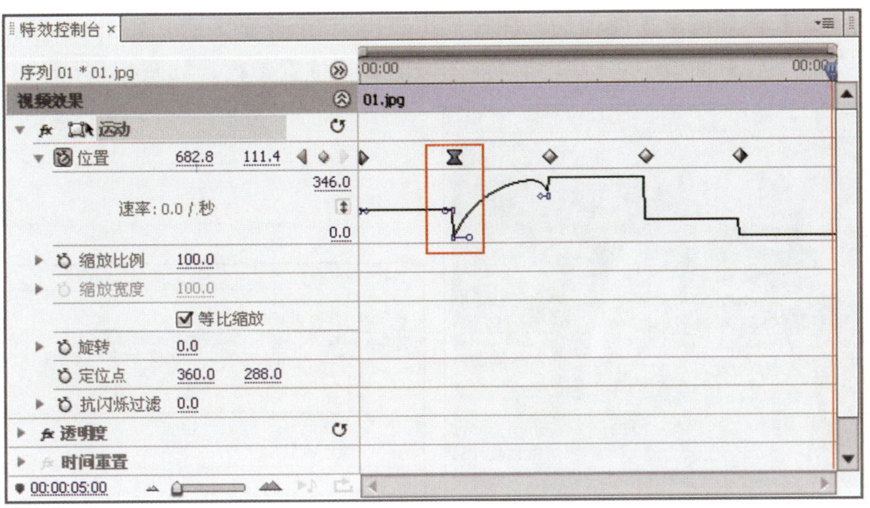

图4.26

4.4 运动效果

运动效果在Premiere Pro CS5中应用较多，在很多影视节目中，经常会看到一些精美的运动效果，如画面和字幕的飞入、飞出、缩放及旋转动画等，这些运动效果为影视作品增添了非常丰富的效果。

4.4.1 【位置】选项

【位置】选项用来设置图像的中心点在屏幕中所处的位置，如果想修改图像在屏幕中所处的位置，可以通过以下两种方法来完成。

在【特效控制台】面板中修改

在【位置】选项的右侧有两个参数，可以直接单击某个参数，激活后再输入新的数值来修改参数；也可以将光标放置在参数上，直接拖动鼠标即可修改该参数，如图4.27所示。

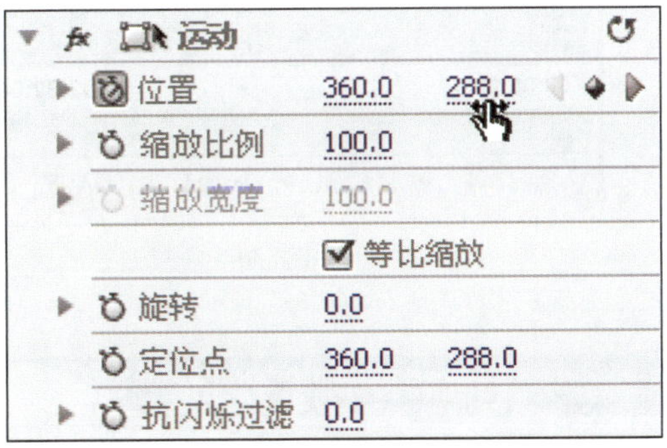

图4.27

在【节目】面板中修改

在【特效控制台】面板中单击【运动】选项，或直接在【节目】面板中单击图像，图像上将显示控制手柄，用于对图像进行修改，具体操作方法如下。

STEP 01 单击【运动】选项或单击图像后，图像周围将出现8个控制手柄，如图4.28所示。此时，在【特效控制台】面板中可以看到当前图像的屏幕位置参数，如图4.29所示。

图4.28

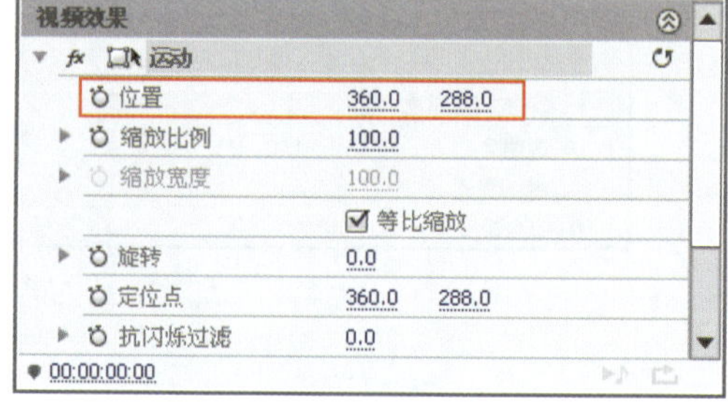

图4.29

STEP 02 选择图像后，直接将其拖动到其他位置，即可改变图像的位置，如图4.30所示。拖动时可以在【特效控制台】面板中看到位置参数的变化情况，拖动到适合的位置后释放鼠标左键，可以看到修改后的【位置】参数，如图4.31所示。

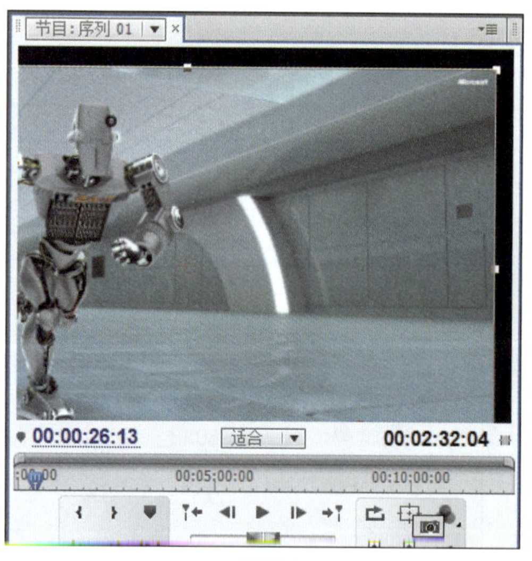

图4.30

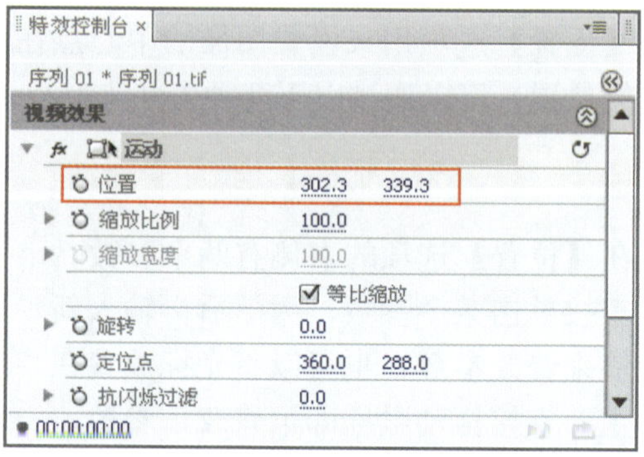

图4.31

4.4.2 【缩放比例】选项

【缩放比例】选项用来设置图像的尺寸大小。勾选【等比缩放】复选框，图像将等比例缩放；如果取消该复选框的勾选，将激活【缩放宽度】选项，同时【缩放比例】选项变成【缩放高度】选项，此时可以分别修改图像的高度和宽度值。

如果想修改图像的缩放比例，可以通过以下两种方法来完成。

在【特效控制台】面板中修改

在【缩放比例】选项的右侧有一个参数，可以直接单击该参数，激活后再输入新的数值来修改参数；也可以将光标放置在参数上，直接拖动鼠标即可修改该参数。

在【节目】面板中修改

在【特效控制台】面板中单击【运动】选项，或直接在【节目】面板中单击图像，图像上将显示控制手柄，用于对图像进行修改，具体操作方法如下。

STEP 01 单击【运动】选项或单击图像后，图像周围将出现8个控制手柄，如图4.32所示。

STEP 02 在【特效控制台】面板中，如果勾选了【等比缩放】复选框，拖动图像上的任意一个控制点，即可等比缩放图像的大小，如图4.33所示。

图4.32

图4.33

STEP 03 在【特效控制台】面板中，如果取消【等比缩放】复选框的勾选，拖动控制框中间垂直位置的两个控制点，可以修改图像的高度；拖动控制框中间水平位置的两个控制点，可以修改图像的宽度；拖动控制框拐角处4个控制点中的某个点，可以同时修改图像的高度和宽度，如图4.34所示。

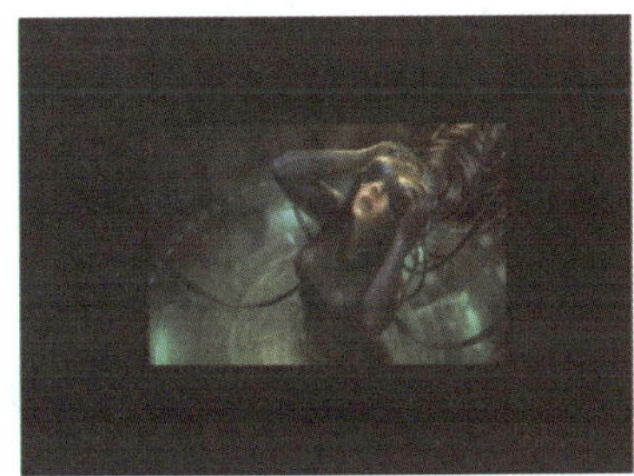

图4.34

4.4.3 【旋转】选项

【旋转】选项用来设置图像沿定位点的旋转角度，正数代表图像顺时针旋转，负数代表图像逆时针旋转。

在【旋转】选项的下方，有一个【定位点】选项，用来控制素材的旋转中心点位置，如果想让素材沿不同的定位点旋转，就需要修改定位点的位置。

如果想修改图像的旋转角度，可以通过以下两种方法来完成。

在【特效控制台】面板中修改

在【旋转】选项的右侧有一个参数，可以直接单击该参数，激活后再输入新的数值来修改参数；也可以通过拖动角度转盘上的指针来修改旋转角度，如图4.35所示。

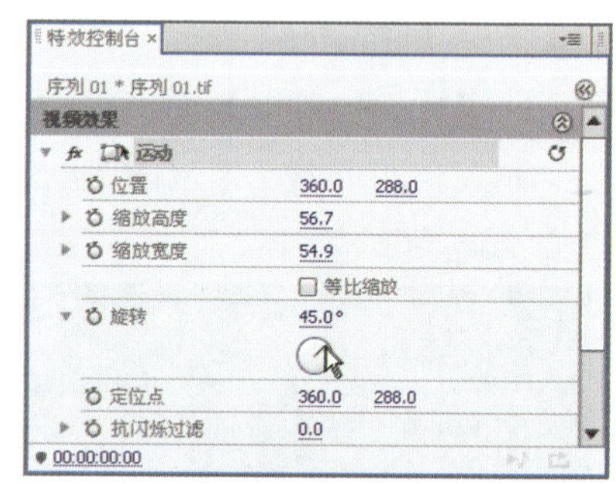

图4.35

在【节目】面板中修改

在【特效控制台】面板中单击【运动】选项，或直接在【节目】面板中单击图像，图像上将显示控制手柄，此时可对图像进行修改。具体操作方法如下。

STEP 01 单击【运动】选项或单击图像后，图像周围将出现8个控制手柄，如图4.36所示。

STEP 02 选择图像后，将光标放置在右上角控制点外侧，当光标变成↰形状时，按住鼠标左键拖动，即可修改当前图像的旋转角度，如图4.37所示。

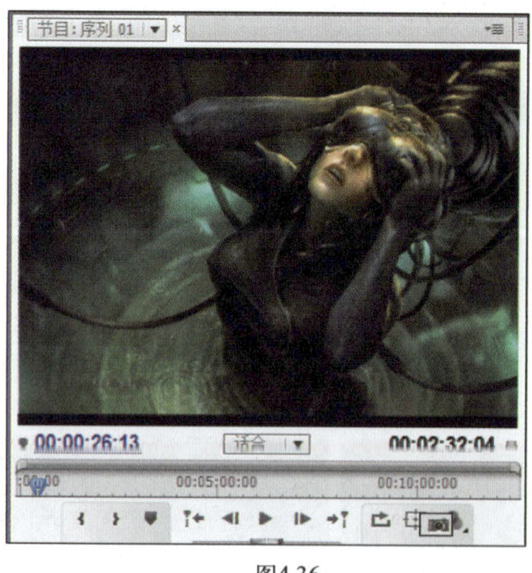

图4.36

图4.37

4.5 透明度效果

透明度效果用来控制素材的透明程度，在调整【透明度】选项时，只影响选择的素材，对其他素材不会产生影响。利用透明度效果的调节，可以制作出更加丰富的视频效果。

透明度的取值范围为0%～100%，当值为0%时，素材完全透明；当值为100%时，素材为完全不透明。修改素材的不透明度有以下两种方法。

在【特效控制台】面板中修改

在【透明度】选项的右侧有一个参数，可以直接单击该参数，激活后再输入新的数值来修改参数；也可以将光标放置在参数上，直接拖动鼠标即可修改该参数，如图4.38所示。

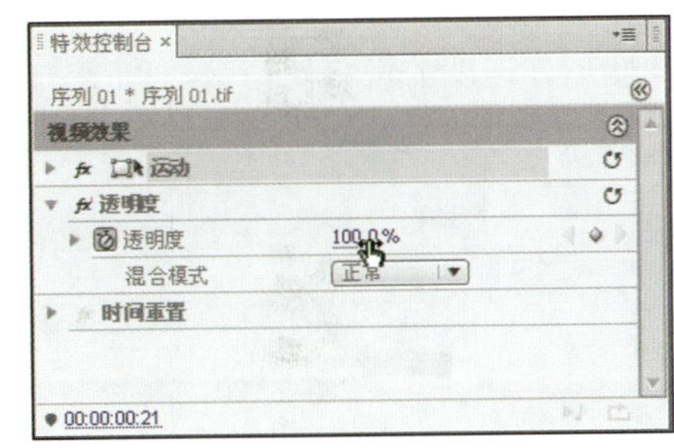

图4.38

在【时间栏】面板中修改

将素材添加到视频轨道上，展开该视频轨道，在素材上出现一条黄色的直线，将光标放置在该直线上，当光标呈现形状时，上下拖动该直线，即可修改该素材的透明度。向上拖动，透明度的值变大，素材越不透明；向下拖动，透明度的值变小，素材越透明，如图4.39所示。

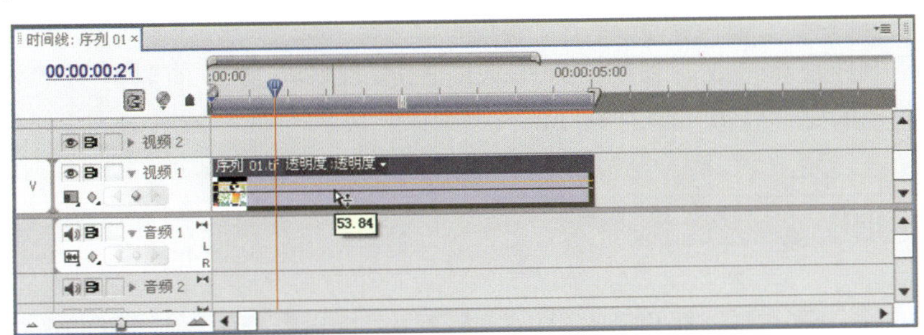

图4.39

4.6 时间重置效果

利用时间重置特效可以方便地实现素材快动作、慢动作、倒放和静帧等效果，添加时间重置特效的具体操作步骤如下。

STEP 01 在【时间栏】面板中，单击素材上方的透明度特效，在弹出的下拉列表中选择【时间重置】|【速度】命令，如图4.40所示。

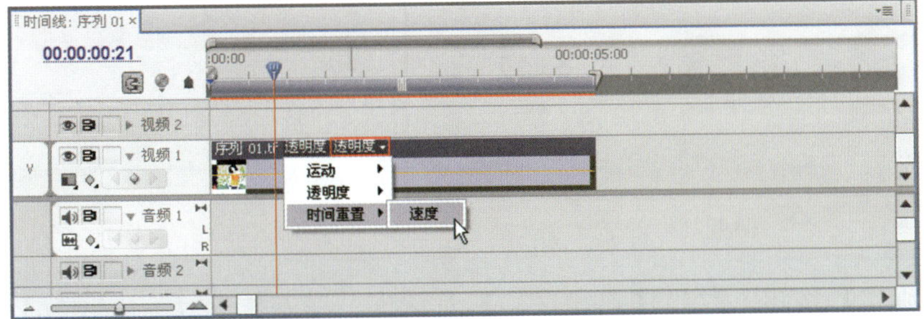

图4.40

STEP 02 选择【速度】命令后，在素材的上方将显示一条黄线，使用鼠标拖动该黄线，可以修改素材的回放速度，如图4.41所示。当值大于100%时，速度会加快；当值小于100%时，速度会放慢。在速度改变的同时，素材的持续时间也会发生改变，速度加快会使持续时间变短，速度放慢会使持续时间变长。

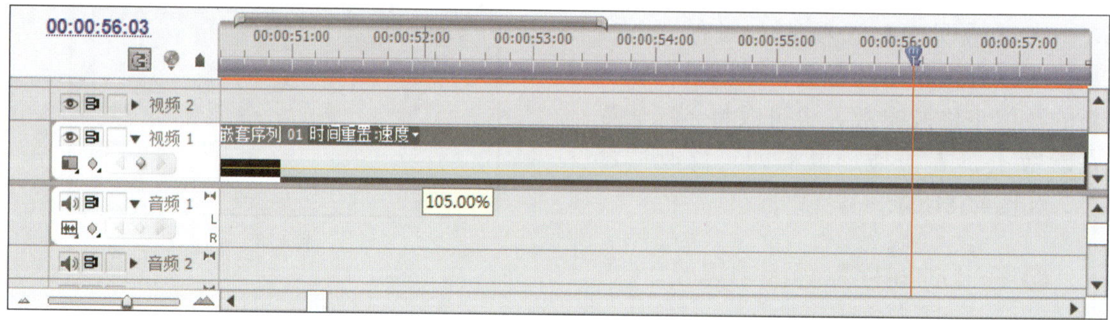

图4.41

4.7 制作金属发光字实例

该案例是制作片尾特效，利用Premiere内置滤镜制作完成。有时对于要求不高的视频制作，一些简单的文字特效可以在Premiere中制作完成。

4.7.1 新建项目并导入素材

STEP 01 运行Premiere Pro CS5，在启动窗口中单击【新建项目】按钮，如图4.42所示，弹出【新建项目】对话框，在【位置】下拉列表中选择保存的文件路径，在【名称】文本框中输入文件名“金属发光字”，如图4.43所示。

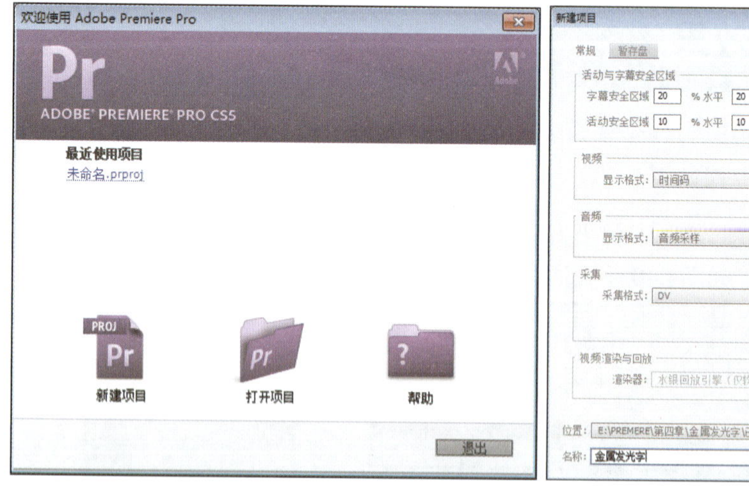

图4.42　　图4.43

STEP 02 单击【确定】按钮，弹出【新建序列】对话框，在左侧的【有效预置】列表中展开

【DV-PAL】选项，选中【标准48kHz】模式，如图4.44所示，单击【确定】按钮，进入工作区界面。在【项目】面板的空白处双击，在弹出的【导入】对话框中选择随书所附光盘中的“第4章\4.7\片段.mov”素材，如图4.45所示。

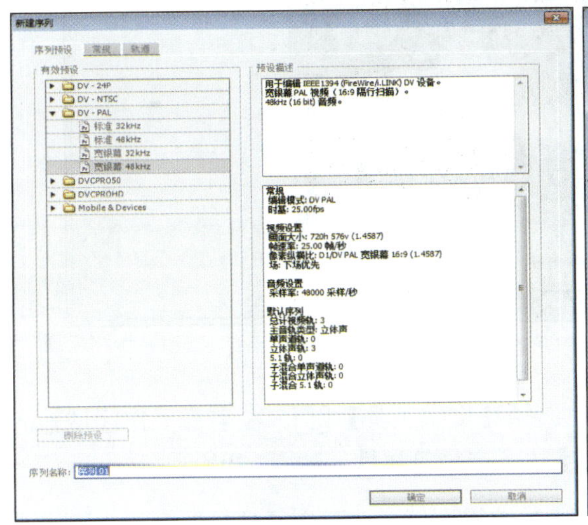

图4.44

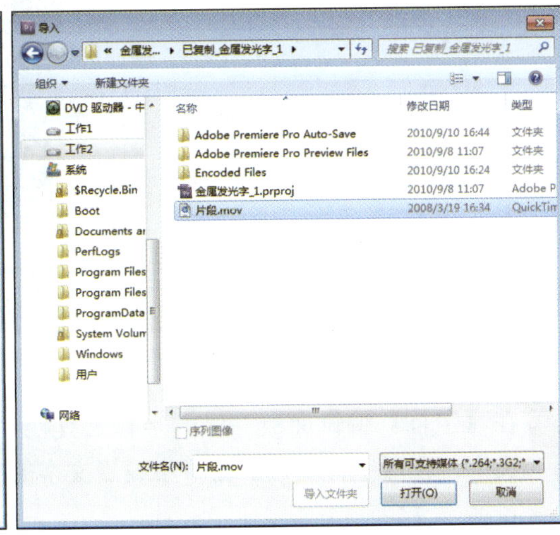

图4.45

STEP 03 单击【打开】按钮，导入素材文件，并将其拖动到【时间栏】面板的【序列01】选项卡中的【视频1】轨道上，如图4.46所示。

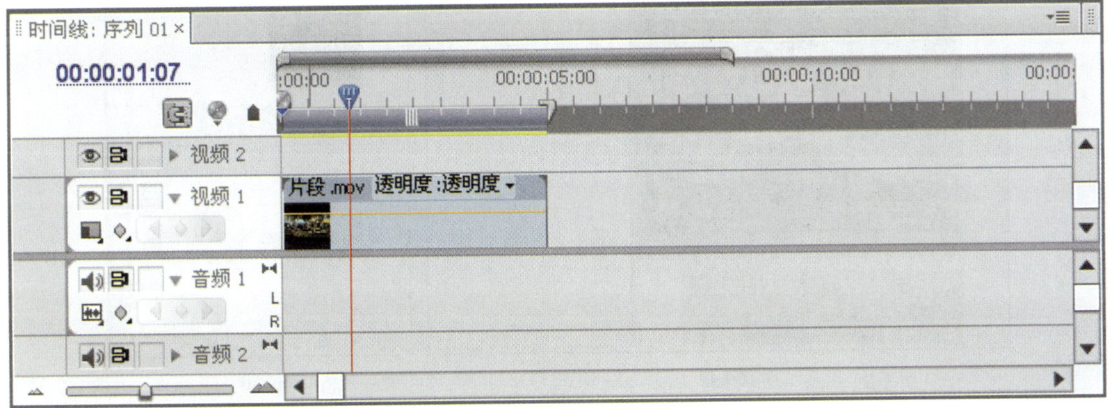

图4.46

4.7.2 制作金属发光字

STEP 01 在菜单栏中选择【文件】|【新建】|【字幕】命令，弹出【新建字幕】对话框，在【名称】文本框中输入“文字动画”，如图4.47所示。单击【确定】按钮，即可打开【字幕编辑】面板，如图4.48所示。

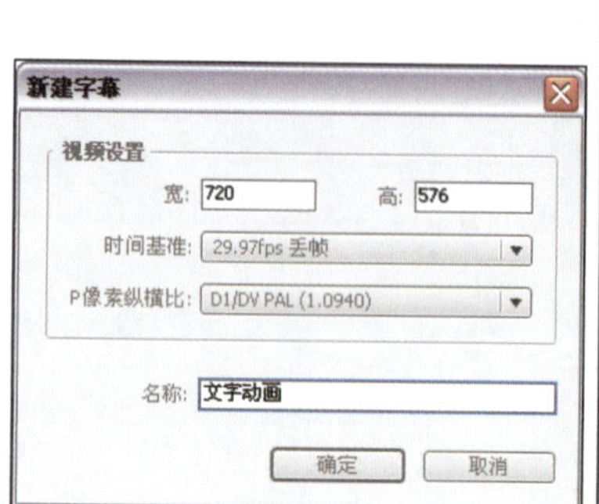
图4.47

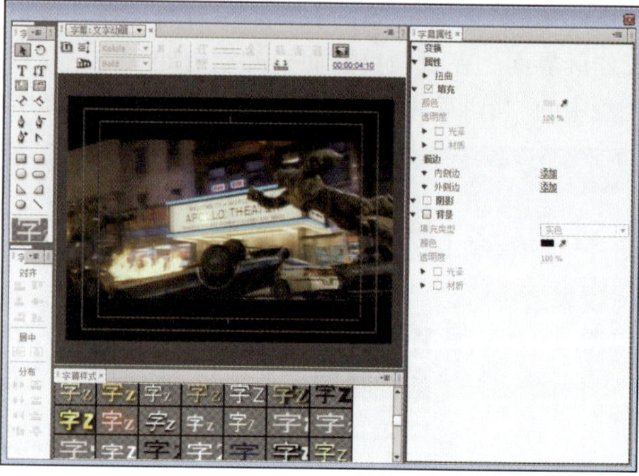
图4.48

STEP 02 在【字幕】编辑面板左侧的字幕工具栏中选择【文字工具】T，在字幕工作区域输入文字，在【字幕属性】面板中设置文字的字体、字号等属性，如图4.49所示。

STEP 03 设置完成后，单击【关闭】按钮关闭【字幕】编辑面板，此时在【项目】面板中可以看到所建立的字幕素材，如图4.50所示。

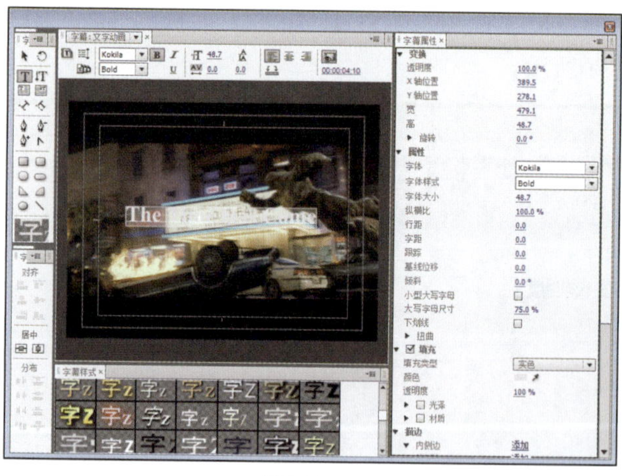
图4.49　　图4.50

STEP 04 将“文字动画”字幕素材拖动到【时间栏】面板的【序列01】选项卡中的视频1轨道上，使其入点与“片段”素材的出点对齐，如图4.51所示。

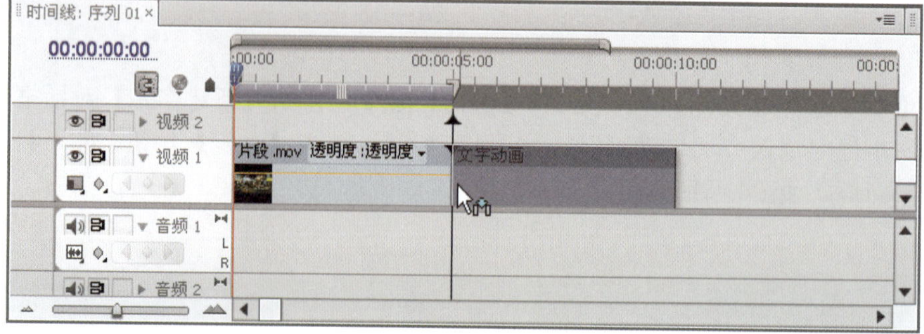
图4.51

STEP 05 切换至【效果】面板，打开【视频特效】文件夹下的【生成】子文件夹，将其中的“渐变”特效拖动到【时间栏】面板的【序列01】选项卡中的视频1轨道的“文字动画”字幕素材上，如图4.52所示。

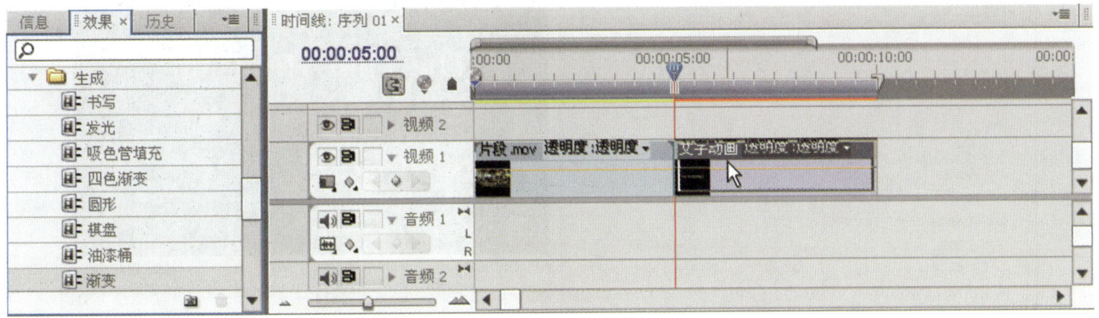

图4.52

STEP 06 将时间滑块移动到00：00：08：00处，在【时间栏】面板的【序列01】选项卡中的视频1轨道上选择“文字动画”字幕素材，然后在【特效控制台】面板中展开【渐变】选项，开启【渐变起点】属性和【渐变终点】属性前的关键帧码表按钮 。设置【渐变起点】为324、188，【渐变终点】为420、396，如图4.53所示。

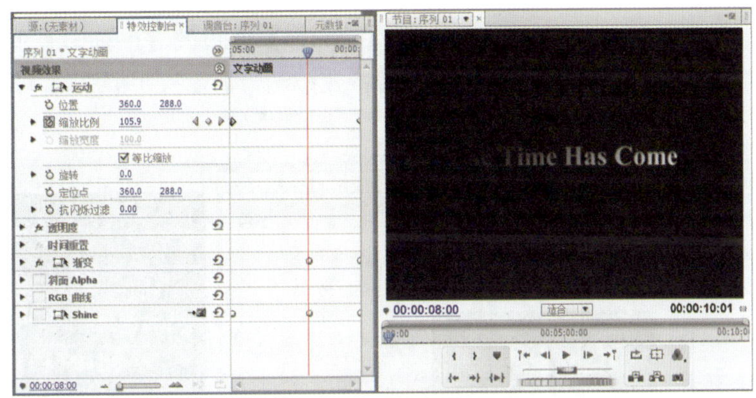

图4.53

STEP 07 将时间滑块移动到00：00：10：00，在【特效控制台】面板中设置【渐变起点】为400、140，【渐变终点】为280、380，如图4.54所示。

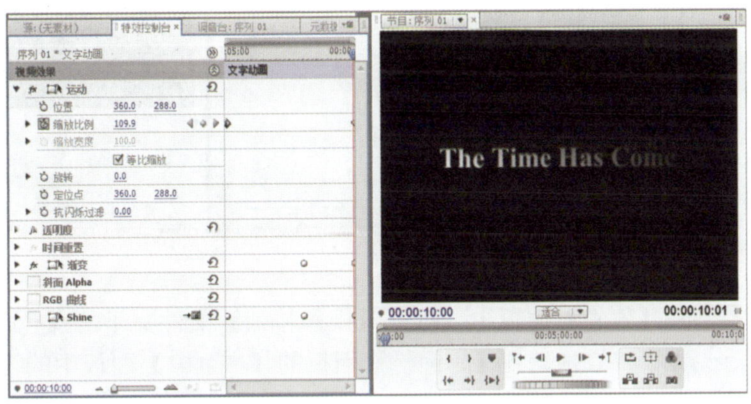

图4.54

STEP 08 在【效果】面板中，打开【视频特效】文件夹下的【透视】子文件夹，将其中的“斜边Alpha”特效拖动到【时间栏】面板的【序列01】面板中的视频1轨道的“文字动画”字幕素材上，然后在【特效控制台】面板中展开【斜边Alpha】选项，对其中的参数进行设置，如图4.55所示。

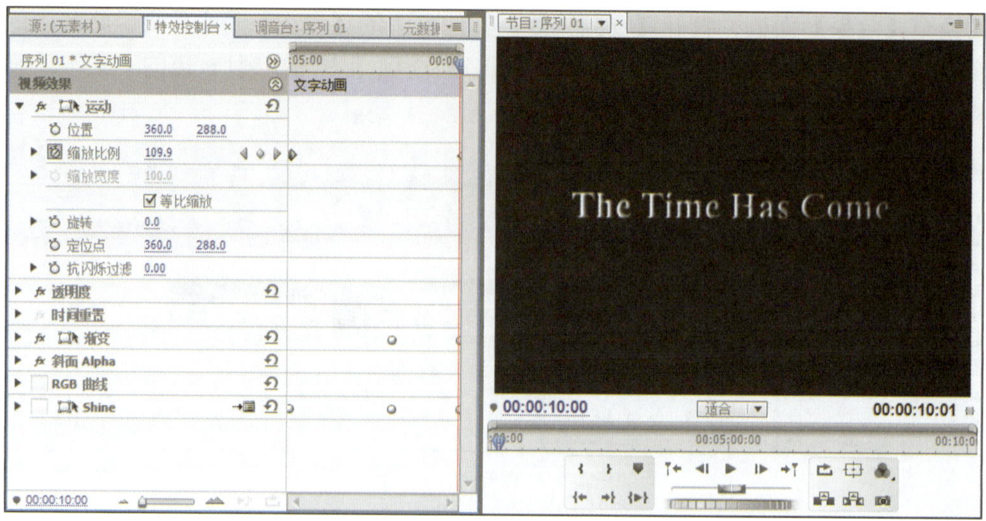

图4.55

STEP 09 在【效果】面板中，打开【视频特效】文件夹下的【色彩校正】子文件夹，将其中的“RGB曲线”特效拖动到【时间栏】面板的【序列01】面板中的视频1轨道的“文字动画”字幕素材上，然后在【特效控制台】面板中展开【RGB曲线】选项，对其中的参数进行设置，如图4.56所示。

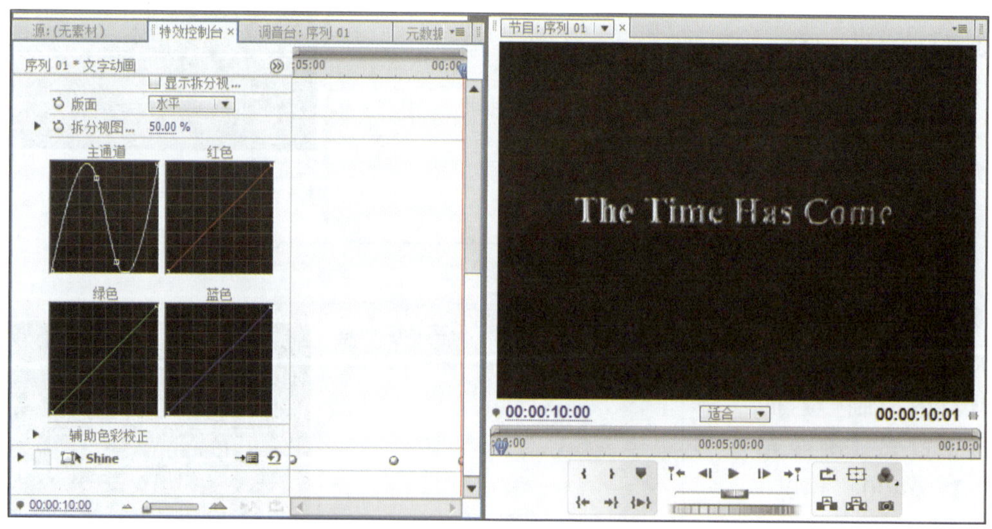

图4.56

STEP 10 在【效果】面板中，打开【视频特效】文件夹下的【生成】子文件夹，将其中的“发光”特效拖动到【时间栏】面板的【序列01】面板中的视频1轨道的“文字动画”字幕素材上，然后在【特效控制台】面板中展开【发光】选项，对其中的参数进行设置，如图4.57所示。

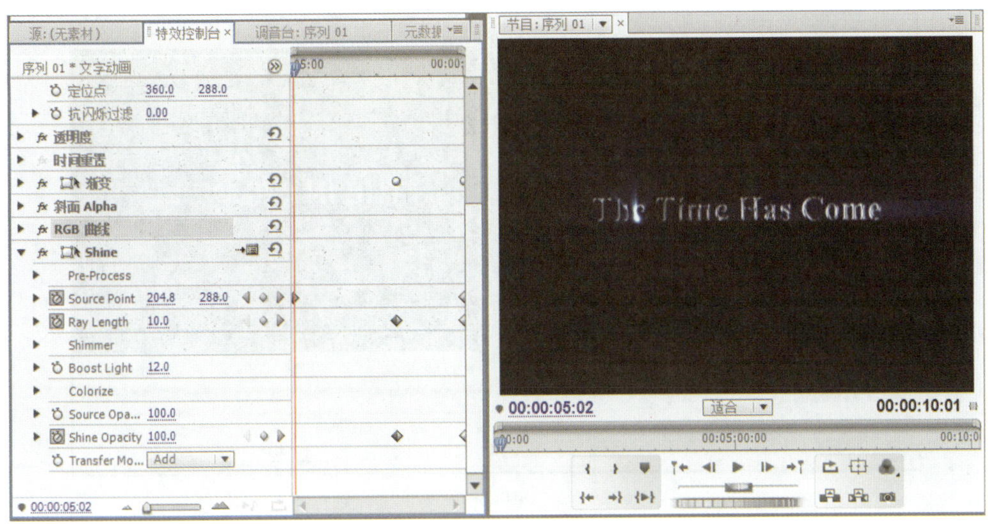

图4.57

STEP 11 在【时间栏】面板的【序列01】选项卡中的视频1轨道上选择“文字动画”字幕素材，移动时间滑块到00：00：00：00处，开启【源点】属性前的关键帧码表按钮，设置【源点】为200、288；将时间滑块移动到00：00：10：00帧处，在【特效控制台】面板中设置【源点】为500、288，如图4.58所示。

图4.58

STEP 12 将时间滑块移动到00：00：05：00处，开启【光线长度】属性和【发光透明度】属性前面的关键帧码表按钮；将时间滑块移动到00：00：10：00帧处，在【特效控制台】面板中设置【光线长度】和【发光透明度】均为0，如图4.59所示。

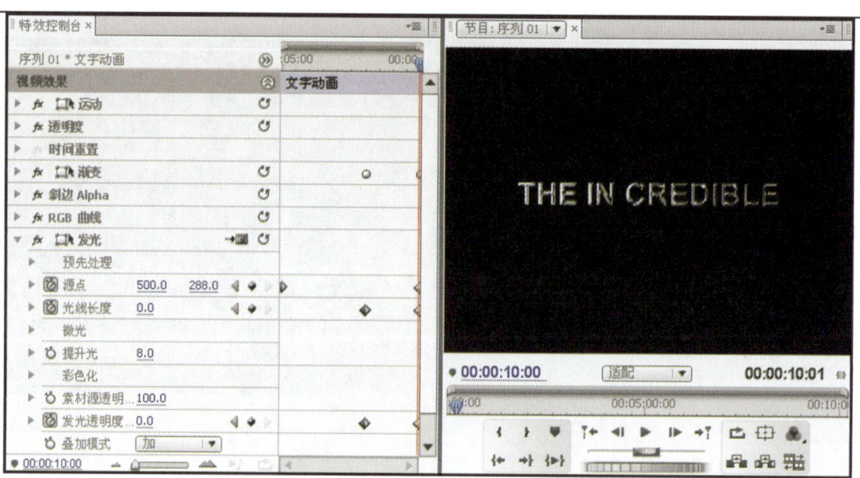

图4.59

4.7.3 制作发光效果

STEP 01 在菜单栏中选择【文件】|【新建】|【黑场】命令，弹出【新建黑场视频】对话框，单击【确定】按钮，即可在【项目】面板中创建“黑场”素材，将其拖动到【时间栏】面板的【序列01】选项卡中的视频2轨道上的00：00：04：05处，如图4.60所示。

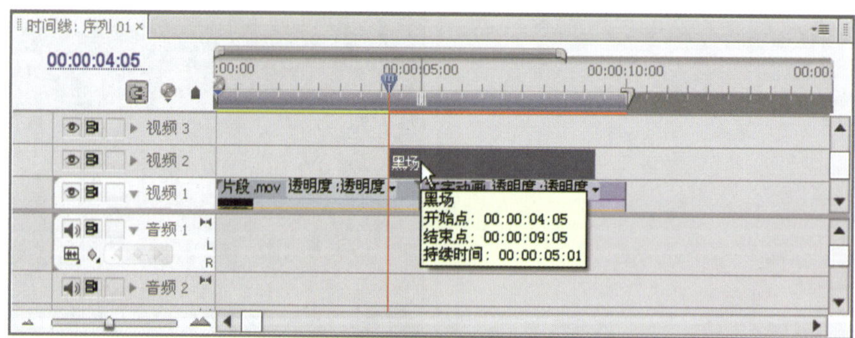

图4.60

STEP 02 将光标移动到“黑场”素材的最末端，当光标呈现 形状时，按住鼠标左键并拖动，使其与视频1轨道上的“文字动画”字幕素材长度相等，如图4.61所示。

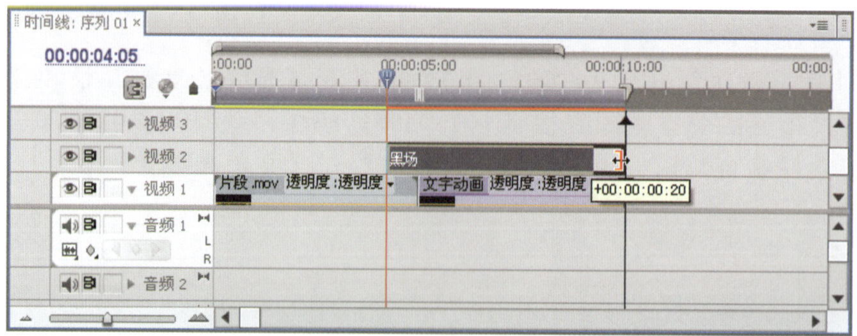

图4.61

STEP 03 在【时间栏】面板的【序列01】选项卡中选择视频2轨道上的“黑场”素材，在【特效控制台】面板中展开【透明度】选项，在【混合模式】下拉列表中选择【滤色】选项，如图4.62所示。

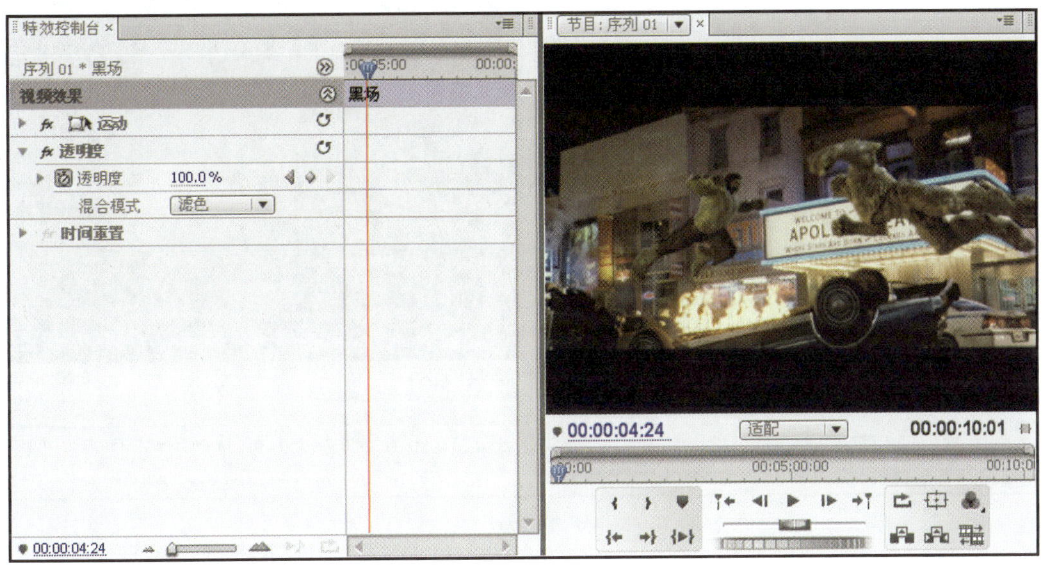

图4.62

STEP 04 在【效果】面板中，打开【视频特效】文件夹下的【生成】子文件夹，将其中的“镜头光晕”特效拖动到【时间栏】面板的【序列01】选项卡中的视频2轨道的“黑场”素材上，然后在【特效控制台】面板中展开【镜头光晕】选项，其参数设置如图4.63所示。

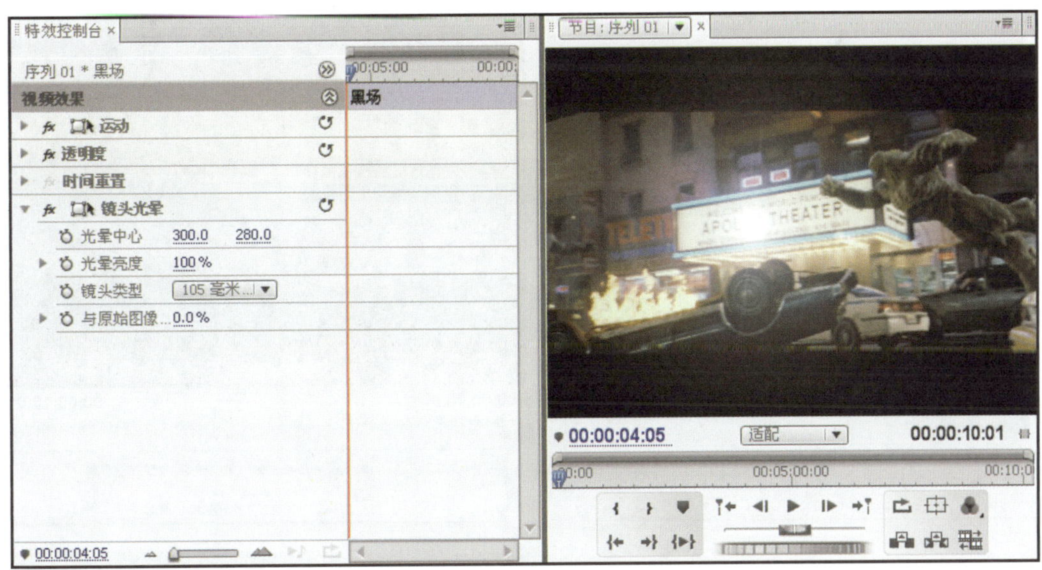

图4.63

STEP 05 在【时间栏】面板的【序列01】选项卡中单击选择视频2轨道中的“黑场”素材，将时间滑块移动到00：00：04：05处，开启【光晕中心】属性前的关键帧码表按钮 ，将时间滑块移动到00：00：10：00处，在【特效控制台】面板中设置【光晕中心】为457、

327，如图4.64所示。

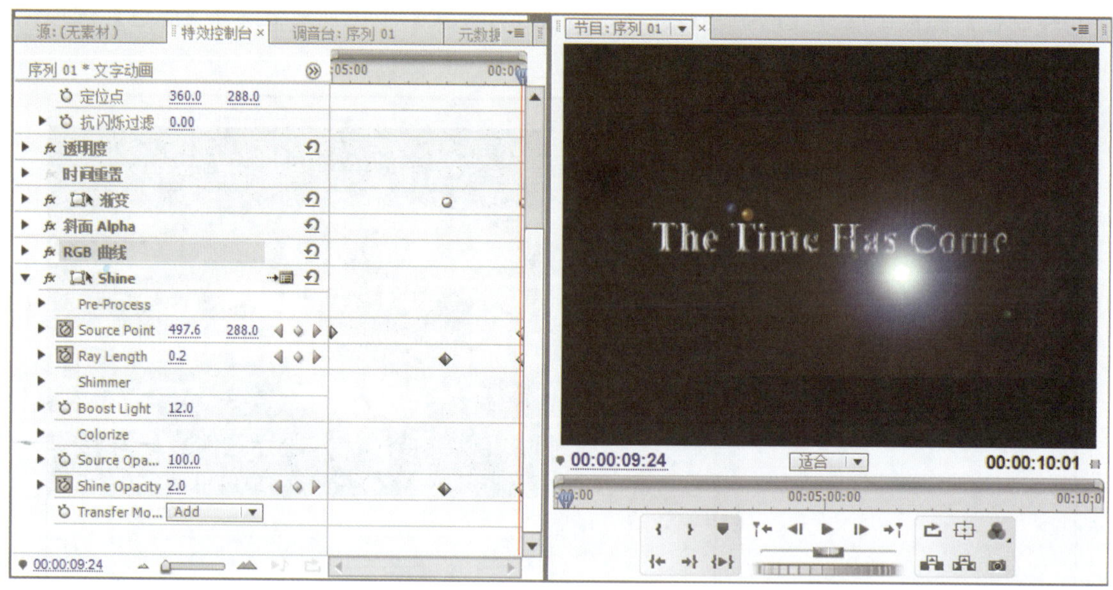

图4.64

STEP 06 将时间滑块移动到00：00：04：05处，开启【光晕亮度】属性前面的关键帧码表按钮 ；将时间滑块移动到00：00：04：21处，在【特效控制台】面板中设置【光晕亮度】为160；将时间滑块移动到00：00：05：05处，在【特效控制台】面板中设置【光晕亮度】为125，如图4.65所示。

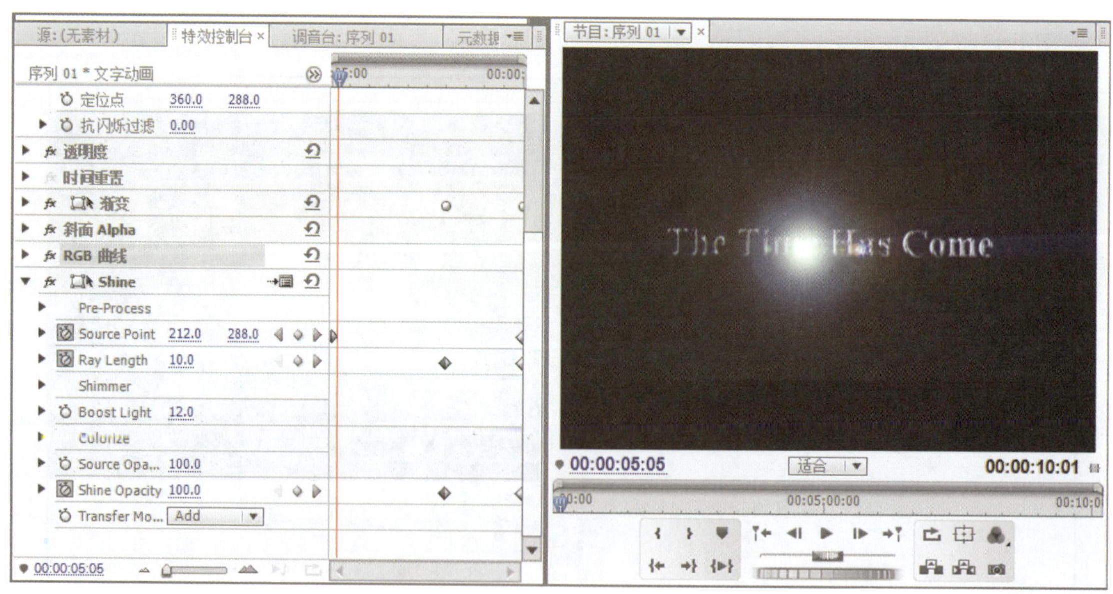

图4.65

STEP 07 在【效果】面板中，打开【视频特效】文件夹下的【色彩校正】子文件夹，将其中的“RGB曲线”特效拖动到【时间栏】面板的【序列01】选项卡中的视频2轨道的“黑场”素材上，然后在【特效控制台】面板中展开【RGB曲线】选项，对其中的参数进行设置，如图4.66所示。

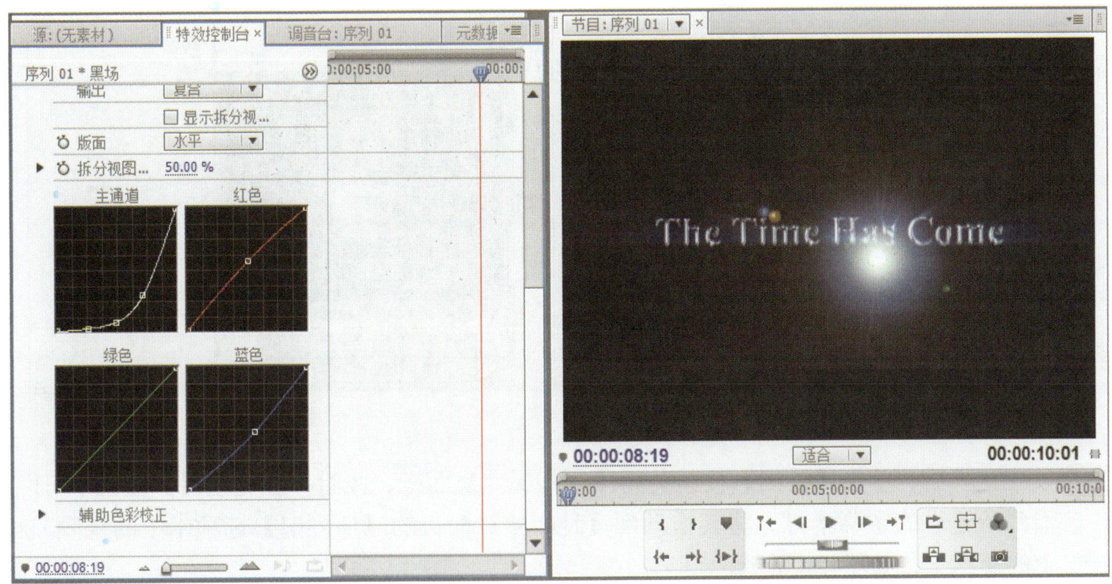

图4.66

4.7.4 制作遮幅效果

STEP 01 在菜单栏中选择【文件】|【新建】|【字幕】命令，打开【新建字幕】对话框，在【名称】文本框中输入“遮幅”，如图4.67所示。单击【确定】按钮，即可弹出【字幕编辑】面板，如图4.68所示。

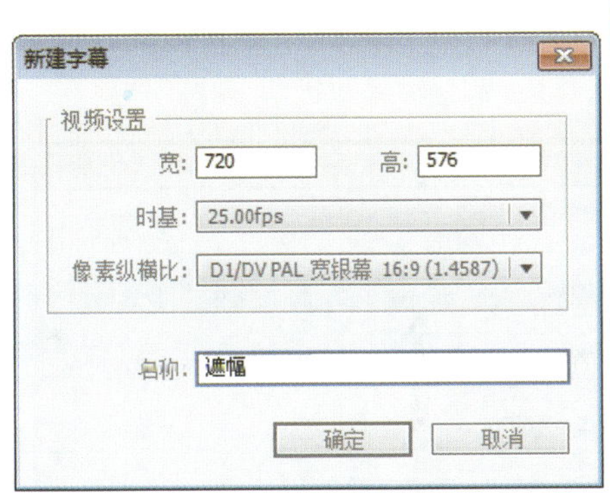

图4.67

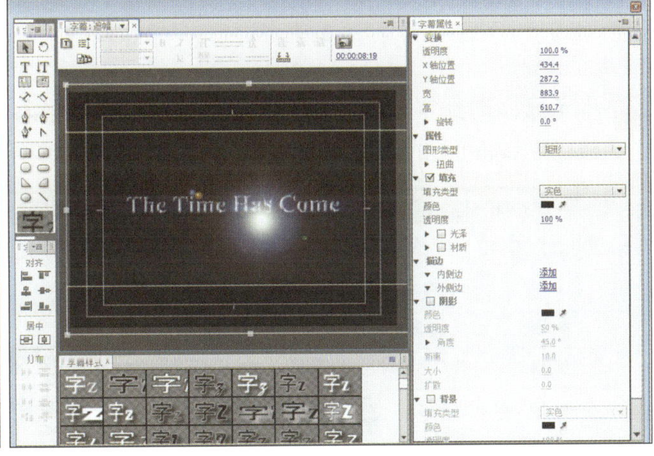

图4.68

STEP 02 在【工具箱】中单击【矩形工具】，在【字幕】编辑面板中绘制矩形，在【字幕属性】面板的【填充】选项中修改色彩的颜色值为000000，如图4.69所示。

STEP 03 在【工具箱】中单击【选择工具】，选中所绘制的矩形，按住Shift+Alt键垂直向下复制另一个矩形，如图4.70所示。

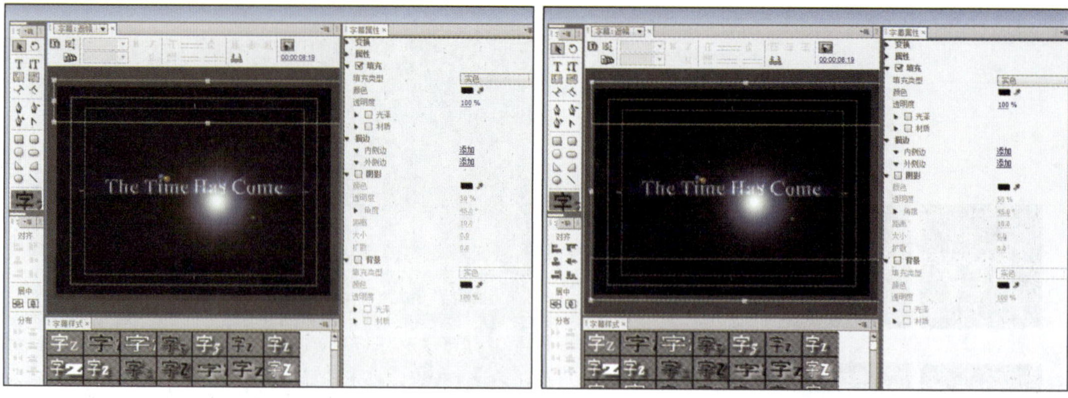

图4.69　　　　图4.70

STEP 04 设置完成后，单击【关闭】按钮关闭【字幕属性】面板，此时，在【项目】面板中可以看到所建立的字幕素材。将其拖动到【时间栏】面板的【序列01】选项卡中的视频3轨道的素材上，如图4.71所示。

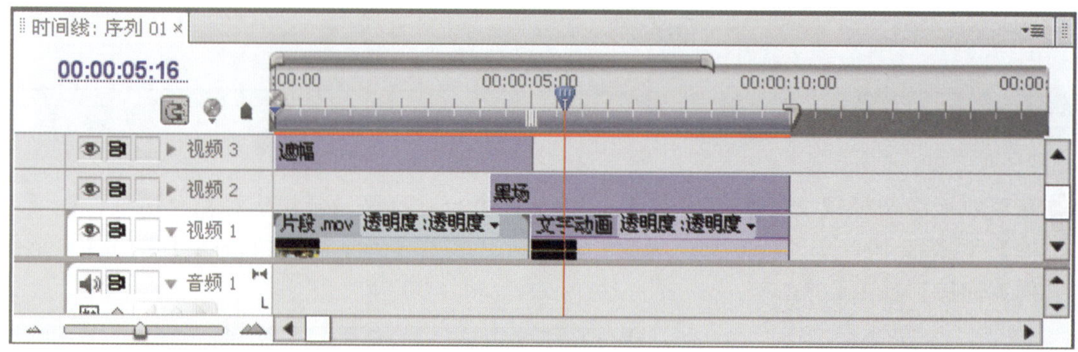

图4.71

STEP 05 将光标移动到字幕素材的最末端，当光标呈现 形状时，按住鼠标左键并拖动，使其与视频1轨道上的视频素材长度相等，如图4.72所示。

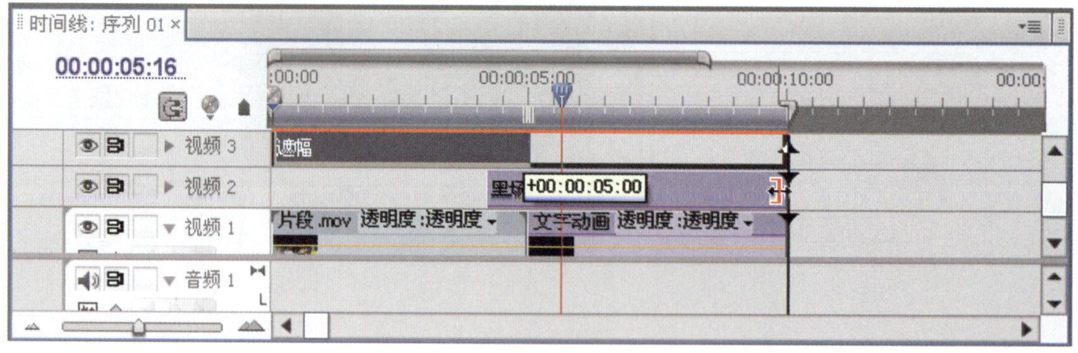

图4.72

至此，本实例全部制作完成，按空格键或Enter键，在【节目】面板中预览动画效果，如图4.73所示。

图4.73

4.8 画中画效果制作

该范例制作的是画中画效果。在电视节目包装中经常被用到，通过对视频的重新组合，制作位移以及一些特效动画是画中画惯用手法。

4.8.1 新建项目并导入素材

STEP 01 运行Premiere Pro CS5，在启动窗口中单击【新建项目】按钮，如图4.74所示，弹出【新建项目】对话框，在【位置】选项框中选择文件的保存路径，在【名称】文本框中输入文件名称“画中画效果”，如图4.75所示。

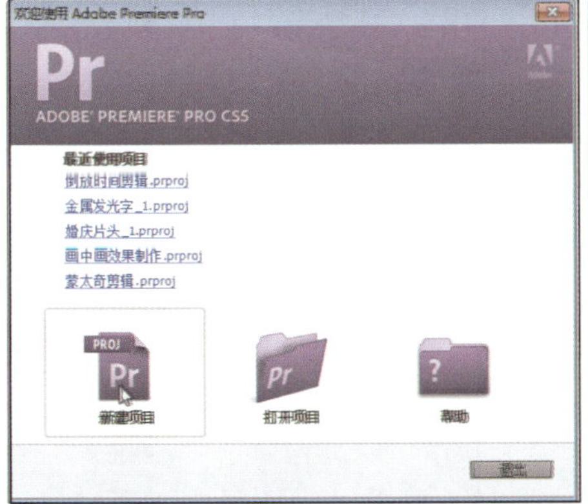

图4.74

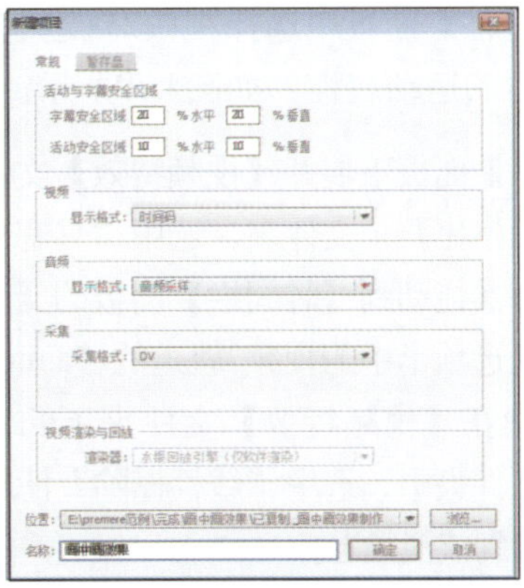

图4.75

STEP 02 单击【确定】按钮，弹出【新建序列】对话框，在左侧的【有效预置】列表中展开【DV-PAL】选项，选中【标准48kHz】模式，如图4.76所示，单击【确定】按钮，进入工作区界面。在【项目】面板的空白处双击，在弹出的【导入】对话框中选择随书所附光盘中的“第4章\4.8\a.mov、b.mov、c.mov和背景.mov”素材，如图4.77所示，单击【打开】按钮。

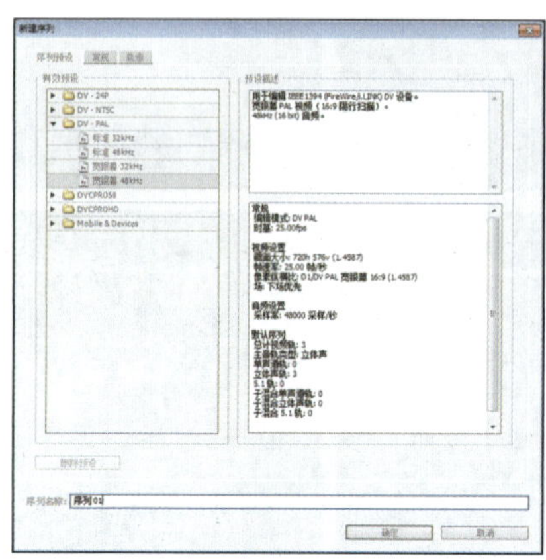

图4.76

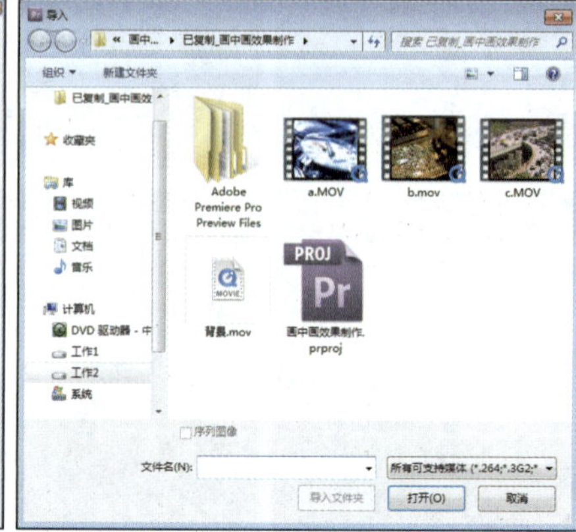

图4.77

STEP 03 在【项目】面板中选中刚导入的素材文件，并将素材拖动到【时间栏】面板的【序列01】面板中的视频轨道上，素材排列如图4.78所示。

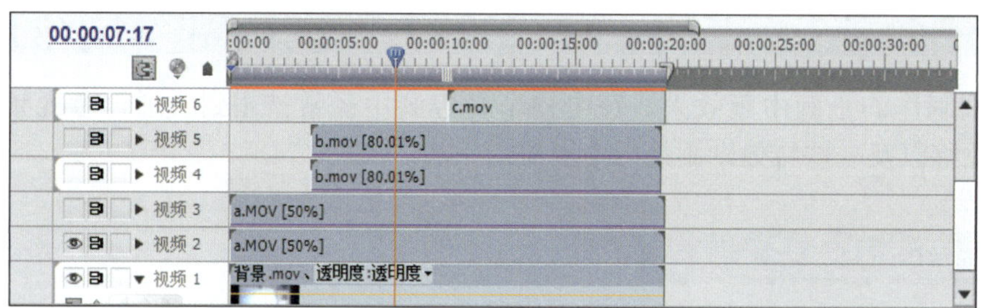

图4.78

4.8.2 视频动画效果制作

STEP 01 在【时间栏】面板中选择视频2轨道上的“a.mov”视频素材，在【特效控制台】面板中设置素材的运动属性，如图4.79所示。

STEP 02 在【效果】面板下展开【视频特效】文件夹下的【风格化】子文件夹，选中“马赛克”滤镜并将其拖动到【时间栏】面板的【画中画效果】选项卡中的视频3轨道的“a.mov”上，同理在【视频特效】文件夹下的【过渡】子文件夹中，选中“线性擦除”滤镜并将其拖动到该视频上。

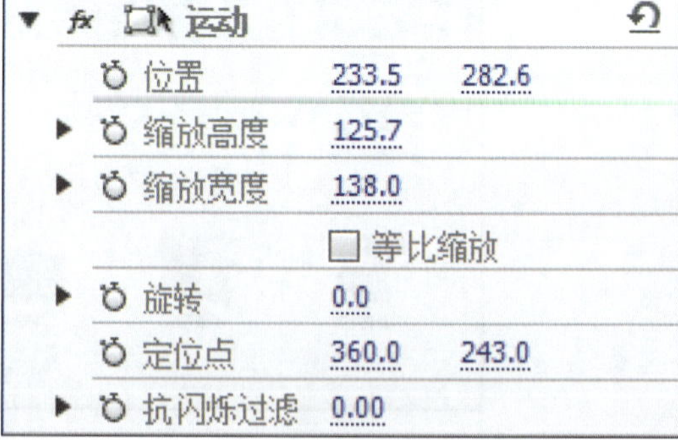

图4.79

Tips 【画中画效果】序列是在4.8.1小节中第一步创建的，当用户关闭后需在项目面板中单击该序列将其打开。

STEP 03 在特效控制台中，分别展开马赛克滤镜和线性擦除，开启【水平块】属性、【垂直块】属性、【过渡完成】属性前的关键帧码表按钮 。分别在00：00：07：25帧、00：00：10：13帧处，在【特效控制台】面板中设置滤镜属性，如图4.80所示。观察【节目】面板，动画效果如图4.81所示。

马赛克
水平块 25
垂直块 25
锐化颜色
线性擦除
过渡完成 95 %
擦除角度 180.0 °
羽化 0.0
00:00:07:05
马赛克
水平块 60
垂直块 60
锐化颜色
线性擦除
过渡完成 66 %
擦除角度 180.0 °
羽化 0.0
00:00:10:13

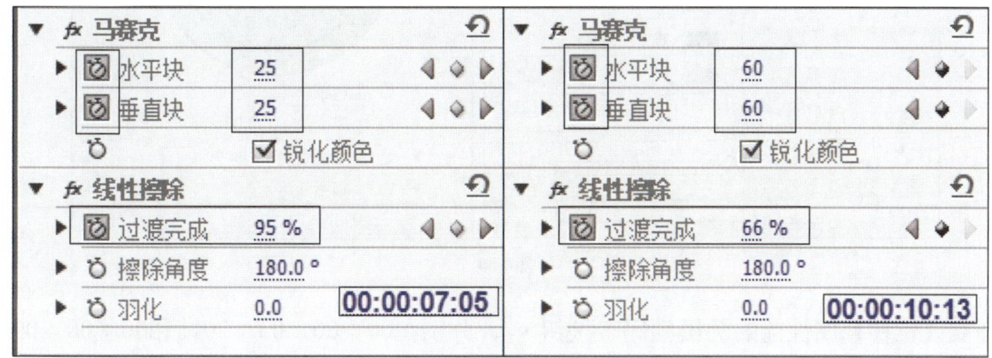

图4.80

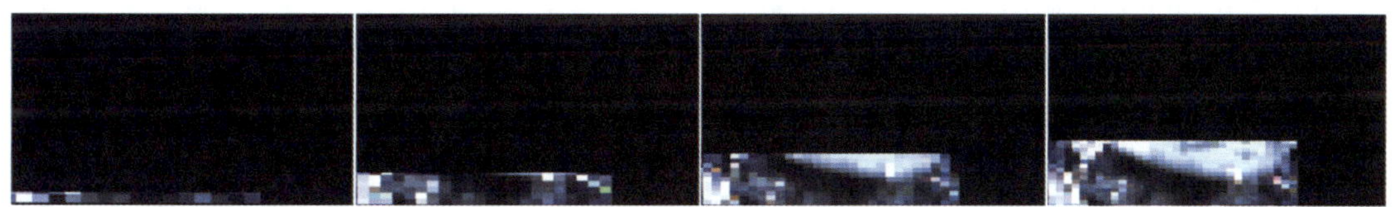

图4.81

STEP 04 在【时间栏】面板中，选中视频4层中的“b.mov”视频素材，在【特效控制台】面板中设置素材的运动属性，如图4.82所示。

STEP 05 在【效果】面板中，打开【视频特效】文件夹下的【过渡】子文件夹，将其中的“线性擦除”特效滤镜拖动到【时间栏】面板的【画中画】选项卡中的视频4轨道的素材“b.mov”上，在【特效控制台】面板中展开【线性擦除】选项，对其中的参数进行设置，如图4.83所示。

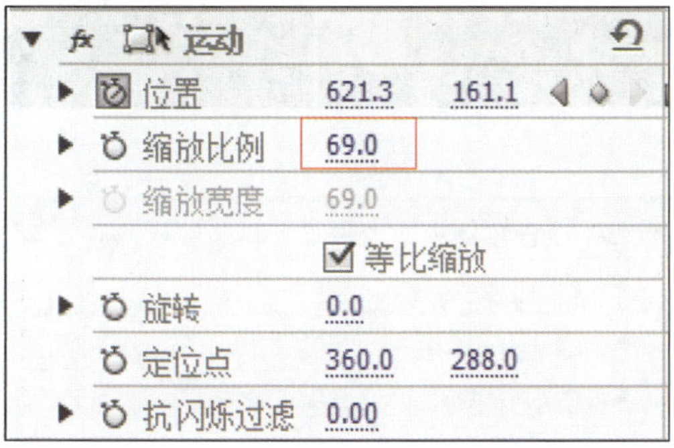

运动
位置 621.3 161.1
缩放比例 69.0
缩放宽度 69.0
等比缩放
旋转 0.0
定位点 360.0 288.0
抗闪烁过滤 0.00

图4.82

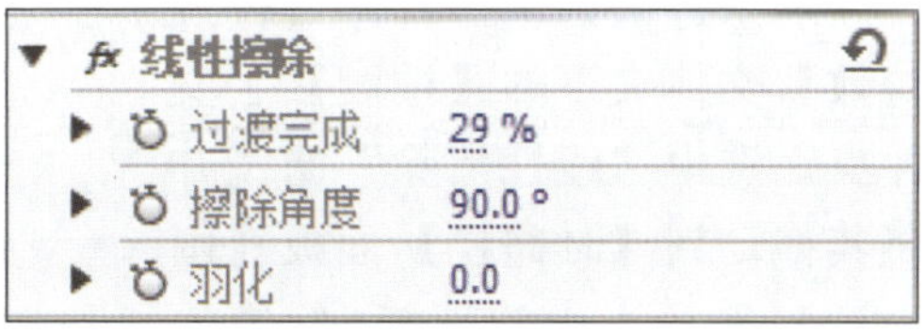

线性擦除
过渡完成 29 %
擦除角度 90.0 °
羽化 0.0

图4.83

STEP 06 在【效果】面板中，打开【视频特效】文件夹下的【色彩校正】子文件夹，将其中的“三路色彩校正”特效滤镜拖动到【时间栏】面板的【画中画】选项卡中的视频4轨道的素材“b.mov”上，在【特效控制台】面板中展开【三路色彩校正】选项，对其中的参数进行设置，如图4.84所示。

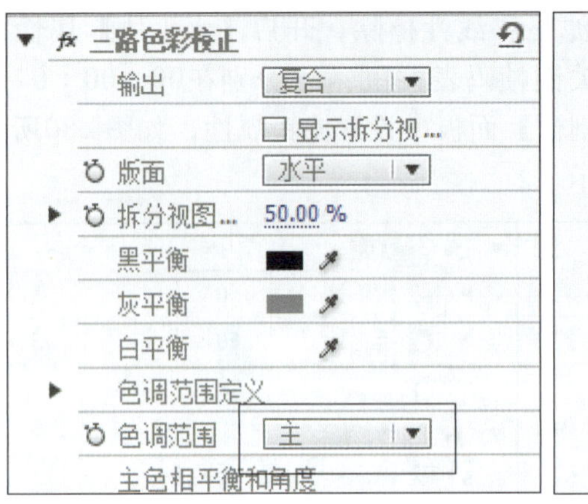

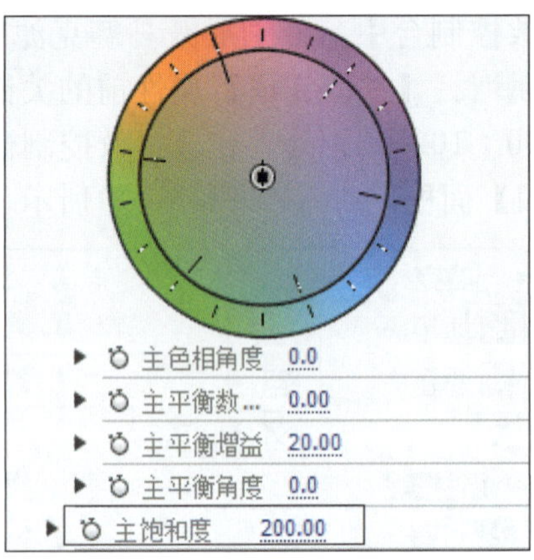

图4.84

STEP 07 开启【位移】属性前的关键帧码表按钮，分别在00：00：03：20帧和00：00：09：16帧处，在【特效控制台】面板中设置滤镜属性，如图4.85所示。观察【节目】面板，动画效果如图4.86所示。

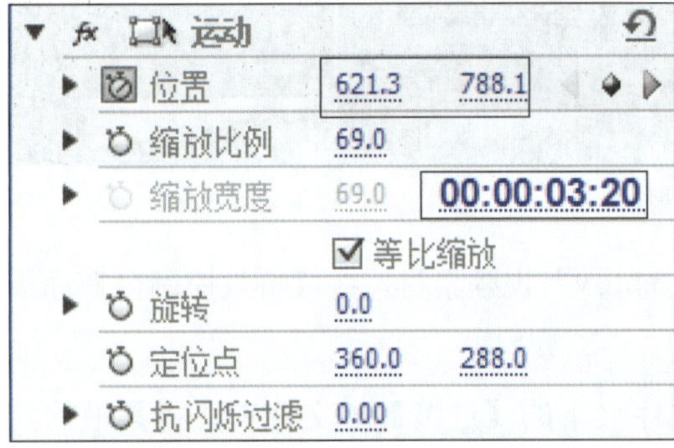

运动
位置 621.3 161.1
缩放比例 69.0
缩放宽度 69.0
00:00:09:16
等比缩放
旋转 0.0
定位点 360.0 288.0
抗闪烁过滤 0.00

图4.85

图4.86

STEP 08 在【效果】面板中，打开【视频特效】文件夹下的【过渡】子文件夹，选中“线性擦除”滤镜并将其拖动到【时间栏】面板【画中画】选项卡中的视频5轨道的“b.mov”上，在【特效控制台】面板中对滤镜进行设置，如图4.87所示。

线性擦除
过渡完成 29 %
擦除角度 90.0 °
羽化 0.0
黑白
线性擦除
过渡完成 35 %
擦除角度 0.0
羽化 406.0

图4.87

STEP 09 在【时间栏】面板的【画中画】选项卡中选择视频5轨道上的“b.MOV”视频素材，开启【位移属性】前的关键帧码表按钮 ，重复07步骤操作，设置位移属性动画。观察【节目】面板，动画效果如图4.88所示。

图4.88

STEP 10 在【项目】面板空白处单击右键，在弹出的快捷菜单中选择【新建】|【彩色蒙版】命令，弹出【新建彩色蒙版】对话框，其参数设置如图4.89所示，单击【确定】按钮。

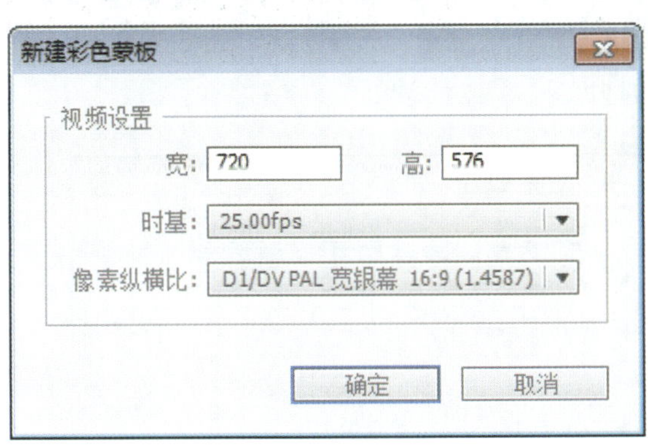

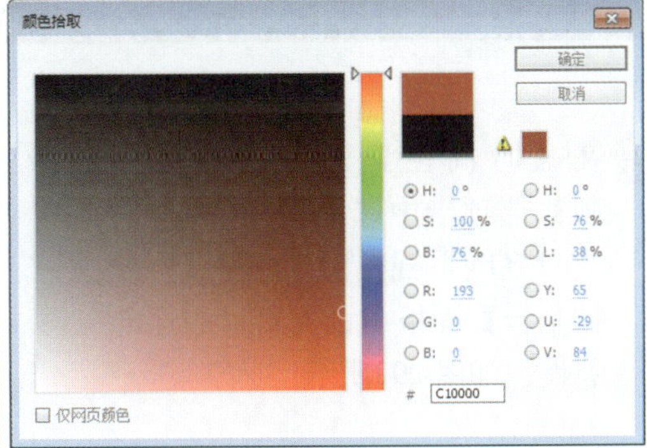

图4.89

STEP 11 在【项目】面板中选中“彩色蒙版”，将其拖动到【时间栏】面板的【画中画】选项卡中的视频7上。

STEP 12 在【特效】面板中展开【视频特效】文件夹，展开【生成】子文件夹，选中“渐变”滤镜并将其拖动到【时间栏】面板的【画中画】选项卡中的视频07的彩色蒙版上。在【特效控制台】面板中对滤镜属性进行设置，如图4.90所示。

fx 渐变		
渐变起点	360.0	0.0
起始颜色		
渐变终点	360.0	576.0
结束颜色		
渐变形状	径向渐变	
渐变扩散	0.0	
与原始图...	40.0 %	

图4.90

STEP 13 在【特效】面板中展开【视频特效】文件夹，展开【生成】子文件夹，选中“渐变”滤镜拖动到【时间栏】面板的【画中画】选项卡中的视频07的彩色蒙版上。开启【过渡完成】属性前的关键帧码表按钮 。分别在00：00：00：00和00：00：03：06帧处，在【特效控制台】面板中设置滤镜属性，如图4.91所示。观察【节目】面板，动画效果如图4.92所示。

透明度 65.0 %
混合模式 强光
时间重置
线性擦除
过渡完成 90 %
擦除角度 90.0 °
羽化 0.0
00:00:00:00
透明度 65.0 %
混合模式 强光
时间重置
线性擦除
过渡完成 0 %
擦除角度 90.0 °
羽化 0.0
00:00:03:06

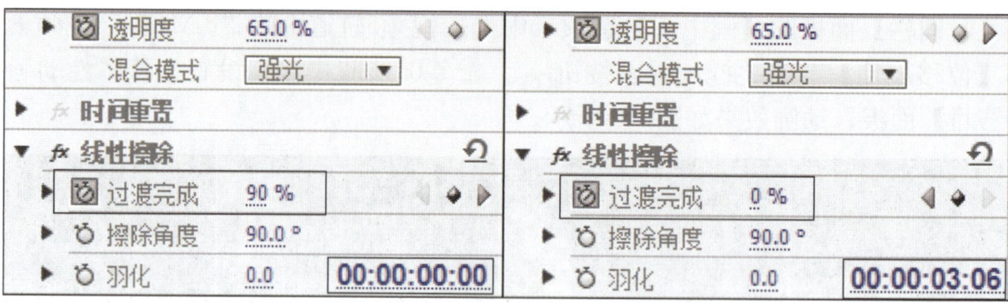

图4.91

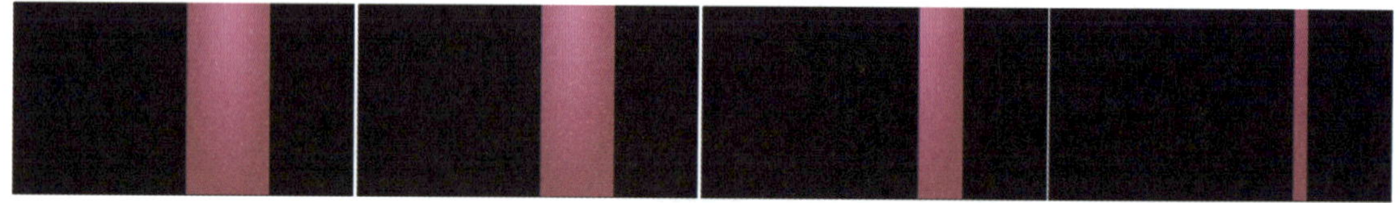

图4.92

STEP 14 在【时间栏】面板的【画中画】选项卡中选择视频6层中的“c.MOV”视频素材，在【特效控制台】面板中设置素材的运动属性，如图4.93所示。

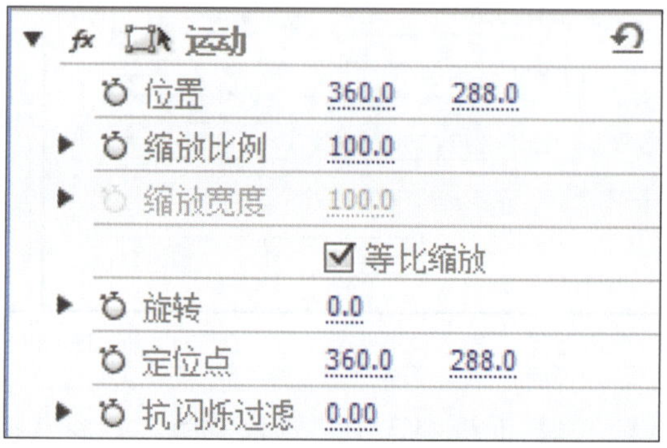

运动
位置 360.0 288.0
缩放比例 100.0
缩放宽度 100.0
等比缩放
旋转 0.0
定位点 360.0 288.0
抗闪烁过滤 0.00

图4.93

至此，画中画实例到此制作完毕，按键盘上的空格键或者Enter键预览动画效果，如图4.94所示。

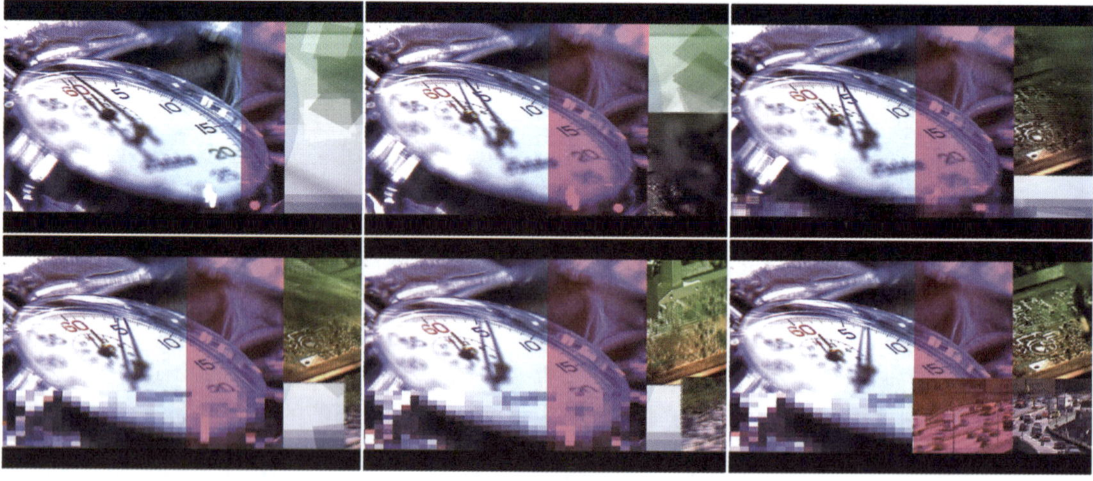

图4.94

第5章 视频转场特效

5.1 创建与设置转场特效

在Premiere Pro CS5中，用户可以根据需要在任意两段视频素材的衔接处添加转场特效，并且可以随心所欲地设置转场，制作出丰富多彩的场景转换效果。

5.1.1 添加转场特效

一般情况下，转场特效在同一轨道的两个相邻素材间使用。当然，也可以单独为一个素材施加切换转场特效，此时，素材与其下方的轨道进行切换，但是下方的轨道只是作为背景使用，并不能被切换转场特效所控制。

在同一轨道添加转场

在同一轨道上添加转场的具体操作步骤如下。

STEP 01 在【项目】面板的空白处双击，在弹出的【导入】对话框中导入素材，然后将导入的素材拖动至【时间栏】面板的轨道上，如图5.1所示。

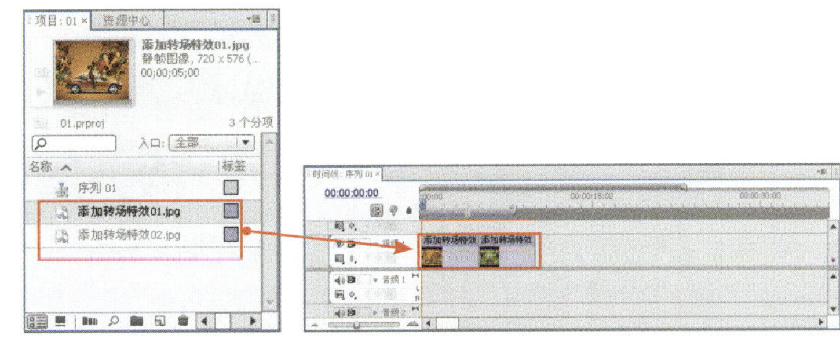

图5.1

STEP 02 在菜单栏中选择【窗口】|【效果】命令，打开【效果】面板，单击【视频切换】文件夹前面的三角形按钮▸，展开视频转场的分类文件夹列表，然后再单击分类文件夹列表前面的三角形按钮▸，展开该类转场文件夹中所有的转场效果。

STEP 03 选择所需要的转场效果，按住鼠标左键将其拖动到【时间栏】面板中两个素材的衔接处，当光标呈现形状时释放鼠标左键，在添加了转场的素材起始端（或末端）就会出现一个转场标记 向上折叠 ，这样就将转场效果添加到素材上了，如图5.2所示。

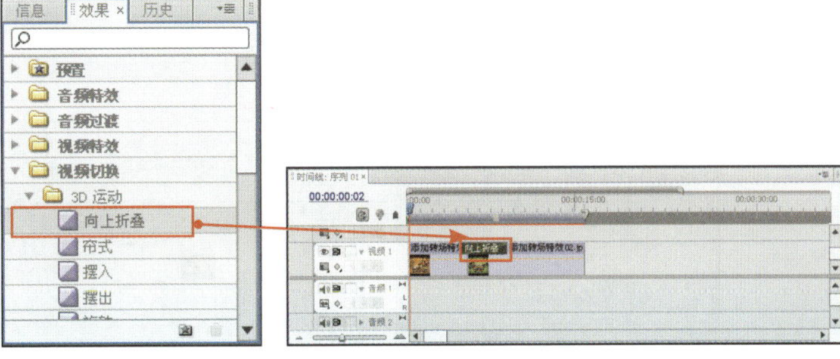

图5.2

STEP 04 拖动【时间栏】面板中的时间指示器，即可在【节目】面板中预览到转场效果，如图5.3所示。

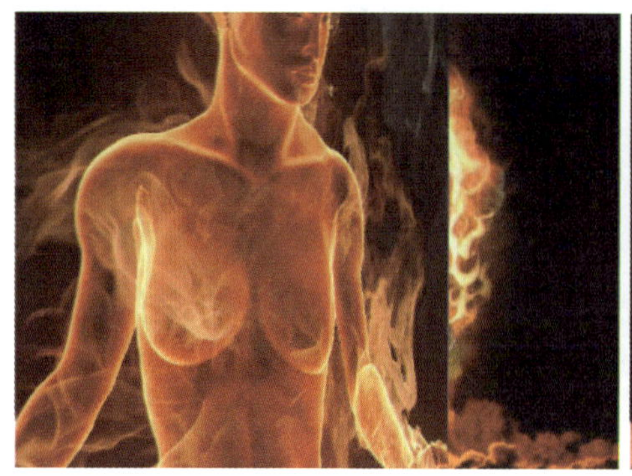

图5.3

在不同的轨道上添加转场

在不同的轨道上添加转场的具体操作步骤如下。

STEP 01 将导入的两段素材分别拖动放置在【时间栏】面板的【视频1】和【视频2】轨道上，并使两段素材有一定的重叠区域，如图5.4所示。

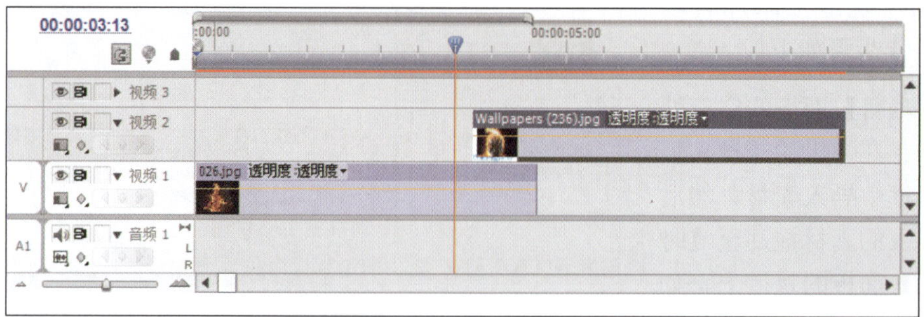

图5.4

STEP 02 在【效果】面板中选择所需要的转场效果，按住鼠标左键将其拖动到【时间栏】面板中两个素材的重叠处，当光标呈现形状时释放鼠标左键，即可在两段素材的重叠处添加转场效果，如图5.5所示。

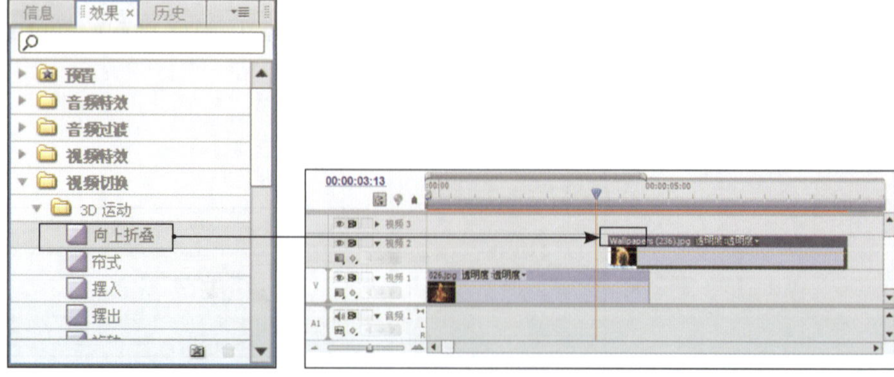

图5.5

5.1.2 设置转场特效属性

为素材添加转场效果后，可以进一步进行设置，以调节出理想的转场效果。

在【时间栏】面板中单击转场标记，即可打开【特效控制台】面板，如图5.6所示，对转场特效的设置就在该面板中进行，同时还可以预览转场效果。

图5.6

设置转场的持续时间

在Premiere Pro CS5中，添加视频转场默认的持续时间是00:00:01:05，用户可以根据需要重新设置转场的持续时间，设置转场的持续时间有以下4种方法：

※ 在【特效控制台】面板中【持续时间】选项右侧的参数上单击并输入参数，即可设置转场的持续时间，如图5.7所示。

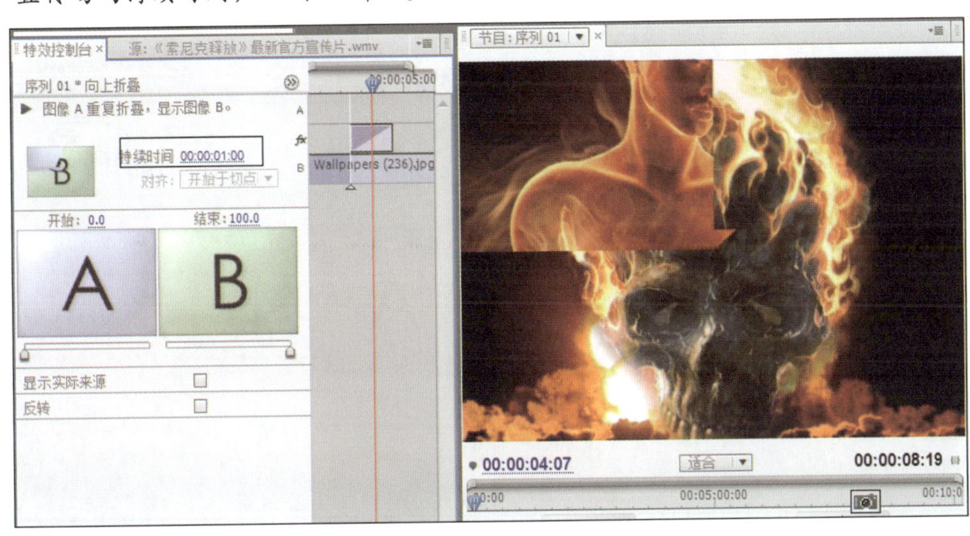

图5.7

※ 将光标移动到【特效控制台】面板中【持续时间】选项右侧的参数上，当光标呈现 形状时，拖动鼠标调整转场的持续时间。

※将光标移动到【时间栏】面板中的转场标记向上折叠上，当光标呈现或形状时，拖动鼠标即可调整转场的持续时间，如图5.8所示。

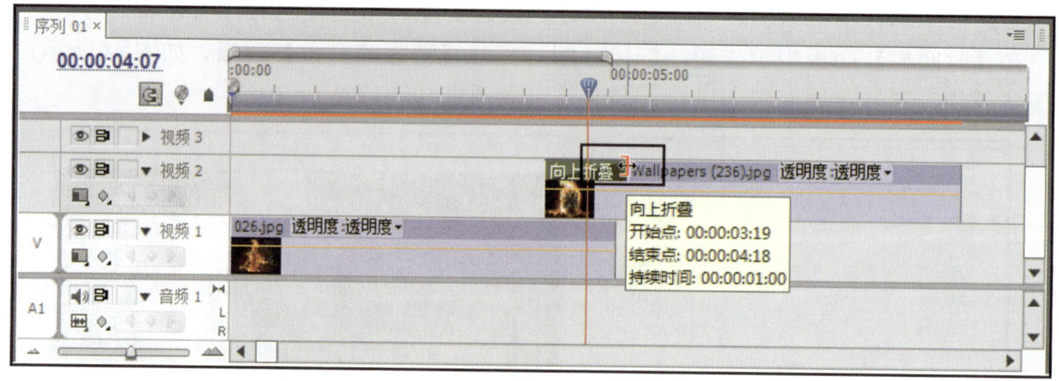

图5.8

※在【时间栏】面板中选中添加的视频转场，然后在菜单栏中选择【编辑】|【参数】|【常规】命令，在弹出的【参数】对话框中设置视频切换的默认时间，如图5.9所示，单击【确定】按钮，即可改变默认视频转场的持续时间。

如果要在【参数】对话框中设置转场的持续时间，必须在添加转场之前进行设置。

调整切换区域

为两个同一轨道上的素材片段添加转场效果后，用户可以根据需要通过以下方式重新调整转场的位置。

※将光标移动到【特效控制台】面板的时间标尺区域的转场标记上，当光标呈现形状时，按住鼠标左键拖动，即可移动素材的位置，改变切换的影响区域，如图5.10所示。

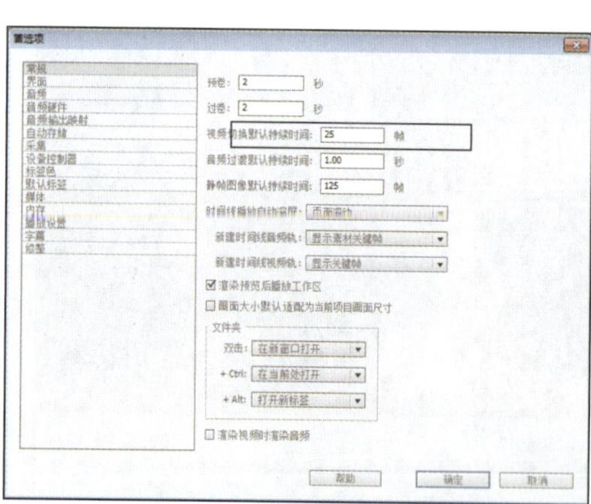

图5.9

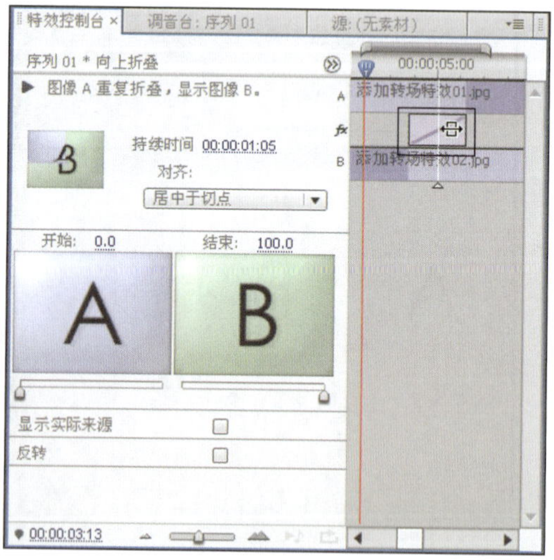

图5.10

※直接在【时间栏】面板中按住鼠标左键拖动转场标记，调整转场的对齐方式，如图5.11所示。

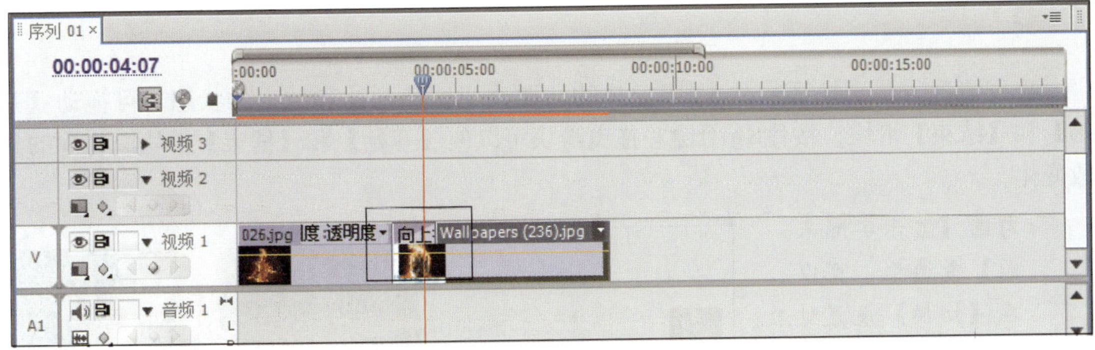

图5.11

在【特效控制台】面板的【对齐】下拉列表中提供了以下4种切换对齐方式。

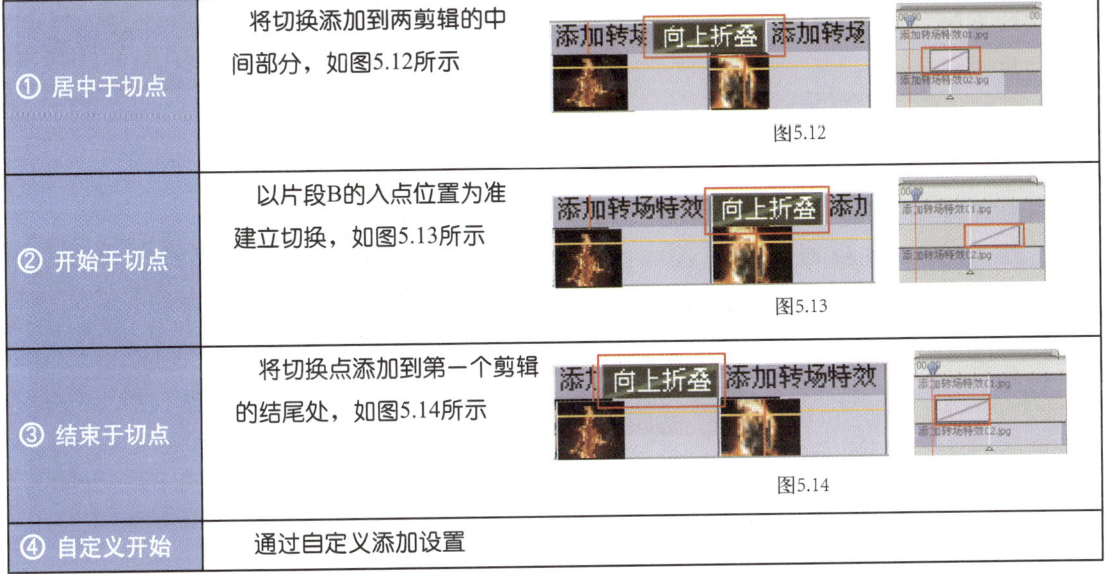

① 居中于切点	将切换添加到两剪辑的中间部分，如图5.12所示 图5.12
② 开始于切点	以片段B的入点位置为准建立切换，如图5.13所示 图5.13
③ 结束于切点	将切换点添加到第一个剪辑的结尾处，如图5.14所示 图5.14
④ 自定义开始	通过自定义添加设置

调整转场的中心点

用户还可以根据需要调整转场的中心点，即重新设置转场的开始点位置。

※添加转场效果后，在【特效控制台】面板中可以看到在“开始”画面预览框中有一个圆圈，这就是转场中心点标记。

※单击中心点标记，按住鼠标左键并拖动至适合的位置，释放鼠标左键即可改变转场的中心点位置，如图5.15所示。

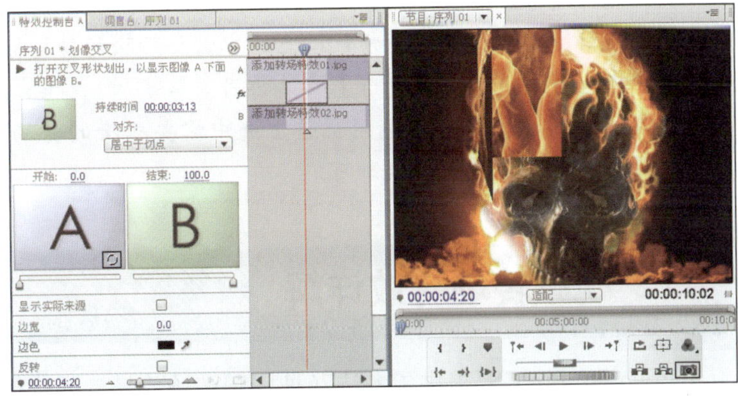

图5.15

切换设置

缺省情况下，切换都是从A到B完成的。要改变切换开始和结束的状态，可拖动【开始】和【结束】滑块，按住Shift键并拖曳滑块可以使【开始】和【结束】滑块以相同的参数变化。

※ 勾选【显示实际来源】复选框，可以在【切换】设置对话框上方【启动】和【结束】窗口中显示切换的开始和结束帧，如图5.16所示。

图5.16

※ 勾选【反转】复选框，可以切换顺序，由A至B的切换变为由B至A，如图5.17所示。

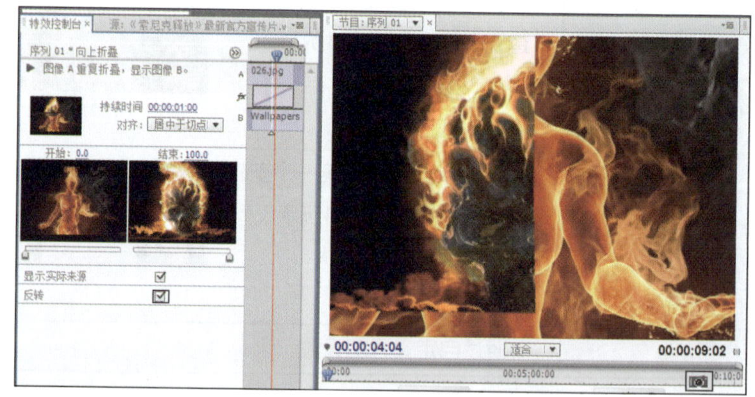

图5.17

5.1.3 删除转场

在Premiere Pro CS5中，删除转场有以下3种方法：

※ 在【时间栏】面板的视频轨道上选中需要删除的转场标记，按Delete键即可删除转场。

※ 在【时间栏】面板的视频轨道上选中需要删除的转场标记并右击，在弹出的快捷菜单中选择【编辑】|【清除】命令即可。

※ 在【时间栏】面板的视频轨道上选中需要删除的转场标记，然后在菜单栏中选择【编辑】|【清除】命令即可。

5.2 视频转场特效详解

Premiere Pro CS5提供了多达76种视频转场效果，这些转场效果被分类保存在11个文件夹中，灵活地运用这些转场特效对影视制作是非常必要的，下面将分别介绍各类转场特效的基本效果。

5.2.1 3D运动类转场

3D运动类转场主要是将两个影像进行分层处理，使一个影像到另一个影像的转场像是在三维空间中运动一样，实现从二维到三维的视觉效果，3D运动类转场共包括10种场景切换特效，如图5.18所示。

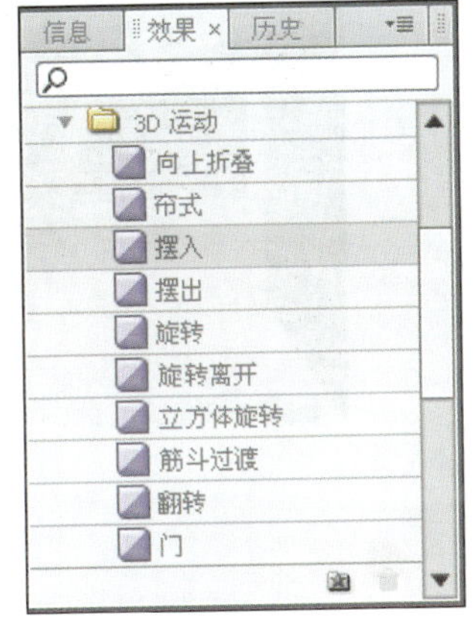

图5.18

向上折叠

向上折叠切换特效是指影像A像纸一样被重复折叠，显示出影像B，效果如图5.19所示。

图5.19

帘式

帘式切换特效是指影像A如同门帘一样被拉起，显示出影像B，效果如图5.20所示。

图5.20

摆入

摆入切换特效是指影像B如同一面窗户一样由里向外关闭过渡到影像A，效果如图5.21所示。

图5.21

摆出

摆出切换特效是指影像B如同一面窗户一样由外向里关闭过渡到影像A，效果如图5.22所示。

图5.22

旋转

旋转切换特效是指影像B从影像A的中心伸展开来，效果如图5.23所示。

图5.23

旋转离开

旋转离开切换特效是指影像B从影像A的中心旋转出现，效果如图5.24所示。

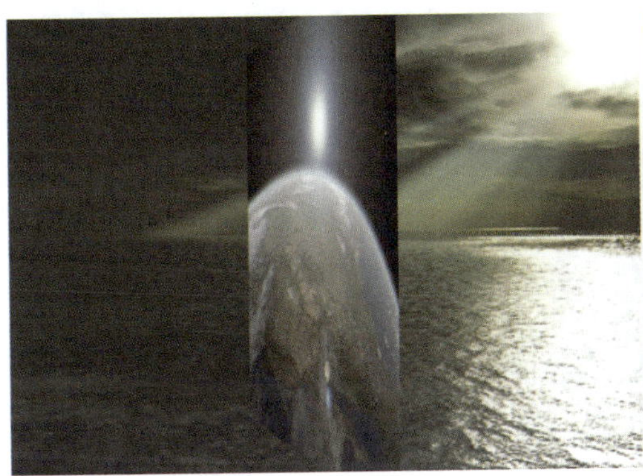

图5.24

立方体旋转

立方体旋转切换特效是指影像A、B分别以立方体的两个面过渡转换，效果如图5.25所示。

图5.25

筋斗过渡

筋斗过渡切换特效是指影像A在屏幕中心旋转并逐渐缩小消失，显示出影像B，效果如图5.26所示。

图5.26

翻转

翻转切换特效是指影像A和影像B分别当作一张纸的两个面，在翻转的过程中影像A逐渐消失，影像B逐渐显现，效果如图5.27所示。在【特效控制台】面板中单击【自定义】按钮，弹出【翻转设置】对话框，如图5.28所示。

图5.27

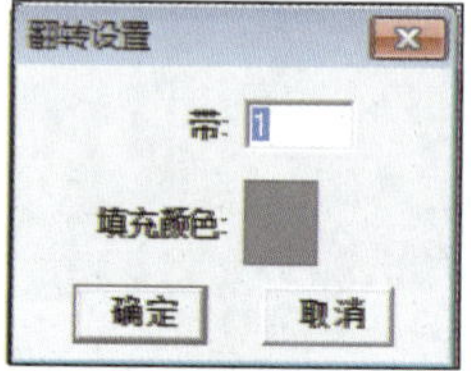

图5.28

【翻转设置】对话框中各参数的含义介绍如下。

① 带	用于输入翻转的影像数量
② 填充色	用于设置空白区域颜色

门

门切换特效是指影像B如同关门一样覆盖影像A，效果如图5.29所示。

图5.29

5.2.2 GPU过渡类转场

GPU过渡类转场主要是一些特定的过渡效果，如卷页、球面化过渡等，共包括5种场景切换特效，如图5.30所示。部分滤镜效果如下。

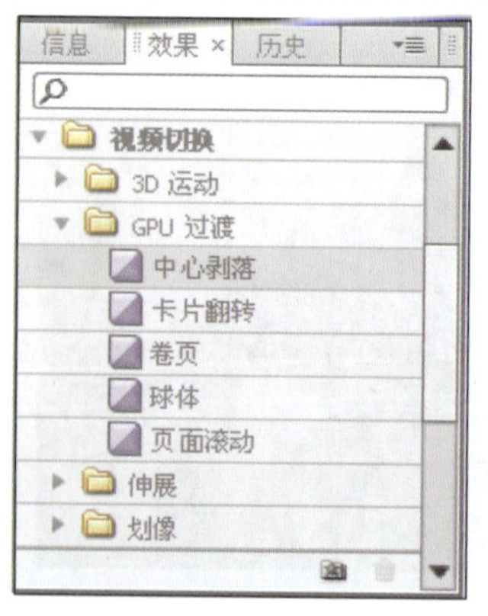

图5.30

中心剥落

中心剥落切换特效是指影像A被从正中心向4个方向撕开，显现出影像B，效果如图5.31所示。

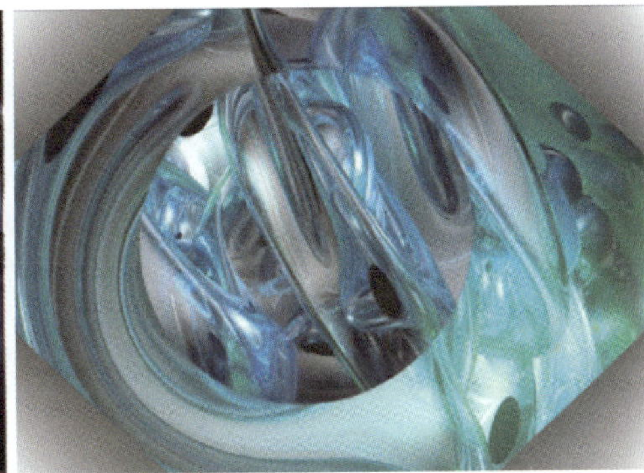

图5.31

卷页

卷页切换特效是指影像A从左上角向右下角卷动，显现出影像B，效果如图5.32所示。

图5.32

页面滚动

页面滚动切换特效是指影像A从左向右卷动，显现出影像B，效果如图5.33所示。

图5.33

5.2.3 伸展类转场

伸展类转场主要是将影像B以伸展缩放的形式覆盖影像A，共包括4种场景切换特效，如图5.34所示。

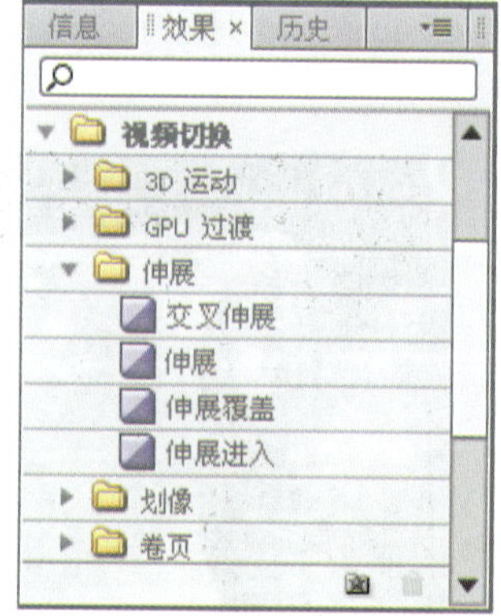

图5.34

交叉伸展

交叉伸展切换特效是指影像A逐渐被影像B平等挤压替代，效果如图5.35所示。

图5.35

伸展

伸展切换特效是指影像B从一边呈伸缩状伸展开来覆盖影像A，效果如图5.36所示。

图5.36

伸展覆盖

伸展覆盖切换特效是指影像A淡出，影像B放大流入，效果如图5.37所示。

图5.37

伸展进入

伸展进入切换特效是指影像B在影像A中心横向伸展开来，效果如图5.38所示。

图5.38

5.2.4 划像类转场

划像类转场是将两个影像直接交替转换，即前一个影像逐渐消失的过程中后一个影像逐渐显现出来，当前一个影像完全消失的时候后一个影像完全显示。划像类转场共包括7种场景切换特效，如图5.39所示。

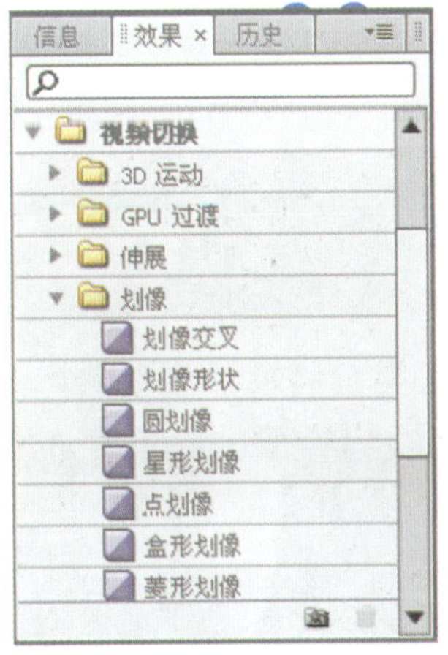

图5.39

划像交叉

划像交叉切换特效是指影像B呈十字形从影像A中展开，效果如图5.40所示。

图5.40

划像形状

划像形状切换特效是指影像B以菱形、矩形或椭圆形等形状在影像A上以不同的数量逐渐铺开，从而逐渐覆盖影像A，效果如图5.41所示。在【特效控制台】面板中单击【自定义】按钮，弹出【划像形状设置】对话框，如图5.42所示。

图5.41

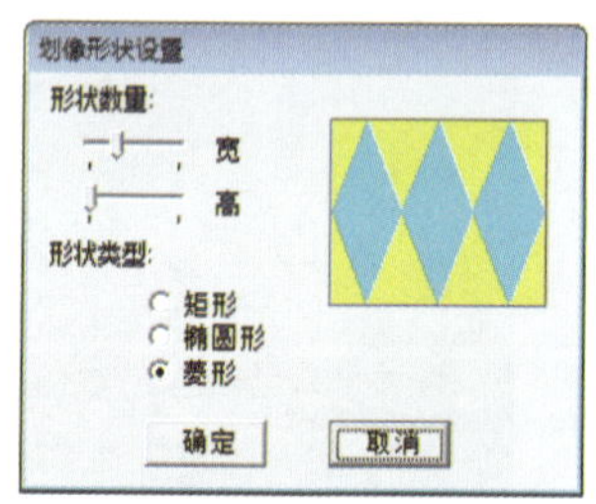

图5.42

【划像形状设置】对话框中各参数的含义如下。

① 形状数量	用于调整水平和垂直方向规则形的数量
② 形状类型	选择形状，包括矩形、椭圆形和菱形

圆划像

圆划像切换特效是指影像B呈圆形从影像A中展开，效果如图5.43所示。

图5.43

星形划像

星形划像切换特效是指影像B呈星形从影像A的正中心展开，效果如图5.44所示。

图5.44

点划像

点划像切换特效是指影像B呈斜角十字形从影像A中展开，效果如图5.45所示。

图5.45

盒形划像

盒形划像切换特效是指影像B呈矩形从影像A中展开，效果如图5.46所示。

图5.46

菱形划像

菱形划像切换特效是指影像B呈菱形从影像A中展开，效果如图5.47所示。

图5.47

5.2.5 卷页类转场

卷页类转场是在前一个影像结束时，通过剥落或翻转来显现出后一个影像的转换，共包括5种场景切换特效，如图5.48所示。部分滤镜效果如下。

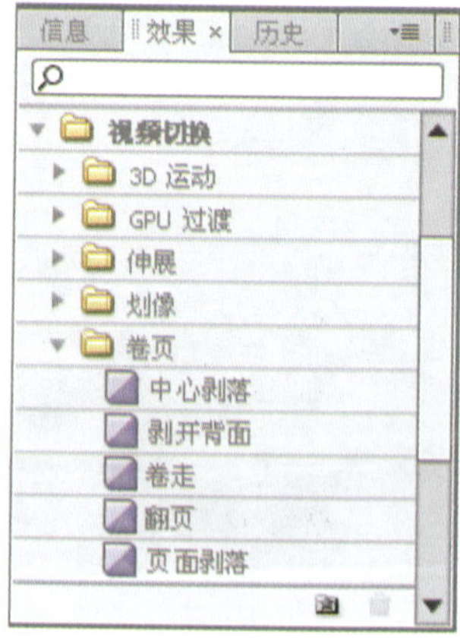

图5.48

剥开背面

剥开背面切换特效是指影像A从中心分为4块，然后从左上角开始按顺时针顺序依次从屏幕中心卷起退出，最终将影像B显现出来，效果如图5.49所示。

图5.49

卷走

卷走切换特效是指影像A从左到右依次滚动，显现出影像B，效果如图5.50所示。

图5.50

翻页

翻页切换特效是指影像A以翻页的形式从屏幕的一角卷起，从而将影像B显现出来，效果如图5.51所示。

图5.51

页面剥落

页面剥落切换特效是指影像A像纸张一样被翻面卷起，显现出影像B，效果如图5.52所示。

图5.52

5.2.6 叠化类转场

叠化类转场常用来分割段落，表现时空的转换或思绪的变化，节奏较为缓慢，共包括7种场景切换特效，如图5.53所示。

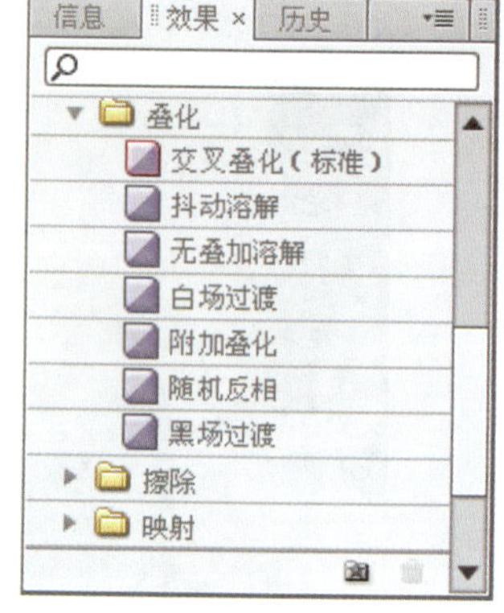

图5.53

交叉叠化（标准）

交叉叠化（标准）切换特效是指影像A淡化为影像B，效果如图5.54所示。

图5.54

抖动溶解

抖动溶解切换特效是指影像B以点的方式出现，取代影像A，效果如图5.55所示。

图5.55

白场过渡

白场过渡切换特效是指影像A以变亮模式淡化为影像B，效果如图5.56所示。

图5.56

附加叠化

附加叠化切换特效是指影像A以加亮模式淡化为影像B，效果如图5.57所示。

图5.57

随机反相

随机反相切换特效以随机块是指影像A过渡到影像B。在随机块中，显示反色效果，效果如图5.58所示。

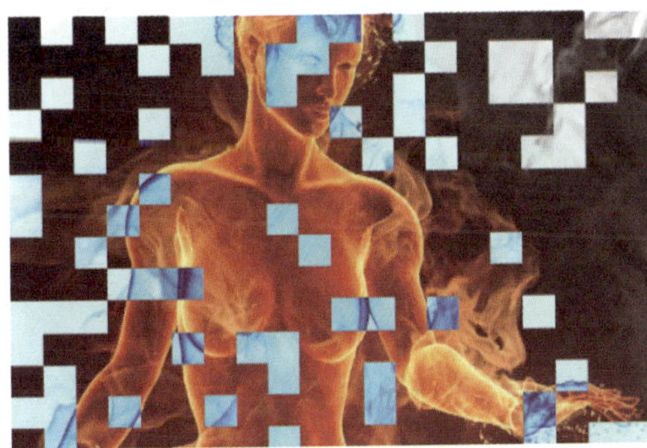

图5.58

黑场过渡

黑场过渡切换特效是指影像A以变暗模式淡化为影像B，效果如图5.59所示。

图5.59

5.2.7 擦除类转场

擦除类转场主要是将影像B以各种形状，如带状、棋盘状和方格状等将影像A擦除，从而将影像B显现出来，共包括17种场景切换特效，如图5.60所示。

双侧平推门

双侧平推门切换特效是指影像A以开、关门的方式过渡转换到影像B，效果如图5.61所示。

图5.60

图5.61

带状擦除

带状擦除切换特效是指影像B从水平方向以条状介入并覆盖影像A，效果如图5.62所示。在【特效控制台】面板中单击【自定义】按钮，在弹出的【带状擦除设置】对话框中可以设置带状条的数量。

图5.62

径向划变

径向划变切换特效是指影像B从影像A的一角扫入画面，效果如图5.63所示。

图5.63

插入

插入切换特效是指影像B从影像A的左上角斜插进入画面，效果如图5.64所示。

图5.64

擦除

擦除切换特效是指影像B逐渐扫过影像A，效果如图5.65所示。

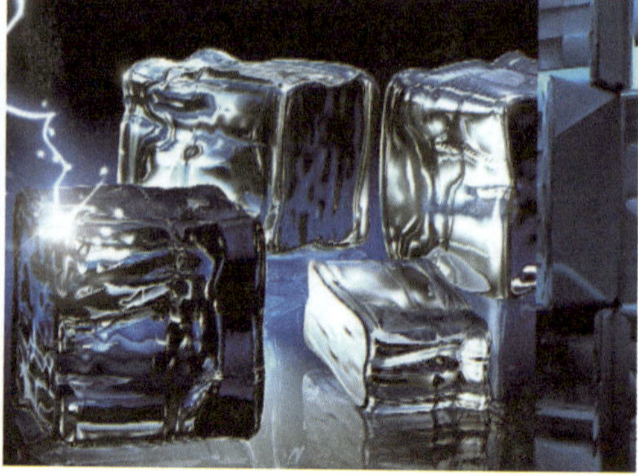

图5.65

时钟式划变

时钟式划变切换特效是指影像B以时钟旋转的方式显示，在显示过程中将素材A擦除，效果如图5.66所示。

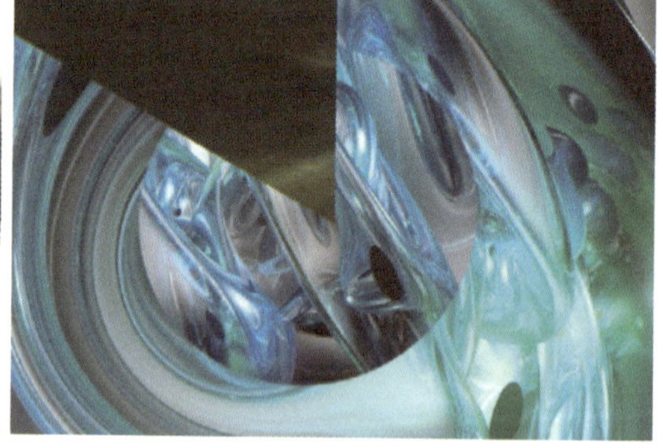

图5.66

棋盘

棋盘切换特效是指影像A以棋盘消失的方式过渡到影像B，效果如图5.67所示。

图5.67

棋盘划变

棋盘划变切换特效是指影像B以方格方式逐行出现覆盖影像A，效果如图5.68所示。

图5.68

楔形划变

楔形划变切换特效是指影像B呈扇形打开扫过影像A，效果如图5.69所示。

图5.69

水波块

水波块切换特效是指影像B沿Z字形交错扫过影像A，效果如图5.70所示。

图5.70

油漆飞溅

油漆飞溅切换特效是指影像B以墨点状覆盖影像A，效果如图5.71所示。

图5.71

渐变擦除

渐变擦除切换特效可以用一张灰度图像制作渐变切换，在渐变切换中，影像B充满灰度图像的黑色区域，然后通过每一个灰度级开始显现进行切换，直到白色区域完全透明，效果如图5.72所示。当把该切换特效拖放到【时间栏】面板上的两个素材中间时，将会弹出【渐变擦除设置】对话框，如图5.73所示，在该对话框中可以对【柔和度】进行设置。

图5.72

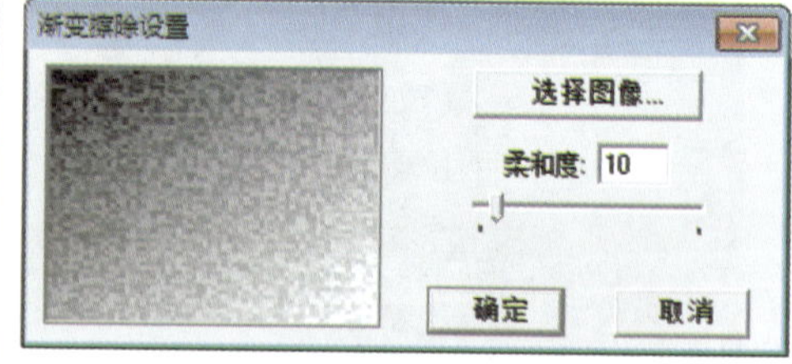

图5.73

螺旋框

螺旋框切换特效是指影像B以螺纹块状旋转出现，效果如图5.74所示。

图5.74

软百叶窗

软百叶窗切换特效是指影像B在逐渐加粗的线条中逐渐显示，类似于百叶窗，效果如图5.75所示。

图5.75

随机划变

随机划变切换特效是指影像B从影像A一边随机出现并扫过影像A，效果如图5.76所示。

图5.76

随机块

随机块切换特效是指影像B以方块形式随机出现覆盖影像A，效果如图5.77所示。

图5.77

风车

风车切换特效是指影像B以风轮状旋转覆盖影像A，效果如图5.78所示。

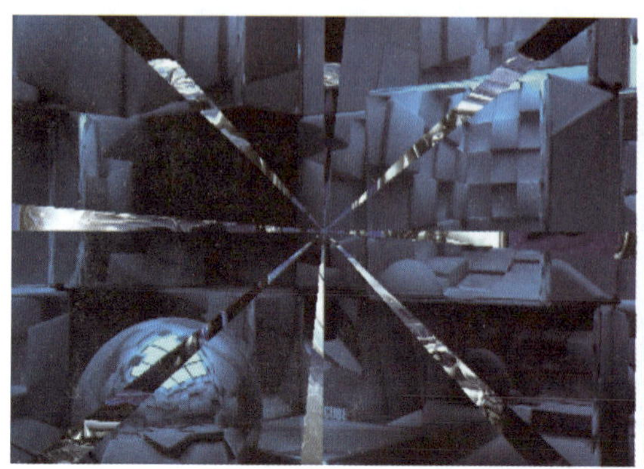
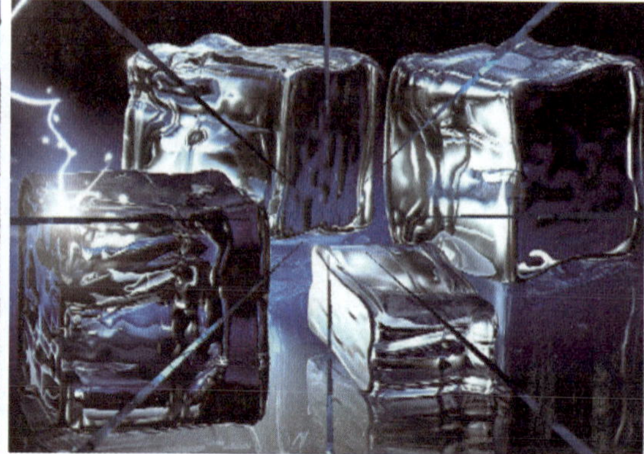

图5.78

5.2.8 映射类转场

映射类转场主要是将影像A通过通道映射或者明亮度映射过渡到影像B，最终显现影像B。映射类转场共包括两种场景切换特效，如图5.79所示。

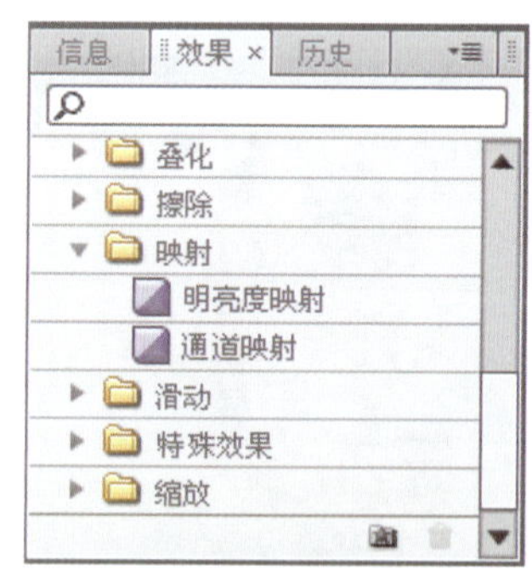

图5.79

明亮度映射

明亮度映射切换特效是指将轨道上处于时间线前方图像的明度值作为影响与其切换的图像的因素，以产生融合效果，如图5.80所示。

图5.80

通道映射

通道映射切换特效可以复制参与切换图像的通道到完成的效果通道中，效果如图5.81所示。当把该转场特效拖放到【时间栏】面板上的两个素材中间时，将会弹出【通道映射设置】对话框，如图5.82所示，可以在该对话框中分别选择要输出到目标通道的素材通道。

图5.81

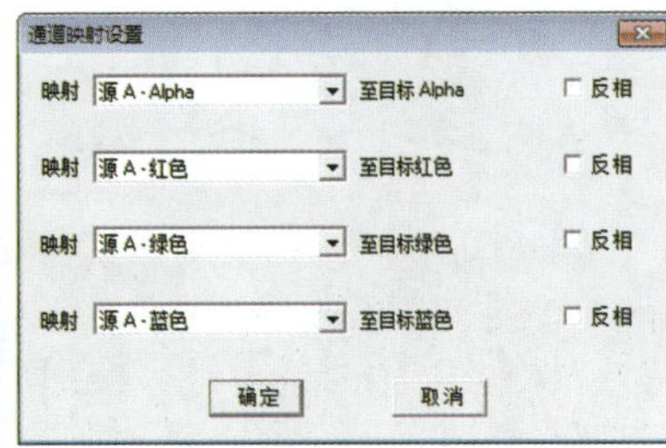

图5.82

5.2.9 滑动类转场

滑动类转场以画面滑动的方式进行转换，共包括12种场景切换特效，如图5.83所示。

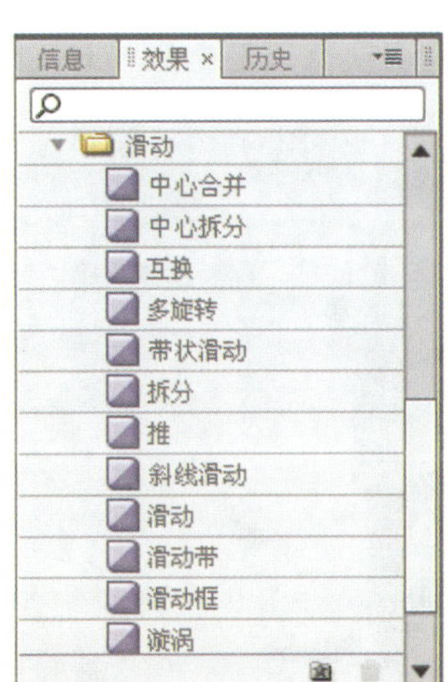

图5.83

中心合并

中心合并切换特效是指影像A从正中心向中央合并，显示出影像B，效果如图5.84所示。

图5.84

中心拆分

中心拆分切换特效是指影像A从正中心裂成4块并向4角滑出，显示出影像B，效果如图5.85所示。

图5.85

互换

互换切换特效是指影像B从影像A后方转向前方盖压影像A，效果如图5.86所示。

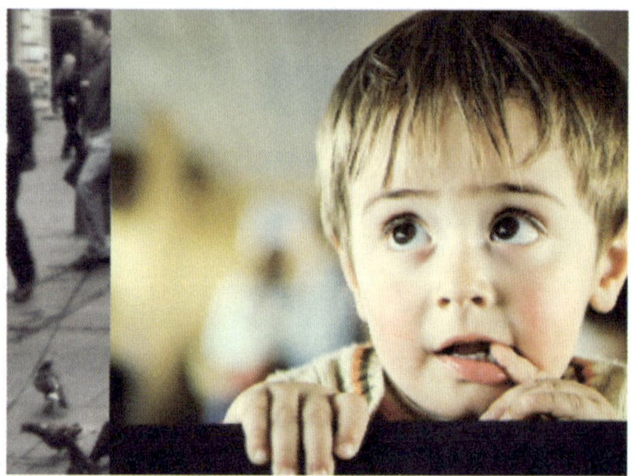

图5.86

多旋转

多旋转切换特效是指影像B被分割成若干个小方格旋转铺入，效果如图5.87所示。在【特效控制台】面板中单击【自定义】按钮，弹出【多旋转设置】对话框，如图5.88所示，在该对话框中可以设置水平和垂直方向上的小方格数量。

图5.87

多旋转设置

水平: 4

垂直: 3

确定　取消

图5.88

带状滑动

带状滑动切换特效是指影像B以条状介入，并逐渐覆盖影像A，效果如图5.89所示。在【特效控制台】面板中单击【自定义】按钮，弹出【带状滑动设置】对话框，如图5.90所示，在该对话框中可以设置带状条的数量。

图5.89

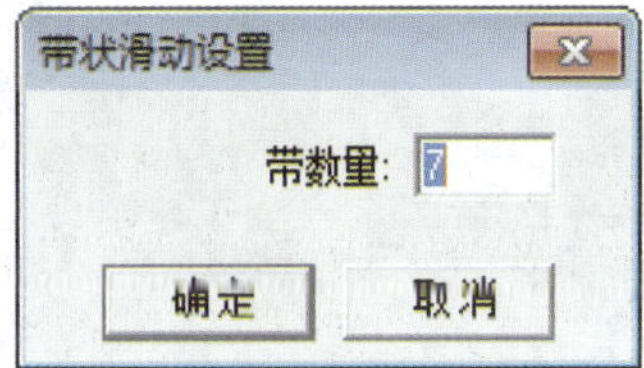

图5.90

拆分

拆分切换特效是指影像A像自动门一样打开显示出影像B，效果如图5.91所示。

图5.91

推

推切换特效是指影像B将影像A推出屏幕，效果如图5.92所示。

图5.92

斜线滑动

斜线滑动切换特效是指影像B呈自由线条状滑入影像A，效果如图5.93所示。在【特效控制台】面板中单击【自定义】按钮，弹出【斜线滑动设置】对话框，如图5.94所示，在该对话框中可以设置斜线的数量。

图5.93

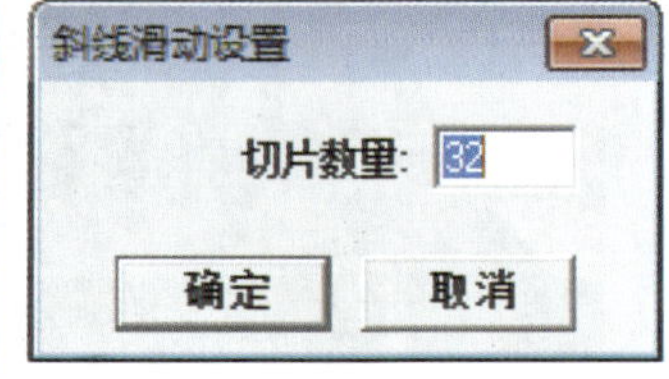

图5.94

滑动

滑动切换特效是指影像B滑入覆盖影像A，效果如图5.95所示。

图5.95

滑动带

滑动带切换特效是指影像B在水平或垂直的线条中逐渐显示，效果如图5.96所示。

图5.96

滑动框

滑动框切换特效与滑动带切换特效类似，影像B的形成更像是积木的累积，效果如图5.97所示。

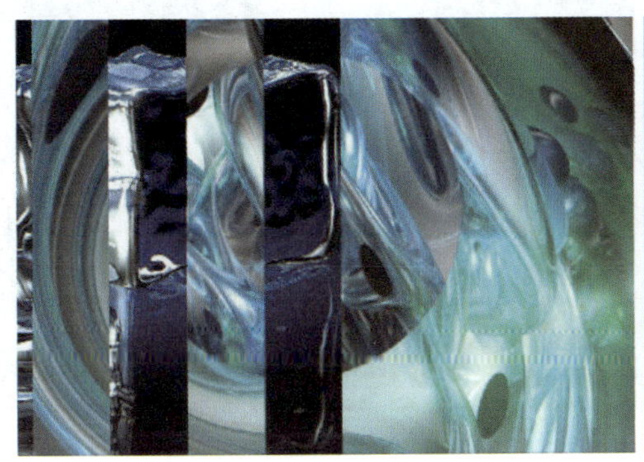
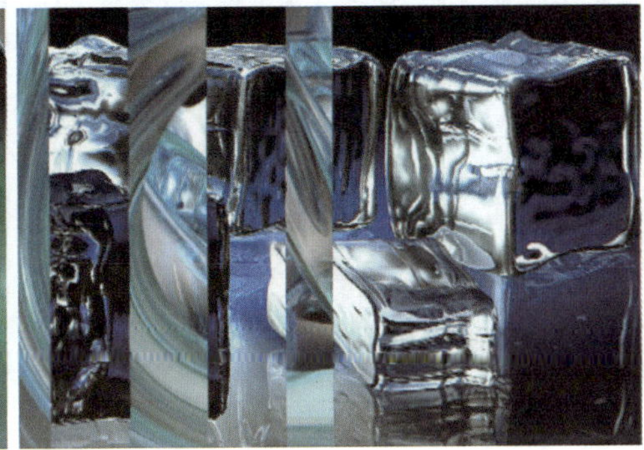

图5.97

漩涡

漩涡切换特效是指影像B打破为若干方块从影像A中旋转而出，效果如图5.98所示。在【特效控制台】面板中单击【自定义】按钮，弹出【漩涡设置】对话框，如图5.99所示。

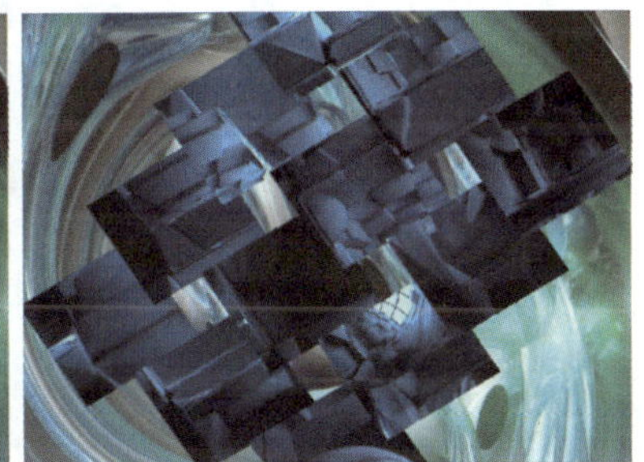

图5.98

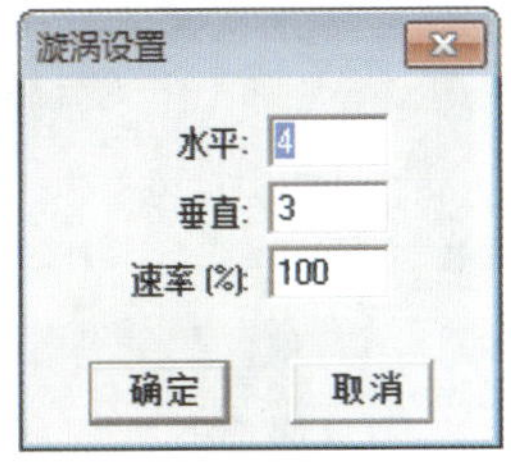

图5.99

【漩涡设置】对话框中各参数的含义如下。

① 水平	用于设置水平方向产生的方块数量
② 垂直	用于设置垂直方向产生的方块数量
③ 速率	用于设置旋转度数

5.2.10 特殊效果类转场

特殊效果类转场主要用于制作一些特殊的转场效果，共包括3种场景切换特效，如图5.100所示。

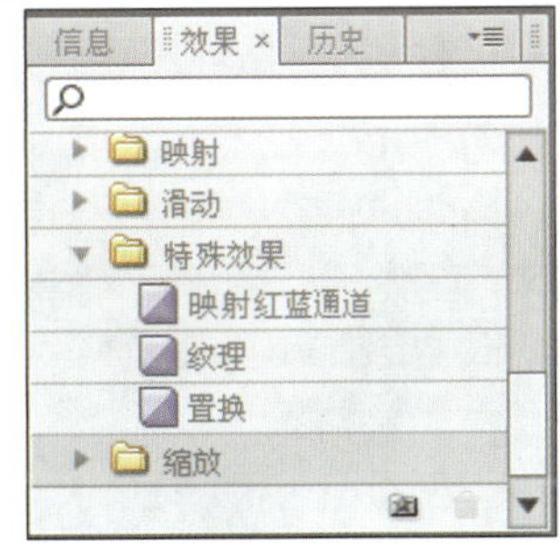

图5.100

映射红蓝通道

映射红蓝通道切换特效是指影像A中的红蓝通道映射混合到影像B，效果如图5.101所示。

图5.101

纹理

纹理切换特效是指影像A作为纹理图和影像B进行颜色混合过渡，效果如图5.102所示。

图5.102

置换

置换切换特效以【时间线】面板中位于前方的片段作为位移图，分别用水平和垂直的错位，以其像素颜色值的明暗来影响与其进行切换的片段，效果如图5.103所示。

图5.103

5.2.11 缩放类转场

缩放类转场主要是将一个素材以缩小、放大或交替的形式，实现推拉、拖尾等转场效果。缩放类转场共包括4种场景切换特效，如图5.104所示。

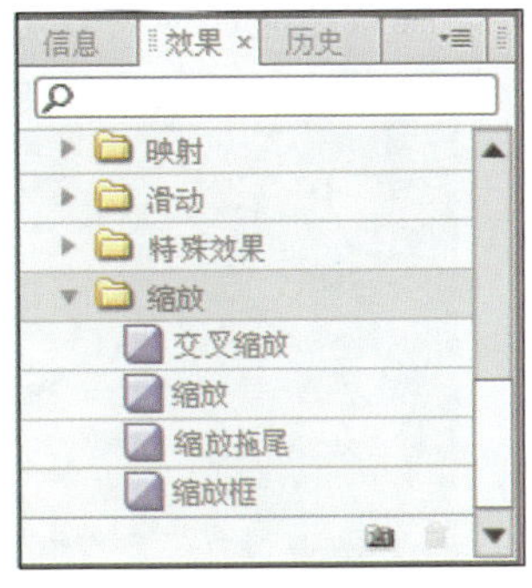

图5.104

交叉缩放

交叉缩放切换特效是指影像A放大冲出，影像B缩小进入，效果如图5.105所示。

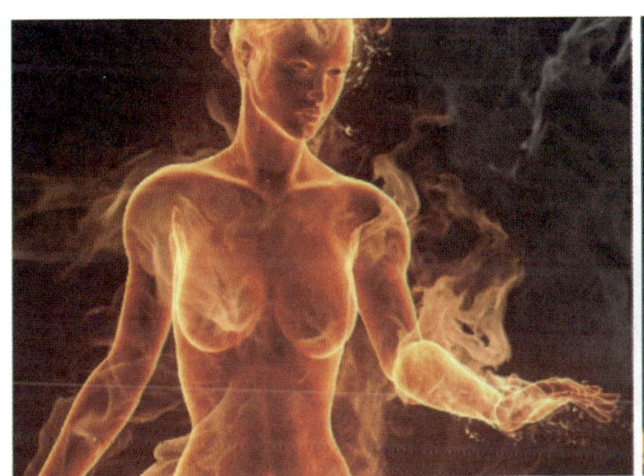

图5.105

缩放

缩放切换特效是指影像B从影像A中放大显现，效果如图5.106所示。

图5.106

缩放拖尾

缩放拖尾切换特效是指影像A缩小并带有拖尾消失，效果如图5.107所示。

图5.107

缩放框

缩放框切换特效是指影像B分为多个方块从影像A中放大出现，效果如图5.108所示。在【特效控制台】面板中单击【自定义】按钮，弹出【缩放框设置】对话框，如图5.109所示，在该对话框中可以设置方格的数量。

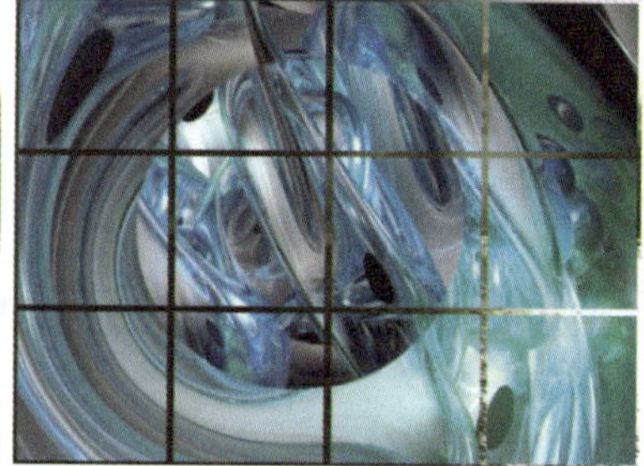

图5.108

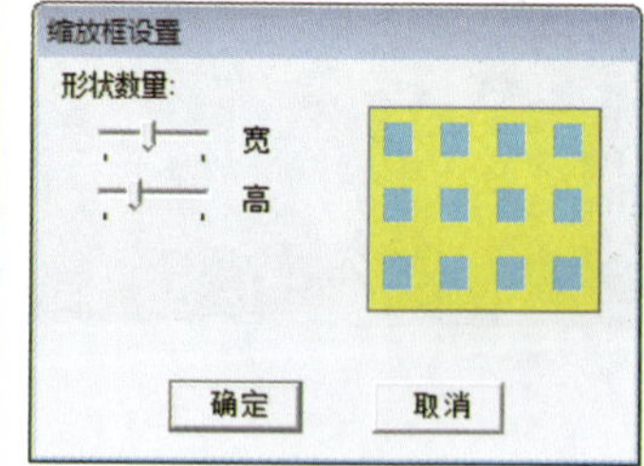

图5.109

5.3 婚庆相册制作

Premiere经常被用于制作电子相册，其自带的转场滤镜非常丰富了，Hollywod特效转场插件更有千万种，效果非常丰富，是视频制作师的必备工具包。下面介绍一个婚庆电子相册的制作案例。

5.3.1 新建项目并导入素材

STEP 01 运行Premiere Pro CS5，在启动窗口中单击【新建项目】按钮，如图5.110所示，弹出【新建项目】对话框，在【位置】选项框中选择保存的文件路径，在【名称】文本框中输入文件名称“婚庆相册”，如图5.111所示。

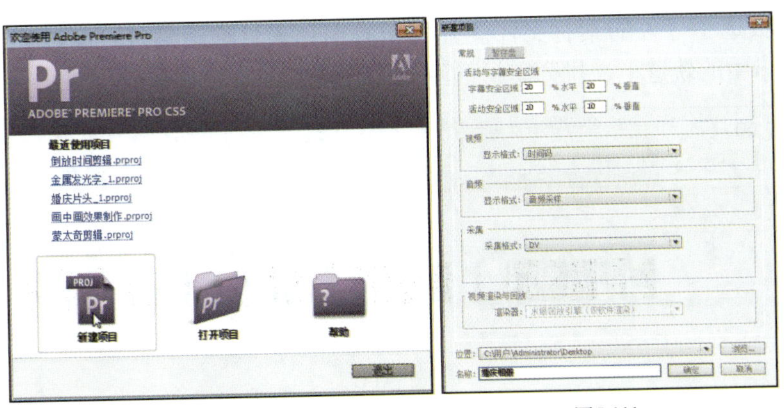

图5.110　　图5.111

STEP 02 单击【确定】按钮，弹出【新建序列】对话框，在左侧的【有效预置】列表中展开【DV-PAL】选项，选中【标准48kHz】模式，如图5.112所示，单击【确定】按钮，进入工作区界面。在【项目】面板的空白处双击，在弹出的【导入】对话框中选择所有素材导入，如图5.112所示，单击【打开】按钮。

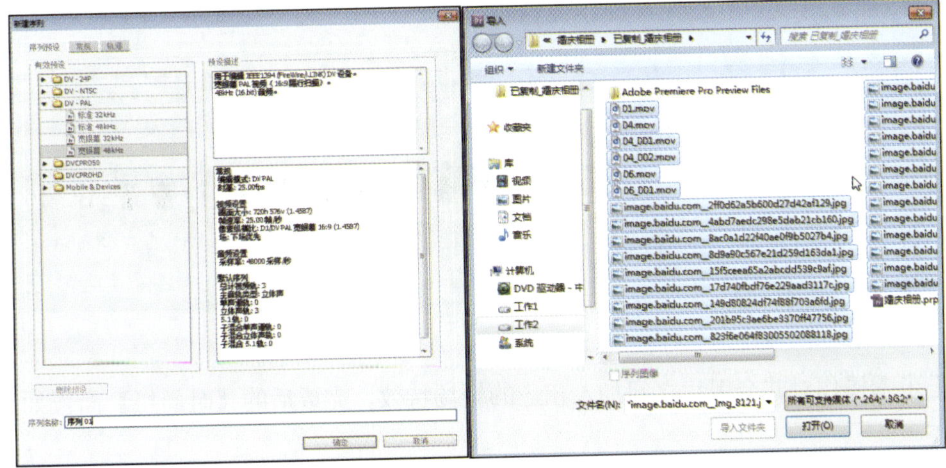

图5.112

STEP 03 在菜单栏中选择【编辑】|【首选项】|【常规】命令，弹出【首选项】设置对话框，其参数设置如图5.113所示。

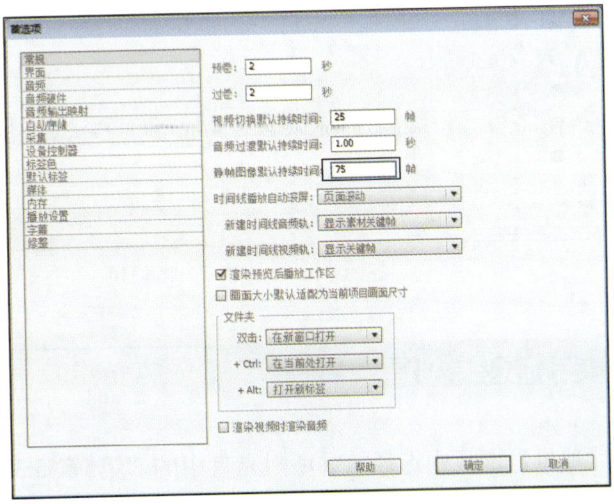

图5.113

STEP 04 在项目面板选中导入的素材文件。并将所有图片素材拖动到【时间栏】面板的【序列01】选项卡中的轨道上，排列素材如图5.114所示。

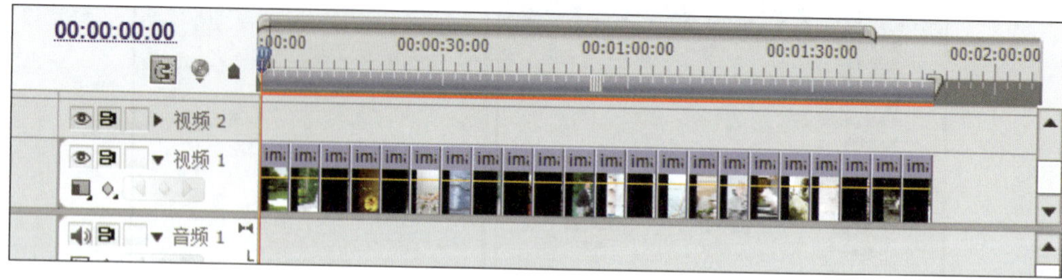

图5.114

5.3.2 转场的创建

STEP 01 在【效果】面板中展开【视频切换】文件夹下的转场滤镜，根据自己的喜好选择相应的滤镜拖动到【时间栏】面板的【序列01】选项卡中的第一张图片和第二张图片之间。如图5.115所示。

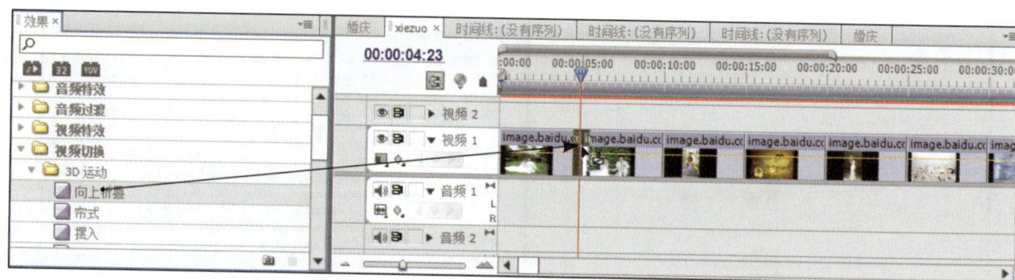

图5.115

STEP 02 同上步骤操作对其余图片之间加入相应的转场特效，完成后的【时间栏】面板如图5.116所示。

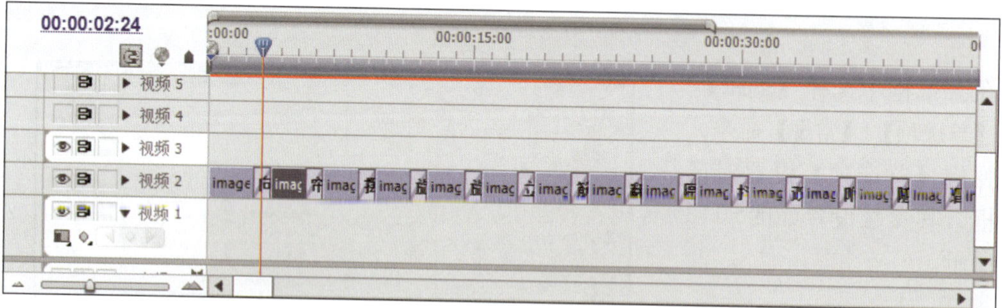

图5.116

5.3.3 装饰效果创建

STEP 01 在【项目】面板中选择随书所附光盘中的“第5章\5.3\06.mov”素材，拖动到【时间栏】面板的【序列01】选项卡中的视频2轨道上，并复制该素材，【时间栏】面板如图5.117

所示。观察【节目】面板，合成效果如图5.118所示。

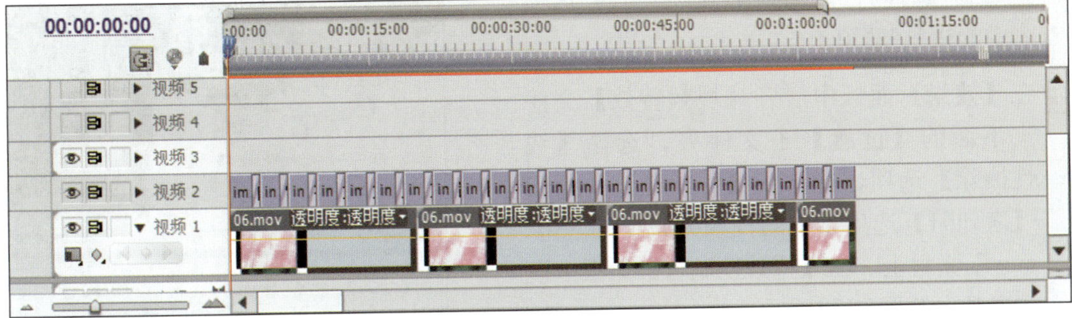

图5.117

图5.118

STEP 02 在【项目】面板中选择随书所附光盘中的“第5章\5.3\04.mov”素材，拖动到【时间栏】面板的【序列01】选项卡中的视频3轨道上。

STEP 03 在【特效控制台】面板，展开【透明度】选项属性，修改图层的混合模式为滤色。如图5.119所示。

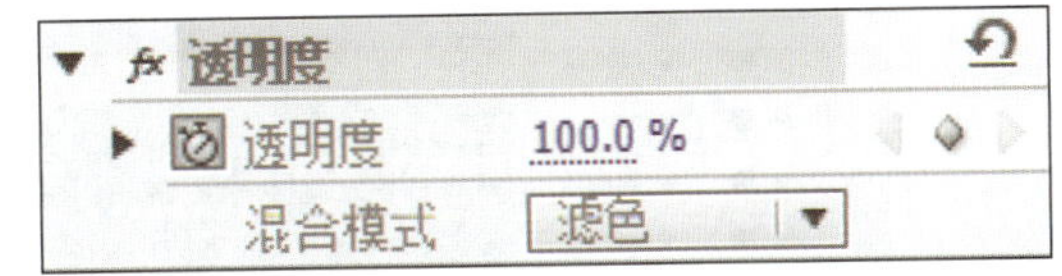

图5.119

STEP 04 选中“04.mov”视频素材，复制该素材，此时的【时间栏】面板如图5.120所示。观察【节目】面板，合成效果如图5.121所示。

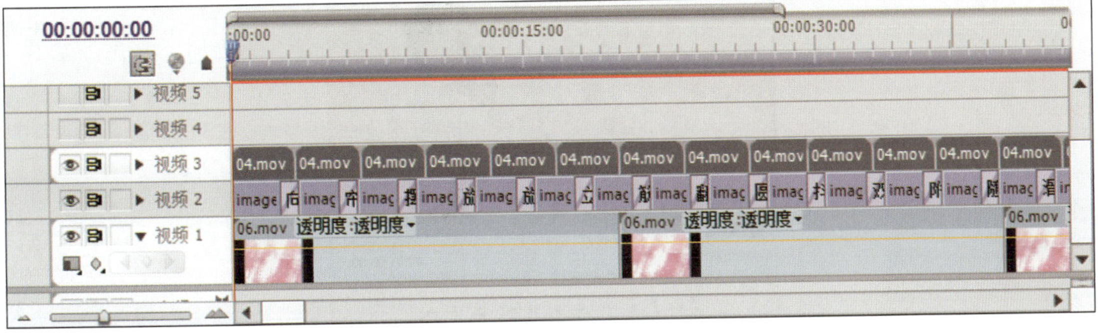

图5.120

STEP 05 在【项目】面板中选择“01.mov”素材，拖动到【时间栏】面板的【序列01】选项卡中的视频4轨道上。

图5.121

STEP 06 在【效果】面板中展开【视频特效】文件夹下面的【过渡】子文件夹，选择【线性擦除】选项，拖动到【时间栏】面板的【序列01】选项卡中的视频04轨道的“01.mov”素材上。在【特效控制台】面板中设置参数，如图5.122所示。

运动		
位置	257.3	272.5
缩放比例	100.9	
缩放宽度	100.9	
☑ 等比缩放		
旋转	0.0	
定位点	360.0	288.0
抗闪烁过滤	0.00	
透明度		
透明度	100.0 %	
混合模式	滤色	

时间重置	
线性擦除	
过渡完成	53 %
擦除角度	0.0
羽化	108.0
线性擦除	
过渡完成	19 %
擦除角度	-90.0 °
羽化	108.0

图5.122

STEP 07 选中“01.mov”视频素材，复制该素材，【时间栏】面板如图5.123所示。观察【节目】面板，合成效果如图5.124所示。

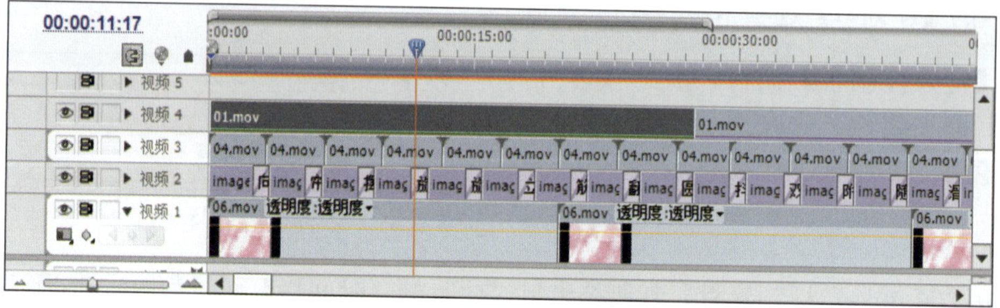

图5.123

图5.124

STEP 08 在【项目】面板中选择“04001.mov”素材，拖动到【时间栏】面板中的【序列01】面板中的视频5轨道上。

STEP 09 在【特效控制台】面板中修改属性设置，如图5.125所示。

运动		
位置	511.6	288.0
缩放比例	102.5	
缩放宽度	168.5	
☑ 等比缩放		
旋转	0.0	
定位点	360.0	288.0
抗闪烁过滤	0.00	

透明度	
透明度	100.0 %
混合模式	正常
时间重置	
线性擦除	
过渡完成	42 %
擦除角度	90.0 °
羽化	0.0

图5.125

STEP 10 选中“04001.mov”视频素材，复制该素材，此时的【时间栏】面板如图5.126所示。观察【节目】面板，合成效果如图5.127所示。

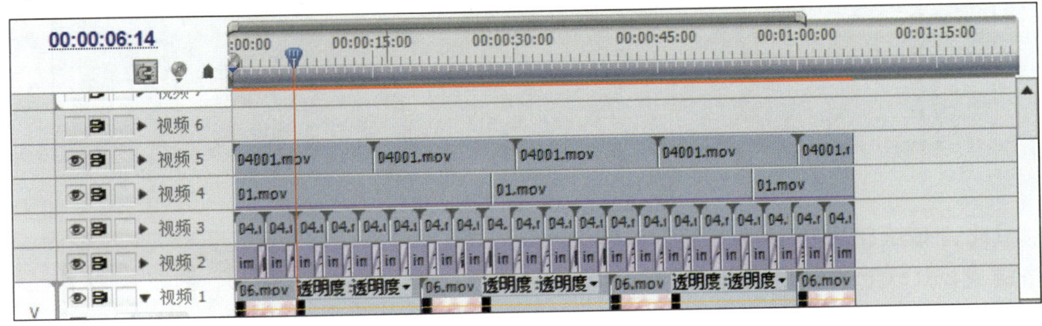

图5.126

图5.127

STEP 11 在【项目】面板中选择“04002.mov”素材，拖动到【时间栏】面板的【序列01】选项卡中的视频6轨道上。

STEP 12 在【特效控制台】面板修改属性设置，如图5.128所示。

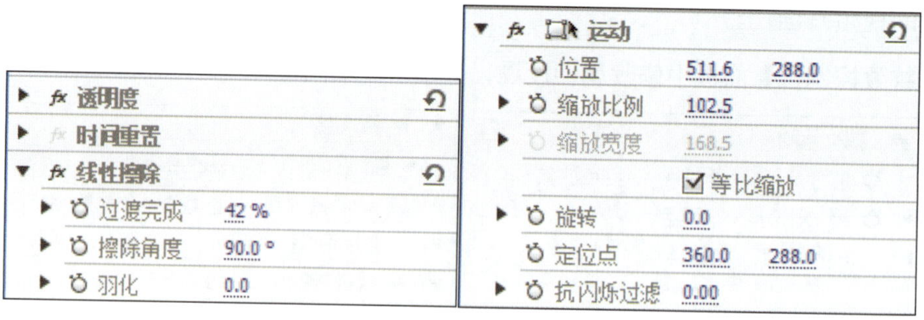

fx 透明度
fx 时间重置
fx 线性擦除
过渡完成 42 %
擦除角度 90.0 °
羽化 0.0

fx 运动
位置 511.6 288.0
缩放比例 102.5
缩放宽度 168.5
等比缩放
旋转 0.0
定位点 360.0 288.0
抗闪烁过滤 0.00

图5.128

STEP 13 选中“04002.mov”视频素材，复制该素材，此时的【时间栏】面板如图5.129所示。观察【节目】面板，合成效果如图5.130所示。

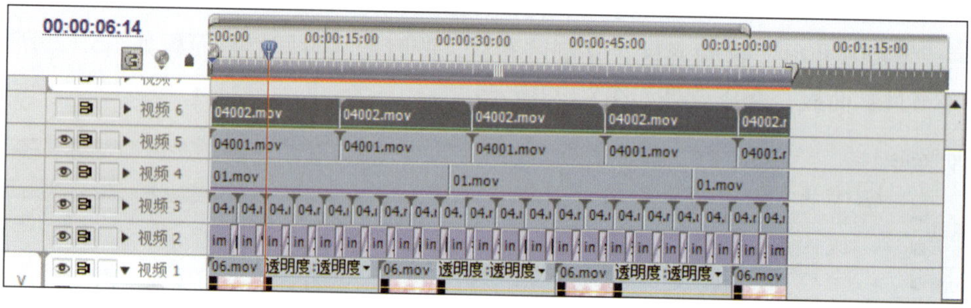

图5.129

至此，婚庆相册实例制作完毕，按空格键或Enter键预览动画效果，如图5.131所示。

图5.130

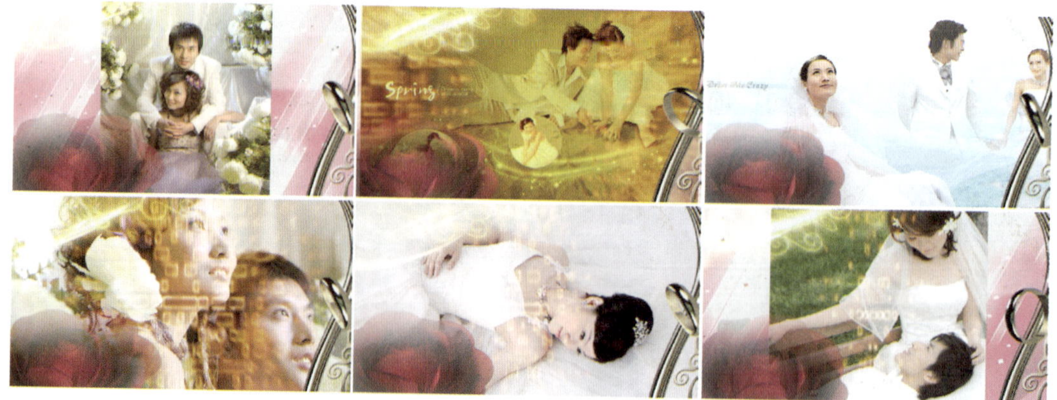

图5.131

5.4 蒙太奇剪辑

该范例是剪辑实例，依据蒙太奇理论对画面进行剪辑。在视频剪辑中蒙太奇剪辑手法经常被用到，它能带给观众更多的视频想象空间，能让平淡的故事变得更加生动有趣。

5.4.1 新建项目并导入素材

STEP 01 运行Premiere Pro CS5，在启动窗口中单击【新建项目】按钮，如图5.132所示，弹出【新建项目】对话框，在【位置】选项框中选择保存的文件路径，在【名称】文本框中输入文件名称“蒙太奇剪辑”，如图5.132所示。

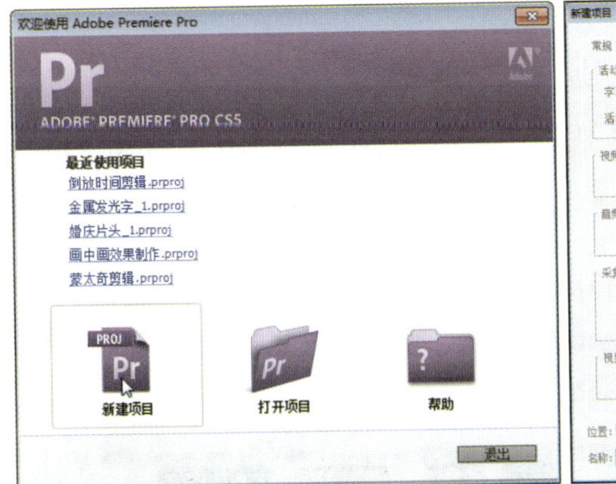

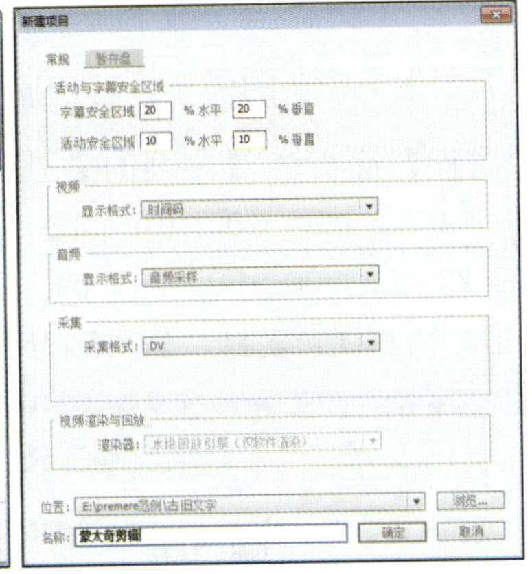

图5.132

STEP 02 单击【确定】按钮，弹出【新建序列】对话框，在左侧的【有效预置】列表中展开【DV-PAL】选项，选中【标准48kHz】模式，如图5.133所示，单击【确定】按钮，进入工作区界面。在【项目】面板的空白处双击，在弹出的【导入】对话框中选择随书所附光盘中的素材“第5章\5.4\a.mp4、b.wmv和c.avi”，如图5.134所示，单击【打开】按钮。

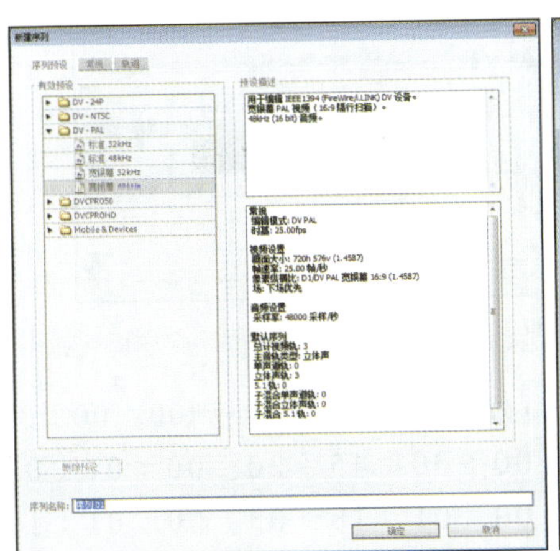

图5.133

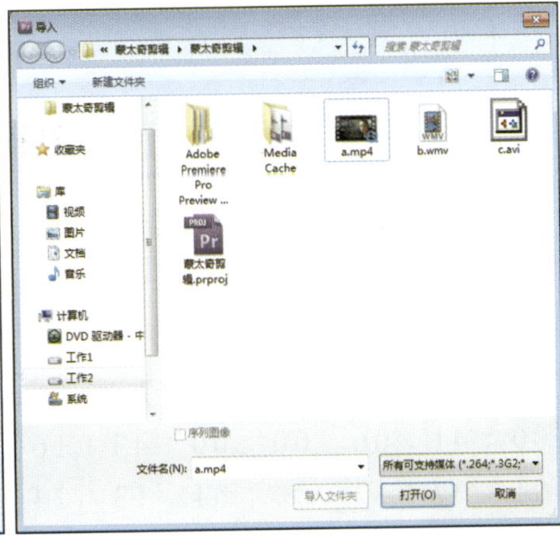

图5.134

STEP 03 在【项目】面板中选中导入的素材文件，并将导入的素材文件拖动到【时间栏】面板的【序列01】选项卡中的视频1轨道上，如图5.135所示。

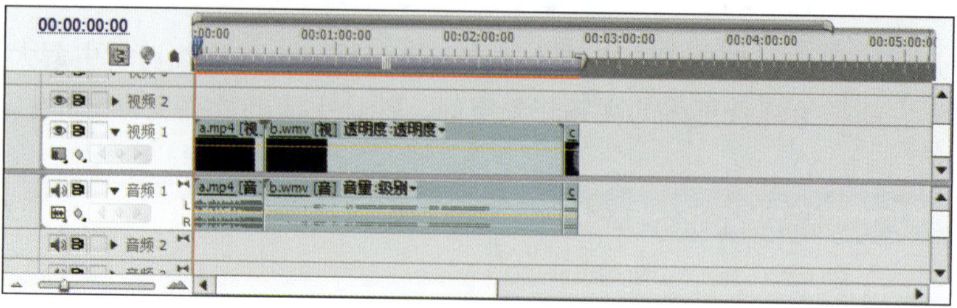

图5.135

5.4.2 素材剪辑

根据画面蒙太奇镜头的需要，剪切掉不需要的画面。

STEP 01 在【时间栏】面板的【序列01】选项卡中分别移动时间滑块到00：00：01：21、00：00：02：19、00：00：12：09、00：00：16：07、00：00：21：09、00：00：22：02、00：00：23：00、00：00：27：22处，按C键，分别在以上时间帧位置处单击，切割视频素材。如图5.136所示。

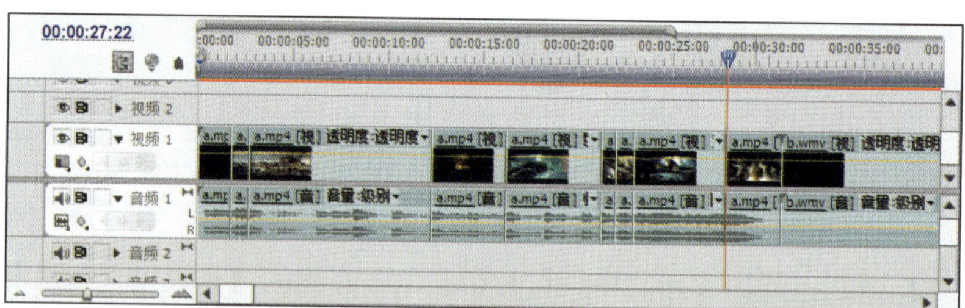

图5.136

STEP 02 根据蒙太奇镜头的需要，删除不需要的画面素材，如图5.137所示。

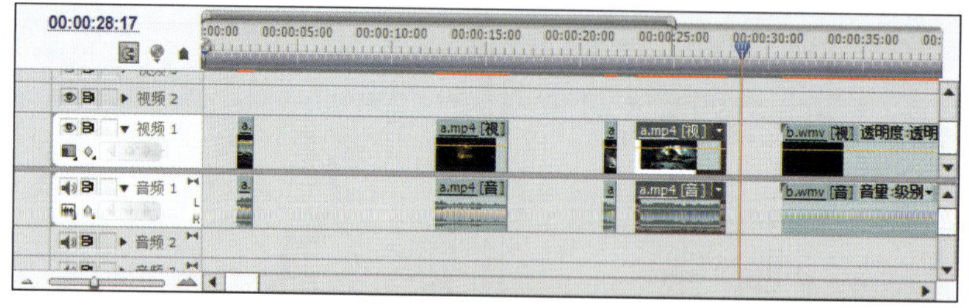

图5.137

STEP 03 在【时间栏】面板的【序列01】选项卡中分别移动时间滑块到00：00：39：02、00：00：41：06、00：00：43：16、00：00：45：20、00：01：07：09、00：01：07：12、00：01：13：24、00：01：18：03、00：01：19：03、00：01：20：22、00：01：22：17、00：01：24：08、00：01：28：08、00：01：39：19、00：01：41：12和00：02：09：13处，按C键，分别在以上时间帧位置处单击，切割视频素材。

STEP 04 根据蒙太奇镜头的需要，删除不需要的画面素材，如图5.138所示。

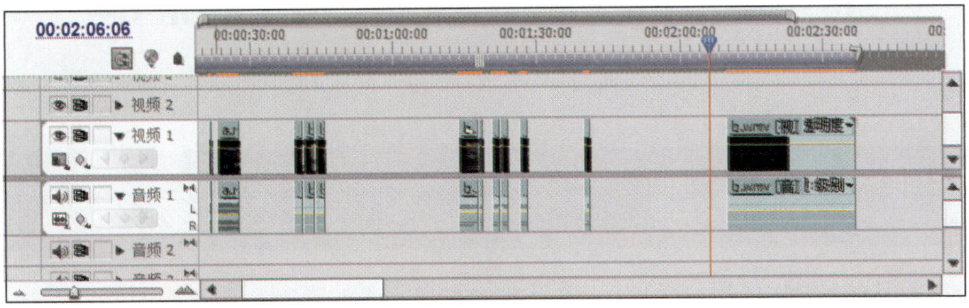

图5.138

STEP 05 根据蒙太奇剪辑效果，对剪辑素材进行排列，排列前【时间栏】面板如图5.139所示。

图5.139

STEP 06 剪辑排列之后【时间栏】如图5.140所示。

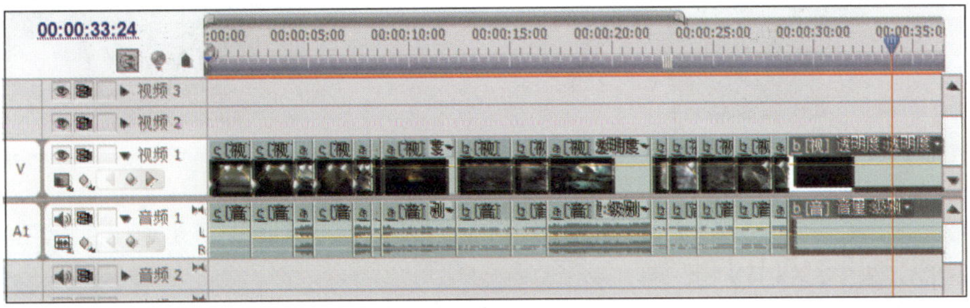

图5.140

至此，本实例全部制作完成，按空格键或Enter键，在【节目】面板中预览动画效果，如图5.141所示。

图5.141

第6章 视频特效与特效操作

6.1 视频特效概述

在影视作品的编辑和制作过程中，由于各种客观因素的限制，采集的原始素材往往不能完全符合制作的要求，此时就需要对原始素材进行特殊的处理。如果使用过Photoshop，那么对该软件中的滤镜就不会陌生，通过应用各种滤镜，可以非常方便、快捷地为图像添加特效。

在Premiere Pro CS5中也有与Photoshop一样的滤镜，我们称它为视频特效。利用Premiere Pro的视频特效功能，可以调整素材的颜色和曝光度，修补视频和音频素材中的缺陷，也可以使画面产生动态的绚丽效果。如图6.1所示是为素材添加马赛克特效的前后效果对比。

图6.1

6.2 视频特效的编辑

6.2.1 添加视频特效

为素材添加一个特效很简单，只需从【效果】面板的【视频特效】文件夹中拖出一个特效到【时间栏】面板中的素材片段上即可。如果素材片段处于被选中状态，也可以拖出特效到该片段的【特效控制台】面板中。

同一个素材可以添加多个相同或不同的特效。

6.2.2 特效参数选项的展开与折叠

在【时间栏】面板中，选择添加特效的素材，在【特效控制台】面板中单击特效前面的小三角形按钮▶，可以将特效中的选项展开，对其中的参数进行设置，如图6.2所示。

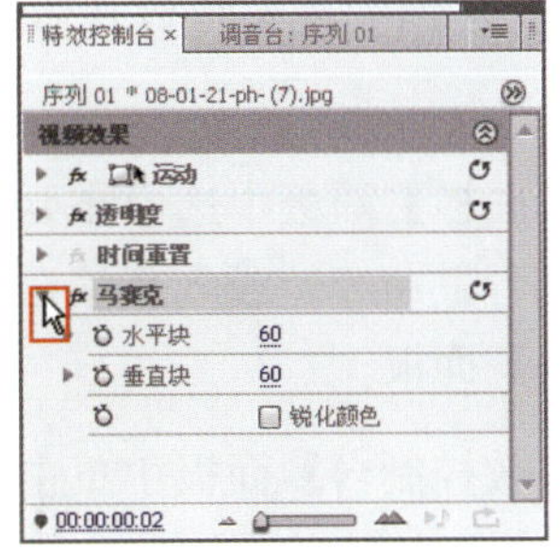

图6.2

6.2.3 特效的开启与关闭

添加特效后，可以将某些特效暂时隐藏。单击特效左侧的【切换效果开关】按钮fx，当该按钮消失时，表示关闭了该特效，如图6.3所示。如果想再次启用该特效，只需要再次单击特效左侧的【切换效果开关】按钮，即可开启该特效。

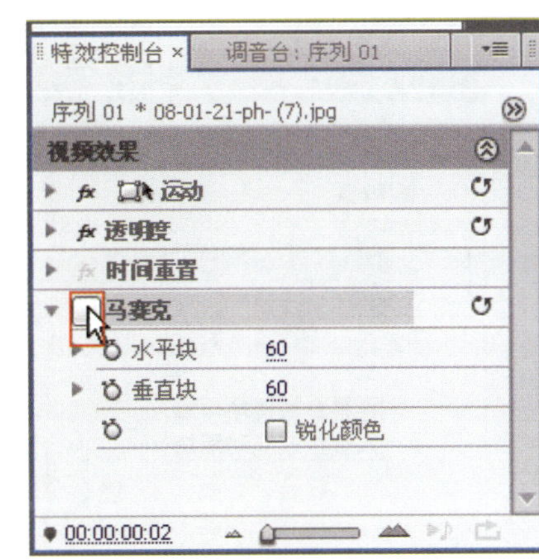

图6.3

6.2.4 特效位置的调整

有时一个素材会应用到多个特效，这些特效会按照使用的先后顺序从上到下排列，如果想更改特效的位置，可以在【特效控制台】面板中选择要移动的特效，然后按住鼠标左键向上或向下拖动特效，此时将出现一条粗黑的长线，如图6.4所示，释放鼠标，即可更改特效的顺序。

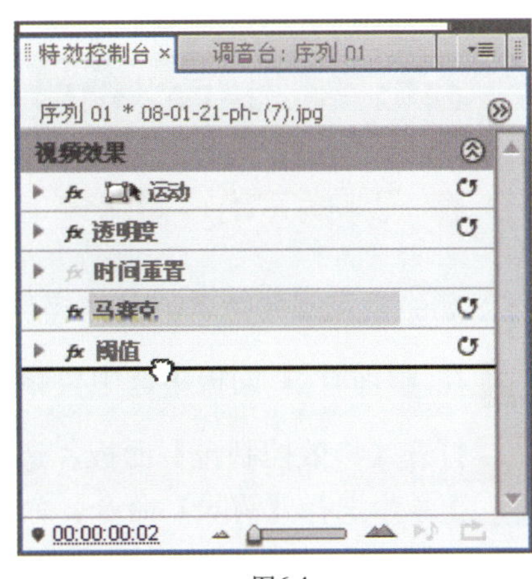

图6.4

6.2.5 特效参数的修改

在【特效控制台】面板中，可以对添加的视频特效进行相应的参数设置。在Premiere

Pro CS5中，不同的视频特效具体参数设置是不同的，但是其基本操作是类似的，具体操作步骤如下。

STEP 01 在【时间栏】面板中选中需要设置视频特效参数的素材，在菜单栏中选择【窗口】|【特效控制台】命令，或者直接在【素材源】面板中单击【特效控制台】标签，打开【特效控制台】面板。

STEP 02 在【特效控制台】面板中单击添加的视频特效名称前面的小三角形按钮 ▸（如马赛克特效），展开该特效的选项。

STEP 03 在需要设置的选项中直接输入数字或拖动滑块，即可修改特效的参数，在【节目】面板中可以实时预览设置效果，如图6.5所示。

图6.5

6.2.6 删除视频特效

删除指定的视频特效

删除指定视频特效的具体操作步骤如下。

STEP 01 在【时间栏】面板中选中要删除视频特效的素材。

STEP 02 打开【特效控制台】面板，选中要删除的视频特效，按Delete键或右击，在弹出的快捷菜单中选择【清除】命令，如图6.6所示，即可删除所选择的视频特效。

删除素材中所有的视频特效

如果要删除素材中所有的视频特效，可以在【特效控制台】面板中单击右上角的按钮，在弹出的下拉列表中选择【移除效果】命令，弹出【移除效果】对话框，如图6.7所示，勾选【运动和透明度】复选框，单击【确定】按钮，即可删除所有的视频特效。

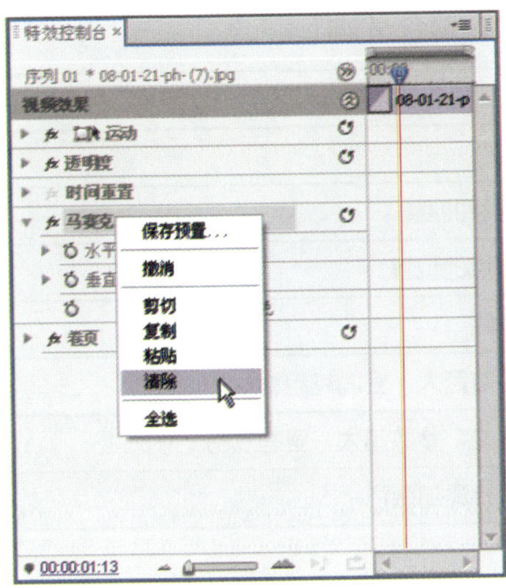

图6.6

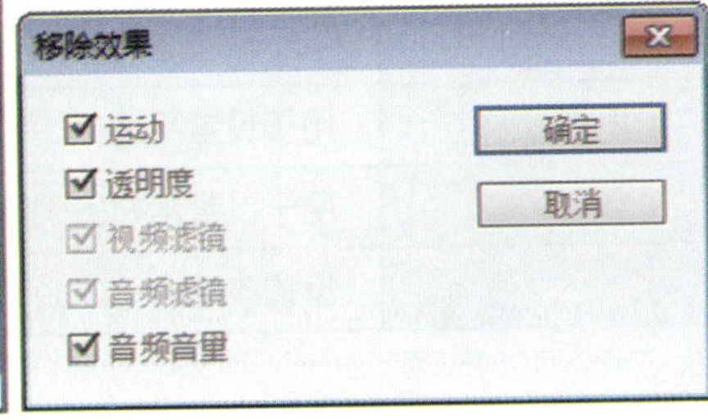

图6.7

6.3 视频特效详解

6.3.1 GPU特效类视频特效

GPU特效类视频特效主要用于制作一些边角卷起或者其他画面的变形效果，该类视频特效共包括3种特效类型，如图6.8所示。

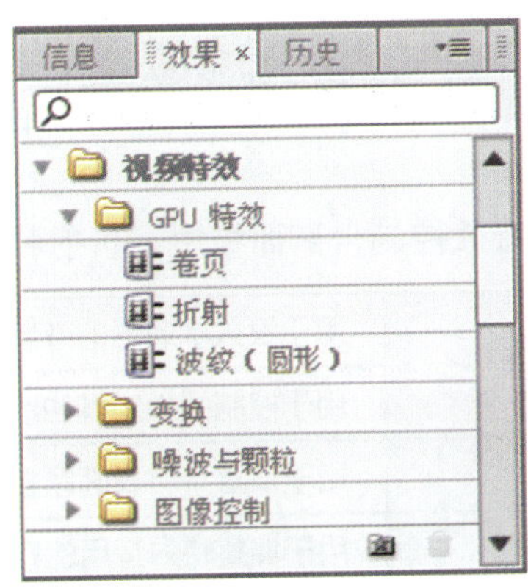

图6.8

卷页

使用卷页特效可以为素材增添卷页动画特效，使用该特效还可以调整素材的角度、明亮度；移动光亮的位置和调整素材粗糙度。应用卷页特效的图像效果如图6.9所示。

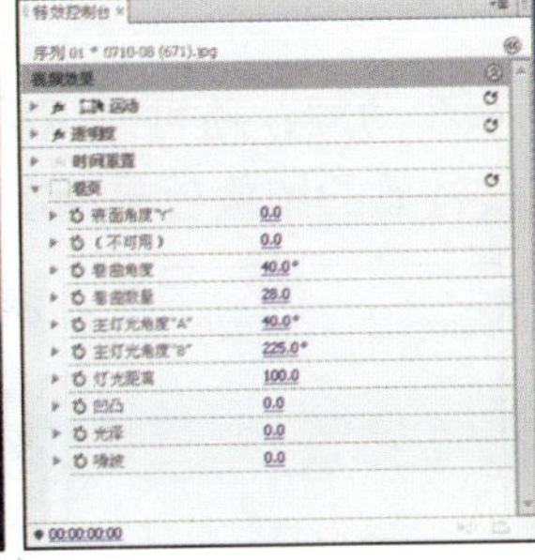

图6.9

在【特效控制台】面板中，卷页特效各参数的含义如下。

① 表面角度“Y”	用于调整素材在Y轴上旋转的角度
② 卷曲角度	用于设置素材卷页角度
③ 卷曲数量	用于设置素材卷页的弯曲度
④ 主灯光角度“A”/“B”	用于设置素材上光亮点的位置
⑤ 灯光距离	用于设置素材光线范围
⑥ 凹凸	用于设置平滑度，参数越大，画面越粗糙
⑦ 光泽	用于设置素材的明亮度，参数越大，画面越暗
⑧ 噪波	设置该选项可以为素材添加杂色

折射

使用折射特效可以使素材面产生水波效果，调整粗糙度可以让素材具有霜花玻璃的感觉。应用折射特效的图像效果如图6.10所示。

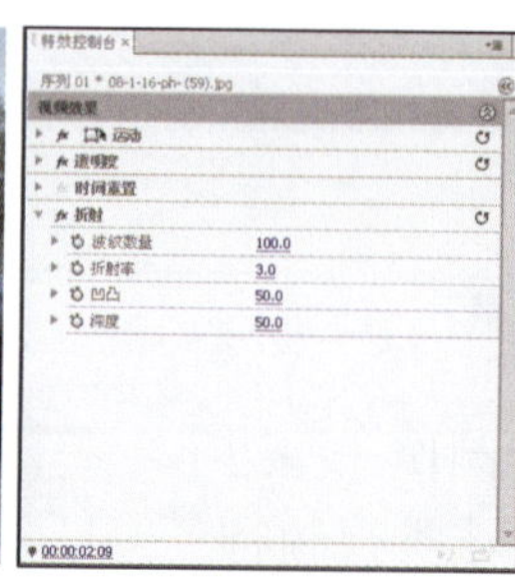

图6.10

在【特效控制台】面板中，折射特效各参数的含义如下。

① 波纹数量	用于设置水波形的数量
② 折射度	用于控制面板中其他选项的作用程度，参数越大，其效果越明显
③ 凹凸	用于设置素材表面颗粒的数量，参数越大，素材表面的颗粒越多，画面越粗糙
④ 深度	用于调整特效运用的程度，参数越大，效果越明显

波纹

使用波纹特效可以使素材产生水波动画；还可以调整素材的角度、明亮度，移动光亮的位置和调整素材粗糙度。应用波纹特效的图像效果如图6.11所示。

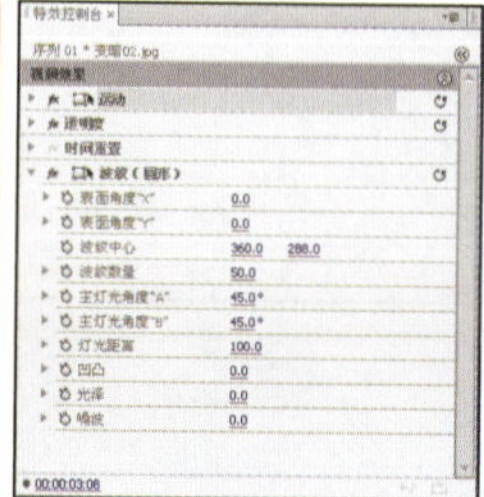
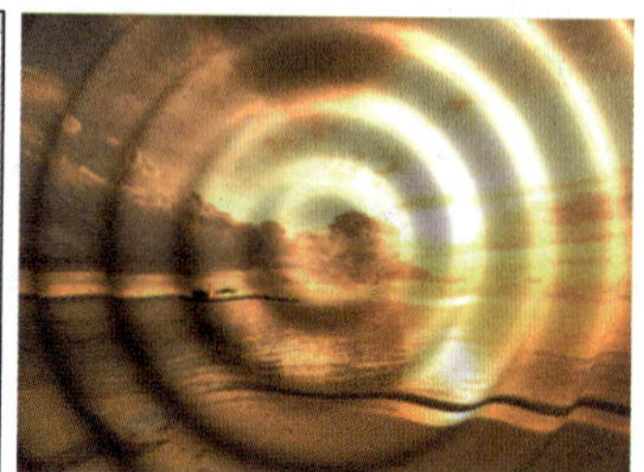

图6.11

在【特效控制台】面板中，波纹特效各参数的含义如下。

① 表面角度“X”	用于调整素材在X轴上旋转的角度
② 表面角度“Y”	用于调整素材在Y轴上旋转的角度
③ 波纹中心	用于调整波纹中心点的位置
④ 波纹数量	用于设置波纹的显现程度
⑤ 主灯光角度“A”/“B”	用于设置素材上光亮点的位置
⑥ 灯光距离	用于设置素材光线范围
⑦ 凹凸	用于设置平滑度，参数越大，画面越粗糙
⑧ 光泽	用于设置素材的明亮度，参数越大，画面越暗
⑨ 噪波	用于为素材添加杂色

6.3.2 变换类视频特效

变换类视频特效主要用于使素材的形状产生二维或三维的几何变化，该类视频特效共包括8种特效类型，如图6.12所示。

垂直保持

使用垂直保持特效可以使素材向上翻卷。应用垂直保持特效的图像效果如图6.13所示。

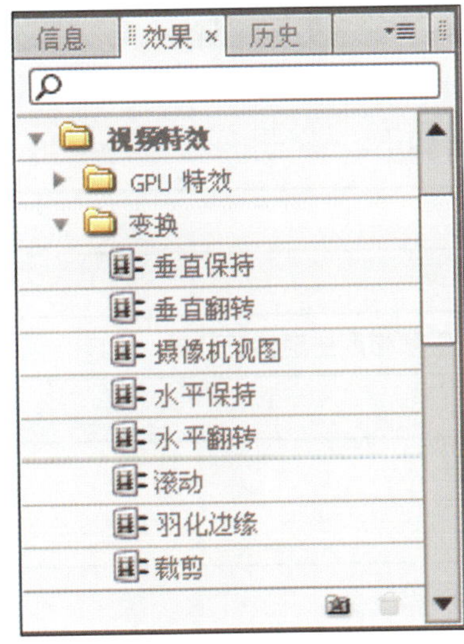

图6.12

图6.13

垂直翻转

使用垂直翻转特效可以使素材上下翻转。应用垂直翻转特效的图像效果如图6.14所示。

图6.14

摄像机视图

使用摄像机视图特效可以在三维和二维空间中旋转素材。应用摄像机视图特效的图像效果如图6.15所示。

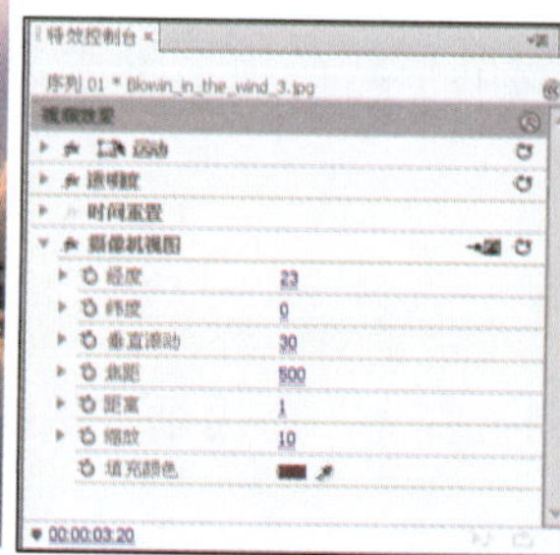

图6.15

在【特效控制台】面板中，摄像机视图特效各参数的含义如下。

① 经度	用于设置摄像机拍摄时的水平角度
② 纬度	用于设置摄像机拍摄时的垂直角度
③ 垂直滚动	用于设置摄像机绕自身中心轴的转动，使素材产生旋转的效果
④ 焦距	用于设置摄像机的焦距
⑤ 距离	用于设置摄像机与素材之间的距离
⑥ 缩放	用于放大或者缩小素材
⑦ 填充颜色	用于选择素材旋转后留下空白处的填充颜色

水平保持

使用水平保持特效可以将图像向左或向右倾斜。应用水平保持特效的图像效果如图6.16所示。

图6.16

在【特效控制台】面板中，单击【设置】按钮，弹出【水平保持设置】对话框，如图6.17所示。该对话框中的【偏移】滑块主要用于调整图像倾斜的方向和角度。

图6.17

水平翻转

使用水平翻转特效可以使素材左右翻转。应用水平翻转特效的图像效果如图6.18所示。

图6.18

羽化边缘

羽化边缘特效用于对素材片段的边缘进行羽化。应用羽化边缘特效的图像效果如图6.19所示。

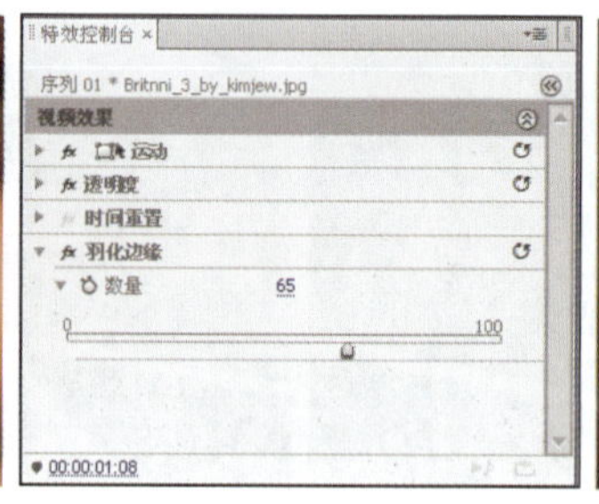

图6.19

裁剪

使用裁剪特效可以将素材边缘的像素剪掉，并可以自动将修剪过的素材尺寸变回到原始尺寸，使用滑块控制可以修剪素材的个别边缘，可以采用像素或图像百分比两种方式计算。

6.3.3 噪波与颗粒类视频特效

噪波与颗粒类视频特效主要用于去除素材画面中的擦痕及噪点，该类视频特效共包括6种特效类型，如图6.20所示。

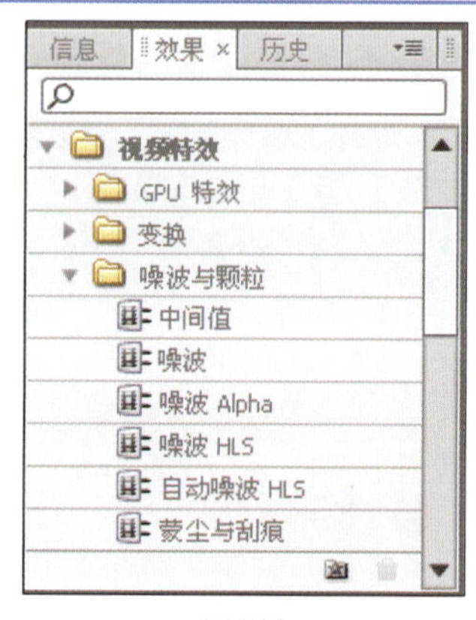

图6.20

中间值

使用中间值特效可以通过混合图像像素的亮度来减少图像的杂色，并通过指定的半径值内图像的中性色彩替换其他色彩；也可以将其设置得大一些，用来模糊Alpha通道的边界。应用中间值特效的图像效果如图6.21所示。

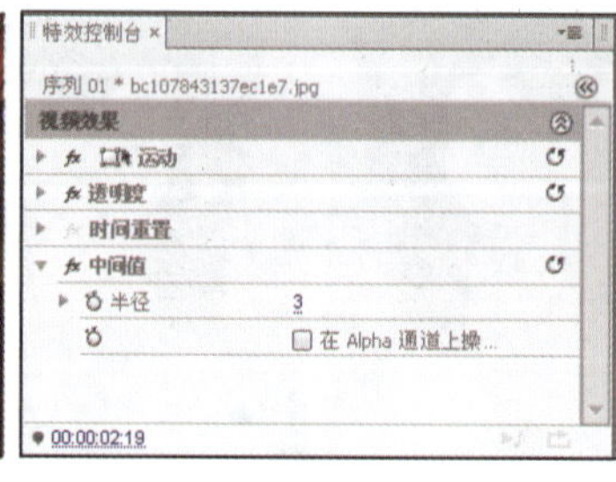

图6.21

在【特效控制台】面板中，中间值特效各参数的含义如下。

① 半径	用于设置中间色彩的半径大小
② 在Alpha通道上操作	勾选该复选框，将该效果应用在Alpha通道上

噪波

使用噪波特效可以随机给图像添加杂点噪波，即在图像中加入细小的点。应用噪波特效的图像效果如图6.22所示。

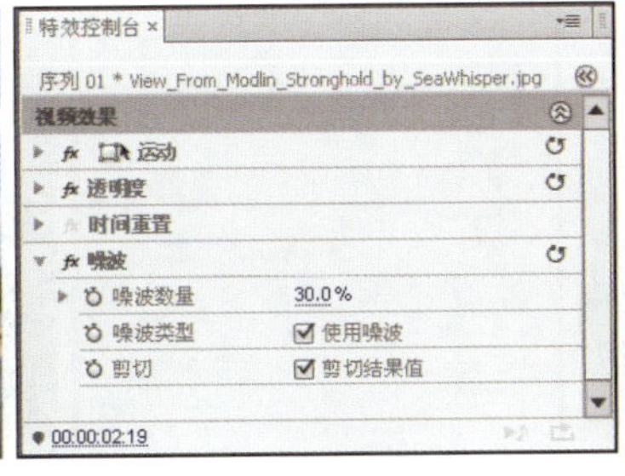

图6.22

在【特效控制台】面板中，噪波特效各参数的含义如下。

① 噪波数量	用于设置添加噪波的数量
② 噪波类型	勾选【使用噪波】复选框，则产生彩色的杂点，反之，则产生黑白色的杂点
③ 剪切	勾选【剪切结果值】复选框，在原画面的基础上添加杂点；取消对该复选框的勾选，则只能看到杂点

噪波 Alpha

使用噪波Alpha特效能够在图像的Alpha通道中添加统一或者方形的噪波效果。应用噪波Alpha特效的图像效果如图6.23所示。

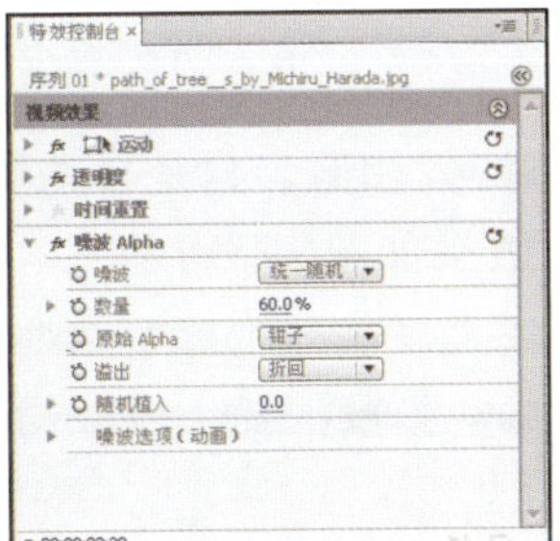

图6.23

在【特效控制台】面板中，噪波Alpha特效各参数的含义如下。

① 噪波	用于设置噪波产生的方式
② 数量	用于设置添加噪波的数量
③ 原始Alpha	用于设置噪波与原始Alpha通道的混合模式
④ 溢出	用于设置噪波溢出的处理方式
⑤ 灯随机植入	用于设置噪波的随机种子数
⑥ 噪波选项（动画）	勾选【循环噪波】复选框，可以激活【循环动画】选项，该选项用于设置循环的次数

噪波 HLS

使用噪波HLS特效可以通过调整色相、亮度和饱和度来设置噪波的产生位置。应用噪波HLS特效的图像效果如图6.24所示。

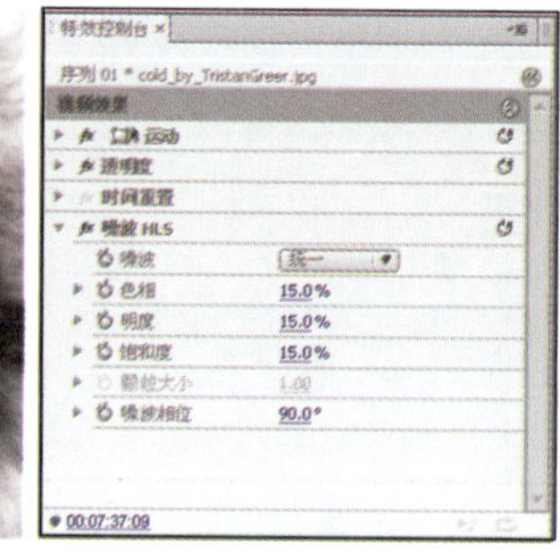

图6.24

在【特效控制台】面板中，噪波HLS特效各参数的含义如下。

① 噪波	用于设置噪波的类型
② 色相	用于设置色相通道产生杂质的强度
③ 明度	用于设置明度通道产生杂质的强度
④ 饱和度	用于设置饱和度通道产生杂质的强度
⑤ 颗粒大小	用于设置素材中添加杂质的颗粒大小
⑥ 噪波相位	用于设置杂质的方向角度

自动噪波 HLS

自动噪波HLS特效与噪波HLS特效相似，只是自动噪波HLS特效可以自动生成动画效果。应用自动噪波HLS特效的图像效果如图6.25所示。

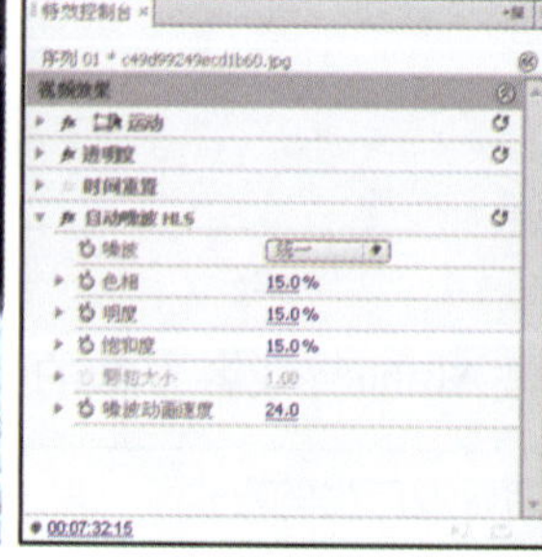

图6.25

在【特效控制台】面板中，自动噪波HLS特效各参数的含义如下。

① 噪波	用于设置噪波的类型
② 色相	用于设置色相通道产生杂质的强度
③ 明度	用于设置明度通道产生杂质的强度
④ 饱和度	用于设置饱和度通道产生杂质的强度
⑤ 颗粒大小	用于设置素材中添加杂质的颗粒大小
⑥ 噪波动画速度	通过修改该参数，可以修改噪波动画的变化速度，值越大，变化速度越快

蒙尘与划痕

蒙尘与划痕特效是通过改变不同像素间的过渡来减少图案中的噪点和划痕。应用蒙尘与划痕特效的图像效果如图6.26所示。

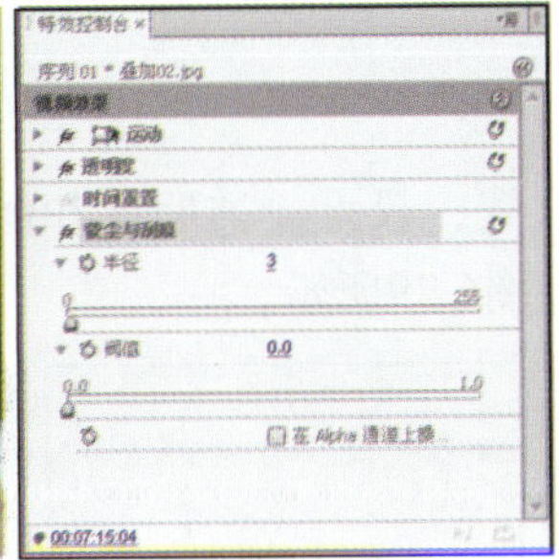

图6.26

在【特效控制台】面板中，蒙尘与划痕特效各参数的含义如下。

① 半径	用于设置产生柔化效果的范围半径
② 阈值	用于设置柔化的强度

6.3.4 扭曲类视频特效

扭曲类视频特效主要通过对图像进行几何扭曲变形来制作各种画面变形的效果，该类视频特效共包括11种特效类型，如图6.27所示。

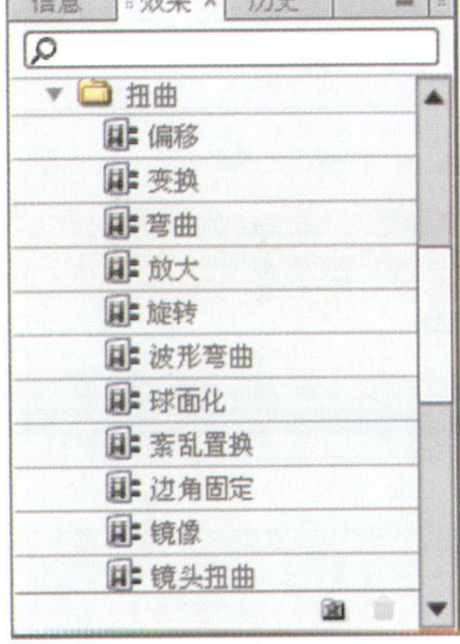

图6.27

偏移

使用偏移特效可以对图像自身进行混合，产生半透明的位移效果。应用偏移特效的图像效果如图6.28所示。

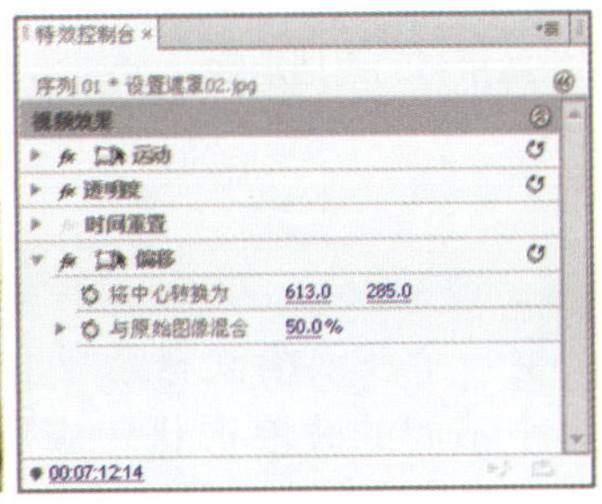

图6.28

在【特效控制台】面板中，偏移特效各参数的含义如下。

① 将中心转换为	用于设置偏移的中心点坐标值
② 与原始图像混合	用于设置偏移的程度，参数越大效果越明显

变换

使用变换特效可以对图像的位置、尺寸、透明度和倾斜度等进行调整，产生扭曲变形效果。应用变换特效的图像效果如图6.29所示。

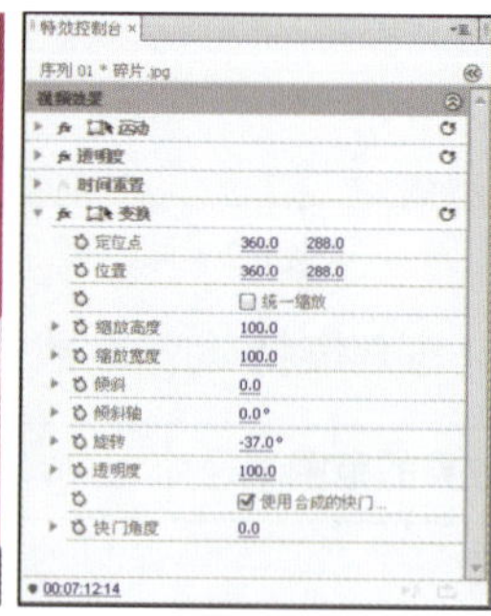

图6.29

在【特效控制台】面板中，变换特效各参数的含义如下。

① 定位点	用于设置定位点的坐标值
② 位置	用于设置素材在屏幕中的位置
③ 统一缩放	勾选此复选框，【缩放宽度】将变为不可用，【缩放高度】则变为【缩放】选项，设置【比例】选项时将只能成比例地缩放素材
④ 波缩放高度/缩放宽度	用于设置素材高度及宽度的缩放比例
⑤ 倾斜	用于设置图像的倾斜度
⑥ 倾斜轴	用于设置轴向倾斜的角度
⑦ 旋转	用于设置素材旋转的度数
⑧ 透明度	用于设置素材透明度
⑨ 快门角度	用于设置素材的遮挡角度

弯曲

使用弯曲特效可以使素材产生一个波浪沿素材水平和垂直方向移动的变形效果，可以根据不同的尺寸和速率产生多个不同的波浪形状。应用弯曲特效的图像效果如图6.30所示。

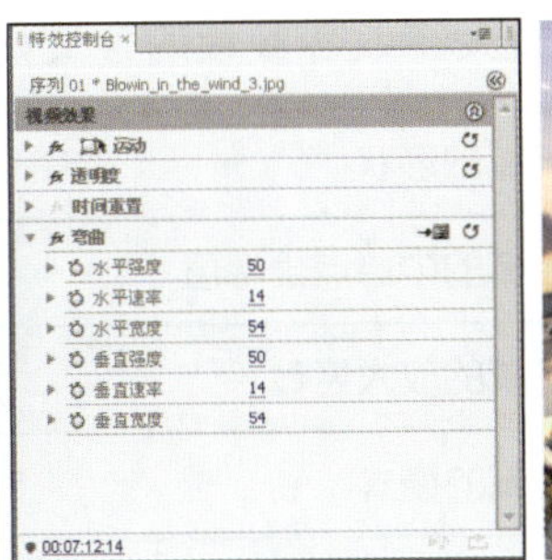

图6.30

在【特效控制台】面板中，单击【设置】按钮，弹出【弯曲设置】对话框，如图6.31所示。

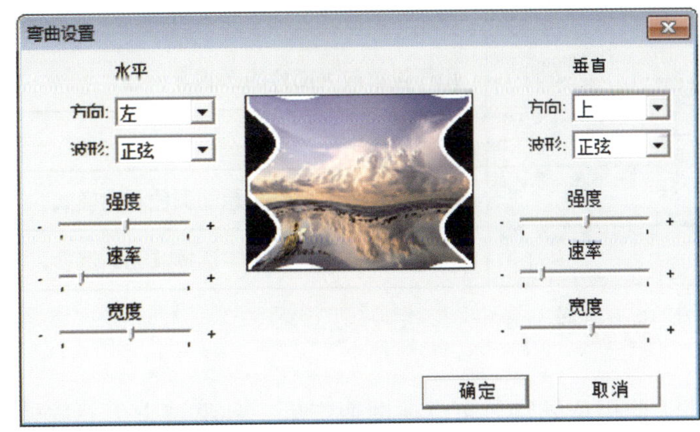

图6.31

在【弯曲设置】对话框中各参数的含义如下。

① 方向	用于设置特效开始作用的方向
② 波形	用于选择图像扭曲的方式
③ 强度	用于设置图像扭曲的程度，即振幅的大小
④ 速率	用于设置波形扭曲的频率
⑤ 宽度	用于设置波形扭曲的宽度，即波长

放大

使用放大特效可以将素材的某一部分放大，并可以调整该部分的透明度，羽化放大区域边缘。应用放大特效的图像效果如图6.32所示。

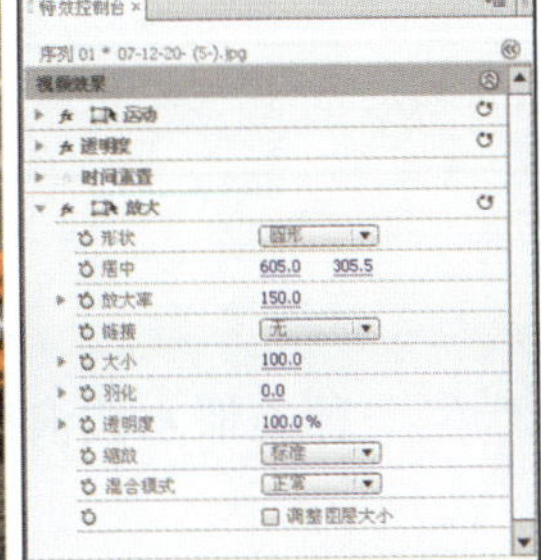

图6.32

在【特效控制台】面板中，放大特效各参数的含义如下。

① 形状	用于设置放大区域的形状
② 居中	用于设置放大区域的中心点坐标值
③ 放大率	用于设置放大区域的放大倍数
④ 链接	用于选择放大区域的模式
⑤ 大小	用于设置产生放大效果区域的尺寸
⑥ 羽化	用于设置放大区域的羽化值
⑦ 透明度	用于设置放大部分的透明度
⑧ 缩放	用于设置缩放的方式
⑨ 混合模式	用于设置放大部分与原图颜色混合模式
⑩ 调整层大小	只有在【链接】选项中选择【无】选项，才能勾选该复选框

旋转

使用旋转特效可以使图像产生一种沿指定中心旋转变形的效果。应用旋转特效的图像效果如图6.33所示。

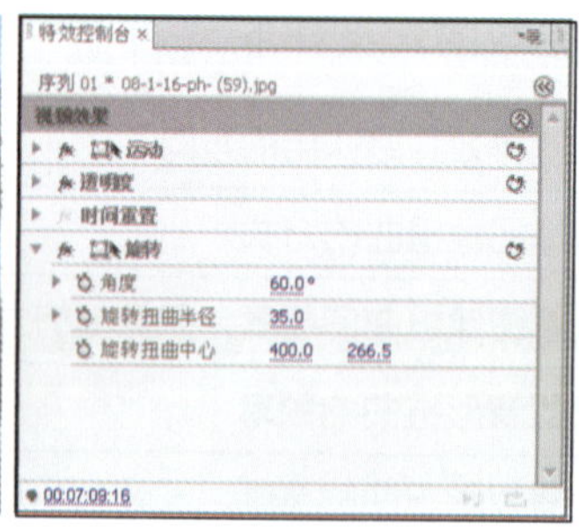

图6.33

在【特效控制台】面板中，旋转特效各参数的含义如下。

① 角度	用于设置漩涡的旋转角度
② 旋转扭曲半径	用于设置产生旋转扭曲的半径
③ 旋转扭曲中心	用于设置产生旋转扭曲的中心点位置

波形弯曲

使用波形弯曲特效可以使图像产生一种类似水波浪的扭曲效果。应用波形弯曲特效的图像效果如图6.34所示。

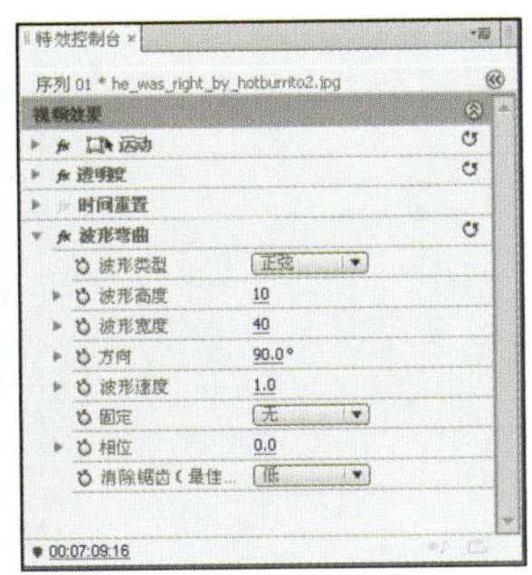

图6.34

在【特效控制台】面板中，波形弯曲特效各参数的含义如下。

① 波形类型	用于选择波形的类型模式
② 波形高度/波形宽度	用于设置波形的高度及宽度
③ 方向	用于设置波形旋转的角度
④ 波形速度	用于设置波形的运动速度
⑤ 固定	用于设置波形的面积模式
⑥ 相位	用于设置波形的角度
⑦ 消除锯齿（最佳品质）	用于选择波形特效的质量

球面化

使用球面化特效可以使图像产生球面化效果。应用球面化特效的图像效果如图6.35所示。

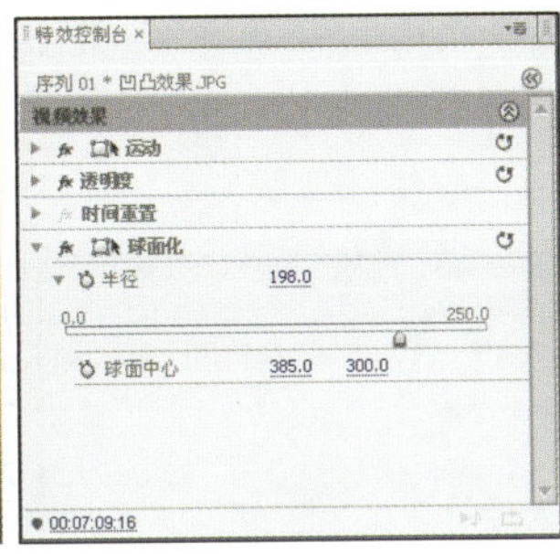

图6.35

在【特效控制台】面板中，球面化特效各参数的含义如下。

① 半径	用于设置球形的半径值
② 球面中心	用于设置产生球面化效果的中心点位置

紊乱置换

使用紊乱置换特效可以使图像产生各种凸起、旋转等动荡的效果。应用紊乱置换特效的图像效果如图6.36所示。

图6.36

在【特效控制台】面板中，紊乱置换特效各参数的含义如下。

① 置换	可以从右侧的下拉列表中选择置换变形方式
② 数量	用于设置变形扭曲的数量
③ 大小	用于设置变形扭曲的大小程度
④ 偏移（湍流）	用于设置动荡变形的坐标位置
⑤ 复杂度	用于设置动荡变形的复杂程度
⑥ 演化	用于设置变形的成长程度
⑦ 固定	可以从右侧的下拉列表中选择演化的形式
⑧ 消除锯齿（最佳品质）	可以从右侧的下拉列表中选择图形的抗锯齿质量，包括【低】和【高】两个选项

边角固定

使用边角固定特效可通过改变4个角的位置来使图像变形，可根据需要来定位。可以拉伸、收缩、倾斜和扭曲图形；也可以用来模拟透视效果。应用边角固定特效的图像效果如图6.37所示。

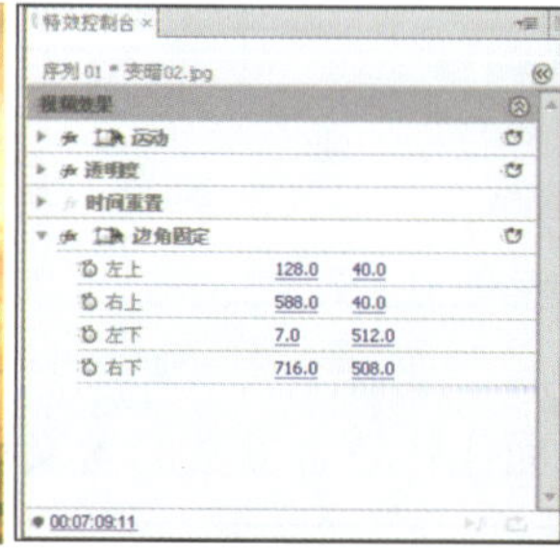

图6.37

在【特效控制台】面板中，边角固定特效各参数的含义如下。

① 左上	用于调整素材左上角的位置
② 右上	用于调整素材右上角的位置
③ 左下	用于调整素材左下角的位置
④ 右下	用于调整素材右下角的位置

镜像

镜像特效是通过设定一定角度的直线将直线左边的画面反射到右边去，产生镜像效果的。应用镜像特效的图像效果如图6.38所示。

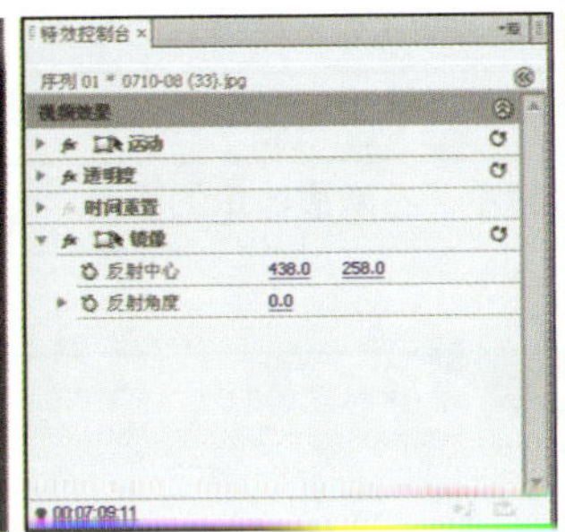

图6.38

在【特效控制台】面板中，镜像特效各参数的含义如下。

① 反射中心	用于设置镜像效果的中心点坐标值
② 反射角度	用于设置镜像效果的角度

镜头扭曲

镜头扭曲特效是模拟一种从变形透镜观看素材的效果。应用镜头扭曲特效的图像效果如图6.39所示。

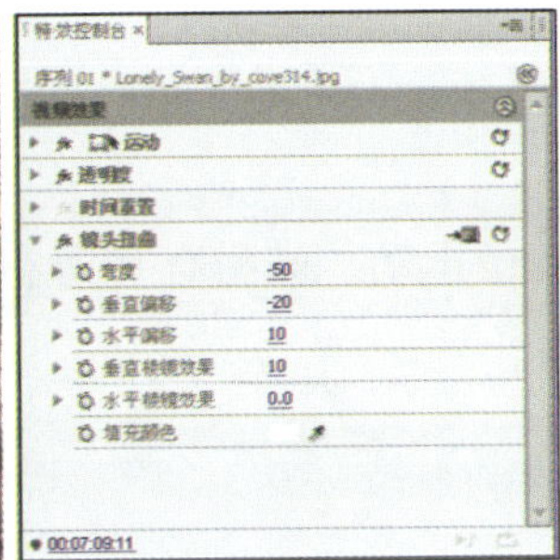

图6.39

在【特效控制台】面板中，单击【设置】按钮，如图6.40所示，弹出【镜头扭曲设置】对话框，如图6.41所示。

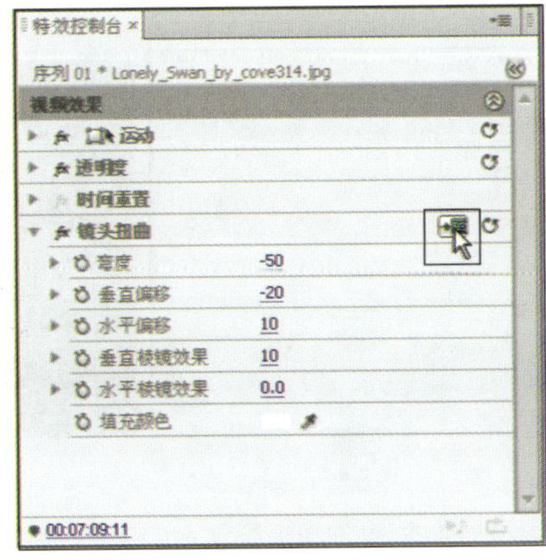

图6.40

图6.41

在镜头扭曲设置对话框中，各参数的含义如下。

① 弯度	用于设置素材弯曲程度，参数大于0将缩小素材，参数小于0将放大素材
② 垂直偏移	用于设置弯曲中心点垂直方向上的位置
③ 水平偏移	用于设置弯曲中心点水平方向上的位置
④ 垂直棱镜效果	用于设置素材上、下两边棱角的弧度
⑤ 水平棱镜效果	用于设置素材左、右两边棱角的弧度

6.3.5 时间类视频特效

时间类视频特效用于创建一个特殊的视频效果，该类视频特效共包括3种特效类型，如图6.42所示。

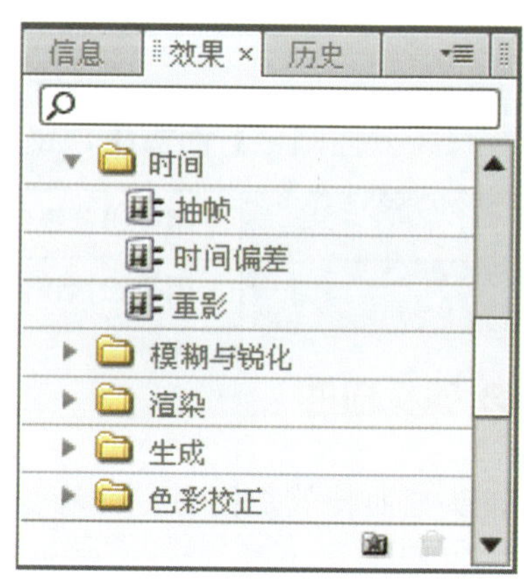

图6.42

抽帧

抽帧特效用于将素材锁定到一个指定的帧率，从而产生跳帧的效果。应用该特效时，只有帧速率可以设置，当修改素材默认的播放速率以后，素材就会按照指定的播放速率进行播放，从而产生跳帧播放的效果。

时间偏差

使用时间偏差特效可以基于图像运动、帧融合和所有帧进行时间画面变形，使前几帧或后几帧的图像显示在当前窗口中。

重影

使用重影特效可以对图层的前后帧进行混合，产生拖影或运动模糊效果。应用重影特效的图像效果如图6.43所示。

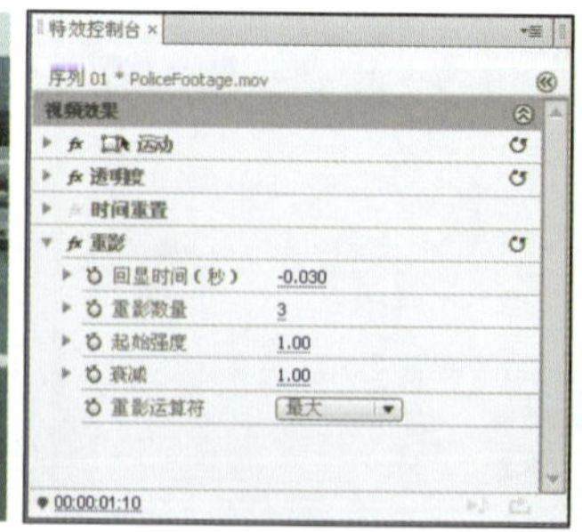

图6.43

在【特效控制台】面板中，重影特效各参数的含义如下。

① 回显时间（秒）	用于设置两个混合图像之间的时间间隔
② 重影数量	用于设置重复帧的数量
③ 起始强度	用于设置素材的亮度
④ 衰减	用于设置组合素材强度减弱的比例
⑤ 重影运算符	确定回声与素材之间的混合模式

6.3.6 模糊与锐化类视频特效

模糊与锐化类视频特效主要用于模糊或锐化图像，以实现一定的艺术效果，该类视频特效共包括10种特效类型，如图6.44所示。

信息 效果 历史
模糊与锐化
复合模糊
定向模糊
快速模糊
摄像机模糊
残像
消除锯齿
通道模糊
锐化
非锐化遮罩
高斯模糊

图6.44

复合模糊

使用复合模糊特效可以模糊一个对象，也可以模糊多个重叠对象，使其达到组合模糊的效果。应用复合模糊特效的图像效果如图6.45所示。

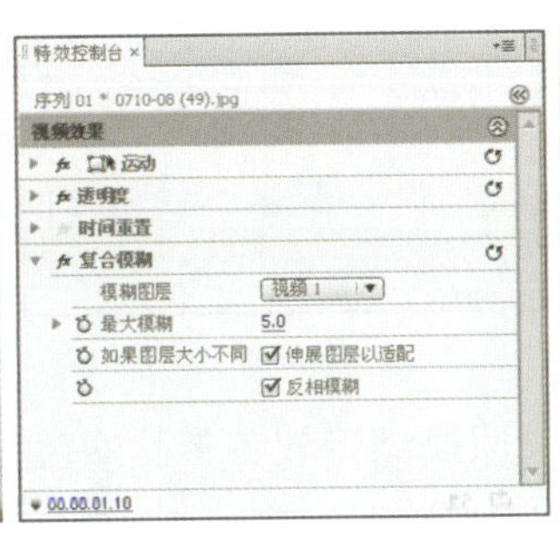

图6.45

在【特效控制台】面板中，复合模糊特效各参数的含义如下。

① 模糊图层	用于指定模糊效果的参考图层
② 最大模糊	用于设置模糊的强度
③ 伸展图层以适配	当两个重叠图像大小不等时，勾选该复选框可以拉伸放大较小的图像，以使两个重叠图像的大小自动匹配
④ 反相模糊	勾选该复选框，可以反向模糊对象

定向模糊

定向模糊特效是一种十分具有动感模糊效果的特效，可以产生任何方向的运动视觉。应用定向模糊特效的图像效果如图6.46所示。

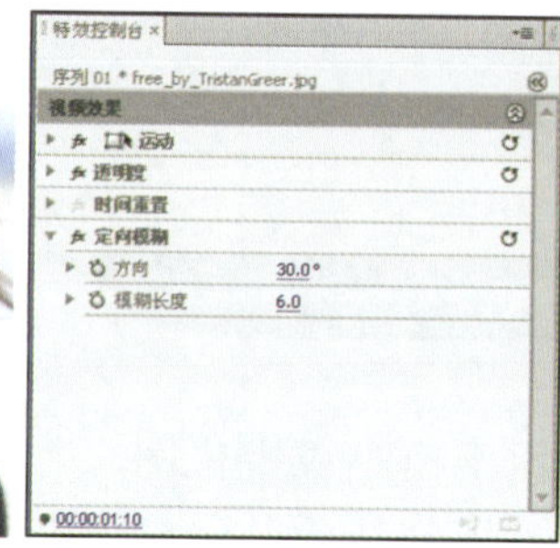

图6.46

在【特效控制台】面板中，定向模糊特效各参数的含义如下。

① 方向	用于设置模糊方向
② 模糊长度	用于设置图像虚化的程度

快速模糊

快速模糊特效用于设置图像的模糊程度，与高斯模糊类似，但是在大面积应用的时候速度更快。应用快速模糊特效的图像效果如图6.47所示。

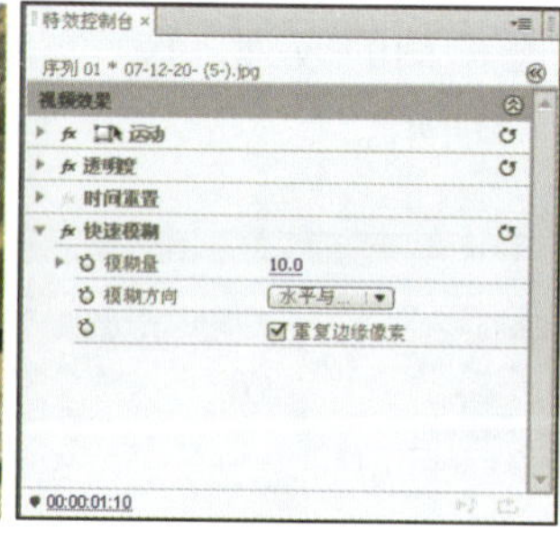

图6.47

在【特效控制台】面板中，快速模糊特效各参数的含义如下。

① 模糊量	调节控制影片的模糊程度
② 模糊方向	控制图像的模糊方向，包括水平与垂直、水平、垂直3种方式
③ 重复边缘像素	当模糊强度很大时，勾选该复选框，可以避免素材的边缘被模糊

摄像机模糊

使用摄像机模糊特效能产生一种模拟相机缩放或旋转而造成的柔化模糊效果，应用摄像机模糊特效的图像效果如图6.48所示。

图6.48

残像

使用残像特效可以使影片中运动的物体后面跟着一串一起移动的阴影。应用残像特效的图像效果如图6.49所示。

图6.49

消除锯齿

使用消除锯齿特效能软化图像，消除图像的锯齿，使图像看上去更柔和。应用消除锯齿特效的图像效果如图6.50所示。

图6.50

通道模糊

通道模糊特效用于对素材的红、绿、蓝和Alpha通道分别进行模糊；还可以用于指定模糊的方向是水平、垂直或双向的，使用这个效果可以创建辉光效果或控制一个图层的边缘附近变得不透明。应用通道模糊特效的图像效果如图6.51所示。

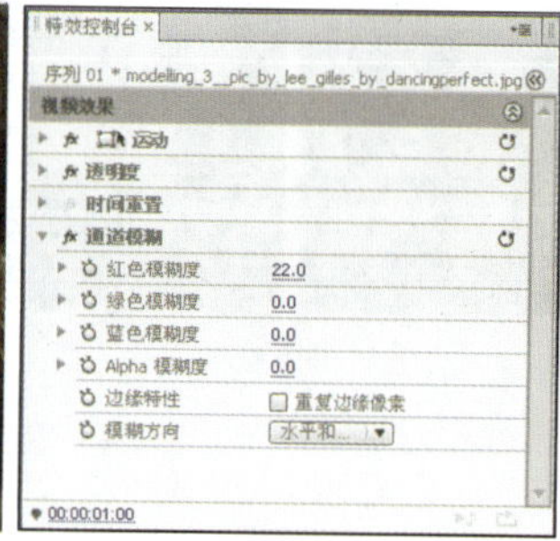

图6.51

在【特效控制台】面板中，通道模糊特效各参数的含义如下。

① 红色模糊度	用于设置红色通道的模糊程度
② 绿色模糊度	用于设置绿色通道的模糊程度
③ 蓝色模糊度	用于设置蓝色通道的模糊程度
④ Alpha模糊度	用于设置Alpha通道的模糊程度
⑤ 重复边缘像素	当模糊强度很大时，勾选该复选框，可以避免素材的边缘被模糊
⑥ 模糊方向	用于控制图像的模糊方向，包括水平和垂直、水平、垂直3种方式

锐化

锐化特效用于锐化图像，在图像颜色发生变化的地方提高图像的对比度。锐化特效只有一个可调的锐化强度参数。应用锐化特效的图像效果如图6.52所示。

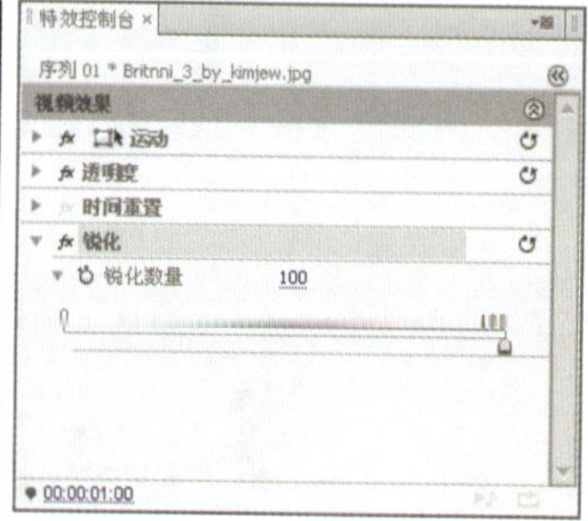

图6.52

非锐化遮罩

使用非锐化遮罩特效可以将图像中颜色边缘差别设置得更明显。应用非锐化遮罩特效的图像效果如图6.53所示。

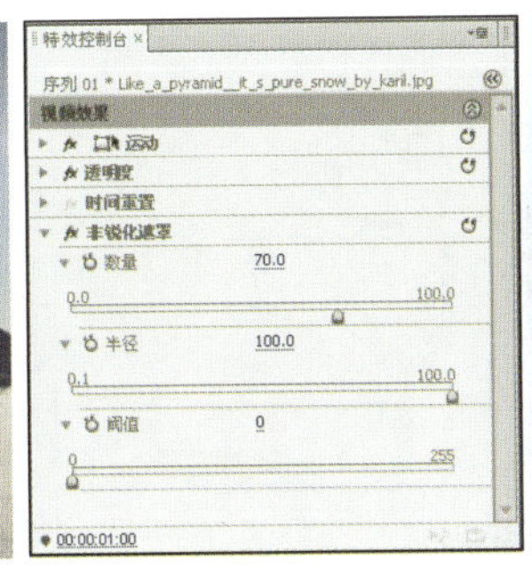

图6.53

在【特效控制台】面板中，非锐化遮罩特效各参数的含义如下。

① 数量	用于设置颜色边缘差别值的大小
② 半径	用于设置颜色边缘产生差别的范围
③ 阈值	用于设置颜色边缘之间允许的差别范围，值越小效果越明显

高斯模糊

高斯模糊特效用于模糊和柔化图像，可以去除杂点。高斯模糊能产生更细腻的模糊效果，尤其是单独使用的时候。应用高斯模糊特效的图像效果如图6.54所示。

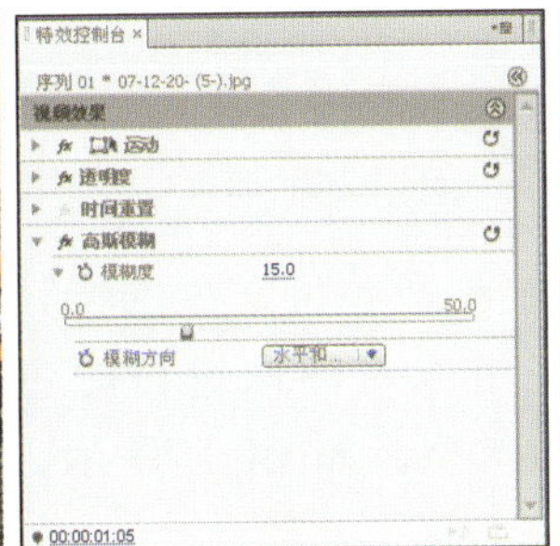

图6.54

6.3.7 渲染类视频特效

渲染类视频特效主要用于对图像的重点位置突出显示，该类视频特效只包括1种椭圆形特效类型，如图6.55所示。

应用椭圆特效可以创建自定义的椭圆，也可以模拟激光圈的效果，如图6.56所示。

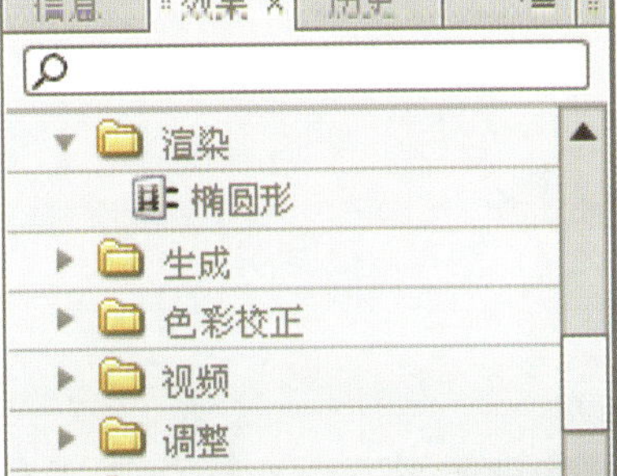

图6.55

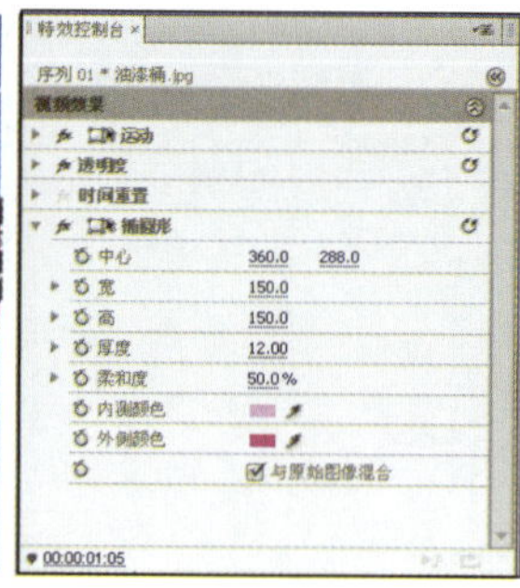

图6.56

在【特效控制台】面板中，椭圆特效各参数的含义如下。

① 中心	用于设置椭圆的位置
② 宽	用于设置椭圆水平方向的长度
③ 高	用于设置椭圆垂直方向的长度
④ 厚度	用于设置椭圆环的宽度值
⑤ 柔和度	用于设置羽化椭圆边缘
⑥ 内侧颜色	用于设置椭圆内侧边缘的颜色
⑦ 外侧颜色	用于设置椭圆外侧边缘的颜色

6.3.8 生成类视频特效

生成类视频特效可以在图像上创造各种常见的特效，如闪电、圆形和镜头光晕等，还可以对图像进行颜色填充，该类视频特效共包括12种特效类型，如图6.57所示。部分滤镜效果如下。

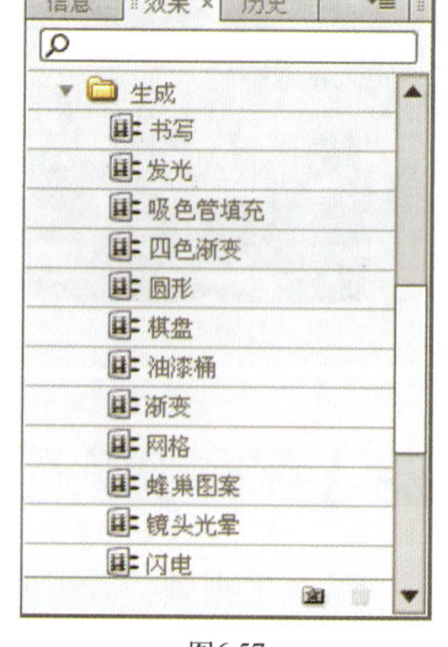

图6.57

吸色管填充

吸色管填充特效是对图像中某点的颜色采样并为原始的素材整体添加这种颜色。应用吸色管填充特效的图像效果如图6.58所示。

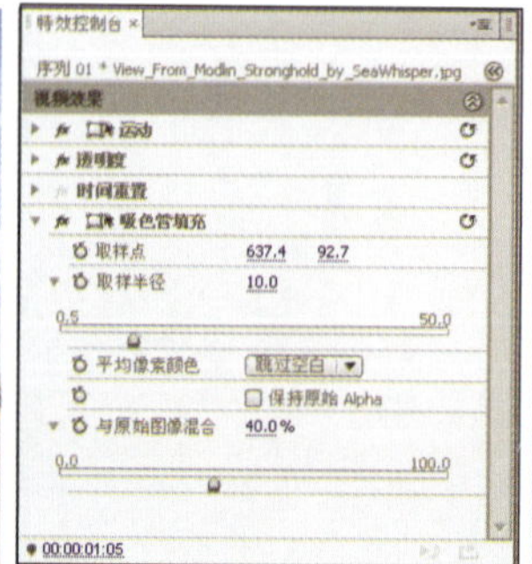

图6.58

在【特效控制台】面板中，吸色管填充特效各参数的含义如下。

① 取样点	用于设置取样点的位置
② 取样半径	用于设置以取样点为中心的取样范围
③ 与原始图像混合	用于设置填充后的素材与原素材的混合程度

四色渐变

使用四色渐变特效可以为当前指定的素材创建四色渐变效果。应用四色渐变特效的图像效果如图6.59所示。

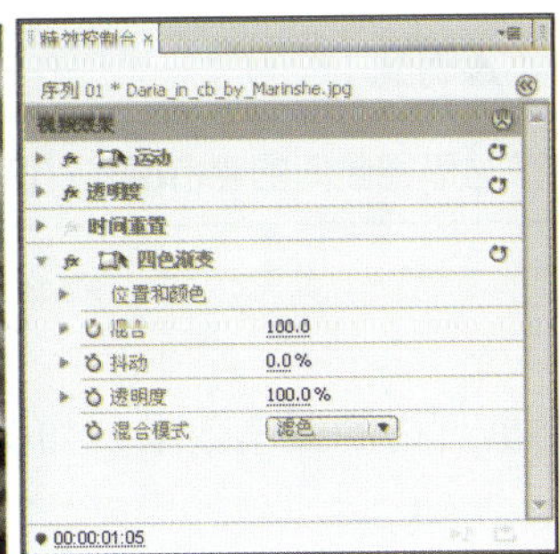

图6.59

在【特效控制台】面板中，四色渐变特效各参数的含义如下。

① 位置和颜色	用于设置4种颜色的中心点和各自的颜色，可以通过其选项中的位置1/2/3/4来设置颜色的位置，通过颜色1/2/3/4来设置4种颜色
② 混合	用于设置4种颜色间的融合度
③ 抖动	用于设置各种颜色的杂点效果，值越大，产生的杂点越多
④ 透明度	用于设置4种颜色的不透明度
⑤ 混合模式	用于设置混合特效与原图像间的混合比例，值越大越接近原图

圆形

使用圆形特效可以产生一个实圆或环形效果。应用圆形特效的图像效果如图6.60所示。

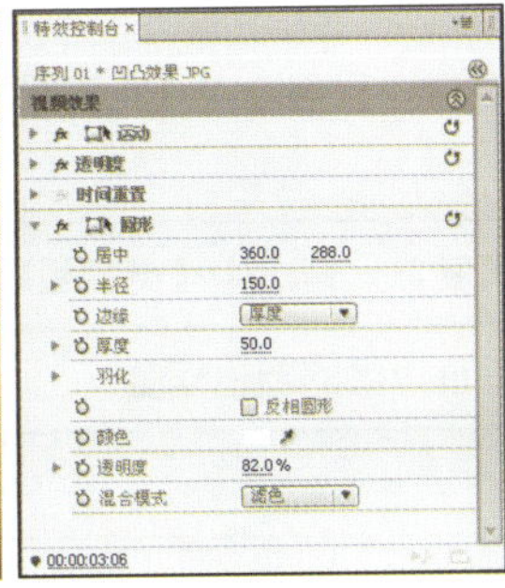

图6.60

在【特效控制台】面板中，圆形特效各参数的含义如下。

① 居中	用于设置圆形中心点的位置
② 半径	用于设置圆形的半径大小
③ 边缘	可以从右侧的下拉列表中选择一种边缘效果，制作出环形图案
④ 未使用	只有在【边缘】选项设置为【无】时，才会显示该选项，并根据【边缘】选项的设置不同而改变，用来修改边缘效果
⑤ 羽化	用于设置边缘的柔和程度
⑥ 反相圆形	勾选该复选框，将圆形空白与填充位置进行反转
⑦ 颜色	可以通过单击颜色块或吸管来设置圆形的颜色
⑧ 透明度	用于设置圆形的不透明度
⑨ 混合模式	用于设置混合特效与原图像间的混合模式，值越大越接近原图

棋盘

使用棋盘特效能在图像上创建棋盘格的图案效果，如图6.61所示。应用棋盘特效的图像效果如图6.62所示。

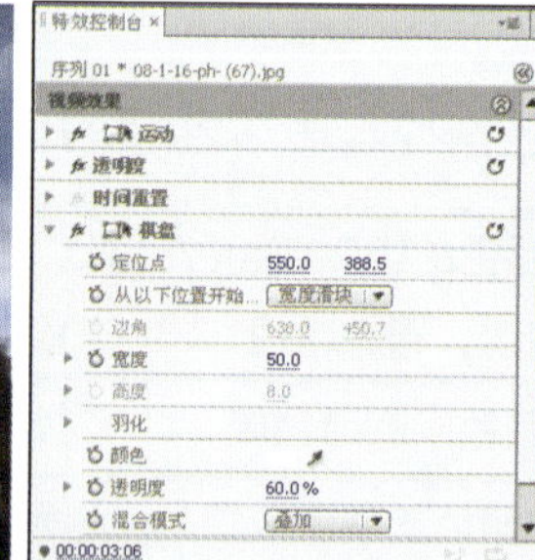

图6.61

图6.62

在【特效控制台】面板中，棋盘特效各参数的含义如下。

① 定位点	用于设置棋盘格的位置
② 从以下位置开始的大小	用于选择棋盘的尺寸类型，包括角点、宽度滑块、宽度和高度滑块
③ 边角	用于设置棋盘格的边角位置及棋盘格大小，只有选中【角点】选项，才能激活此选项
④ 宽度	用于设置棋盘格的宽度，只有选中【宽度滑块】或【宽度和高度滑块】选项，才能激活此选项
⑤ 高度	用于设置棋盘格的高度，只有选中【宽度和高度滑块】选项，才能激活此选项
⑥ 羽化	设置棋盘格水平或垂直边缘的羽化程度
⑦ 颜色	设置棋盘格的颜色
⑧ 透明度	设置棋盘的不透明度
⑨ 混合模式	设置棋盘与原图像的混合方式

油漆桶

使用油漆桶特效可以对素材当中的某一区域内部填充颜色，模拟油漆填充效果。应用油漆桶特效的图像效果如图6.63所示。

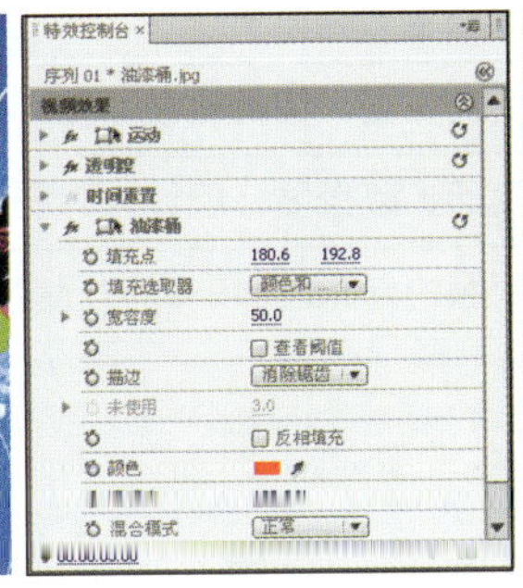

图6.63

在【特效控制台】面板中，油漆桶特效各参数的含义如下。

① 填充点	用于设置要填充的区域
② 填充选取器	可以从右侧的下拉列表中选择填充形式
③ 宽容度	用于设置填充像素的容差范围
④ 查看阈值	勾选该复选框，可以将图像转换成灰色图像，以观察容差范围
⑤ 描边	用于设置特效处理区域边缘的方式
⑥ 反相填充	勾选该复选框，将反转当前的不透明度
⑦ 颜色	用于设置用来填充的颜色
⑧ 透明度	用于设置填充颜色的不透明度
⑨ 混合模式	用于设置网格与原图像间的叠加模式

渐变

使用渐变特效可以产生一个颜色渐变，并能够与原图像的内容混合，可以创建线性或放射状渐变，并可以随着时间改变渐变的位置和颜色。应用渐变特效的图像效果如图6.64所示。

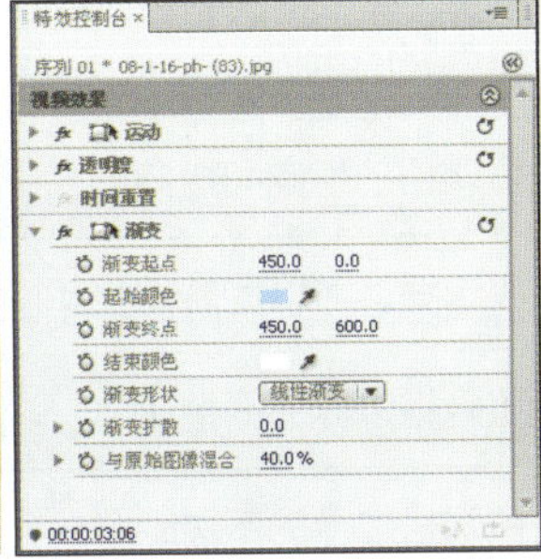

图6.64

在【特效控制台】面板中，油漆桶特效各参数的含义如下。

① 渐变起点	用于设置渐变开始的位置
② 起始颜色	用于设置渐变开始的颜色
③ 渐变终点	用于设置渐变结束的位置
④ 结束颜色	用于设置渐变结束的颜色
⑤ 渐变形状	用于设置渐变的类型，包括线性渐变和径向渐变
⑥ 渐变扩散	用于设置渐变的扩散程度，值过大时将产生颗粒效果
⑦ 与原始图像混合	用于设置渐变颜色与原图像的混合程度

网格

使用网格特效可以创建网格类型的程序纹理。应用网格特效的图像效果如图6.65所示。

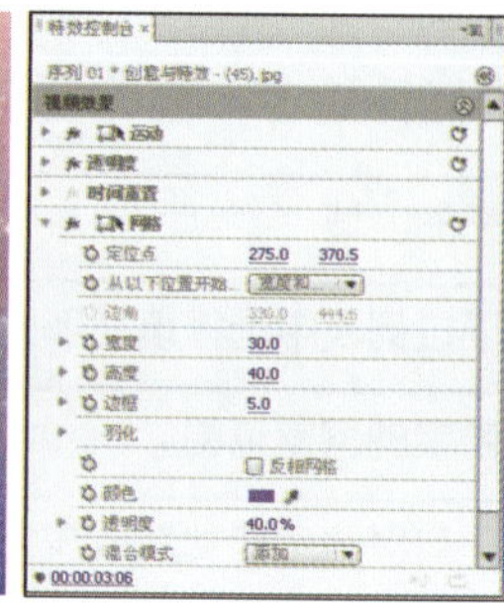

图6.65

在【特效控制台】面板中，网格特效各参数的含义如下。

① 定位点	用于设置网格的中心点位置
② 从以下位置开始的大小	用于设置网格的样式，包括角点、宽度滑块、宽度和高度滑块
③ 边角	用于设置网格的边角位置
④ 宽度	用于设置网格的宽度，只有选中【宽度滑块】或【宽度和高度滑块】选项，才能激活此选项
⑤ 高度	用于设置网格的高度，只有选中【宽度和高度滑块】选项，才能激活此选项
⑥ 边框	用于设置网格的粗细
⑦ 羽化	用于设置网格的横向和纵向的羽化程度
⑧ 反相网格	勾选该复选框，可以反转网格和网格边界的颜色
⑨ 颜色	用于设置网格边界的颜色
⑩ 透明度	用于设置网格边界的不透明度
⑪ 混合模式	用于设置网格与原图像间的叠加模式

蜂巢图案

使用蜂巢图案特效可以模拟蜂巢状的图案效果。应用蜂巢图案特效的图像效果如图6.66所示。

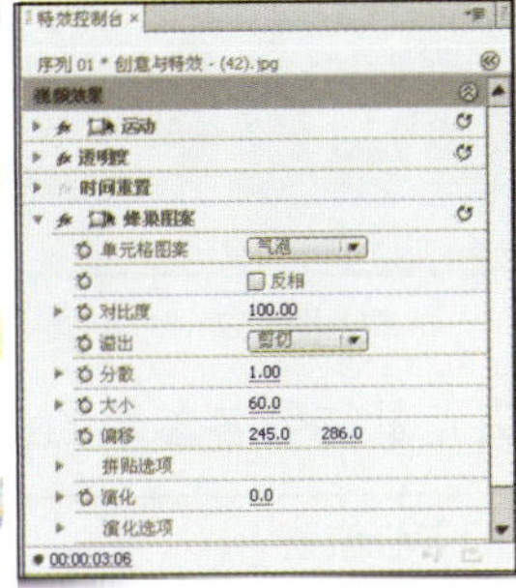

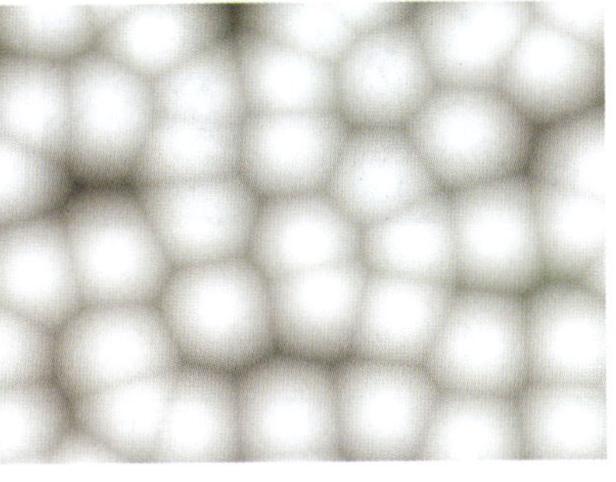

图6.66

在【特效控制台】面板中，蜂巢图案特效各参数的含义如下。

① 单元格图案	在该选项右侧的下拉列表中可以选择单元格图案样式
② 反相	勾选该复选框，可以反转图案效果
③ 对比度	用于设置图案对比度
④ 溢出	用于设置图案边缘溢出的修整方式，包括剪切、软钳和折回
⑤ 分散	用于设置图案的分散程度
⑥ 大小	用于设置单个图案的尺寸
⑦ 偏移	用于设置图案的位置偏移
⑧ 拼贴选项	勾选【启用拼贴】复选框，可以设置水平单元格和垂直单元格的参数
⑨ 演化	为该参数设置关键帧，可以记录运动变化的动画效果。
⑩ 演化选项	用于设置图案的各种扩展变化
⑪ 循环演化	勾选此复选框，将启用循环进化功能
⑫ 循环	用于设置图案的循环次数
⑬ 随机植入	用于设置图案的随机速度

镜头光晕

使用镜头光晕特效可以模拟镜头光斑的效果。应用镜头光晕特效的图像效果如图6.67所示。

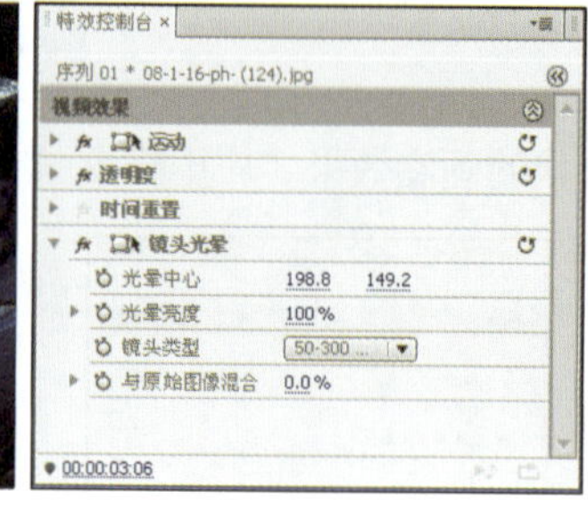

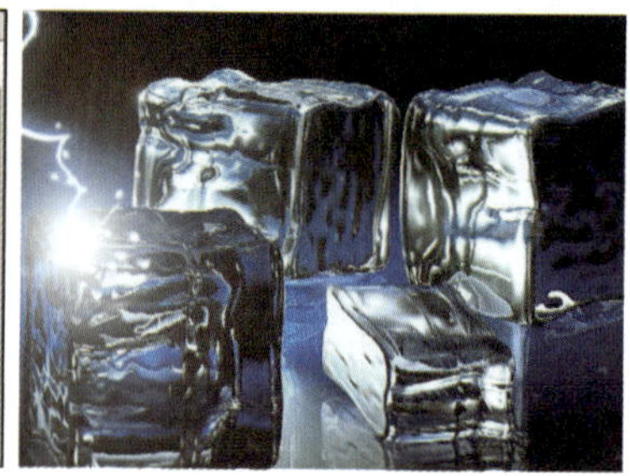

图6.67

在【特效控制台】面板中，镜头光晕特效各参数的含义如下。

① 光晕中心	用于指定光晕的中心位置
② 光晕亮度	用于设置光晕的亮度
③ 镜头类型	用于设置模拟镜头的类型，有3种透镜焦距，它们会产生不同的光晕效果
④ 与原始图像混合	用于设置填充后的素材与原素材的混合程度

闪电

使用闪电特效可以产生闪电和其他类似放电的效果，不用关键帧就可以自动产生动画。应用闪电特效的图像效果如图6.68所示。

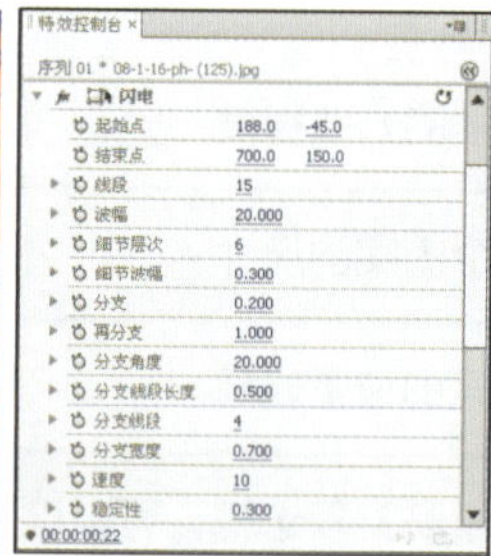

图6.68

在【特效控制台】面板中，闪电特效各参数的含义如下。

① 起始点	用于设置闪电的起始位置
② 结束点	用于设置闪电的结束位置
③ 线段	用于设置闪电的弯曲段数，分段数越多，闪电越扭曲
④ 波幅	用于设置闪电波动的幅度
⑤ 细节层次	用于控制闪电分支的精细程度
⑥ 细节波幅	用于设置闪电分支的线条的振幅
⑦ 分支	用于设置闪电分支的数量
⑧ 再分支	用于设置闪电再次分支的数量
⑨ 分支角度	用于设置闪电分支与主干的角度
⑩ 分支线段长度	用于设置闪电分支线段的长度

⑪ 分支线段	用于设置闪电分支的段数
⑫ 分支宽度	用于设置闪电分支的宽度
⑬ 速度	用于设置闪电的变化速度
⑭ 稳定性	用于设置闪电的稳定性，较高的参数使闪电变化剧烈
⑮ 固定端点	用于固定闪电的结束点
⑯ 宽度	用于设置闪电的宽度
⑰ 宽度变化	用于设置线段的宽度是否变化
⑱ 核心宽度	用于设置闪电主干的宽度
⑲ 外部颜色	用于设置闪电的外围颜色
⑳ 内部颜色	用于设置闪电的内部颜色
㉑ 拉力量	为线段弯曲的方向增加拉力
㉒ 拉力方向	用于设置拉力的方向
㉓ 随机植入	用于设置闪电的随机性
㉔ 混合模式	用于设置闪电与原素材图像的混合方式
㉕ 模拟	勾选【在每一帧处重新运行】复选框，可使每一帧重新生成闪电效果

6.3.9 视频类视频特效

视频类视频特效主要用于对时间码进行显示，如图6.69所示。

图6.69

时间码特效产生在录像机上，使显示装置能精确地找到影片场次和时间。时间码显示装置用于指出影片的格式，时间码特效的设定可以控制显示装置的位置、大小和不透明度等。应用时间码特效的图像效果如图6.70所示。

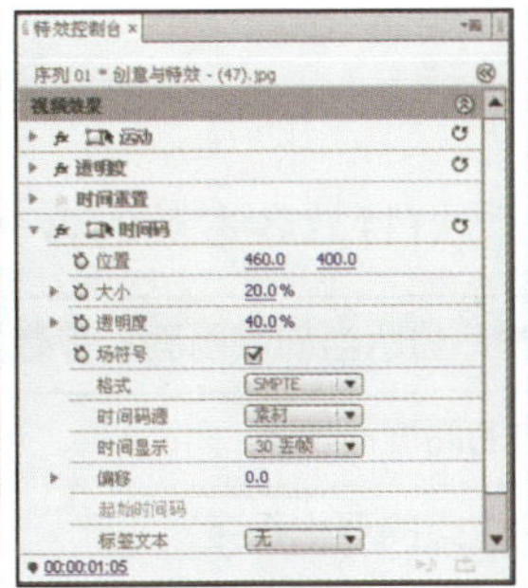

图6.70

在【特效控制台】面板中，时间码特效各参数的含义如下。

① 位置	用于设置时间码在画面中的显示位置
② 大小	用于设置时间码的尺寸大小
③ 透明度	用于设置时间码的透明度
④ 场符号	勾选该复选框，可以增加场记号，方便后期制作人员进行操作
⑤ 格式	用于选择时间码的类型
⑥ 时间码源	用于选择显示时间码的来源
⑦ 时间显示	用于选择时间码效果用的时间
⑧ 偏移	用于设置时间码与实际播放时间之间的偏移量
⑨ 标签文本	用于在时间码前面添加注释性文字标记

6.3.10 过渡类视频特效

过渡类视频特效主要用于制作视频过渡或者转场方面的效果，该类视频特效共包括5种特效类型，如图6.71所示。

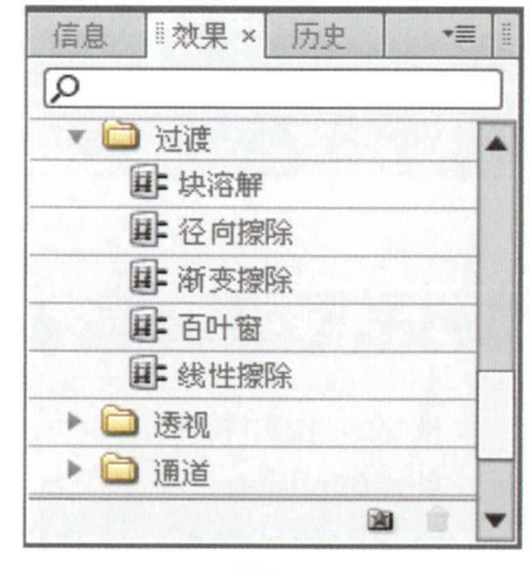

图6.71

块溶解

使用块溶解特效可以使图像间产生块状溶解的效果，并且最后消失。应用块溶解特效的图像效果如图6.72所示。

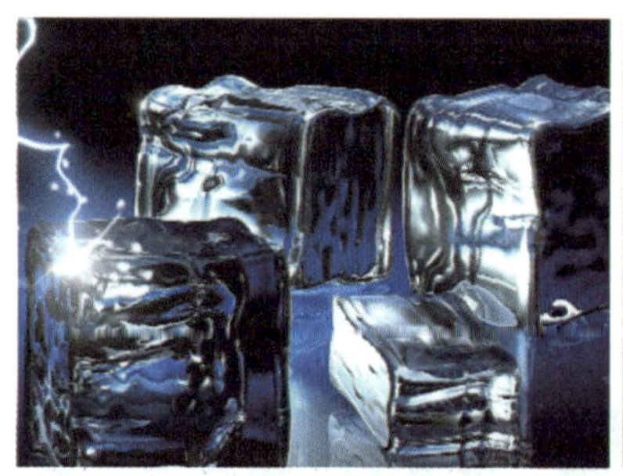
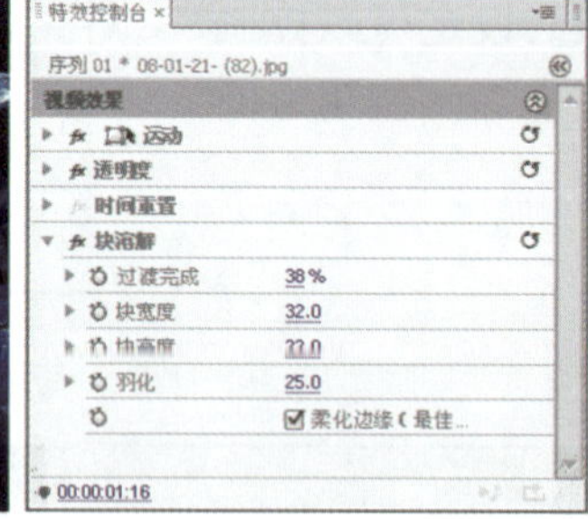

图6.72

在【特效控制台】面板中，块溶解特效各参数的含义如下。

① 过渡完成	该参数为0%时，显示当前层画面；参数为100%时，完全显示切换层画面
② 块宽度/块高度	用于设置板块的高度和宽度
③ 羽化	用于设置板块边缘的羽化程度
④ 柔化边缘	勾选该复选框，将对板块边缘进行柔化处理

径向擦除

径向擦除特效通过围绕任意设置的中心点来旋转过渡画面。应用径向擦除特效的图像效果如图6.73所示。

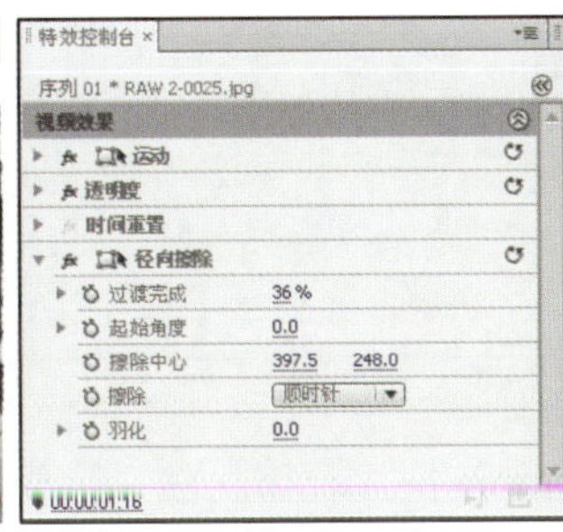

图6.73

在【特效控制台】面板中，径向擦除特效各参数的含义如下。

① 过渡完成	用于设置转换完成的百分比
② 起始角度	用于设置转换效果的角度
③ 擦除中心	用于设置擦拭的中心点位置
④ 擦除	用于设置擦拭的类型
⑤ 羽化	用于设置擦拭边缘的羽化程度

渐变擦除

渐变擦除特效是根据指定参考图层的亮度值来实现擦除效果的，也就是下一图层从擦除参考图层最暗的地方开始出现，逐渐向亮处扩散，直至全部显现。应用渐变擦除特效的图像效果如图6.74所示。

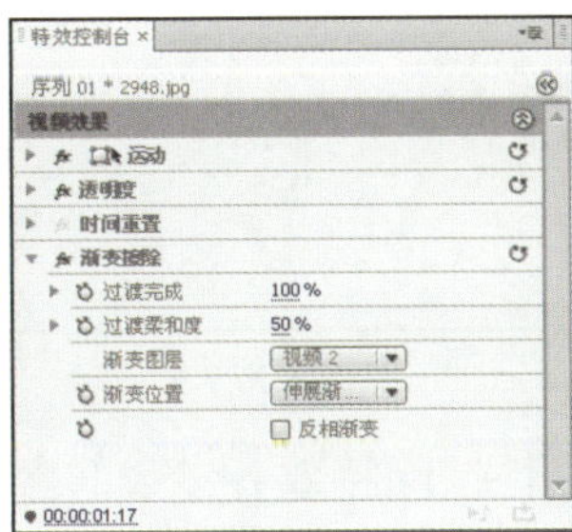

图6.74

在【特效控制台】面板中，渐变擦除特效各参数的含义如下。

① 过渡完成	用于设置转换完成的百分比
② 过渡柔和度	用于设置转换边缘的柔化程度
③ 渐变图层	用于选择某个渐变层进行参考
④ 渐变位置	用于设置渐变层放置的位置
⑤ 反相渐变	勾选该复选框，将对渐变层进行反转

百叶窗

使用百叶窗特效可以使图像间产生百叶窗过渡的效果。应用百叶窗特效的图像效果如图6.75所示。

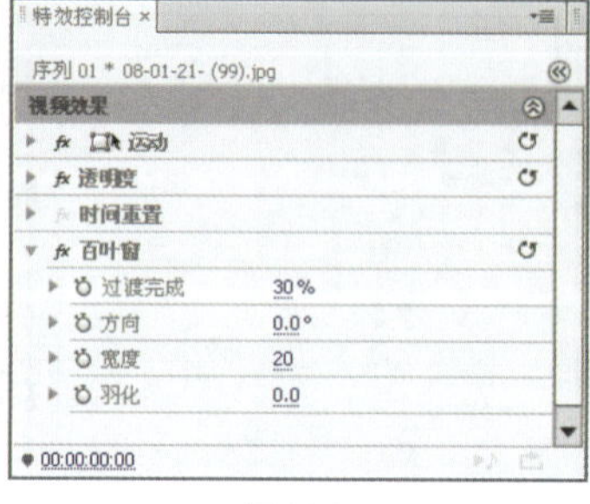

图6.75

在【特效控制台】面板中，百叶窗特效各参数的含义如下。

① 过渡完成	用于设置转换完成的百分比，数值为100%时完全显示切换层画面
② 方向	用于设置百叶窗切换的方向
③ 宽度	用于设置百叶窗的叶片宽度
④ 羽化	用于设置擦除时的边缘羽化程度

线性擦除

使用线性擦除特效可以在指定方向上模拟线性擦拭特效。应用线性擦除特效的图像效果如图6.76所示。

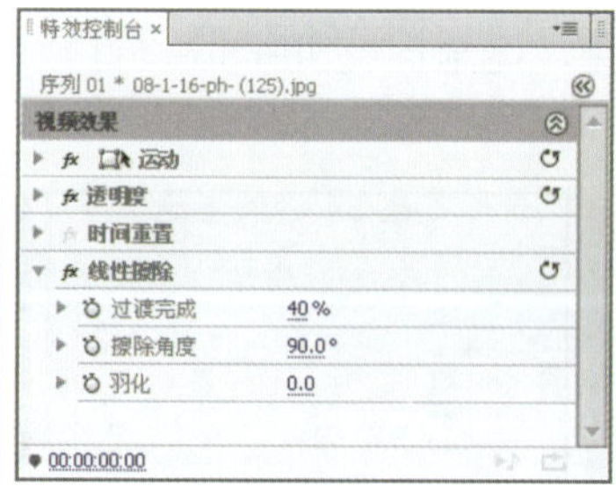

图6.76

在【特效控制台】面板中，线性擦除特效各参数的含义如下。

① 过渡完成	用于设置转换完成的百分比
② 擦除角度	用于设置线性擦除的角度
③ 羽化	用于设置擦除时边缘的羽化程度

6.3.11 透视类视频特效

透视类视频特效主要用于制作三维透视的效果，使素材产生厚度、立体感或空间感，该类视频特效共包括5种特效类型，如图6.77所示。

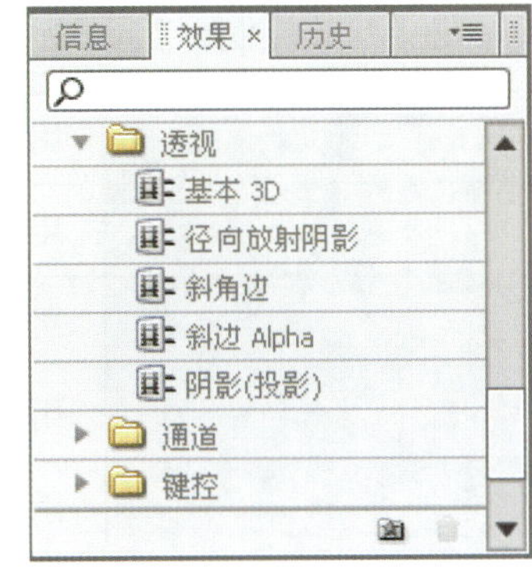

图6.77

基本3D

基本3D特效可以模拟平面画在三维空间的运动效果，能够使素材绕水平和垂直的轴旋转，或者沿着虚拟的Z轴移动，以靠近或远离屏幕。此外，使用该特效可以为旋转的素材表面添加反光效果。应用基本3D特效的图像效果如图6.78所示。

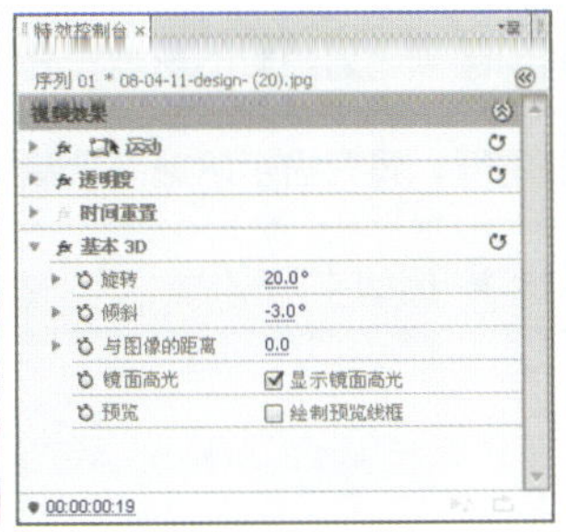

图6.78

在【特效控制台】面板中，基本3D特效各参数的含义如下。

① 旋转	用于设置素材水平旋转的角度，当旋转角度为90°时，可以看到素材的背面，这就成了正面的镜像
② 倾斜	用于设置素材垂直旋转的角度
③ 与图像的距离	用于设置素材接近或推远的距离。数值越大，素材距离屏幕越远，看起来越小；数值越小，素材距离屏幕越近，看起来就越大。当数值为负值时，图像会被放大并撑出屏幕之外
④ 镜面高光	用于为素材添加反光效果
⑤ 预览	用于绘制一个三维空间的结构大纲

径向放射阴影

径向放射阴影特效用于为素材添加阴影，并可以通过原素材的Alpha通道影响阴影的颜色。应用径向放射阴影特效的图像效果如图6.79所示。

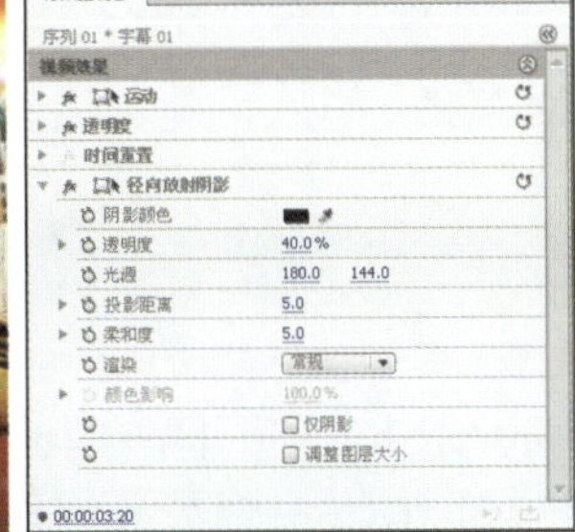

图6.79

在【特效控制台】面板中，径向放射阴影特效各参数的含义如下。

① 阴影颜色	用于设置图像中阴影的颜色
② 透明度	用于设置阴影的不透明度
③ 光源	用于设置模拟灯光的位置
④ 投影距离	用于设置阴影的投射距离
⑤ 柔和度	用于设置阴影的柔和程度
⑥ 渲染	用于设置阴影的渲染方式
⑦ 颜色影响	用于设置周围颜色对阴影的影响程度
⑧ 仅阴影	勾选此复选框，将只显示阴影而隐藏投射阴影的图像
⑨ 调整图层大小	用于设置阴影层的尺寸大小

斜角边

斜角边特效能够在图像边缘产生一个凿刻的、高亮的三维效果，边缘的位置由原图像的Alpha通道来确定，与斜边Alpha效果不同，该效果中产生的边缘总是直的。应用斜角边特效的图像效果如图6.80所示。

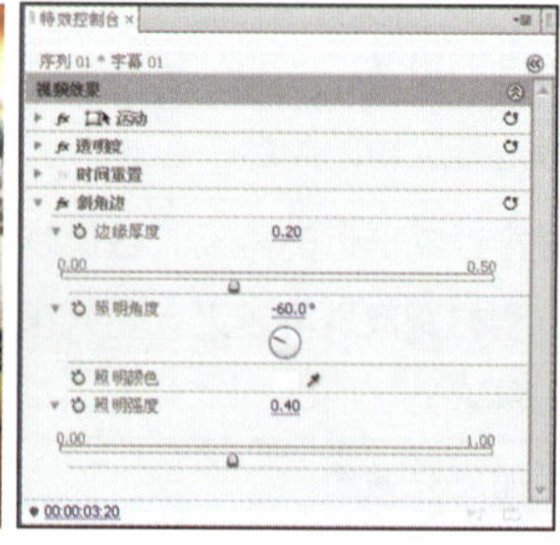

图6.80

在【特效控制台】面板中，斜角边特效各参数的含义如下。

① 边缘厚度	用于设置倒角的厚度
② 照明角度	用于设置倒角的光照方向
③ 照明颜色	用于设置光照的颜色
④ 照明强度	用于设置光照的强度

斜边Alpha

使用斜边Alpha特效能在图像的Alpha通道上产生倒角，为Alpha通道产生发光的轮廓，从而使图像更具有立体感。应用斜边Alpha特效的图像效果如图6.81所示。

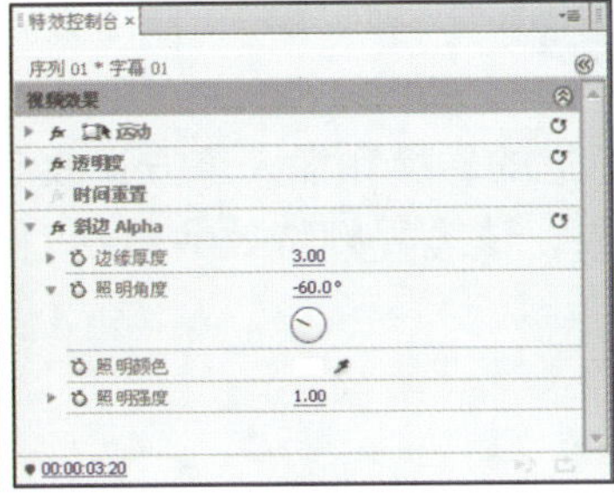

图6.81

在【特效控制台】面板中，斜边Alpha特效各参数的含义如下。

① 边缘厚度	用于设置素材边缘的厚度
② 照明角度	用于设置光线照射的角度
③ 照明颜色	用于选择光线的颜色
④ 照明强度	用于设置光线照到素材的强度

阴影（投影）

使用阴影（投影）特效可以根据图像的Alpha通道边界使图像产生阴影，阴影的形状取决于Alpha通道的形状，并且可以在层的范围外创建阴影。应用阴影（投影）特效的图像效果如图6.82所示。

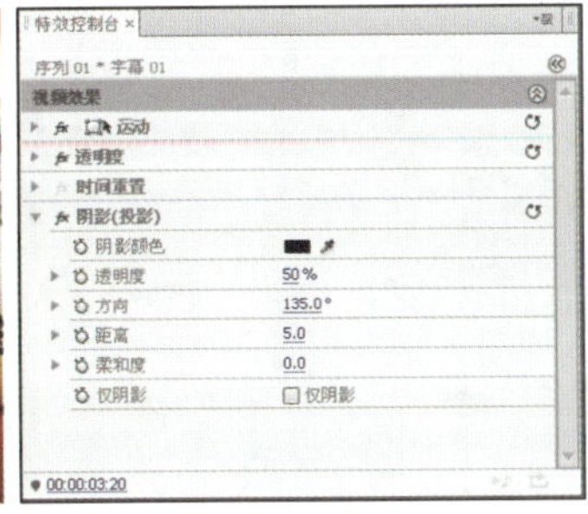

图6.82

在【特效控制台】面板中，阴影（投影）特效各参数的含义如下。

① 阴影颜色	用于设置阴影的颜色
② 透明度	用于设置阴影的透明度
③ 方向	用于设置阴影投射的角度
④ 距离	用于设置阴影与原素材之间的距离
⑤ 柔和度	用于设置阴影的边缘柔和度
⑥ 仅影阴	勾选该复选框，在【节目】面板中将只显示素材的阴影

6.3.12 通道类视频特效

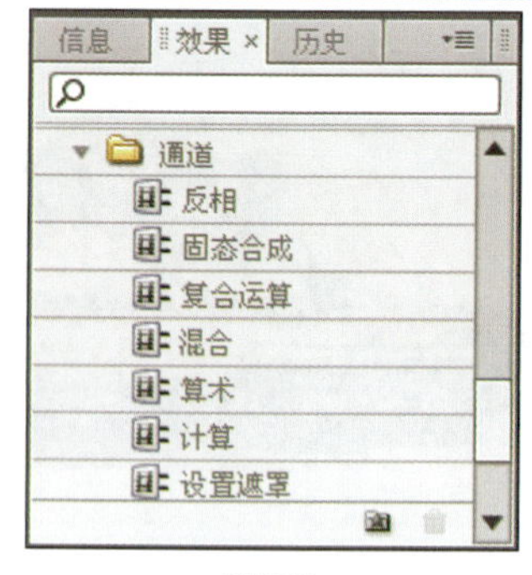

图6.83

通道类视频特效主要利用通道的转换和插入等方式改变图像的色彩，以制作出各种效果，该类视频特效共包括7种特效类型，如图6.83所示。

反相

反相特效用于反转图像的颜色信息。应用反相特效的图像效果如图6.84所示。

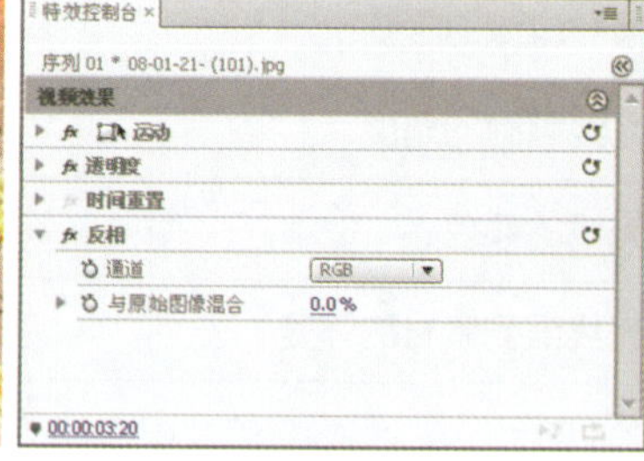

图6.84

固态合成

固态合成特效主要通过使用一种颜色作为原素材的覆盖图层，然后通过改变叠加模式来完成素材的颜色混合。应用固态合成特效的图像效果如图6.85所示。

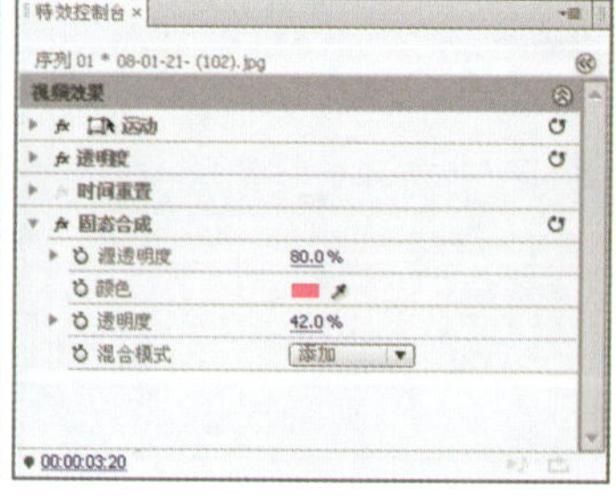

图6.85

在【特效控制台】面板中，固态合成特效各参数的含义如下。

① 源透明度	用于指定素材层的不透明度
② 颜色	用于设置新填充图像的颜色
③ 透明度	用于控制新填充图像的不透明度
④ 混合模式	用于设置素材层和填充图像的混合方式

复合运算

复合运算特效与混合特效类似，都是将两个重叠素材的颜色相互组合在一起。应用复合运算特效的图像效果如图6.86所示。

图6.86

在【特效控制台】面板中，复合运算特效各参数的含义如下。

① 二级源图层	用于在当前操作中指定原素材
② 操作符	用于选择两个层之间的运算方式
③ 在通道上操作	用于选择运算数据的通道，默认为RGB通道的全部色彩信息
④ 溢出特性	用于选择溢出色彩数据的处理方式，包括剪切、绕图和缩放
⑤ 伸展二级源以适配	勾选该复选框可以拉伸原图像层，使之与特效层匹配
⑥ 与原始图像混合	用于设置混合运算后的图像与原图像间的混合比例，值越大越接近原图像

混合

混合特效通过混合模式设置，将两个层的图像进行混合，以产生新的混合效果。应用混合特效的图像效果如图6.87所示。

图6.87

在【特效控制台】面板中，混合特效各参数的含义如下。

① 与图层混合	用于选择重叠对象所在的视频轨道
② 模式	用于选择两个素材混合部分的显示方式
③ 与原始图像混合	用于设置所选素材与原素材的混合比例，数值越大，则与原素材的混合程度越高，也就越接近原素材
④ 混如果图层大小不同	如果两个对象大小不相同，则可以在该选项中指定混合方式，包括居中和伸展以适配

算术

算术特效提供了各种用于图像通道的简单数学运算。应用算术特效的图像效果如图6.88所示。

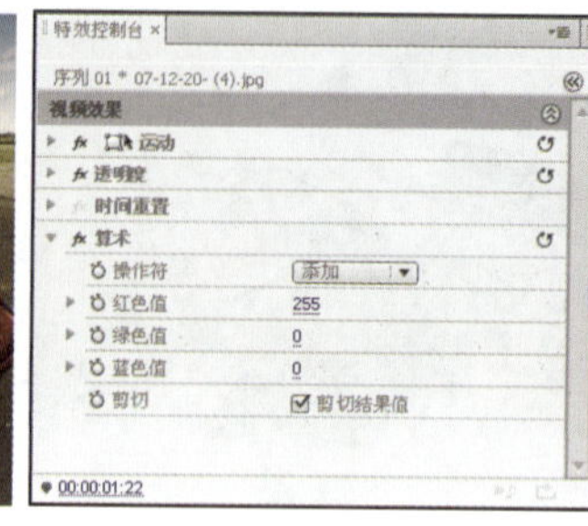

图6.88

在【特效控制台】面板中，算术特效各参数的含义如下。

参数	含义
① 操作符	用于选择计算方式
② 红色值	用于设置图片要进行计算的红色值
③ 绿色值	用于设置图片要进行计算的绿色值
④ 蓝色值	用于设置图片要进行计算的蓝色值
⑤ 裁切结果值	勾选该复选框，可使计算出的彩色参数不会超出有效色彩的范围

计算

使用计算特效可以将两个重叠的素材混合在一起。应用计算特效的图像效果如图6.89所示。

图6.89

在【特效控制台】面板中，计算特效各参数的含义如下。

参数	含义
① 输入通道	可以从右侧的下拉列表中选择一个用于混合计算的通道
② 反相输入	勾选该复选框，可以将通道进行反转操作
③ 二级图层	可以从右侧的下拉列表中选择一个视频轨道用于另一个层的混合计算
④ 二级图层通道	可以从右侧的下拉列表中选择一个用于另一层混合计算的通道
⑤ 二级图层透明度	用于调整图像的混合不透明度
⑥ 反相二级图层	勾选该复选框，可以将另一层通道进行反转操作
⑦ 伸展二级图层以适配	如果另一层与原图像大小不适合，勾选该复选框可以将另一层拉伸对齐
⑧ 混合模式	可以从右侧的下拉列表中选择用于混合的模式
⑨ 保留透明度	用于保护透明区域

设置遮罩

设置遮罩特效通过指定一个参考图层，再将参考图层中的某一通道信息置于当前图层的某一通道，以产生运动遮罩的效果。应用设置遮罩特效的图像效果如图6.90所示。

图6.90

在【特效控制台】面板中，设置遮罩特效各参数的含义如下。

① 从图层获取遮罩	用于指定作为蒙版的图层
② 用于遮罩	选择指定的蒙版层用于效果处理的通道
③ 反相遮罩	勾选该复选框，反转蒙版层的透明度
④ 伸展遮罩以适配	勾选该复选框，放大或缩小屏蔽层的尺寸，使之与当前层适配
⑤ 将遮罩与原始图像合成	勾选该复选框，使用当前合成新的蒙版，而不是替换原始素材层
⑥ 预先进行遮罩图层正片叠底	勾选该复选框，软化蒙版层素材的边缘

6.3.13 风格化类视频特效

风格化类视频特效主要是模拟各种画风，使图像产生丰富的视觉效果，该类视频特效共包括13种特效类型，如图6.91所示。部分滤镜效果如下。

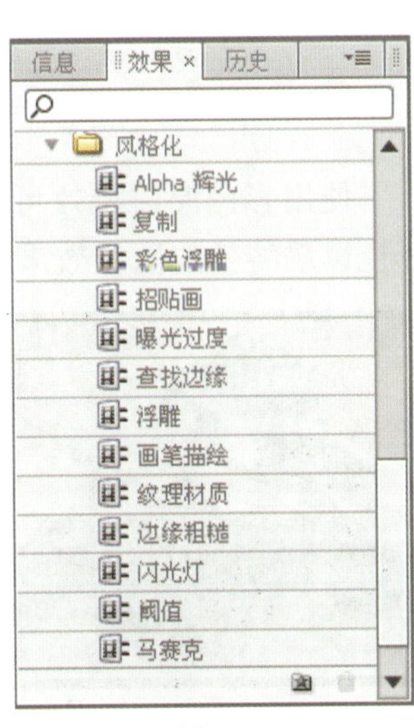

图6.91

Alpha辉光

Alpha辉光特效仅对具有Alpha通道的片段起作用，而且仅对第一个Alpha通道起作用。在Alpha通道指定的区域边缘，可以产生发光或光晕的效果。应用Alpha辉光特效的图像效果如图6.92所示。

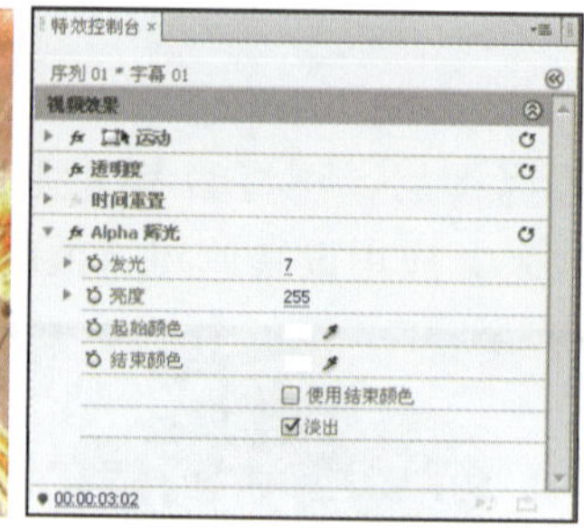

图6.92

在【特效控制台】面板中，Alpha辉光特效各参数的含义如下。

① 发光	用于设置光晕从素材的Alpha通道扩散边缘的大小
② 亮度	用于设置辉光的强度
③ 起始颜色/结束颜色	用于设置辉光内部和外部的颜色

复制

使用复制特效可以将图像复制成指定的数量，并同时在每一单元中播放出来，在【特效控制台】面板中拖动【计数】滑块，可以设置每行或每列的分块数目。应用复制特效的图像效果如图6.93所示。

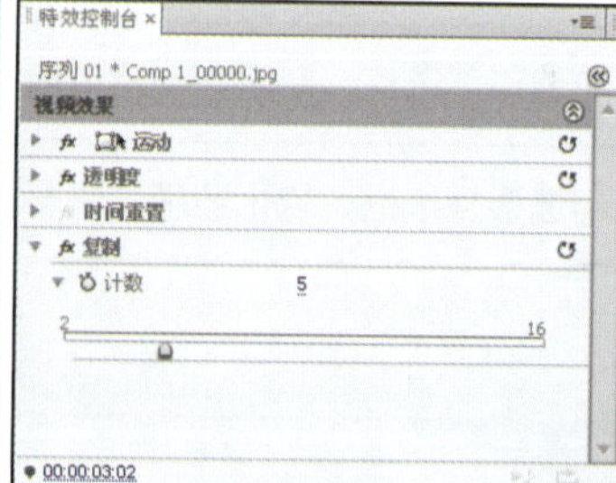

图6.93

彩色浮雕

使用彩色浮雕特效可通过锐化素材中物体的轮廓，使素材产生彩色的浮雕效果。应用彩色浮雕特效的图像效果如图6.94所示。

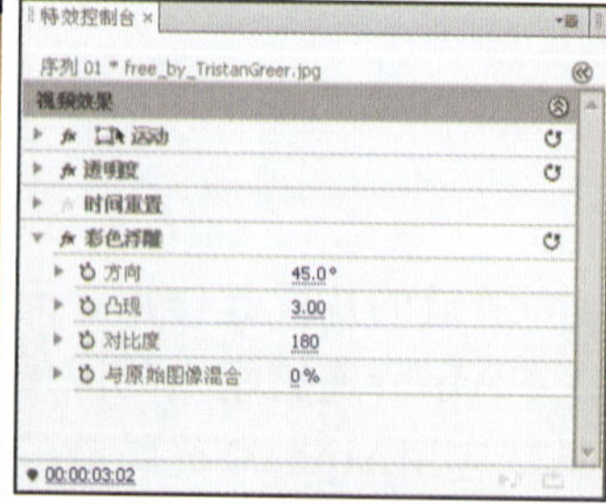

图6.94

在【特效控制台】面板中，彩色浮雕特效各参数的含义如下。

① 方向	用于设置浮雕的方向
② 凸现	用于设置浮雕压制的明显高度，即设定浮雕边缘最大加亮宽度
③ 对比度	用于设置图像内容的边缘锐利程度，增加参参数，加亮区变得更明显
④ 与原始图像混合	该参参数越小，上述各参数设置的效果越明显

招贴画

招贴画特效用于指定图像中每个通道的色调级别的数目，并将这些像素映射到最接近的匹配色调上，转换颜色色谱为有限数目的颜色色谱，并且拓展片段像素的颜色，使其匹配有限数目的颜色色谱。应用招贴画特效的图像效果如图6.95所示。

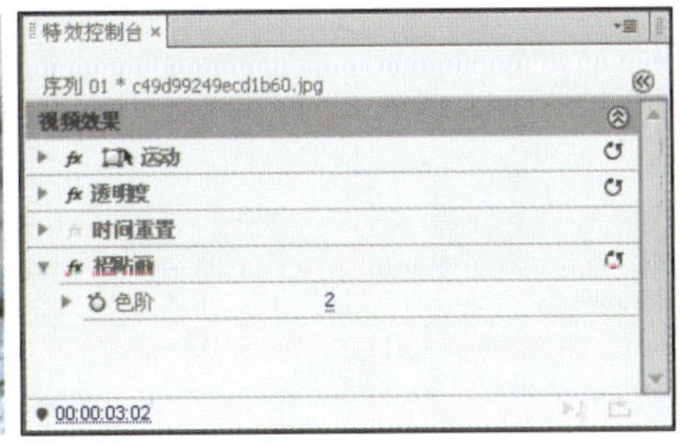

图6.95

曝光过度

曝光过度特效用于将一个正片与负片混合，产生晕光效果，类似于一张相片在显影时快速曝光。应用曝光过度特效的图像效果如图6.96所示。

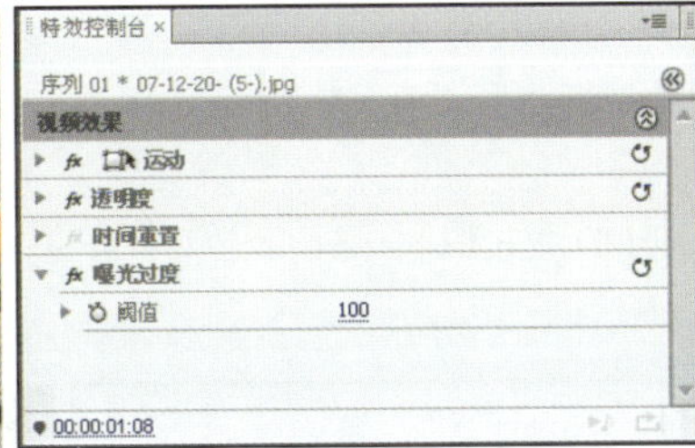

图6.96

查找边缘

使用查找边缘特效可通过强化过渡像素来产生彩色线条。应用查找边缘特效的图像效果如图6.97所示。

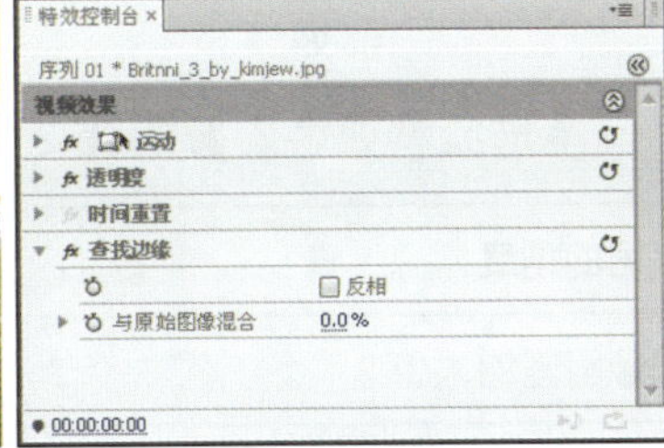

图6.97

在【特效控制台】面板中，查找边缘特效各参数的含义如下。

① 反相	勾选该复选框，素材边缘出现如黑色背景上的明亮线
② 与原始图像混合	用于设置原素材混合的程度，数值越小，【反相】设置的效果越明显

浮雕

浮雕特效不能被应用于中间彩色像素上，只能应用于边缘，并且不包含颜色。应用浮雕特效的图像效果如图6.98所示。

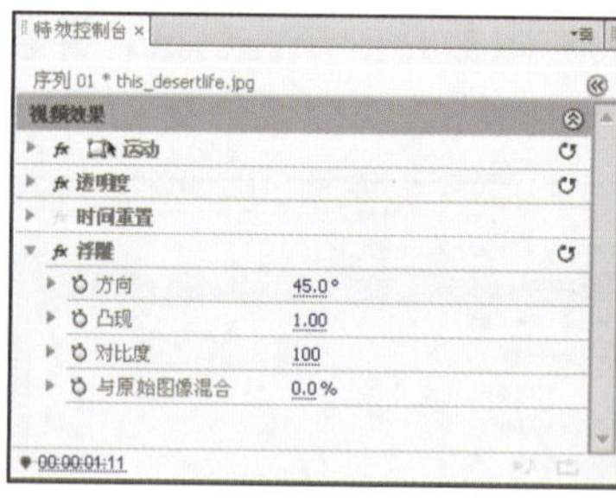

图6.98

在【特效控制台】面板中，浮雕特效各参数的含义如下。

① 方向	用于设置浮雕的方向
② 凸现	用于设置浮雕压制的明显高度，即浮雕边缘的最大加亮宽度
③ 对比度	用于设置图像内容的边缘锐利程度，增加参数，加亮区变得更明显
④ 与原始图像混合	该参数越小，上述各参数设置的效果越明显

画笔描绘

使用画笔描绘特效可以使画面产生粗糙颗粒的效果，类似于水彩画。应用画笔描绘特效的图像效果如图6.99所示。

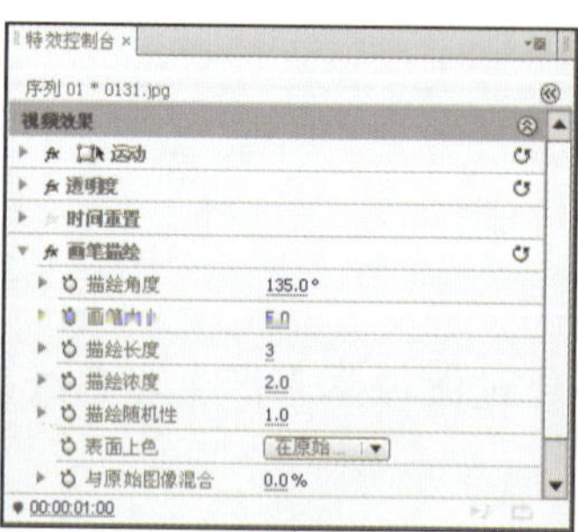

图6.99

在【特效控制台】面板中，画笔描绘特效各参数的含义如下。

① 描绘角度	用于设置笔画的角度
② 画笔大小	用于设置图像画笔的大小

③ 描绘长度	用于设置笔刷的长度
④ 描绘浓度	用于设置笔触的浓度
⑤ 描绘随机性	用于设置笔触随意描绘的程度
⑥ 表面上色	用于选择笔刷样式
⑦ 与原始图像混合	用于设置与原素材混合的程度，参数越小，上述各参数设置的效果越明显

边缘粗糙

使用边缘粗糙特效可以使素材的Alpha通道边缘粗糙化，从而使素材或者栅格化文本产生粗糙的自然外观。应用边缘粗糙特效的图像效果如图6.100所示。

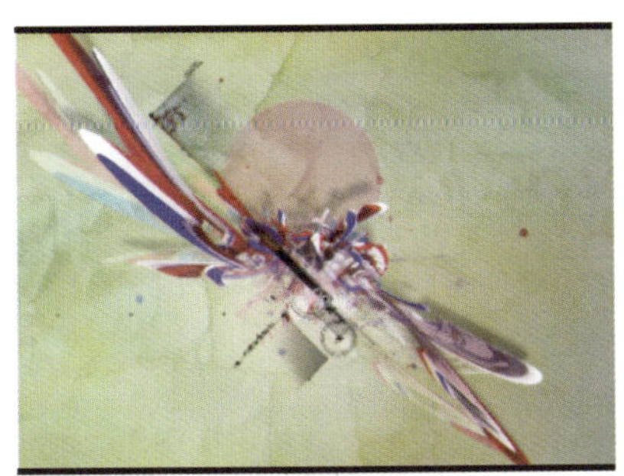
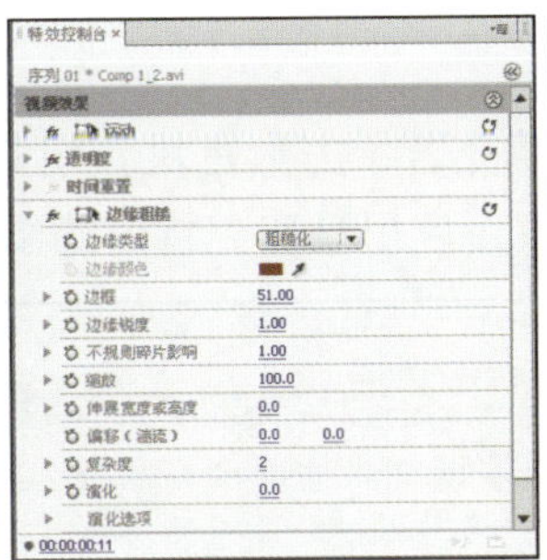

图6.100

在【特效控制台】面板中，边缘粗糙特效各参数的含义如下。

① 边缘类型	用于选择处理边缘的方式
② 边缘颜色	用于设置边缘的颜色
③ 边框	用于设置边缘的范围
④ 边缘锐度	用于设置边缘的锐化程度
⑤ 不规则碎片影响	用于设置边缘粗糙的不规则程度
⑥ 缩放	用于设置不规则碎片的大小
⑦ 伸展宽度或高度	用于设置粗糙边缘宽度和高度的拉伸程度
⑧ 偏移（湍流）	用于设置边缘的偏移点
⑨ 复杂度	用于设置边缘的复杂程度
⑩ 演化	用于设置边缘的粗糙变化角度
⑪ 演化选项	用于设置变化的方式
⑫ 循环	用于设置循环的次数
⑬ 随机植入	用于设置循环变化的随机种子数

阈值

阈值特效用于将灰色图像或彩色图像转化为高对比度的黑白二进制图像。应用阈值特效的图像效果如图6.101所示。

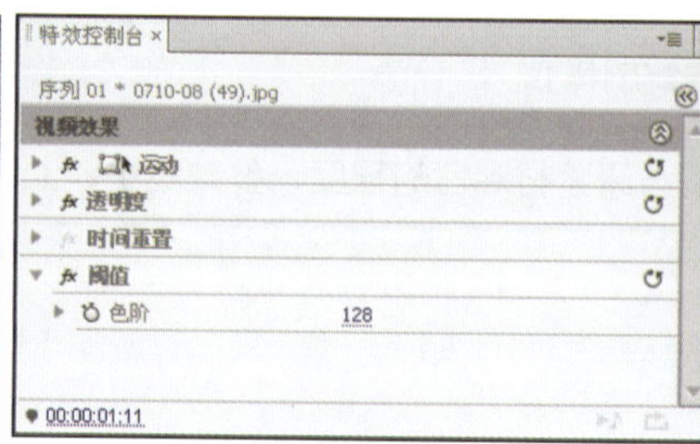

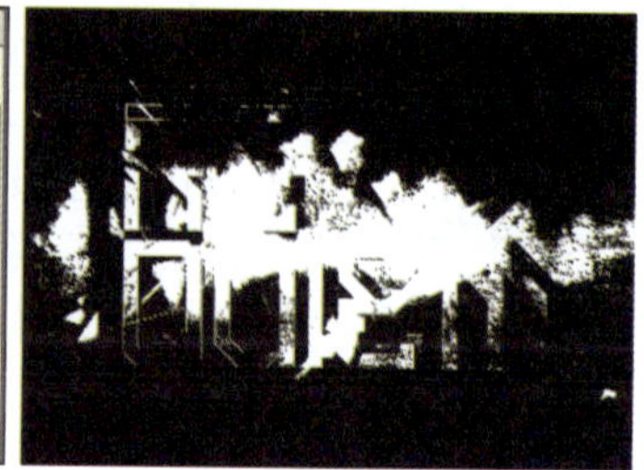

图6.101

马赛克

使用马赛克特效可以为素材填充若干方形色块，使素材产生马赛克效果。此效果通常用于模拟低分辨率显示或模糊图像。应用马赛克特效的图像效果如图6.102所示。

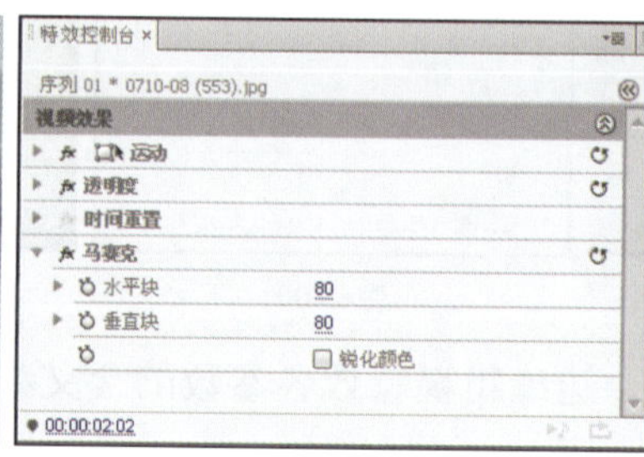

图6.102

在【特效控制台】面板中，马赛克特效各参数的含义如下。

① 水平块	用于设置水平方向上的分割色块数量
② 垂直块	用于设置垂直方向上的分割色块数量
③ 锐化颜色	勾选该复选框，可锐化图像素材

6.4 质感文字制作

该范例制作的是文字特效，主要使用Premiere对一些文字进行特效加工。Premiere中的文字动画控制和After Effect控制一样简单方便，在后期视频编辑中经常被用到。

6.4.1 新建项目并导入素材

STEP 01 运行Premiere Pro CS5，在启动窗口中单击【新建项目】按钮，如图6.103所示，弹出

【新建项目】对话框，在【位置】选项框中选择保存的文件路径，在【名称】文本框中输入文件名称“质感文字”，如图6.104所示。

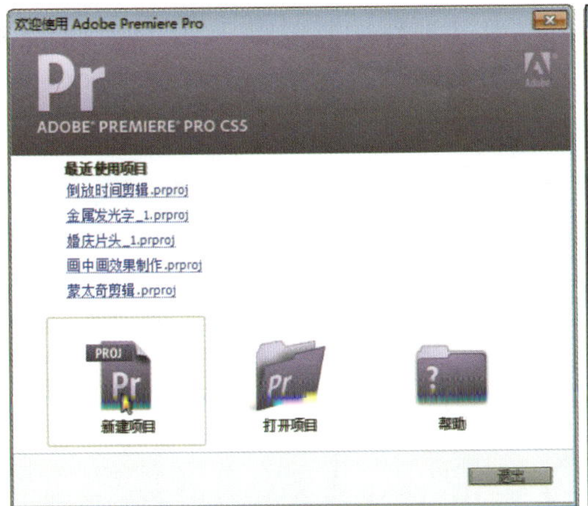

图6.103

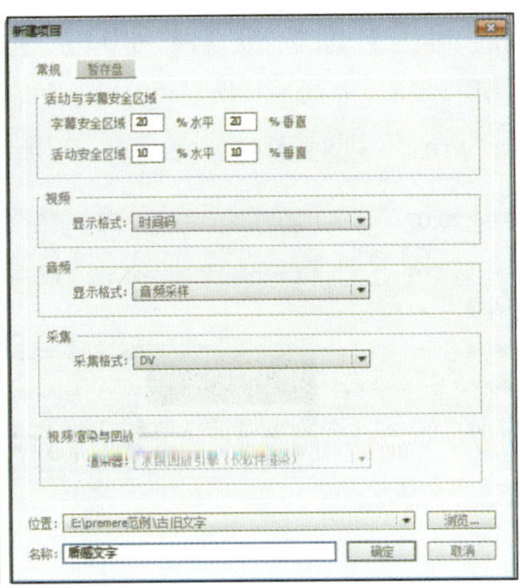

图6.104

单击【确定】按钮，弹出【新建序列】对话框，在左侧的【有效预置】列表中展开【DV-PAL】选项，选中【标准48kHz】模式，如图6.105所示，单击【确定】按钮，进入工作区界面。在【项目】面板的空白处双击，在弹出的【导入】对话框中选择随书所附光盘中的“第6章\wenzi.tif、Zerg_English_Trailer.wmv和背景底纹4.jpg”素材，如图6.106所示，单击【打开】按钮。

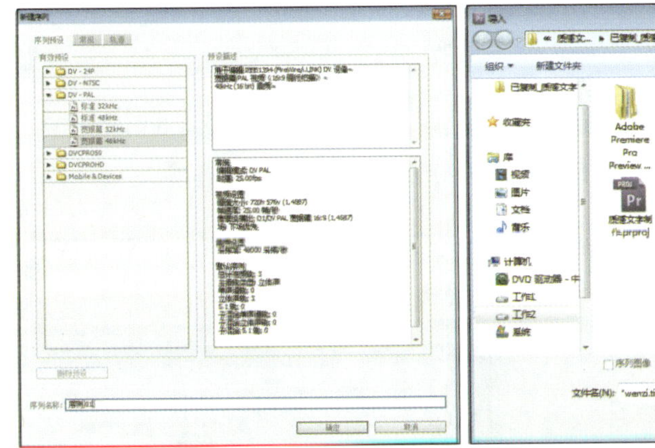

图6.105

图6.106

导入素材文件，并将“Zerg_English_Trailer.wmv”素材拖动到【时间栏】面板的【序列01】选项卡中的轨道上，排列素材如图6.107所示。

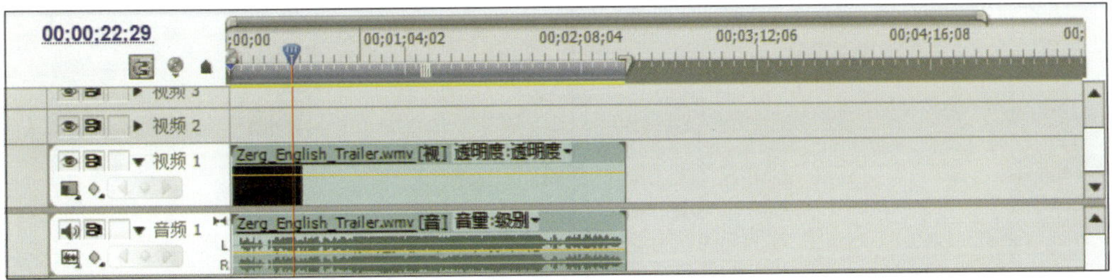

图6.107

6.4.2 素材剪辑

STEP 01 在【时间栏】面板的【序列01】选项卡中分别移动时间滑块到00：00：19：22和00：00：28：07处，按C键，分别在以上时间帧位置处单击，切割“Zerg_English_Trailer.wmv”视频素材，如图6.108所示。

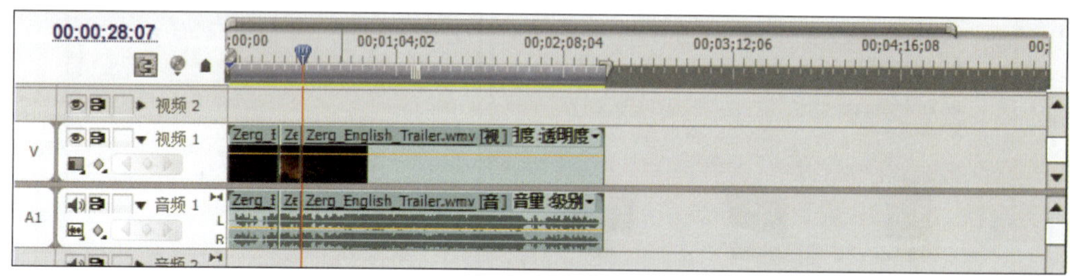

图6.108

STEP 02 保留剪辑部分，删除不用的视频素材，如图6.109所示。

图6.109

STEP 03 在【时间栏】面板的【序列01】选项卡中拖动剪辑后的视频素材到起始帧处。

6.4.3 背景底纹制作

STEP 01 在【项目】面板中单击右键，在弹出的菜单中选择【新建分项】|【序列】命令，弹出【新建序列】对话框，其参数设置如图6.110所示。

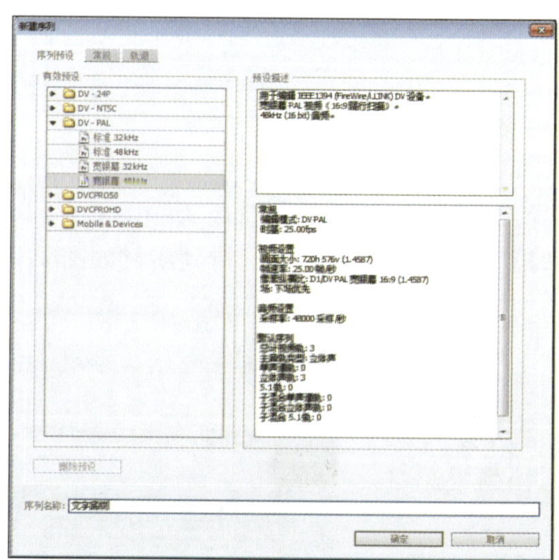

图6.110

STEP 02 在【项目】面板中选中“wenzi.tif”素材文件，拖动到【时间栏】面板的【文字底纹】选项卡中的视频1轨道上，如图6.111所示。观察【节目】面板，合成效果如图6.112所示。

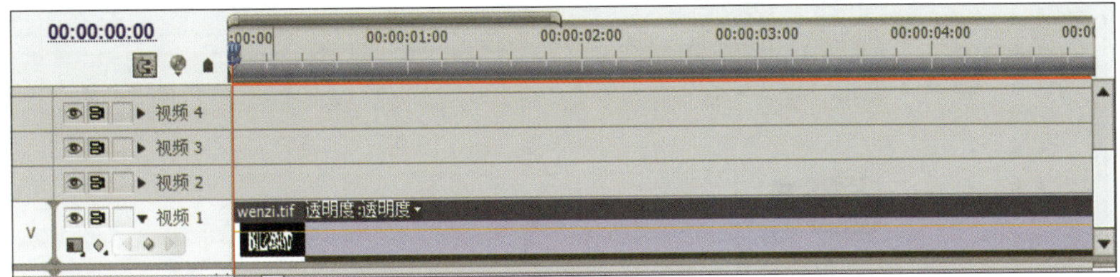

图6.111

图6.112

6.4.4 创建背景底纹动画

STEP 01 在【项目】面板中单击右键，在弹出的菜单中选择【新建分项】|【序列】命令，弹出【新建序列】对话框，其参数设置如图6.113所示。

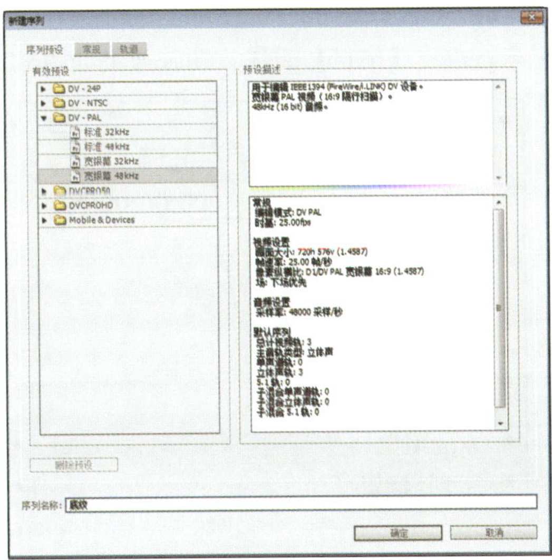

图6.113

STEP 02 在【项目】面板中，选中“背景底纹4.JPG”素材文件，拖动到【时间栏】面板的【底纹】选项卡中的视频1轨道上，如图6.114所示。观察【节目】面板，合成效果如图6.115所示。

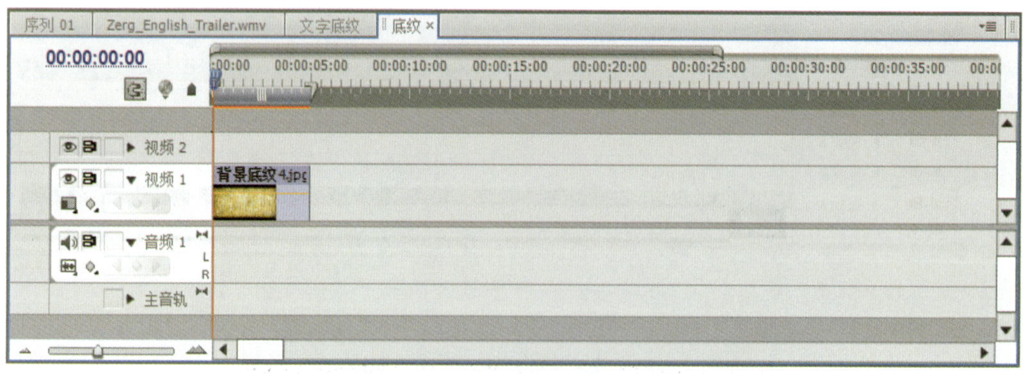

图6.114

图6.115

STEP 03 在视频1轨道中选中背景底纹，开启【位移】属性前的关键帧码表按钮，分别在00：00：00：00和00：00：04：20处，在【特效控制台】面板设置滤镜属性，如图6.116所示。观察【节目】面板，动画效果如图6.117所示。

运动	00:00:00:00		00:00:04:20	
位置	656.8	312.0	76.9	312.0
缩放比例	47.7		47.7	
缩放宽度	47.7		47.7	
等比缩放	☑		☑	
旋转	0.0		0.0	
定位点	2067.0	942.0	2067.0	942.0
抗闪烁过滤	0.00		0.00	
透明度				
时间重置				

图6.116

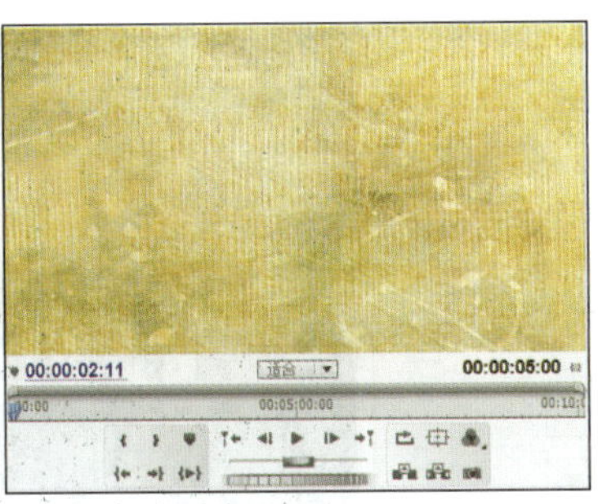

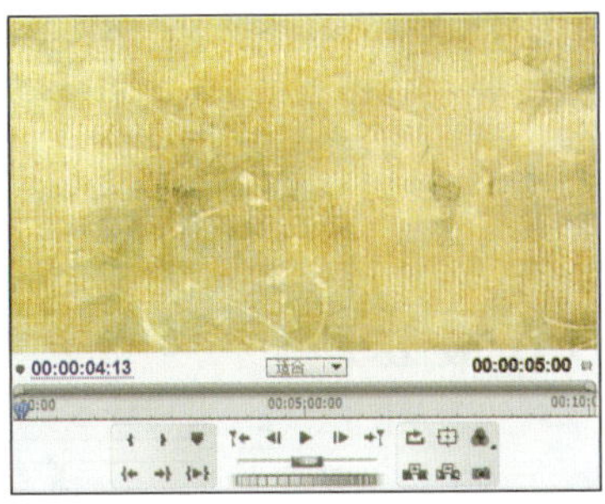

图6.117

STEP 04 在【项目】面板中选中“底纹”序列，拖动到【时间栏】面板的【文字底纹】选项卡中的视频2轨道上，如图6.118所示。

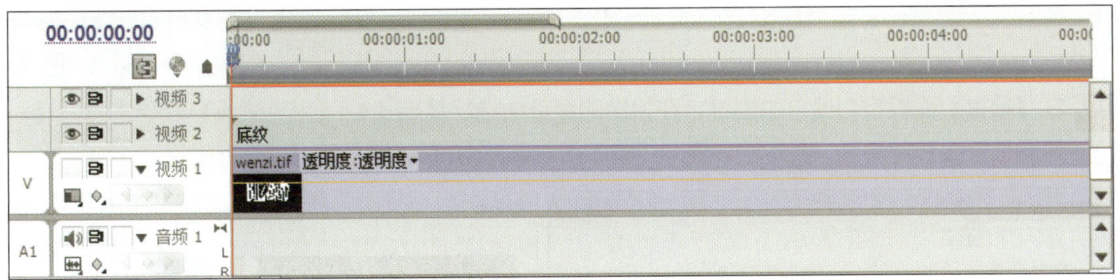

图6.118

STEP 05 在【效果】面板中打开【视频特效】文件夹下的【色彩校正】子文件夹，将其中的“RGB曲线”特效滤镜拖动到【时间栏】面板的【文字底纹】选项卡中的视频2轨道的“底纹”序列层上。在【特效控制台】面板中展开【RGB曲线】滤镜，对其中的参数进行设置，如图6.119所示。

图6.119

STEP 06 在【效果】面板中打开【视频特效】文件夹下的【通道】子文件夹，将其中的“设置遮罩”特效滤镜拖动到【时间栏】面板的【文字底纹】选项卡中视频2轨道的“底纹”序列层上。在【特效控制台】面板中展开【设置遮罩】滤镜，对其中的参数进行设置，如图6.120所示，合成窗口如图6.121所示。

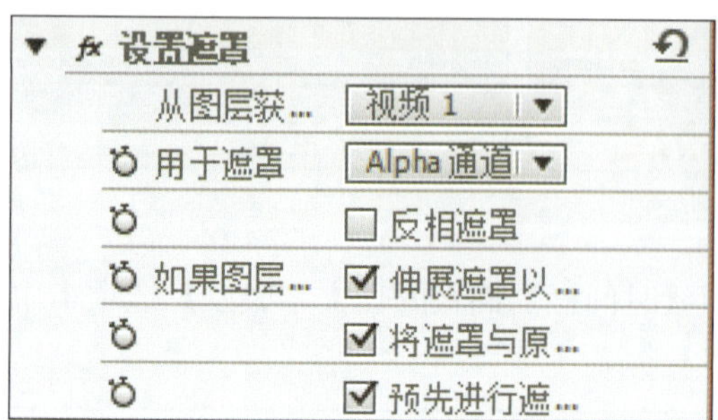

图6.120

图6.121

STEP 07 在【项目】面板空白处单击右键，在弹出的菜单中选择【新建】|【彩色蒙版】命令，弹出【新建彩色蒙版】对话框，其参数设置如图6.122所示，单击【确认】按钮关闭对话框。

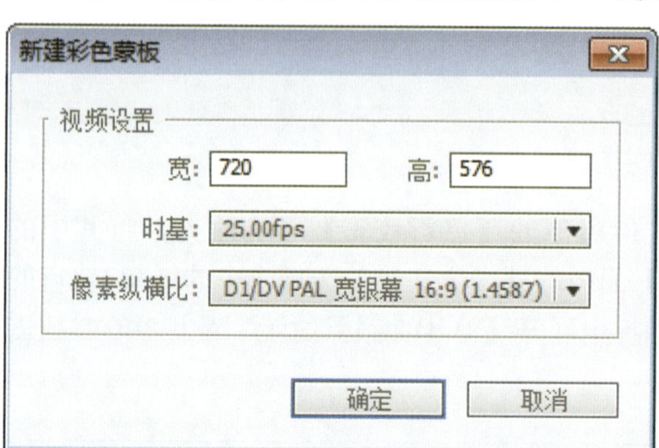

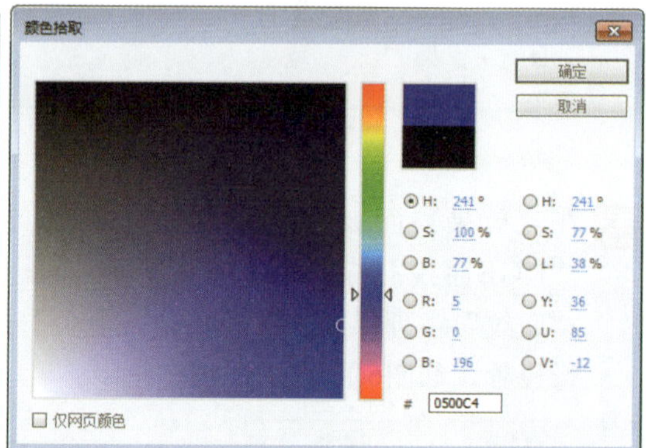

图6.122

STEP 08 在【项目】面板中选中“彩色蒙版”，拖动到【时间栏】面板的【文字底纹】选项卡中的视频3轨道上，如图6.123所示。

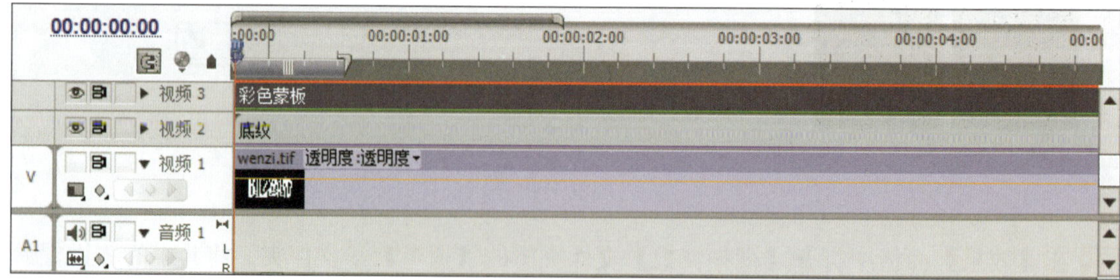

图6.123

STEP 09 在【时间栏】面板的【文字底纹】选项卡中的视频3轨道上选中“彩色蒙版”，在【特效控制台】面板中展开透明滤镜属性，其属性设置如图所示。合成窗口效果如图6.124所示。

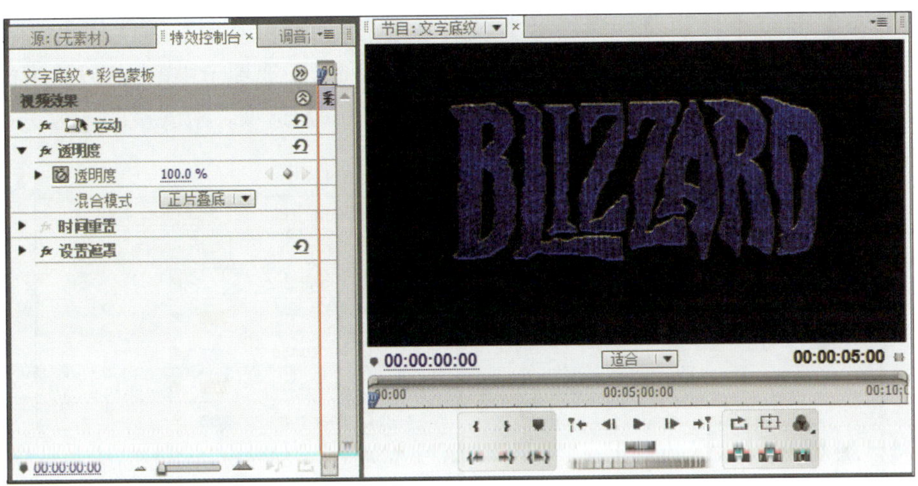

图6.124

6.4.5 文字效果动画创建

STEP 01 在【项目】面板中选中“文字底纹”序列，拖动到【时间栏】面板的【序列01】选项卡中的视频02轨道上，如图6.125所示。

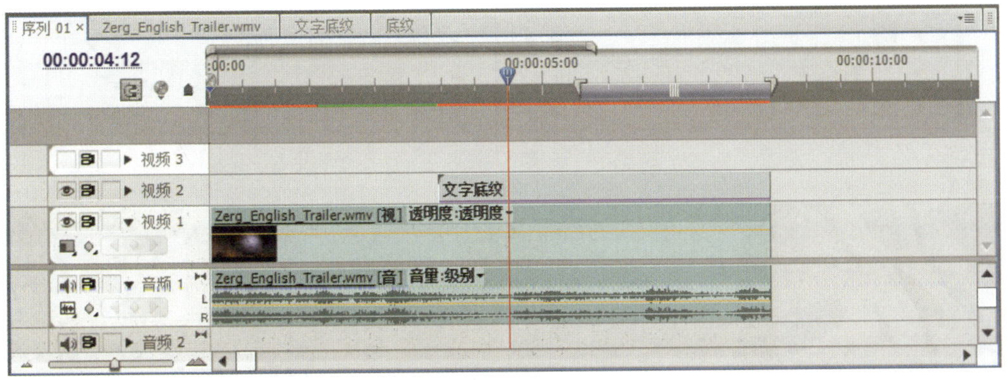

图6.125

STEP 02 选中“文字底纹”序列层，在【特效控制台】面板中开启【位移】、【旋转】、【缩放】和【不透明度】属性前的关键帧码表按钮，分别在00：00：04：15、00：00：05：11和00：00：06：11处设置属性，如图6.126所示。

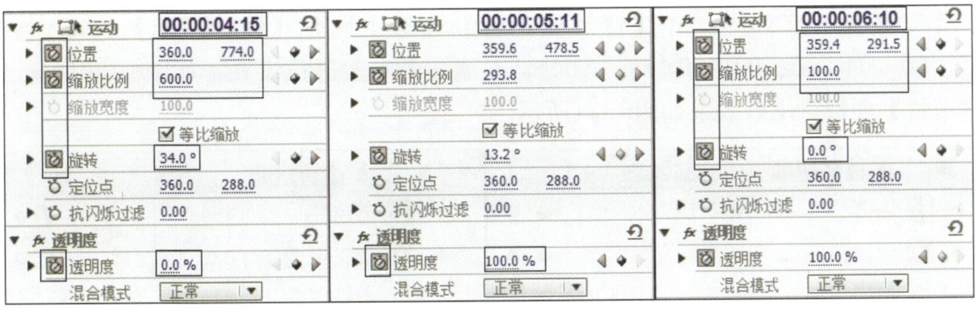

图6.126

STEP 03 在【效果】面板中打开【视频特效】文件夹下的【trapcode】子文件夹，将其中的“shine”特效滤镜拖动到【时间栏】面板的【序列01】选项卡中的视频2轨道的“文字底纹”序列上，在【特效控制台】面板中展开【shine】选项，对滤镜的参数进行设置，如图6.127所示。

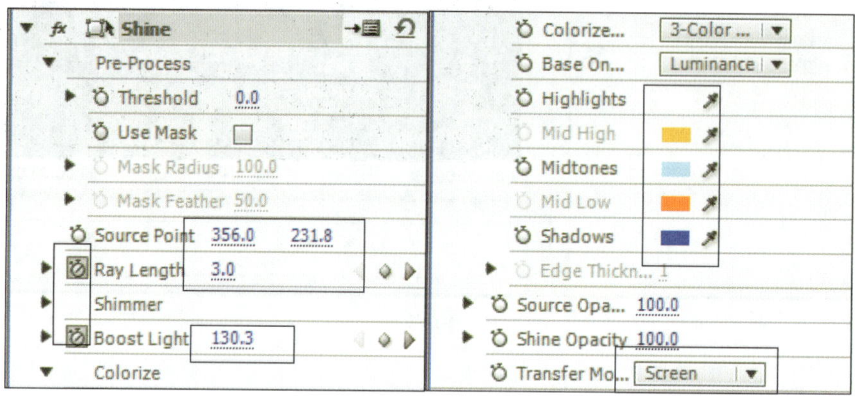

图6.127

STEP 04 开启【Ray Length（光线长度）】属性和【Boost Light（亮光度）】属性前的关键帧码表按钮，分别在00：00：19：19、00：00：22：09处设置【shine】属性，如图6.128所示。观察【节目】面板，动画效果如图6.129所示。

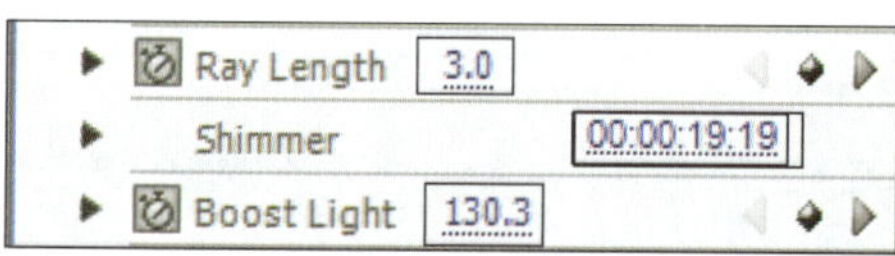

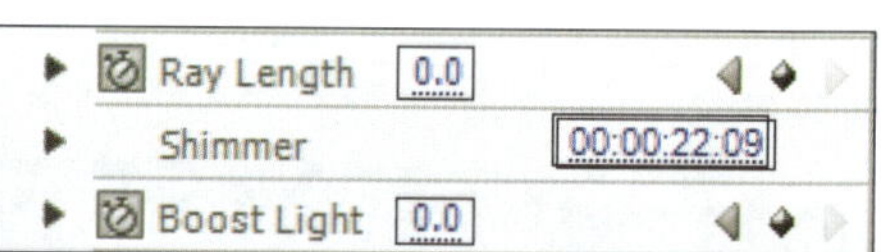

图6.128

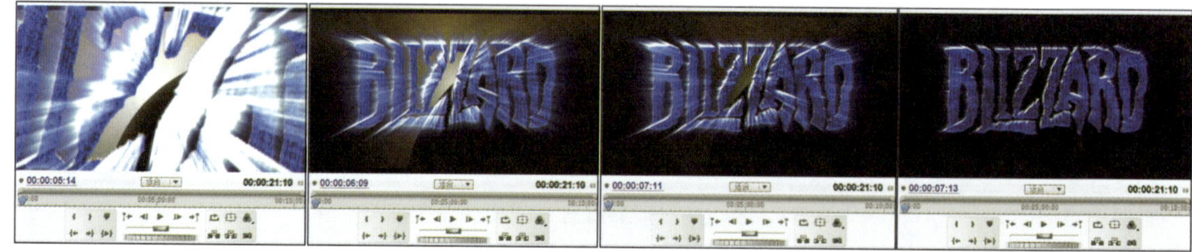

图6.129

STEP 05 在【效果】面板中打开【视频特效】文件夹下的【扭曲】子文件夹，将其中的“旋转扭曲”特效滤镜拖动到【时间栏】面板的【序列01】选项卡中的视频02轨道的“文字底纹”序列上，在【特效控制台】面板中展开【旋转扭曲】选项，分别在00：00：04：15、00：00：06：10处，对滤镜的参数进行设置，如图6.130所示。观察【节目】面板，动画效果如图6.131所示。

旋转扭曲 00:00:04:15
角度 3x0.0°
旋转扭曲... 100.0
旋转扭曲... 346.8 236.3

旋转扭曲 00:00:06:10
角度 150.0°
旋转扭曲... 0.0
旋转扭曲... 346.8 236.3

图6.130

00:00:05:16
00:00:21:10
00:00:05:22
00:00:21:10
00:00:06:00
00:00:21:10
00:00:06:02
00:00:21:10

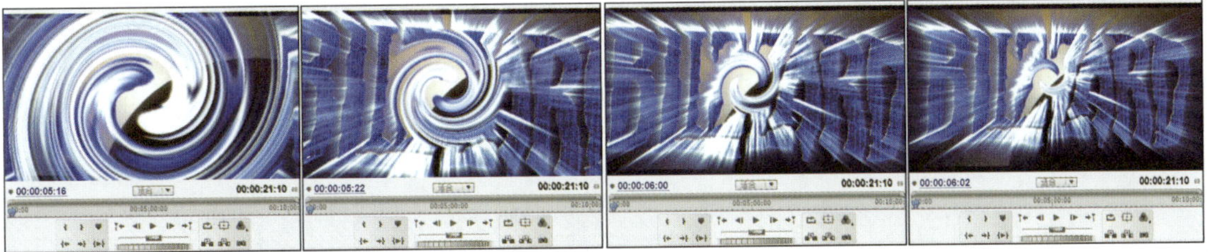

图6.131

STEP 06 在【效果】面板中打开【视频特效】文件夹下的【模糊与锐化】子文件夹，将其中的“快速模糊”特效滤镜拖动到【时间栏】面板的【序列01】选项卡中的轨道的“文字底纹”序列层上，在【特效控制台】面板中展开【快速模糊】选项，分别在4秒15帧、6秒10帧处，对滤镜的参数进行设置，如图6.132所示。

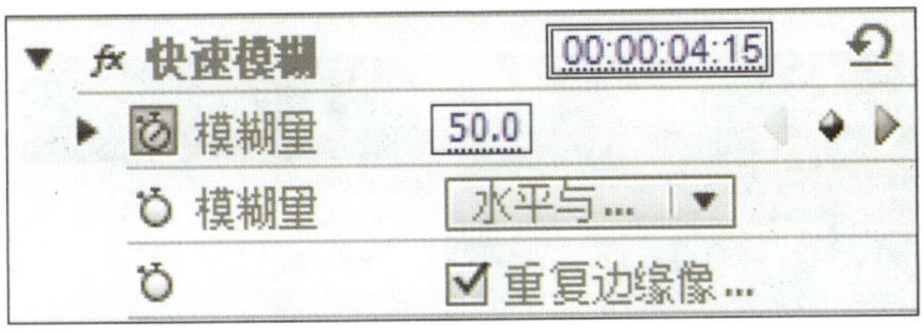

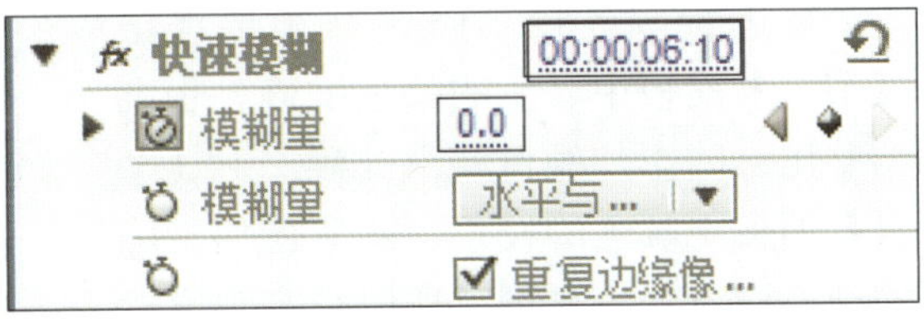

快速模糊
00:00:04:15
模糊量
50.0
模糊量
水平与...
重复边缘像...

快速模糊
00:00:06:10
模糊量
0.0
模糊量
水平与...
重复边缘像...

图6.132

至此，质感文字实例制作全部完成，按空格键或Enter键，在【节目】面板中预览动画效果，如图6.133所示。

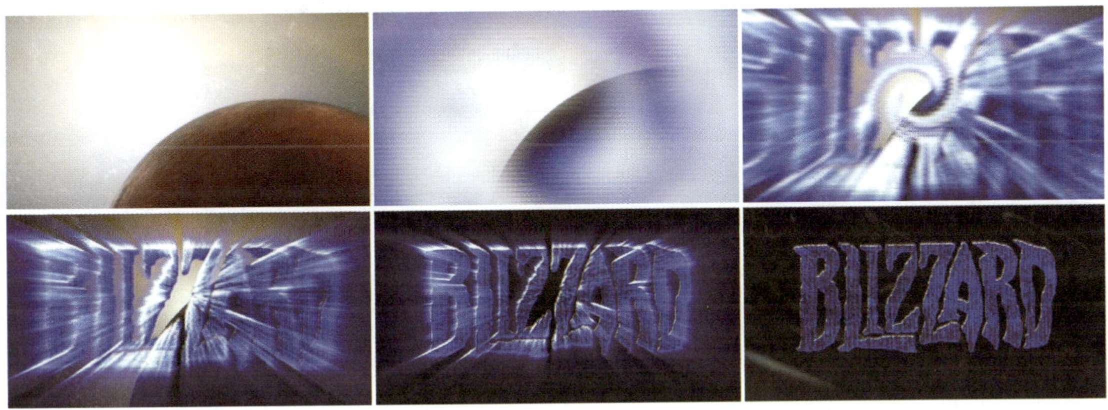

图6.133

第7章 调色、抠像、透明与叠加技术

7.1 调色基础

在影视制作的前期拍摄中，拍摄的图片由于受到自然环境、光照和设备等客观因素的影响，有的拍摄画面与真实效果有一定的偏差，有时可能会出现偏色、曝光不足或曝光过度等现象，所以调整画面的色彩是十分重要的。为此，Premiere Pro CS5提供了一整套的图像调整工具。

在进行颜色校正时，必须要保证【节目】面板中显示的颜色准确，否则调整出来的影片颜色就不准确。对【节目】面板中颜色的校正，除了使用专门的硬件设备外，也可以凭眼睛来观察校准色彩。

在Premiere Pro CS5中，【节目】面板中提供了多种素材的显示方式，不同的显示方式，对分析影片有着重要的作用。

单击【节目】面板下方的【输出】按钮，可以在弹出的列表中选择不同的显示方式，如图7.1所示。

图7.1

① 合成视频	用于显示编辑合成后的影片效果
② 透明通道	用于显示影片的Alpha通道
③ 所有范围	用于显示所有颜色分析模式，包括波形、矢量、YCbCr和RGB
④ 矢量图	在部分电影制作中，会用到矢量图和YC波形两种模式，检测影片的颜色信号。其中，矢量图模式主要用于检测色彩信号，信号的色相、饱和度构成一个圆形的图表，饱和度从圆心开始向外扩展，越向外饱和度越高，如图7.2所示 图7.2

⑤ YC波形	用于检测亮度信号，使用IRE标准单位进行检测。水平方向轴表示视频图像，垂直方向轴表示检测亮度。在绿色的波形图表中，明亮的区域总是处于图表上方，而暗淡区域总在图表下方，如图7.3所示	 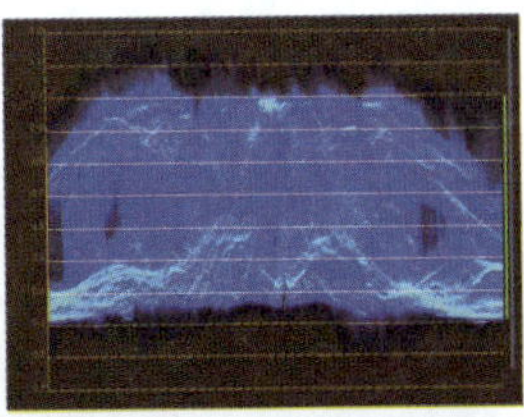 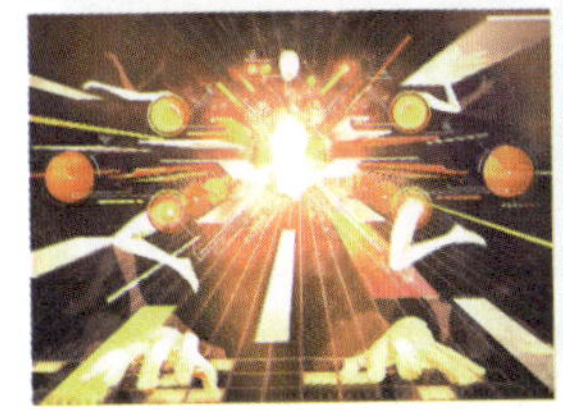 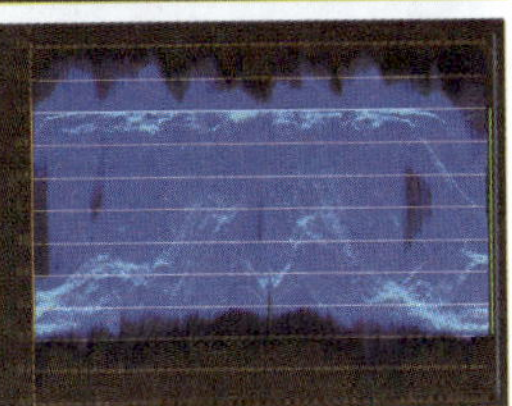 图7.3
⑥ YCbCr检视	主要用于检测NTSC颜色区间。在图表中，左侧的垂直信号表示影片的亮度；右侧水平线为色相区域，水平线上的波形则表示饱和度的高低，如图7.4所示。对比上下影片和图表，即可了解信号的变化	 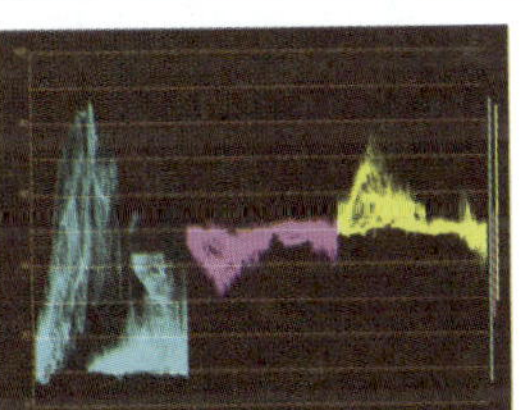   图7.4
⑦ RGB检视	主要用于检测RGB颜色区间。图表中水平坐标从左到右分别为红、绿、蓝颜色区间，垂直坐标则显示颜色参数，如图7.5所示	 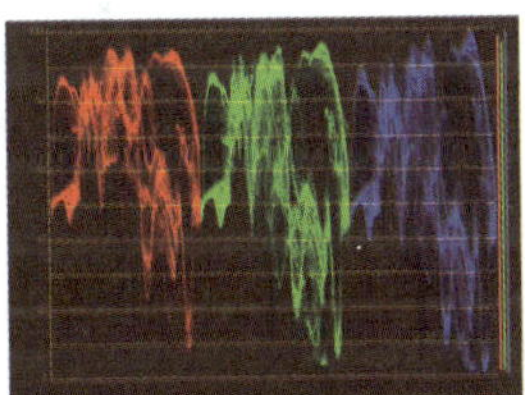  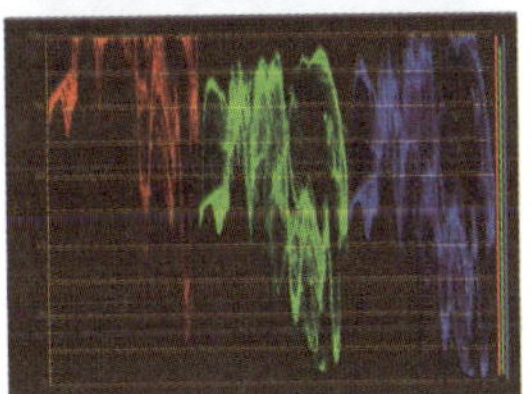 图7.5

7.2 视频调色技术详解

在Premiere Pro CS5中，提供了三组视频调色特效，分别为图像控制类特效、色彩校正类特效和调整类特效，下面将分别进行介绍。

7.2.1 图像控制类特效

图像控制类特效主要用于对素材进行色彩的特效处理，运用在视频编辑中处理前期拍摄所遗留下的缺陷，或使素材达到某种预想的效果，该类视频调色共包括6种调色效果，如图7.6所示。

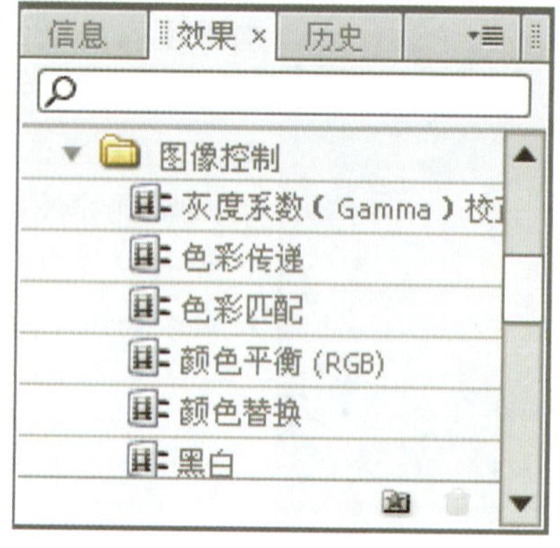

图7.6

灰度系数（Gamma）校正

使用灰度系数（Gamma）校正特效可以通过在改变图像中间色调的亮度，而不改变图像高亮区域和低暗区域的情况下，使图像变得更明亮或更暗。应用灰度系数（Gamma）校正特效的图像效果如图7.7所示。

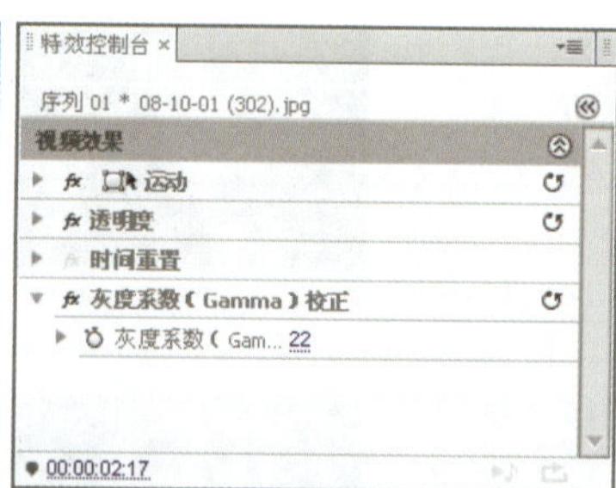

图7.7

在【特效控制台】面板中，灰度系数（Gamma）选项主要用于修正颜色的Gamma值，值越大，图像越暗；值越小，图像越亮。

色彩传递

使用色彩传递特效可以将图像中指定的颜色保留，而将其他颜色转化成灰度。应用色彩传递特效的图像效果如图7.8所示。

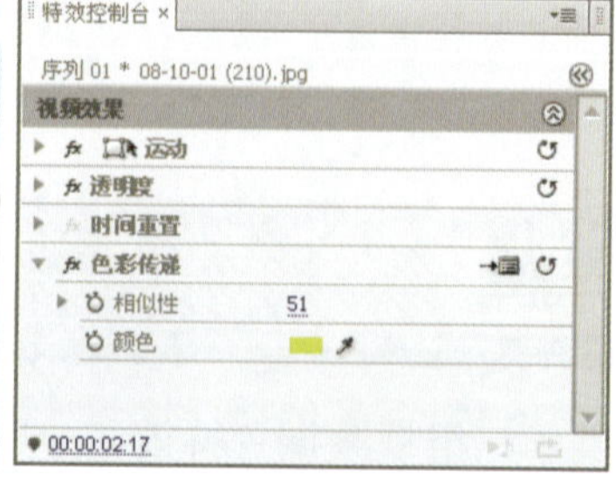

图7.8

在【特效控制台】面板中，单击色彩传道特效右侧的【设置】按钮，弹出【色彩传递设置】对话框，如图7.9所示。

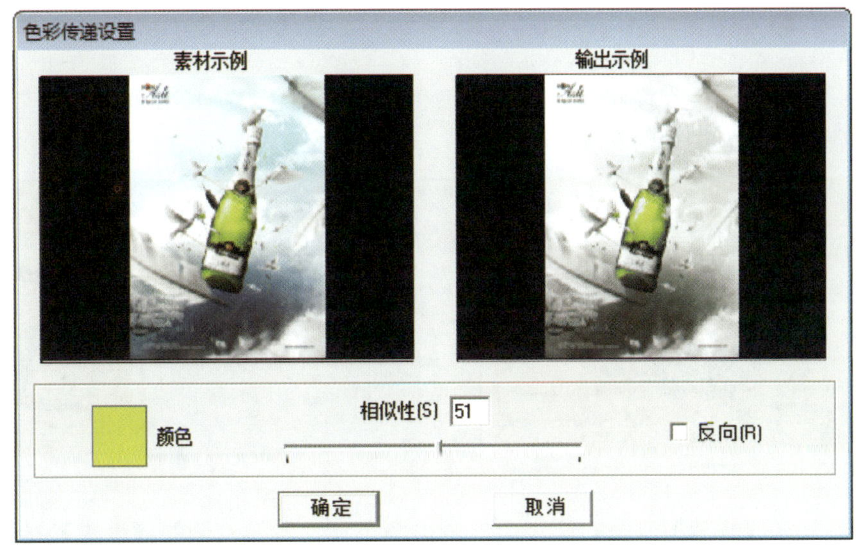

图7.9

【色彩传递设置】对话框中各参数的含义如下。

① 素材示例	显示素材画面，将光标移动到此画面中并单击，可以直接在画面中选取颜色
② 输出示例	显示添加特效后的素材画面
③ 颜色	单击该色块，将弹出【色彩】对话框，在该对话框中可以设置要保留的颜色
④ 相似性	用于设置相似色彩的容差值，即增加或减少所选颜色的范围
⑤ 反向	勾选该复选框，将对颜色进行反转

颜色平衡（RGB）

使用颜色平衡（RGB）特效可以通过对图像中的红色、绿色和蓝色的调整来改变图像色彩。应用颜色平衡（RGB）特效的图像效果如图7.10所示。

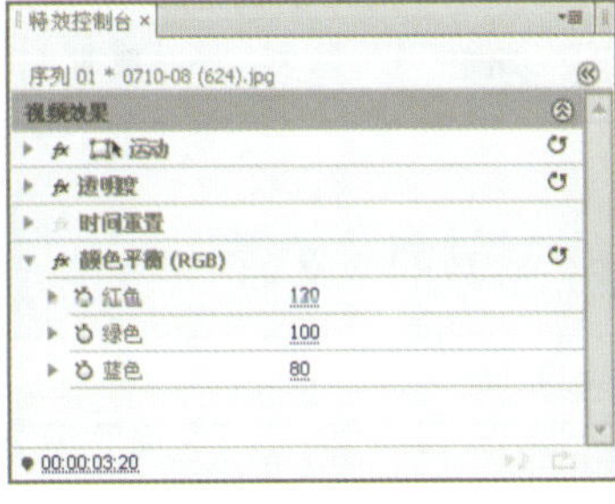

图7.10

在【特效控制台】面板中，颜色平衡（RGB）特效各参数的含义如下。

① 红色	用于调整图像中红色所占的比例。正值表示红色加深，负值表示红色变浅
② 绿色	用于调整图像中绿色所占的比例。正值表示绿色加深，负值表示绿色变浅
③ 蓝色	用于调整图像中蓝色所占的比例。正值表示蓝色加深，负值表示蓝色变浅

颜色替换

使用颜色替换特效可以将图像中指定的颜色替换成其他的颜色效果。应用颜色替换特效的图像效果如图7.11所示。

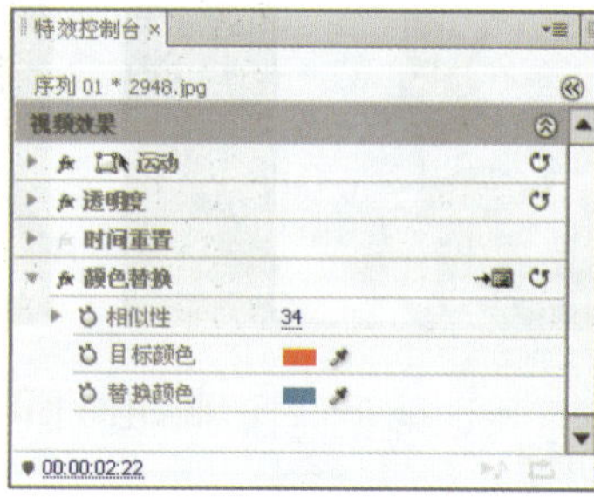

图7.11

在【特效控制台】面板中，单击颜色替换特效右侧的【设置】按钮，弹出【颜色替换设置】对话框，如图7.12所示。

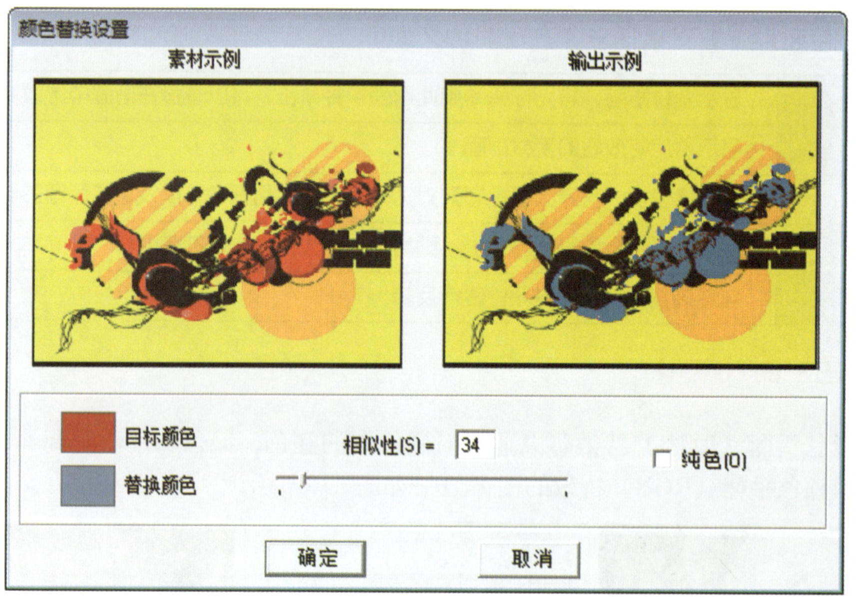

图7.12

【颜色替换设置】对话框中各参数的含义如下。

① 目标颜色	用于设置被替换的颜色
② 替换颜色	用于设置替换当前颜色的颜色。单击颜色块，在弹出的【颜色拾取】对话框中可以进行颜色设置
③ 相似性	用于设置相似色彩的容差值，即增加或减少所选颜色的范围
④ 纯色	勾选该复选框，该特效将用纯色替换目标色，没有任何过渡

黑白

使用黑白特效可以将彩色图像转换成黑白图像。应用黑白特效的图像效果如图7.13所示。

图7.13

7.2.2 色彩校正类特效

通过色彩校正类特效可以对视频的颜色和亮度进行调节，该类视频特效共包括17种调色效果，如图7.14所示，其中，主要调色效果的介绍如下。

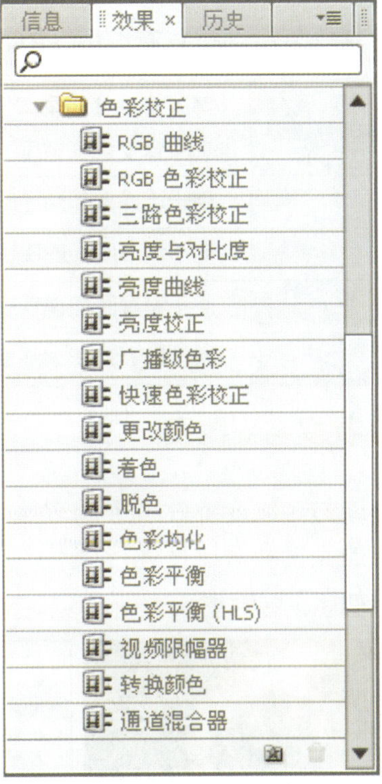

图7.14

RGB曲线

使用RGB曲线特效可以通过对R、G、B进行曲线的调整，来校正图像的色彩。应用RGB曲线特效的图像效果如图7.15所示。

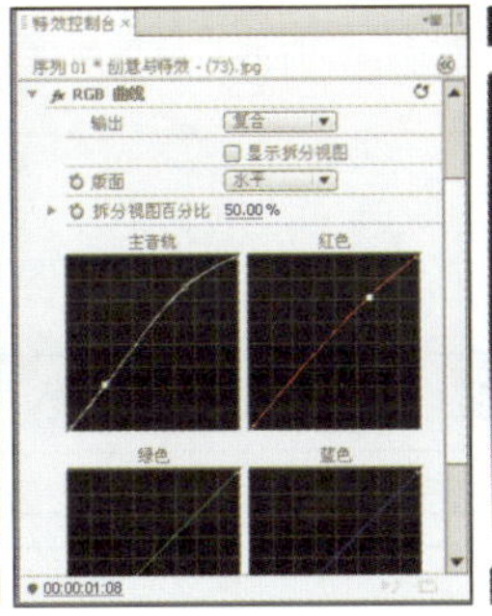

图7.15

RGB色彩校正

使用RGB色彩校正特效可以通过对R、G、B的调整，对图像进行色彩校正。应用RGB色彩校正特效的图像效果如图7.16所示。

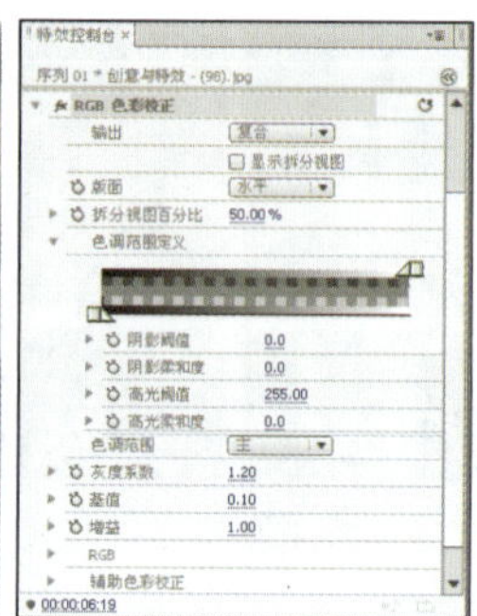

图7.16

在【特效控制台】面板中，RGB色彩校正特效各参数的含义如下。

① 色调范围定义	可以通过【阴影阈值】、【阴影柔和度】、【高光阈值】和【高光柔和度】4个选项来定义色调范围
② 色调范围	用于选择调节颜色的范围
③ 灰度系数	用于调节图像的灰度级别。值越大，图像越亮；值越小，图像越暗
④ 基值	用于设置图像调节的基础值
⑤ RGB	通过R、G、B对图像进行色调调整

亮度与对比度

亮度与对比度特效用于调节整个层的亮度和对比度，属于最基础的功能之一。它只针对全层的亮度和对比度进行调节，不能单独调节某一个通道。应用亮度与对比度特效的图像效果如图7.17所示。

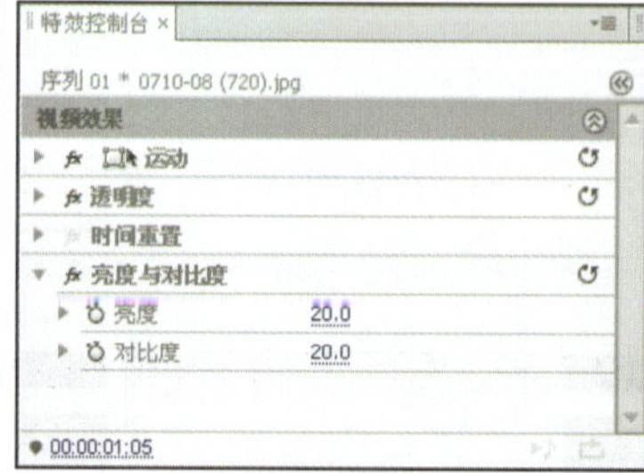

图7.17

在【特效控制台】面板中，亮度与对比度特效各参数的含义如下。

① 亮度	用于调整图像的亮度。正值表示提高亮度，负值表示降低亮度
② 对比度	用于调整图像的对比度。正值表示增加图像的对比度，负值表示降低图像的对比度

亮度曲线

使用亮度曲线特效可以通过对亮度曲线的调整，对图像进行色彩和色阶方面的校正。应用亮度曲线特效的图像效果如图7.18所示。

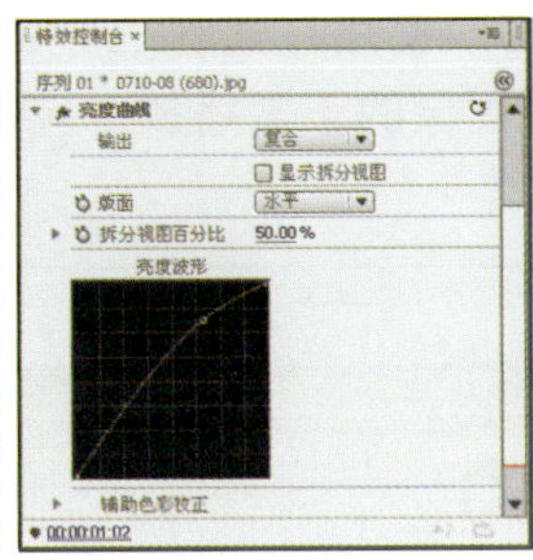

图7.18

在【特效控制台】面板中，亮度曲线特效各参数的含义如下。

① 亮度波形	可以在亮度调节区域中单击，通过添加节点来调整图像的亮度效果，可以添加多个节点进行调整
② 辅助色彩校正	可以通过色相、饱和度、亮度和柔化对图像进行二次颜色校正

亮度校正

亮度校正特效用于对图像进行亮度、对比度等方面的校正。应用亮度校正特效的图像效果如图7.19所示。

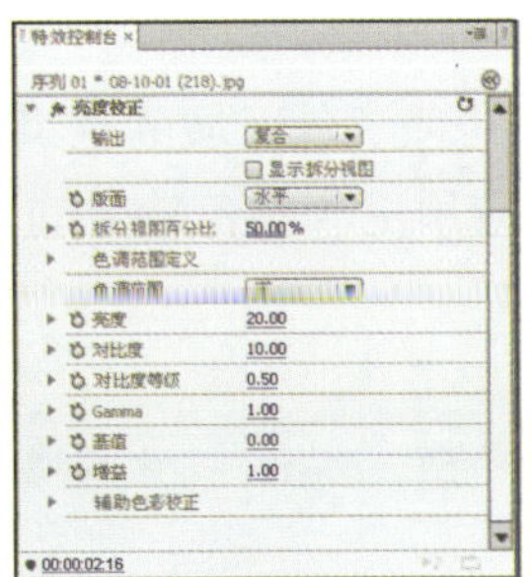

图7.19

在【特效控制台】面板中，亮度校正特效各参数的含义如下。

① 色调范围定义	可以通过【阴影阈值】、【阴影柔和度】、【高光阈值】和【高光柔和度】4个选项来进行色调的调节
② 色调范围	用于选择调节颜色的范围
③ 亮度	用于调整图像的明亮程度
④ 对比度	用于调整图像的对比度
⑤ 对比度等级	用于辅助对比度调整图像的对比级别，值越大，对比度也越大
⑥ Gamma	用于调节图像的亮度级别，值越大，图像越亮
⑦ 基值	用于设置图像调节的基础值

广播级色彩

广播级色彩特效通过改变图像像素的颜色值，使素材能在电视中精确显示出来。在一般的家庭视频设备上是不能显示高于某个波幅以上的信号的，为了使图像信号能正确地在两种不同的设备中传输与播出，可以使用广播级色彩特效将计算机产生的颜色亮度或饱和度降低到一个安全值，从而实现图像的正常播放。应用广播级色彩特效的图像效果如图7.20所示。

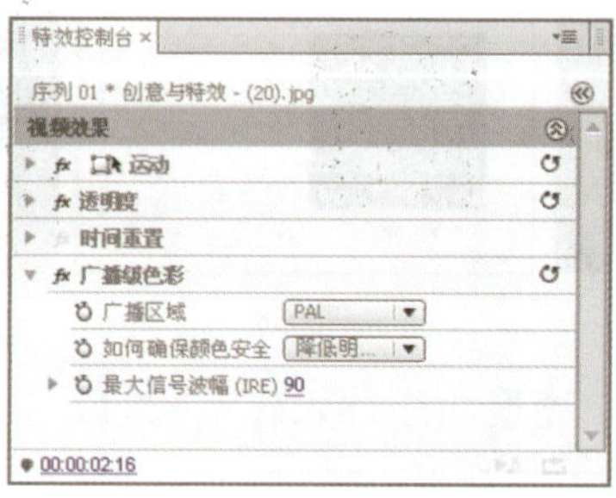

图7.20

在【特效控制台】面板中，广播级色彩特效各参数的含义如下。

① 广播区域	用于选择适合的电视制式
② 如何确保颜色安全	用于选择缩小信号振幅的方式
③ 最大信号波幅	用于设置当前信号振幅的最大值

更改颜色

更改颜色特效用于改变图像中某种颜色区域的色调饱和度和亮度，可以通过制定某一个基色和设置相似值来确定区域。应用更改颜色特效的图像效果如图7.21所示。

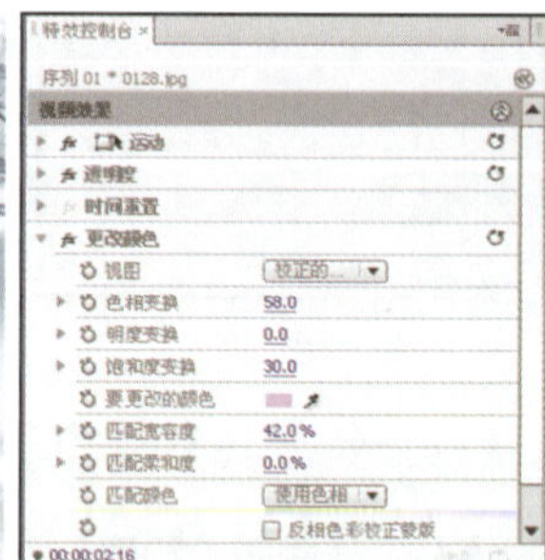

图7.21

在【特效控制台】面板中，更改颜色特效各参数的含义如下。

① 视图	用于设置校正颜色的形式
② 色相变换	用于调整色相的大小
③ 明度变换	用于调整亮度的大小
④ 饱和度变换	用于调整饱和度的大小

⑤ 要更改的颜色	用于设置要改变的颜色
⑥ 匹配宽容度	用于设置颜色的差值范围
⑦ 匹配柔和度	用于设置颜色的柔和度
⑧ 匹配颜色	用于设置匹配颜色
⑨ 反相色彩校正蒙版	勾选该复选框，可以将当前改变的颜色值反转

着色

使用着色特效可以通过指定的颜色对图像进行颜色映射处理。应用着色特效的图像效果如图7.22所示。

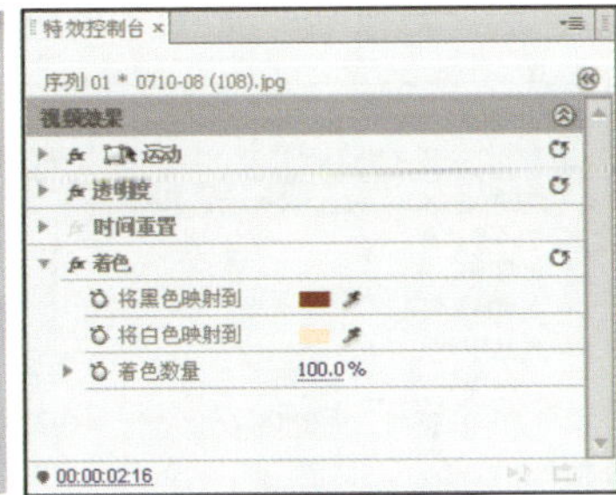

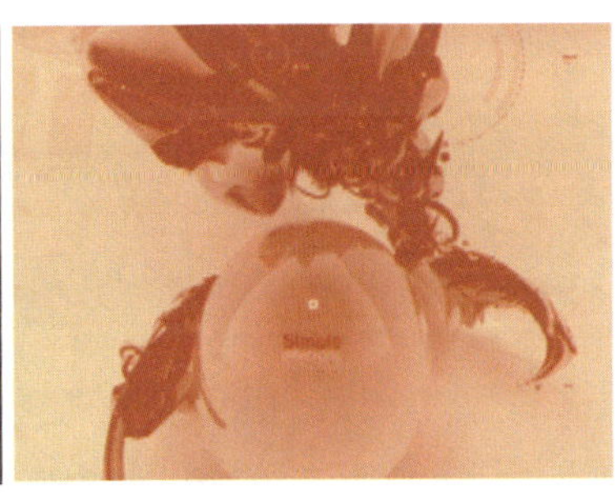

图7.22

在【特效控制台】面板中，着色特效各参数的含义如下。

① 将黑色映射到	用于设置图像中黑色和灰色改变映射的颜色
② 将白色映射到	用于设置历史记录艺术画笔绘制时所用于设置图像中白色改变映射的颜色覆盖的像素范围
③ 着色数量	用于设置色调映射的程度

脱色

使用脱色特效可以通过设置颜色来指定图像中要保留的颜色，将其他颜色转换为灰度效果。应用脱色特效的图像效果如图7.23所示。

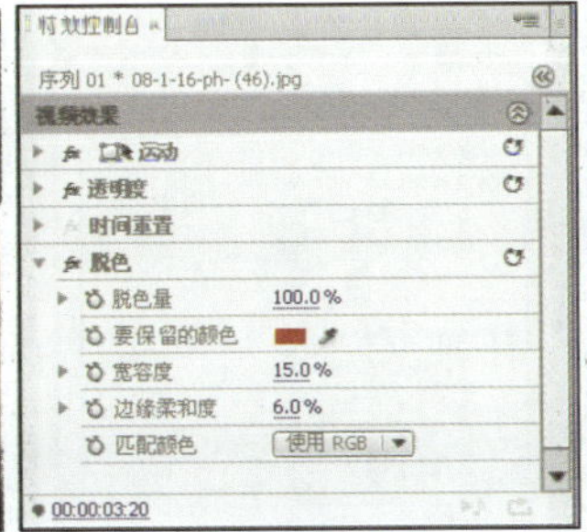

图7.23

在【特效控制台】面板中，脱色特效各参数的含义如下。

① 脱色量	用于设置色彩脱色的值
② 要保留的颜色	用于设置要保留的颜色
③ 宽容度	用于设置颜色的差值范围
④ 边缘柔和度	用于设置边缘的柔和程度
⑤ 匹配颜色	用于设置颜色的匹配

色彩均化

使用色彩均化特效可以通过RGB、亮度或Photoshop样式3种方式对图像进行色彩平均化，将图像中最亮的区域用白色取代，最暗的区域用黑色取代，介于最亮与最暗之间的区域则用灰色取代。应用色彩均化特效的图像效果如图7.24所示。

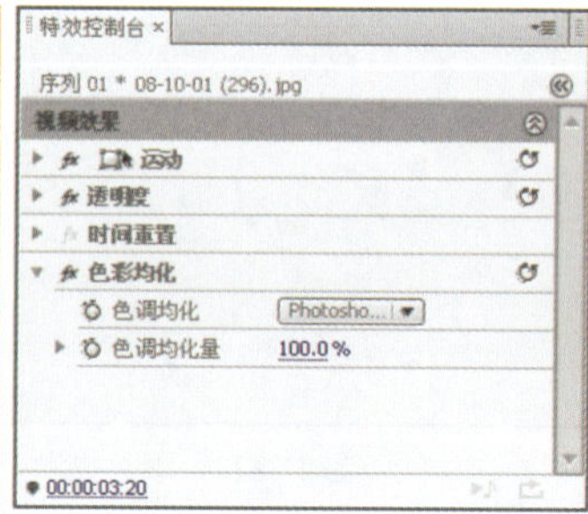

图7.24

在【特效控制台】面板中，色彩均化特效各参数的含义如下。

① 色调均化	用于设置均化的方式
② 色调均化量	用于设置均化的程度

色彩平衡

色彩平衡特效通过调整图像暗部、中间色和高光的颜色强度来调整素材的色彩均衡。应用色彩平衡特效的图像效果如图7.25所示。

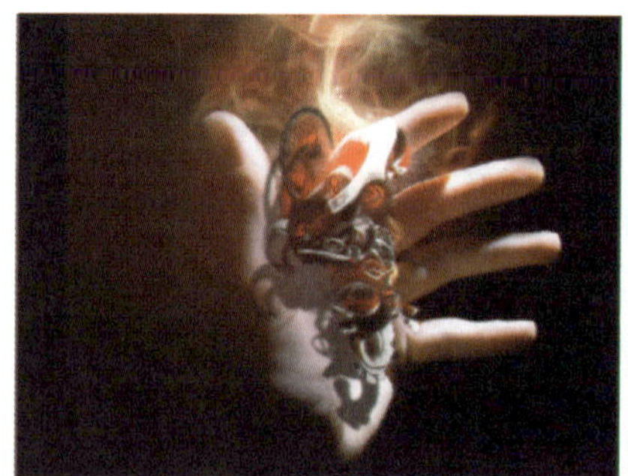

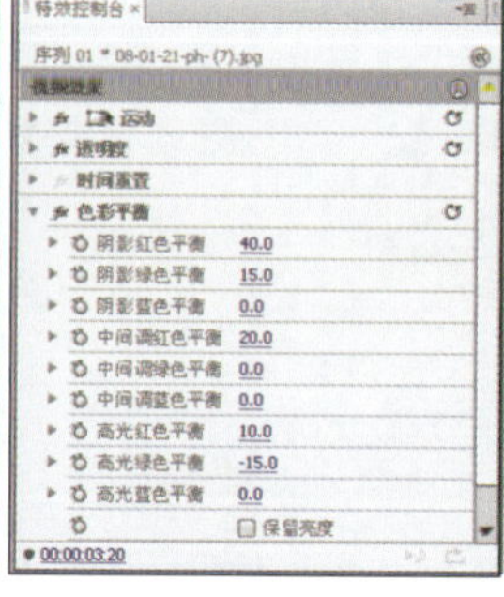

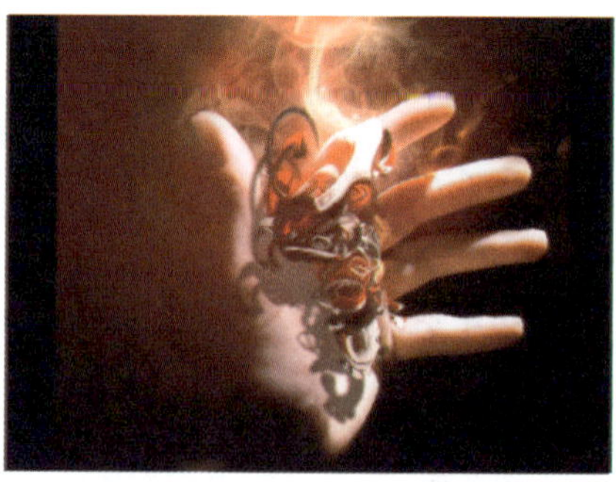

图7.25

在【特效控制台】面板中，色彩平衡特效各参数的含义如下。

① 阴影/中间调/高光红色平衡	用于调整图像阴影的R、G、B色彩平衡
② 阴影/中间调/高光绿色平衡	用于调整图像中间调的R、G、B色彩平衡
③ 阴影/中间调/高光蓝色平衡	用于调整图像高光的R、G、B色彩平衡

转换颜色

使用转换颜色特效可以用指定的颜色来替换图像中的某种颜色色调、明度以及饱和度的值，应用转换颜色特效的图像效果如图7.26所示。

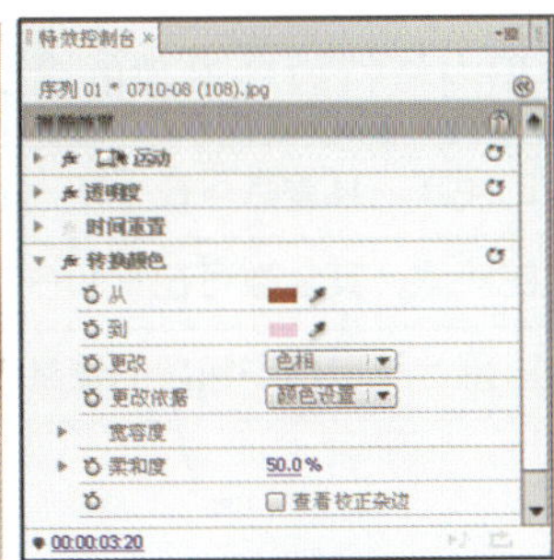

图7.26

在【特效控制台】面板中，转换颜色特效各参数的含义如下。

① 从	用于设置需要替换的颜色
② 到	用于设置替换的颜色
③ 更改	用于设置替换颜色的基准
④ 更改依据	用于设置颜色的替换方式
⑤ 宽容度	用于调整图像的色相、明度和饱和度
⑥ 柔和度	用于设置替换颜色后的柔和程度
⑦ 查看校正杂边	勾选该复选框，可将替换后的颜色变为蒙版形式

7.2.3 调整类特效

调整类特效主要是对图像的亮度、对比度和色彩等进行处理，该类视频特效共包括9种调色效果，如图7.27所示。

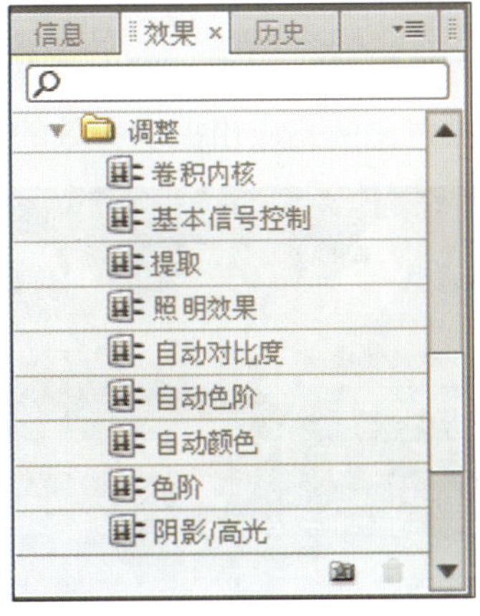

图7.27

卷积内核

卷积内核特效是按照一种预先指定的数学计算方法计算素材中像素的颜色，以改变图像中每一个像素的亮度值。应用卷积内核特效的图像效果如图7.28所示。

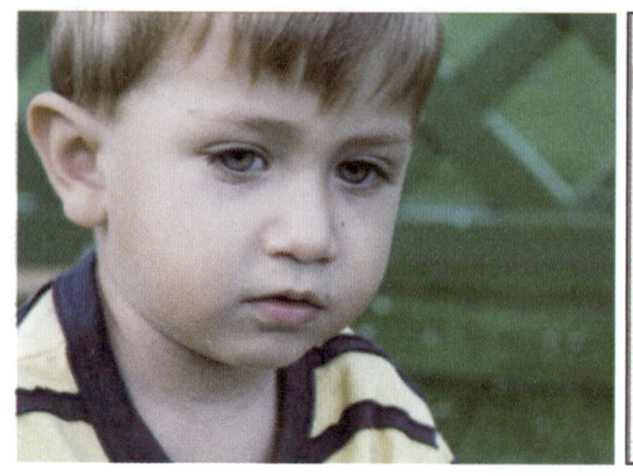
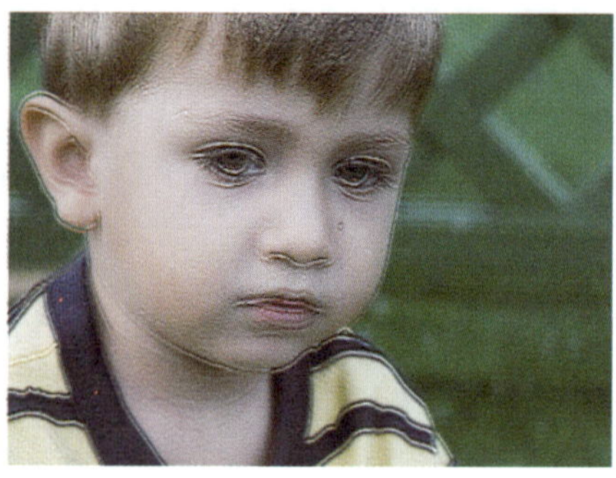

图7.28

在【特效控制台】面板中，卷积内核特效各参数的含义如下。

① M11～M33	表示像素亮度增效的矩阵，其参数可在－30～30之间调整
② 偏移	表示像素亮度增效的矩阵，其参数可在－30～30之间调整
③ 缩放	用于设置一个参数，用计算操作中包含的像素之和除以该值

基本信号控制

基本信号控制特效用于对图像的亮度、对比度、色相和饱和度进行综合调整，还可以应用分割屏幕来局部调整图像的色彩，以制作出渐变的动画效果。应用基本信号控制特效的图像效果如图7.29所示。

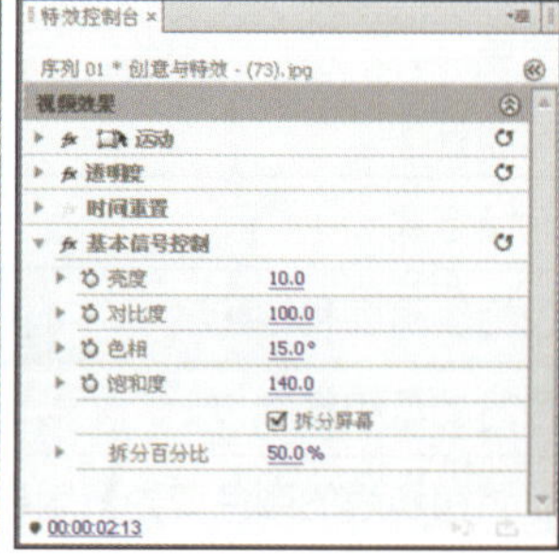

图7.29

提取

提取特效用于将图像转化成灰度蒙版效果，可以通过定义灰度级别来控制灰度图像的黑白比例。应用提取特效的图像效果如图7.30所示。

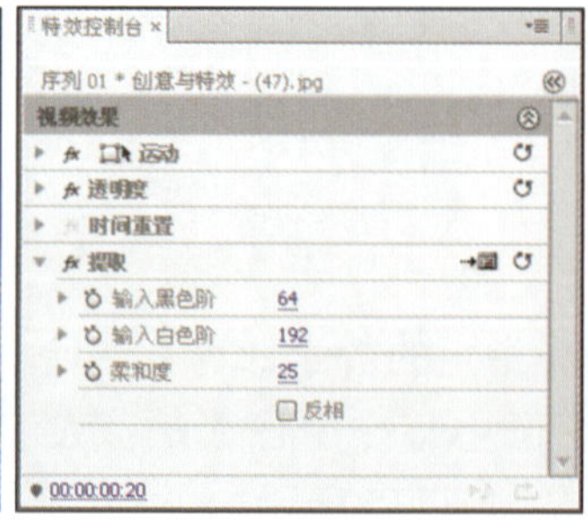

图7.30

在【特效控制台】面板中，单击提取特效右侧的【设置】按钮，弹出【提取设置】对话框，如图7.31所示。

【提取设置】对话框中各参数的含义如下。

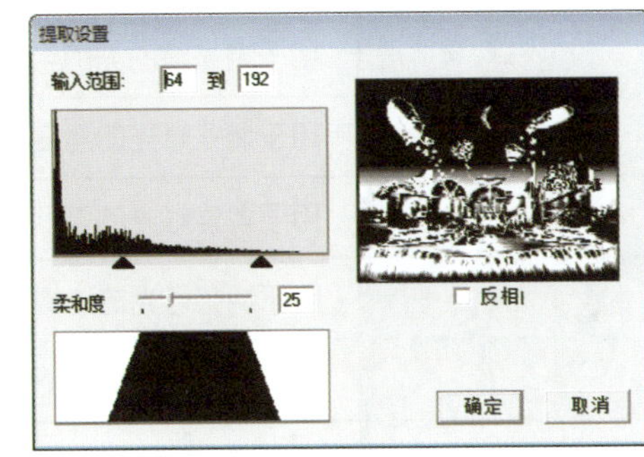

图7.31

① 输入范围	用于设置颜色提取的范围。调整滑块，它们之间的像素将变成白色，而其他像素都变成黑色
② 柔和度	用于调整画面的灰度，参数越大，其灰度越高
③ 反相	勾选该复选框，将对黑色和白色像素范围进行反转

照明效果

使用照明效果特效可以为图像添加灯光效果，并通过调整参数制作出不同的光效。选择灯光特效后，在图像上还会显示出灯光的控制柄，可以通过调整控制柄来设置灯光的形状。应用照明效果特效的图像效果如图7.32所示。

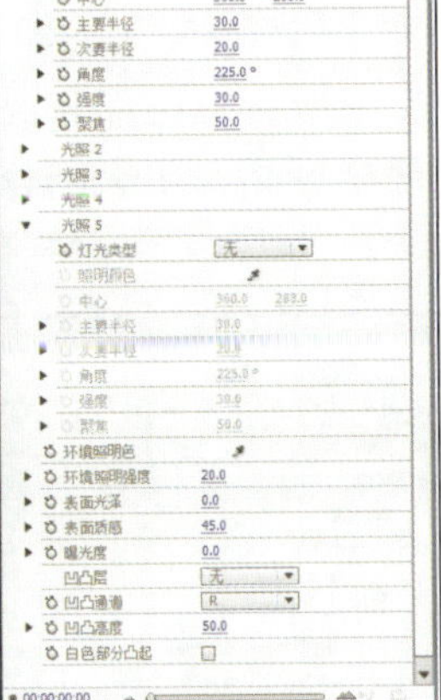

图7.32

在【特效控制台】面板中，照明效果特效各参数的含义如下。

① 光照1～5	用于添加灯光效果，可以同时添加多盏灯效
② 灯光类型	用于选择灯光类型
③ 照明颜色	用于设置光照的颜色
④ 中心	在右侧X、Y轴参数区中输入参数，来改变当前灯光的位置
⑤ 主要半径	用于调整主光的半径值

⑥ 次要半径	用于调整辅助光的半径值
⑦ 角度	用于调整灯光的角度
⑧ 强度	用于调整灯光的强烈程度
⑨ 聚焦	用于调整灯光的边缘羽化程度
⑩ 环境照明色	用于设置周围环境的颜色
⑪ 环境照明强度	用于调整周围环境光的强度
⑫ 表面光泽	用于调整表面的光泽强度
⑬ 表面质感	用于设置表面的材质效果
⑭ 曝光度	用于调整曝光度大小
⑮ 凹凸层	用于设置产生浮雕的轨道，可以选择“无”或某个视频轨道，这里的轨道数量与时间线上的视频轨道相对应
⑯ 凹凸通道	用于设置产生浮雕的通道，可以选择R、G、B或透明
⑰ 凹凸高度	用于调整浮雕的大小
⑱ 白色部分凸起	用于反转浮雕的方向

自动对比度

自动对比度特效能够自动分析层中所有对比度和混合的颜色，将最亮和最暗的像素映射到图像的白色和黑色中，使高光部分更亮，阴影部分更暗。应用自动对比度特效的图像效果如图7.33所示。

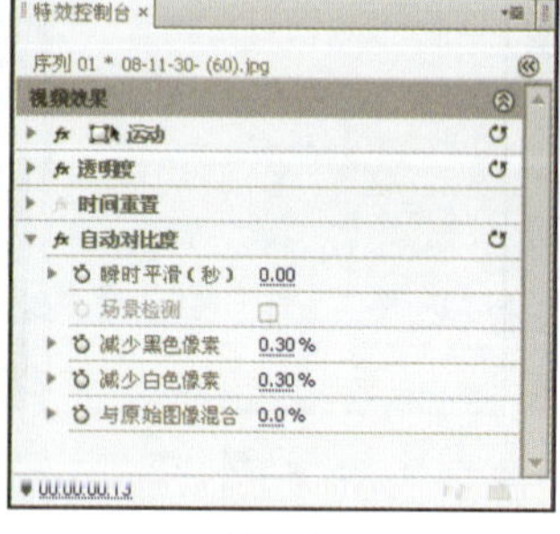

图7.33

在【特效控制台】面板中，自动对比度特效各参数的含义如下。

① 瞬时平滑	用于设置瞬时平滑的秒数
② 场景检测	勾选该复选框，将实行场景检测
③ 减少黑色像素	用于设置图像的黑场
④ 减少白色像素	用于设置图像的白场
⑤ 与原始图像混合	用于设置混合的初始状态，控制与原图像的混合百分比

自动色阶

自动色阶特效用于对图像进行自动色阶的调整，图像值和自动色阶的值相近时，图像应用该特效后变化效果较小。应用自动色阶特效的图像效果如图7.34所示。

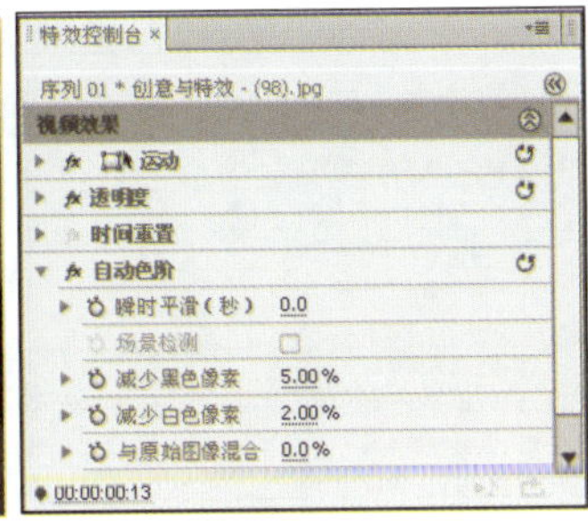

图7.34

在【特效控制台】面板中，自动色阶特效各参数的含义如下。

① 瞬时平滑（秒）	用于设置瞬时平滑的秒数
② 场景检测	用于设置瞬时平滑忽略不同场景中的帧
③ 减少黑/白色像素	用于设置黑色或白色像素的减弱程度，数值在0%～10%之间
④ 与原始图像混合	用于设置效果图与原图像的融合程度

自动颜色

自动颜色特效根据图像高光、中间色和阴影色的值来调整原图像的对比度和色彩，图像值如果和自动色彩的值相近，图像应用该特效后效果变化较小。应用自动颜色特效的图像效果如图7.35所示。

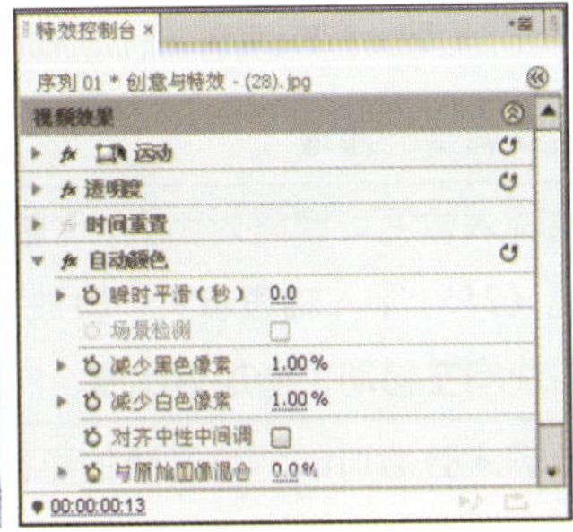

图7.35

在【特效控制台】面板中，自动颜色效果特效各参数的含义如下。

① 瞬时平滑（秒）	用于设置瞬时平滑的秒数
② 场景检测	用于设置瞬时平滑忽略不同场景中的帧
③ 减少黑/白色像素	用于设置黑色或白色像素的减弱程度，数值在0%～10%之间
④ 与原始图像混合	用于设置效果图与原图像的融合程度

色阶

色阶特效用于调整图像的高亮、中间色以及暗部的颜色，还可以改变Gamma值曲线。应用色阶特效的图像效果如图7.36所示。

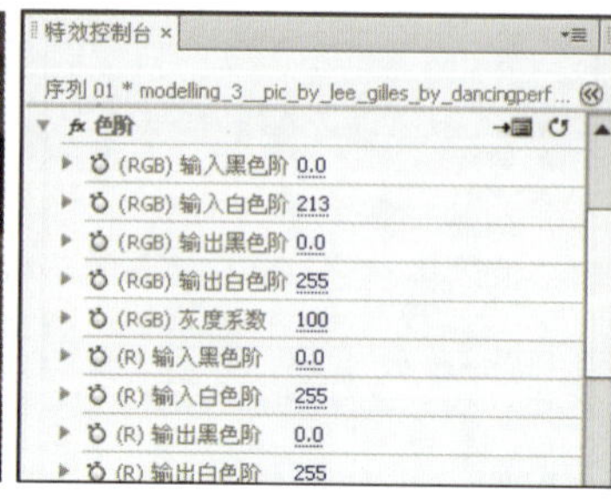

图7.36

在【特效控制台】面板中，单击色阶特效右侧的【设置】按钮，弹出【色阶设置】对话框，如图7.37所示。

图7.37

在【色阶设置】对话框中各参数的含义如下。

① 通道	用于设置需要调整的通道
② 输入色阶	拖动滑块或输入数值可调整对比度。X轴表示亮度值从左边的最暗（0）到最右边的最亮（255）；Y轴表示某个参数下的像素数量。滑块向右移动，降低对比度；滑块向左移动，增加对比度
③ 输出色阶	拖动滑块或输入数值可以调整图像的亮度。滑块向右移动，可以消除图像中最暗的值；滑块向左移动，可以消除图像中最亮的值
④ 载入	导入以前存储的设置
⑤ 保存	保存当前设置

阴影/高光

阴影/高光特效用于对图像中的阴影和高光部分进行调整。应用阴影/高光特效的图像效果如图7.38所示。

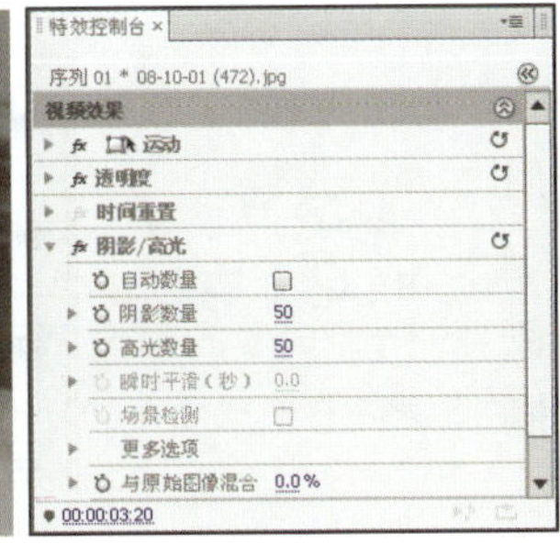

图7.38

在【特效控制台】面板中，阴影/高光特效各参数的含义如下。

参数	含义
① 自动数量	勾选该复选框，自动对图像进行阴影和高光的调整，阴影和高光数量将不能使用
② 阴影/高光数量	用于调整图像的阴影和高光数量
③ 瞬时平滑	用于设置瞬时平滑的秒数。只有勾选【自动数量】复选框后，才可以应用此选项
④ 场景检测	勾选该复选框，将进行场景检测
⑤ 场更多选项	展开该选项，可以对阴影和高光的数量、范围、宽度和色彩进行更细致的修改
⑥ 与原始图像混合	设置混合的初始状态，控制与原图像的混合百分比

7.3 键控合成技术

7.3.1 透明效果设置

在进行合成时，经常需要将不同的对象合成到一个场景中去，可以使用Alpha通道来完成合成效果。但是在实际工作中，能够使用Alpha通道进行合成的影片非常少，这时，键控特效就十分有用了。键控也叫叠加，本身包含在Premiere Pro CS5的视频特效中，它不仅可以用于编辑素材，还可以用于将不同视频轨道上相互重叠的两个或两个以上的素材叠加合成制作出透明效果。键控和蒙版在功能上相似，主要用于控制素材的透明效果，当蒙版和Alpha通道控制不能满足需要时，就可以应用键控来制作透明效果。制作透明效果的方法一般包括利用Alpha通道、蒙版、不透明度和键控。

利用Alpha通道

在影视制作中，RGB模式的素材本身包括3个颜色通道，分别为红色通道、绿色通道和蓝色通道。另外，在素材中还包含一个Alpha通道，用于存储素材的透明度信息，如图7.39所示。

将带有Alpha通道的素材导入Premiere Pro CS5中时，可以看到Alpha通道的透明效果，黑色区域用来定义透明区域，白色区域用来定义完全不透明区域，在黑色和白色区域之间为灰色部分，根据灰度值的不同显示不同级别的透明效果。

很多素材包含了Alpha通道，如TGA格式的序列图片、PSD格式的Photoshop图片、TIFF格式文件、EPS格式文件和PDF格式文件等。

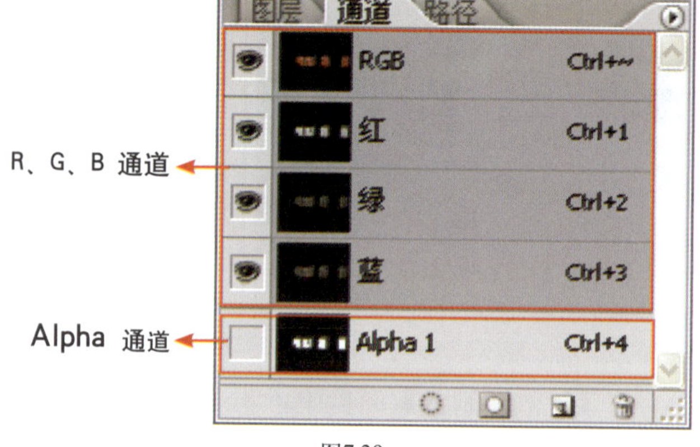

图7.39

利用不透明度

利用不透明度制作透明效果，没有利用Alpha通道方便，因为不透明度的设置都是针对素材的全部内容，它会产生完全透明、完全不透明或半透明效果，但不能设置局部透明效果。

在Premiere Pro CS5中，将一个素材叠加在另一个素材上方，位于轨道上面的素材能够显示其下方素材的图像，所利用的就是素材的不透明度。因此，通过对素材不透明度的设置，可以制作出淡入、淡出的效果，如图7.40所示。

图7.40

利用键控

键控是影视制作中合成效果最理想的方法，Premiere Pro CS5为用户提供了很多键控特效，通过这些特效可以轻松地完成图像的合成。

应用键控时，素材的前期处理十分关键，如在电影拍摄过程中，人物的周围放置蓝色或绿色的幕布，则后期的抠像处理就变得非常简单。

7.3.2 各种键控特效

Premiere Pro CS5提供的键控特效共包括14种，如图7.41所示，下面将对其中的部分特效进行具体介绍。

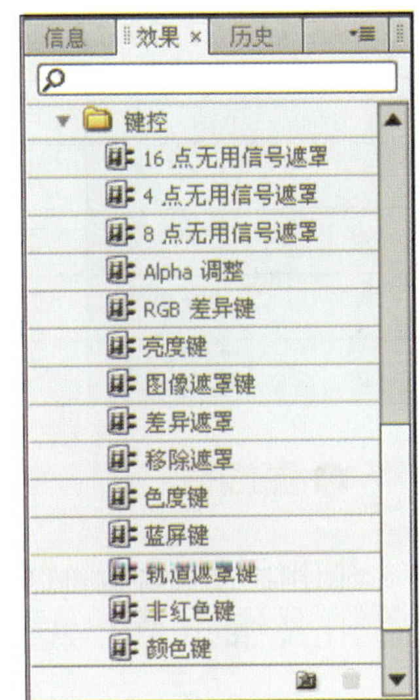

图7.41

Alpha调整

Alpha调整特效主要通过调整当前素材的Alpha通道信息，即改变Alpha通道的透明度，使当前素材与其下面的素材产生不同的叠加效果。如果当前素材不包含Alpha通道，改变的将是整个素材的透明度。应用Alpha调整特效的图像效果如图7.42所示。

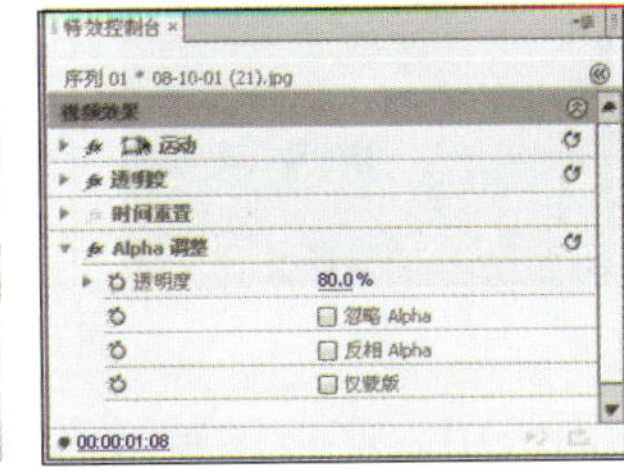

图7.42

在【特效控制台】面板中，Alpha调整特效各参数的含义如下。

参数	含义
① 透明度	用于调整画面的透明度
② 忽略Alpha	勾选该复选框，可以忽略Alpha通道
③ 反相Alpha	勾选该复选框，可以对通道进行反转处理
④ 仅蒙版	勾选该复选框，可以将通道作为蒙版使用

RGB差异键

使用RGB差异键特效可以将某个颜色或者颜色范围内的区域变为透明，比较适用于亮度较高且没有阴影或不需要细致处理的素材。应用RGB差异键特效的图像效果如图7.43所示。

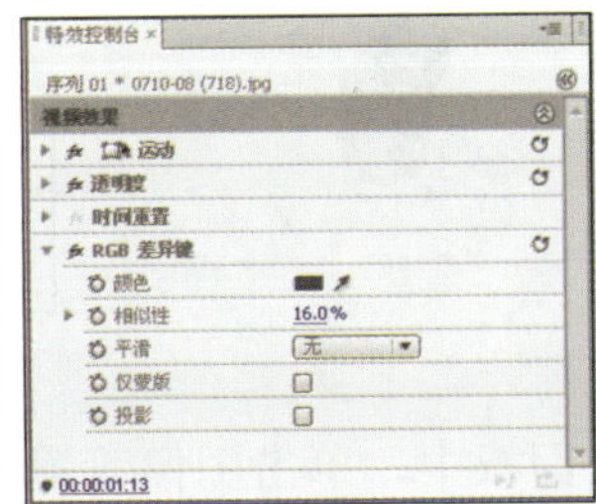

图7.43

在【特效控制台】面板中，RGB差异键特效各参数的含义如下。

① 颜色	用于设置不透明的颜色值
② 相似性	用于调整颜色的相似范围，值越大所包含的颜色范围越大
③ 平滑	可以从右侧的下拉列表中选择调整图像边缘平滑程度的选项
④ 仅蒙版	勾选该复选框，被叠加图像仅作为蒙版使用
⑤ 投影	勾选该复选框，可以为素材添加投影效果

亮度键

使用亮度键特效可以将被叠加图像的灰色值设置为透明，而且保持色度不变，对于画面对比强烈的图像比较适用。应用亮度键特效的图像效果如图7.44所示。

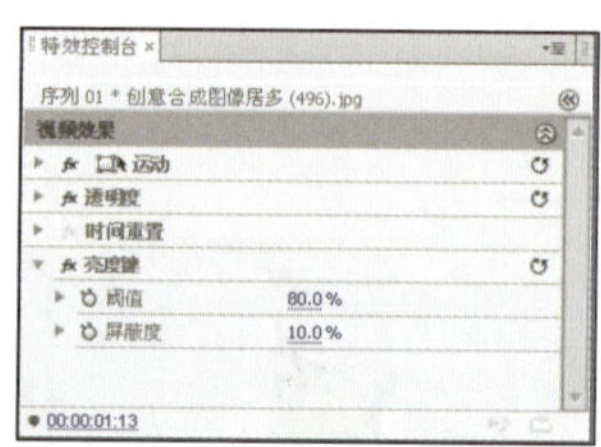

图7.44

在【特效控制台】面板中，亮度键特效各参数的含义如下。

① 阈值	用于设置素材中蓝色背景的透明度。向左拖动滑块将增加素材透明度，当该选项数值为0时，蓝色将完全透明
② 屏蔽度	用于设置前景色与背景色的对比度

图像遮罩键

图像遮罩键特效用于将指定的图像遮罩制作透明效果，被指定的遮罩图像的白色区域保持不变，黑色区域将变成全透明，介于白色和黑色区域之间的部分则出现不同程度的透明。应用图像遮罩键特效的图像效果如图7.45所示。

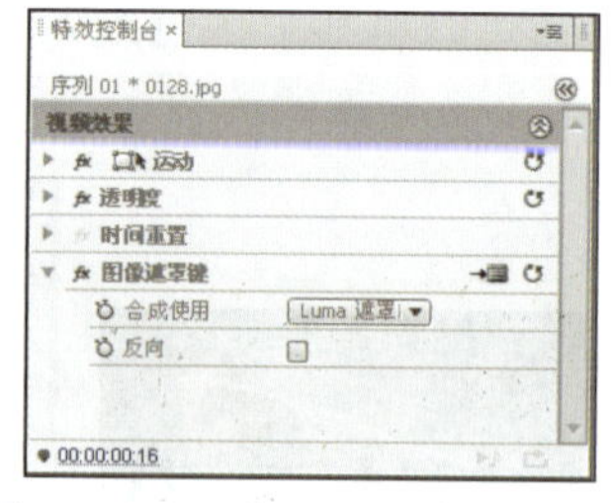

图7.45

在【特效控制台】面板中，单击图像遮罩特效右侧的【设置】按钮，弹出【选择遮罩图像】对话框，在该对话框中可以选择一个用来制作遮罩的素材图像如图7.46所示。

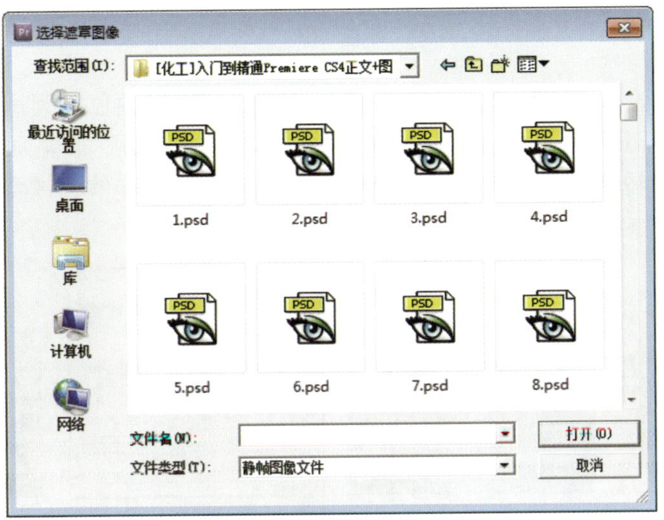

图7.46

在【特效控制台】面板中，图像遮罩键特效各参数的含义如下。

① 合成使用	可以从右侧的下拉列表中选择用于合成的选项
② 反向	勾选该复选框，将遮罩效果进行反转处理

差异遮罩

使用差异遮罩特效可以叠加两个图像相互不同部分的纹理，保留对方的纹理颜色。应用差异遮罩特效的图像效果如图7.47所示。

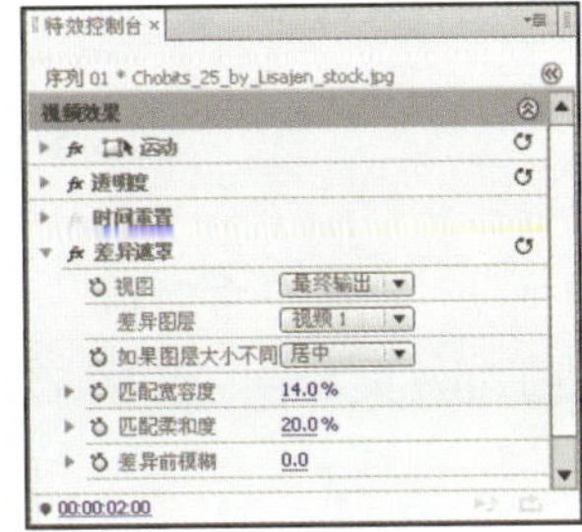

图7.47

在【特效控制台】面板中，差异遮罩特效各参数的含义如下。

① 视图	用于设置不同的图像视图
② 差异图层	用于设置作为对比层的图层
③ 如果图层大小不同	用于设置差异层和当前素材层的大小匹配方式，包含居中和伸展以适配两种方式
④ 匹配宽容度	用于设置颜色对比的范围大小，值越大，包含的颜色信息量越多
⑤ 匹配柔和度	用于设置颜色的柔化程度
⑥ 差异前模糊	细微模糊两个控制层中的颜色噪点

色度键

使用色度键特效可以将图像上的某种颜色及相似范围的颜色设为透明，从而可以看见后面的图像。与RGB差异键不同的是，色度键特效能单独调整被叠加素材的颜色和灰度值；而RGB差异键特效却是同时调整被叠加素材的颜色和灰度值，该特效适用于纯色背景的图像。应用色度键特效的图像效果如图7.48所示。

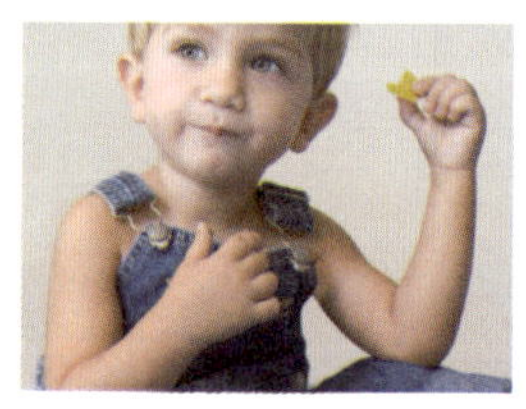

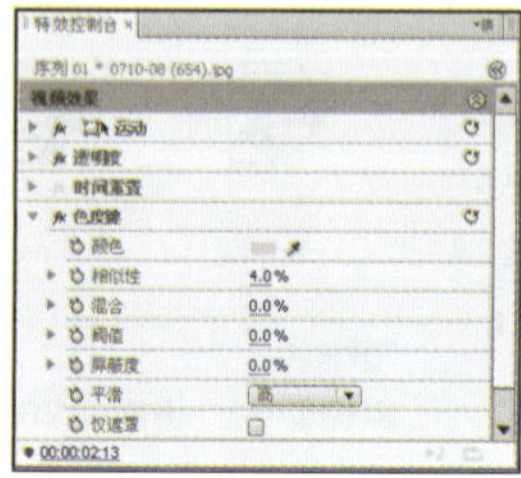

图7.48

在【特效控制台】面板中，色度键特效各参数的含义如下。

① 颜色	通过【吸管工具】拾取透明区域的颜色
② 相似性	用于调整颜色的相似范围，值越大所包含的颜色范围越大
③ 混合	用于调整边缘的混合程度
④ 阈值	用于设置被叠加图像灰阶部分的不透明度
⑤ 屏蔽度	用于设置被叠加图像的屏蔽程度
⑥ 平滑	用于调节图像边缘的平滑程度
⑦ 仅遮罩	勾选该复选框，被叠加图像仅作为蒙版使用

蓝屏键

蓝屏键特效用于叠加蓝色背景的素材，在影视编辑中，蓝屏抠像特效运用得非常广泛。应用蓝屏键特效的图像效果如图7.49所示。

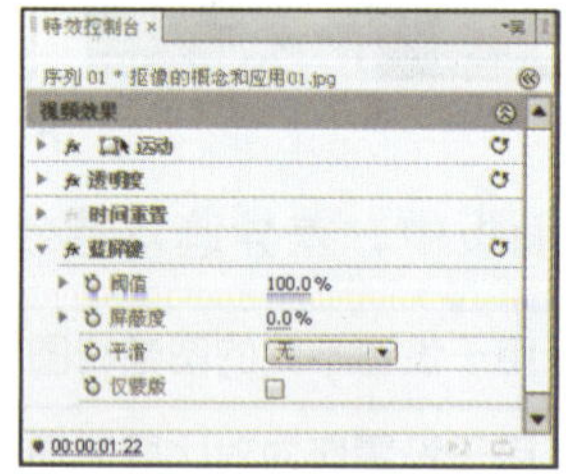

图7.49

在【特效控制台】面板中，蓝屏键特效各参数的含义如下。

① 阈值	用于调整被添加的蓝色背景的透明度
② 屏蔽度	用于设置被叠加图像的屏蔽程度
③ 平滑	用于调节图像的边缘平滑程度
④ 仅蒙版	勾选该复选框，前景仅作为蒙版使用

轨道遮罩键

使用轨道遮罩键特效可以将相邻轨道上的图像作为被叠加图像来跟踪图像，一般应用在动态的图像素材上，可以根据图像的动态范围来确定透明区域，以显示出背景。被叠加图像相对于蒙版上的白色区域是不透明的，而相对于蒙版上的黑色区域将变为透明。相对于蒙版上的灰色区域则为半透明，因此，为了保持被叠加素材的原始颜色，可以用灰度图像作为蒙版素材。应用轨道遮罩键特效的图像效果如图7.50所示。

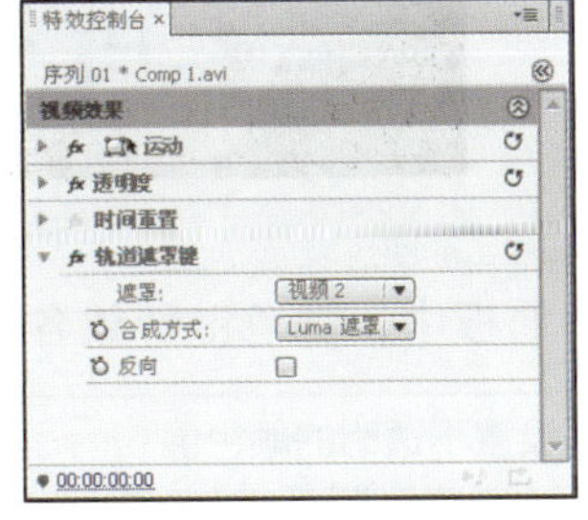

图7.50

在【特效控制台】面板中，轨道遮罩键特效各参数的含义如下。

① 遮罩	用于选择跟踪抠像的视频轨道
② 合成方式	选择用于合成的选项
③ 反向	勾选该复选框，将遮罩效果进行反转处理

非红色键

非红色键特效与蓝屏键的用法相似，当需要混合素材而使用蓝屏抠像不能达到理想效果时，使用该特效可以轻松解决。应用非红色键特效的图像效果如图7.51所示。

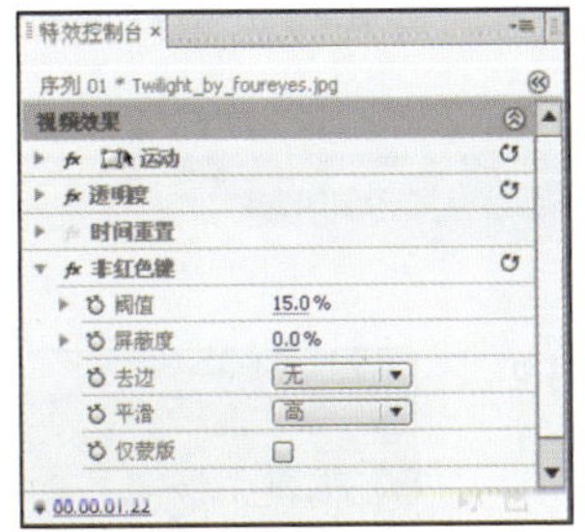

图7.51

在【特效控制台】面板中，非红色键特效各参数的含义如下。

① 阈值	用于调整被添加的蓝色或绿色背景的透明度
② 屏蔽度	用于设置被叠加图像的屏蔽程度
③ 去边	用于去除蓝色或绿色边界颜色
④ 平滑	用于调节图像边缘的平滑程度
⑤ 仅蒙版	勾选该复选框，前景仅作为蒙版使用

颜色键

使用颜色键特效可以根据指定的颜色将素材中像素值相同的颜色设置为透明，与色度键的用法基本相同，但颜色键还可以为素材进行边缘预留设置，制作出类似描边的效果。应用颜色键特效的图像效果如图7.52所示。

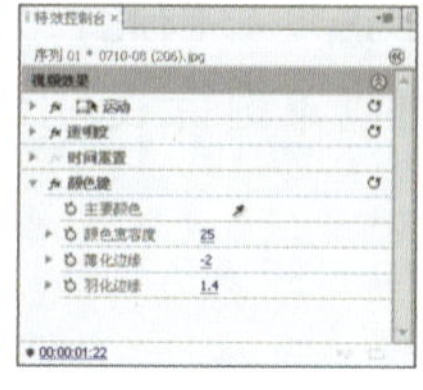

图7.52

在【特效控制台】面板中，颜色键特效各参数的含义如下。

① 主要颜色	用于设置不透明的颜色值
② 颜色宽容度	用于设置颜色的容差范围，值越大所包含的颜色范围越广
③ 薄化边缘	用于设置边缘的粗细
④ 羽化边缘	用于设置边缘的柔化程度

7.4 老电影效果制作

该范例制作老电影效果，在视频的后期制作中，为了达到特殊需要，有时要将影片处理的有年代历史感，通常会使用老电影效果。DE agedFilm插件在制作老电影效果时经常被用到。

该插件的安装方法是，将其拷贝到程序的根目录中的Plugin中即可。

7.4.1 新建项目并导入素材

STEP 01 运行Premiere Pro CS5，在启动窗口中单击【新建项目】按钮，如图7.53所示，弹出【新建项目】对话框，在【位置】选项框中选择保存的文件路径，在【名称】文本框中输入文件名称“老电影”，如图7.54所示。

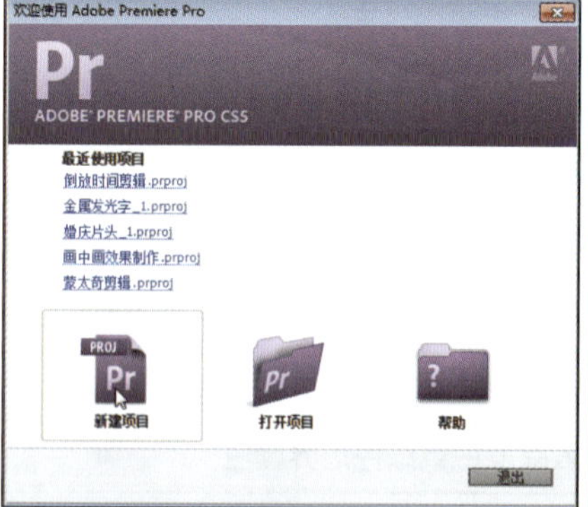

图7.53

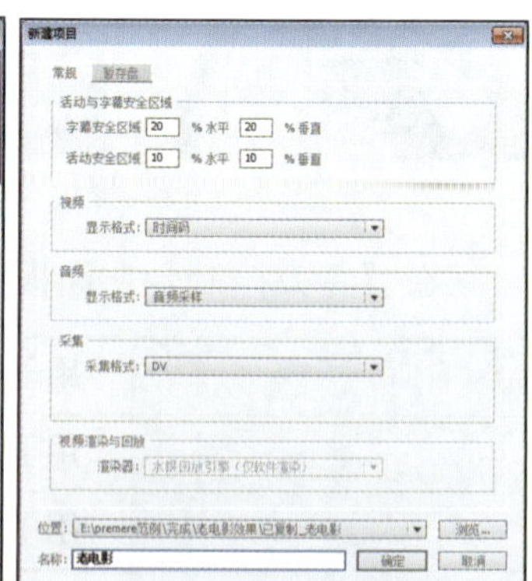

图7.54

STEP 02 单击【确定】按钮，弹出【新建序列】对话框，在左侧的【有效预置】列表中展开【DV-PAL】选项，选中【标准48kHz】模式，如图7.55所示，单击【确定】按钮，进入工作区界面。在【项目】面板的空白处双击，在弹出的【导入】对话框中选择随书所附光盘中的“第7章\7.4\bian.mp4”素材，如图7.56所示，单击【打开】按钮。

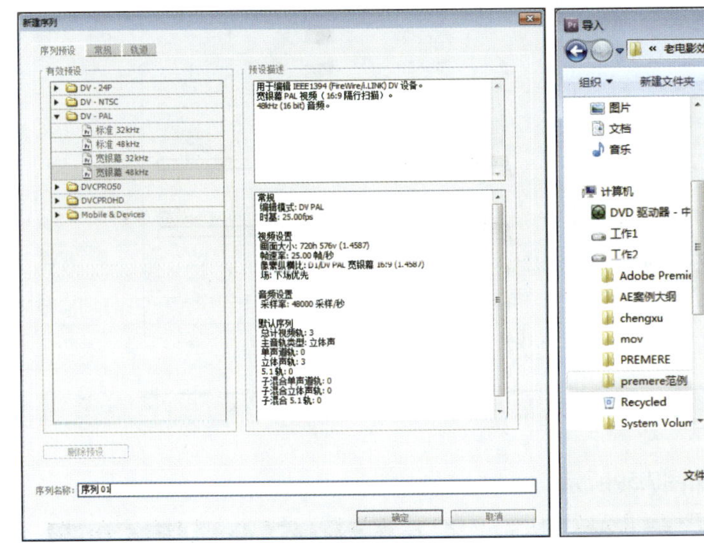

图7.55

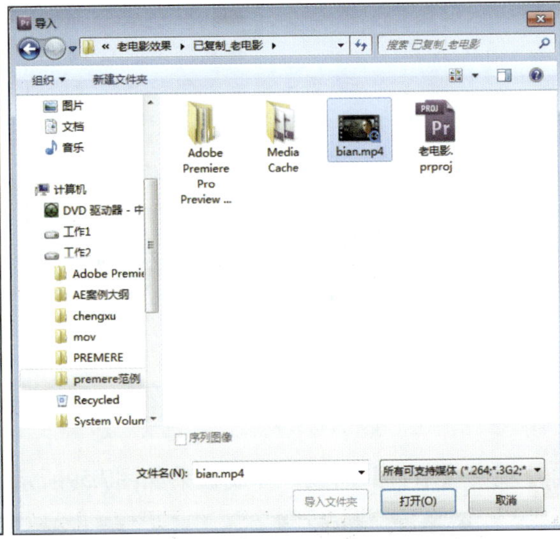

图7.56

STEP 03 在【项目】面板中选中导入的素材文件，并将素材拖动到【时间栏】面板的【序列01】选项卡中的视频1轨道上，排列素材如图7.57所示。

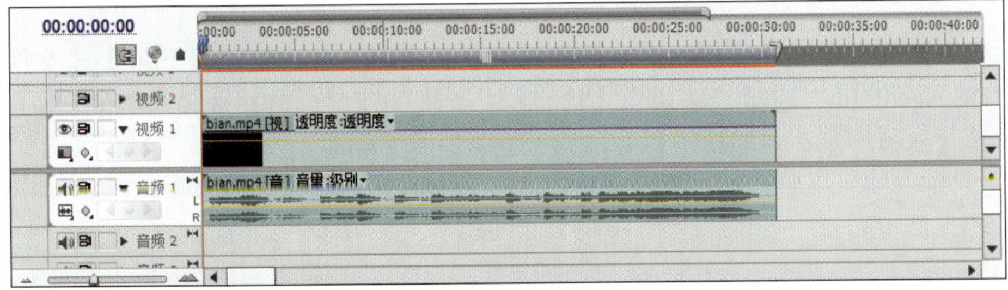

图7.57

7.4.2 色调调整 

STEP 01 在【效果】面板中展开【视频特效】文件夹下的【色彩校正】子文件夹，选择“三路色彩校正”滤镜，拖动到【时间栏】面板的【序列01】选项卡中的视频01轨道的“bian.mp4”上，在【特效控制台】面板中设置滤镜参数，如图7.58所示。

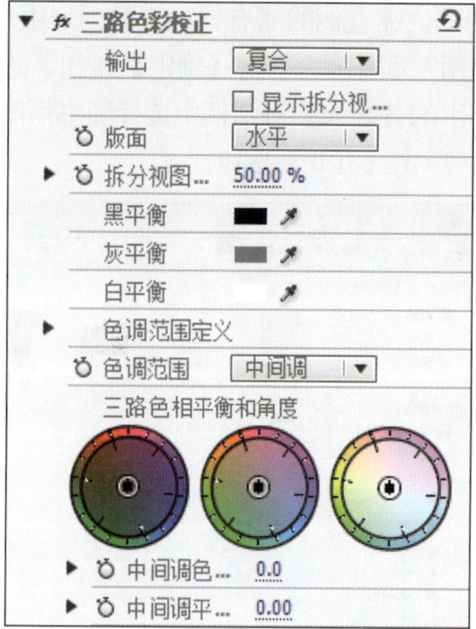

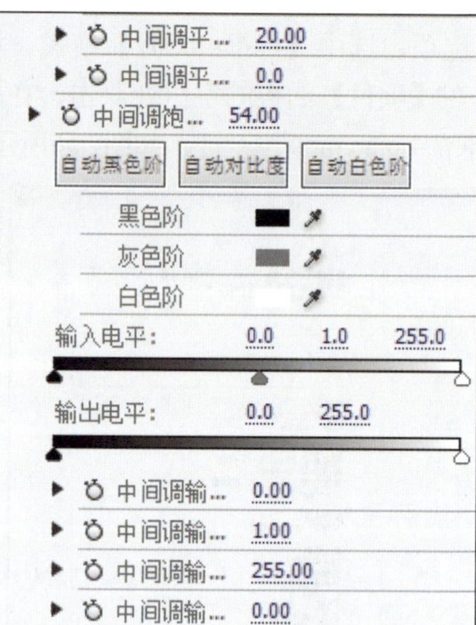

图7.58

STEP 02 观察【节目】面板，合成效果如图7.59所示。

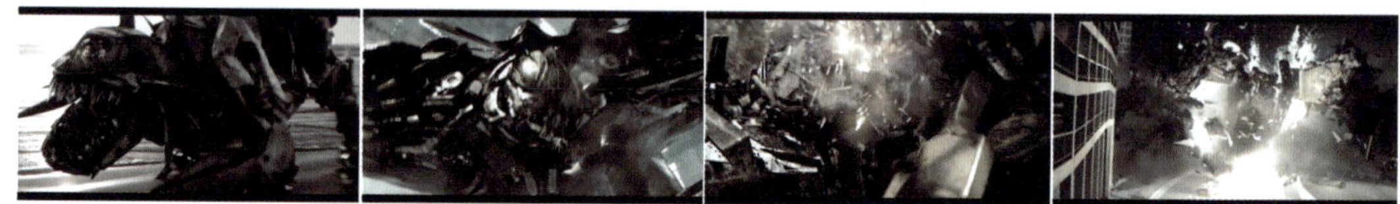

图7.59

STEP 03 在【效果】面板中展开【视频特效】文件夹下的【Digieffects Aged Film】子文件夹，选择“DE AgedFilm”滤镜，拖动到【时间栏】面板的【序列01】选项卡中的“bian.mp4”上，在【特效控制台】面板中设置滤镜参数，如图7.60所示。

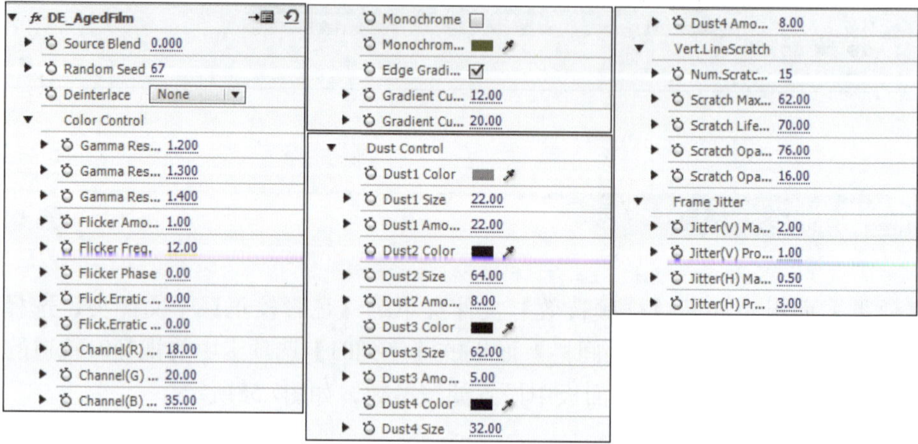

图7.60

至此，老电影效果实例制作全部完成，按空格键或Enter键，在【节目】面板中预览动画效果，如图7.61所示。

图7.61

7.5 MOJO电影调色

该范例介绍了一款高效调色插件，该插件在后期视频制作中经常被使用到。该插件的人脸识别功能非常强大，自动保留原有皮肤肤色对背景环境进行控制。在影视后期制作中，常用这种手法来处理人物主角。

7.5.1 MOJO调色插件安装

安装MOJO插件，该插件是由RED GIANT公司开发的一款专业针对影视后期调色插件，如图7.62所示，该插件安装步骤同其他软件安装一样，输入序列号，执行下一步操作即可。在MOJO调色中可以自动识别肤色，在实拍影视素材的后期处理上，很大程度地提升了制作人员的工作效率。

图7.62

7.5.2 新建项目并导入素材

STEP 01 运行Premiere Pro CS5，在启动窗口中单击【新建项目】按钮，如图7.63所示，弹出【新建项目】对话框，在【位置】选项框中选择保存的文件路径，在【名称】文本框中输入文件名称“MOJO调色”，如图7.64所示。

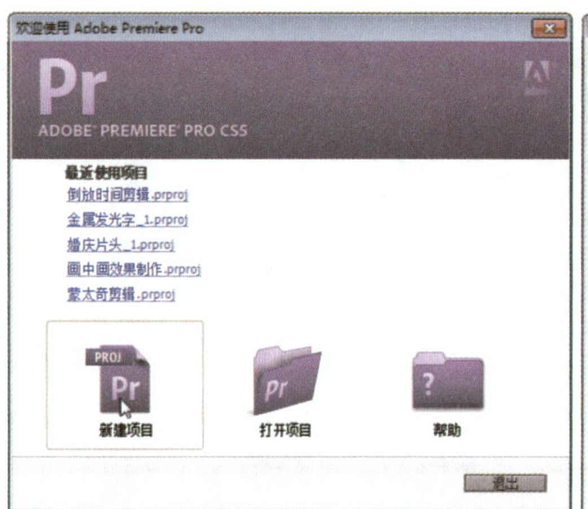

图7.63

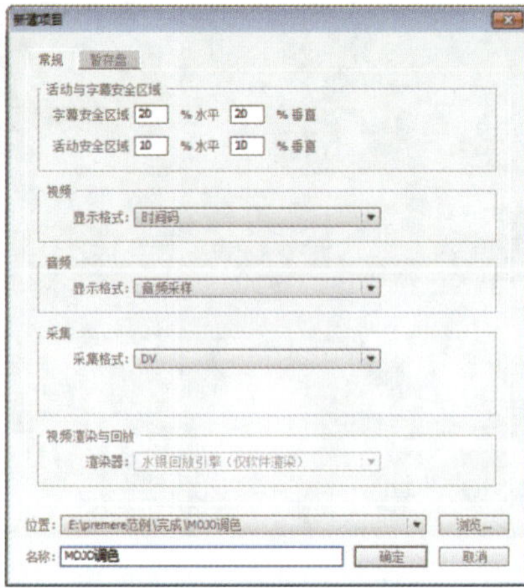

图7.64

STEP 02 单击【确定】按钮，弹出【新建序列】对话框，在左侧的【有效预置】列表中展开【DV-PAL】选项，选中【标准48kHz】模式，如图7.65所示，单击【确定】按钮，进入工作区界面。在【项目】面板的空白处双击，在弹出的【导入】对话框中选择随书所附光盘中的“第7章\7.5\最终幻想Versus13宣传片2.wmv”素材，如图7.66所示，单击【打开】按钮。

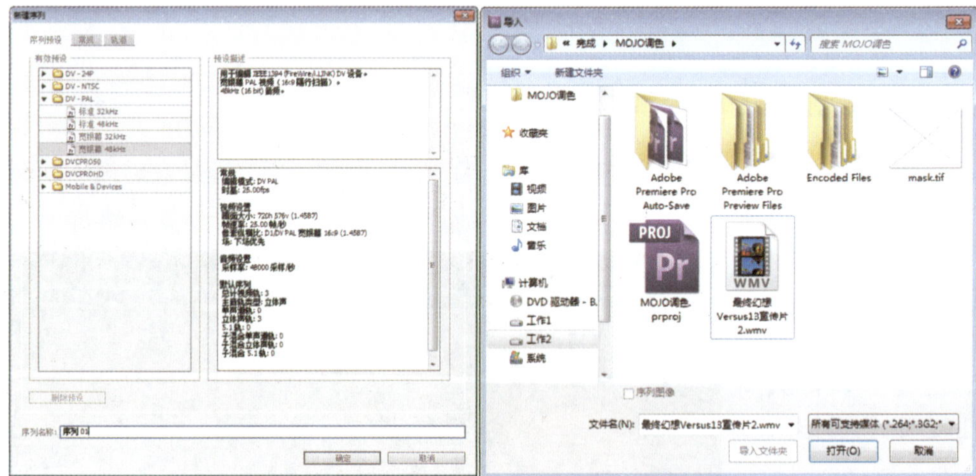

图7.65　　图7.66

STEP 03 在【项目】面板中选中导入的素材文件，并将素材拖动到【时间栏】面板的【序列01】选项卡中的视频轨道上，排列素材如图7.67所示。

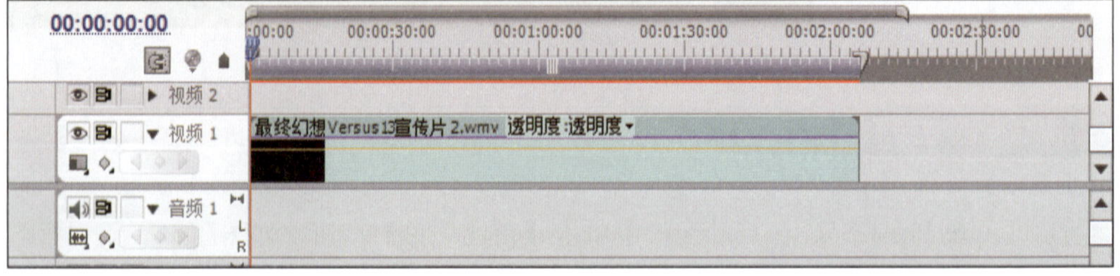

图7.67

7.5.3 MOJO调色应用

在【效果】面板中展开【视频特效】文件夹下面的【Magic Bullet Mojo】子文件夹，选择“MOJO”滤镜，拖动到【时间栏】面板的【序列01】选项卡中的视频素材上，在【特效控制台】面板中设置滤镜参数，如图7.68所示。

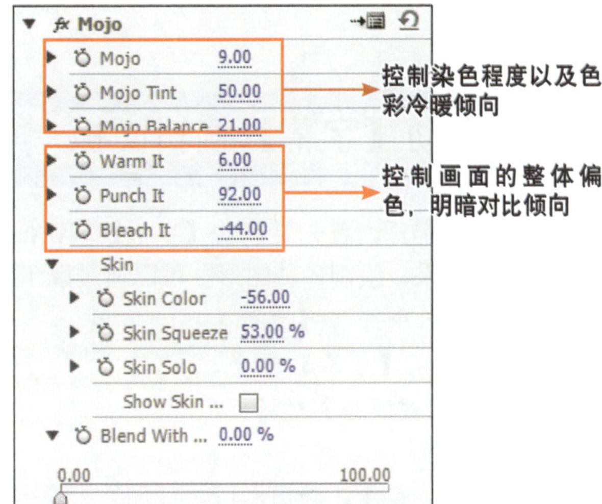

图7.68

> **Tips** 在该插件中Skin下面的选项用来设置皮肤识别程度，以及过滤的范围和排除其他颜色范围，勾选【show skin overlay】复选框可以在【节目】面板中看见自动被MOJO识别的皮肤部分被网格化显示，如图7.69所示。

图7.69

至此，MOJO电影调色制作完成，按空格键或Enter键，在【节目】面板中预览动画效果，如图7.70所示。

图7.70

第8章 字幕动画特技应用

8.1 启动【字幕】编辑面板

要想创建字幕，首先要启动【字幕】编辑面板，利用【字幕】编辑面板可以创建各种各样的文字效果，绘制各种图形。可以通过以下3种方法启动【字幕】编辑面板。

※在菜单栏中选择【文件】|【新建】|【字幕】命令，弹出【新建字幕】对话框，在【名称】文本框中输入新建字幕的名称，如图8.1所示。单击【确定】按钮，即可弹出【字幕编辑】面板，如图8.2所示。

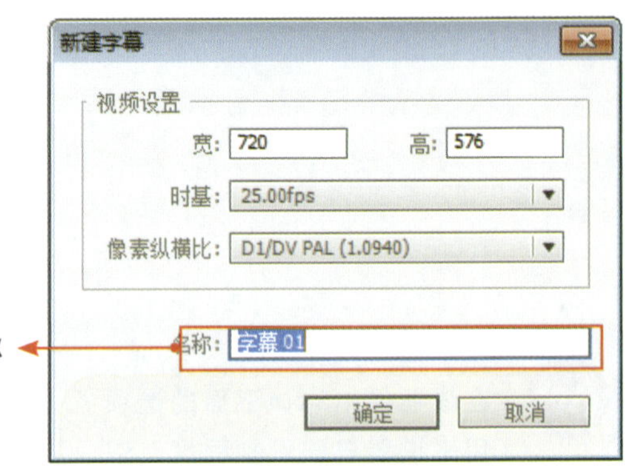

图8.1

※在【项目】面板中的空白处右击，在弹出的快捷菜单中选择【新建分项】|【字幕】命令，或单击面板下方的【新建分项】按钮，在弹出的快捷菜单中选择【字幕】命令，弹出【新建字幕】对话框，在其中输入新建字幕的名称，单击【确定】按钮，即可弹出【字幕】编辑面板。

※按Ctrl+T键，弹出【新建字幕】对话框，在【名称】文本框中输入新建字幕的名称，单击【确定】按钮，即可弹出【字幕】编辑面板。

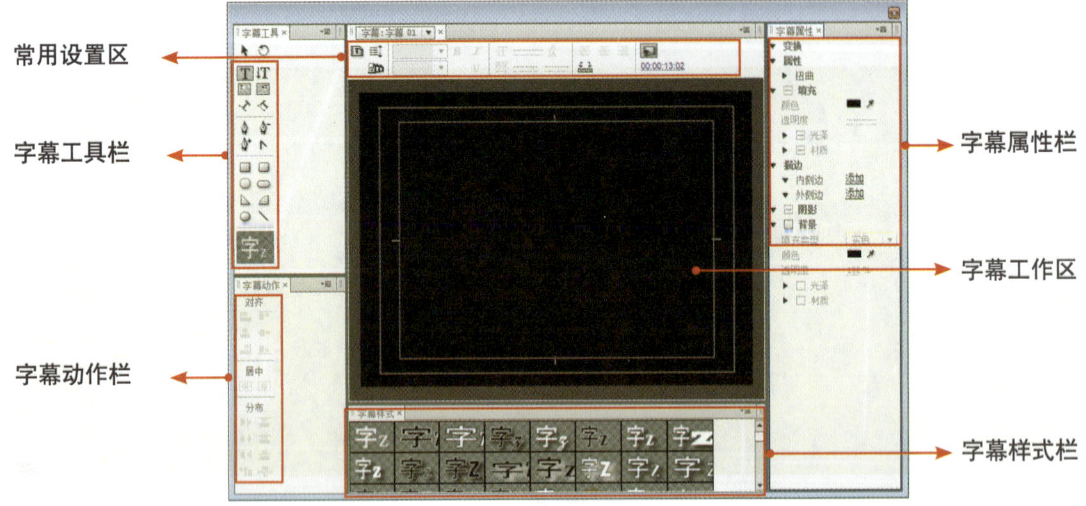

图8.2

8.2 使用【字幕】编辑面板

【字幕】编辑面板主要包括字幕工具栏、字幕动作栏、字幕属性栏、字幕工作区和字幕样式栏等，下面将对各个部分进行介绍。

8.2.1 字幕工具栏

字幕工具栏位于【字幕】编辑面板的左上方，它提供了选择文字、制作文字、编辑文字和绘制图形等基本工具，如图8.3所示，下面将详细讲解各个工具的功能。

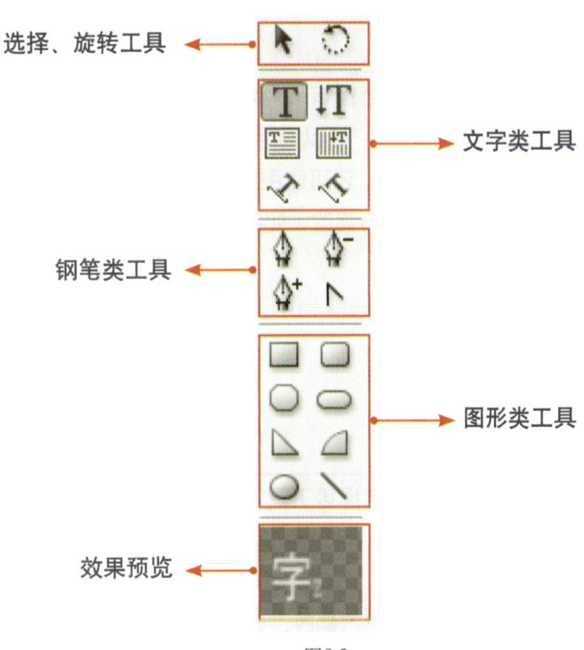

图8.3

①【选择工具】	用于选择文字或图形，并调整其大小、位置及角度。对象被选中后，其周围会出现一个带有8个控制手柄的矩形，拖动控制手柄可以调整对象的大小和位置，如图8.4所示。  图8.4

选中对象后，可以直接拖动鼠标来移动其位置，也可以用键盘上的方向键来进行精确调整。

②【旋转工具】	用于对当前选择的文本或图形进行旋转操作。使用【旋转工具】时，必须先使用【选择工具】选中对象，然后再使用【旋转工具】，按住鼠标左键并拖曳即可旋转对象，如图8.5所示	 图8.5
③【文字工具】	选择该工具，在字幕工作区中单击，可以沿水平方向输入横排文字；还可使用该工具对输入的文字进行修改，如图8.6所示	 图8.6
④【垂直文字工具】	选择该工具，在字幕工作区中单击，可以沿垂直方向输入竖排文字；还可以使用该工具对输入的文字进行修改，如图8.7所示	 图8.7
⑤【文本框工具】	用于在字幕工作区输入多行横排文本，按住鼠标左键拖出一个文本框，在其中直接输入文字即可，如图8.8所示	 图8.8

工具	说明
⑥【垂直文本框工具】	用于在字幕工作区输入多行竖排文本，按住鼠标左键拖出一个文本框，在其中直接输入文字即可，如图8.9所示 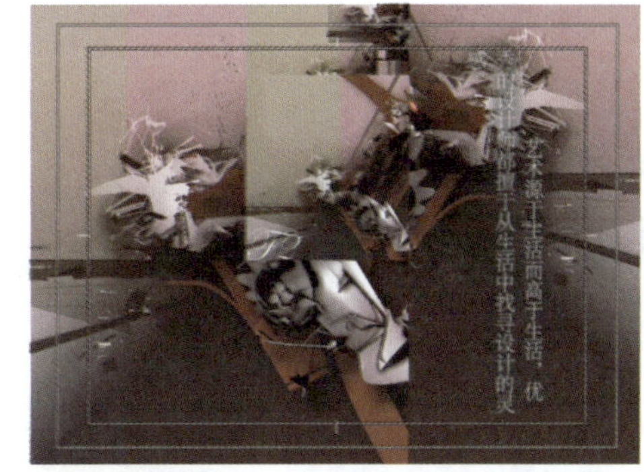 图8.9
⑦【路径输入工具】	使用该工具绘制一条路径，然后输入文字，则输入的文字平行于路径，如图8.10所示  图8.10
⑧【垂直路径输入工具】	使用该工具绘制一条路径，然后输入文字，则输入的文字垂直于路径，如图8.11所示。  图8.11
⑨【钢笔工具】	用于创建路径以及调整使用【路径输入工具】或【垂直路径输入工具】所输入文字的路径。将【钢笔工具】置于路径的定位点或手柄上，可以调整定位点的位置和路径的形状，如图8.12所示 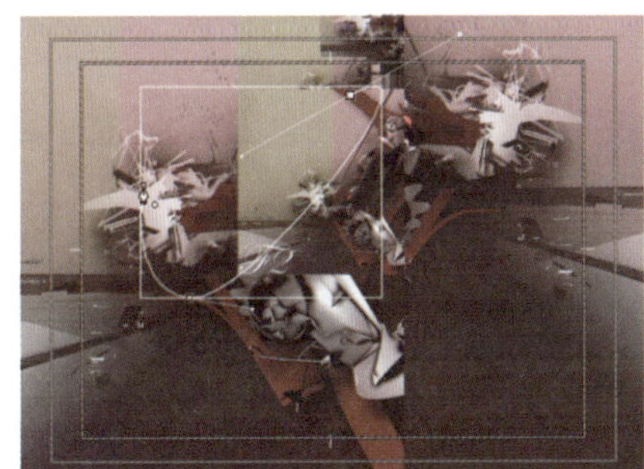 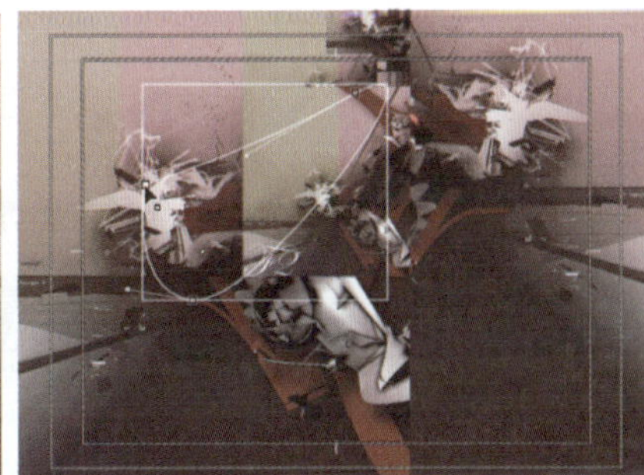 图8.12

⑩ 【删除定位点工具】	用于删除已经绘制路径的节点。选择该工具，然后直接在路径节点上单击，即可删除定位点，如图8.13所示 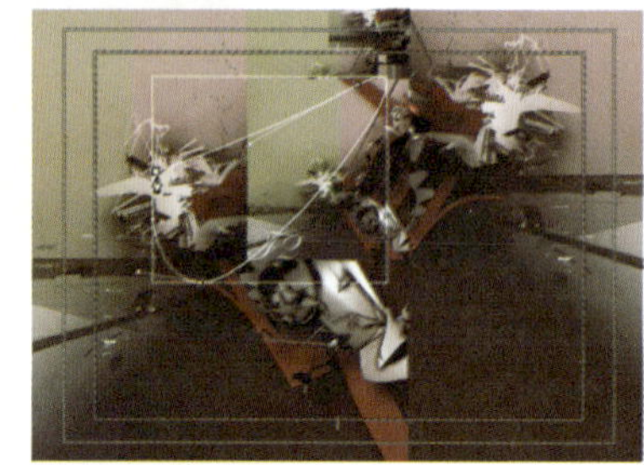 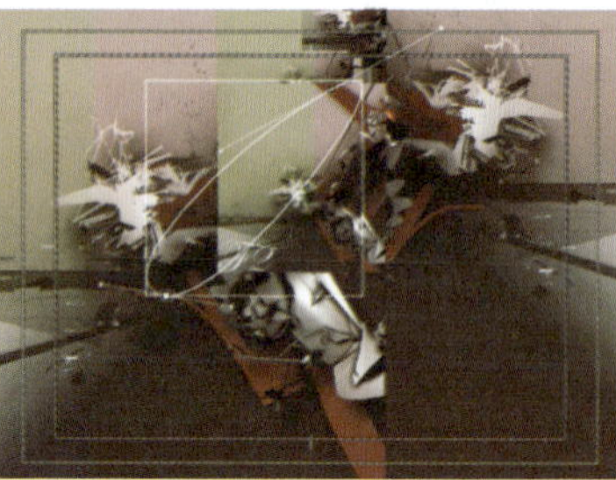 图8.13
⑪ 【添加定位点工具】	用于添加绘制路径的节点。选择该工具，然后直接在路径节点上单击，即可添加定位点，如图8.14所示 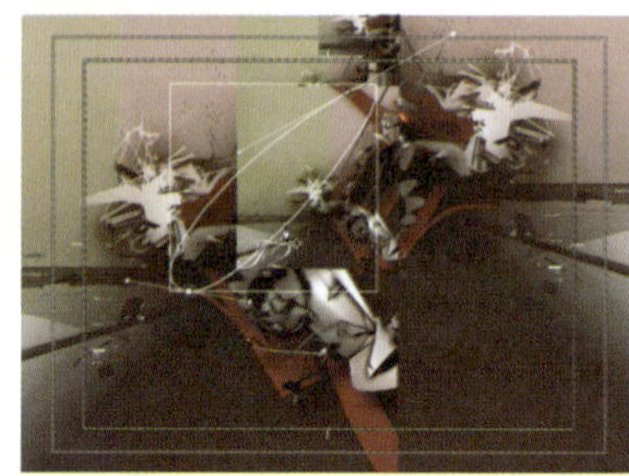 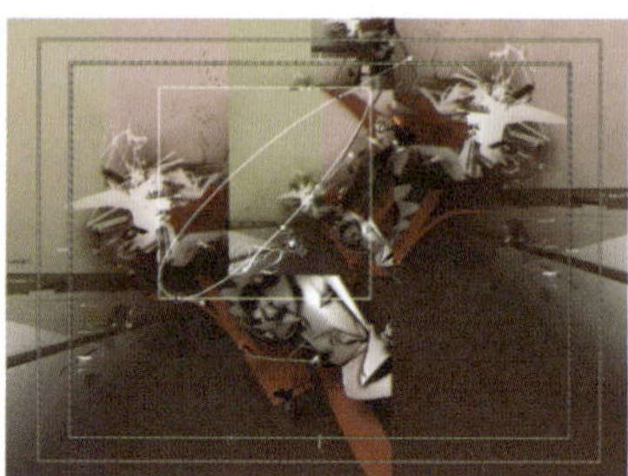 图8.14
⑫ 【转换定位点工具】	用于调整路径的节点。在曲线点上单击，可以将曲线点转换为角点，如果在角点上单击并拖动，可以将角点转换成曲线点，如图8.15所示 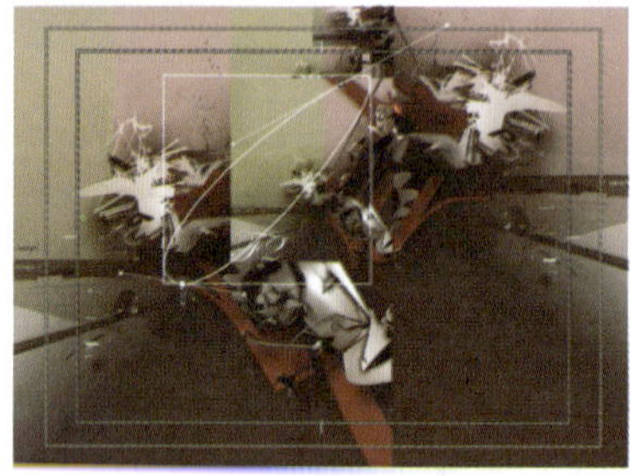 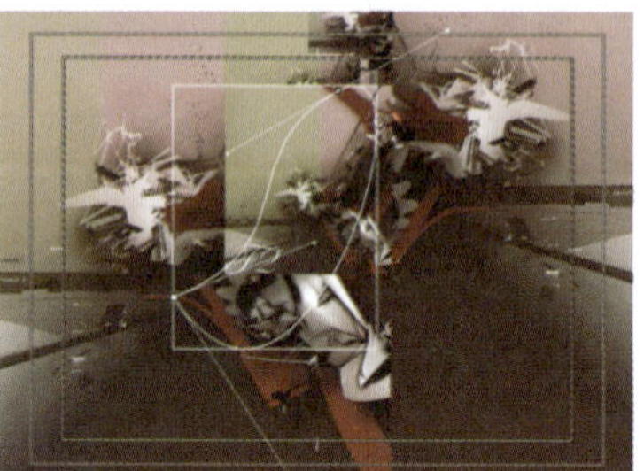 图8.15
⑬ 【矩形工具】	使用该工具可以绘制矩形
⑭ 【圆角矩形工具】	使用该工具可以绘制圆角矩形
⑮ 【切角矩形工具】	使用该工具可以绘制切角矩形
⑯ 【圆矩形工具】	使用该工具可以绘制圆矩形

⑰【三角形工具】	使用该工具可以绘制三角形
⑱【圆弧工具】	使用该工具可以绘制圆弧（即扇形）
⑲【椭圆工具】	使用该工具可以绘制椭圆形
⑳【直线工具】	使用该工具可以绘制直线

如图8.16所示为使用各图形绘制工具绘制的图形示例。在绘制的图形上右击，弹出如图8.17所示的快捷菜单，在【绘图类型】子菜单中选择相应的命令，可以方便、快捷地实现各种图形之间的转换，甚至可以将不规则的图形转换成规则的图形。

图8.16

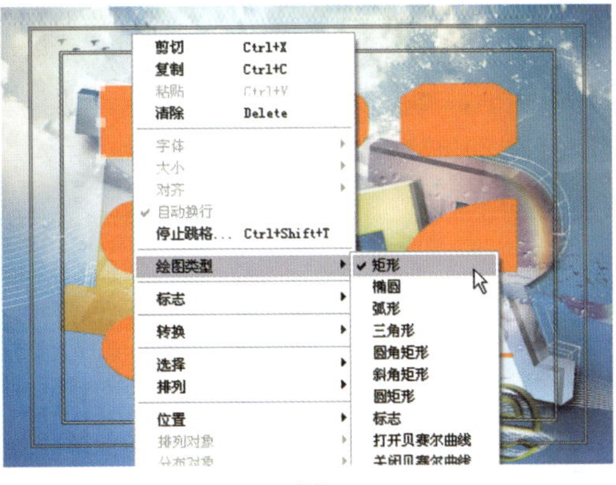

图8.17

8.2.2 字幕工作区

字幕工作区是进行字幕制作和绘制图形的工作区，位于【字幕】编辑面板的中心位置。在工作区中有两个实线方框，外部的实线方框是活动安全框，内部实线方框是字幕安全框。如果文字或者图像放置在活动安全框之外，那么在一些NTSC制式的电视中将不能显示出来，即使能够显示，也很可能会出现模糊或者变形的现象。因此，在创建字幕时，最好将文字和图像放置在活动安全框之内。

如果字幕工作区中没有显示安全区域线框，可以通过以下两种方法显示安全区域线框。

※ 在字幕工作区中右击，在弹出的快捷菜单中选择【查看】|【活动安全框】或【字幕安全框】命令，如图8.18所示。

※ 在菜单栏中选择【字幕】|【查看】|【活动安全框】或【字幕安全框】命令。

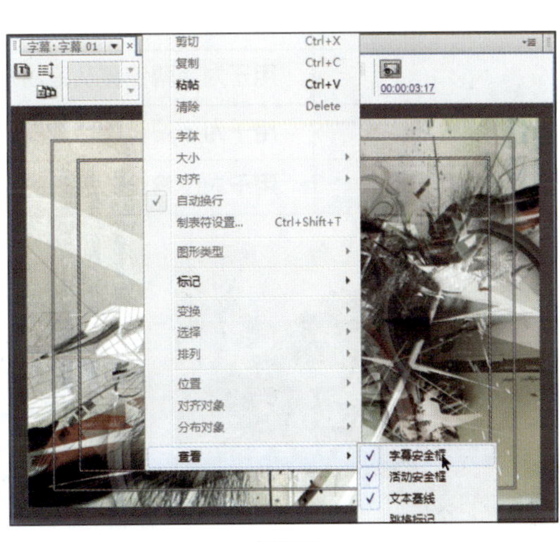

图8.18

8.2.3 常用设置区

【基于当前字幕新建字幕】按钮

主要用于在当前字幕的基础上创建一个新的字幕。单击该按钮，弹出【新建字幕】对话框，在【名称】文本框中输入新建字幕的名称，单击【确定】按钮，即可在弹出的【字幕】编辑面板中进行新字幕的创建。

【滚动/游动选项】按钮

主要用于设置字幕的类型、滚动/游动方向和时间帧。单击该按钮，弹出【滚动/游动选项】对话框，如图8.19所示。

在【滚动/游动选项】对话框中，各参数的含义如下。

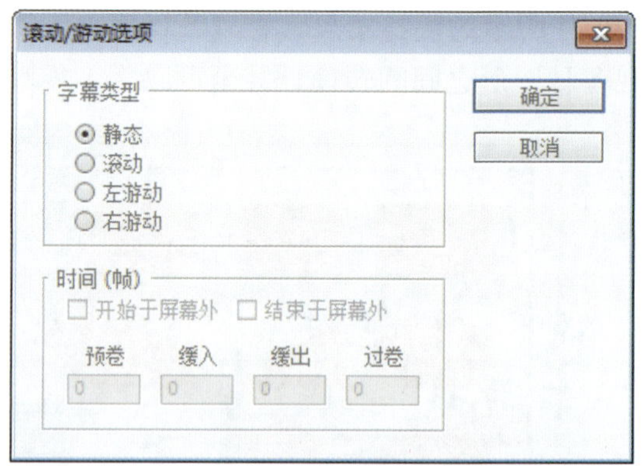

图8.19

① 静态	字幕不会产生运动效果，只是创建字幕
② 滚动	用于设置字幕沿垂直方向滚动。点选该单选钮，并勾选【开始于屏幕外】和【结束于屏幕外】复选框，字幕将从下向上滚动，如图8.20所示
③ 左游动	用于设置字幕沿水平方向向左滚动。点选该单选钮，并勾选【开始于屏幕外】和【结束于屏幕外】复选框，字幕将从右向左滚动，如图8.21所示
④ 右游动	用于设置字幕沿水平方向向右滚动，点选该单选钮，并勾选【开始于屏幕外】和【结束于屏幕外】复选框，字幕将从左向右滚动，如图8.22所示
⑤ 开始于屏幕外	勾选该复选框，字幕从屏幕外开始滚入
⑥ 结束于屏幕外	勾选该复选框，字幕滚动到屏幕以外结束
⑦ 预卷	用于为字幕设置滚动的开始帧
⑧ 缓入	用于为字幕设置从滚动开始缓入的帧数
⑨ 缓出	用于为字幕设置结束缓出的帧数
⑩ 后卷	用于为字幕设置滚动的结束帧

图8.20

图8.21

图8.22

【模板】按钮

单击该按钮，弹出【模板】对话框，如图8.23所示，其中包含了Premiere Pro CS5自带的多种字幕模板。这些模板不仅具备字幕特效，而且还有一定的主题，有的还带有背景图。

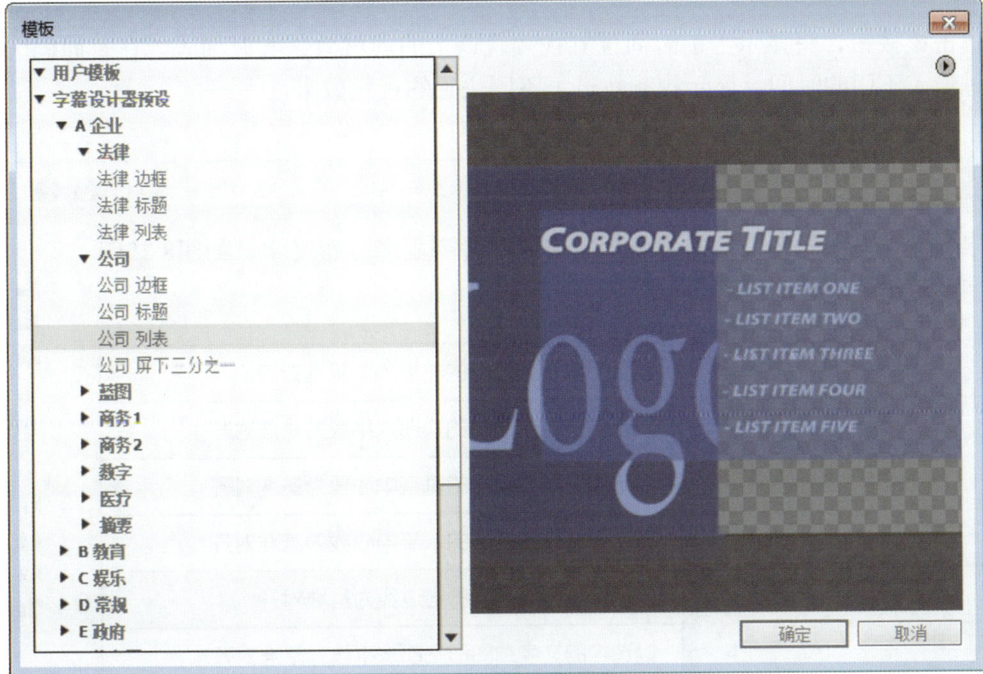

图8.23

常用文本设置

按钮	说明
①【字体】A Char...	在此下拉列表中可以选择字体
②【字形】Regular	在此下拉列表中可以设置字形
③【粗体】	单击该按钮，可以将当前选中的文字进行加粗
④【斜体】	单击该按钮，可以将当前选中的文字进行适当角度的倾斜
⑤【下划线】	单击该按钮，可以为文字添加下划线
⑥【左对齐】	单击该按钮，将所选对象进行左边对齐
⑦【居中】	单击该按钮，将所选对象进行居中对齐
⑧【右对齐】	单击该按钮，将所选对象进行右边对齐
⑨【制表符设置】	单击该按钮，将弹出如图8.24所示的【制表符设置】对话框，可以通过单击其中刻度尺上方的浅灰色区域来添加制表符 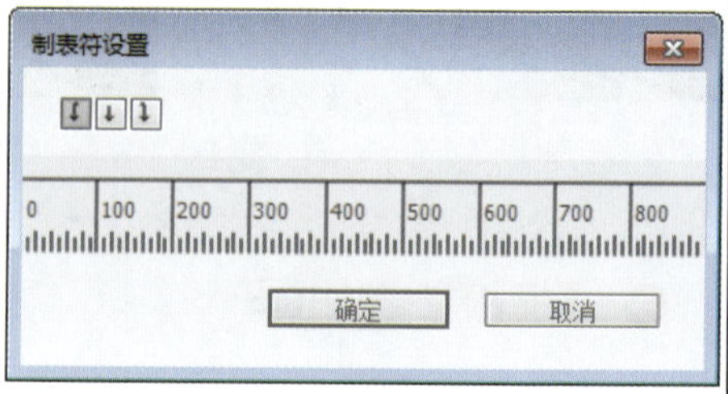 图8.24

【显示背景视频】按钮

单击该按钮，将显示当前时间位置视频轨道上的素材效果和时间码。在时间码区，可以通过输入不同的时间，显示视频轨道上不同位置的视频效果。

8.2.4 字幕动作栏

字幕动作栏中的各个按钮主要用于快速地排列或者分布文字，如图8.25所示。字幕动作栏中各按钮的含义如下。

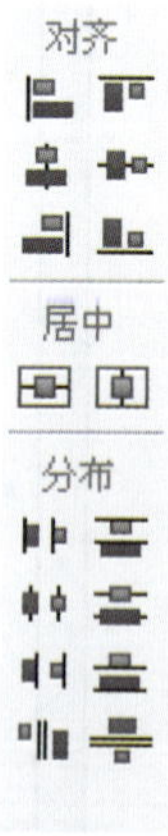

图8.25

按钮	说明
①【水平-左对齐】	以选中文字或图形的左边线为基准对齐
②【垂直-顶对齐】	以选中文字或图形的顶部水平线为基准对齐
③【水平居中】	以选中文字或图形的垂直中心线为基准对齐
④【垂直居中】	以选中文字或图形的水平中心线为基准对齐
⑤【水平-右对齐】	以选中文字或图形的右边线为基准对齐
⑥【垂直-底对齐】	以选中的文字或图形底部水平线为基准对齐
⑦【垂直居中】	使选中的文字或图形水平居中于屏幕

⑧【水平居中】	使选中的文字或图形垂直居中于屏幕
⑨【水平-左对齐】	以选中文字或图形的左垂直线来分布文字或图形
⑩【垂直-顶对齐】	以选中文字或图形的顶部线来分布文字或图形
⑪【水平居中】	以选中文字或图形的垂直中心线来分布文字或图形
⑫【垂直居中】	以选中文字或图形的水平中心线来分布文字或图形
⑬【水平-右对齐】	以选中文字或图形的右垂直线来分布文字或图形
⑭【垂直-底对齐】	以选中文字或图形的底部线来分布文字或图形
⑮【水平平均】	以屏幕的垂直中心线来分布文字或图形
⑯【垂直 平均】	以屏幕的水平中心线来分布文字或图形

8.2.5 字幕样式栏

在Premiere Pro CS5中，字幕样式栏提供了多种模板样式，为设计不同的特效提供了方便。字幕样式栏位于【字幕】编辑面板的中下部，其中包含了各种已经设置好的文字效果和多种字体效果，如图8.26所示。

单击字幕样式栏右上角的小三角形按钮，将会弹出一个下拉列表，如图8.27所示，通过该下拉列表可以灵活地操作字幕样式。

图8.26

解除面板停靠
解除框架停靠
关闭面板
关闭框架
最大化框架
新建样式
应用样式
应用样式和字体大小
仅应用样式色彩及效果特性
复制样式
删除样式
样式重命名...
更新样式库...
追加样式库...
保存样式库...
替换样式库...
仅显示文字
小缩略图
✔ 大缩略图

图8.27

新建样式

主要用于创建新的样式，虽然在字幕样式栏中有很多样式，但有时还是不能满足需要。这时，可以制作新的样式，保存在字幕样式列表中，以便以后再次应用。

应用样式

主要是将设置好的样式应用到当前选择的对象上。应用的方法很简单，首先选择对象，然后直接单击某个样式即可。

应用样式和字体大小

在对文字应用某个样式时，只应用该样式的字号，而不应用其他属性。

仅应用样式色彩及效果特性

在对文字应用某个样式时，只应用该样式的文字颜色，而不应用其他属性。

复制样式

主要用于复制样式，复制的样式与原样式在属性设置上完全一致。

删除样式

主要用于将某个不需要的样式删除，选择不需要的样式，然后选择此命令，将弹出一个询问对话框，如图8.28所示，单击【确定】按钮，即可将选择的样式删除。

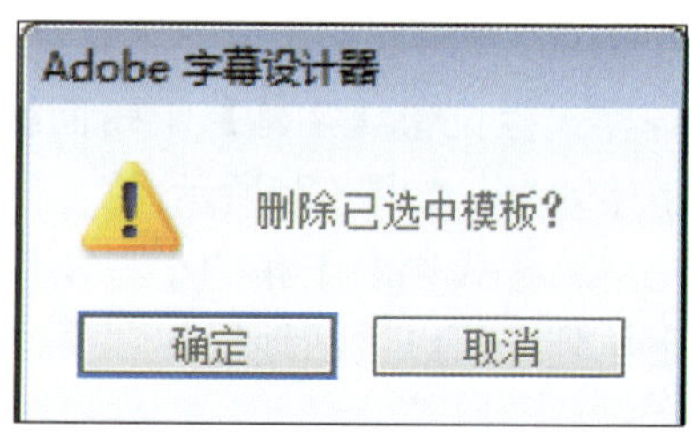

图8.28

样式重命名

主要用于对样式重新命名，选择某个样式后，选择此命令，将弹出【重命名样式】对话框，如图8.29所示，为样式设置一个新的名称，单击【确定】按钮即可。

图8.29

更新样式库

如果想恢复到软件本来的样式效果，可以选择此命令，将弹出一个【询问】对话框，如图8.30所示，单击【确定】按钮，即可将样式库复原。

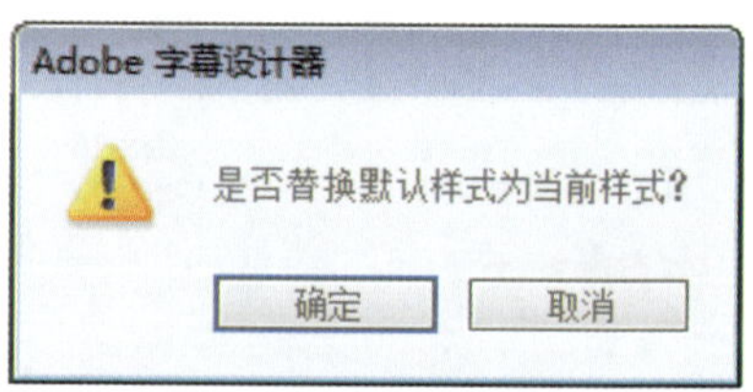

图8.30

追加样式库

用于增加样式列表，选择此命令，将弹出【打开样式库】对话框，在该对话框中选择一个新的样式库名称，如图8.31所示，单击【打开】按钮，即可将选择的样式库添加到当前样式库中。

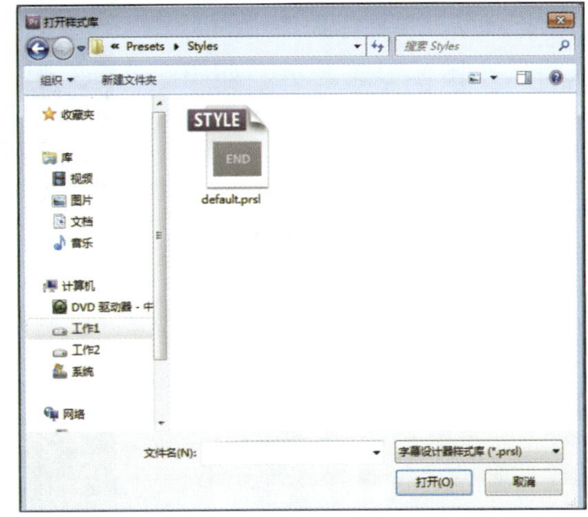

图8.31

新创建的样式只是保存在系统的临时样式库中，如果当前的样式库被替换或复原，保存下来的样式将会丢失。选择此命令，将弹出【保存样式库】对话框，如图8.32所示，为新的模式库命名，单击【保存】按钮，即可保存样式库。

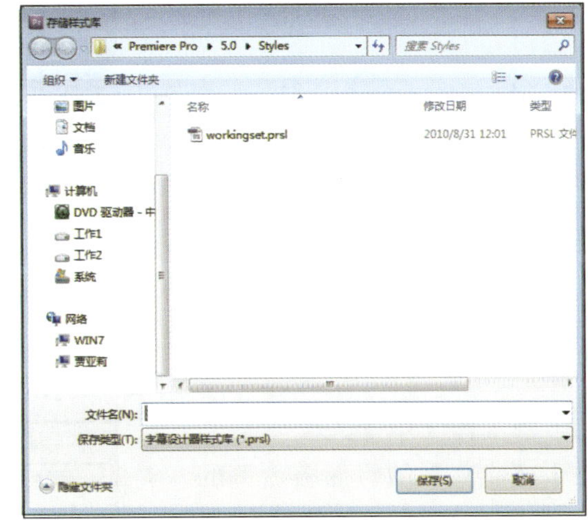

图8.32

替换样式库

选择此命令，将弹出【打开样式库】对话框，选择一个样式库名称，单击【打开】按钮，新弹出的样式库将替换原来的样式库。

仅显示文字

选择此命令，在字幕样式库中只显示各样式的名称，如图8.33所示。

字幕样式 ×

黑体	宋体	方正大黑
方正金质大黑	方正少儿透明	方正粗倩透明
汉仪菱心斜体	汉仪叠韵	方正黄草金质
方正隶变金属	方正隶书 II	方正隶书
方正大黑	方正大黑	方正小字大间距
方正大标宋	汉仪菱心小字	方正大黑唱词
方正大黑-外加边立体	方正大黑-内外边立体	汉仪凌波
方正黄草简体	汉仪菱心简体	方正综艺简体
方正瘦金体	方正大标宋	方正隶变
汉仪圆叠	汉仪萝卜	方正水柱
方正康体	方正行楷	方正准圆
方正大标宋纯白	方正超粗黑	汉仪柏青

图8.33

小缩略图

选择此命令，字幕样式库中的所有样式将以小图标形式显示，如图8.34所示。

图8.34

大缩略图

选择此命令，字幕样式库中的所有样式将以大图标形式显示，如图8.35所示。

图8.35

8.2.6 字幕属性栏

在字幕工作区中输入文字后，可在位于【字幕】编辑面板右侧的字幕属性栏中设置文字的具体属性参数，主要包括【变换】、【属性】、【填充】、【描边】和【阴影】5个选项组，如图8.36所示。

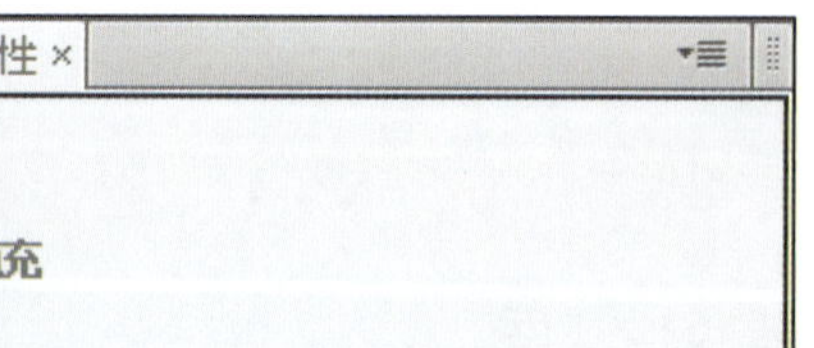

图8.36

变换

【变换】选项组中的参数主要用于对选择对象的不透明度、位置、大小和旋转等属性进行设置，如图8.37所示。

变换	
透明度	100.0 %
X 位置	336.5
Y 位置	191.3
宽度	395.0
高度	100.7
▶ 旋转	0.0 °

图8.37

【变换】选项组中各参数的含义如下。

① 透明度	用于设置字幕文字或图形对象的不透明度，如图8.38所示为不同透明度值的字幕文字效果  图8.38
② X/Y位置	用于设置文字在画面中所处的位置，如图8.39所示为改变字幕文字位置后的效果  图8.39
③ 宽度	用于设置文字的宽度，如图8.40所示为不同宽度值的文字效果  图8.40
④ 高度	用于设置文字的高度，如图8.41所示为不同高度值的文字效果  图8.41

⑤ 旋转	用于设置文字的旋转角度，如图8.42所示为不同旋转角度的文字效果  图8.42

在设置参数时，可以单击激活输入框后输入参数，还可以将光标放在参数区域直接拖动鼠标来改变参数。

属性

【属性】选项组中的参数主要用于设置文字的字体、字号、长度比例、行列间距、大小写和扭曲等参数，如图8.43所示。

【属性】选项组各参数的含义如下。

▼ 属性	
字体	AuntBertha
字体样式	Regular
字体大小	103.5
纵横比	124.8 %
行距	0.0
字距	0.0
跟踪	0.0
基线位移	0.0
倾斜	0.0 °
小型大写字母	☐
小型大写字母尺寸	75.0 %
下划线	☐
▶ 扭曲	

图8.43

① 字体	用于设置文字的字体类型，在【字体】选项右侧的下拉列表中可以选择字体
② 字体样式	在【字体样式】选项右侧的下拉列表中可以设置字形
③ 字体大小	用于设置文字的大小
④ 纵横比	用于设置文字的长宽比例。数值大于100时，字体加宽；数值小于100时，字体变窄
⑤ 行距	用于设置文字的行间距。数值为正时，行间距加大；数值为负时，行间距缩小，如图8.44所示为不同行距的文字效果
⑥ 字距	用于设置相邻文字之间的水平距离，如图8.45所示为不同字距的文字效果
⑦ 跟踪	其功能与“字距”类似，两者的区别是对选择的多个字符进行字间距调整时，【字距】选项会保持选择的多个字符的位置不变，向右平均分配字符间距，而【跟踪】选项会平均分配所选择的每一个相邻字符的位置
⑧ 区基线位移	用于设置文字偏离水平中心线的距离，主要用于创建文字的上角标和下角标
⑨ 倾斜	用于设置文字的倾斜程度，如图8.46所示为不同倾斜程度的文字效果
⑩ 小型大写字母	勾选该复选框，可以将所选的小写字母变成大写字母

⑪ 小型大写字母尺寸	该选项配合大写字母选项使用，可以将显示的大写字母放大或缩小
⑫ 下划线	勾选该复选框，可以为文字添加下划线
⑬ 扭曲	用于设置文字在水平或垂直方向的变形，效果如图8.47所示

图8.44

图8.45

图8.46

图8.47

填充

【填充】选项组中的参数主要用于设置字幕文字或者图形的填充类型、色彩和透明度等属性，如图8.48所示。

(1) 填充类型

用于设置填充类型，共有7种类型可供选择，如图8.49所示，各种填充类型的功能如下。

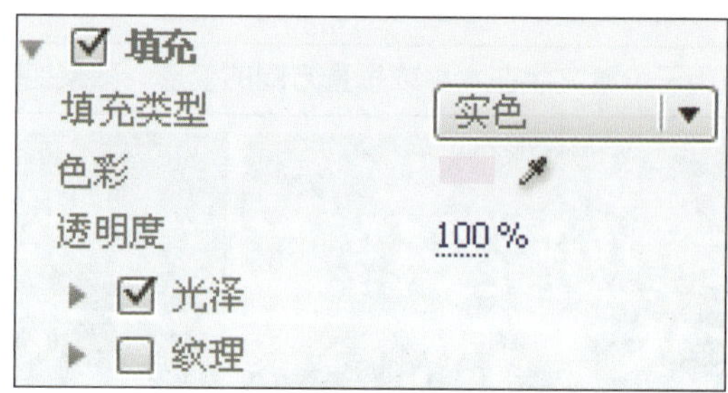

图8.48　　图8.49

① 实色	使用一种颜色进行填充，这是系统默认的填充方式
② 线性渐变	使用两种颜色进行线性渐变填充。当选择该选项进行填充时，【色彩】选项变为渐变颜色栏，分别单击选择滑块，再单击颜色块，在弹出的【颜色拾取】对话框中对渐变开始和渐变结束的颜色进行设置，填充效果如图8.50所示
③ 放射渐变	该填充方式与线性渐变类似，不同的是线性渐变使用两种颜色的线性过渡进行填充，而放射渐变则使用两种颜色填充后产生由中心向四周辐射的过渡来填充，填充效果如图8.51所示
④ 4色渐变	该填充方式是使用4种颜色的渐变过渡来填充字幕文字或者图形，每种颜色占据文本的一个角，填充效果如图8.52所示
⑤ 斜角边	该填充方式使用一种颜色填充高光部分，使用另一种颜色填充阴影部分，再通过添加灯光使文字产生斜面，效果类似于立体浮雕，填充效果如图8.53所示
⑥ 消除	该填充方式是将文字实体填充的颜色消除，文字为完全透明显示。如果为文字添加了描边，采用该方式填充，则可以制作空心的线框文字效果；如果为文字设置了阴影，选择该方式填充，则只能留下阴影的边框，填充效果如图8.54所示
⑦ 残像	该填充方式使填充区域变为透明，只显示阴影部分，填充效果如图8.55所示

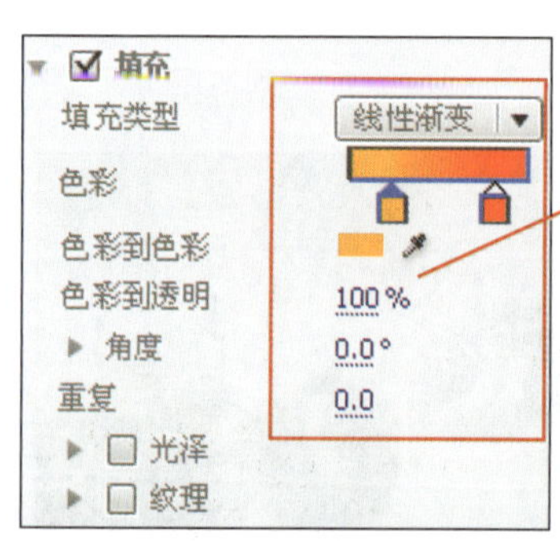

图8.50

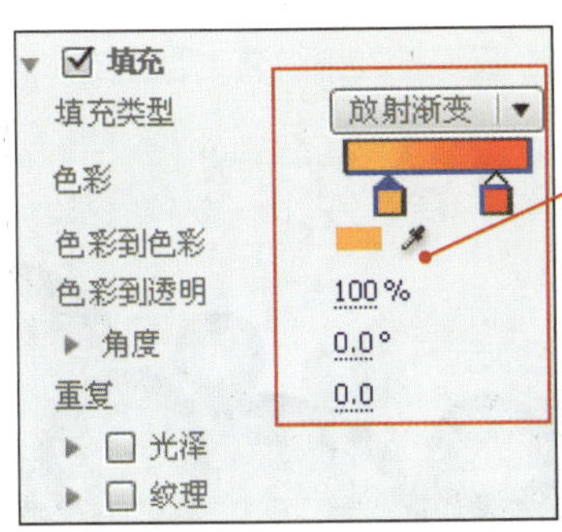

图8.51

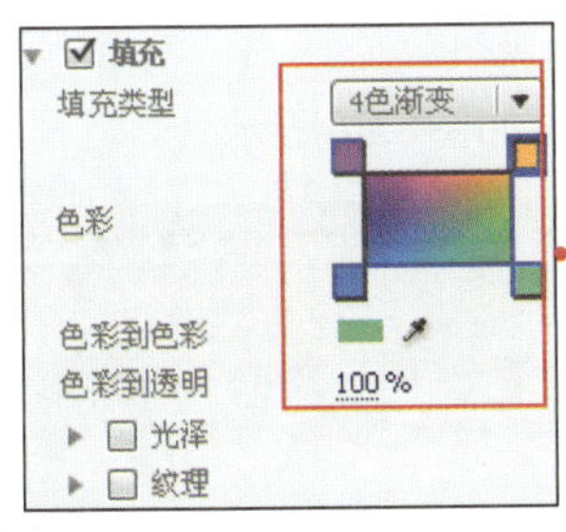

图8.52

填充
填充类型 斜角边
高亮颜色
高亮透明 100 %
阴影颜色
阴影透明 100 %
平衡 65.0
大小 70.0
变亮
亮度角度 0.0°
亮度级别 0.0
管状
光泽
纹理

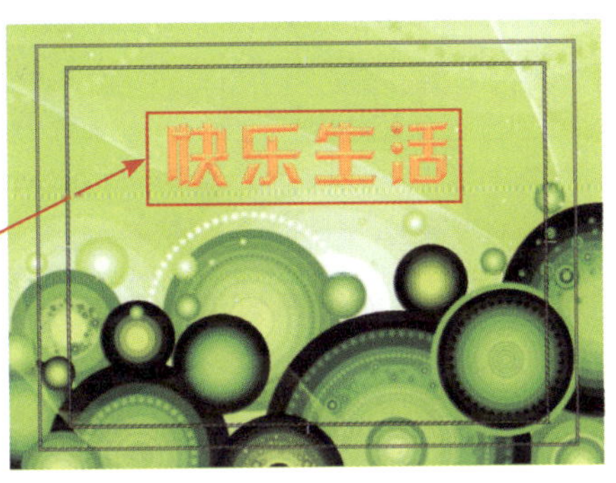

图8.53

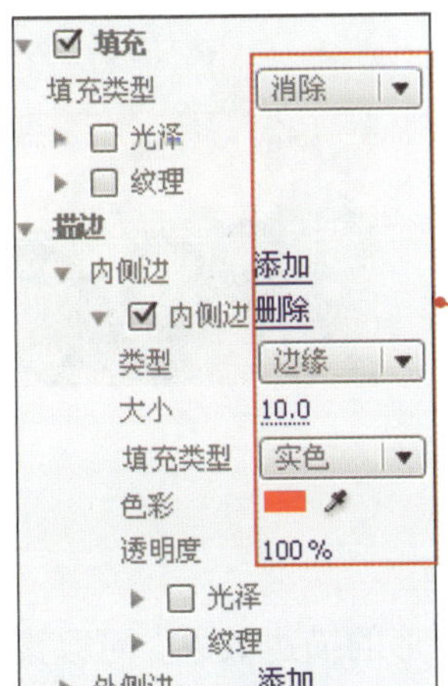

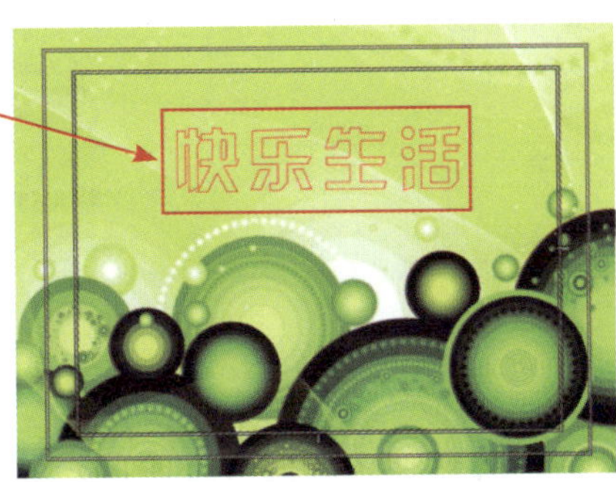

图8.54

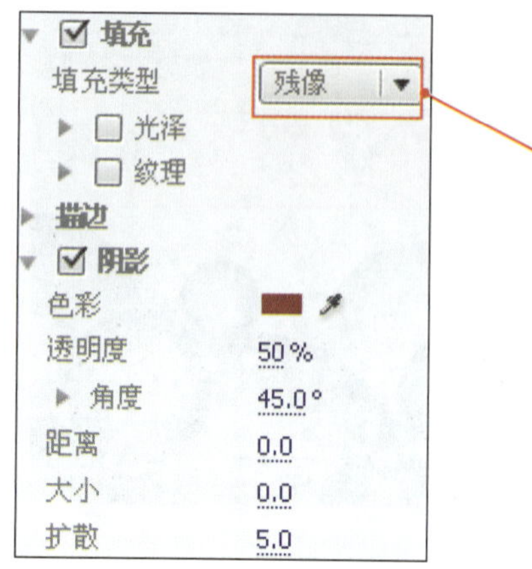

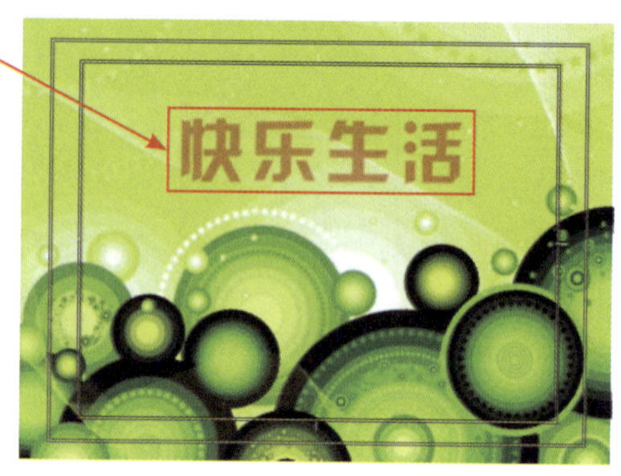

图8.55

（2）光泽

用于为文字添加辉光效果，其各参数的设置及效果如图8.56所示。

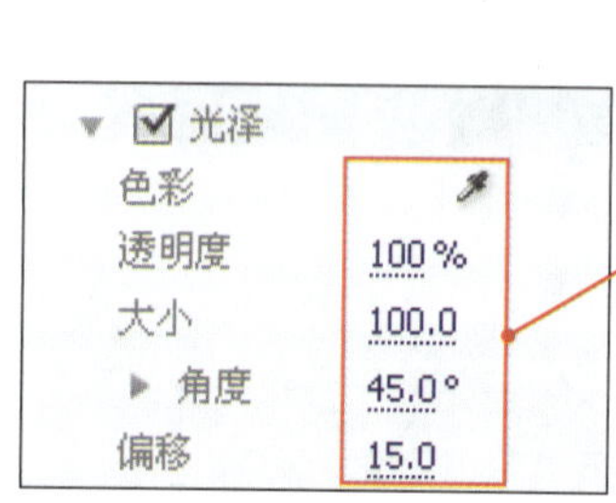

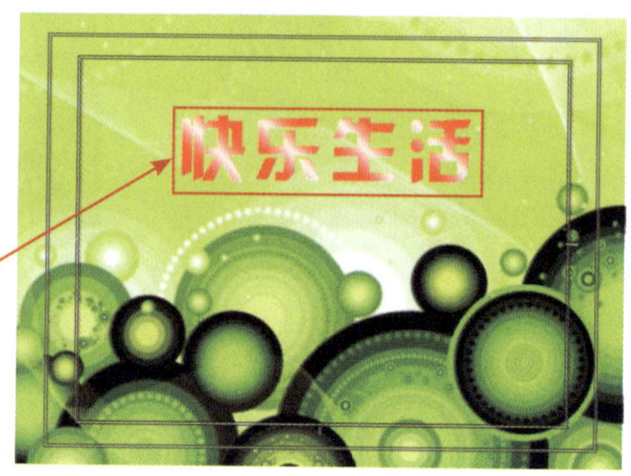

图8.56

（3）纹理

为选择的对象填充一种纹理效果，可以用指定的图片来填充文字对象，其各参数的设置及效果如图8.57所示。

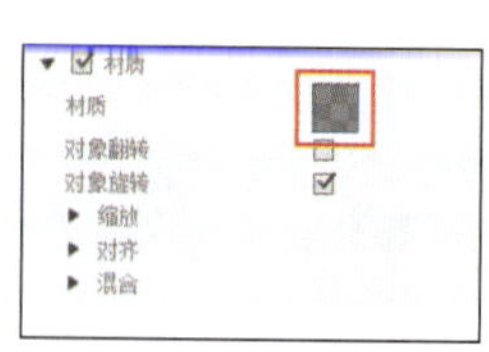

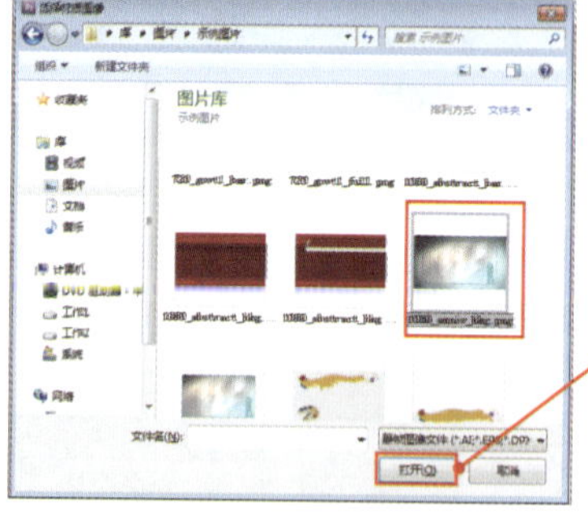

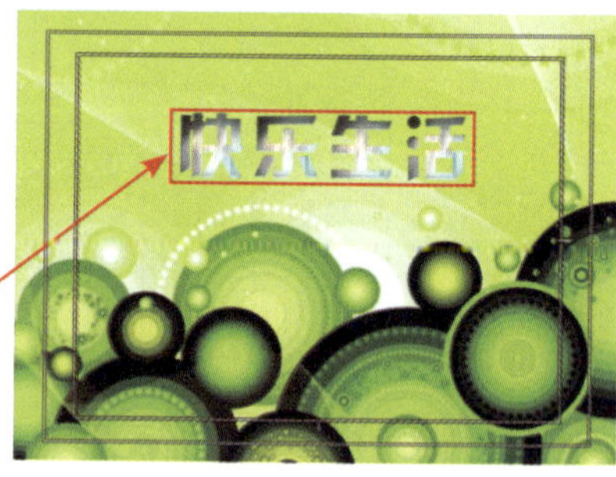

图8.57

描边

【描边】选项组中的参数主要用于设置文字或者图形的描边效果，可以设置内部笔画或外部笔画，用户可以选择使用内侧边或外侧边，或者两者一起使用。要应用描边效果，首先单击【添加】选项，添加需要的描边效果，两种描边效果的参数基本相同，如图8.58所示。

应用描边效果后，可以在【类型】下拉列表中选择描边模式，各模式的含义如下。

模式	说明
① 凸出	选择该选项，可以使字幕文字或图形产生一定的厚度，呈现立体字的效果，其各参数的设置及效果如图8.59所示
② 边缘	选择该选项，可以在【大小】参数选项中设置边缘的宽度，在【填充类型】下拉列表中选择描边的填充方式，在【色彩】选项中设定边缘的颜色，在【透明度】选项中设置描边的不透明度，其各参数的设置及效果如图8.60所示
③ 凹进	选择该选项，可以使字幕文字或图形产生一个分离的面，类似于产生透视的投影，其参数的设置及效果如图8.61所示

描边
内侧边 添加
内侧边 删除 下移
类型 边缘
大小 10.0
填充类型 实色
色彩
透明度 100 %
光泽
纹理
外侧边 添加
外侧边 删除 上移
类型 边缘
大小 10.0
填充类型 实色
色彩
透明度 100 %
光泽
纹理

图8.58

描边
内侧边 添加
内侧边 删除
类型 凸出
大小 20.0
角度 130.0°
填充类型 实色
色彩
透明度 100 %
光泽
纹理
外侧边 添加

图8.59

描边
内侧边 添加
内侧边 删除
类型 边缘
大小 20.0
填充类型 实色
色彩
透明度 100 %
光泽
纹理
外侧边 添加

图8.60

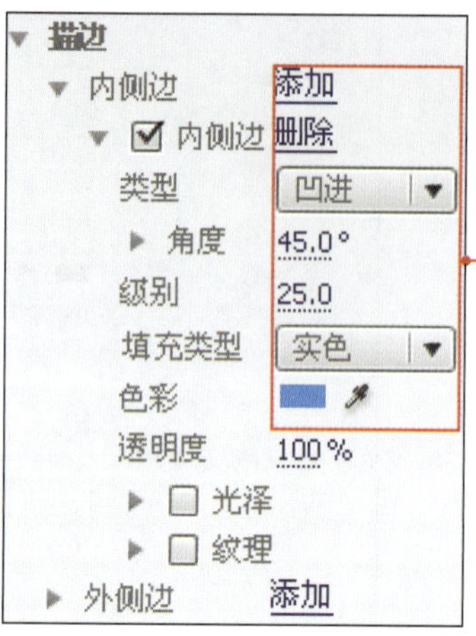

图8.61

阴影

【阴影】选项组中的参数主要用于设置选择对象的阴影，如图8.62所示。

【阴影】选项组中各参数的含义如下。

阴影

色彩	
透明度	58 %
角度	-205.0°
距离	13.0
大小	0.0
扩散	35.0

图8.62

① 色彩	用于设置阴影的颜色，单击该选项右侧的颜色块，在弹出的对话框中选择需要的颜色
② 透明度	用于设置阴影的透明度
③ 角度	用于设置阴影的角度
④ 距离	用于设置文字与阴影之间的距离
⑤ 大小	用于设置阴影的大小
⑥ 扩散	用于设置阴影的扩展程度

为字幕文字添加阴影后的各参数设置及效果如图8.63所示。

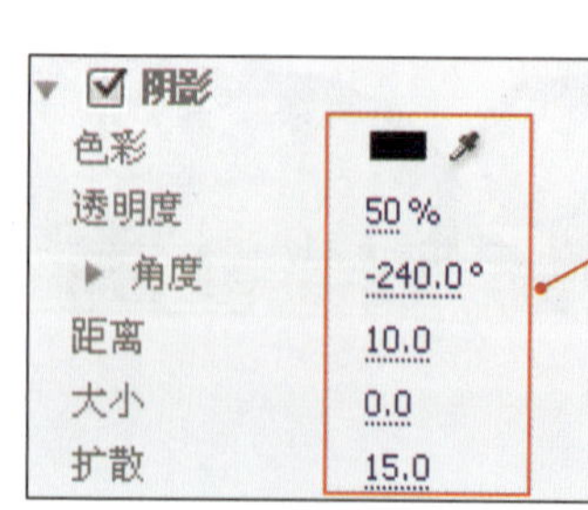

图8.63

8.3 字幕模板

在Premiere Pro CS5中提供了许多预设的字幕模板，用户只需要选择合适的字幕模板，替换其中的文字内容，便可以快捷地制作出富有艺术性的字幕效果。

8.3.1 字幕模板的打开

在Premiere Pro CS5中打开字幕模板的方法有以下3种。

※在【字幕】编辑面板中单击字幕工作区上方的【模板】按钮，即可弹出【模板】对话框。

※在菜单栏中选择【字幕】|【新建字幕】|【基于模板】命令，即可打开【模板】对话框。

※创建新项目后，按Ctrl+J键，即可弹出【新建字幕】对话框。

8.3.2 字幕模板的应用

在【模板】对话框中单击相应的三角形按钮，展开模板的类型，在列表中选择模板，即可在右侧的预览窗口中看到当前所选择的模板的预览效果，如图8.64所示。

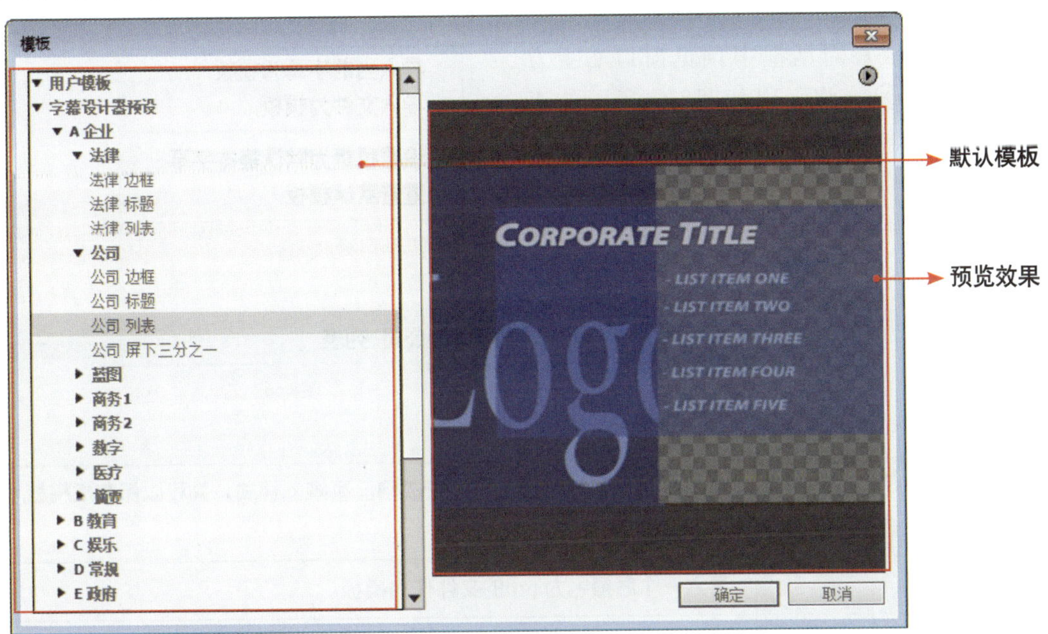

图8.64

如果想应用某个模板，选择该模板，单击【确定】按钮。在字幕工作区的文字位置单击，即可对相应的文字进行编辑，以修改模板内容，如图8.65所示。

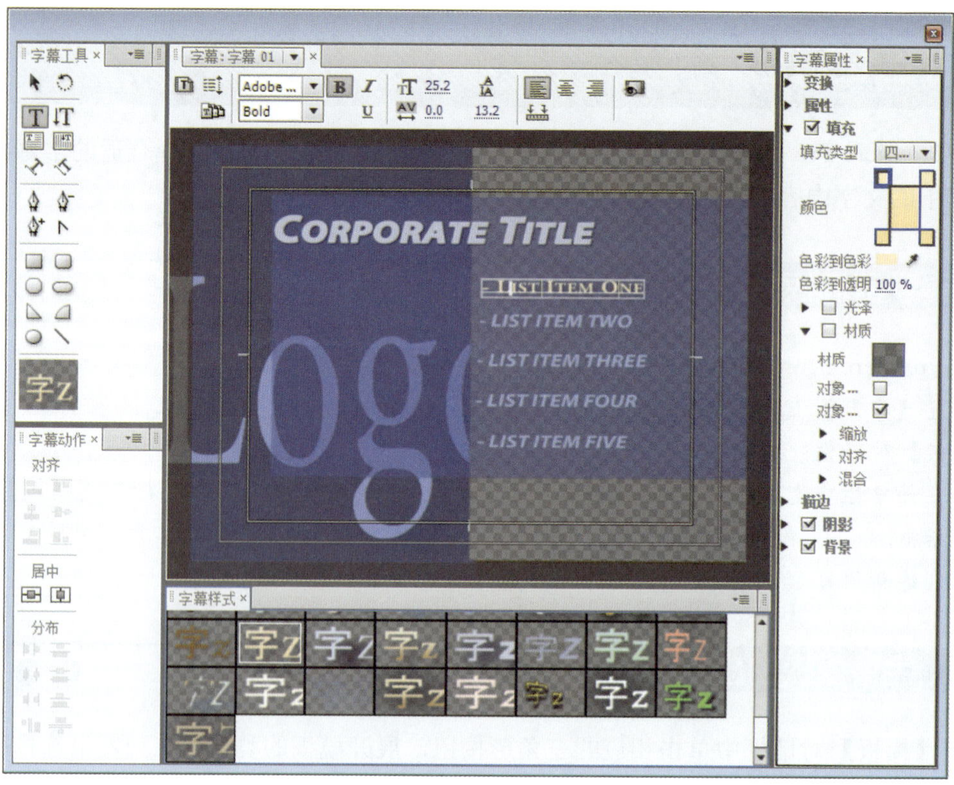

图8.65

单击【模板】对话框中预览窗口右上方的三角形按钮，将弹出如图8.66所示的下拉列表。

导入当前字幕为模板...
导入文件为模板...

设置模板为默认静态字幕
重置默认模板

重命名模板...
删除模板...

公司 列表

图8.66

该下拉列表中各选项的含义如下。

① 导入当前字幕为模板	可以将当前的字幕预演区设置成自己喜欢的样式，并可以保存成模板样式，方便以后使用
② 导入文件为模板	导入一个后缀名为.prtl的文件作为模板
③ 设置模板为默认静态字幕	将选择的模板作为默认模板，在每次打开字幕窗口时会自动加载该模板
④ 重置默认模板	将默认模板恢复到初始状态
⑤ 重命名模板	为当前选择的模板重新命名
⑥ 删除模板	删除当前选择的模板

8.4 字幕制作

8.4.1 使用字幕模板创建字幕

使用字幕模板创建字幕的具体操作步骤如下。

STEP 01 在菜单栏中中选择【字幕】|【基于模板】|【新建字幕】命令，弹出【新建字幕】对话框，从中选择一个合适的模板，如图8.67所示。

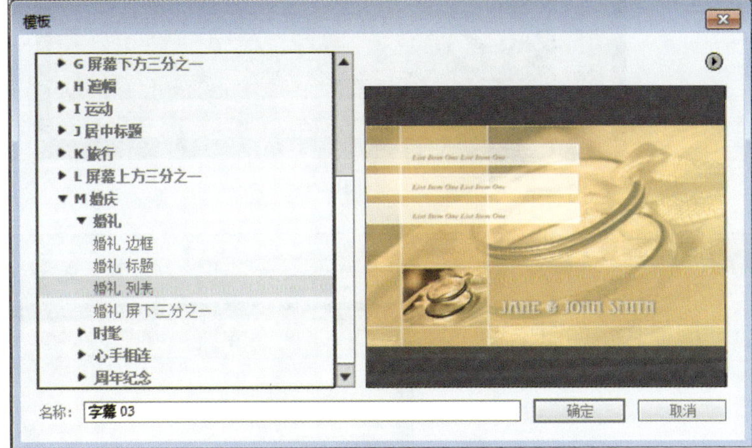

图8.67

STEP 02 单击【确定】按钮，此时，在【字幕】编辑面板中可以看到模板的应用效果，如图8.68所示。

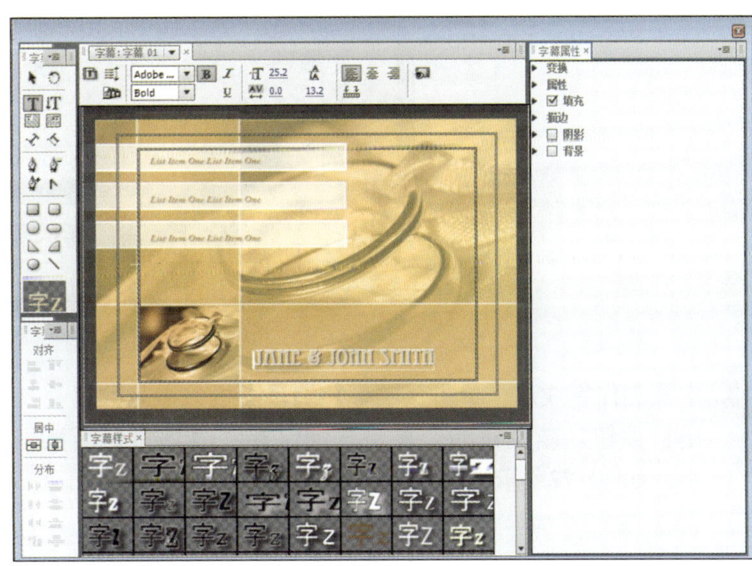

图8.68

STEP 03 选择字幕工具栏中的【文字工具】 T，在字幕工作区中单击，输入文字“爱的祝福”，如图8.69所示。

STEP 04 选择字幕工具栏中的【选择工具】，选择文字，在字幕属性栏中的【属性】选项组中修改文字的字体为“HYZongYiJ”、字体大小为48，其他参数设置如图8.70所示。

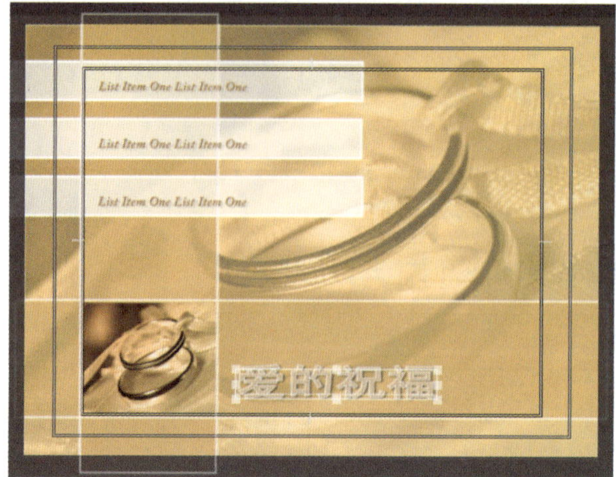

图8.69

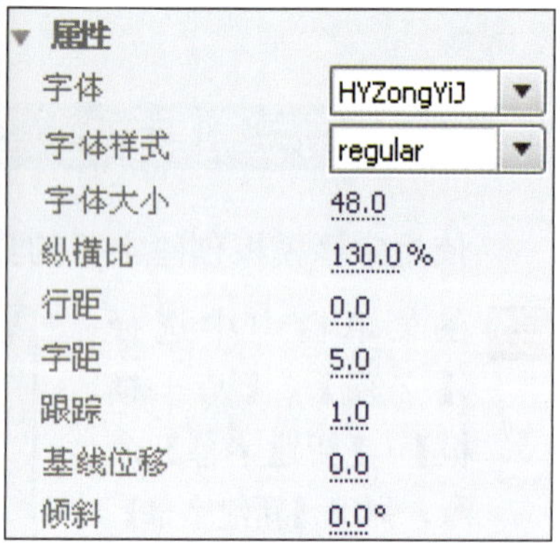

属性
字体 HYZongYiJ
字体样式 regular
字体大小 48.0
纵横比 130.0%
行距 0.0
字距 5.0
跟踪 1.0
基线位移 0.0
倾斜 0.0°

图8.70

STEP 05 在字幕样式栏中选择所需要的样式，如图8.71所示。

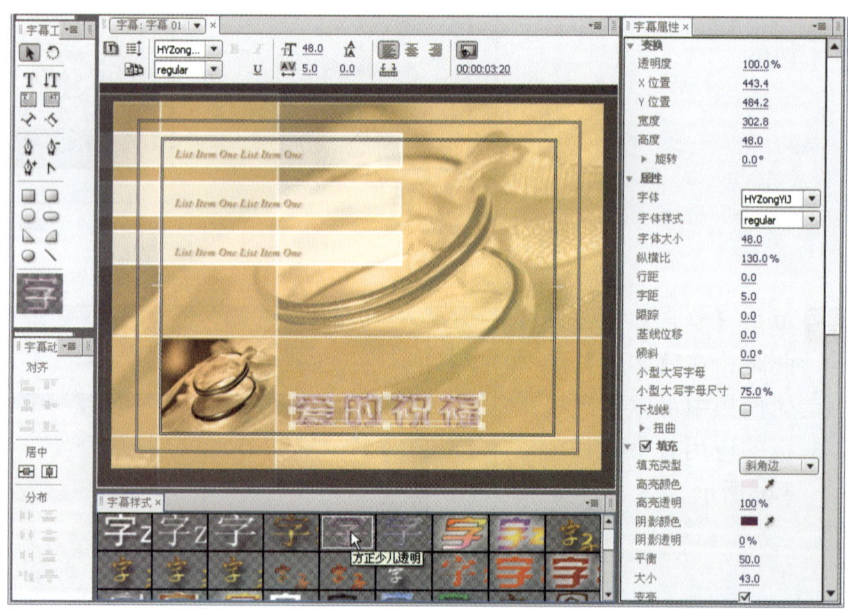

图8.71

STEP 06 字幕制作完成后，单击【字幕】编辑面板右上角的【关闭】按钮，新创建的字幕将自动保存在【项目】面板中，如图8.72所示。

新创建的字幕
项目：01
资源中心
字幕 01
静帧图像，7...
00:00:05:00
01.prproj
2 个分项
入口：全部
名称
序列 01
字幕 01

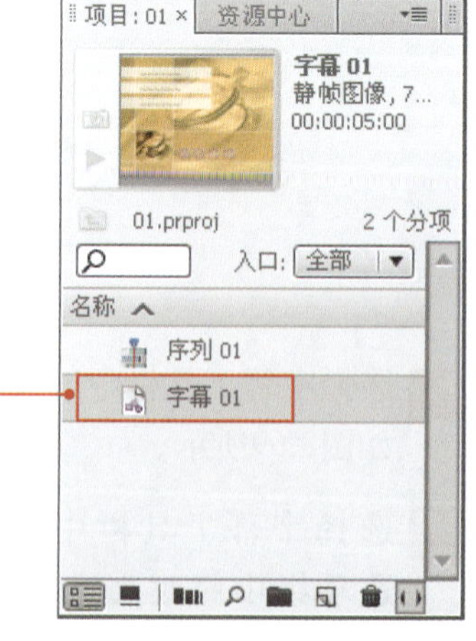

图8.72

8.4.2 修改字幕

创建完字幕后，如果对创建的字幕不满意，可以重新打开【字幕】编辑面板进行编辑。直接双击【项目】面板中的字幕图标，弹出【字幕】编辑面板，然后进行修改即可。

8.4.3 应用字幕

编辑好字幕后，就要将其应用到视频编辑中，在【项目】面板中选择编辑好的字幕素材，然后将其拖动到【时间栏】面板中的视频轨道上，即可为影片添加字幕效果，如图8.73所示。

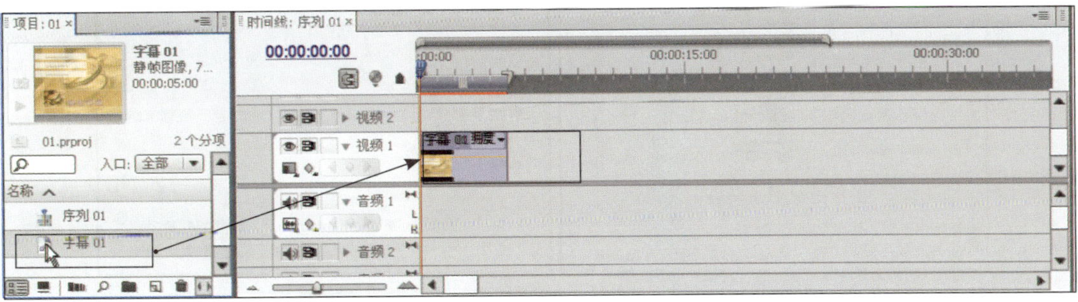

图8.73

8.5 闪电效果制作

8.5.1 新建项目并导入素材

STEP 01 运行Premiere Pro CS5，在启动窗口中单击【新建项目】按钮，如图8.74，弹出【新建项目】对话框，在【位置】选项框中选择保存的文件路径，在【名称】文本框中输入文件名称“闪电效果”，如图8.75所示。

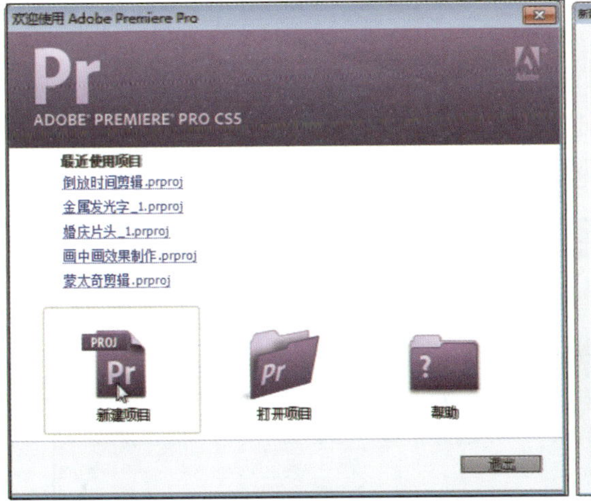

图8.74

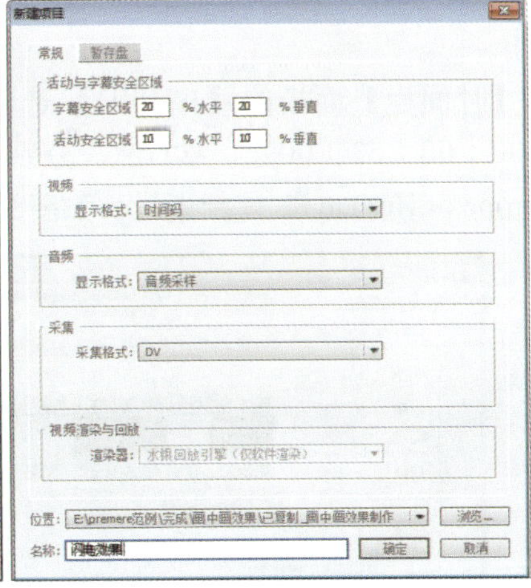

图8.75

STEP 02 单击【确定】按钮，弹出【新建序列】对话框，在左侧的【有效预置】列表中展开【DV-PAL】选项，选中【标准48kHz】模式，如图8.76所示，单击【确定】按钮，进入工作区界面。在【项目】面板的空白处双击，在弹出的【导入】对话框中选择随书所附光盘中的“第8章\8.5\英雄王座-The.Throne.of.Hero.avi”素材，如图8.77所示，单击【打开】按钮。

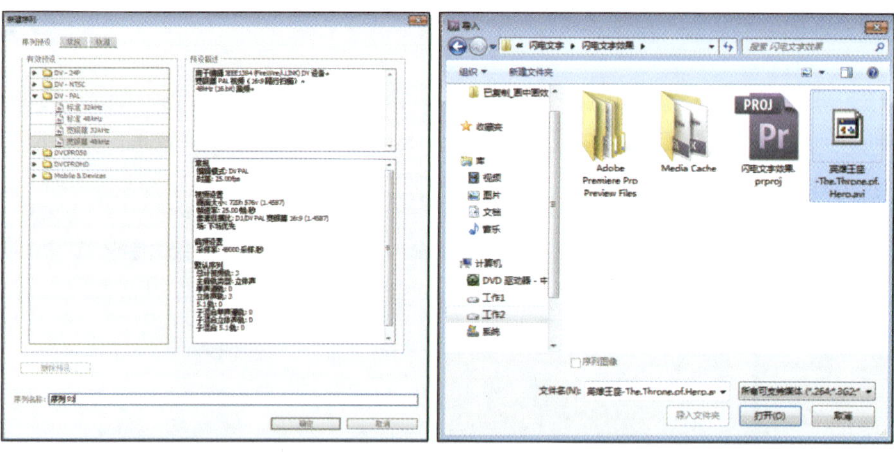

图8.76　　图8.77

STEP 03 导入素材文件，并将素材拖动到【时间栏】面板的【序列01】选项卡中的轨道上，排列素材如图8.78所示。

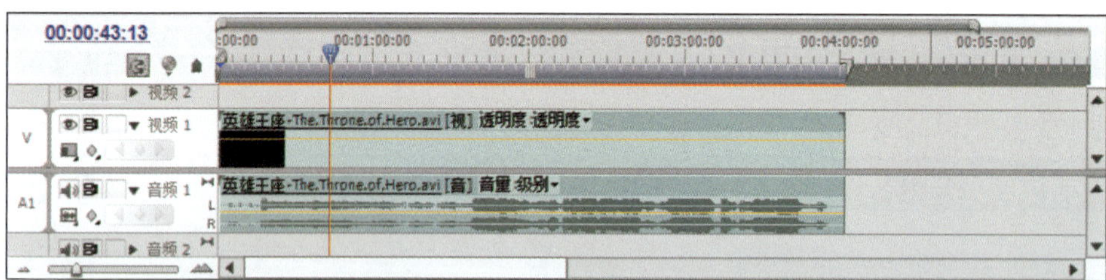

图8.78

8.5.2 素材剪辑

STEP 01 在【时间栏】面板的【序列01】选项卡中，将时间滑块分别移动到00：00：42：05和00：00：53：00处，按C键，分别在以上时间帧位置处单击，切割“英雄王座-The.Throne.of.Hero.avi”视频素材，如图8.79所示。

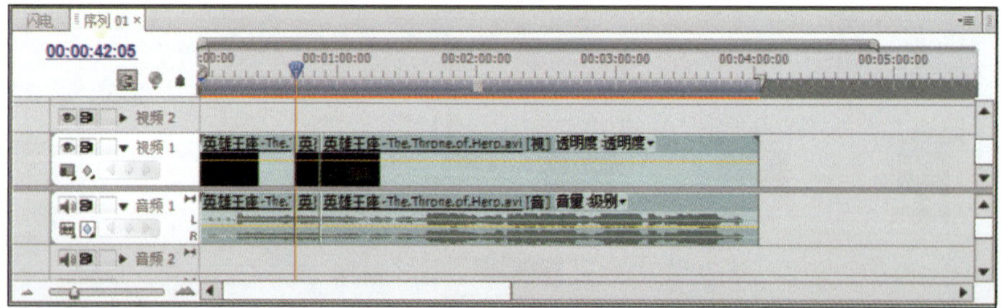

图8.79

STEP 02 在【时间栏】面板的【序列01】选项卡中保留剪辑部分，如图8.80所示。

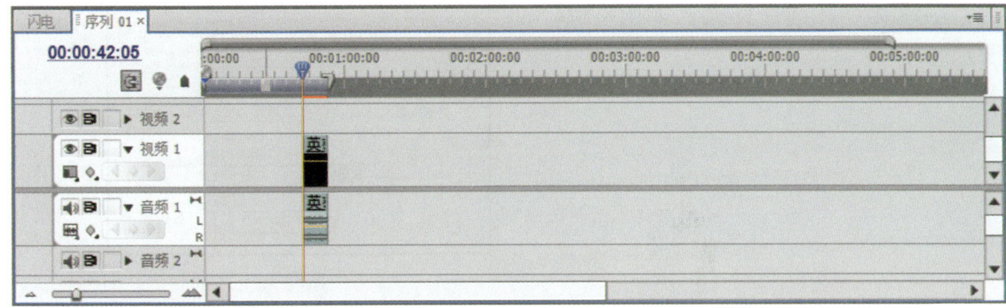

图8.80

该步骤保留部分的视频素材根据镜头需要而保留。

STEP 03 在【时间栏】面板的【序列01】中选择剪辑后的素材，拖动素材，使该素材从时间轴起始帧处开始播放，如图8.81所示。

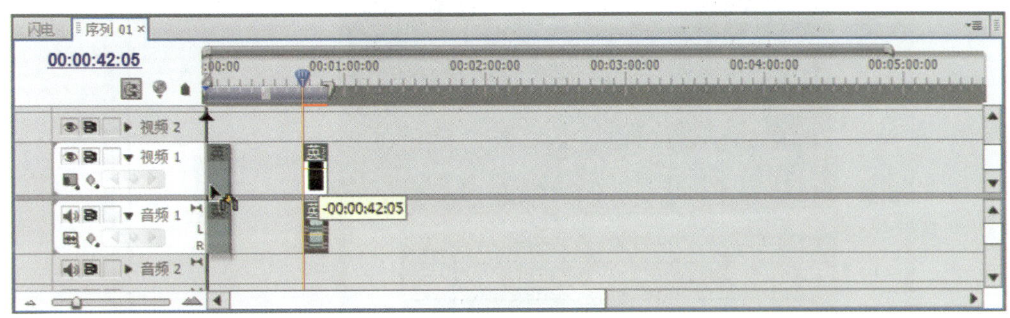

图8.81

STEP 04 在【效果】面板中打开【视频特效】文件夹下的【色彩校正】子文件夹，选中“RGB曲线”滤镜，并将其拖动到【时间栏】面板的【序列01】选项卡中的视频1轨道上的剪辑素材上，在【特效控制台】面板中设置滤镜参数，如图8.82所示。

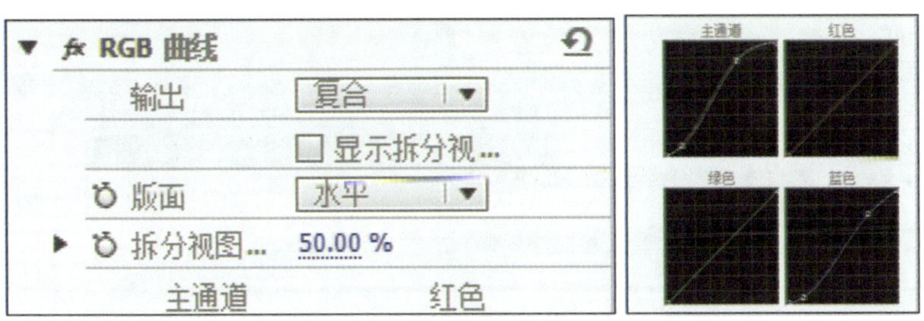

图8.82

8.5.3 字幕创建

STEP 01 按Ctrl+T键或者在【项目】面板空白处右击，在弹出的菜单中选择【新建】|【字幕】命令，弹出【新建字幕】对话框，其参数设置如图8.83所示。单击【确认】按钮。

STEP 02 弹出文本创建框，在视频预览区域单击，创建文字并选择样式，如图8.84所示。

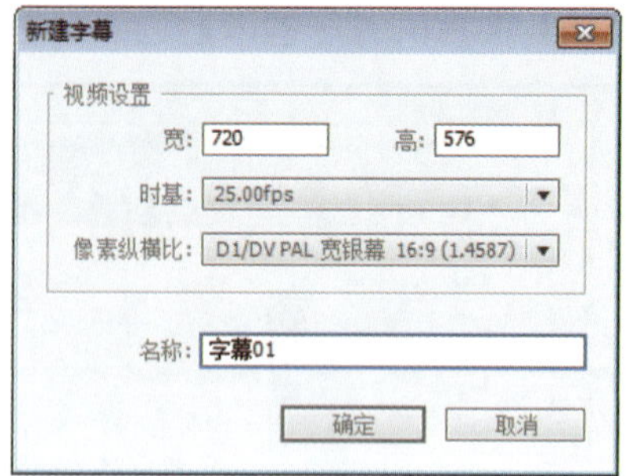

图8.83

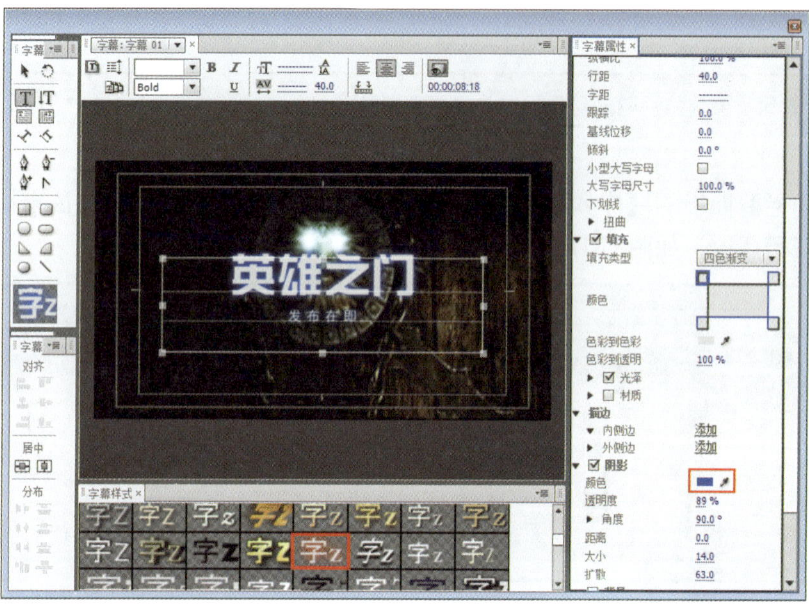

图8.84

STEP 03 文字创建完毕，单击【关闭】按钮。在【项目】面板中选中“字幕01”字幕，并拖动到【时间栏】面板的【序列01】选项卡中的视频2轨道上，如图8.85所示。

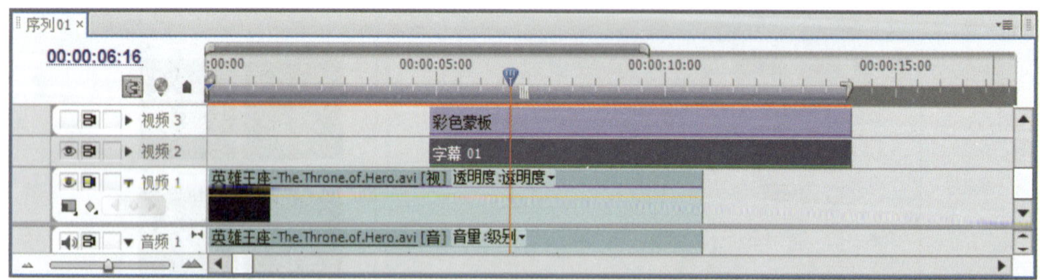

图8.85

STEP 04 在【效果】面板中，打开【视频特效】文件夹下的【过渡】子文件夹，选中“线性擦除”滤镜，并拖动到【时间栏】面板的【序列01】选项卡的视频2轨道中的“字幕01”上，开启【过渡完成】属性、【透明度】属性和【缩放】属性前的关键帧码表按钮，分别在00：00：04：21、00：00：06：09和00：00：12：20处，在【特效控制台】面板中设置滤镜参数，如图8.86所示。

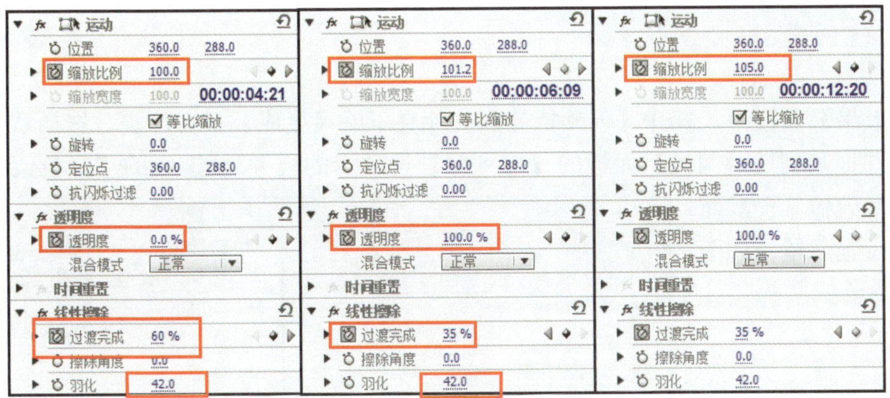

图8.86

STEP 05 在【节目】面板中观察动画效果，如图8.87所示。

图8.87

STEP 06 在【项目】面板空白处右击，在弹出的菜单中选择【新建】|【彩色蒙版】命令，弹出【新建彩色蒙版】对话框，其参数设置如图8.88所示。单击【确认】按钮。弹出【颜色拾取】对话框，设置其颜色如图8.89所示，单击【确认】按钮。

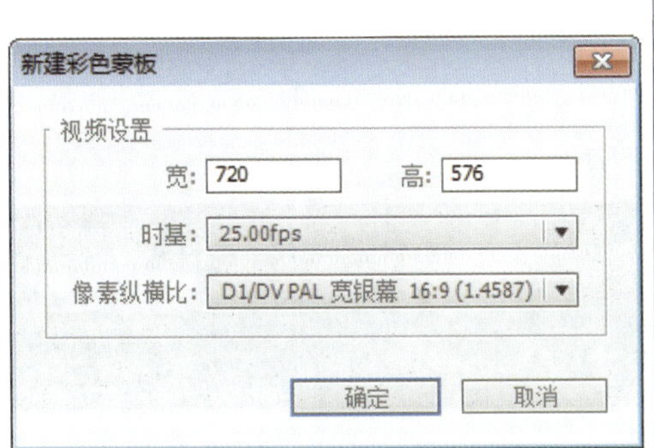

图8.88

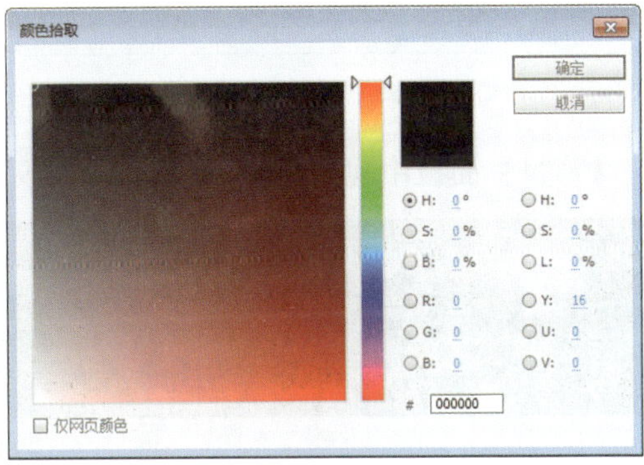

图8.89

STEP 07 在【项目】面板中选中“彩色蒙版”图层，并拖动到【时间栏】面板的【序列01】选项卡中的视频3轨道上，如图8.90所示。

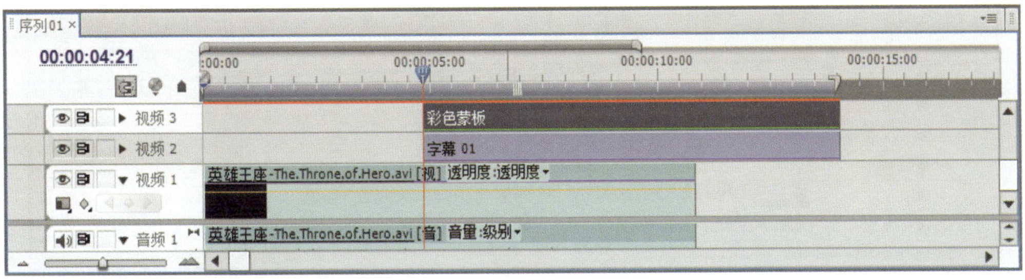

图8.90

8.5.4 闪电效果创建

STEP 01 在【效果】面板中，打开【视频特效】文件夹下的【生成】子文件夹，选择“闪电”滤镜，并拖动到【时间栏】面板的【序列01】选项卡的视频3轨道中的“彩色蒙版”上，在【特效控制台】面板中设置滤镜，如图8.91所示。

闪电				
起始点	162.8 293.8		速度	10
结束点	531.6 298.5		稳定性	0.300
线段	24		固定端点	☑固定端点
波幅	6.000		宽度	7.000
细节层次	4		宽度变化	0.000
细节波幅	0.500		核心宽度	1.000
分支	0.200		外部颜色	
再分支	1.000		内部颜色	
分支角度	60.000		拉力	15.000
分支线段...	0.700		拉力方向	0.0
分支线段	4		随机植入	6
分支宽度	0.600		混合模式	添加
			模拟	☑在每一帧处...

图8.91

STEP 02 展开透明度滤镜属性，开启【透明度】属性前的关键帧码表按钮，分别移动时间滑块到00：00：06：10、00：00：07：15处，在【特效控制台】面板中设置透明的参数，如图8.92所示。

透明度	00:00:06:10		透明度	00:00:07:15
透明度	0.0 %		透明度	100.0 %
混合模式	滤色		混合模式	滤色

图8.92

STEP 03 在【节目】面板中观察动画效果，如图8.93所示。

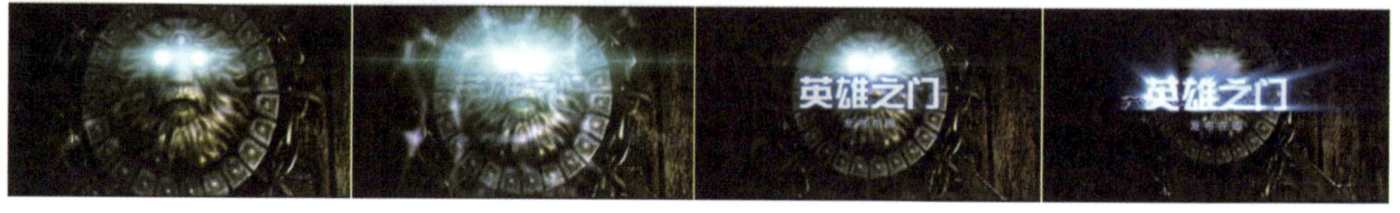

图8.93

STEP 04 在【时间栏】面板的【序列01】选项卡中的视频3轨道上，选择“彩色蒙版”，将其复制两次，【时间栏】面板中的效果如图8.94所示。

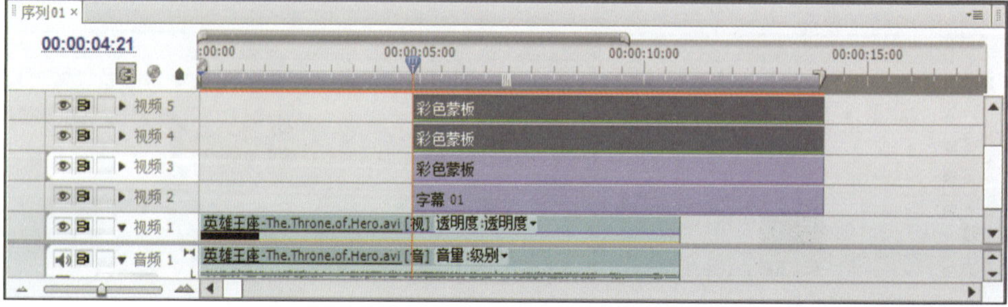

图8.94

STEP 05 在【时间栏】面板的【序列01】选项卡中的视频3轨道中选中“彩色蒙版”，在【特效控制台】面板中对滤镜参数进行设置，如图8.95所示。

闪电		
起始点	57.5	275.2
结束点	638.6	300.8
线段	25	
波幅	35.000	
细节层次	6	
细节波幅	0.400	
分支	0.200	
再分支	1.000	
分支角度	60.000	
分支线段...	0.700	
分支线段	4	
分支宽度	0.100	
速度	4	
稳定性	0.300	
固定端点	☑固定端点	
宽度	7.000	
宽度变化	0.000	
核心宽度	1.000	
外部颜色		
内部颜色		
拉力	15.000	
拉力方向	0.0	
随机植入	1	
混合模式	添加	
模拟	☑在每一帧处...	

图8.95

STEP 06 在【项目】面板中选中“彩色蒙版”，并拖动到【时间栏】面板的【序列01】选项卡中的视频6轨道上，如图8.96所示。

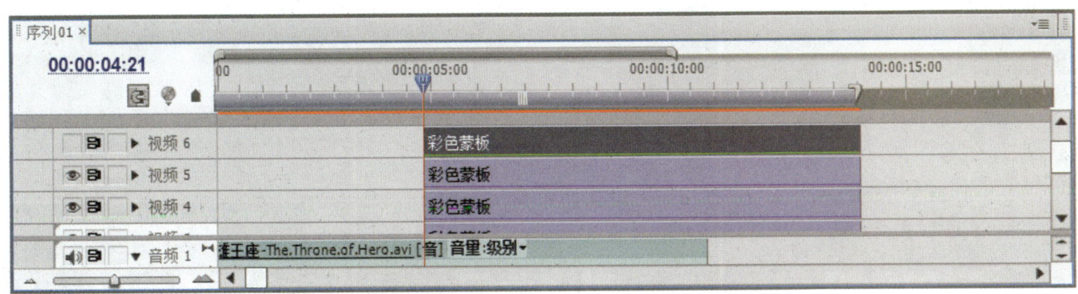

图8.96

STEP 07 在【效果】面板中打开【视频特效】文件夹下的【生成】子文件夹，选择“镜头光晕”滤镜，并拖动到【时间栏】面板的【序列01】选项卡的视频6轨道中的“彩色蒙版”上，开启【光晕亮度】属性前的关键帧码表按钮，分别在00：00：04：18、00：00：04：21和00：00：06：09处，在【特效控制台】面板中设置滤镜参数，如图8.97所示。

镜头光晕	00:00:04:18	00:00:04:21	00:00:06:09
光晕中心	323.4 289.3	323.4 289.3	323.4 289.3
光晕亮度	0 %	121 %	0 %
镜头类型	105 毫...	105 毫...	105 毫...
与原始图...	0 %	0 %	0 %

图8.97

STEP 08 在【效果】面板中打开【视频特效】文件夹下面的【色彩校正】子文件夹，选择“RGB曲线”滤镜，并拖动到【时间栏】面板的【序列01】选项卡的视频06轨道中的“彩色蒙版”上，在【特效控制台】面板中设置滤镜参数，如图8.98所示。

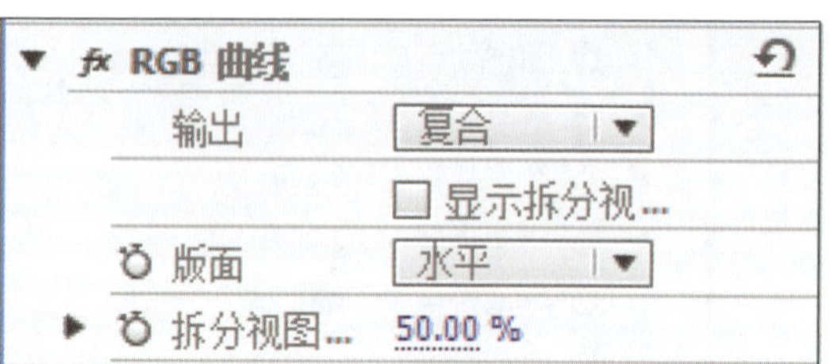

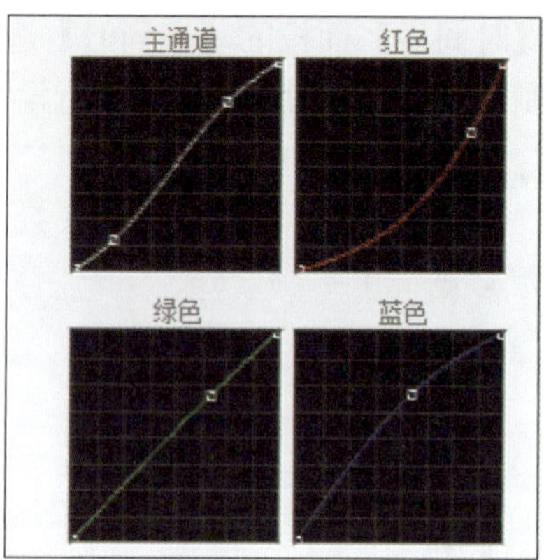

图8.98

至此，闪电效果实例制作全部完成，按空格键或Enter键，在【节目】面板中预览动画效果，如图8.99所示。

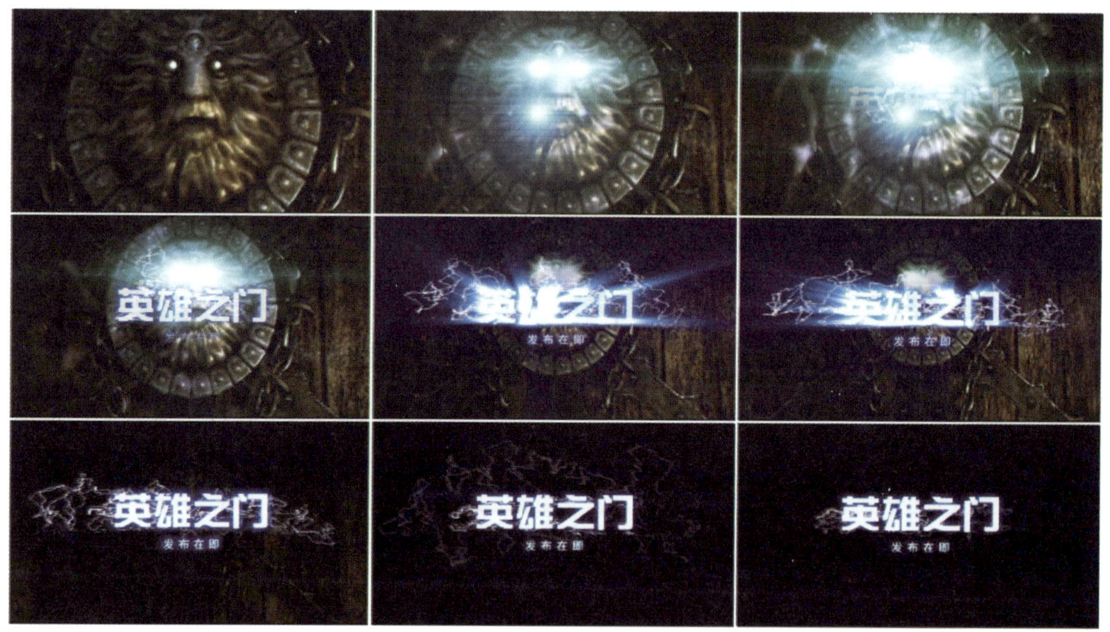

图8.99

8.6 动感文字制作

该范例制作的是片花文字动画，利用After Effect提供的Shine滤镜制作光效，在Premiere中控制文字运动，在文字运动处理上根据视频画面的快慢进行控制，更好地表现视频画面的节奏。

8.6.1 新建项目并导入素材

STEP 01 运行Premiere Pro CS5，在启动窗口中单击【新建项目】按钮，如图8.100所示，弹出

【新建项目】对话框，在【位置】选项框中选择保存的文件路径，在【名称】文本框中输入文件名称“动感文字制作”，如图8.101所示。

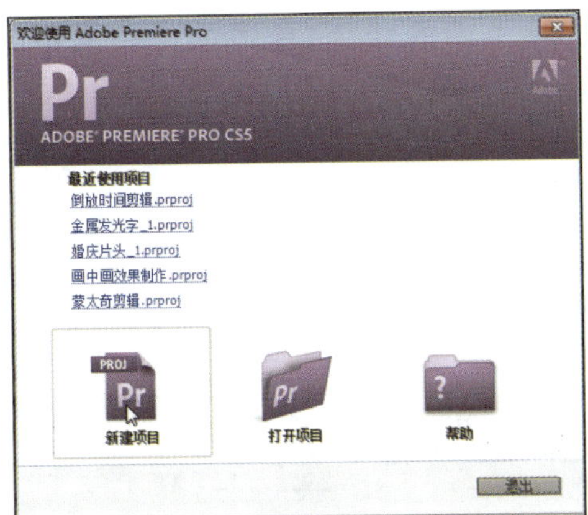

图8.100

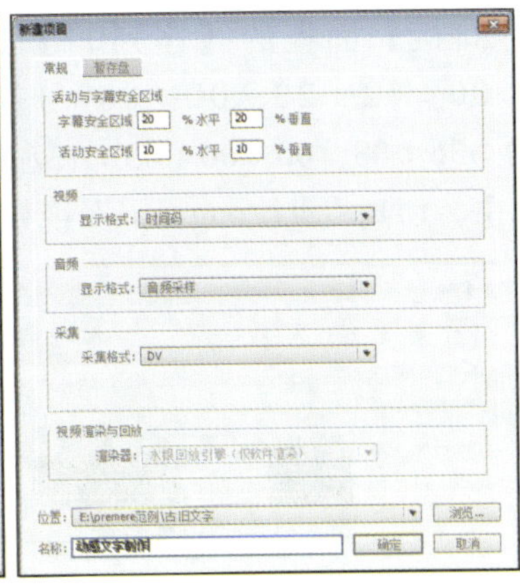

图8.101

STEP 02 单击【确定】按钮，弹出【新建序列】对话框，在左侧的【有效预置】列表中展开【DV-PAL】选项，选中【标准48kHz】模式，如图8.102所示，单击【确定】按钮，进入工作区界面。在【项目】面板的空白处双击，在弹出的【导入】对话框中选择随书所附光盘中的“第8章\8.6\鬼泣ong.mp4”素材，如图8.103所示，单击【打开】按钮。

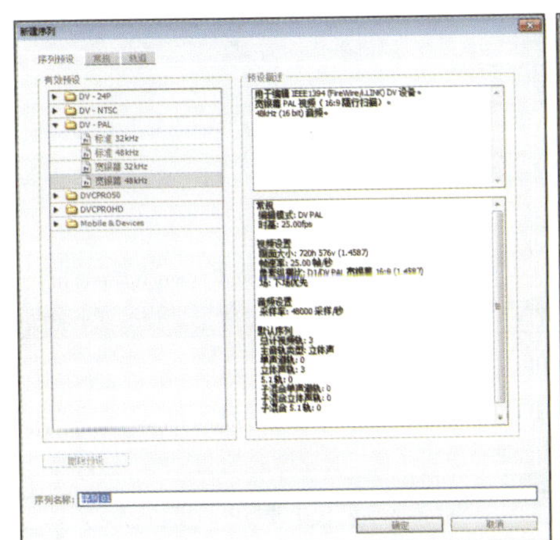

图8.102

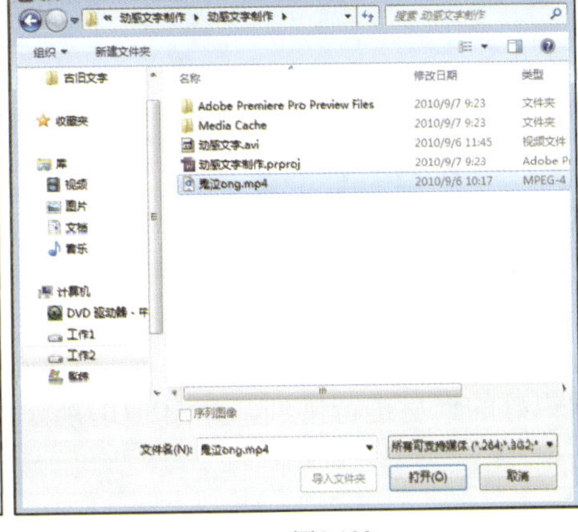

图8.103

STEP 03 导入素材文件，并将“鬼泣ong.mp4”素材拖动到【时间栏】面板的【序列01】选项卡中的视频1轨道上，如图8.104所示。

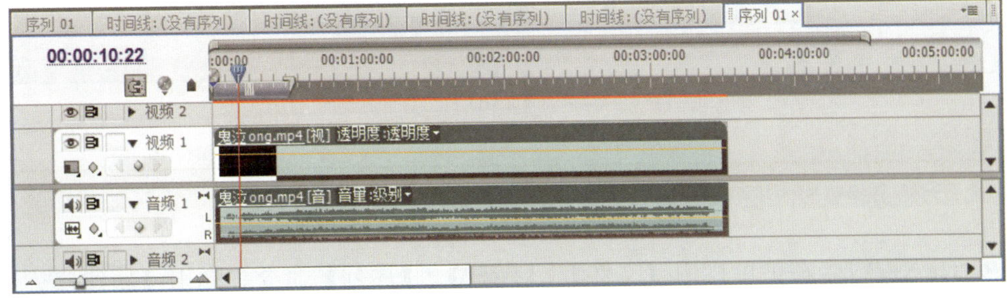

图8.104

8.6.2 素材剪辑

STEP 01 在【时间栏】面板的【序列01】选项卡中的视频1轨道上。分别移动时间滑块到00：00：12：20、00：00：17：07、00：00：27：12、00：00：30：02、00：00：36：08、00：00：43：13和00：03：20：19处，按C键，分别在以上时间帧位置处单击，切割“鬼泣ong.mp4”视频素材，如图8.105所示。

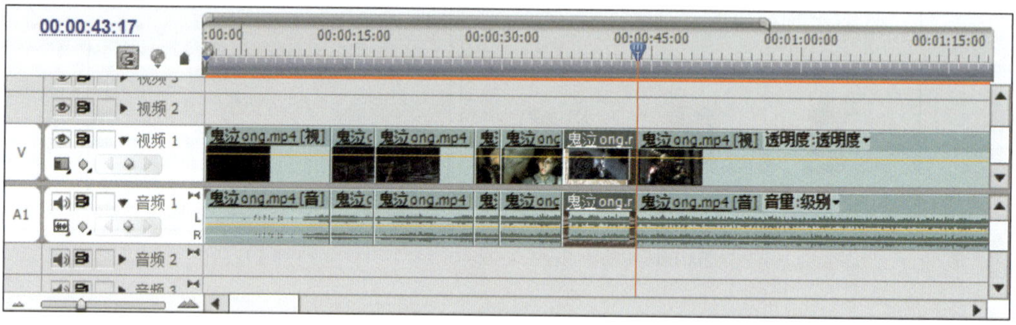

图8.105

STEP 02 根据镜头的需要，选中不需要的片段，并删除，如图8.106所示。

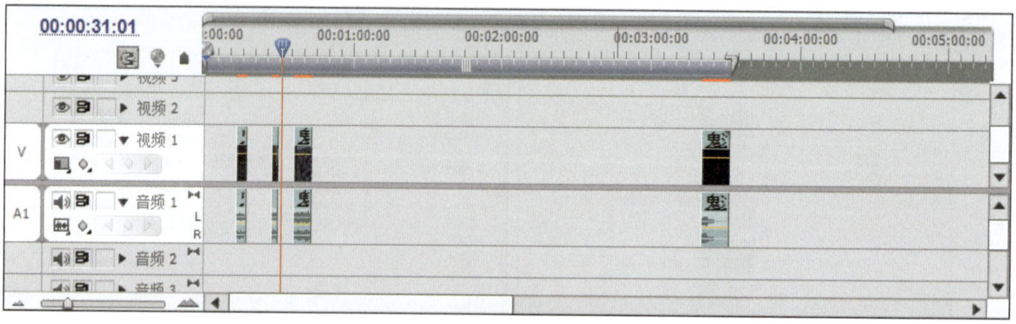

图8.106

STEP 03 对剪辑好的素材进行排列，如图8.107所示。

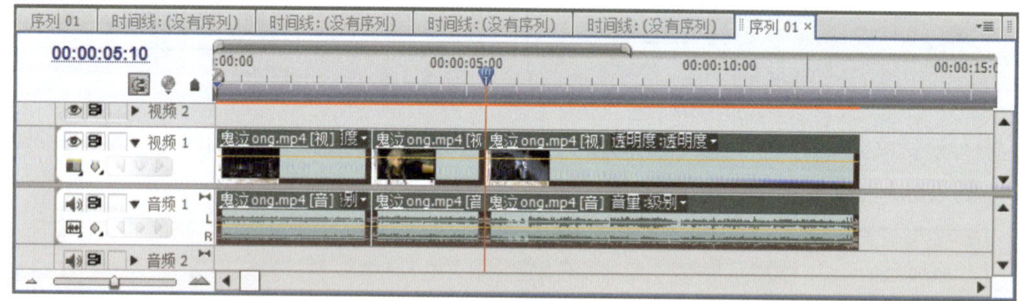

图8.107

上步骤剪辑完成的排列中没有改变素材的位置顺序。

STEP 04 按Ctrl+N键或者在菜单栏中【文件】|【新建】|【序列】命令，弹出【新建序列】对话框，设置序列合成，如图8.108所示，单击【确定】按钮。

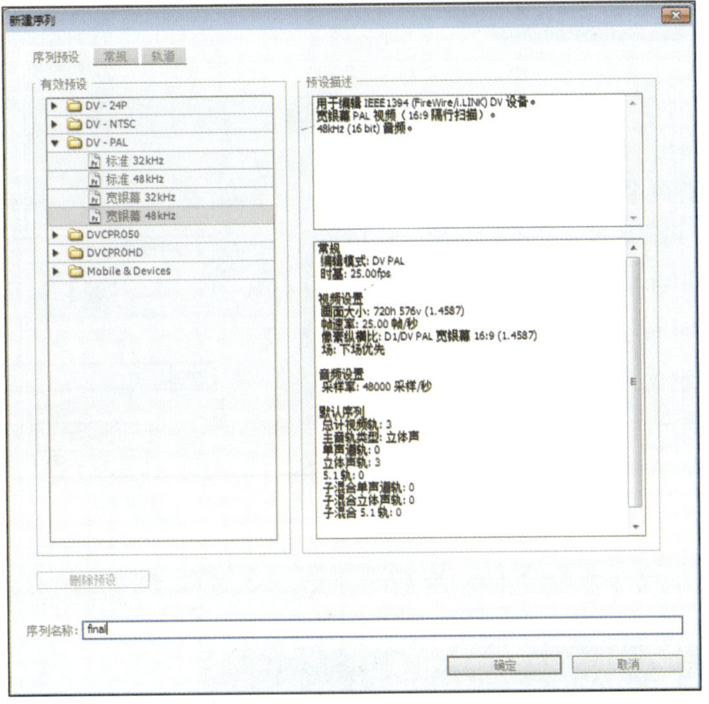

图8.108

STEP 05 在【项目】面板中选中“序列01”序列，并拖到【时间栏】面板的【final】选项卡中的视频1轨道上。分别移动时间滑块到00：00：04：12、00：00：07：02和00：00：14：11处，按C键，分别在以上时间帧位置处单击，切割“序列01”素材，如图8.109所示。

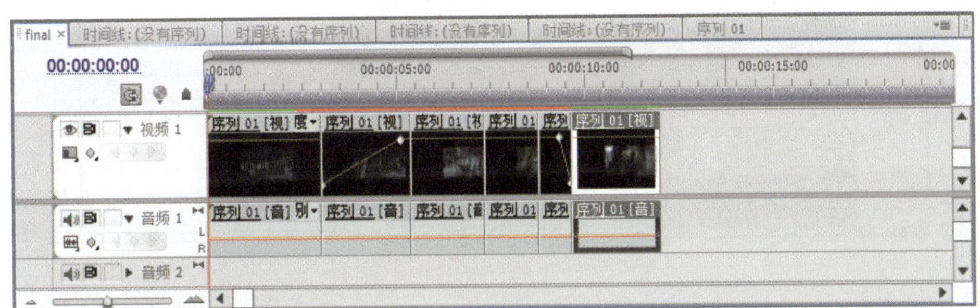

图8.109

STEP 06 移动剪辑后的视频素材如图8.110所示。

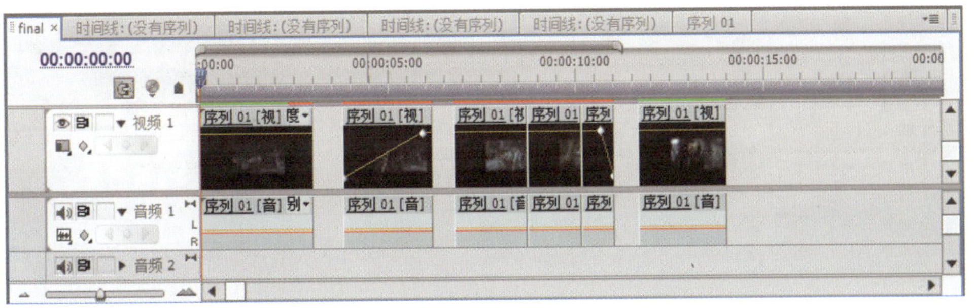

图8.110

8.6.3 文字效果创建

STEP 01 按Ctrl+T键或者在【项目】面板空白处右击，在弹出的菜单中选择【新建】|【字幕】命令，弹出【新建字幕】对话框，其参数设置如图8.111所示，单击【确认】按钮。

STEP 02 弹出文本创建框，在视频预览区域单击，创建文字并选择样式，如图8.112所示，单击【关闭】按钮关闭窗口。

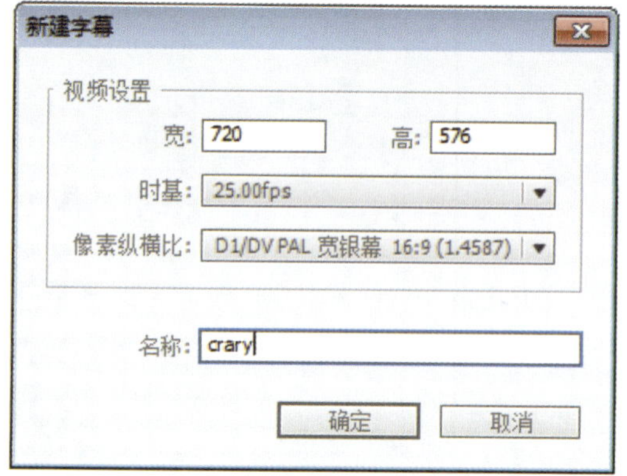

图8.111

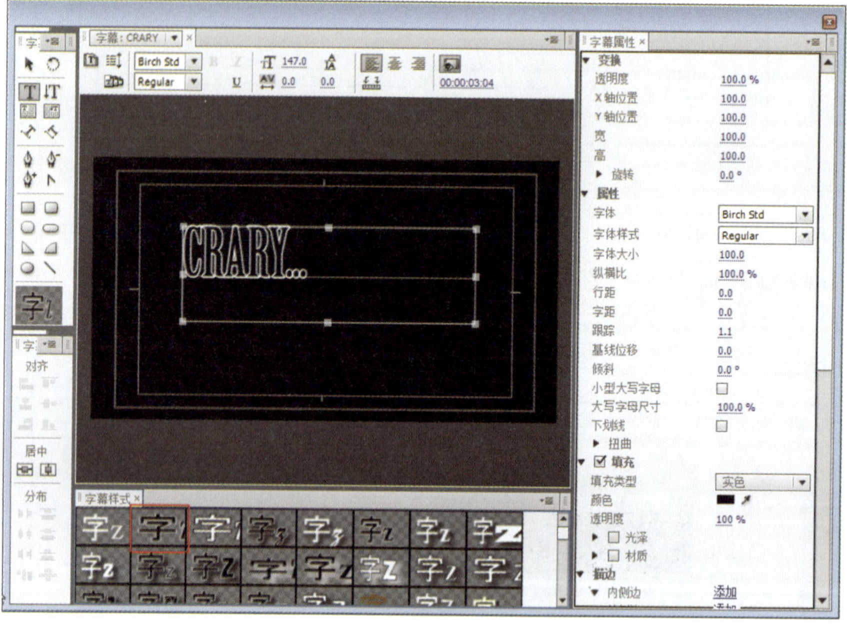

图8.112

STEP 03 在【项目】面板中选中“crary”字幕，并拖动到【时间栏】面板的【final】选项卡中的视频2轨道上，如图8.113所示。

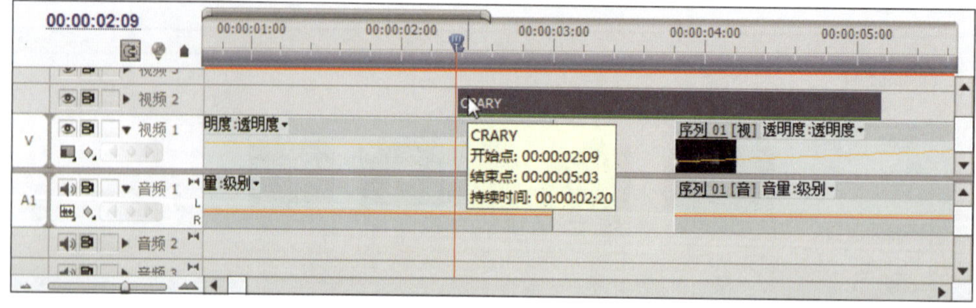

图8.113

STEP 04 在【效果】面板中打开【视频特效】文件夹下的【模糊与锐化】子文件夹，选中“方向模糊”特效滤镜，拖动到【时间栏】面板的【final】选项卡的视频2轨道中的“CRARY”字幕层上，在【特效控制台】面板中设置滤镜参数，如图8.114所示。

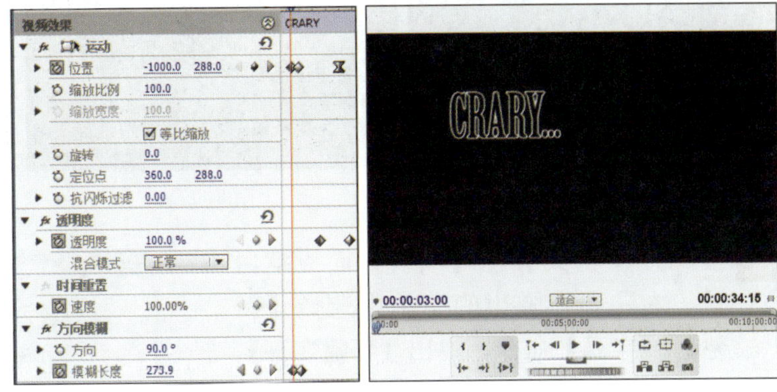

图8.114

STEP 05 开启【位置】属性和【模糊长度】属性前的关键帧码表按钮，分别在00：00：02：18、00：00：03：00，00：00：03：18和00：00408：21处，在【特效控制台】面板中设置滤镜参数，如图8.115所示。

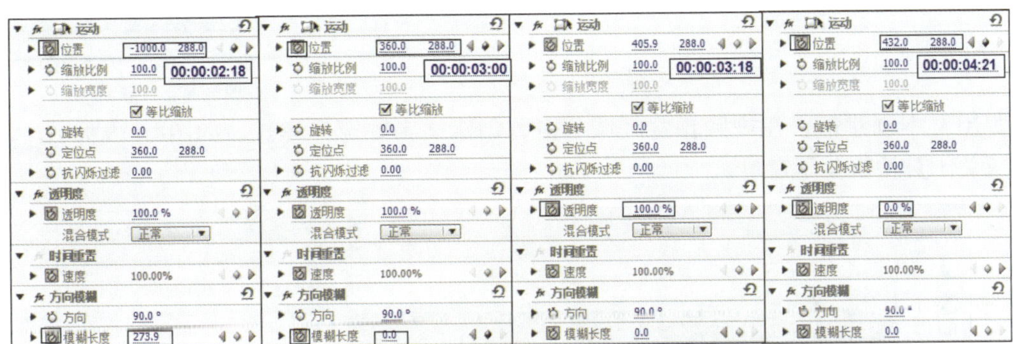

图8.115

STEP 06 在【效果】面板中打开【视频特效】文件夹下的【Trapcode】子文件夹，选中“shine”特效滤镜，并拖动到【时间栏】面板的【final】选项卡的视频2轨道中的“crary”字幕上。开启【source Point（目标位置）】属性、【Ray Length（光线长度）】属性和【Boost Light（光线亮度）】属性前的关键帧码表按钮。分别在00：00：03：00、00：00：04：03处，在【特效控制台】面板中设置滤镜参数如图8.116所示。

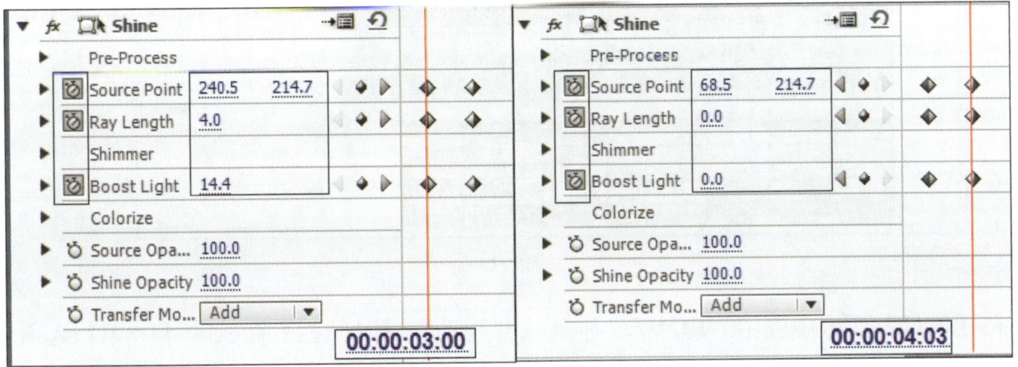

图8.116

STEP 07 观察【节目】面板，动画效果如图8.117所示。

图8.117

STEP 08 按Ctrl+T键或者在【项目】面板空白处，右击，在弹出的菜单中选择【新建】|【字幕】命令，弹出【新建字幕】对话框，其参数设置如图8.118所示。单击【确认】按钮。

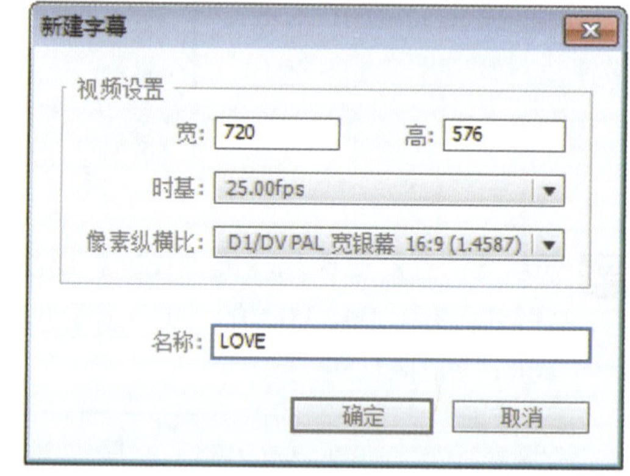

图8.118

STEP 09 弹出文本创建框，在视频预览区域单击，创建文字并选择样式，如图8.119所示，单击【关闭】按钮关闭窗口。

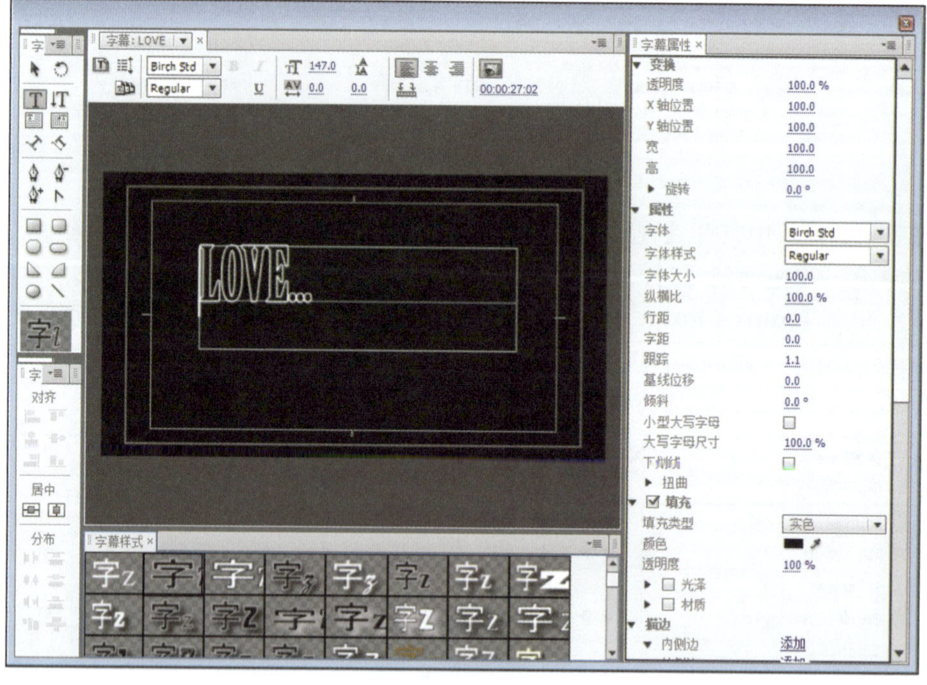

图8.119

STEP 10 在【项目】面板中选中“LOVE”字幕，并拖动到【时间栏】面板的【final】选项卡中的视频2轨道上，如图8.120所示。

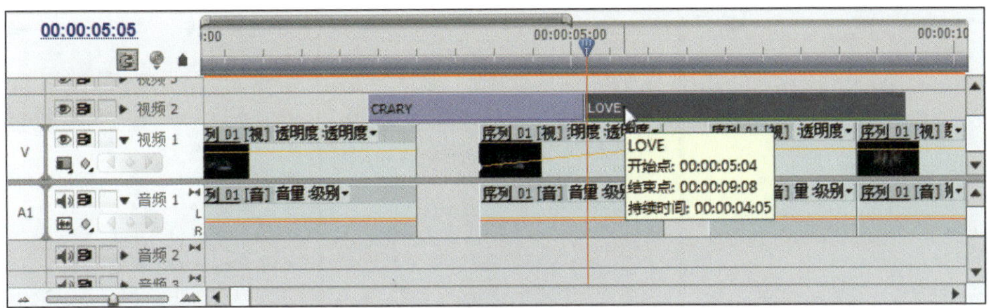

图8.120

STEP 11 在【效果】面板中打开【视频特效】文件夹下的【模糊与锐化】子文件夹，选中“方向模糊”特效滤镜，并拖动到【时间栏】面板的【final】选项卡的视频2轨道中的“LOVE”字幕上，在【特效控制台】面板中设置滤镜参数，如图8.121所示。

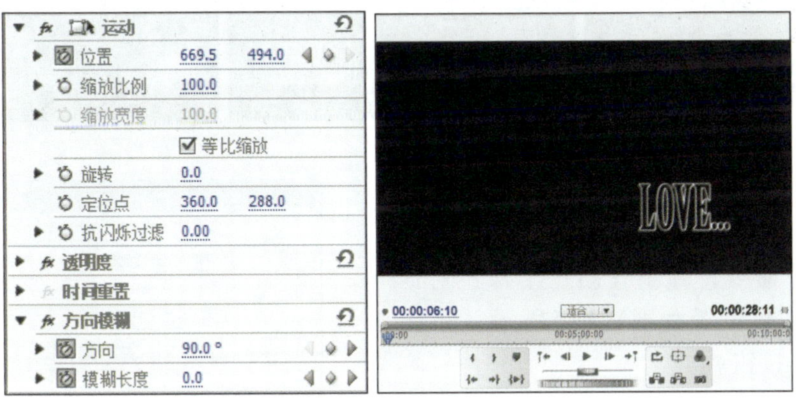

图8.121

STEP 12 开启【位置】属性、【方向】属性和【模糊长度】属性前的关键帧码表按钮 ，分别在00：00：05：20、00：00：06：08，00：00：07：06和00：00：07：20处，在【特效控制台】面板中设置滤镜参数，如图8.122所示。

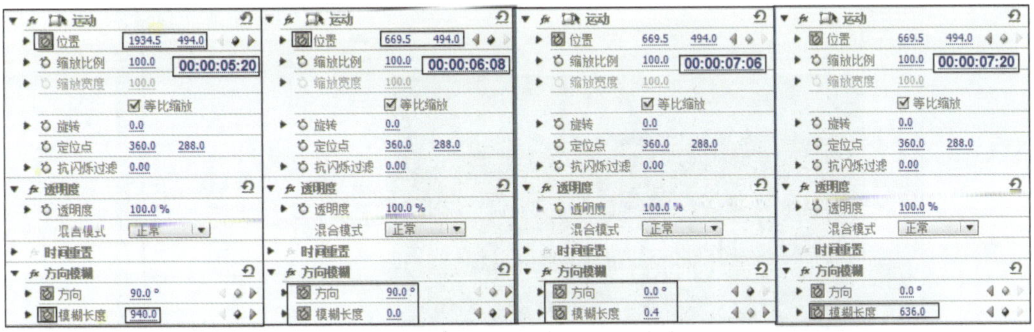

图8.122

STEP 13 在【效果】面板中打开【视频特效】文件夹下的【Trapcode】子文件夹，选中“shine”特效滤镜，并拖动到【时间栏】面板的【final】选项卡的视频2轨道中的“LOVE”字幕上。开启【source Point（目标位置）】属性前的关键帧码表按钮 。分别在00：00：09：09、00：00：05：20和00：00：05：17处，在【特效控制台】面板中设置滤镜参数，如图8.123所示。

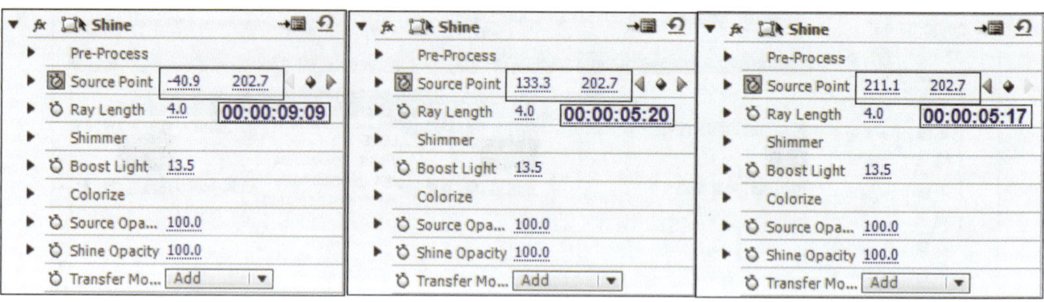

图8.123

STEP 14 观察【节目】面板，动画效果如图8.124所示。

图8.124

STEP 15 按Ctrl+T键或者在【项目】面板空白处右击，在弹出的菜单中选择【新建】|【字幕】命令，弹出【新建字幕】对话框，其参数设置如图8.125所示。单击【确认】按钮。

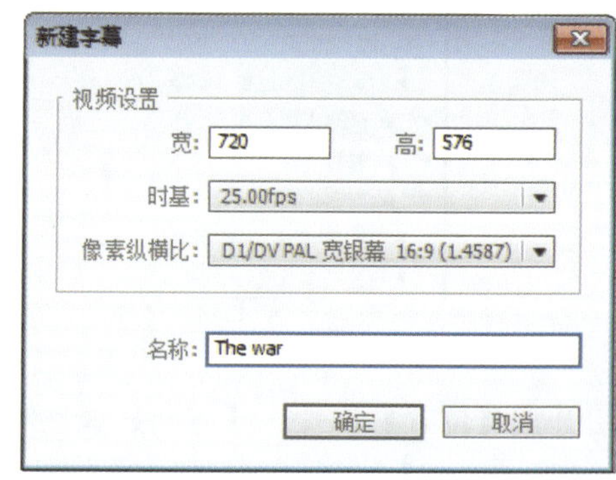

图8.125

STEP 16 弹出文本创建框，在视频预览区域单击鼠标，创建文字选择样式，如图8.126所示，单击【关闭】按钮关闭窗口。

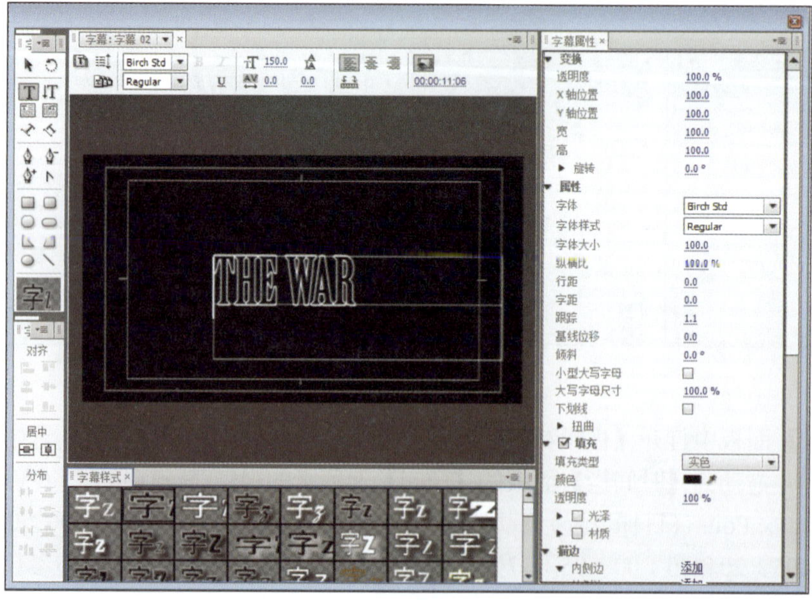

图8.126

STEP 17 在【项目】面板中选中“THE WAR”字幕，并拖动到【时间栏】面板的【final】选项卡中的视频2轨道上，如图8.127所示。

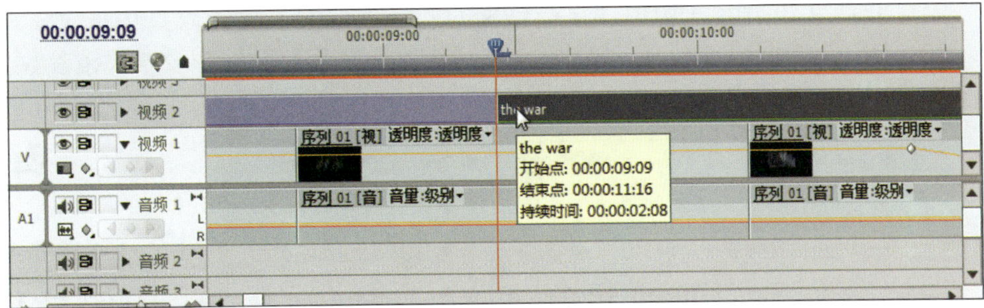

图8.127

STEP 18 在【效果】面板中打开【视频特效】文件夹下的【模糊与锐化】子文件夹，选中“快速模糊”特效滤镜，并拖动到【时间栏】面板的【final】选项卡的视频2轨道中的“the war”字幕上，在【特效控制台】面板中设置滤镜参数，如图8.128所示。

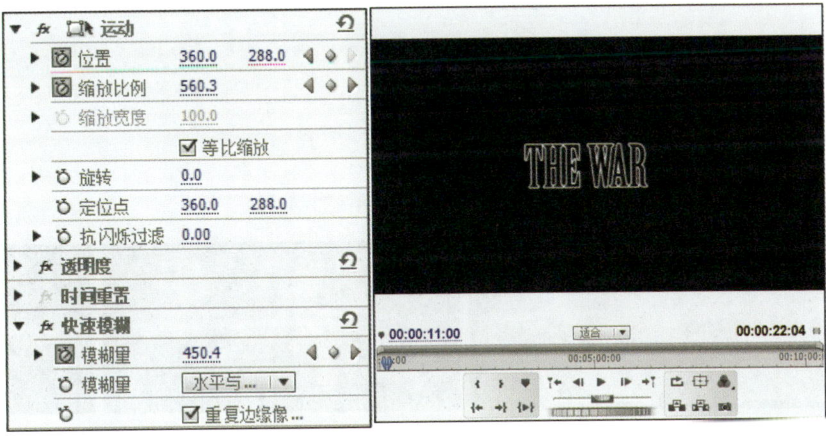

图8.128

STEP 19 开启【缩放】属性和【模糊数量】属性前的关键帧码表按钮，分别在00：00：10：06、00：00：10：19，在【特效控制台】面板中设置滤镜参数，如图8.129所示。

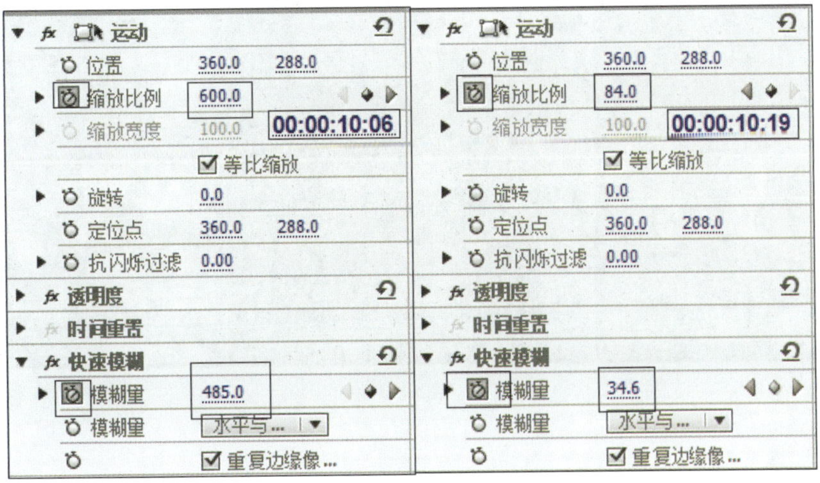

图8.129

STEP 20 在【效果】面板中打开【视频特效】文件夹下的【Trapcode】子文件夹，选中“shine”特效滤镜，并拖动到【时间栏】面板的【final】选项卡的视频2轨道中的“the war”字幕上。开启【source Point（目标位置）】属性前的关键帧码表按钮 。分别在00：00：10：24和00：00：11：16处，在【特效控制台】面板中设置滤镜参数，如图8.130所示。

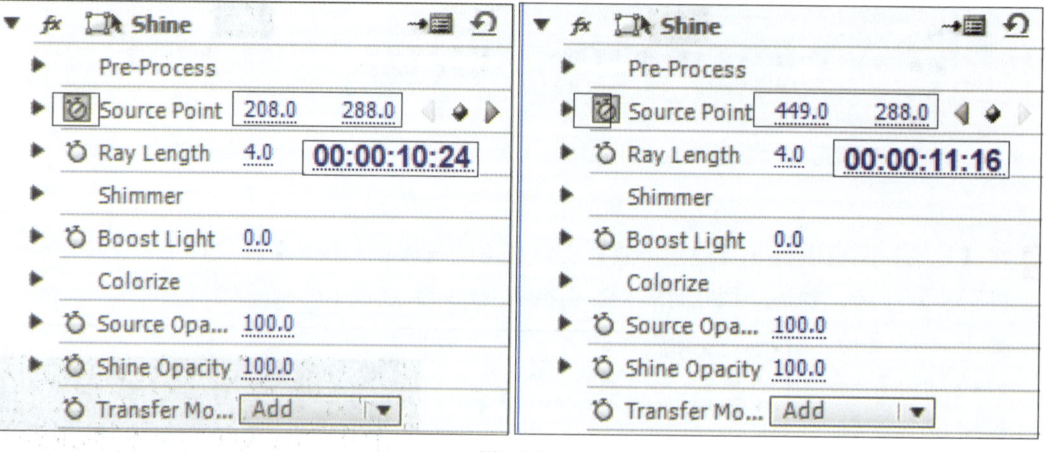

图8.130

STEP 21 观察【节目】面板，动画效果如图8.131所示。

图8.131

至此，动感文字实例制作全部完成，按空格键或Enter键，在【节目】面板中预览动画效果，如图8.132所示。

图8.132

第9章 音频特效技法

9.1 音频概述

所谓音频，是指可以传播、传输的带有声音信息的电信号，包括波形声音、语音和音乐3种。其中，波形声音就是自然界中所有的声音，是声音数字化的基础。

在Premiere Pro CS5中，包含5.1声道、Stereo（立体声）和单声道3种声道。

5.1声道

5.1声道技术是由美国的杜比实验室发明的，因此，最早的名称叫做杜比数码（Dolby Digital）环绕声，被广泛应用于各类电影院和家庭影院中，是目前应用较广的一种音频形式。这种声道包含左、中、右3个前置声道，左、右两个后置声道以及一个低频效果声道将音频发送到重低音喇叭，使声音更具震撼力和感染力。

Stereo（立体声）

双声道是一种早几年应用较多的音频形式，包含左、右两个声道，也叫做立体声道。在录制的初期，可以将声音分别分配到两个独立的声道中，从而达到很好的声音定位效果。

单声道

单声道是一种比较原始的音频形式，它只包含一个声道，当使用双声道扬声器播放单声道音频时，两个声道的声音是完全相同的。

9.2 音频的基本设置

9.2.1 音频增益

音频增益指的是音频信号的声调高低，当一个视频片段同时拥有多个音频素材时，就需要平衡这些素材的增益。如果一个素材的音频信号过高或过低，就会严重影响播放时的音频效果，调整音频增益的具体操作步骤如下。

STEP 01 选择【时间栏】面板中需要调整的素材，则被选择的素材周围会出现黑色实线，如图9.1所示。

图9.1

STEP 02 在菜单栏中选择【素材】|【音频选项】|【音频增益】命令，弹出【音频增益】对话框，将光标移动到对话框的参数上并拖动，以改变素材的增益值，也可以单击参数，然后直接输入音频增益值，如图9.2所示。正值表示音频增益变大，声音变高；负值表示音频增益减小，声音变低。

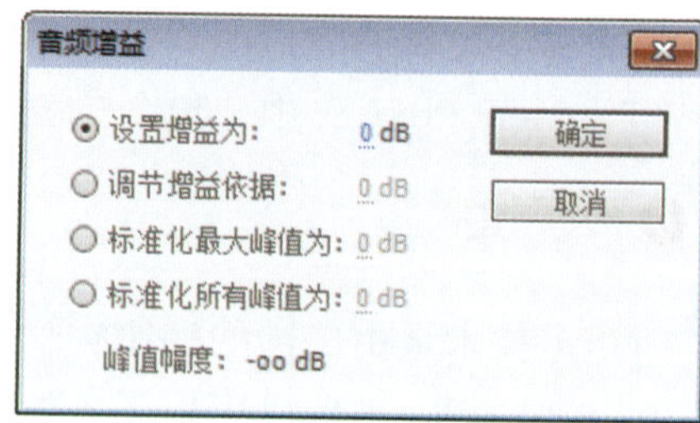

图9.2

STEP 03 完成设置后，播放修改后的音频素材，试听音频效果。

9.2.2 音频类型的转换

分离为单声道

使用该命令可以将双声道或5.1声道的音频素材直接分离成单声道素材。将一个双声道素材分离成单声道素材的具体操作步骤如下。

STEP 01 在【项目】面板中选择一个双声道音频素材，如图9.3所示。如果想查看双声道波形效果，双击该双声道素材的图标，打开【素材源】面板，即可看到双声道显示为两条波形线的效果，如图9.4所示。

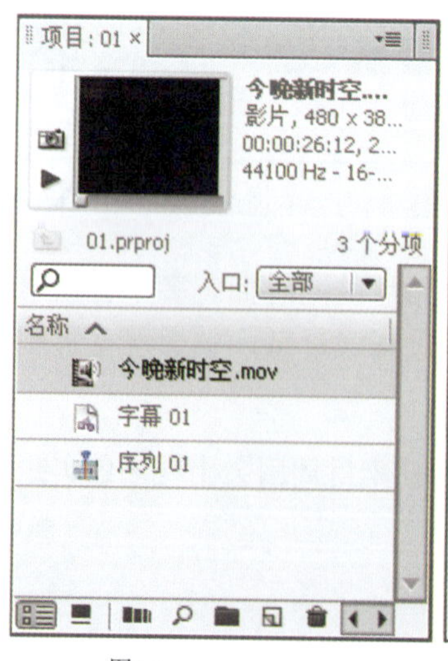

图9.3

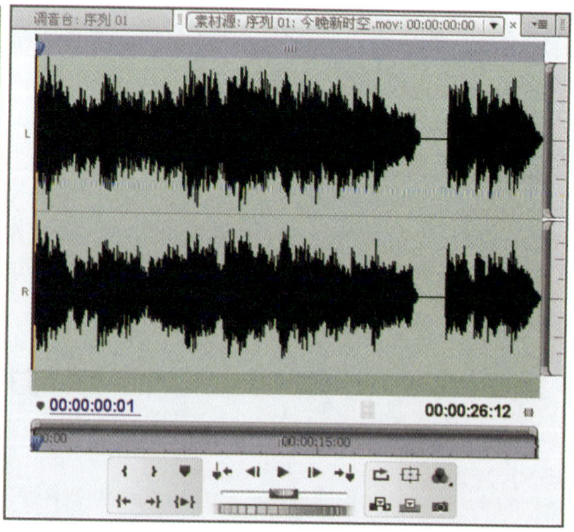

图9.4

STEP 02 在菜单栏中选择【素材】|【音频选项】|【强制为单声道】命令，即可将双声道音频素材分离成两个独立的单声道素材。在【项目】面板中可以看到分离出来的两个单声道素材效果，如图9.5所示。双击其中一个单声道素材，打开【素材源】面板，可以看到单声道音频素材显示的只有一条波形线效果，如图9.6所示。

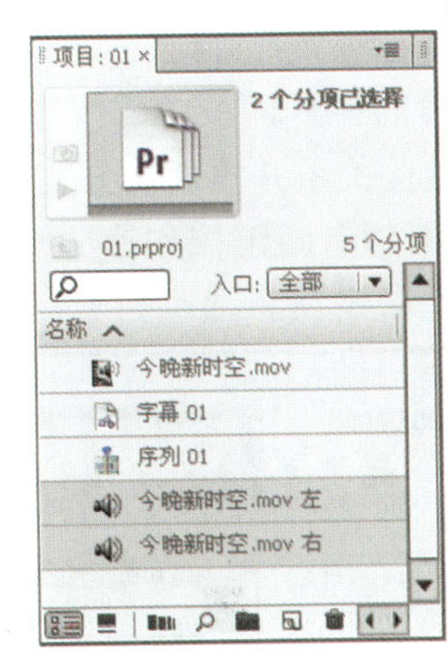

图9.5

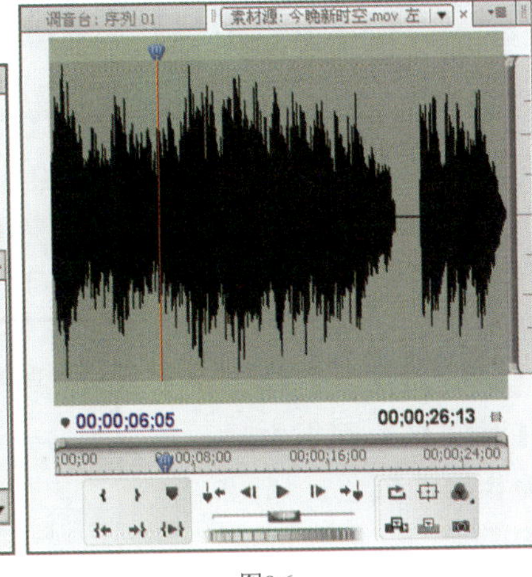

图9.6

渲染并替换

使用该命令可以将当前音频轨道上的音频进行多轨道的分离，如图所9.7示。

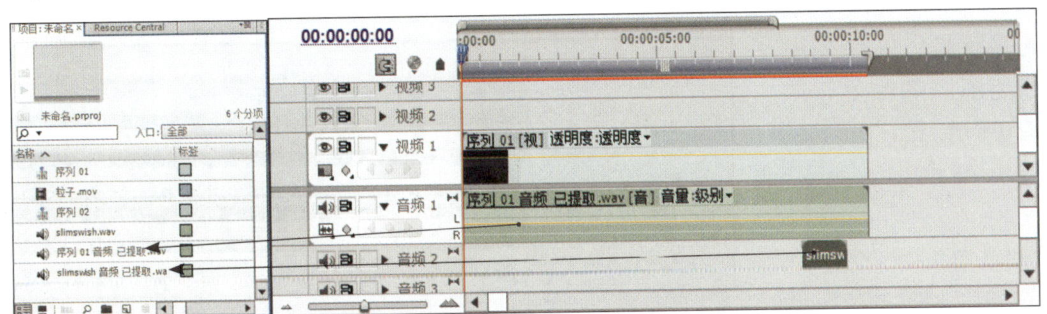

图9.7

在执行该命令时，要选择多个音频轨道。

提取音频

使用该命令可以将当前音频轨道中的音频单独提取，可以将带视频和音频的画面单独分离出来，只要在时间栏中选择带音频的视频单击该命令即可。

9.2.3 音频素材的速度/持续时间调整

选中【项目】面板或音频轨道上的音频素材，然后在菜单栏中选择【素材】|【速度/持续时间】命令，弹出【速度/持续时间】对话框，即可对素材的速度和持续时间进行修改，如图9.8所示。

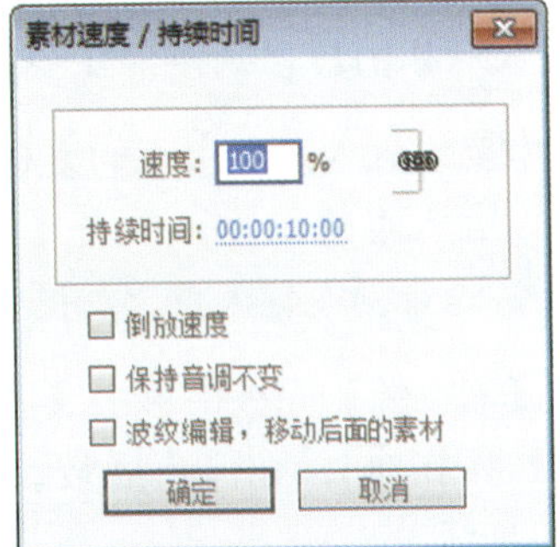

图9.8

9.2.4 分离和链接视音频

在编辑工作中，经常需要将【时间栏】面板中的视频部分和音频部分分离，用户可以完全打断或者暂时释放链接素材的链接关系并重新设置其各部分。

Premiere Pro中音频素材和视频素材有硬链接和软链接两种链接关系。当链接的视频和音频来自于一个影片文件时，它们是硬链接，【项目】面板中只显示一个素材。硬链接是在素材导入Premiere Pro之前就建立的链接，在【时间栏】面板中显示为相同的颜色，如图9.9的所示。

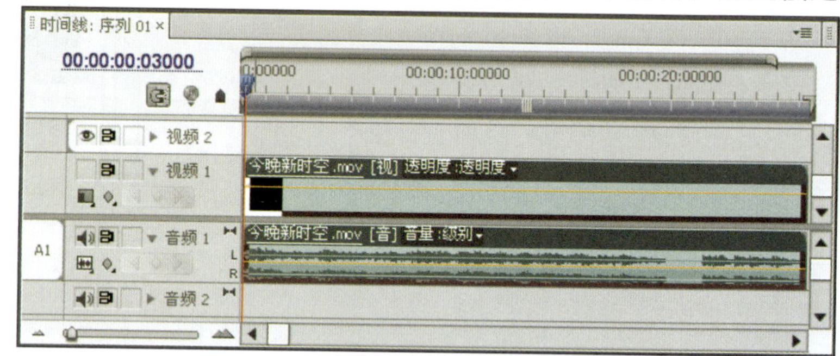

图9.9

软链接是在【时间栏】面板中建立的链接，用户可以在【时间栏】面板中为音频素材和视频素材建立软链接。软链接类似于硬链接，但链接的素材在【项目】面板中保持着各自的完整性，在序列中显示为不同的颜色，如图9.10所示。

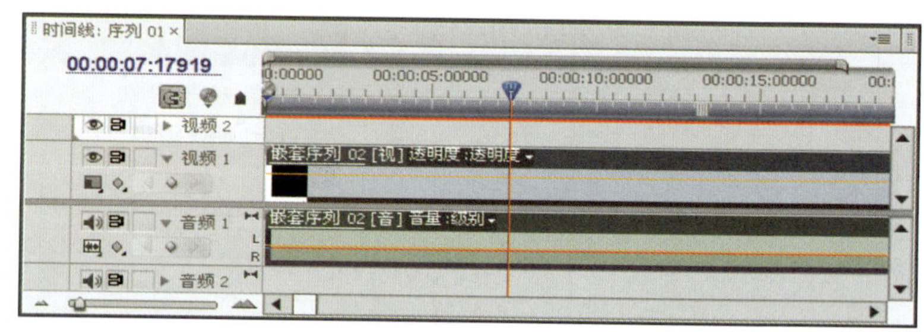

图9.10

如果要打断链接在一起的视、音频，可在轨道上选择对象，然后在菜单栏中选择【素材】|【解除视音频链接】命令，被打断的视、音频素材可以单独进行操作。

如果要将分离的视、音频素材链接在一起作为一个整体进行操作，则只需要选择需要链接的视、音频，然后在菜单栏中选择【素材】|【嵌套】命令即可。

9.2.5 设置音频素材的入点和出点

音频素材和视频素材一样，在应用音频素材之前，可以在【素材源】面板中编辑音频素材的入点和出点，具体操作步骤如下。

STEP 01 选中要设置入点和出点的素材，在【素材源】面板中单击【播放】按钮，当播放到需要设置入点的位置，单击【停止】按钮，则停止播放，然后单击【设置入点】按钮，为音频设置入点，如图9.11所示。

STEP 02 在【素材源】面板中单击【播放】按钮，当播放到需要设置出点的位置时，单击【停止】按钮，则停止播放，然后单击【设置出点】按钮，为音频设置出点，如图9.12所示。

除了以上方法外，还可以通过修改时间码来精确控制入点和出点的位置。

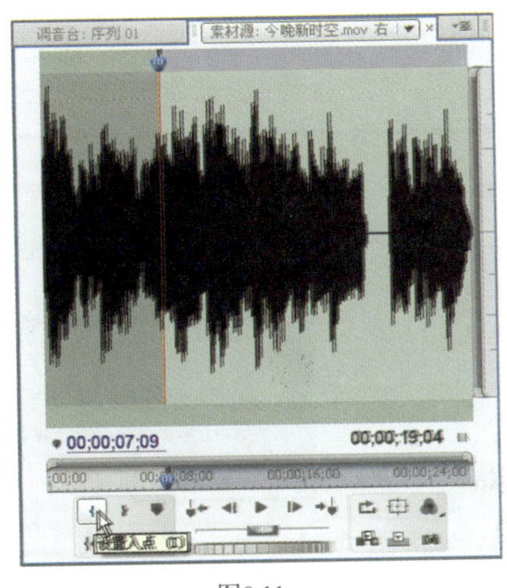

图9.11

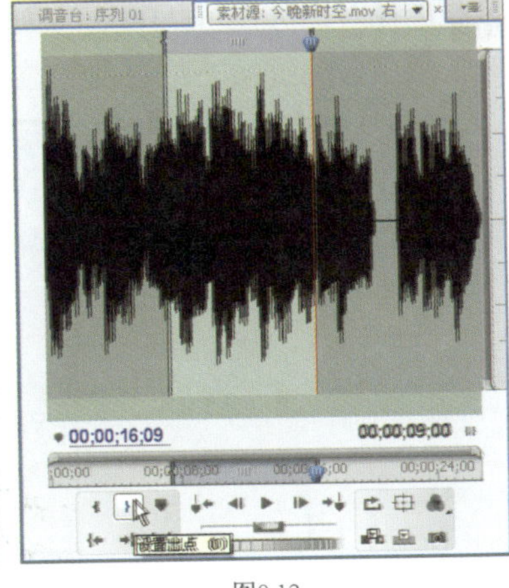

图9.12

9.2.6 音频的淡入、淡出

音频的淡入、淡出效果与视频的淡入、淡出效果一样，在【时间栏】面板中可以通过关键帧来调整，具体操作步骤如下。

STEP 01 选中要设置淡入、淡出效果的音频素材，单击【音频1】轨道左侧的【显示关键帧】按钮，在弹出的下拉列表中选择【显示轨道关键帧】选项，如图9.13所示。

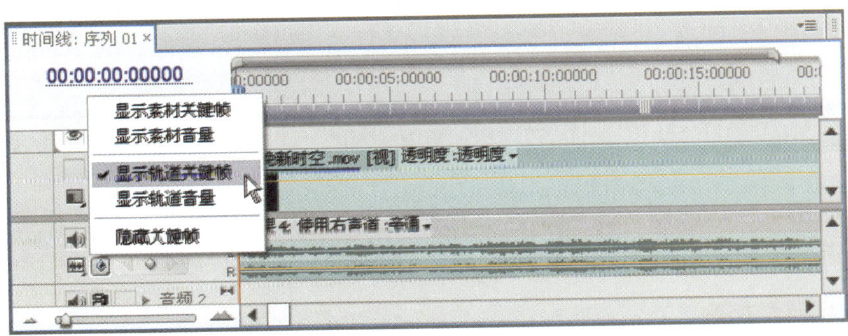

图9.13

STEP 02 将时间设置为00:00:00:00，然后单击“音频1”轨道左侧的【添加/移除关键帧】按钮，在时间00:00:00:00处添加一个关键帧。

STEP 03 用同样的方法，分别在时间00:00:02:00、00:00:12:00和00:00:14:00处添加关键帧，添加后的效果如图9.14所示。

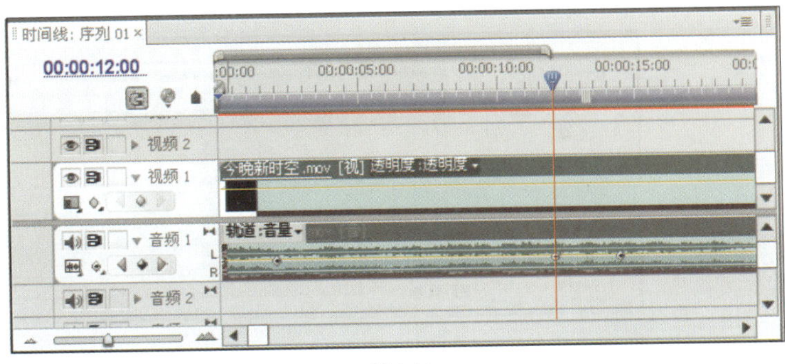

图9.14

STEP 04 选择时间00:00:00:00处的关键帧，然后按住鼠标向下拖动，同时在光标的右下角位置显示当前关键帧的位置及增益值，当增益值变成－00dB时，表示无声效果，拖动的效果如图9.15所示。至此，完成音频素材淡入效果的设置。

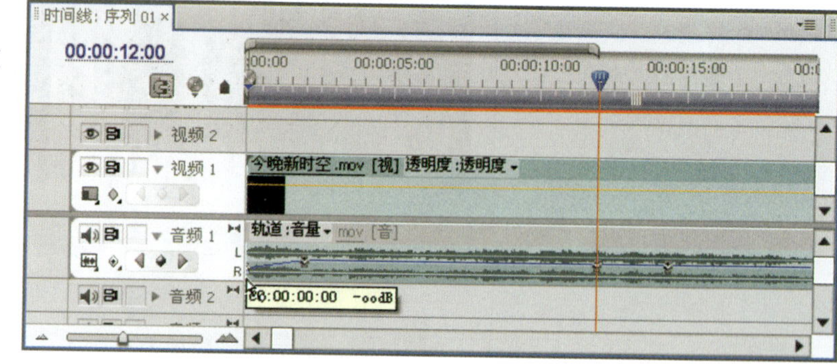

图9.15

STEP 05 选择时间00:00:14:00处的关键帧并向下拖动，设置音频素材的淡出效果，完成的效果如图9.16所示，单击【播放】按钮，播放试听淡入和淡出的效果。

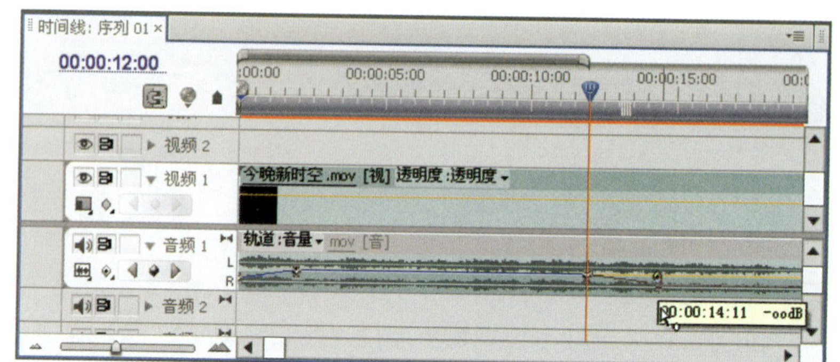

图9.16

9.2.7 音频轨道的添加/删除

音频轨道包含默认的固定音频轨道，在制作中，可以添加音频轨道，也可以删除不需要的音频轨道。下面来讲解添加和删除音频轨道的方法。

添加音频轨道

添加音频轨道的具体操作步骤如下。

STEP 01 在音频轨道的名称位置右击，在弹出的快捷菜单中选择【添加轨道】命令，如图9.17所示。

图9.17

STEP 02 选择【添加轨道】命令后，弹出【添加视音轨】对话框，在【音频轨】选项组的【添加】选项中设置要添加音频轨道的数量，在【放置】下拉列表中选择要添加轨道的位置，在【轨道类型】下拉列表中选择音频轨道的类型，如图9.18所示。

STEP 03 设置好参数后，单击【确定】按钮，完成音频轨道的添加。

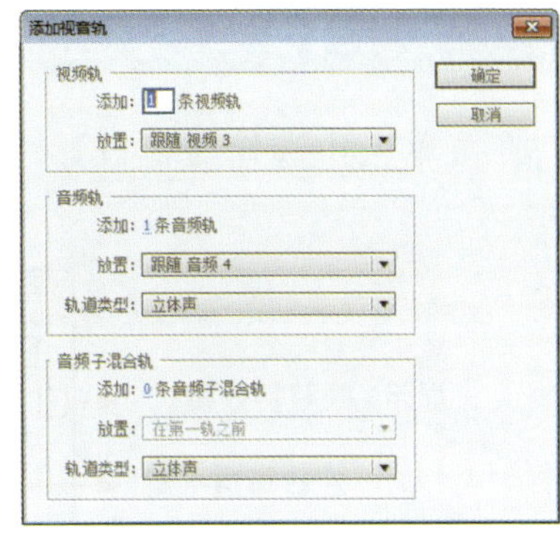

图9.18

删除音频轨道

对于不需要的音频轨道可以删除，具体操作步骤如下。

STEP 01 在音频轨道的名称位置右击，在弹出的快捷菜单中选择【删除轨道】命令，如图9.19所示。

图9.19

STEP 02 选择【删除轨道】命令后，弹出【删除轨道】对话框，在【音频轨】选项组中勾选【删除音频轨】复选框，在其下方的下拉列表中选择所要删除的目标轨道，如图9.20所示。

STEP 03 设置完成后，单击【确定】按钮，即可删除相应的音频轨道。

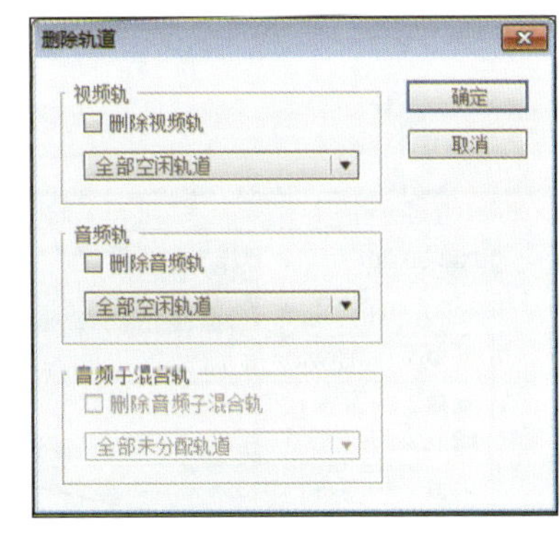

图9.20

9.3 使用【调音台】面板调节音频

【调音台】面板中包含混合多个音频、调整增益和摇摆等多种音频编辑操作工具，通过该面板，用户可以更加直观、有效地调节影片的音频。

9.3.1 认识【调音台】面板

在菜单栏中选择【窗口】|【调音台】命令，即可打开【调音台】面板，如图9.21所示。

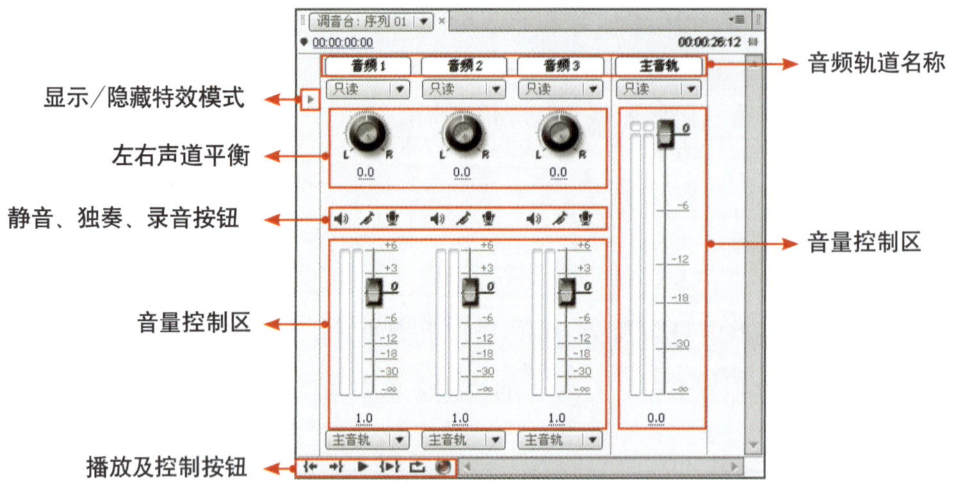

图9.21

【调音台】面板为【时间栏】面板中的每一条音频轨道都提供了一套独立的控制工具，通过这些控制工具，可以实时混合【时间栏】面板中各轨道的音频对象。

音频轨道名称

音频轨道名称位于【调音台】面板的顶部，与【时间栏】面板中的音频轨道名称相同。如果修改【时间栏】面板中的音频轨道名称，将直接影响【调音台】面板中的音频轨道名称，如果在【时间栏】面板中删除一条音频轨道，那么在【调音台】面板中也会删除这条音频轨道，如图9.22所示。

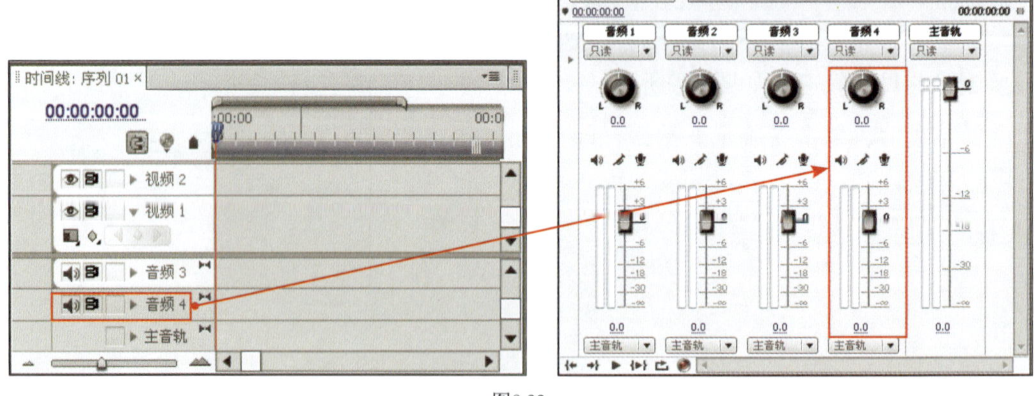

图9.22

显示/隐藏特效模式

单击音频名称左下方的小三角形按钮 ▶，即可打开特效模式区，在该区域中可以完成对音频特效的添加，如图9.23所示。

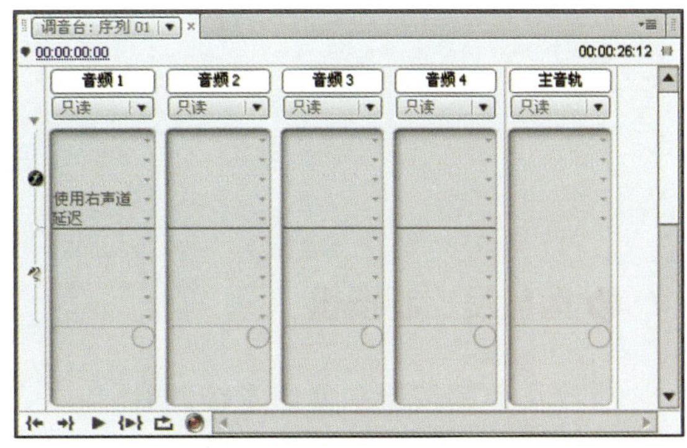

图9.23

左右声道平衡

如果音频素材的两个声道音量不同，则可以通过【调音台】面板中的左右声道平衡旋钮来进行调节。默认值为0，当值小于0时，加大左声道的音量，对应右声道的音量将减小；当值为－100时，右声道关闭，只在左声道播放；当值大于0时，加大右声道的音量，对应左声道的音量将减小；当值为100时，左声道关闭，只在右声道播放，如图9.24所示。

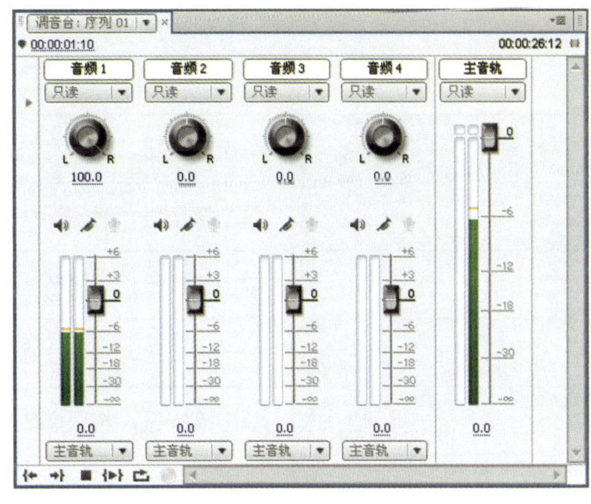

图9.24

静音、独奏、录音按钮

在编辑过程中，当多个声道都有音频时，利用如下3个按钮可以控制声道的声音来编辑音频素材。

① 静音轨道	用于关闭当前音频轨道的声音输出
② 独奏轨	用于关闭当前轨道以外的其他所有音频轨道，只播放当前轨道的音频
③ 激活录制轨	用于控制声音的录制

音量控制区

在音量控制区中，每个音频轨道都有一个音量滑块，上下拖动该音量滑块可以调整当前音频的音量大小。下方的参数栏中显示了当前声音的音量，用户也可以直接在参数栏中修改音量的参数来改变音量大小。

播放音频时，右侧音量控制区可以显示音频播放时的音量大小，音量表顶部的小方块表示系统所能处理的音量极限，当方块显示为红色时，表示该音频音量超过极限，如图9.25所示。

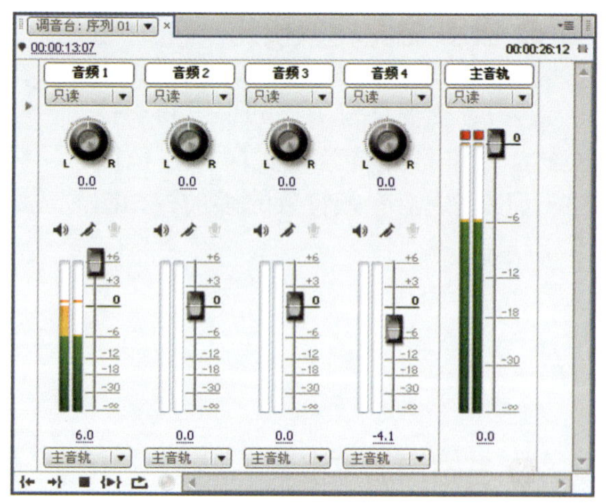

图9.25

播放及控制按钮

播放及控制按钮主要用于控制音频的播放，包括入点和出点的跳转、播放、停止等操作，各按钮的功能介绍如下。

按钮	功能
① 跳转到入点	单击该按钮，时间滑块将直接跳转到该音频素材的入点位置
② 跳转到出点	单击该按钮，时间滑块将直接跳转到该音频素材的出点位置
③ 播放	单击该按钮，将播放当前的音频素材
④ 停止	单击该按钮，将停止播放当前的音频素材
⑤ 播放入点到出点	单击该按钮，将只播放从音频素材入点到出点的音频文件
⑥ 循环	单击该按钮，将循环播放音频素材
⑦ 录制	单击该按钮，可以利用麦克风录制声音

9.3.2 设置调音台窗口

单击【调音台】面板右上方的按钮，弹出如图9.26所示的菜单，其中各主要选项的含义如下。

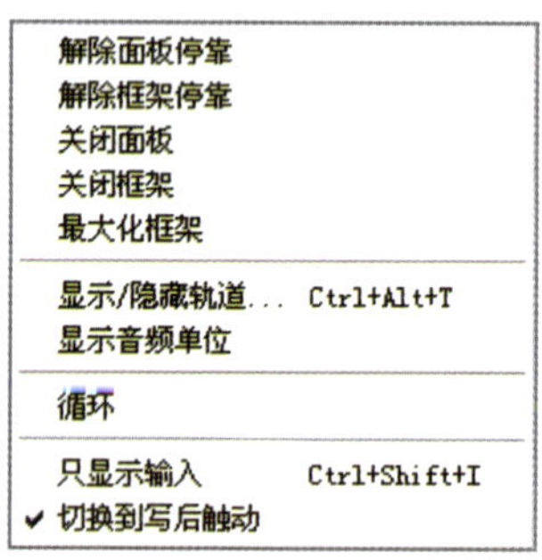

图9.26

选项	含义
① 显示/隐藏轨道	用于隐藏或显示【调音台】面板中的轨道。选择该选项，在弹出的如图9.27所示的对话框中会显示左侧图标的轨道
② 显示音频单位	用于在时间标尺上以音频单位进行显示，如图9.28所示
③ 循环	该选项被选定的情况下，系统会循环播放音乐

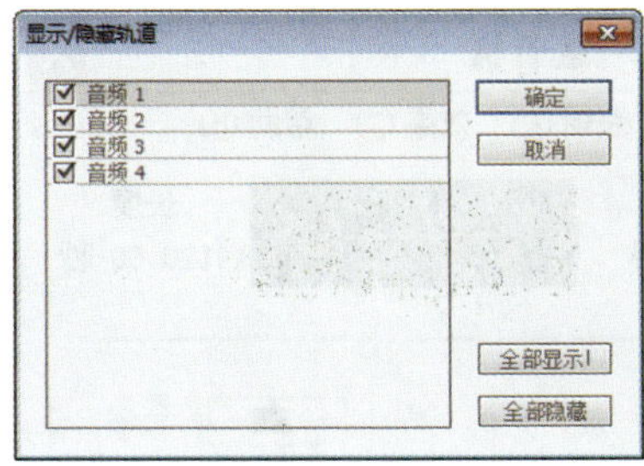

图9.27

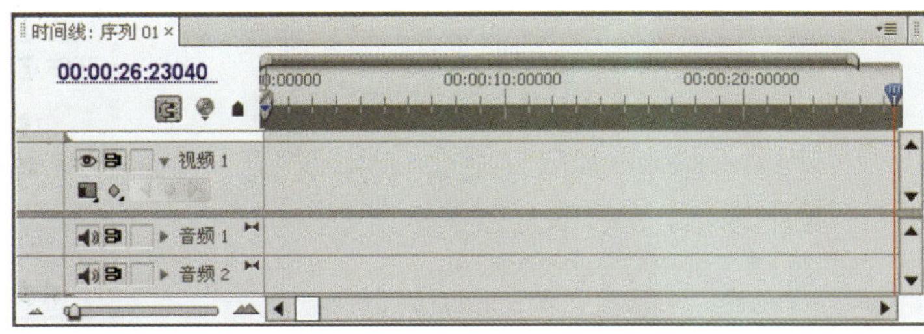

图9.28

9.4 录制音频素材

在计算机中有两种录音的方法，一种是通过Windows操作系统自带的录音机功能进行录制，另一种是使用Premiere Pro CS5的【调音台】面板进行录制，下面将分别介绍这两种录音方法。

9.4.1 使用Windows录音机录制声音

使用Windows操作系统自带的录音机功能录制声音是比较简单的方法，其具体操作步骤如下。

STEP 01 在Windows桌面上选择【开始】|【程序】|【附件】|【娱乐】|【录音机】命令，弹出【声音-录音机】对话框，如图9.29所示。

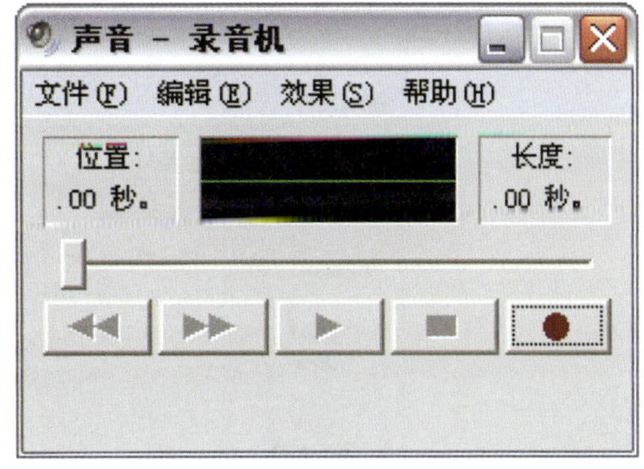

图9.29

STEP 02 确定已经将麦克风插入到主机中的麦克风插口中，单击【录音】按钮，录音机将开始录音，并显示音频的波形图与录制音频的长度，如图9.30所示。

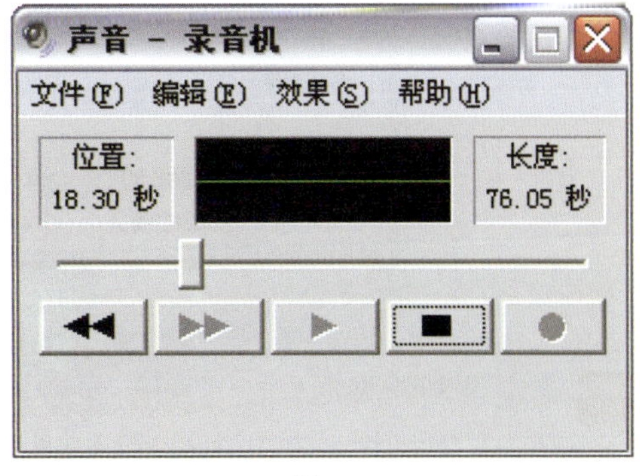

图9.30

STEP 03 Windows录音机默认的录音长度为60秒，当录音机录制到60秒时程序将自动停止，再次单击【录音】按钮可以继续录制，录制的音频素材会自动连接在一起成为一个连续的音频素材，如图9.31所示。

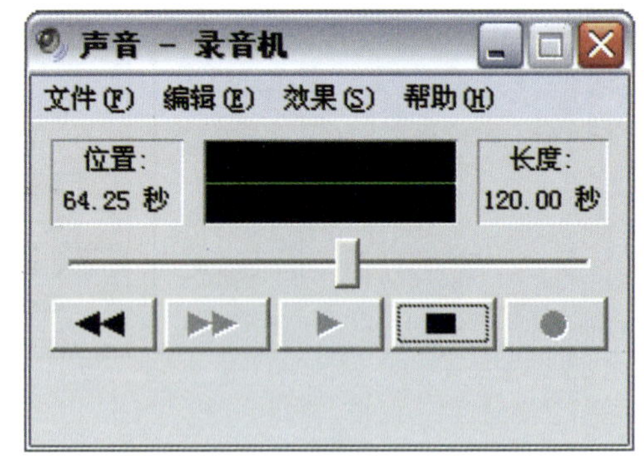

图9.31

STEP 04 录制完成后，单击【停止】按钮，结束录音工作，然后单击【播放】按钮检查录制效果。

STEP 05 如果对录制的效果不满意，可将时间滑块调整到需要修改录制音频的开始处，在【声音-录音机】对话框中选择【编辑】|【删除当前位置以后的内容】命令，将弹出一个提示对话框，如图9.32所示。

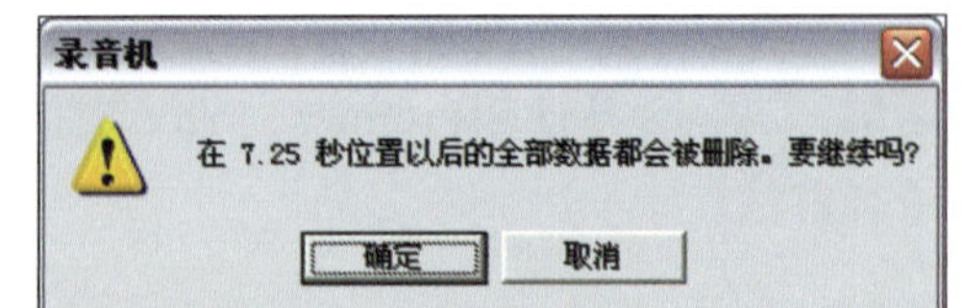

图9.32

STEP 06 单击【确定】按钮，即可删除当前位置以后的音频部分。如果要在录制的音频中插入其他音频素材，可以在【声音-录音机】对话框中选择【编辑】|【插入文件】命令，在弹出的【插入文件】对话框中选择要插入的声音文件，单击【打开】按钮即可，如图9.33所示。

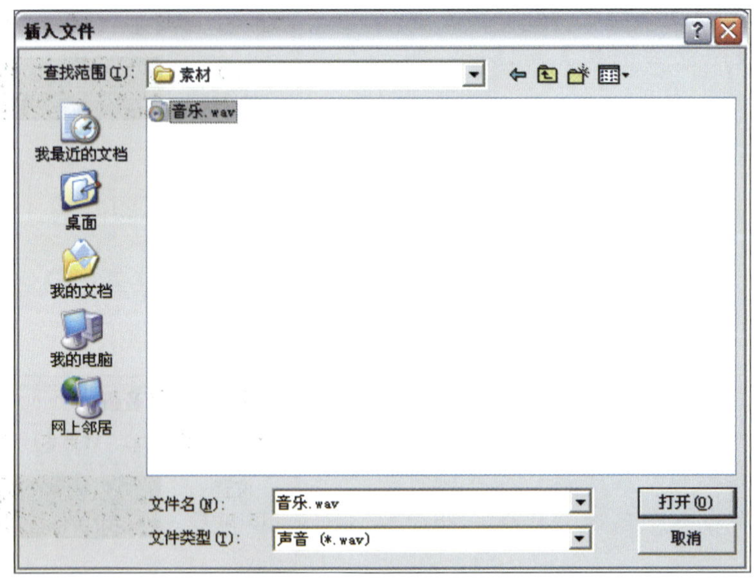

图9.33

STEP 07 确定录制效果后，在【声音-录音机】对话框中选择【文件】|【保存】命令，弹出【另存为】对话框，在其中设置好音频文件的存储路径及名称后，单击【保存】按钮，即可将录制好的音频文件保存。

9.4.2 使用【调音台】面板录制声音

使用【调音台】面板录制声音的具体操作步骤如下。

STEP 01 在【项目】面板中导入需要进行配音的视频素材，并将其添加到【时间栏】面板中的视频轨道上。

STEP 02 在菜单栏中选择【窗口】|【调音台】命令，打开【调音台】面板，然后单击【音频1】下方的【激活录制轨】按钮。

STEP 03 单击【录制】按钮，可以看到该按钮将不停地闪动，表示已经做好了录音准备，然后单击【播放】按钮，即可一边预览视频一边进行相关内容的配音，如图9.34所示。

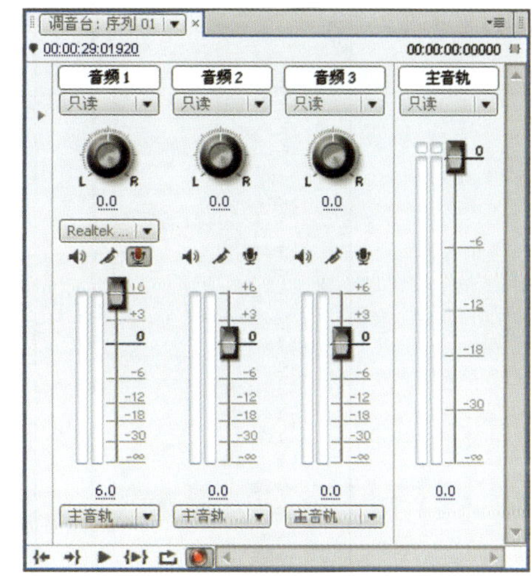

图9.34

STEP 04 配音完成后，单击【调音台】面板底部的【停止】按钮结束录音，此时可以看到录制的音频素材被自动添加到【项目】面板及【时间栏】面板中的音频1轨道上，如图9.35所示。

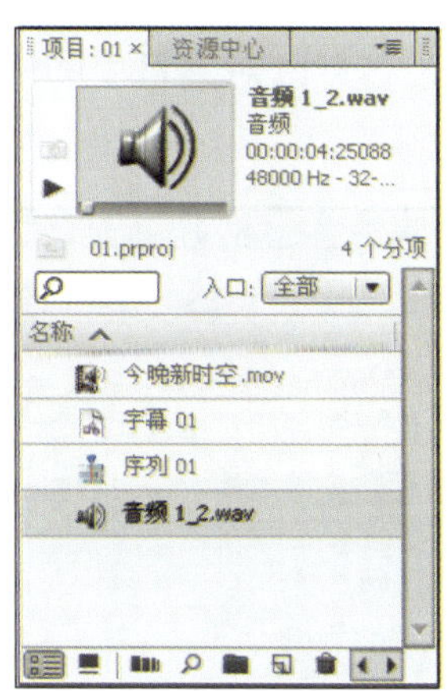

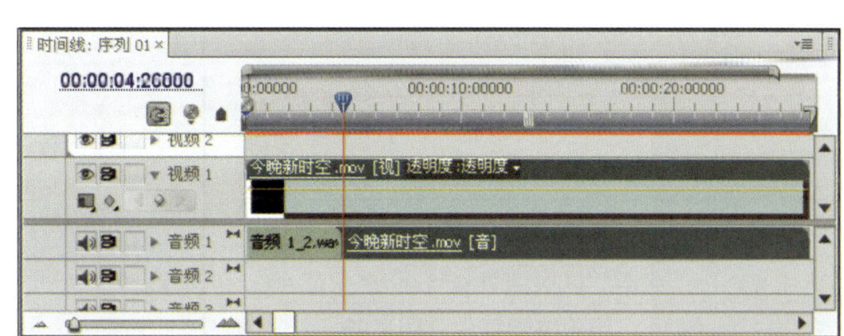

图9.35

9.5 音频特效详解

在Premiere Pro CS5中，与视频素材一样也可以为音频素材添加各种特效。音频特效可以调节音量的高低、频率的提升和衰减，制作回音效果或者模拟一些机器声等。

在【效果】面板的【音频特效】文件夹中包括3个子文件夹，分别为5.1、Stereo（立体声）和单声道，如图9.36所示。每个文件夹中的特效选项均相同，其功能也基本相同，下面逐一介绍。

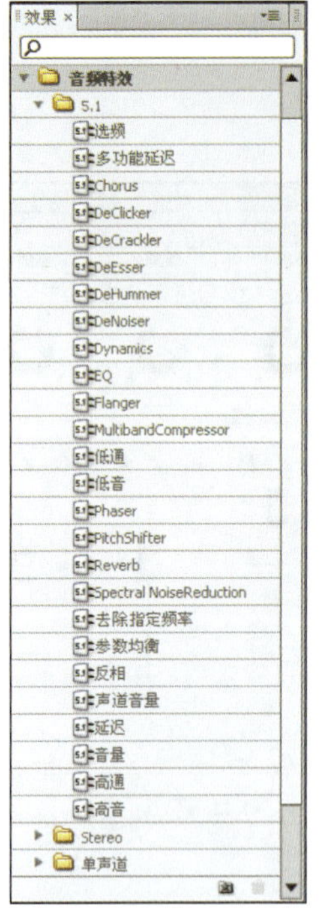

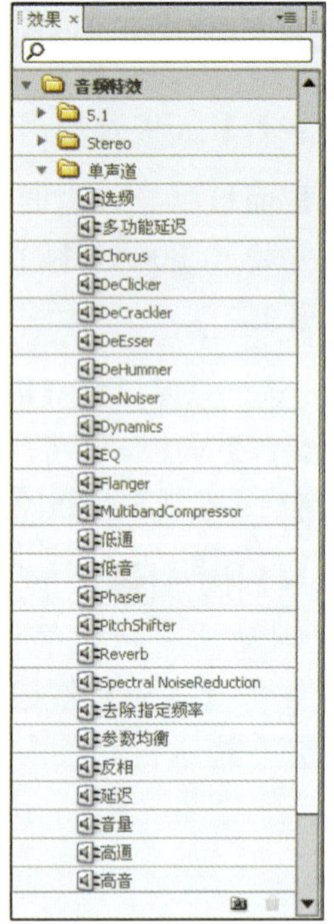

图9.36

9.5.1 多功能延迟

使用多功能延迟特效可以对延迟效果进行更高层次的设置，最多可以对素材中的原始音频添加4次回声，其【特效控制台】面板如图9.37所示。

在【特效控制台】面板中，多功能延迟特效各参数的含义如下。

① 延迟1～4	用于设置原始声音的延长时间，最大值为2s
② 反馈1～4	用于设置有多少延时声音被反馈到原始声音中
③ 级别1～4	用于控制每一个回声的音量
④ 混合	用于控制延迟和非延迟回声的量

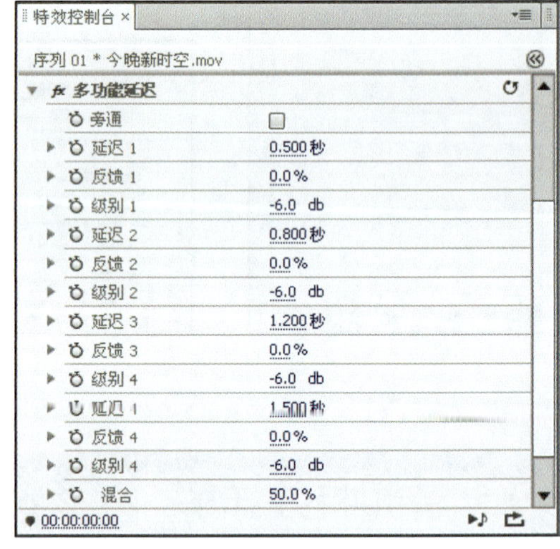

图9.37

9.5.2 Chorus（合唱）

使用Chorus（合唱）特效可以创建和声效果，通过复制一个原始声音，并对其进行降调处理或将频率稍加偏移形成一个效果声，然后让效果声与原始声音混合播放来实现和声

效果。对于仅包含单一乐器或语音的音频信号来说，运用Chorus（合唱）特效通常可以取得较好的效果。它包括【自定义设置】和【个别参数】两个选项组，其【特效控制台】面板如图9.38所示。

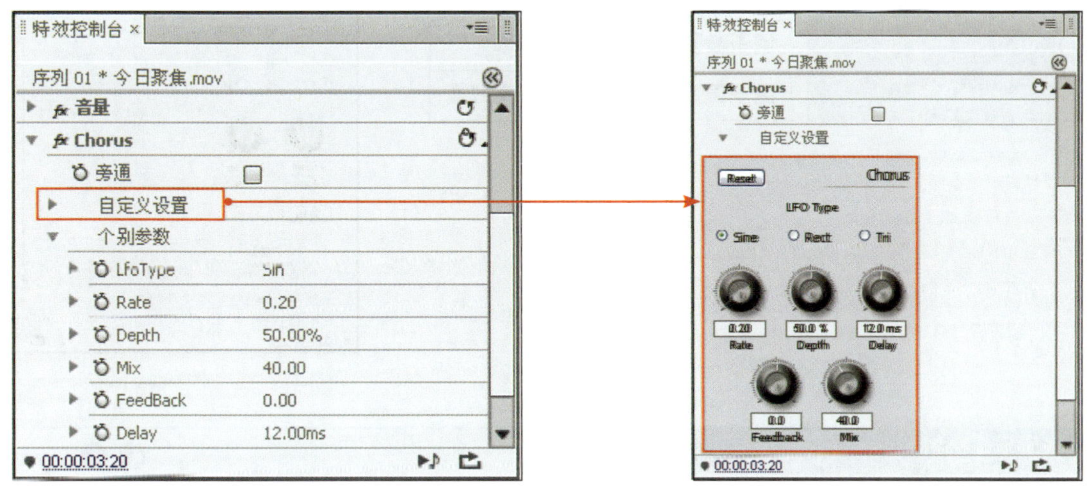

图9.38

9.5.3 DeEsser（嘶声削除）

DeEsser（嘶声削除）特效主要用于去掉某些人声高频杂音，包括嘶嘶声、齿擦音和其他高频声音，这种声音一般是音乐家或者歌手在发字母“s”和“t”的声音时产生的，其【特效控制台】面板如图9.39所示。

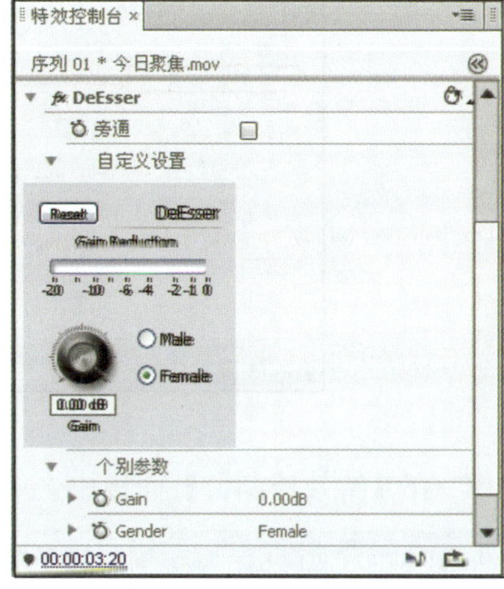

图9.39

在【特效控制台】面板中，DeEsser（嘶声削除）特效各参数的含义如下。

① Gain（增益）	用于设置嘶嘶声的减小量，单位是dB（分贝）
② Gender/Female（性别/女性）	用于设置声音的性别，有助于调整因性别不同而产生单调的不同

9.5.4 DeHummer（消除嗡嗡声）

DeHummer（消除嗡嗡声）特效主要用于删除音频中不需要的嗡嗡声，其【特效控制台】面板如图9.40所示。

在【特效控制台】面板中，DeHummer（消除嗡嗡声）特效各参数的含义如下。

① Reduction（减小量）	用于设置嗡嗡声减小的数量
② Frequency（频率）	用于设置嗡嗡声的中间频率
③ Filter（滤镜）	用于设置除去嗡嗡声的滤镜数量

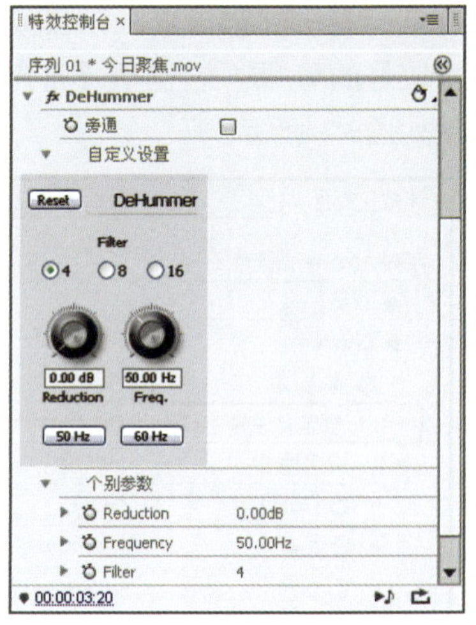

图9.40

9.5.5 DeNoiser（降噪）

使用DeNoiser（降噪）特效可以自动探测录音带的噪音并将其消除，使用该特效可以消除模拟录制（如磁带录制）的噪音，其【特效控制台】面板如图9.41所示。

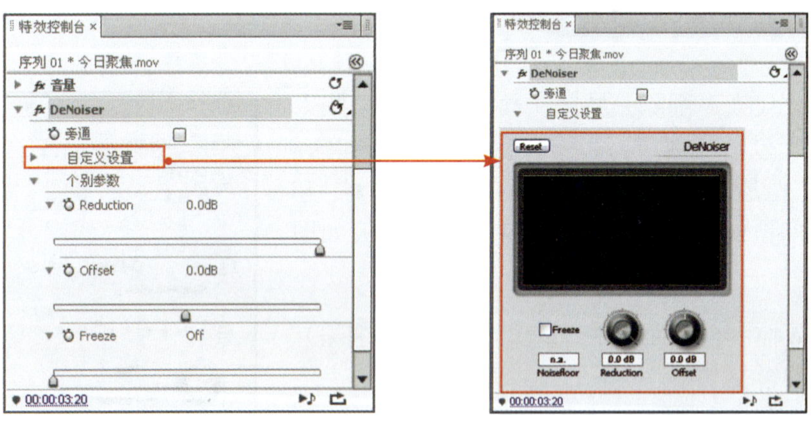

图9.41

在【特效控制台】面板中，DeNoiser（降噪）特效各参数的含义如下。

① Reduction（减小量）	用于指定消除－20～0dB范围内噪音的数量
② Offset（偏移）	用于设置自动消除噪音和用户指定的基线的偏移量，这个值的取值范围为－10～10bB，当自动降噪不充分时，偏移允许附加的控制
③ Freeze（冻结）	用于将噪音基线停止在当前值，使用这个控制来确定素材消除的噪音

9.5.6 Dynamics（动态）

Dynamics（动态）特效提供了一套可以组合或独立调节音频的控制器，既可以使用自定义设置视图的图线控制器，又可以在单独的参数视图中调整，其【特效控制台】面板如图9.42所示。

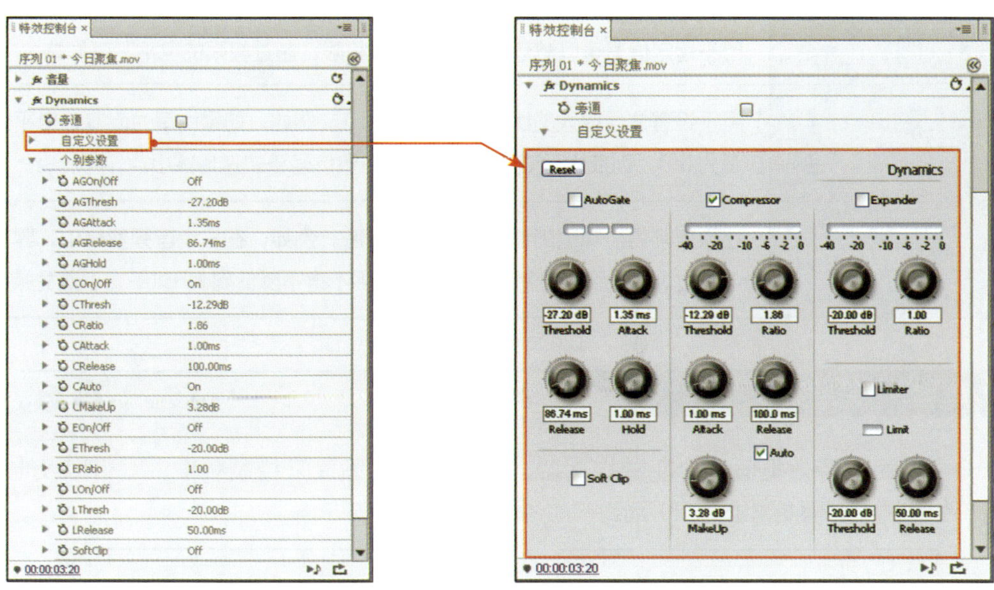

图9.42

在【特效控制台】面板中，Dynamics（动态）特效各参数的含义如下。

① Auto Gate（自动波门）	电平低于指定的极限时切断信号。使用自动波门控制可以删除录制时不需要的背景信号，如画外音中的背景信号。可以将开关设置成随话筒停止而关闭，这样将删除其他所有的声音
② Threshold（极限）	用于指定输入信号打开开关必须超过的电平（−60～0dB）。如果信号低于这个电平，开关是关闭的，输入的信号就是静音
③ Attack（动手处理）	用于指定信号电平从超过极限到开关打开所需的时间
④ Release（释放）	用于设置信号低于极限后开关关闭所需的时间，其取值范围为50～500ms
⑤ Hold（保持）	用于指定信号低于极限时开关保持开放的时间，其取值范围为0.1～1000 ms
⑥ Compressor（压缩器）	通过提高低声的电平和降低高声的电平来平衡动态范围，以产生一个在素材整个时间内调和的电平
⑦ Ratio（比率）	用于设置压缩比率，最大到8:1。例如，比率为5:1，则输入电平增加5dB，输出只增加1 dB
⑧ Attack（动手处理）	用于设置信号超过极限时压缩反应的时间，其取值范围为0.1～100ms
⑨ Release（释放）	用于设置当导入的音频素材音量低于Threshold极限值之后，波门保持关闭的时间，其取值范围为10～500ms
⑩ Auto（自动）	用于输入信号自动计算释放时间
⑪ Make Up（补充）	用于调节压缩器的输出电平以解决压缩造成的损失，其取值范围为−6～0dB
⑫ Expander（放大器）	用于降低所有低于指定极限的信号到设置的比率，计算结果与开关控制相似，但更敏感

⑬ Threshold（极限）	用于指定信号可以激活放大器的电平极限，超过极限的电平不受影响
⑭ Ratio（比率）	用于设置信号放大的比率，最大到5∶1。例如，如果比率为5∶1，电平减小量为1dB，则放大后变为5dB，结果导致信号更快速地减小
⑮ Limiter（限制器）	还原包含信号峰值的音频素材中的裁减。例如，在一个音频素材中，界定峰值超过0dB，那么这个音频的全部电平不得不降低到0dB以下，以避免被裁减

9.5.7 EQ（均衡）

EQ（均衡）特效类似一个变量均衡器，可以使用多频段来控制频率、宽带以及电平，其【特效控制台】面板如图9.43所示。

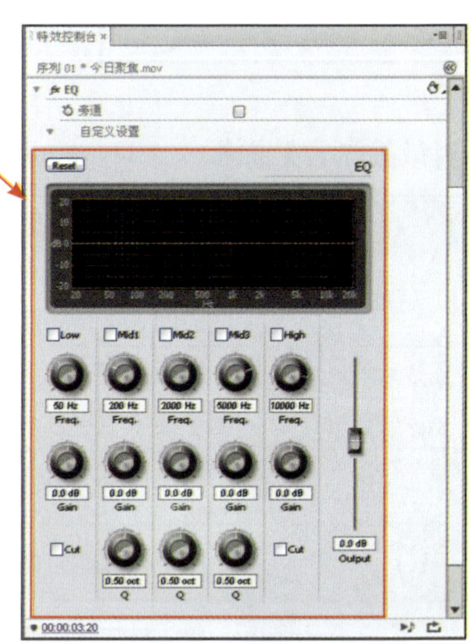

图9.43

在【特效控制台】面板中，EQ（均衡）特效各参数的含义如下。

① Frequency（频率）	用于调节声音频率，其取值范围为20～2000Hz
② Gain （增益）	用于指定增大或减小的波段量，其取值范围为－20～20dB
③ Cut（切口）	用于改变过滤器的功能从搁置到中止
④ Q（Q点）	用于指定每一个过滤器波段的宽度，在0.05～5.0个八度音阶之间
⑤ Out Put（输出）	用于设置补偿EQ输出的频宽增减数量

9.5.8 Flanger（飘忽效果器）

Flanger（飘忽效果器）特效与Chorus（合唱）特效相似，发出比原音稍微延迟一点的音，通过音调的上下摇晃而产生杂音感，获得音色起伏的效果，其【特效控制台】面板如图9.44所示。

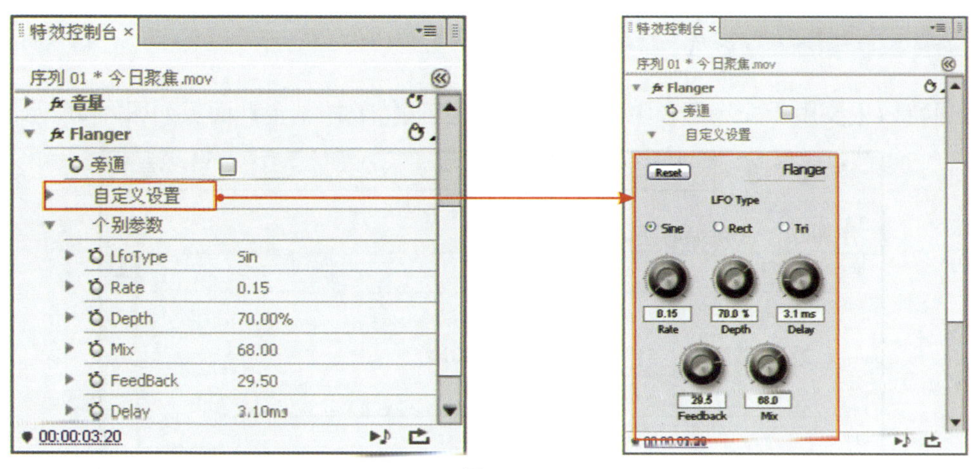

图9.44

9.5.9 MultibandCompressor（多频带压缩）

MultibandCompressor（多频带压缩）特效是一个可以分波段控制的三波段压缩器。当需要柔和的声音压缩器时，可使用该特效而不使用Dynamics（动态）特效中的压缩器。

可以在自定义设置视图中使用图形控制器，也可以在单独的参数视图中调整参数。在自定义设置视图的【频率】窗口中会显示3个波段（低、中、高），通过调整增益和频率手柄来控制每个波段的增益。中心波段的手柄确定波段的交叉频率，拖动手柄可以调整相应的频率，其【特效控制台】面板如图9.45所示。

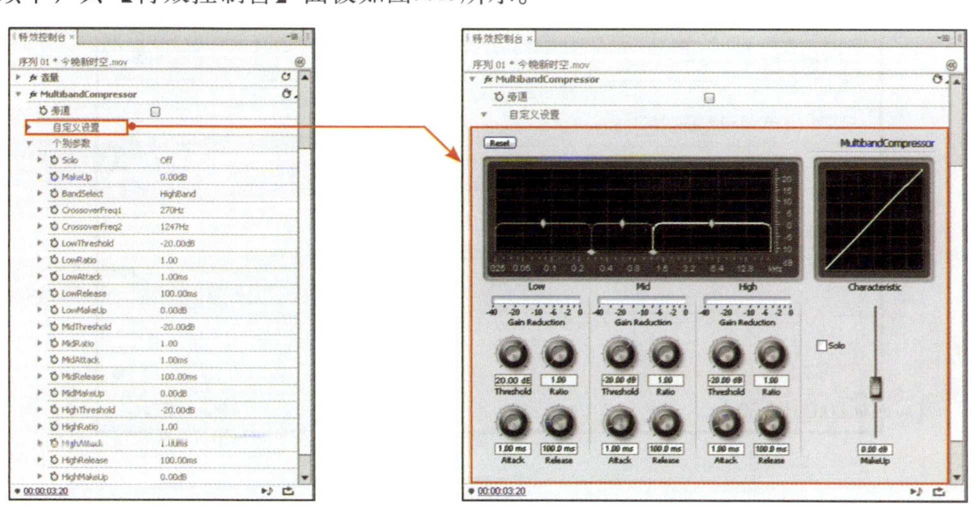

图9.45

在【特效控制台】面板中，MultibandCompressor（多频带压缩）特效各参数的含义如下。

① Solo（独奏）	只播放激活的波段
② MakeUp（补偿）	用于调整电平，以分贝为单位
③ BandSelect（波段选择）	用于选择一个波段
④ Crossover Frequency（交叉频率）	用于增大选择波段的频率范围

9.5.10 低通

低通特效主要用于去除声音中的高频部分，其【特效控制台】面板如图9.46所示。

图9.46

在【特效控制台】面板中，低通特效中的【屏蔽度】选项用于指定音频界限的频率中止值，去除音频中高于该值的音频。

9.5.11 低音

低音特效主要用于调整音频素材中的低音部分，其【特效控制台】面板如图9.47所示。

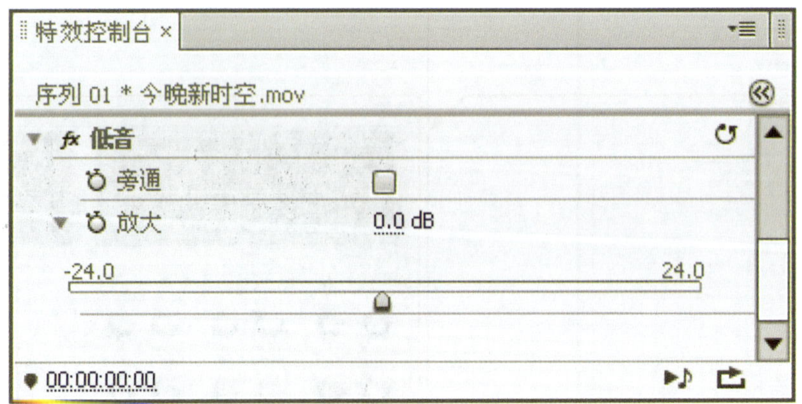

图9.47

在【特效控制台】面板中，低音特效中的【放大】选项用于调整音频的低音更强或更弱，取值范围为－24～24dB，正值表示加重低音效果，负值表示减小低音效果。

9.5.12 Phaser（移动相位）

Phaser（移动相位）特效又称回旋效果器，通过把原音和变化相位的原音混合起来，产生一种有深度的回旋感。它是为了能通过电气，产生一种回转扬声器的效果而制造出来的效果器，其【特效控制台】面板如图9.48所示。

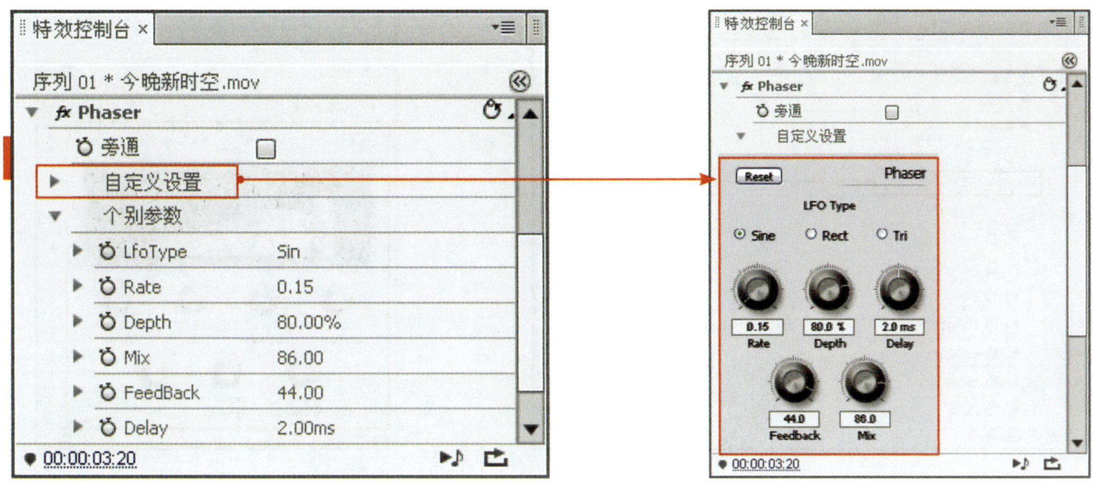

图9.48

9.5.13 Pitchshifter（变调）

Pitchshifter（变调）特效主要用于为输入的音频信号变调，加强或降低音频中的高音部分，可以在个别选项中调整相应的参数，也可以在带有图形按钮的自定义设置选项中进行调整，其【特效控制台】面板如图9.49所示。

图9.49

在【特效控制台】面板中，Pitchshifter（变调）特效各参数的含义如下。

① Pitch（音高）	用于指定半音程间定调的变化，其取值范围为－12～+12dB
② Fine Tune（微调）	用于确定定调参数的半音格之间的微调
③ FormantPreserve（保留共振峰）	用于保护音频素材的共振峰免受影响。例如，当增加一个高音的定调时，使用这项控制可以保护它不会变得卡通样

9.5.14 Reverb（混响）

使用Reverb（混响）特效可以为一个音频素材增加气氛和热情，模仿室内播放音频的声音。可以使用【自定义设置】选项中的图形控制器来调整各个属性，也可以在【个别参数】选项中进行调整，其【特效控制台】面板如图9.50所示。

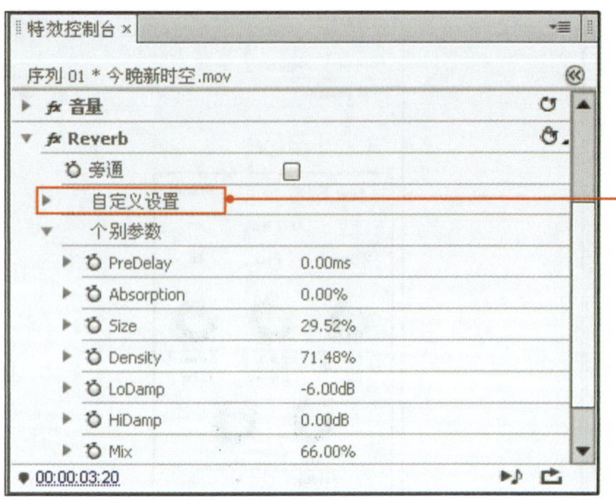

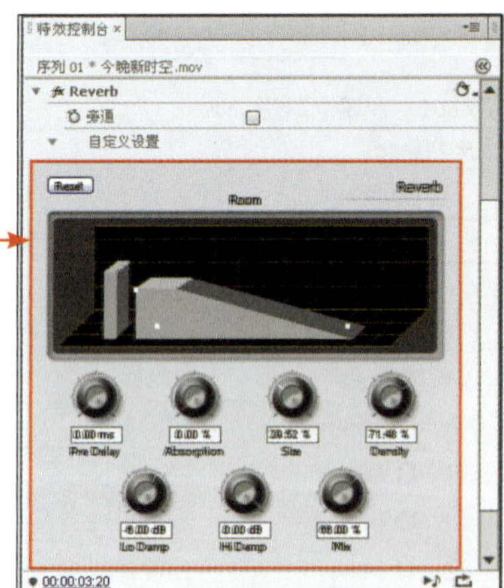

图9.50

在【特效控制台】面板中，Reverb（混响）特效各参数的含义如下。

① PreDelay（预延迟）	用于指定信号与回响之间的时间，这项设置是与声音传播到墙壁然后再反射回到现场听众的距离相关联的
② Absorption（吸收）	用于指定声音被吸收的百分比
③ Size（大小）	用于指定空间大小的百分比
④ Density（密度）	用于指定回响“拖尾”的密度，Size（大小）的值用来确定可以设置密度的范围
⑤ LoDamp（低阻尼）	用于指定低频的衰减（以分贝为单位），衰减低频可以防止嗡嗡声造成的回响
⑥ HiDamp（高阻尼）	用于指定高频衰减，低的设置可以使回响的声音柔和
⑦ Mix（混音）	用于控制回响的力量

9.5.15 平衡

平衡特效主要通过调整平衡参数来控制左右声道的音量，其取值范围为－100～100，正值表示增大右声道的音量，负值表示增大左声道的音量，其【特效控制台】面板如图9.51所示。

图9.51

9.5.16 使用右声道

使用右声道特效是让声音回放时，只在右声道中进行，其【特效控制台】面板如图9.52所示。

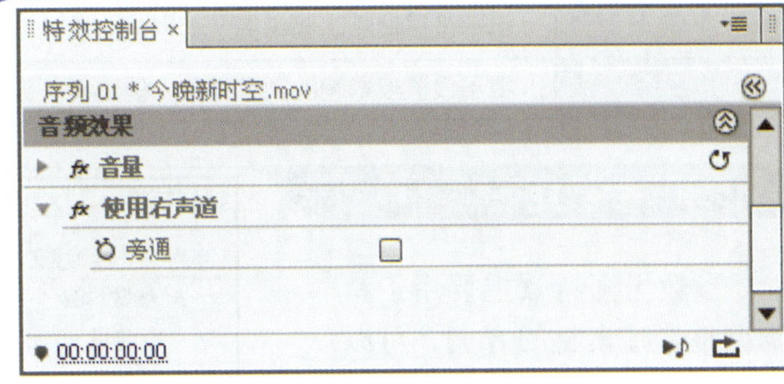

图9.52

9.5.17 使用左声道

使用左声道特效是让声音回放时，只在左声道中进行，其【特效控制台】面板如图9.53所示。

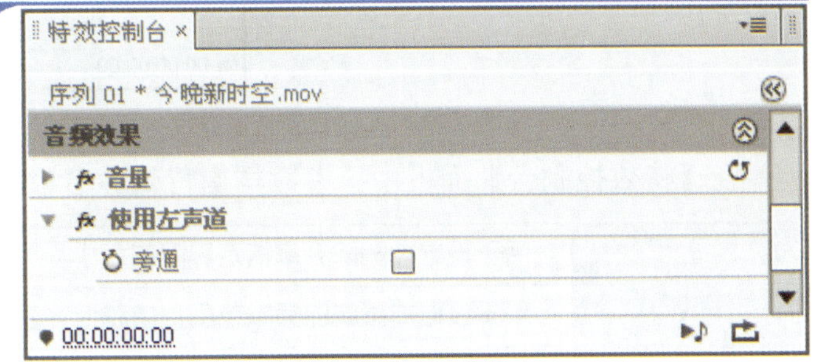

图9.53

9.5.18 互换声道

使用互换声道特效可以交换左右声道信息的布置，只适用于右声道，其【特效控制台】面板如图9.54所示。

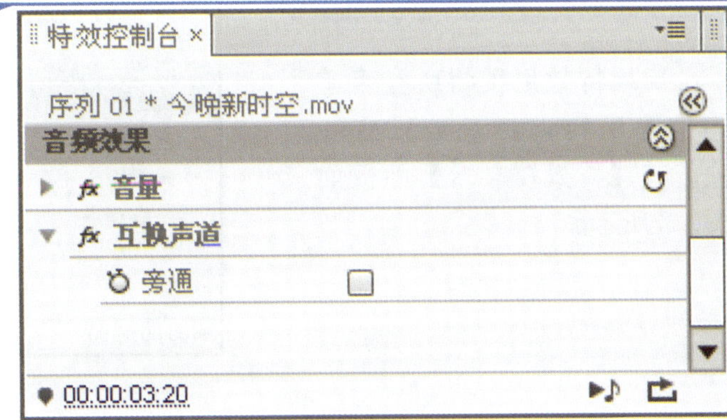

图9.54

9.5.19 去除指定频率

去除指定频率特效用于删除超出指定范围或波段的频率，其【特效控制台】面板如图9.55所示。

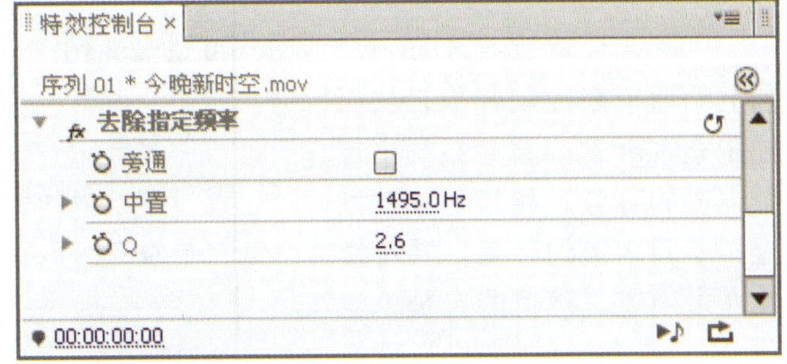

图9.55

在【特效控制台】面板中，去除指定频率特效各参数的含义如下。

① 中置	用于设置被删除频率指定界限的大小
② Q	用于设置被影响的频率范围，值越低，波段越窄；值越高，波段越宽

9.5.20 参数均衡

参数均衡特效主要用于精确调整音频素材的音调，可以较好地隔离特殊的频率范围，其【特效控制台】面板如图9.56所示。

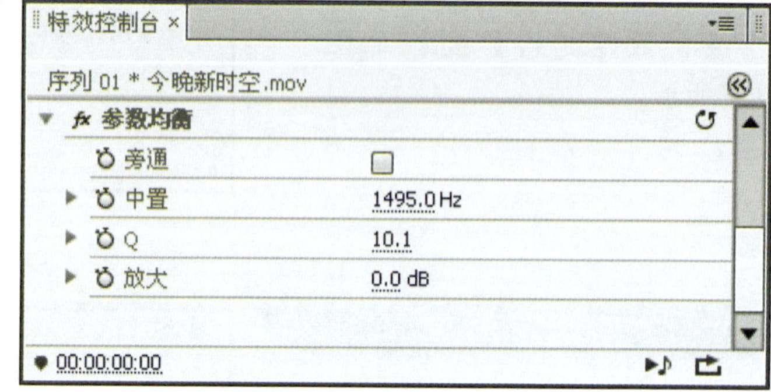

图9.56

在【特效控制台】面板中，参数均衡特效各参数的含义如下。

① 中置	用于设置被删除频率指定界限的大小
② Q	用于设置被影响的频率范围，值越低，波段越窄；值越高，波段越宽
③ 放大	用于设置增加或减小频率范围的数量值，取值范围为－20～20dB

9.5.21 反相

反相特效用于将所有声道的位置反转，其参数只有一项，其【特效控制台】面板如图9.57所示。

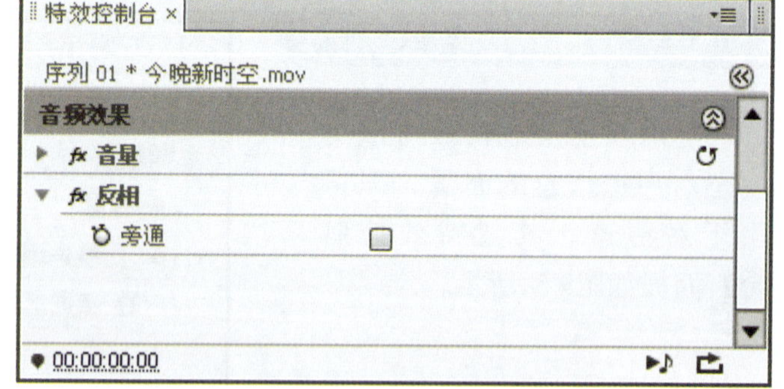

图9.57

9.5.22 声道音量

声道音量特效通过每一个独立的通道来控制音量，从而控制立体声或5.1音频系统中每个声道的音量，相当于分别设置了不同声道的音量，并可转换左右声道，声道的音量单位是dB，其【特效控制台】面板如图9.58所示。

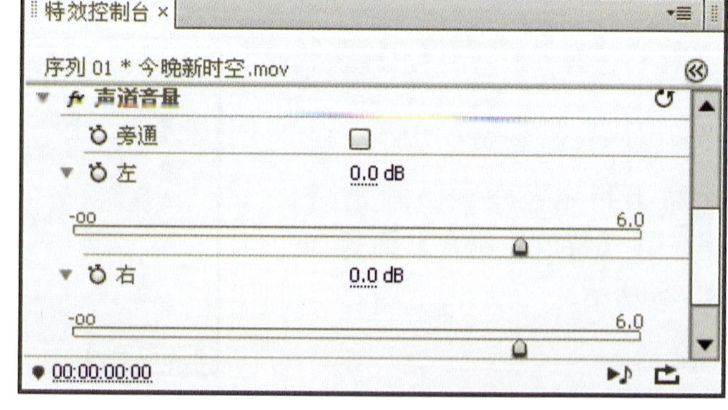

图9.58

在【特效控制台】面板中，声道音量特效各参数的含义如下。

① 左	用于设置左声道的音量，正值表示加大音量，负值表示减小音量
② 右	用于设置右声道的音量，正值表示加大音量，负值表示减小音量

9.5.23 延迟

延迟特效主要用于添加音频素材的回声，可以指定原始音频和它的延迟时间，其【特效控制台】面板如图9.59所示。

在【特效控制台】面板中，延迟特效各参数的含义如下。

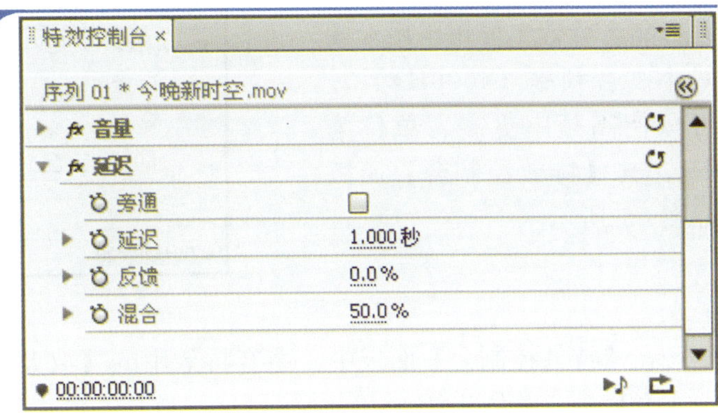

图9.59

① 延迟	用于设置添加回声播放的时间，最大值为2秒
② 反馈	用于设置将延时信号附加到延迟上的百分比，从而产生多重回声效果
③ 混合	用于调整将所有回声混合的百分比

9.5.24 音量

音量特效是使用音量效果代替固定音量效果设置一个声音的标准，正值表示增加音量，负值表示减小音量，这时往往会导致音频失真。其【特效控制台】面板如图9.60所示。

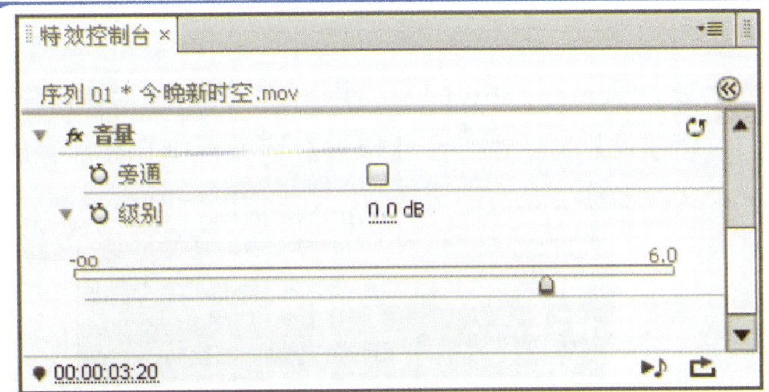

图9.60

9.5.25 高通

高通特效主要用于删除低于制定音频界限的频率，去除声音中的低频部分，其【特效控制台】面板如图9.61所示。

图9.61

在【特效控制台】面板中，高通特效中的【屏蔽度】选项用于指定音频界限的频率中止值，去除音频中低于该值的音频。

9.5.26 高音

高音特效主要用于增大或减小高音频率（4000Hz），可以使高频率更高，单位为dB，其【特效控制台】面板如图9.62所示。

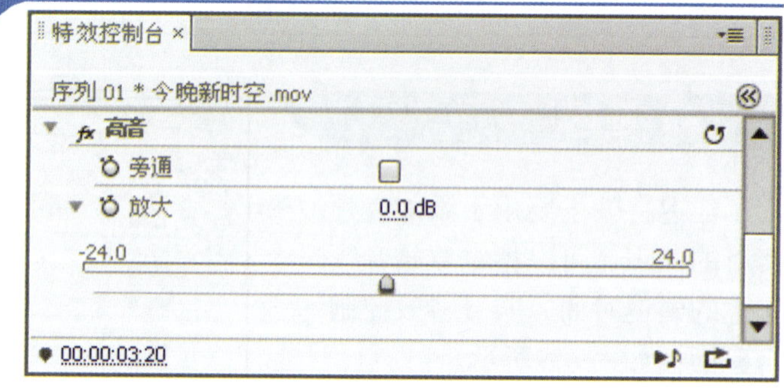

图9.62

在【特效控制台】面板中，高音特效中的【放大】选项主要用来设置增加或减小高频的声音数量，单位为dB。

9.6 左右声道播放效果制作

9.6.1 新建项目并导入素材

STEP 01 运行Premiere Pro CS5，在启动窗口中单击【新建项目】按钮，如图9.63所示，弹出【新建项目】对话框，在【位置】选项框中选择保存的文件路径，在【名称】文本框中输入文件名称“左右声道播放”，如图9.64所示。

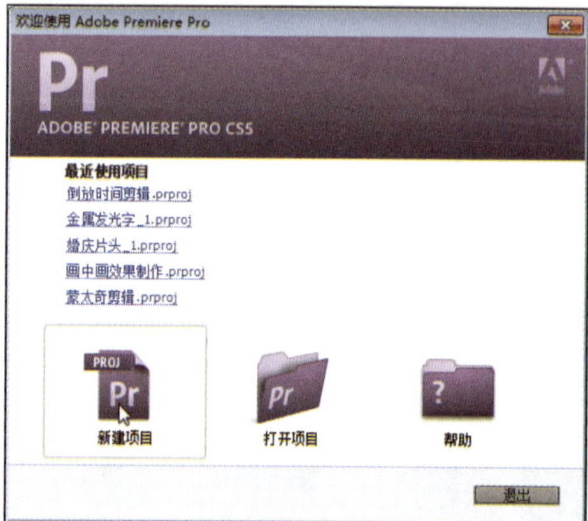

图9.63

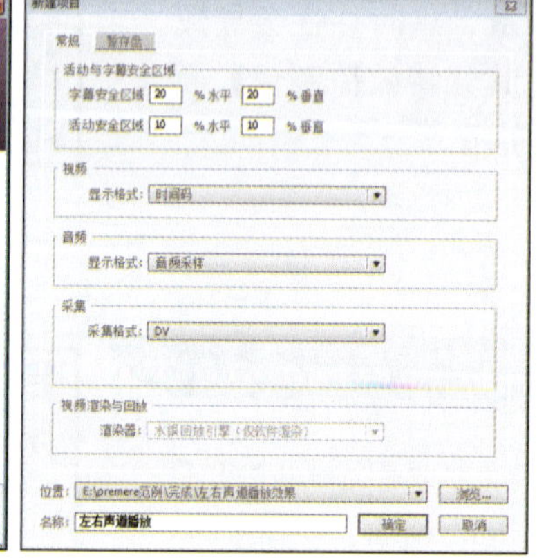

图9.64

STEP 02 单击【确定】按钮，弹出【新建序列】对话框，在左侧的【有效预置】列表中展开【DV-PAL】选项，选中【标准48kHz】模式，如图9.65所示，单击【确定】按钮，进入工作区界面。在【项目】面板的空白处双击，在弹出的【导入】对话框中选择随书所附光盘中的“第9章\9.6\片段.wmv”素材，如图9.66所示，单击【打开】按钮。

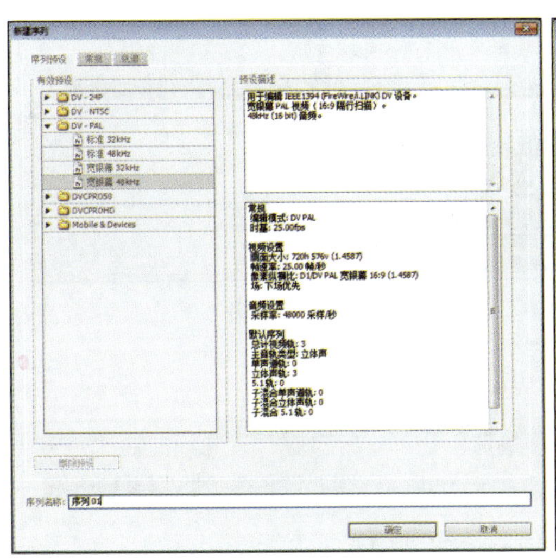

图9.65

图9.66

STEP 03 在【项目】面板中选择导入的素材文件，并将素材拖动到【时间栏】面板的【序列01】选项卡中的视频1轨道上，排列素材如图9.67所示。

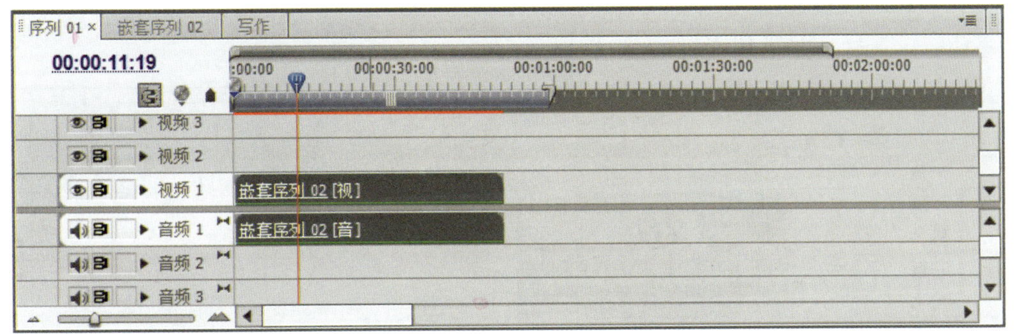

图9.67

STEP 04 转到【特效控制台】面板，对运动属性进行设置，如图9.68所示。

运动		
位置	360.0	288.0
缩放比例	70.0	
缩放宽度	100.0	
	☑ 等比缩放	
旋转	0.0	
定位点	640.0	360.0
抗闪烁过滤	0.00	

图9.68

9.6.2 素材剪辑

STEP 01 将时间帧分别移动到00：00：22：10、00：00：30：08、00：00：38：12、00：00：45：12和00：00：53：00处，按键盘C键，分别在以上时间帧位置处单击，切割“片段.wmv”视频素材，如图9.69所示。

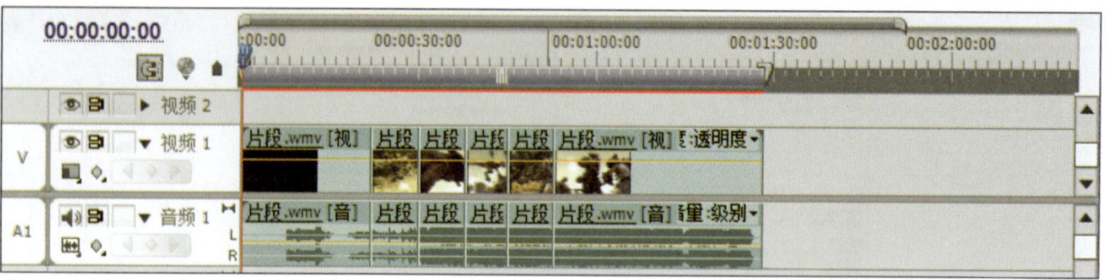

图9.69

STEP 02 保留剪辑部分，删除不需要的画面，如图9.70所示。

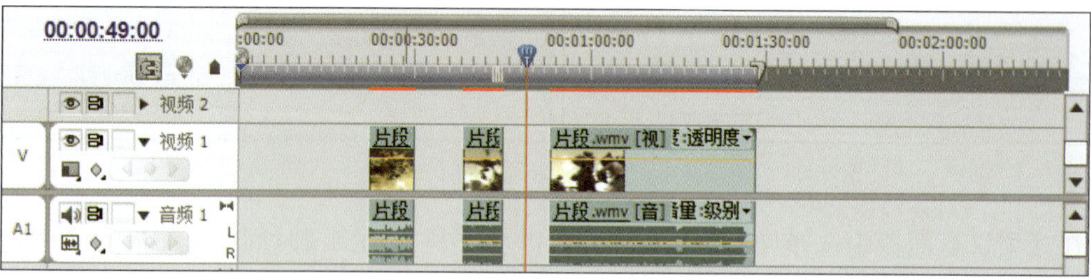

图9.70

STEP 03 移动剪辑素材，并排列素材如图9.71所示。

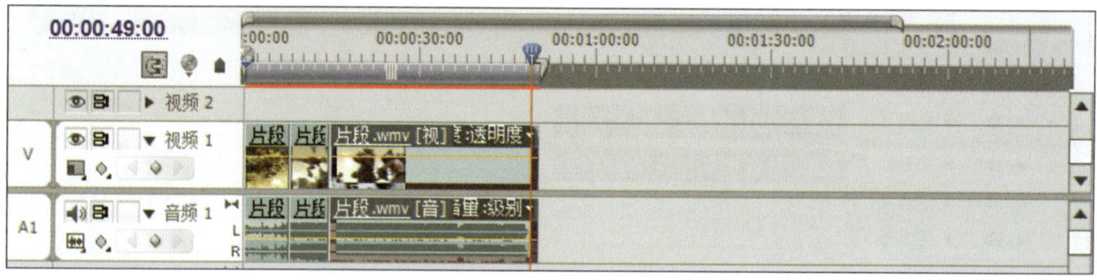

图9.71

STEP 04 在【时间栏】面板的【序列01】选项卡中的视频1轨道上选中所有剪辑的视频，右击，在弹出的菜单中选择【嵌套】命令，观察【时间栏】面板如图9.72所示。

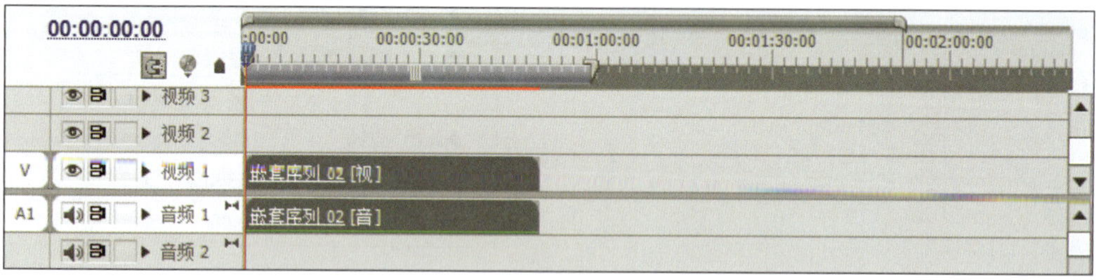

图9.72

9.6.3 左右声道效果制作

STEP 01 在【效果】面板中打开【音频特效】文件夹下的【立体声】子文件夹，选中“平衡”特效滤镜，拖动到【时间栏】面板的【序列01】选项卡中的音频1轨道的“音频”上，开

启【平衡】属性前的关键帧码表按钮 。分别在00：00：08：22、11秒13帧、26秒19帧、37秒10帧处，在【特效控制台】面板设置滤镜属性如图9.73所示。

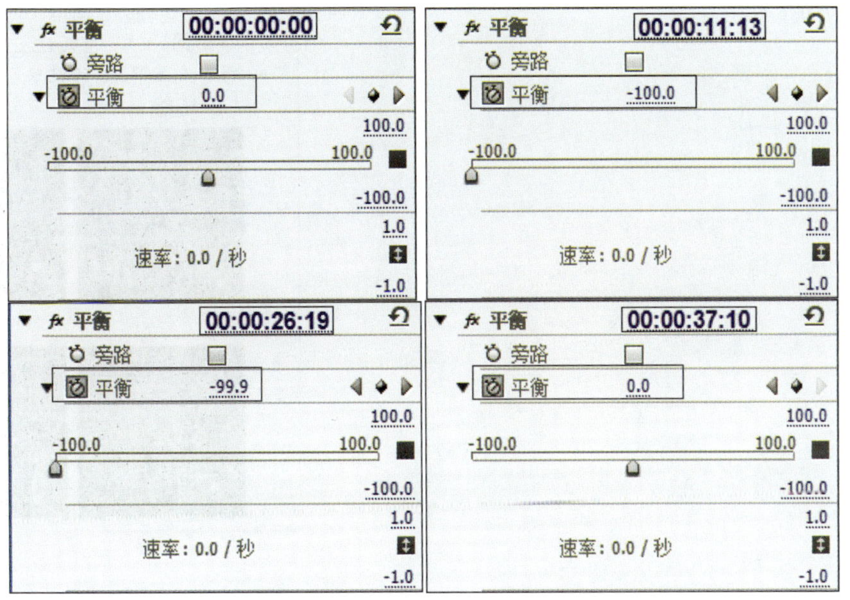

图9.73

STEP 02 在【特效控制台】面板选中关键帧，右击，在弹出的菜单中选择【连续曲线】命令，如图9.74所示。

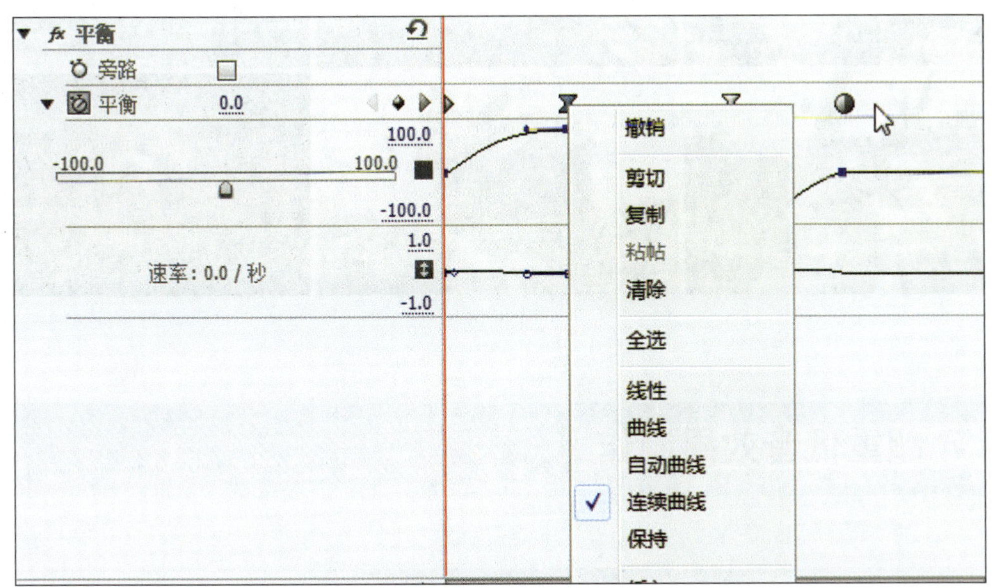

图9.74

STEP 03 在【效果】面板中打开【视频特效】文件夹下的【色彩校正】子文件夹，将其中的"RGB曲线"特效滤镜拖动到【时间栏】面板的【序列01】选项卡的视频1轨道中的"嵌套序列02"上，在【特效控制台】面板中展开【RGB曲线】选项，对其中的参数进行设置，如图9.75所示。

至此，左右声道效果实例制作全部完成，按空格键或Enter键，在【节目】面板中预览动画效果，如图9.76所示。

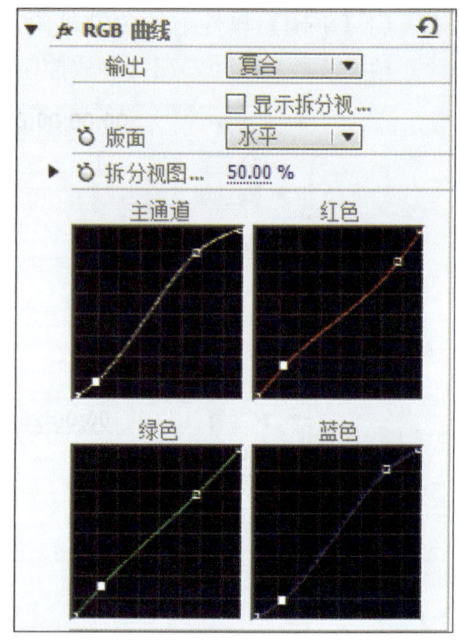

图9.75

图9.76

9.7 超重低音效果制作

9.7.1 新建项目并导入素材

STEP 01 运行Premiere Pro CS5，在启动窗口中单击【新建项目】按钮，如图9.77所示，弹出【新建项目】对话框，在【位置】选项框中选择保存的文件路径，在【名称】文本框中输入文件名称“超重低音效果”，如图9.78所示。

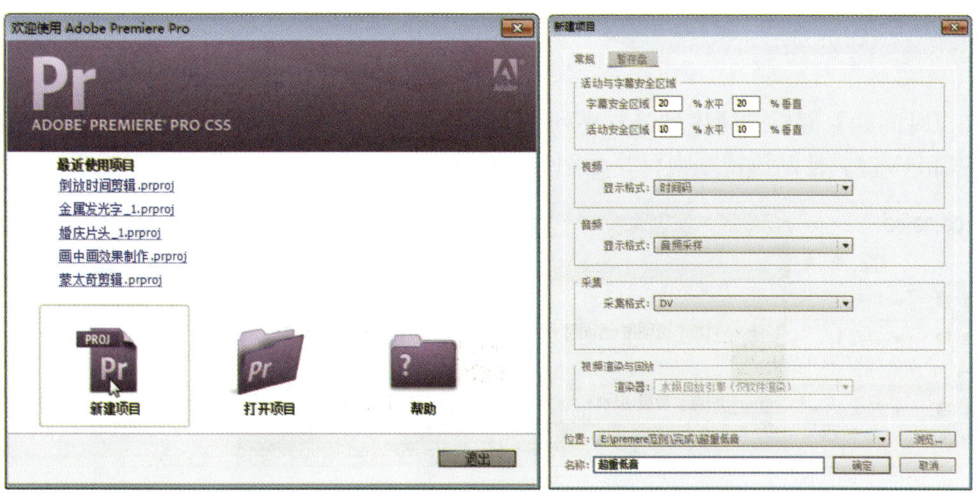

图9.77　　图9.78

STEP 02 单击【确定】按钮，弹出【新建序列】对话框，在左侧的【有效预置】列表中展开【DV-PAL】选项，选中【标准48kHz】模式，如图9.79所示，单击【确定】按钮，进入工作区界面。在【项目】面板的空白处双击，在弹出的【导入】对话框中选择随书所附光盘中的“第9章\9.7\bian.mp4”素材，如图9.80所示，单击【打开】按钮。

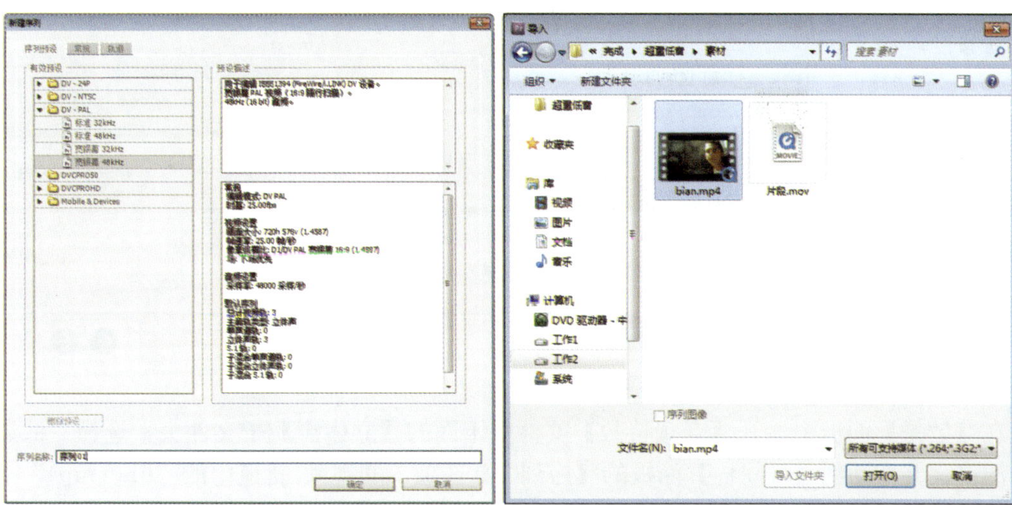

图9.79　　图9.80

STEP 03 在【项目】面板中选择导入的素材文件，并将素材拖动到【时间栏】面板的【序列01】选项卡中的视频1轨道上，排列素材如图9.81所示。

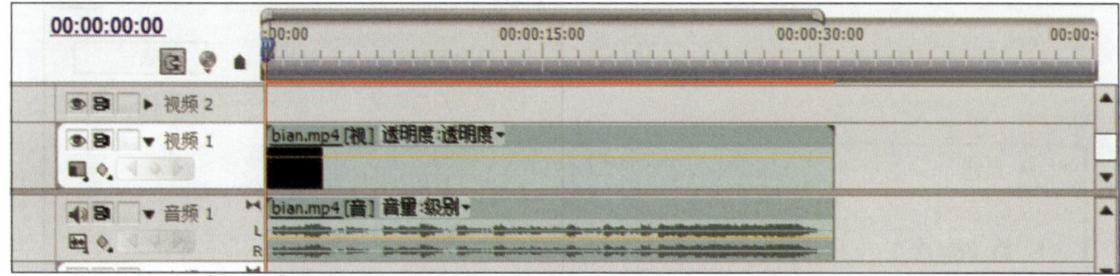

图9.81

9.7.2 重新添加音频

STEP 01 在【时间栏】面板的【序列01】序列中选择视频素材，按Ctrl+C键，复制该视频素材，按Ctrl+V键，粘贴该视频素材，如图9.82所示。

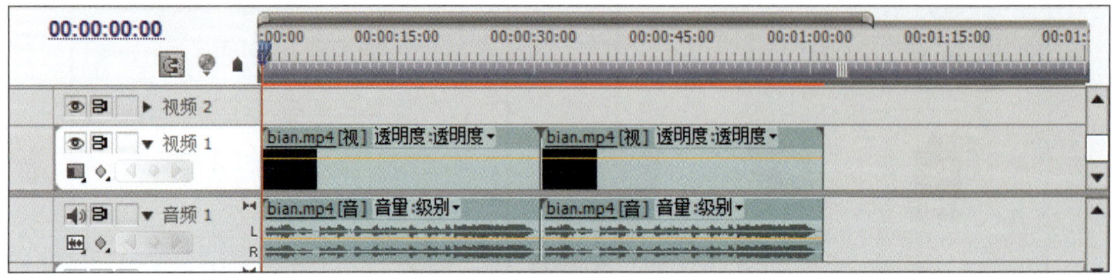

图9.82

STEP 02 选择复制后的视频素材，右击，在弹出的菜单中选择【解除音视频链接】命令，选择复制的视频，按Delete键进行删除，并拖动音频素材到【音频2】轨道上，如图9.83所示。

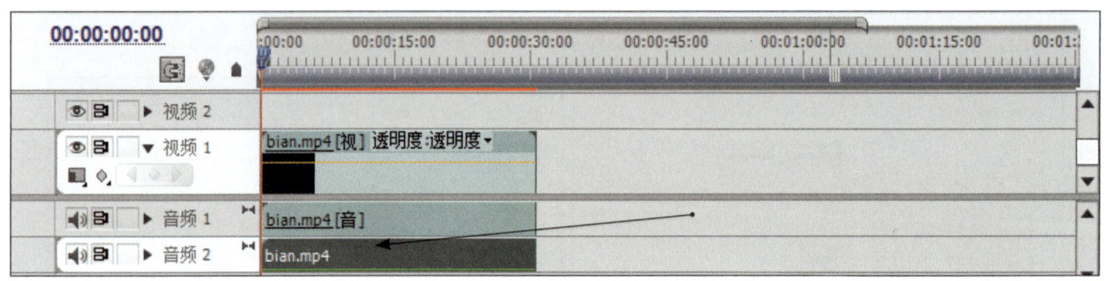

图9.83

9.7.3 重低音滤镜

STEP 01 在【效果】面板中展开【音频特效】文件夹下面的【立体声】子文件夹，选择“低通”滤镜，并拖动到【时间栏】面板的【序列01】选项卡的视频1轨道中的“bian.mp4”上，在【特效控制台】面板中设置滤镜参数，如图9.84所示。

STEP 02 在【时间栏】面板中选中【序列01】选项卡中音频2轨道上的“bian.mp4”素材，在菜单栏中选择【素材】|【音频选项】|【音频增益】命令。弹出【音频增益】对话框，其参数设置如图9.85所示，单击【确定】按钮。

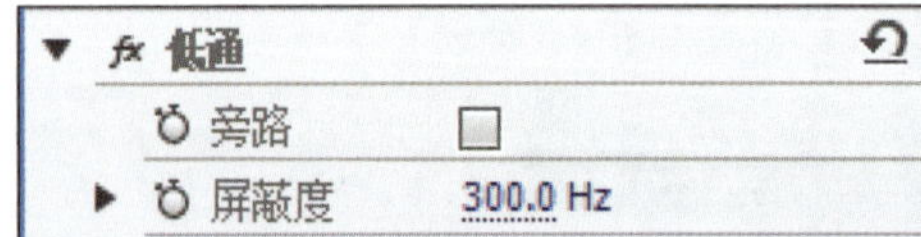

图9.84

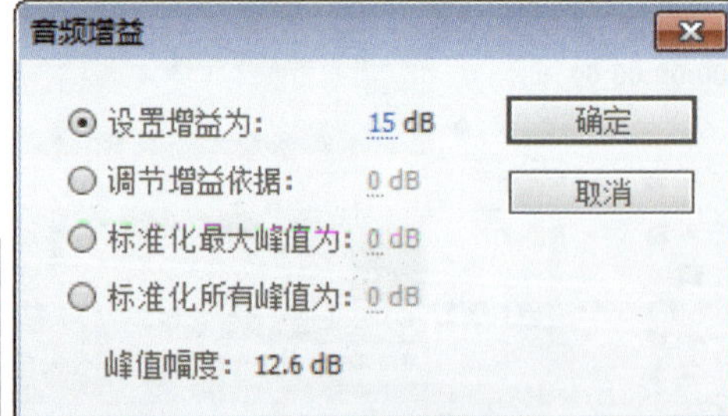

图9.85

STEP 03 在菜单栏中选择【窗口】|【调音台】命令，弹出【调音台】面板，播放试听最终音频效果时在调音台面板中观察Audio2音频轨道的电平显示，这个声道是低音频，可以看到低音的电平很强，而实际听到的音频中低音效果也非常丰满，如图9.86所示。

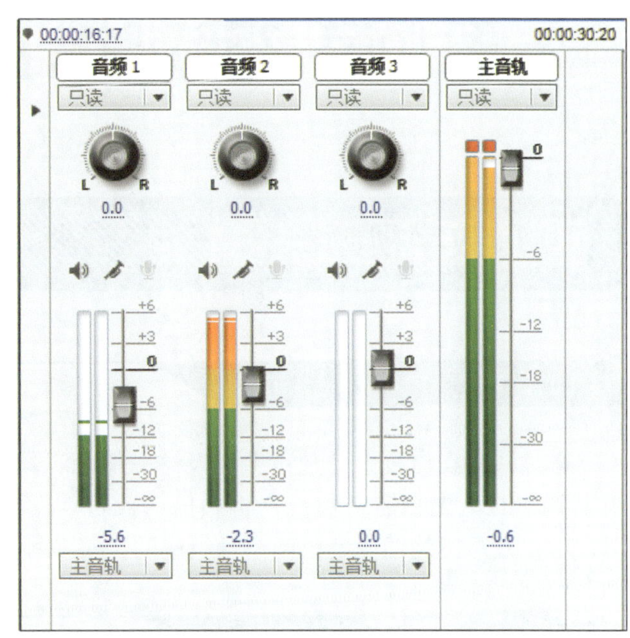

图9.86

至此，本实例全部制作完成，按空格键或Enter键，可以试听最终的音频效果，在【节目】面板中预览动画效果，如图9.87所示。

图9.87

第10章 视频影片的渲染与输出

10.1 数字视频概念

10.1.1 场

影片最终在电视上播放都会涉及这一概念，场是隔行扫描的产物。扫描一帧画面时是由上到下的，先扫描奇数行，再扫描偶数行。图像是由两条叠加的扫描折线组成的，所以，电视显示出的图像是由两个场组成的，每一帧被分为两个场。

10.1.2 帧速率

影片在播放时，每秒钟扫描的帧数就是帧速率。我国使用的是PAL制式电视系统，帧速率为25fps，也就是每秒播放25帧画面。只有使用正确的播放帧速率才能流畅地播放动画，过多的帧速率会导致资源的浪费，过少的帧速率会使画面播放不流畅，从而产生抖动。

10.1.3 像素比

像素比是图像中像素的长宽比。不同制式的像素比是不一样的，在电脑显示器上播放的像素比是1:1，而在电视上以PAL制式为例，像素比是1:1.09，这样才能保证画面不变形。

10.1.4 分辨率

电视的清晰度即分辨率一般用垂直方向和水平方向的分辨率来表示。垂直分辨率与行扫描数（H）密切相关，扫描行数越多越清晰（行同步信号频率越高），分辨率就越高。我国电视（PAL制）图像的垂直分辨率为575行或称575线（行同步信号频率15625Hz），但这只是一个理论值，实际分辨率与扫描的有效区间和扫描方式有关，我国的电视接收机实际垂直分辨率低于400线。

水平方向的分辨率或像素数是由电视信号的上限频率决定的。最复杂的电视图像莫过于黑白方块交错排列的棋盘格图案，根据这种图案，加上我国目前规定的电视图像信号（PAL制）的标准频带宽度为6MHz，可以推出理论上我国电视信号的水平分辨率约630线。

10.1.5 电视制式

电视的制式就是电视信号的标准，不同制式的电视机只能接收和处理相应制式的电视信号。目前世界上流行的3种电视制式分别是NTSC、PAL和SECAM，这3种制式之间存在一定的差异。

PAL制式

PAL制式即逐行倒相正交平衡调幅制，它是联邦德国在1962年制定的彩色电视广播标准，PAL是英文Phase Alteration Line的缩写，意思是逐行倒相。PAL制式有效地克服了因相位失真而引起的色彩变化，相位失真不敏感、图像彩色误差较小、与黑白电视的兼容也好，但PAL制式的编码器和解码器都比NTSC制式的复杂、信号处理也较麻烦，接收机的造价也高。目前，中国、新加坡、澳大利亚、新西兰、联邦德国和英国等国家在使用PAL制式。

NTSC制式（N制）

NTSC制式是由美国国家电视标准委员会于1952年制定的彩色电视广播标准，它采用正交平衡调幅技术（正交平衡调幅制）。该制式从人眼的彩色视觉出发，对R、G、B信号进行重新组合，并采用了频谱间置以及正交平衡调幅、同步检波等技术。由于出道最早，它的缺点是传送过程中容易出现色调失真（偏色）。目前，美国、加拿大、日本和韩国等国家及中国台湾地区在使用NTSC制式。

SECAM制式

SECAM制式即顺序传送彩色信号与存储恢复彩色信号制，它在1956年被提出，1966年制定的一种新的彩色电视制式。SECAM制式色度信号的调制方式与NTSC制式和PAL制式的调幅制不同，因此，它不怕干扰、彩色效果好，但兼容性较差。目前，法国、东欧国家和中东部分国家在使用SECAM制式。

10.2 数字视频渲染输出基础

10.2.1 常用视频压缩编码格式

AVI格式

AVI的英文全称为Audio Video Interleaved，即音频、视频交错格式，也就是可以将视频和音频交织在一起进行同步播放。这是一种常见的After Effects输出格式。这种视频格式的优点是图像质量好，可以跨多个平台使用，但是其缺点是体积过于庞大，而且压缩标准不统一，因此经常会遇到高版本Windows媒体播放器播放不了采用早期编码编辑的AVI格式视频，而低版本Windows媒体播放器又播放不了采用最新编码编辑的AVI格式视频的情况。

DV-AVI格式

DV的英文全称为Digital Video Format，是由索尼、松下和JVC等多家厂商联合提出的一种家用数字视频格式。目前非常流行的数码摄像机就是使用这种格式记录视频数据的，它可以通过电脑的IEEE 1394端口传输视频数据到电脑，也可以将电脑中编辑好的视频数据传输到数码摄像机中。这种视频格式的文件扩展名一般是.avi，所以我们习惯地叫它DV-AVI格式。

MPEG格式

MPEG的英文全称为Moving Picture Expert Group，即运动图像专家组，家里常看的VCD、SVCD和DVD就是这种格式。目前MPEG格式有3个压缩标准，分别是MPEG-1、MPEG-2和MPEG-4。

※MPEG-1：制定于1992年，是针对1.5Mbps以下数据传输率的数字存储媒体运动图像及其伴音编码而设计的国际标准，也就是我们通常所见到的VCD制作格式。这种视频格式的文件扩展名包括.mpg、.mlv、.mpe、.mpeg及VCD光盘中的.dat等。

※MPEG-2：制定于1994年，设计目标为高级工业标准的图像质量以及更高的传输率。这种格式主要应用在DVD/SVCD的制作（压缩）方面，同时在一些HDTV（高清晰电视广播）和一些高要求视频编辑、处理上面也有广泛的应用。这种视频格式的文件扩展名包括.mpg、.mpe、.mpeg、.m2v及DVD光盘上的.vob等。

※MPEG-4：制定于1998年，是为了播放流式媒体的高质量视频而专门设计的，它可以利用很窄的带度，通过帧重建技术压缩和传输数据，以求使用最少的数据获得最佳的图像质量。MPEG-4最有吸引力的地方在于它能够保存接近于DVD画质的小体积视频文件。这种视频格式的文件扩展名包括.asf、.mov和DivX 、AVI等。

DivX格式

DivX是由MPEG-4格式衍生出的另一种视频编码（压缩）标准，即我们通常所说的DVDrip格式。它采用了MPEG4的压缩算法，同时又综合了MPEG-4与MP3各方面的技术，也就是使用DivX压缩技术对DVD盘片的视频图像进行高质量压缩，同时用MP3或AC3对音频进行压缩，然后再将视频与音频合成并加上相应的字幕文件而形成的视频格式，其画质直逼DVD，并且体积只有DVD的数分之一。

MOV格式

MOV格式是由美国Apple公司开发的一种视频格式，默认的播放器是QuickTime Player，具有较高的压缩比率和较完美的视频清晰度等特点。这是一种常见的After Effects输出格式，可以输出文件很小，但画面质量很高的影片。

ASF格式

ASF的英文全称为Advanced Streaming Format，即高级流格式。用户可以直接使用

Windows自带的Windows Media Player播放器对其进行播放，因为它使用了MPEG-4的压缩算法，所以压缩率和图像的质量都很好。

WMV格式

WMV的英文全称为Windows Media Video，是微软公司推出的一种采用独立编码方式并且可以直接在网上实时观看视频节目的文件压缩格式。WMV格式的主要优点包括：本地或网络回放、可扩充的媒体类型、可伸缩的媒体类型、多语言支持、环境独立性、丰富的流间关系以及扩展性等。

RM格式

RM的英文全称为Real Media，是Networks公司开发的一种用于网络视频播放的文件格式。这类文件可以实现在网络上的即时播放，也符合流文件的鲜明特点。Real Media格式是目前Internet上最流行的跨平台客户/服务器结构多媒体应用标准，它采用音频/视频流和同步回放技术，实现了网上全带宽的多媒体回放。

RMVB格式

RMVB是由RM视频格式升级延伸出的新视频格式，它的先进之处在于RMVB视频格式打破了RM格式那种固定压缩比的方式，可以根据视频内容自动调节压缩比。例如，静止和动作场面少的画面场景会采用较低的压缩比，而在快速运动的画面场景时会用较高的压缩比，这样在保证了静止画面质量的前提下，也大幅地提高了运动图像的画面质量。不仅如此，这种视频格式还具有内置字幕和无需外挂插件支持等独特的优点。

10.2.2 常用音频压缩编码格式

WAV格式

WAV格式是微软公司开发的一种声音文件格式，也叫波形声音文件，是最早的数字音频格式，被Windows平台及其应用程序广泛支持。WAV格式支持多种压缩算法，支持多种音频位数、采样频率和声道，采用44.1kHz的采样频率，16位量化位数，因此，WAV格式的音质与CD相差无几，但对存储空间需求太大，不便于交流和传播。

WAV格式来源于对声音模拟波形的采样，用不同的采样频率对声音的模拟波形进行采样可以得到一系列离散的采样点，以不同的量化位数（8位或16位）把这些采样点的值转换成二进制数，然后存入磁盘，这就产生了声音的WAV文件，即波形文件。Microsoft Sound System软件Sound Finder可以转换AIF SND和VOD文件到WAV格式。

MP3格式

MP3的全称为Moving Picture Experts Group Audio Layer III。简单地说，MP3就是一种音频压缩技术，由于这种压缩方式的全称叫MPEG Audio Layer3，所以人们把它简称为

MP3。MP3是利用 MPEG Audio Layer 3 的技术，将音乐以1:10 甚至 1:12 的压缩率，压缩成容量较小的文件，也就是能够在音质丢失很小的情况下把文件压缩得更小，而且还保持了原来的音质。

WMA格式

WMA格式是Windows Media Audio编码后的文件格式，它是微软公司推出的与MP3格式齐名的一种新的音频格式。WMA格式在压缩比和音质方面都超过了MP3格式，更是远胜于RA（Real Audio）格式，即使在较低的采样频率下也能产生较好的音质。

WMA格式支持防复制功能，它支持通过Windows Media Rights Manager 加入保护，可以限制播放时间和播放次数甚至播放的机器。WMA格式支持流技术，即一边读一边播放，因此可以很轻松地实现在线广播。

APE格式

APE格式是Monkey's Audio提供的一种无损压缩格式。Monkey's Audio提供了Winamp的插件支持，因此这就意味着压缩后的文件不再是单纯的压缩格式，而是和MP3一样可以播放的音频文件格式。这种格式的压缩比远低于其他格式，能够做到真正无损，因此获得了不少用户的青睐。

10.3 渲染工作区的设置

影片制作完成后，还需要进行渲染输出。因为有时候只需要对工作区的部分内容进行渲染，所以需要先对渲染工作区进行设置。

渲染工作区位于【时间栏】面板中，由开始工作区和结束工作区两点控制渲染区域，如图10.1所示。

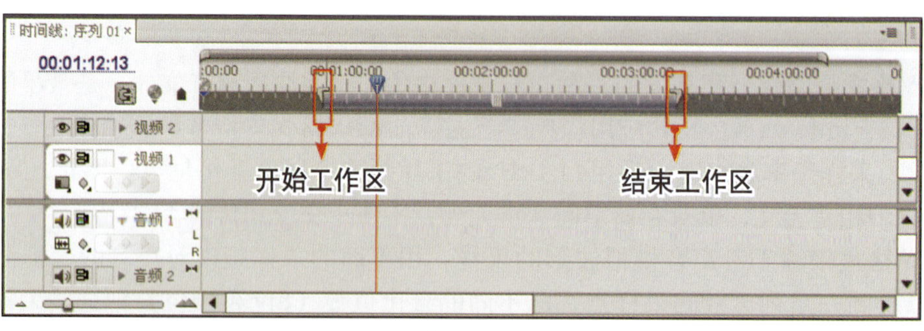

图10.1

手动调整工作区的操作方法很简单，只需要将光标放在开始工作区或结束工作区的位置，按住鼠标左键向左或向右拖动即可。

如果想要精确控制开始工作区或结束工作区的时间帧位置，可以先将时间滑块拖动到需要的位置，并单击【吸附】按钮，拖动开始或结束工作区即可。

10.4 输出影片的参数设置

10.4.1 导出设置选项区域

当一个影片在开始渲染前，需要对其渲染与输出设置进行调节以满足最终影片的输出要求。Premiere Pro CS5提供了多种输出方式，通过不同的设置可以输出不同的文件。

选择【文件】|【导出】|【媒体】命令，弹出【导出设置】对话框，如图10.2所示。下面来详细讲解输出影片的各项设置。

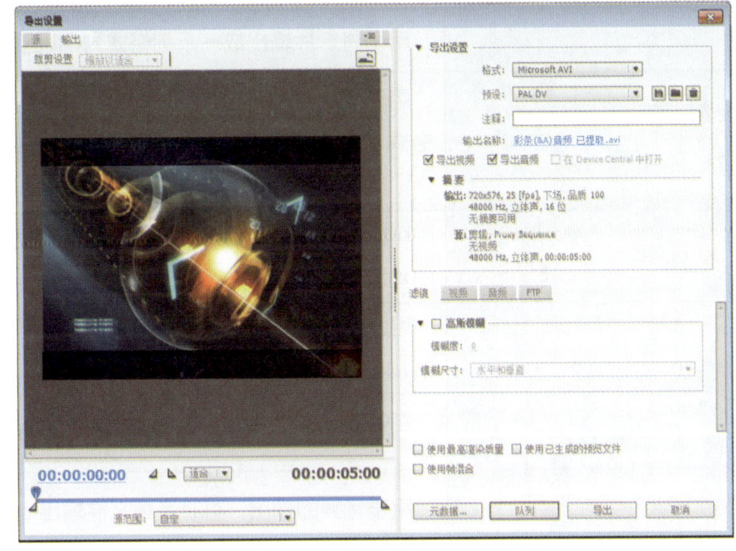

图10.2

格式

用户可以将输出的数字电影设置为不同的格式，以便适应不同的需求。在【格式】下拉列表中可以选择输出使用的媒体格式，如图10.3所示。

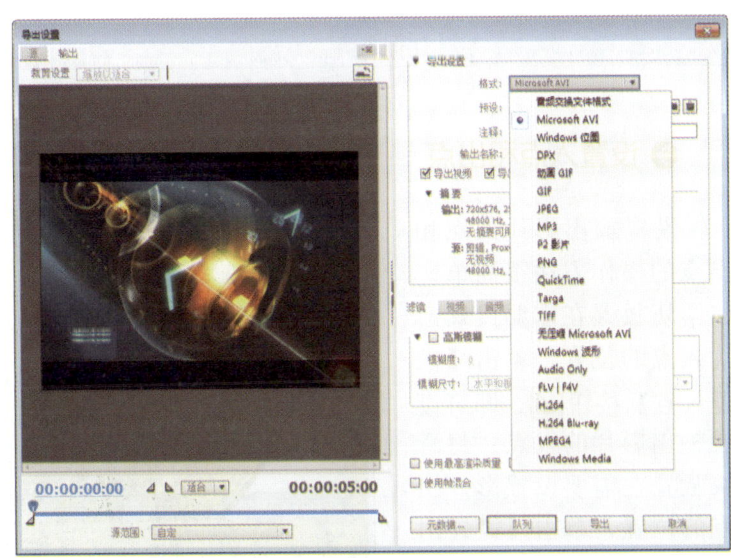

图10.3

【格式】下拉列表中各选项的含义如下。

① 音频交换文件格式	用于将影片输出成一个格式为AIF的音频文件
② Microsoft AVI（微软AVI）	在实际输出中应用最多的一个输出选项，可以将影片输出成AVI格式的动画文件
③ Windows 位图	用于将影片输出成一系列格式为BMP的静态图片，以便可以单独对某个静态图片进行修改
④ 动画GIF	用于将影片输出成GIF动画效果，因为该格式较小，一般应用在网页中，但不支持声音播放
⑤ GIF	用于将影片输出成一系列格式为GIF的静态图片，也可以单独输出某一帧
⑥ QuickTime	用于输出MOV格式的视频文件。MOV原来是苹果公司开发的专用视频格式，后来用到PC机上，属于网络上的视频格式之一，需要专门的软件QuickTime来播放
⑦ Targa（TGA序列）	可以将影片输出成一系列格式为TGA的静态图片，便于对影片某帧画面的抽取
⑧ TIFF（TIF序列）	可以将影片输出成一系列格式为TIFF的静态图片，也可以单独输出某一帧，与Targa相似
⑨ 无压缩Microsoft AVI（无压缩微软AVI）	与Microsoft AVI相似，只是输出的AVI是没有经过压缩处理
⑩ Windows Waveform（Windows WAV音频）	用于音频的输出，可将音频文件输出成Windows WAV格式的音频文件
⑪ MPEG4	压缩视频的基本格式，如VCD碟片，其压缩方法是将视频信号分段取样，然后忽略相邻各帧不变的画面，而只记录变化了的内容，因此其压缩比很大

设置入点和出点

设置输出影片入点和出点的操作方法很简单，将滑块放置在需要设置影片入点的位置，单击【设置入点】按钮，即可设置输出影片的入点；将滑块放置在需要设置影片出点的位置，单击【设置出点】按钮，即可设置输出影片的出点，如图10.4所示。

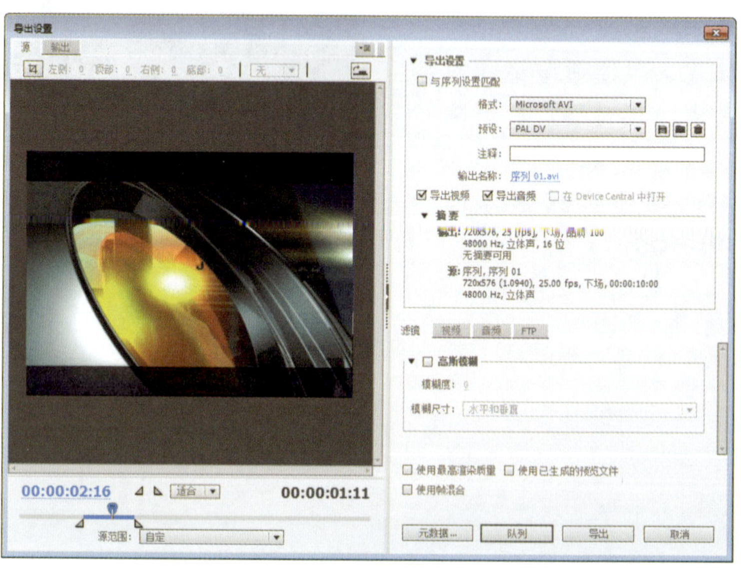

图10.4

输出名称

设置输出影片的位置和名称。

导出视频

勾选该复选框，在导出影片时将输出项目的视频部分；取消对该复选框的勾选，则不能输出视频部分。

导出音频

勾选该复选框，在导出影片时将输出项目的音频部分；取消对该复选框的勾选，则不能输出音频部分。

10.4.2 视频选项区域

视频编解码器

视频文件如果不经过压缩直接输出，所占用的空间会很大，为了节省空间，需要进行压缩处理。单击【视频编解码器】右侧的按钮，在弹出的下拉列表中选择需要的压缩方式，如图10.5所示。

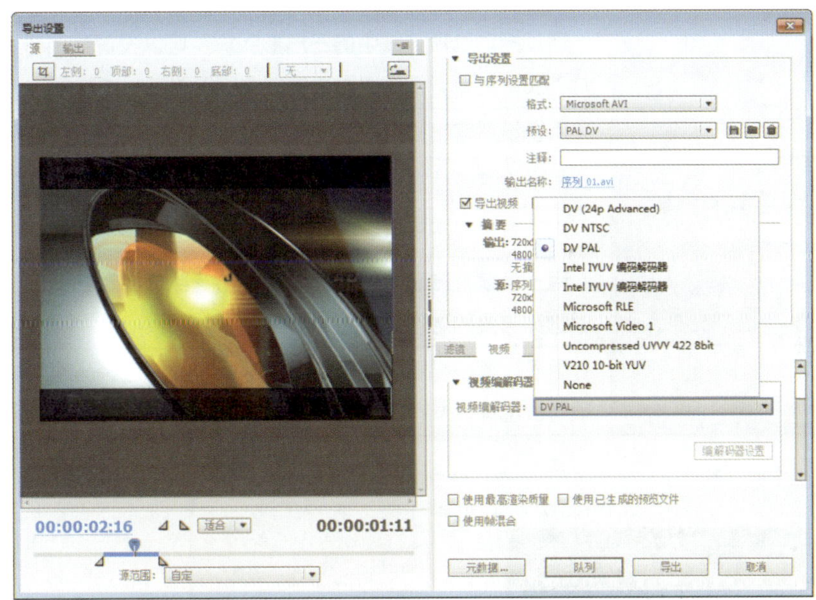

图10.5

在【视频编辑器】下拉列表中，各常用选项的含义如下。

① Cinepak Codec by Radius	该压缩方式适合压缩24位的视频信号，制作用于CD-ROM播放或网上发布的文件。和其他压缩方式相比，它可以获得更高的压缩比和更快的回放速度，但压缩速度较慢，而且只适用于Windows平台
② Intel Indeo（R）Video R3.2	该压缩方式适合制作在CD-ROM上播放的24位的数字电影，和Microsoft Video1相比，它能得到更高的压缩比和质量以及更快的回放速度

③ Intel ndeo?Video4.5	该压缩方式的质量比Cinepak和R3.2好，可以适应不同带宽的网络，但在播放过程中必须有相应的解码插件
④ Intel IYUV codec	该压缩方式用于捕获未压缩的视频，所得图像质量极好，而且所占硬盘空间要小于使用无压缩方式所占用的硬盘空间，因为此方式是将普通的RGB色彩模式变为更加紧凑的YUV色彩模式
⑤ Microsoft RLE	该压缩方式适合压缩大面积的影片，它使用RLE（Spatial 8-bit run-length encoding）方式进行压缩，是一种无损压缩方案，适用于Windows平台
⑥ Microsoft Video1	该压缩方式主要用于对模拟视频进行压缩，是一种有损压缩方式，最高达到256色
⑦ TechSmith Screen Capture Codec	该压缩方式又叫TSCC，专门用于对动态影像进行编码，当用于编码动态影像的时候看不出什么优势，当用于编码静态影像的时候，却有着惊人的质量和压缩比，特别适合抓取屏幕，多用于教学领域
⑧ None（无）	无压缩

基本设置

① 品质	通过拖动选项区域中的三角形滑块，可以设置输出后画面的显示质量，输出影片的质量越高，则输出影片的文件所占的空间也越大
② 宽度/高度	用于设置输出视频画面的像素尺寸
③ 帧速率	用于设置每秒播放的画面帧数，提高帧速率会使画面播放更流畅
④ 场类型	用于指定是否采用场渲染方式，其中包括逐行、上场优先和下场优先3种方式
⑤ 纵横比	用于设置视频制式的画面比。单击【纵横比】右侧的按钮，在弹出的列表中可以选择需要的选项，如图10.6所示
⑥ 深度	用于设置视频画面输出的颜色深度，根据选择压缩方式的不同，会有不同的选项可供选择

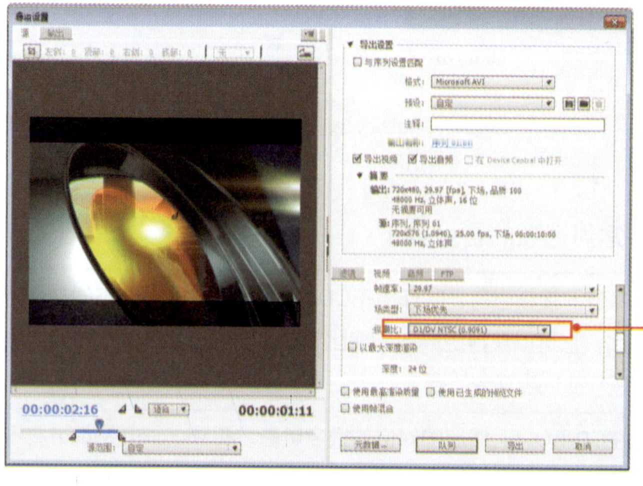

方形像素（1.0）
D1/DV NTSC（0.9091）
D1/DV NTSC 宽银幕 16:9（1.2121）
✔ D1/DV PAL（1.0940）
D1/DV PAL 宽银幕 16:9（1.4587）
变形宽银幕 2:1（2.0）
HD 变形宽银幕 1080（1.333）
DVC Pro HD（1.5）
自定

图10.6

10.4.3 音频选项区

在音频选项区中可以为输出的音频指定使用的压缩方式、采样率、声道和样本类型，如图10.7所示。

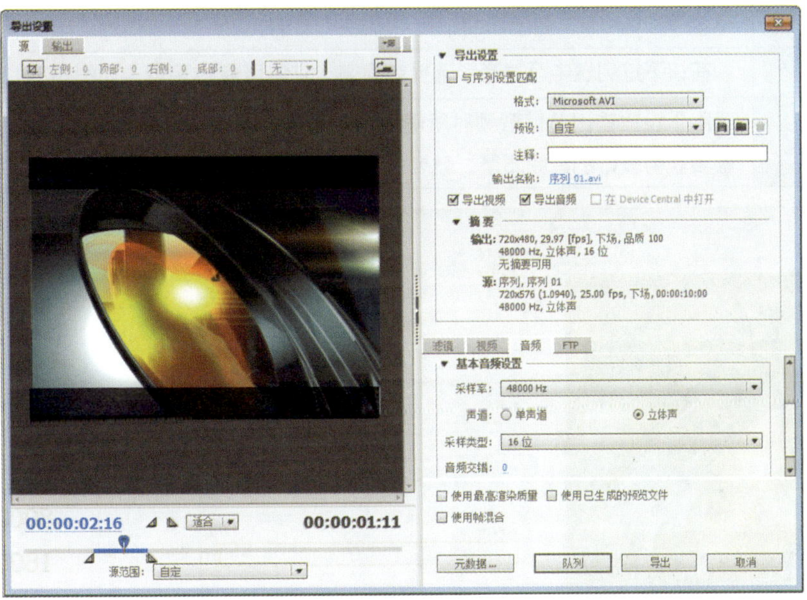

图10.7

音频编码

为输出的音频选择合适的压缩算法进行压缩，在下拉列表中可以选择用于音频压缩的编码解码器，Premiere Pro CS5默认的选项是【无压缩】，相对于选用的输出格式不同，对应不同的编码解码器，如图10.8所示。

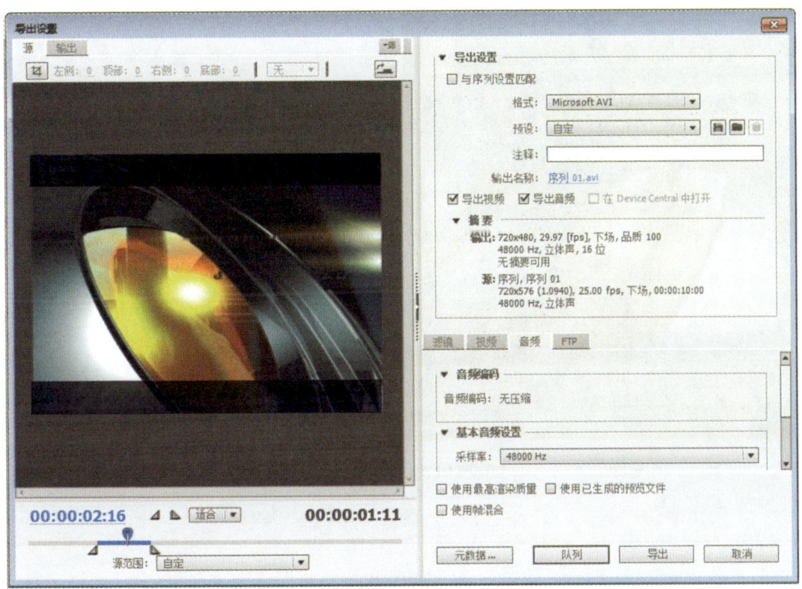

图10.8

基本音频设置

① 采样率	用于设置输出节目音频时所使用的采样速率。采样率越高，播放质量越好，但所需要的磁盘空间越大，占用的处理时间也越长。一般应设置为高于44100Hz，而不低于32000Hz，如图10.9所示
② 声道	在该下拉列表中可为音频选择单声道、立体声或5.1声道，如图10.10所示
③ 样本类型	用于设置输出节目音频时所使用的声音量化倍数，最高可提供32位比特数。一般要获得较好的音频质量，就要使用较高的量化位数，如图10.11所示

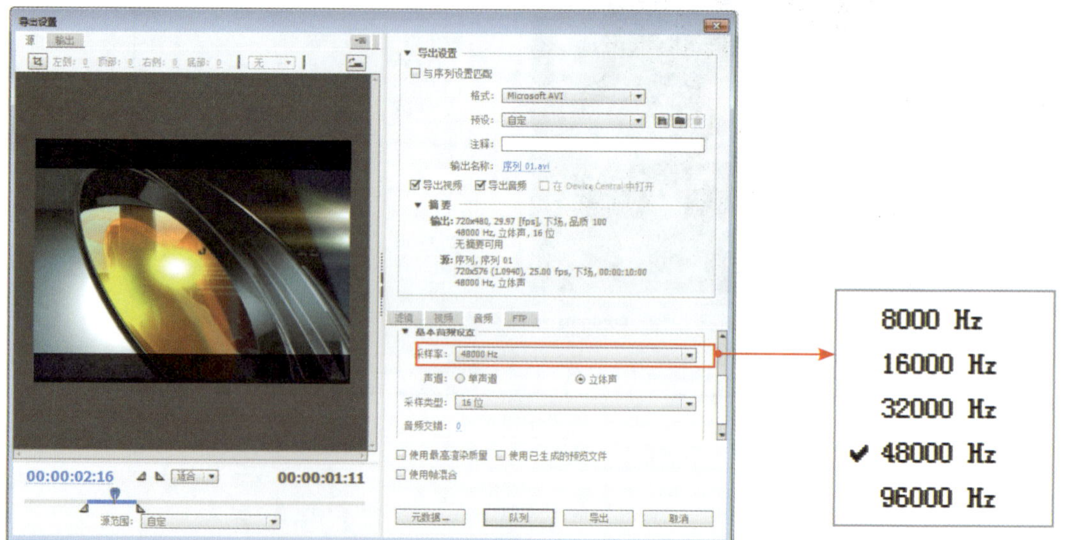

图10.9

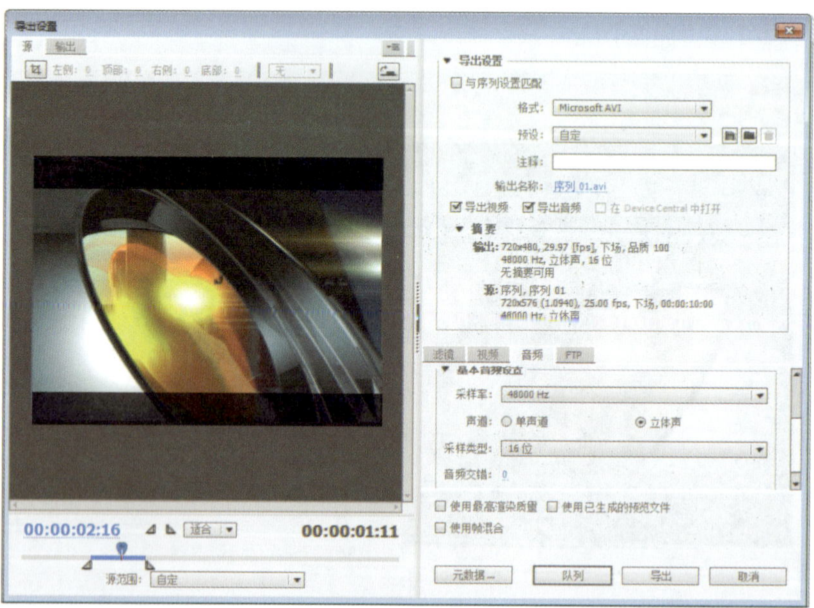

图10.10

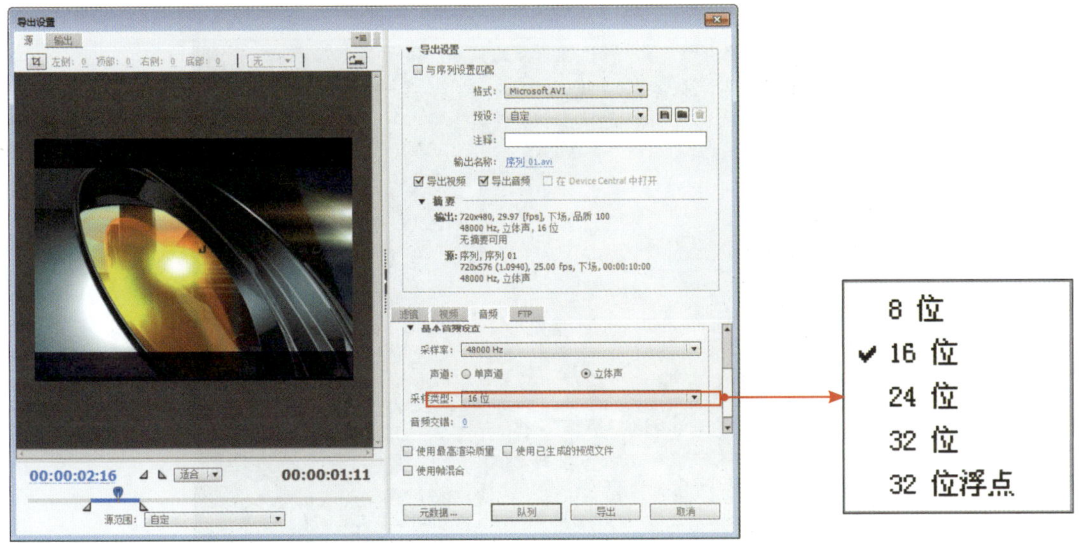

图10.11

10.5 影片项目的预演

影片预演是视频编辑过程中对编辑效果进行检查的重要手段，实际上也属于编辑工作的一个部分。影片预演分为两种，一种是实时预演，另一种是生成预演，下面将分别进行介绍。

10.5.1 影片实时预演

所谓实时预演，也称为实时预览，即我们所说的预览，具体操作步骤如下。

STEP 01 影片编辑制作完成后，在【时间栏】面板中将时间滑块移动到需要预演的片段开始位置，如图10.12所示。

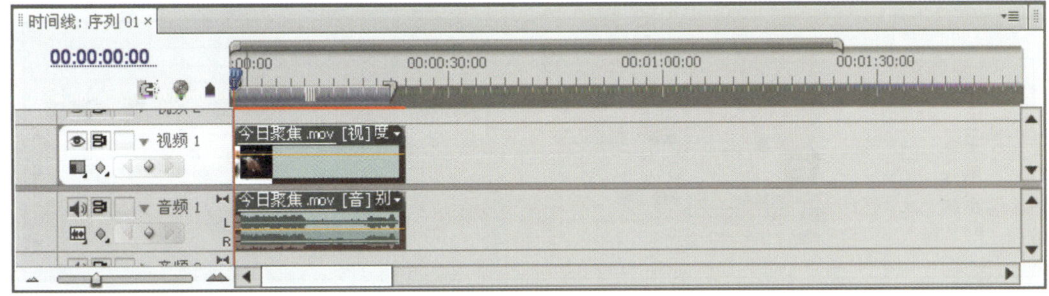

图10.12

STEP 02 在【节目】面板中单击【播放】按钮，系统开始播放节目，可以在【节目】面板中预览节目的最终效果，如图10.13所示。

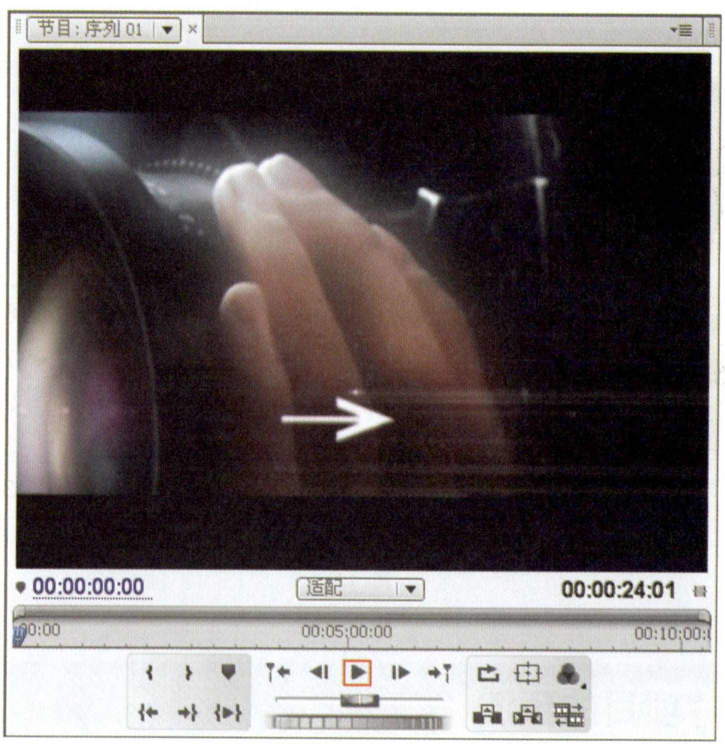

图10.13

10.5.2 生成影片预演

与实时预演不同的是，生成影片预演不是使用显卡对画面进行实时渲染，而是计算机的CPU对画面进行运算，先生成预演文件，然后再播放。因此，生成影片预演取决于计算机CPU的运算能力，但是生成预演播放的画面是平滑的，不会产生停顿或跳跃，所表现出来的画面效果和渲染输出的效果是完全一致的。生成影片预演的具体操作步骤如下。

STEP 01 影片编辑制作完成以后，在【时间栏】面板中拖动工具区范围条 的两端，以确定要生成影片预演的范围，如图10.14所示。

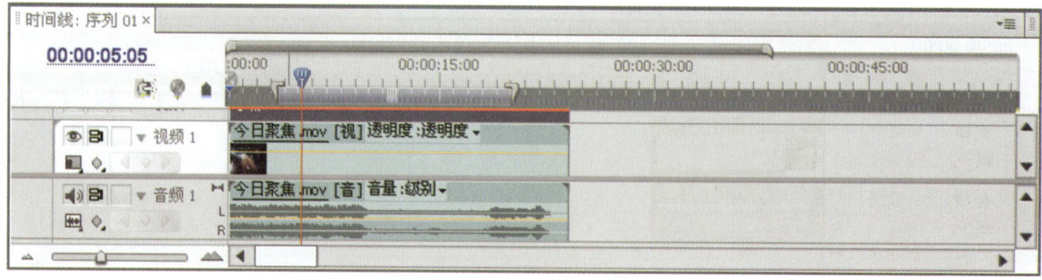

图10.14

STEP 02 选择【序列】|【渲染工具区内的效果】命令，系统将开始进行渲染，并在弹出的【正在渲染】对话框中显示渲染进度，如图10.15所示。

STEP 03 渲染结束后，系统会自动播放该片段，而在【时间栏】面板中，预演部分将会显示绿色线条，其他部分则保持为红色线条，如图10.16所示。

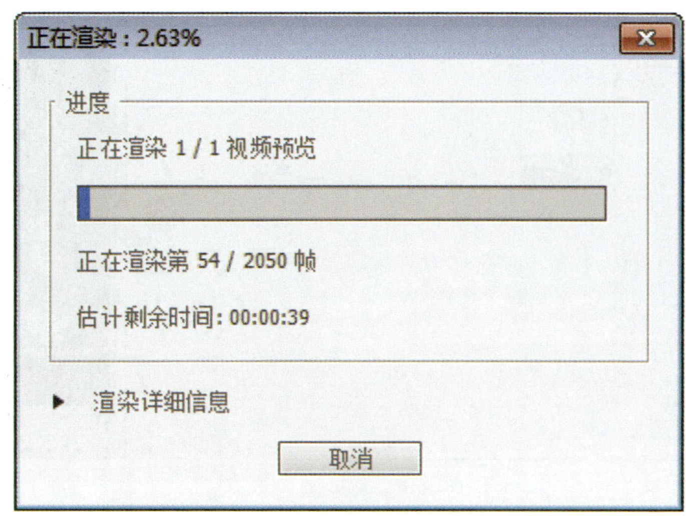

图10.15

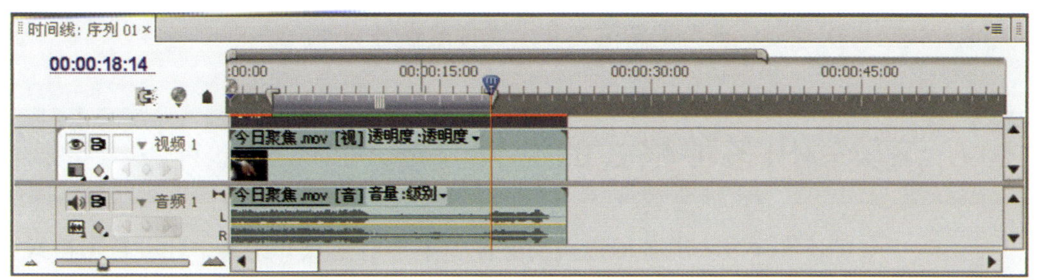

图10.16

STEP 04 在【正在渲染】对话框中单击【渲染详细信息】选项前面的按钮▶，展开此选项区域，可以查看渲染的时间、空闲磁盘空间等信息，如图10.17所示。

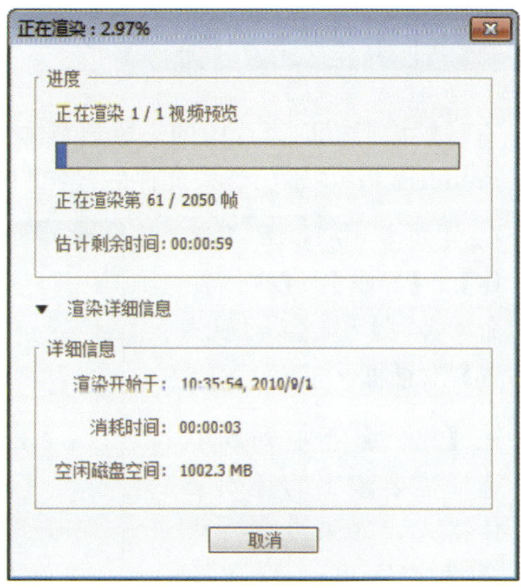

图10.17

STEP 05 如果用户先设置了预演文件的保存路径，即可在计算机的硬盘中找到预演生成的临时文件，如图10.18所示。双击该文件即可播放，如图10.19所示。

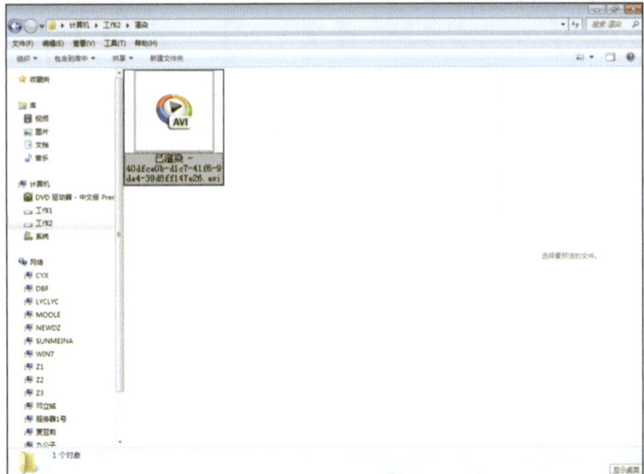

图10.18

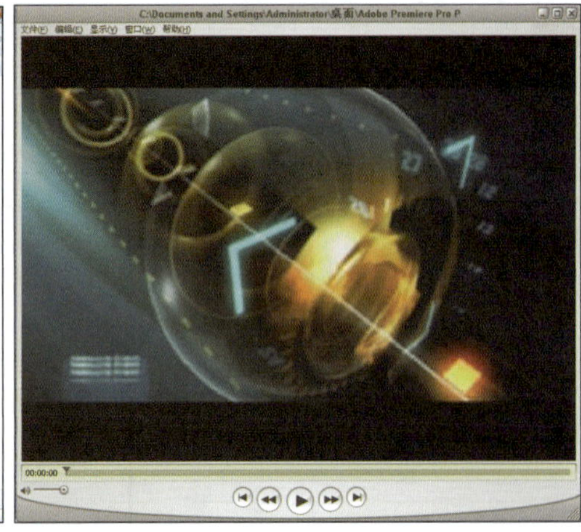

图10.19

生成的预演文件可以重复使用，用户在下一次预演该片段时会自动使用该预演文件。关闭该项目文件时，如果不进行保存，预演生成的临时文件会自动删除；如果用户在修改预演区域片段后再次预演，就会重新渲染并生成预演临时文件。

10.6 渲染输出各种格式的文件

Premiere Pro CS5可以渲染出各种格式的文件，本节将重点介绍其中几种常用格式文件的渲染输出方法。

10.6.1 输出音频文件

有时候需要提取影片中的一段声音素材，或者需要将影片中的歌曲制作成为音乐光盘等。Premiere Pro中输出音频文件的操作步骤如下。

STEP 01 在菜单栏中选择【文件】|【导出】|【媒体】命令，弹出【导出设置】对话框。

STEP 02 在【格式】下拉列表中选择需要输出的音频文件格式，如果没有特殊要求，这里一般选择系统默认的【Windows Waveform】选项，如图10.20所示。

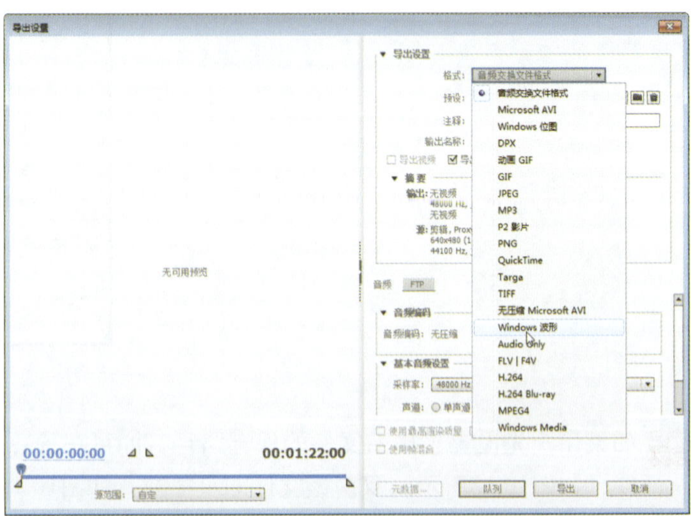

图10.20

STEP 03 在【输出名称】选项中设置输出影片的位置和名称。

STEP 04 单击【确定】按钮，弹出【Adobe Media Encoder】对话框，即可将队列添加到渲染工作区中。

STEP 05 单击【开始队列】按钮，即可输出WAV格式的音频文件。

10.6.2 输出整个影片

输出影片是最常用的输出方式，将编辑好的项目文件以视频格式输出，可以输出编辑内容的全部或者一部分，也可以只输出视频内容或者只输出音频内容，一般将全部的视频和音频一起输出。在Premiere Pro中输出影片文件的操作步骤如下。

STEP 01 在菜单栏中选择【文件】|【导出】|【媒体】命令，弹出【导出设置】对话框。

STEP 02 在【格式】选项的下拉列表中选择视频格式，在这里选择【Microsoft AVI】选项。

STEP 03 将滑块放置在需要设置影片入点的位置，单击【设置入点】按钮，设置输出影片的入点；将滑块放置在需要设置影片出点的位置，单击【设置出点】按钮，设置输出影片的出点，如图10.21所示。

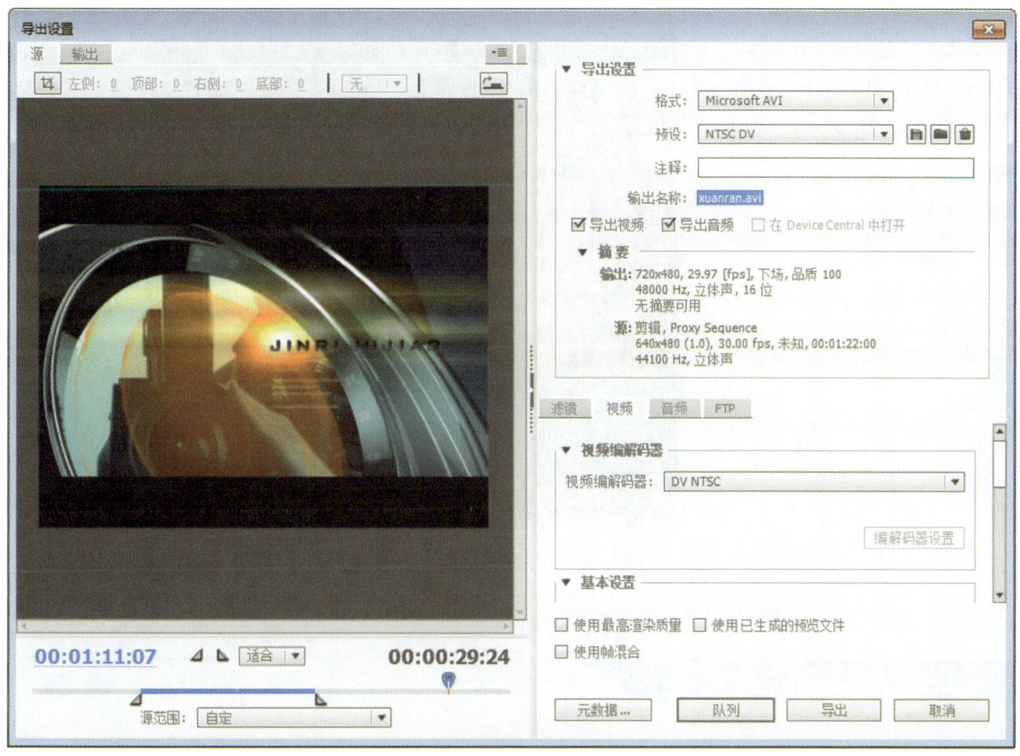

图10.21

STEP 04 在【预置】下拉列表中选择【PAL DV】选项。

STEP 05 在【输出名称】选项中设置输出影片的位置和名称。

STEP 06 在【视频编解码器】右侧的下拉列表中选择输出采用的编码器，如图10.22所示。

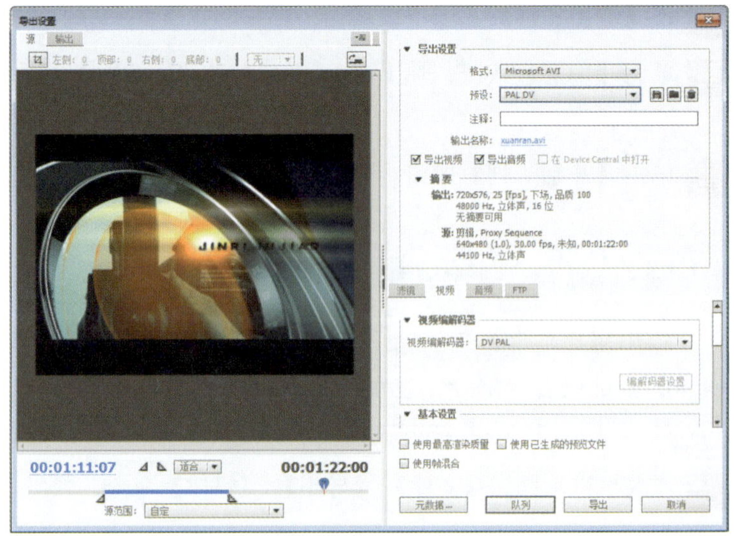

图10.22

STEP 07 单击【确定】按钮，弹出【Adobe Media Encoder】对话框，即可将列队添加到渲染工作区中。

STEP 08 单击【开始队列】按钮，Premiere Pro会在进度栏中显示渲染的进度，如图10.23所示。渲染完成后，即可生成所设置的AVI格式的影片。

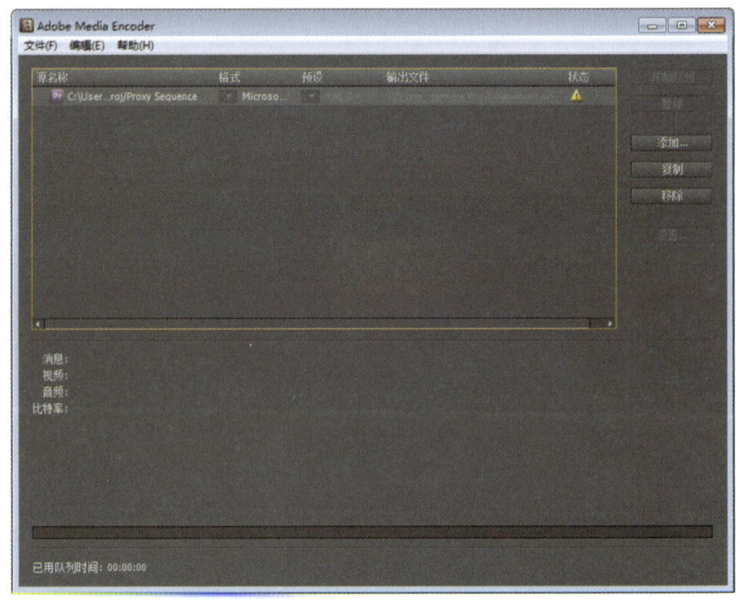

图10.23

10.6.3 输出静态图片序列 

在Premiere Pro CS5中，可以将视频输出为静态图片序列，就是将视频画面的每一帧都输出为一张静态图片，这一系列图片中每张都具有一个自动编号。在Premiere Pro中输出静态图片序列的操作步骤如下。

STEP 01 在菜单栏中选择【文件】|【导出】|【媒体】命令，弹出【导出设置】对话框。

STEP 02 在【格式】下拉列表中设置输出单帧图像的格式，有4种图像格式可供选择，分别是Windows位图、GIF、Targe和TIFF格式。这里以选择【Targe】选项为例，继续后面的操作。

STEP 03 在【预置】下拉列表中选择【PAL Targe】选项。

STEP 04 在【输出名称】选项中设置输出影片的位置和名称。

STEP 05 在【视频】设置区设置输出视频画面的像素尺寸和纵横比等参数，勾选【导出为序列】复选框，如图10.24所示。

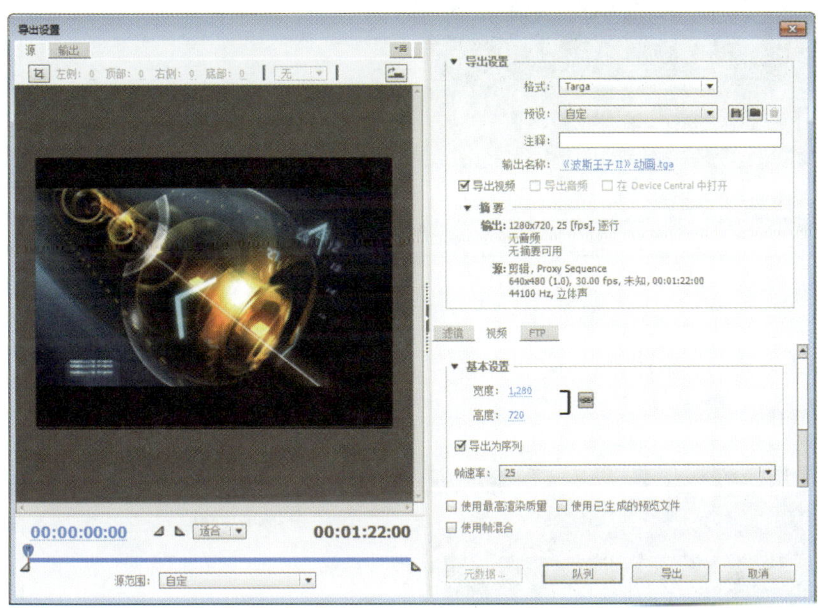

图10.24

STEP 06 单击【确定】按钮，弹出【Adobe Media Encoder】对话框，即可将列队添加到渲染工作区中。

STEP 07 单击【开始列队】按钮，即可将序列图片输出为“Targe”格式。

10.6.4 输出DVD文件

使用Premiere Pro可以直接将文件输出为基于MPEG1技术的VCD文件，以及基于MPEG2技术的DVD和SVCD文件，也可以输出为单独的MPEG1或者MPEG2文件。下面以输出DVD文件为例，介绍输出DVD文件的方法。其具体操作步骤如下。

STEP 01 在菜单栏中选择【文件】|【导出】|【媒体】命令，弹出【导出设置】对话框。

STEP 02 在【格式】下拉列表中选择【MPEG2-DVD】格式。

STEP 03 在【预置】下拉列表中选择【PAL宽屏幕高质量】选项。

STEP 04 在【输出名称】选项中设置输出影片的位置和名称，如图10.25所示。

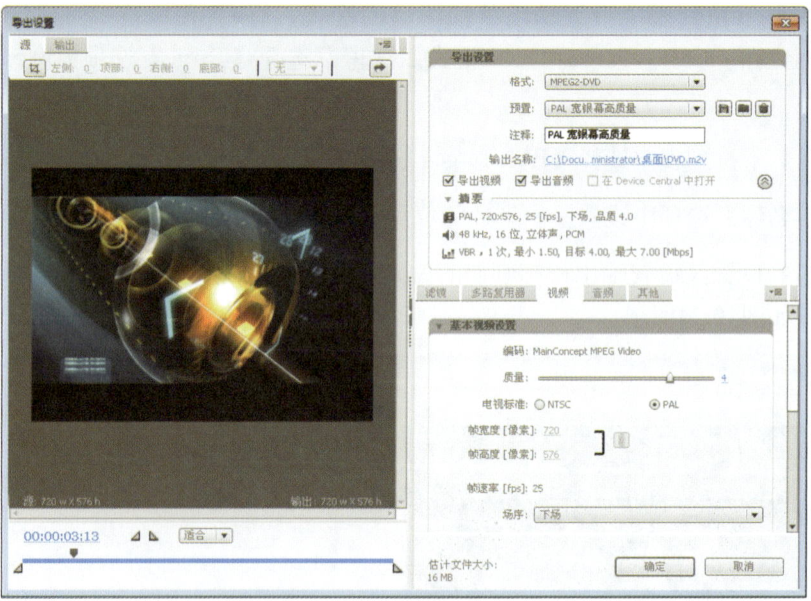

图10.25

STEP 05 在视频设置区设置输出视频画面的质量和电视标准，如图10.26所示。

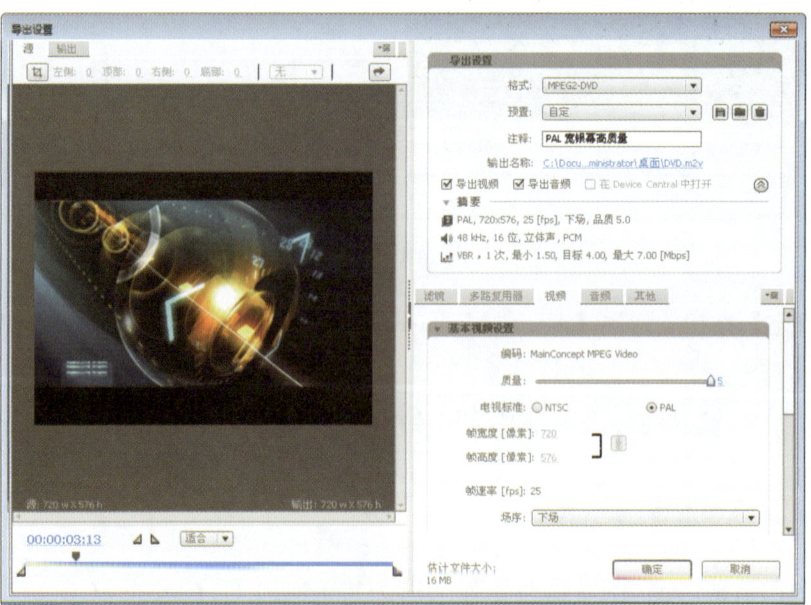

图10.26

① 质量	用于设置压缩的质量，较高的质量设置需要更多的渲染时间，对于制作DVD影片而言，一般使用的最高质量为5
② 电视标准	用于设置电视系统的制式，我国使用的是PAL制式
③ 场类型	用于选择场的优先顺序，如果原始素材是使用一般家用DV机拍摄的，则应该选择【下场】

STEP 06 单击【确定】按钮，弹出【Adobe Media Encoder】对话框，即可将队列添加到渲染工作区中。

STEP 07 单击【开始队列】按钮，Premiere Pro会在进度栏中显示渲染进度，如图10.27所示。渲染完成后，即可生成所设置的DVD文件。

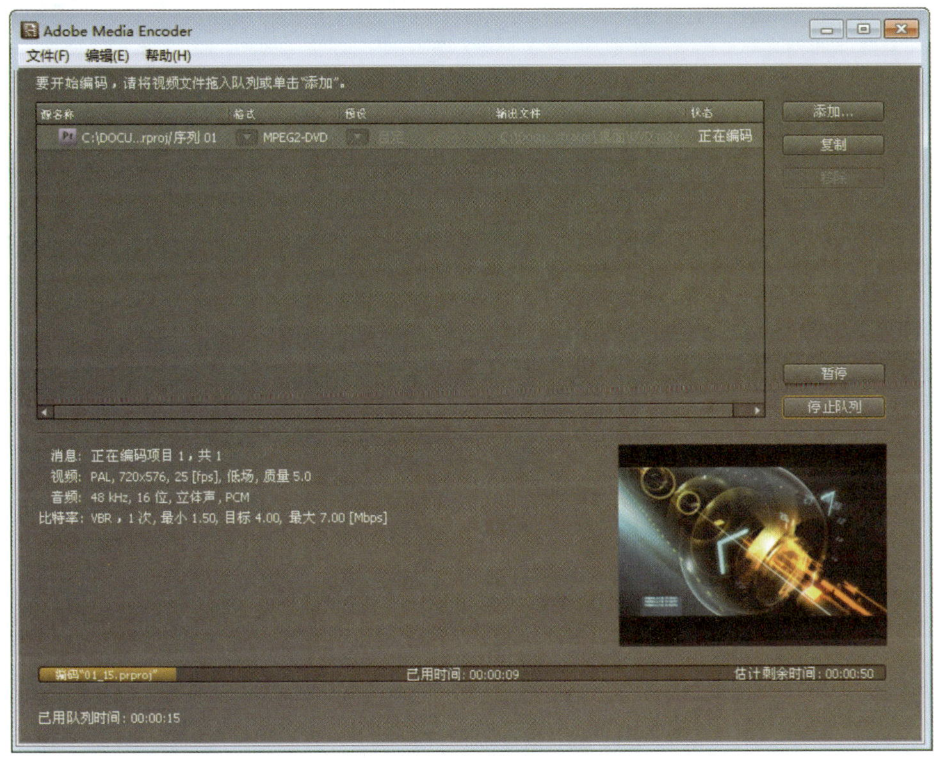

图10.27

10.7 输出影片到磁带

可以在菜单栏中选择【文件】|【导出】|【输出到磁带】命令，将一段Premiere Pro影片或影片序列记录到录像带上。用户需要一块视频卡将RGB信号转换为NTSC或PAL信号，还需要准备一台录像机，用来将节目录制到录像带上。

将影片输出到磁带的操作步骤如下。

STEP 01 选择需要录制影片的窗口。

STEP 02 在菜单栏中选择【文件】|【导出】|【输出到磁带】命令，在弹出的对话框中进行设置。

STEP 03 单击【确定】按钮。

STEP 04 如果没有控制设置进行实时录制，需要手动在录像机上按Record键，并在录制完毕后，手动停止录制。

10.8 输出素材时码记录表

每个素材都有自己的播放时间长度，在编辑影片时，为了更清楚地了解素材的具体时间长度，有必要制作一个素材时码记录表以供查询。制作素材时码记录表的操作步骤如下。

STEP 01 将所有需要使用的素材导入【项目】面板中。

STEP 02 选择【项目】|【导出批处理列表】命令，弹出【导出批处理列表】对话框，如图10.28所示。指定一个文件名称和保存位置，然后单击【保存】按钮。

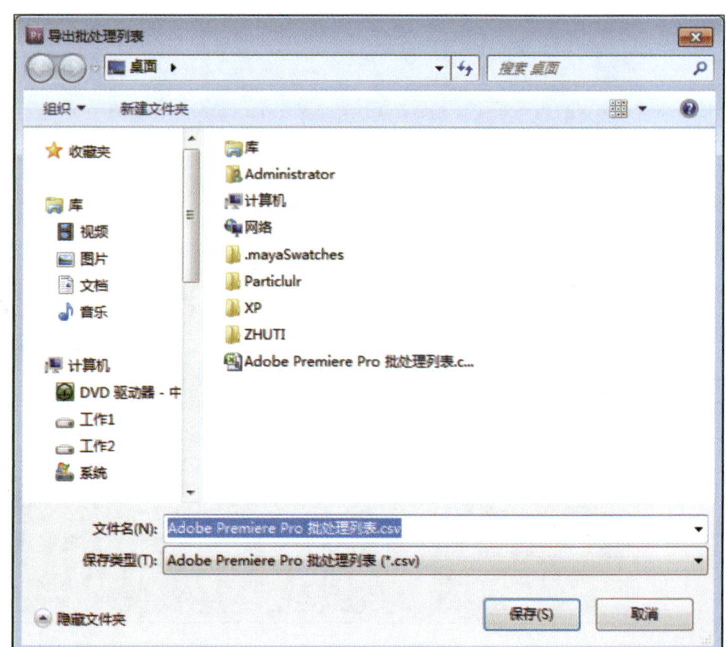

图10.28

STEP 03 找到刚保存的文件，双击该文件，则该文件将以Excel文件方式打开，里面记录了【项目】面板中所有素材的起止时间，如图10.29所示。

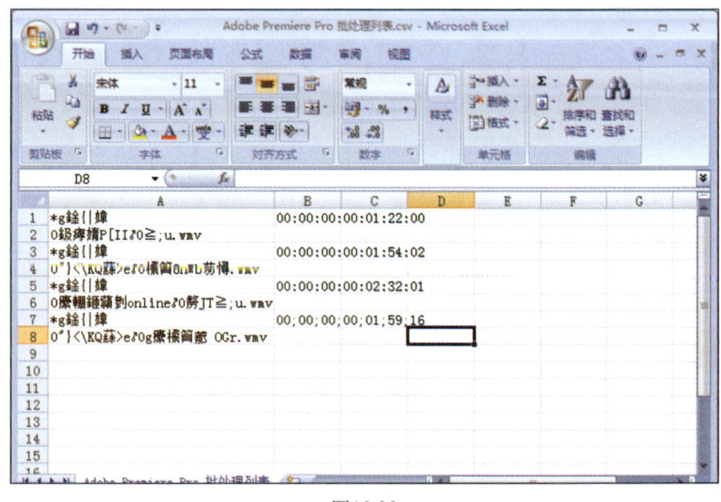

图10.29

第11章 婚庆视频片头制作实例

该范例制作的是婚庆视频片头。在Premiere中制作照片的转场过渡，对视频进行分片段制作，以便制作过程中进行管理和修改。

11.1 片段1合成

11.1.1 制作视频切换效果

STEP 01 创建一个序列名为“过渡效果”的项目文件。在【项目】面板的空白处双击，在弹出的【导入】对话框中选择随书所附光盘中的“第11章\照片1.psd”和“第11章\照片2.psd”素材，单击【打开】按钮，导入素材文件，并将“照片1.psd”素材拖动到【时间栏】面板的【过渡效果】选项卡中的视频1轨道上，如图11.1所示。

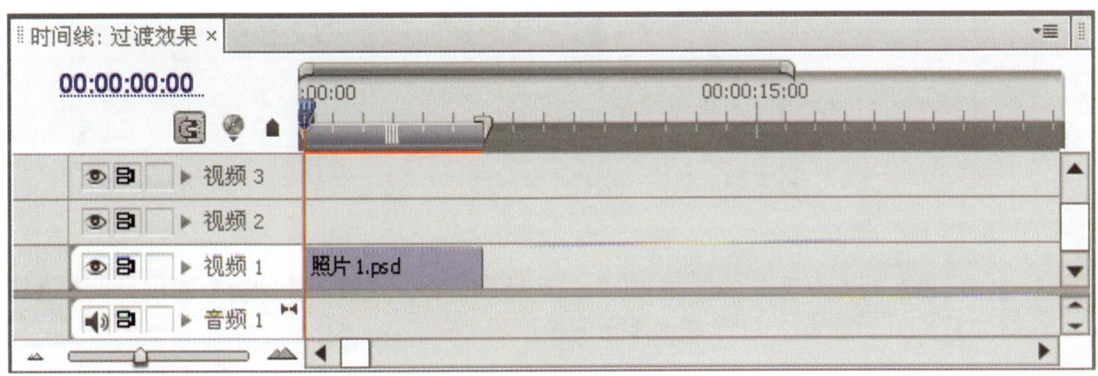

图11.1

STEP 02 将光标移动到视频1轨道中素材的最末端，当光标呈现  形状时，按住鼠标并拖动至00：00：08：10处，如图11.2所示。

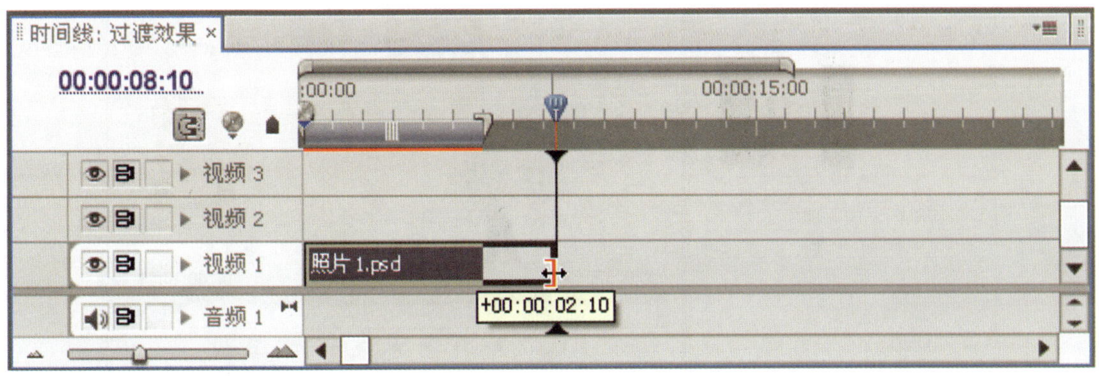

图11.2

STEP 03 将“照片2.psd”素材拖动到【时间栏】面板的【过渡效果】选项卡中的视频1轨道上，使其入点与“照片1.psd”素材的出点对齐，将光标移动到【视频1】轨道中素材的最末端，当光标呈现 形状时，按住鼠标左键并拖动至00：00：16：10处，如图11.3所示。

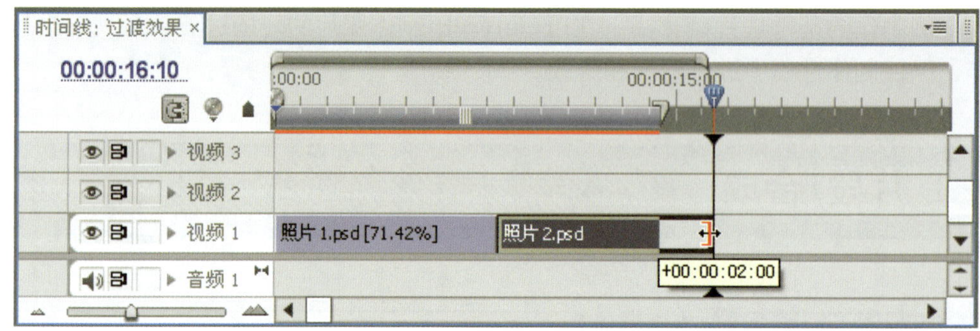

图11.3

STEP 04 将时间滑块移动到00：00：08：10处，在【效果】面板中打开【视频切换】文件夹下的【擦除】子文件夹，选中“渐变擦除”特效，并拖动到【时间栏】面板的【过渡效果】选项卡的视频1轨道中的素材上，如图11.4所示。

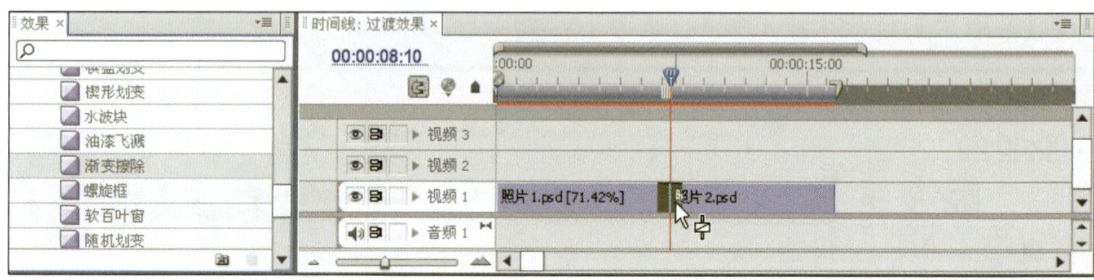

图11.4

STEP 05 在【时间栏】面板中双击“渐变擦除”转场特效，打开【特效控制台】面板，设置【持续时间】为00：00：02：11，如图11.5所示。

图11.5

STEP 06 新建一个名称为“叶子动画”的序列，导入“落叶”和“翻飞的叶子”素材，并将“落叶”素材拖动到【时间栏】面板的【片段1】选项卡中的视频1轨道上的00：00：01：16处，再将“翻飞的叶子”素材拖动到视频|轨道中“落叶”素材后面，如图11.6所示。

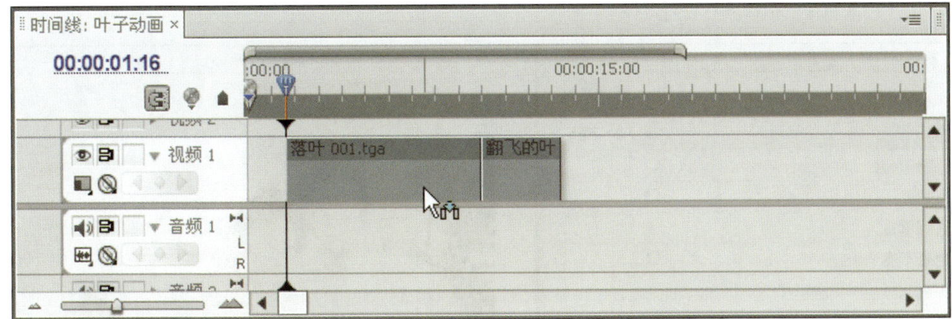

图11.6

11.1.2 制作片段1合成

STEP 01 新建一个名为“片段1”的序列。在【项目】面板中将过渡效果序列拖动到【时间栏】面板的【片段】选项卡中的视频1轨道上，如图11.7所示。

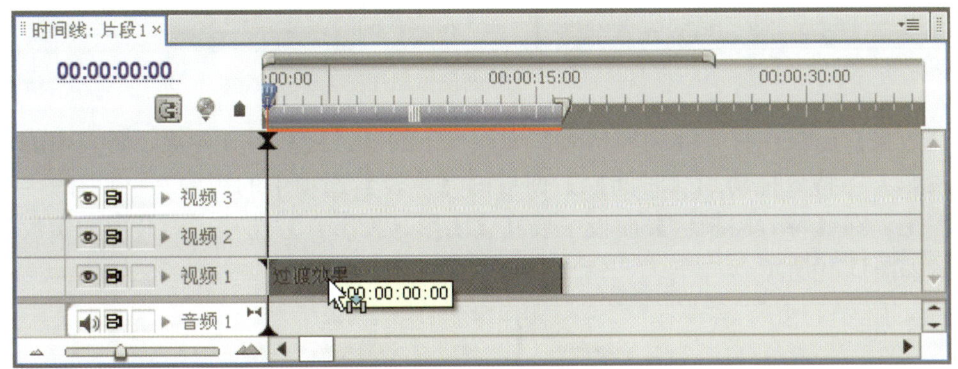

图11.7

STEP 02 在【项目】面板中，选中“叶子动画”序列，将“叶子动画”序列拖动到【时间栏】面板的【片段1】选项卡中的视频1轨道上的00：00：03：00处，如图11.8所示。

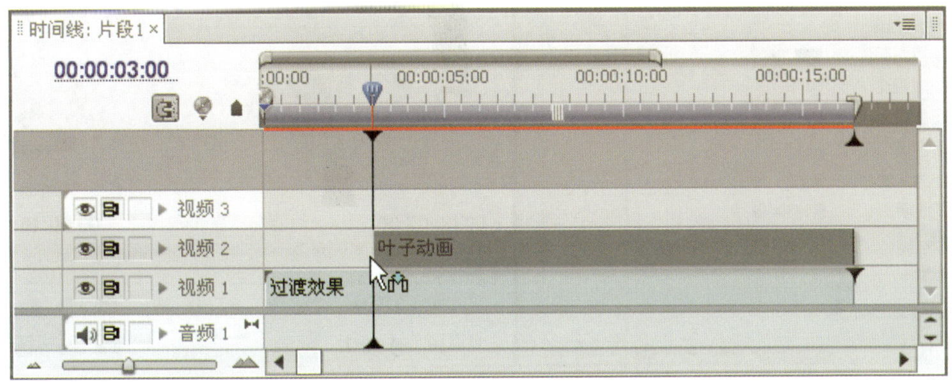

图11.8

STEP 03 切换至【效果】面板，打开【视频特效】文件夹下的【色彩校正】子文件夹，选中“色彩平衡（HLS）”特效，并拖动到【时间栏】面板的【片段1】选项卡的视频2轨道中的“叶子动画”上，在【特效控制台】面板中展开【色彩平衡（HLS）】选项，对其中的参数进行设置，如图11.9所示。

图11.9

STEP 04 在【效果】面板中打开【视频特效】文件夹下的【透视】子文件夹，将其中的“阴影（投影）”特效拖动到【时间栏】面板的【片段】选项卡的视频2轨道中的“叶子动画”上，在【特效控制台】面板中展开【阴影（投影）】选项，对其中的参数进行设置，如图11.10所示。

图11.10

STEP 05 将时间滑块移动到00：00：03：00处，在【特效控制台】面板中展开【阴影（投影）】选项，单击【方向】和【距离】属性前面的关键帧码表按钮，如图11.11所示。

图11.11

STEP 06 将时间滑块移动到00：00：05：21处，在【特效控制台】面板中设置【方向】为135、【距离】为5；将时间滑块移动到00：00：13：07处，在【特效控制台】面板中单击【方向】和【距离】选项右侧的【添加/移除关键帧】按钮；将时间滑块移动到00：00：14：21处，在【特效控制台】面板中设置【方向】为230、【距离】为113，如图11.12所示。

图11.12

STEP 07 导入“蝴蝶.mov”素材，并将其拖动到【时间栏】面板的【片段1】选项卡中的视频3轨道上的00：00：09：11处，如图11.13所示。

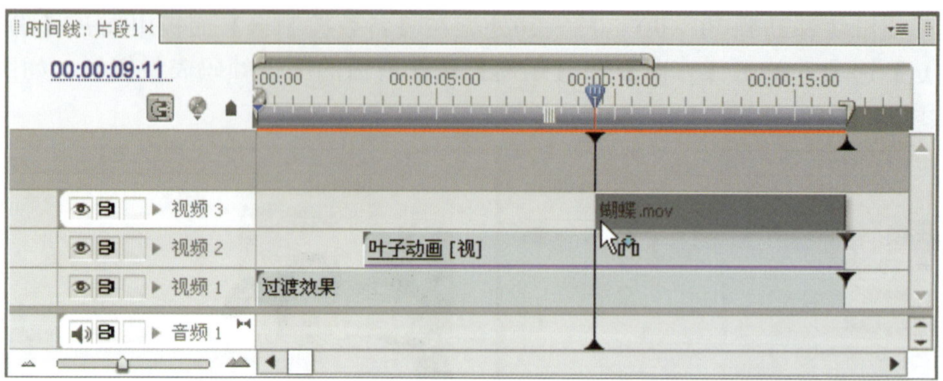

图11.13

STEP 08 将时间滑块移动到00：00：12：24处，在【时间栏】面板中选中【片段1】选项卡的视频3轨道中的“蝴蝶.mov”素材，在【特效控制台】面板中展开【透明度】选项，开启【透明度】属性前面的关键帧码表按钮；将时间滑块移动到00：00：14：02处，在【特效控制台】面板中设置【透明度】为0，如图11.14所示。

图11.14

STEP 09 “片段1”制作完成，按空格键或Enter键，在【节目】面板中预览动画效果，如图11.15（a）和图11.15（b）所示。

(a)

(b)

图11.15

11.2 片段2合成

11.2.1 制作镜框动画效果

STEP 01 新建一个名为“片段2”的序列，导入“背景1.psd”素材，并将其拖动到【时间栏】面板的【片段2】选项卡中的视频1轨道上，如图11.16所示。

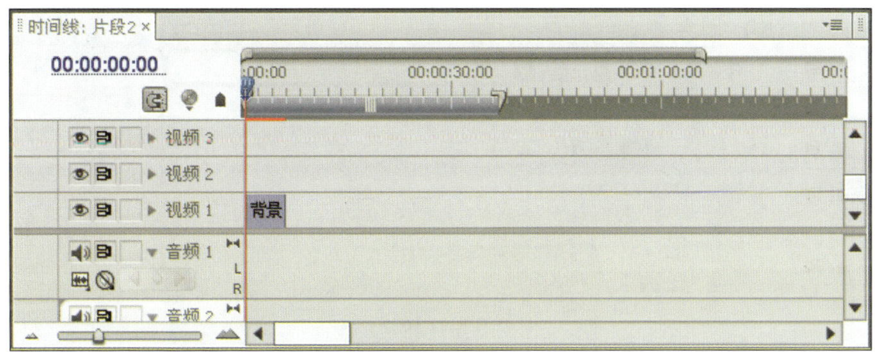

图11.16

STEP 02 将光标移动到视频1轨道中素材的最末端，当光标呈现 形状时，按住鼠标并拖动至00：00：36：17处，如图11.17所示。

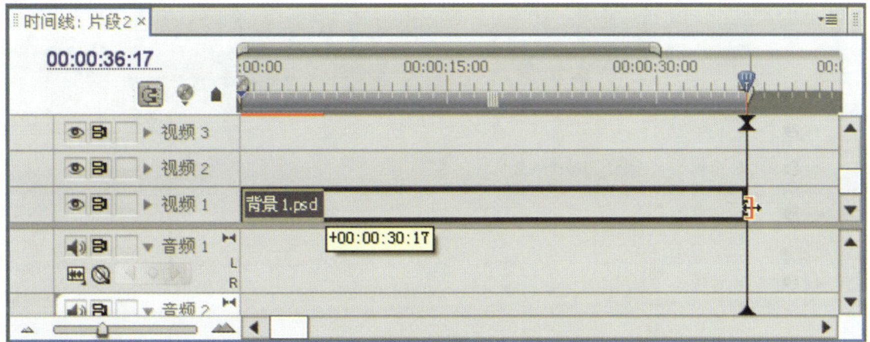

图11.17

STEP 03 导入“镜框”素材，并将其拖动到【时间栏】面板的【片段2】选项卡中的视频3轨道上，如图11.18所示。

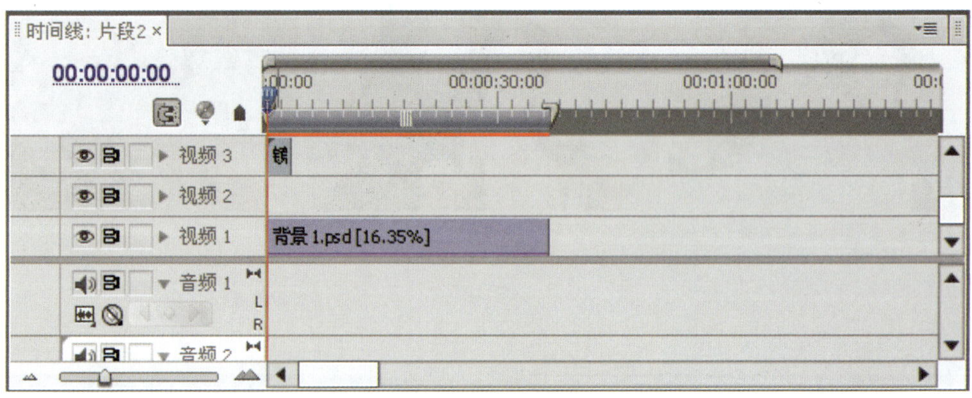

图11.18

STEP 04 导入“镜框0100.tga”素材，并将其拖动到【时间栏】面板的【片段2】选项卡中的视频3轨道上，使其入点与“镜框”素材的出点对齐，将光标移动到【视频1】轨道中素材的最末端，当光标呈现 形状时，按住鼠标左键并拖动至00：00：32：00处，如图11.19所示。

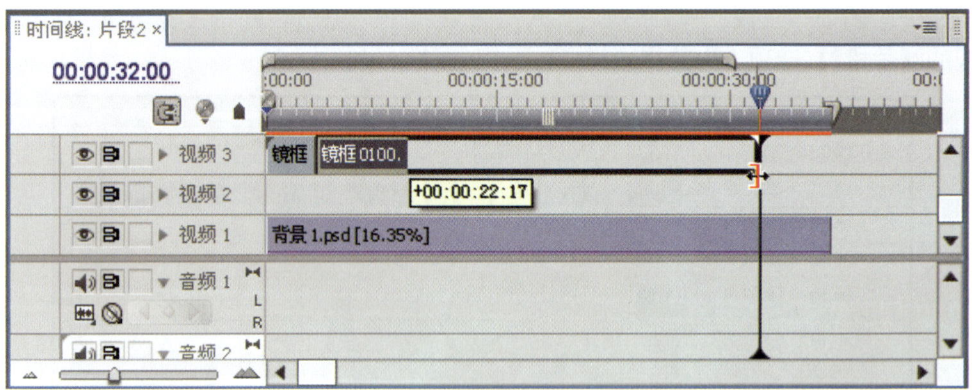

图11.19

STEP 05 将“镜框”素材拖动到【时间栏】面板的【片段2】选项卡中的视频3轨道上，使其入点与“镜框0100.tga”素材的出点对齐，如图11.20所示。

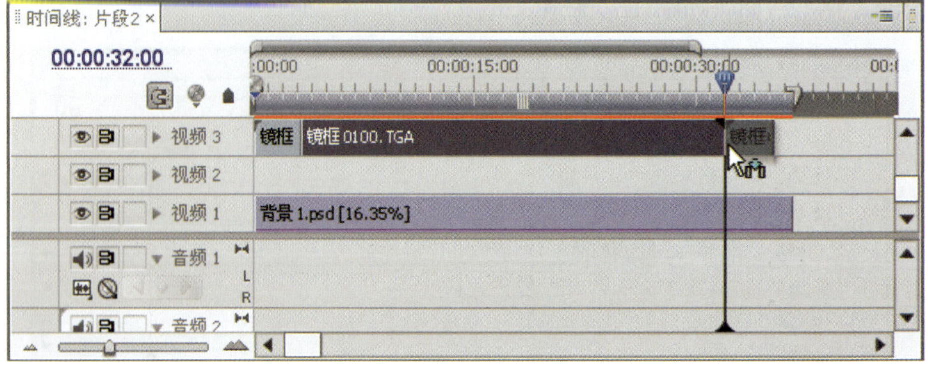

图11.20

STEP 06 在【时间栏】面板中的【片段2】选项卡的视频3轨道中选择“镜框”素材，在菜单栏中选择【素材】|【速度/持续时间】命令，弹出【素材速度/持续时间】对话框，勾选【倒放速度】复选框，如图11.21所示，此时素材将被倒放。

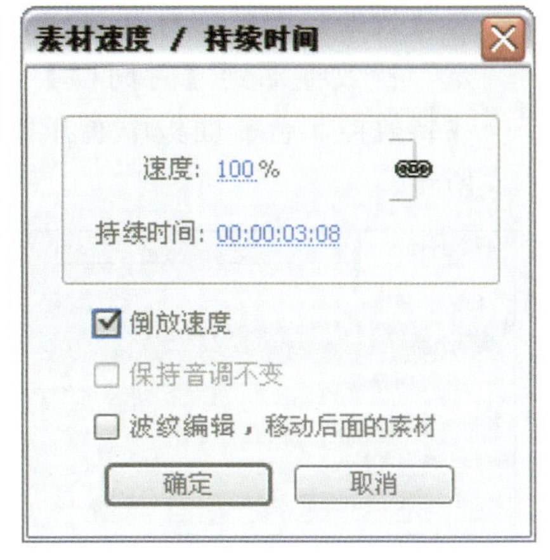

图11.21

11.2.2 制作镜框照片效果

STEP 01 导入“照片4.psd”素材，并将其拖动到【时间栏】面板的【片段2】选项卡中的视频2轨道上的00：00：03：08处，将光标移动到【视频2】轨道中素材的最末端，当光标呈现  形状时，按住鼠标左键并拖动至00：00：15：09处，如图11.22所示。

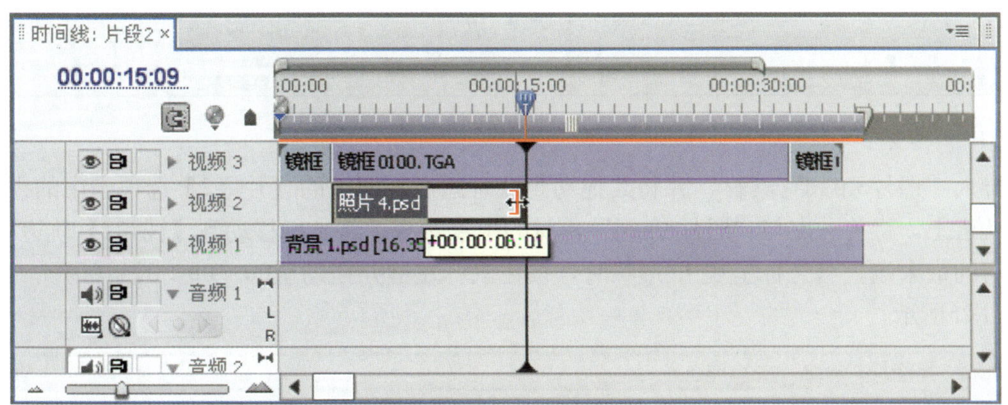

图11.22

STEP 02 在【时间栏】面板中的【片段2】选项卡的视频2轨道上，选中“照片4.psd”素材，在【特效控制台】面板中展开【运动】选项，对其中的参数进行设置，如图11.23所示。

图11.23

STEP 03 在【效果】面板中打开【视频特效】文件夹下的【扭曲】子文件夹，选中“边角固定”特效拖动到【时间栏】面板的【片段2】选项卡的视频2轨道中的素材上，在【特效控制台】面板中展开【边角固定】选项，对其中的参数进行设置，如图11.24所示。

图11.24

STEP 04 导入“照片3.psd”素材，并将其拖动到【时间栏】面板的【片段2】选项卡中的视频2轨道上，将其入点与“照片4.psd”素材的出点对齐，将光标移动到【视频2】轨道中素材的最末端，当光标呈现 形状时，按住鼠标左键并拖动至00：00：32：00处，如图11.25所示。

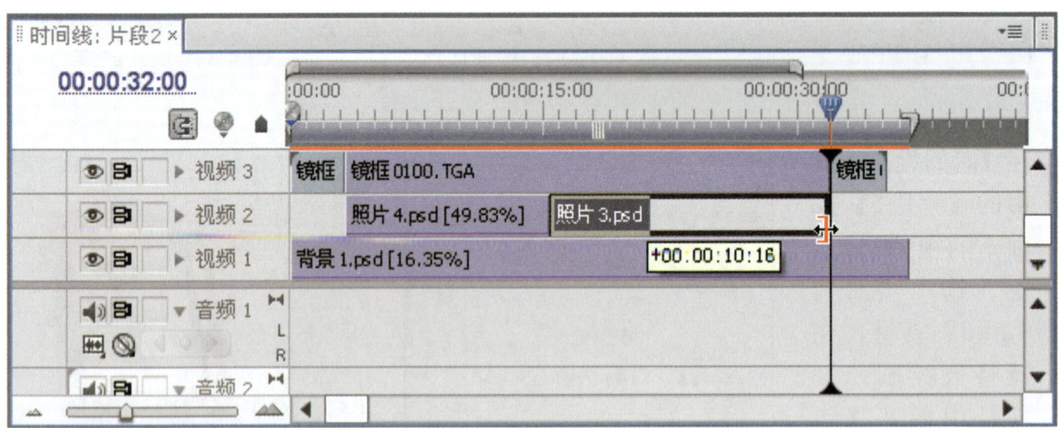

图11.25

STEP 05 在【时间栏】面板的【片段2】选项卡的视频2轨道上选中“照片3.psd”素材，在【特效控制台】面板中展开【运动】选项，对其中的参数进行设置，如图11.26所示。

图11.26

STEP 06 在【效果】面板中打开【视频特效】文件夹下的【扭曲】子文件夹，选中“边角固定”特效并拖动到【时间栏】面板的【片段2】选项卡的视频2轨道中的素材上，在【特效控制台】面板中展开【边角固定】选项，对其中的参数进行设置，如图11.27所示。

图11.27

STEP 07 将时间滑块移动到00：00：15：09处，在【效果】面板中打开【视频切换】文件夹下的【擦除】子文件夹，选中“渐变擦除”特效，并拖动到【时间栏】面板的【片段2】选项卡的视频2轨道中的素材上，如图11.28所示。

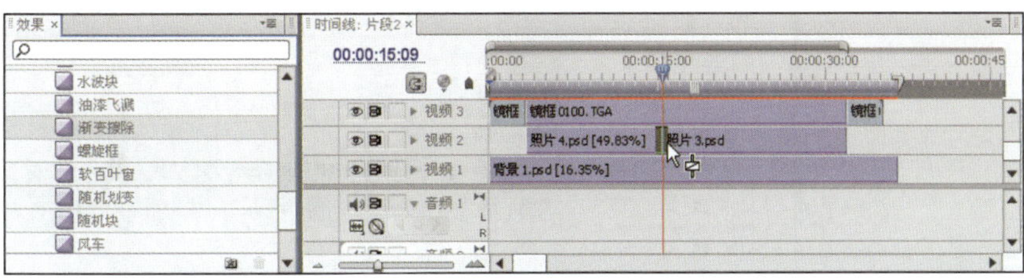

图11.28

STEP 08 在【时间栏】面板中双击“渐变擦除转场”特效，打开【特效控制台】面板，设置【持续时间】为00：00：13：19，如图11.29所示。

图11.29

STEP 09 将时间滑块移动到00：00：03：08处，在【效果】面板中打开【视频切换】文件夹下的【叠化】子文件夹，将其中的“交叉叠化（标准）”特效并拖动到【时间栏】面板的【片段2】选项卡的视频2轨道中的“照片4.psd”素材上，如图11.30所示。

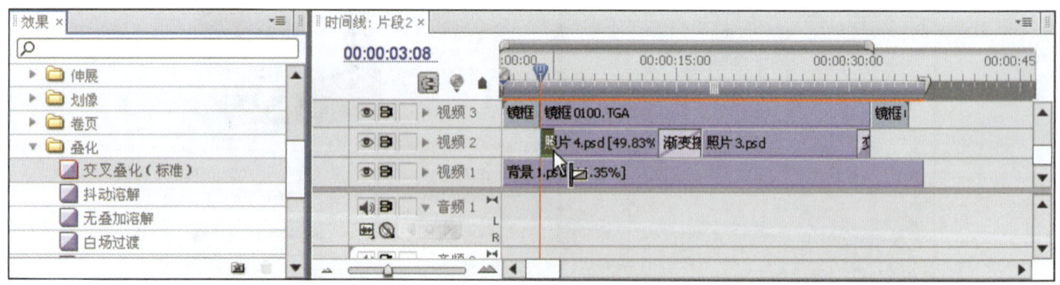
图11.30

STEP 10 将时间滑块移动到00：00：32：00处，在【效果】面板中打开【视频切换】文件夹下的【叠化】子文件夹，将其中的“交叉叠化（标准）”特效拖动到【时间栏】面板的【片段2】选项卡的序列视频2轨道中的“照片3.psd”素材上，如图11.31所示。

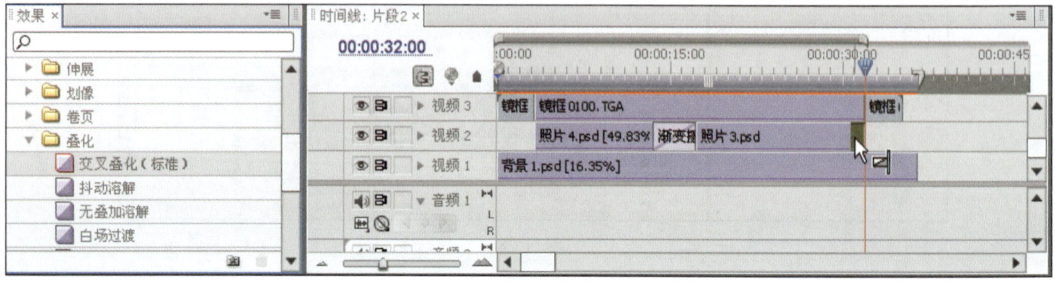
图11.31

11.2.3 制作辅助元素

STEP 01 在视频轨道名称位置右击，在弹出的快捷菜单中选择【添加轨道】命令，如图11.32所示。

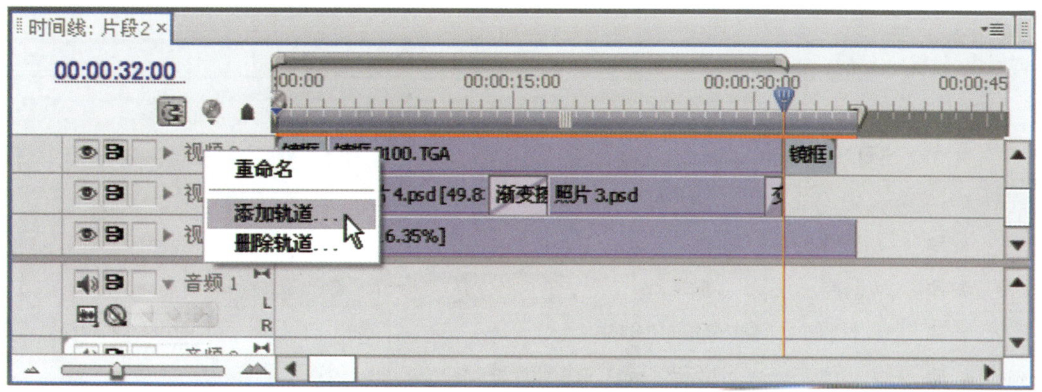

图11.32

STEP 02 选择【添加轨道】命令后，将弹出【添加视音轨】对话框，在【视频轨】选项组的【添加】选项中设置频轨为2条，如图11.33所示。

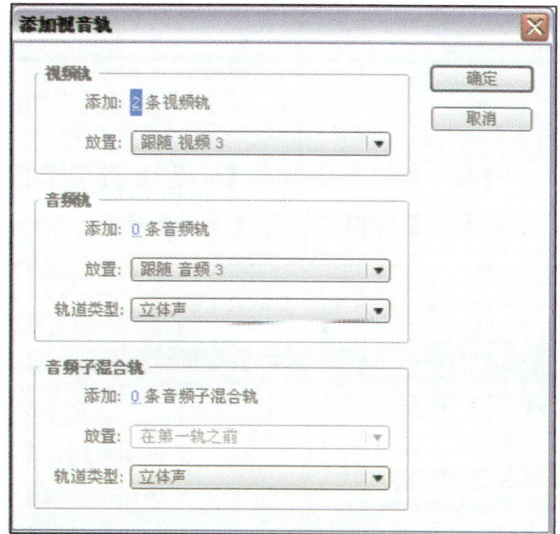

图11.33

STEP 03 单击【确定】按钮，即可在【时间栏】面板中添加两条视频轨道，如图11.34所示。

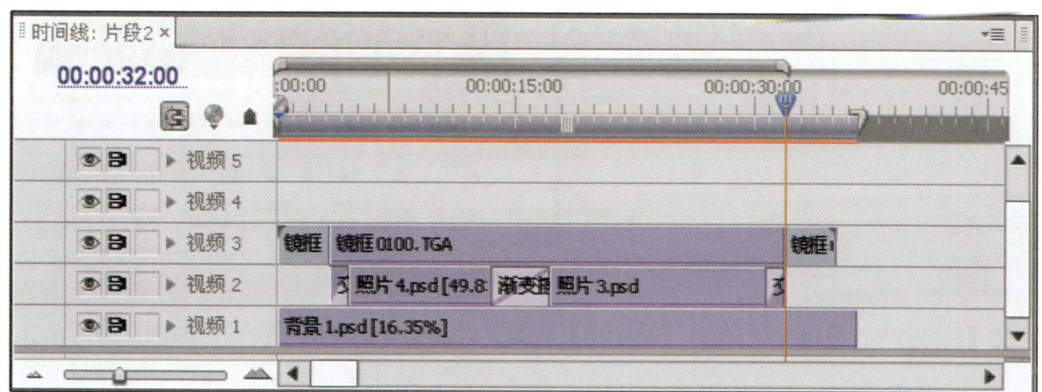

图11.34

STEP 04 导入“蝴蝶.mov”素材，并将其拖动到【时间栏】面板中的【片段2】选项卡的视频4轨道的00：00：04：00处；导入“动态素材.mov”素材，并将其拖动到【时间栏】面板中的【片段2】选项卡的视频4轨道的00：00：17：00处，将光标移动到【视频2】轨道中素材的最末端，当光标呈现 形状时，按住鼠标左键并拖动至00：00：31：12处，如图11.35所示。

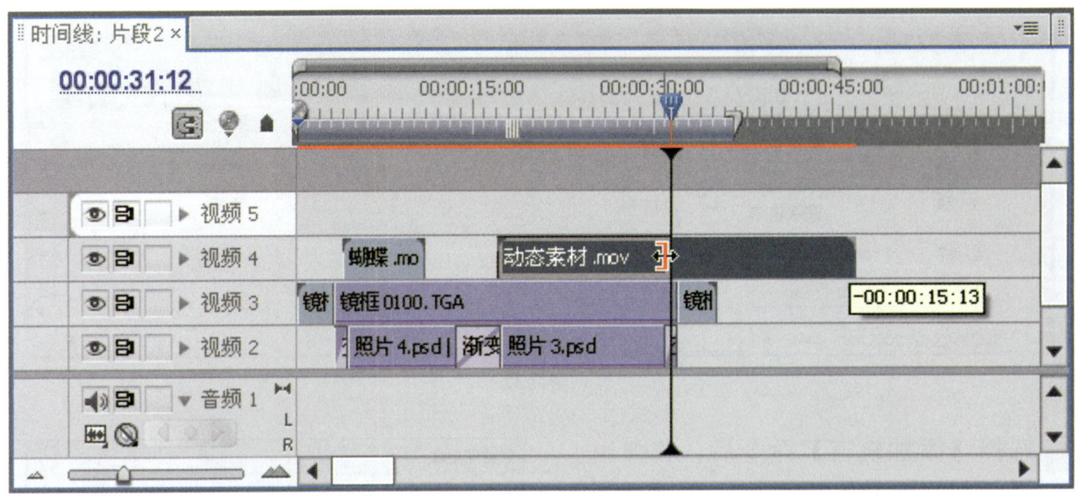

图11.35

STEP 05 在【时间栏】面板中的【片段2】选项卡的视频4轨道中选择“动态素材.mov”素材，在【特效控制台】面板中展开【运动】选项，对其中的参数进行设置，如图11.36所示。

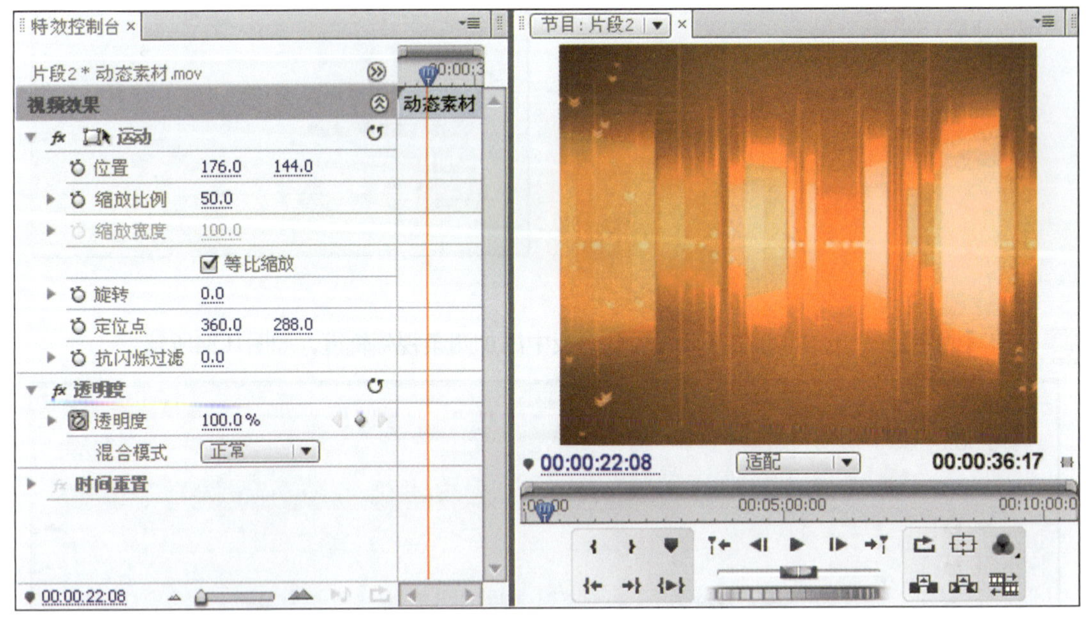

图11.36

STEP 06 在【特效控制台】面板中展开【透明度】选项，对其中的参数进行设置，如图11.37所示。

图11.37

STEP 07 将时间滑块移动到00：00：17：00处，在【效果】面板中打开【视频切换】文件夹下的【叠化】子文件夹，将其中的“交叉叠化（标准）”特效拖动到【时间栏】面板的【片段2】选项卡的【视频4】轨道中的“动态素材.mov”上，如图11.38所示。

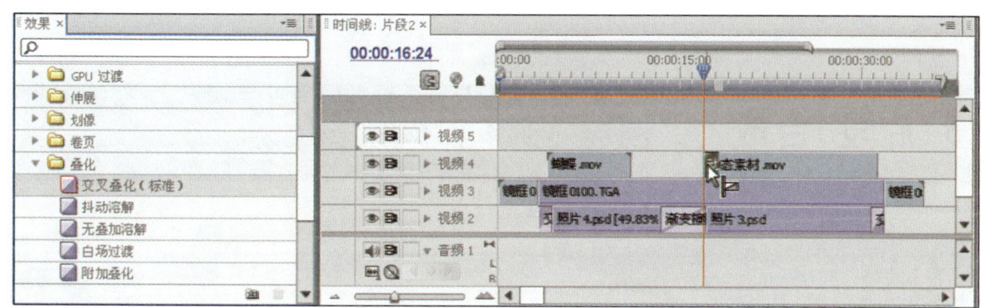

图11.38

STEP 08 导入“RAIN0001.TGA”素材，并将其拖动到【时间栏】面板的【片段2】选项卡中的视频5轨道上的00：00：06：23处，如图11.39所示。

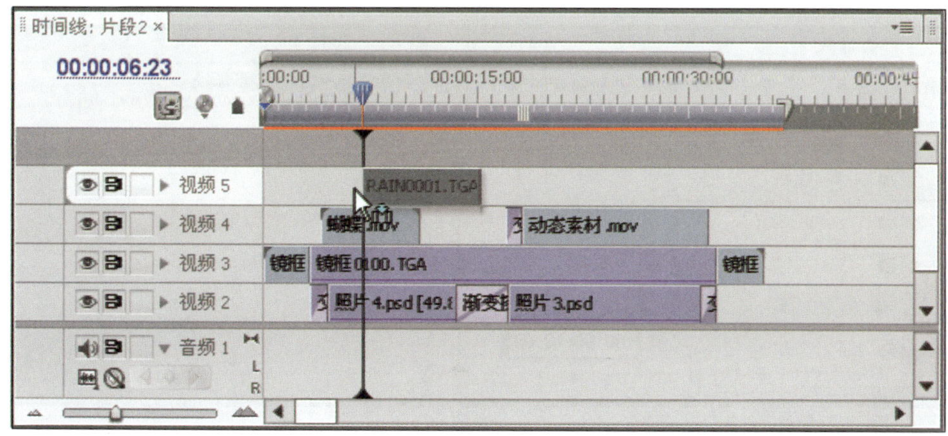

图11.39

STEP 09 “片段2”制作完成，按空格键或Enter键，在【节目】面板中预览动画效果，如图11.40所示。

图11.40

11.3 片段3合成

11.3.1 制作折扇动画

STEP 01 新建一个名为“折扇背景”的序列。导入“背景3.tga”素材，并将其拖动到【时间栏】面板的【折扇背景】选项卡中的视频1轨道上，将光标移动到【视频1】轨道中素材的最末端，当光标呈现形状时，按住鼠标左键并拖动至00：00：19：03处，如图11.41所示。

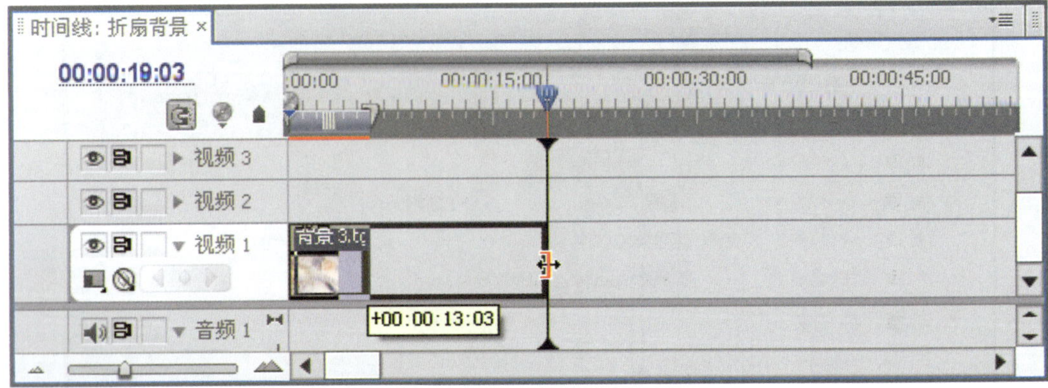

图11.41

STEP 02 导入“折扇开”素材，并将其拖动到【时间栏】面板的【折扇背景】选项卡中的视频2的轨道上。在【效果】面板中打开【视频特效】文件夹下的【透视】子文件夹，将其中的“阴影（投影）”特效拖动到【时间栏】面板的【折扇背景】选项卡中的视频2轨道的素材上，在【特效控制台】面板中展开【阴影（投影）】选项，对其中的参数进行设置，如图11.42所示。

图11.42

STEP 03 导入“折扇开250.tga”素材，并将其拖动到【时间栏】面板的【折扇背景】选项卡中的视频2轨道上，使其入点与“折扇开”序列的出点对齐，将光标移动到【视频2】轨道中“折扇开250.tga”素材的最末端，当光标呈现形状时，按住鼠标左键并拖动至00：00：09：23处，如图11.43所示。

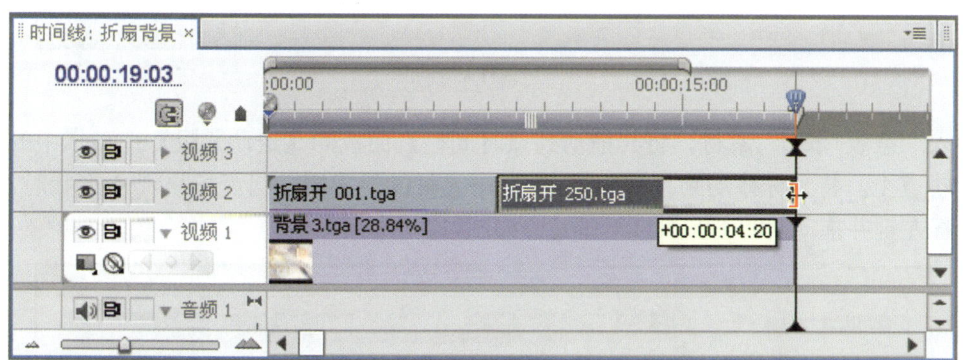

图11.43

11.3.2 制作遮罩动画

STEP 01 新建一个名称为“走动蒙版”的序列。在菜单栏中选择【文件】|【新建】|【彩色蒙

版】命令，弹出【新建彩色蒙版】对话框，单击【确定】按钮，弹出【颜色拾取】对话框，设置颜色值为FFFFFF，单击【确定】按钮，弹出【选择名称】对话框，在【选择用于新建蒙版的名称】文本框中输入“白色遮罩”，如图11.44所示，即可在【项目】面板中创建彩色蒙版素材。

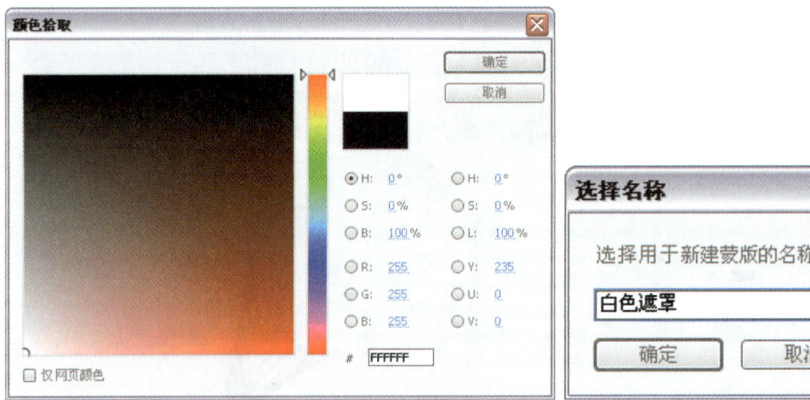

图11.44

STEP 02 将其拖动到【时间栏】面板的【走动蒙版】选项卡中的视频1的轨道上，将光标移动到【视频1】轨道中素材的最末端，当光标呈现 形状时，按住鼠标左键并拖动至00：00：11：19处，如图11.45所示。

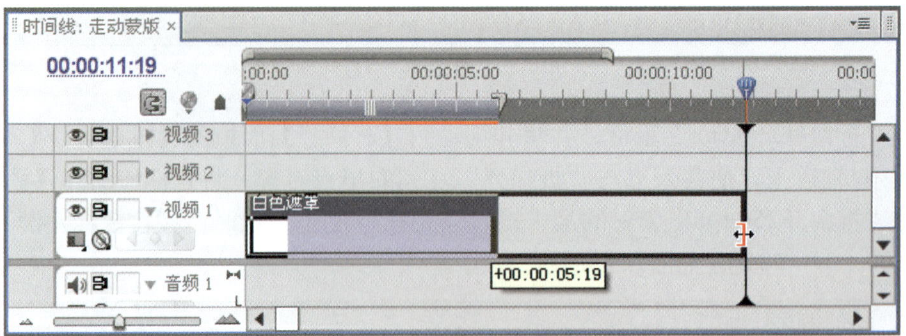

图11.45

STEP 03 导入“蒙版1.psd”素材，将其拖动到【时间栏】面板的【走动蒙版】选项卡中的视频2的轨道上。将光标移动到【视频2】轨道中素材的最末端，当光标呈现 形状时，按住鼠标左键并拖动至00：00：11：19处，如图11.46所示。

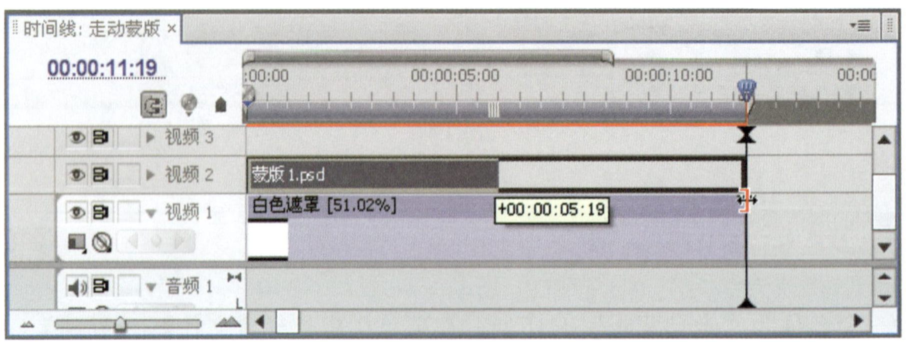

图11.46

STEP 04 将时间滑块移动到00：00：00：00处，在【时间栏】面板的【走动蒙版】选项卡的视频2轨道中选择“蒙版.psd”素材，在【特效控制台】面板中展开【运动】选项，开启【位移】属性和【缩放】属性前的关键帧码表按钮，设置【位置】为518、137，【缩放比例】为320，此时为各项属性添加第1个关键帧；将时间滑块移动到00：00：01：19处，设置【位置】为175、144，【缩放比例】为100，此时为各项属性添加第2个关键帧；将时间滑块移动到00：00：06：06处，单击【位置】和【缩放比例】选项右侧的【添加/移除关键帧】按钮，此时为各项属性添加第3个关键帧；将时间滑块移动到00：00：07：22处，设置【位置】为-47、144，【缩放比例】为135，此时为各项属性添加第4个关键帧，如图11.47所示。

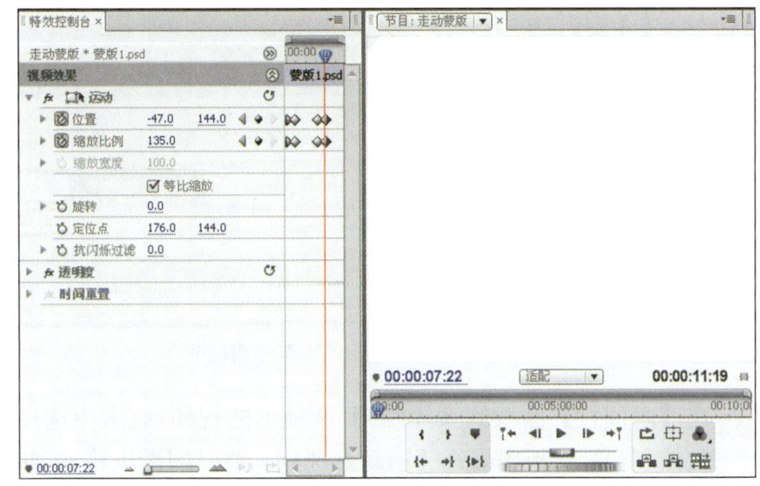

图11.47

STEP 05 在【效果】面板中打开【视频特效】文件夹下的【模糊与锐化】子文件夹，将其中的“高斯模糊”特效拖动到【时间栏】面板的【走动蒙版】选项卡的视频2轨道中的素材上，将时间滑块移动到00：00：00：00处，在【时间栏】面板中选择【视频2】轨道中的素材，在【特效控制台】面板中展开【高斯模糊】选项，设置【Blurriness（模糊）】为33，开启【模糊】属性前的关键帧码表按钮；将时间滑块移动到1秒19帧处，设置模糊的参数为0；将时间滑块移动到00：00：06：06处，单击该选项右侧的【添加/移除关键帧】按钮；将时间滑块移动到00：00：07：22处，设置模糊的参数为35，如图11.48所示。

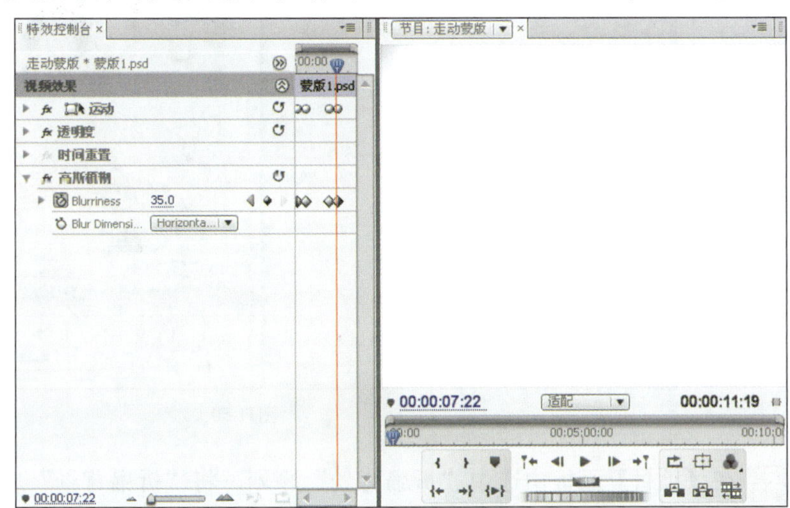

图11.48

11.3.3 制作片段3合成

STEP 01 新建一个名称为“片段3”的序列。导入“照片6.psd”素材，将其拖动到【时间栏】面板中的【片段3】选项卡的视频1轨道的00：00：09：08处。将光标移动到【视频1】轨道中素材的最末端，当光标呈现 形状时，按住鼠标左键并拖动至00：00：21：08处，如图11.49所示。

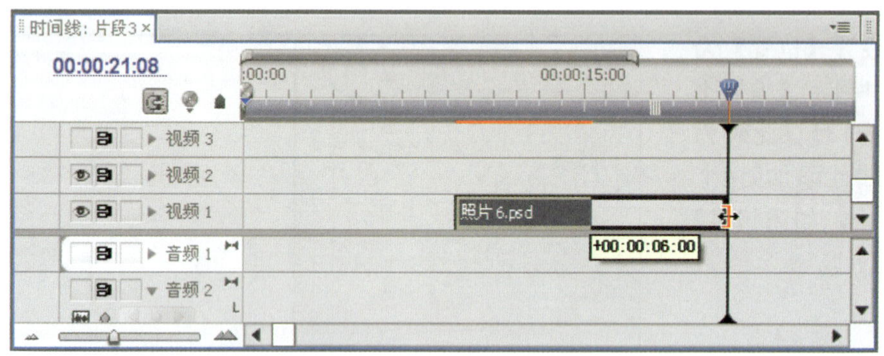

图11.49

STEP 02 在【时间栏】面板的【片段3】选项卡的视频1轨道中选择“照片1.psd”素材，在【特效控制台】面板中展开【运动】选项，将时间滑块移动到00：00：09：08处，开启【位移】属性和【缩放】属性前的关键帧码表按钮 ，设置【位置】为365、144，【缩放比例】为200；将时间滑块移动到00：00：11：17处，设置【位置】为270、144，【缩放比例】为100；将时间滑块移动到00：00：15：24处，单击【位置】选项右侧的【添加/移除关键帧】按钮 ；将时间滑块移动到00：00：17：10处，设置【位置】为179、144，如图11.50所示。

图11.50

STEP 03 在【项目】面板中选中“折扇背景”序列，将“折扇背景”序列拖动到【时间栏】面板的【片段3】选项卡中的视频2轨道上，按照上述方法导入其他素材，并制作转场效果，如图11.51所示。

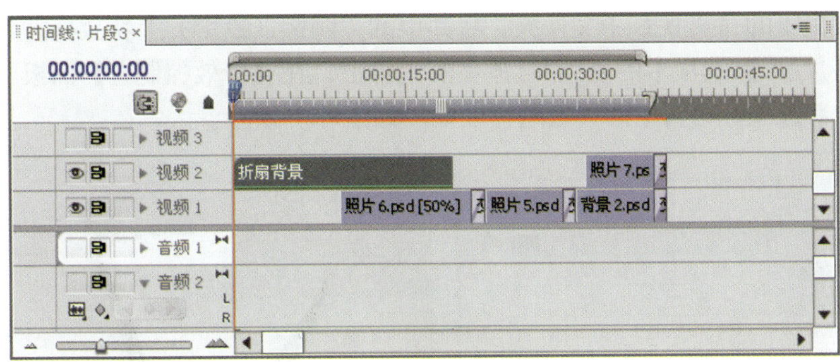

图11.51

STEP 04 在【项目】面板中将“走动蒙版”序列拖动到【时间栏】面板的【片段3】选项卡中的视频3轨道上的00：00：10：02处，并单击【切换轨道输出】按钮，如图11.52所示。

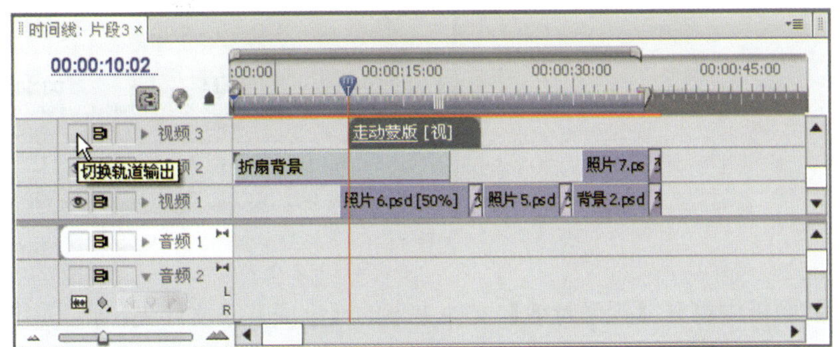

图11.52

STEP 05 在【效果】面板中打开【视频特效】文件夹下的【键控】子文件夹，将其中的“轨道遮罩键”特效拖动到【时间栏】面板的选自【片段3】选项卡的【视频2】轨道中的“折扇背景”序列上，在【特效控制台】面板中展开【轨道遮罩键】选项，对其中的参数进行设置，如图11.53所示。

图11.53

STEP 06 添加7条视频轨道，在【项目】面板中将“折扇开”序列拖动到【时间栏】面板的【片段3】选项卡中的视频4轨道上的00：00：02：24处。在【效果】面板中打开【视频特效】文件夹下的【透视】子文件夹，将其中的“阴影（投影）”特效拖动到【时间栏】面板的【片段3】选项卡的视频4轨道中的素材上，在【特效控制台】面板中展开【阴影（投影）】选项，对其中的参数进行设置，如图11.54所示。

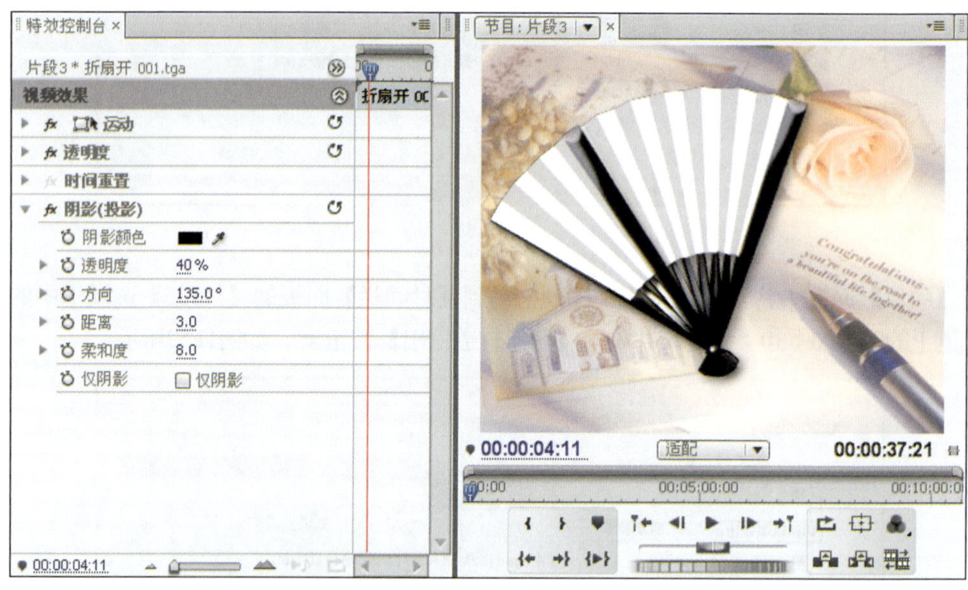

图11.54

STEP 07 在【效果】面板中打开【视频特效】文件夹下的【生成】子文件夹，将其中的“发光”特效拖动到【时间栏】面板的【片段3】选项卡的【视频4】轨道中的素材上，然后在【特效控制台】面板中展开【发光】选项，对其中的参数进行设置，如图11.55所示。

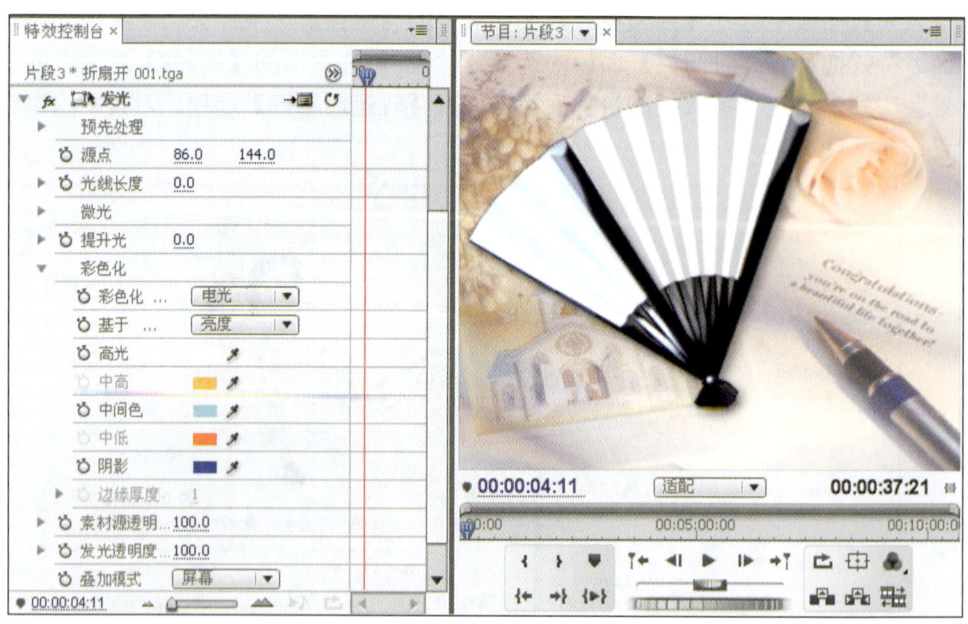

图11.55

STEP 08 将时间滑块移动到00：00：08：19处，在【时间栏】面板的【片段3】选项卡的视频4轨道中选择“折扇开”素材，在【特效控制台】面板中展开【发光】选项，开启【光线长度】和

【提升光】属性前的关键帧码表按钮 ；将时间滑块移动到00：00：09：22处，设置【光线长度】为4.2，【提升光】为2.4；将时间滑块移动到00：00：10：22处，设置【光线长度】为0，【提升光】为0，如图11.56所示。

图11.56

STEP 09 在【时间栏】面板的【片段3】选项卡的视频4轨道中选择“折扇开”素材，然后复制一层，并将其拖动到【时间栏】面板的【片段3】选项卡中的视频5轨道上的00：00：03：06处。在菜单栏中选择【文件】|【新建】|【字幕】命令，弹出【新建字幕】对话框，在【名称】文本框中输入“文字”，如图11.57所示，单击【确定】按钮，即可弹出【字幕编辑】面板。

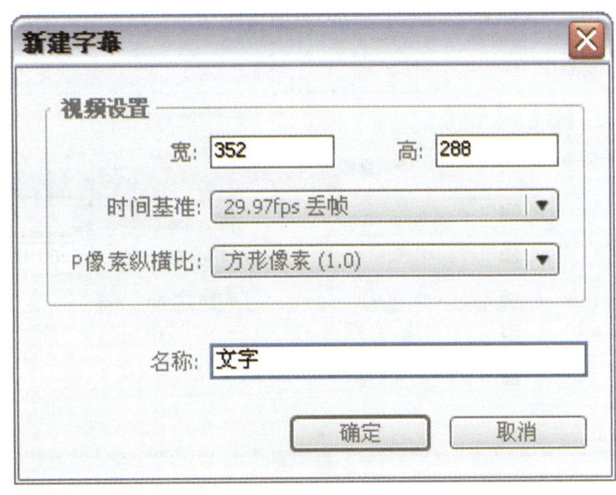

图11.57

STEP 10 在【字幕】编辑面板左侧的字幕工具栏中选择【路径输入工具】，在字幕工作区先绘制一条路径，然后输入文字，在【字幕属性】面板中设置文字的字体、字号、颜色和字幕样式等属性，如图11.58所示。

图11.58

STEP 11 设置完成后，单击【关闭】按钮关闭【字幕】编辑面板，此时在【项目】面板中可以看到所建立的字幕素材，将其拖动到【时间栏】面板的【片段3】选项卡中的视频6轨道上的00：00：03：06处。将光标移动到视频6轨道中素材的最末端，当光标呈现 形状时，按住鼠标左键并拖动至00：00：11：15处，如图11.59所示。

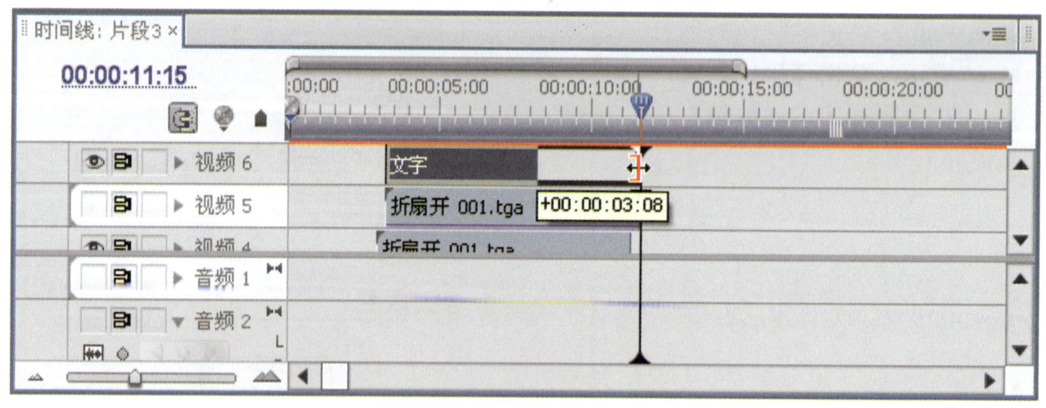

图11.59

STEP 12 在【效果】面板中打开【视频特效】文件夹下的【通道】子文件夹，将其中的“设置遮罩”特效拖动到【时间栏】面板的【片段3】选项卡的视频6轨道中的素材上，然后在【特效控制台】面板中展开【设置遮罩】选项，对其中的参数进行设置，如图11.60所示。

图11.60

STEP 13 根据上述制作方法完成其他层的制作，其他层的制作方法与上述方法相同，在此不再赘述。完成后按空格键或Enter键，在【节目】面板中预览动画效果，如图11.61所示。

图11.61

11.4 最终合成效果

STEP 01 新建一个名为“最终合成”的序列。在【项目】面板中选择“片段1”、“片段2”和“片段3”序列，将其拖动到【时间栏】面板的【最终合成】选项卡中的视频1轨道上，并为其添加转场效果，如图11.62所示。

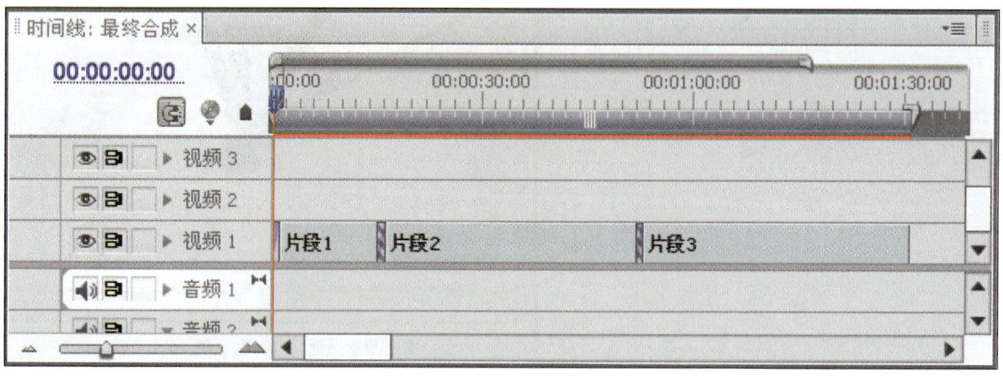

图11.62

STEP 02 导入“音乐.mp3”素材，将其拖动到【时间栏】面板的【最终合成】选项卡中的音频1轨道上，将光标移动到音频1轨道中素材的最末端，当光标呈现 形状时，按住鼠标左键并拖动至00:01:30:22处，如图11.63所示。

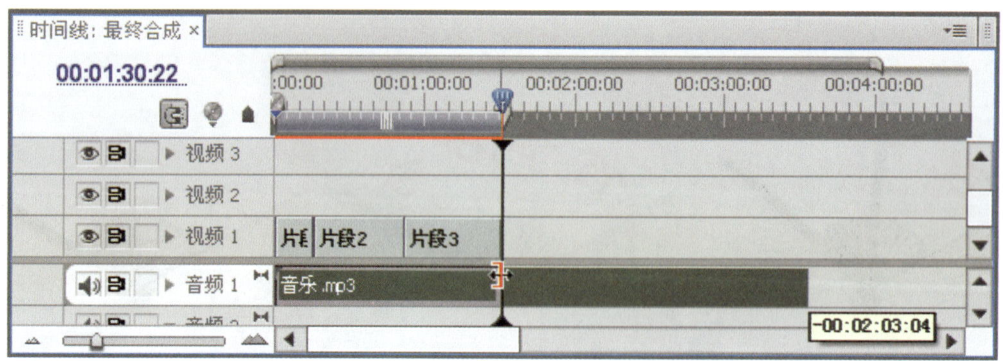

图11.63

STEP 03 至此，婚庆视频片头制作完成，按空格键或Enter键，在【节目】面板中预览动画效果，如图11.64（a）、（b）所示。

(a)

(b)

图11.64